Europäische Institutionenpolitik

Mannheimer Jahrbuch für Europäische Sozialforschung
Band 2
Herausgegeben vom Vorstand des Mannheimer Zentrums
für Europäische Sozialforschung:
Peter Flora, Walter Müller, Jan W. van Deth, Hartmut Esser, Egbert Jahn

Thomas König, Elmar Rieger und Hermann Schmitt (Hg.)

Europäische Institutionenpolitik

Campus Verlag
Frankfurt/New York

Die Deutsche Bibliothek – CIP-Einheitsaufnahme

Mannheimer Jahrbuch für europäische Sozialforschung /
hrsg. vom Vorstand des Mannheimer Zentrums für Europäische
Sozialforschung. – Frankfurt/Main; New York: Campus Verlag,
Bd. 2. Europäische Institutionenpolitik. – 1997
Europäische Institutionenpolitik / Thomas König ... (Hg.). –
Frankfurt/Main; New York: Campus Verlag, 1997
(Mannheimer Jahrbuch für europäische Sozialforschung; Bd. 2)
ISBN 3-593-35857-3

Umschlaggestaltung: Atelier Warminski, Büdingen
Druck und Bindung: KM-Druck, Groß-Umstadt
Gedruckt auf säurefreiem und chlorfrei gebleichtem Papier.
Printed in Germany

Vorwort

Der zweite Band des Mannheimer Jahrbuchs für europäische Sozialforschung liegt nun vor. Sein Thema ist „Europäische Institutionenpolitik“. Die positiven Erfahrungen mit dem ersten Band des Jahrbuchs zum Thema „Europäisches Mehrebenensystem“ haben uns überzeugt, daß die Entscheidung für ein Konzept, das sich an vergleichsweise aktuellen, aber noch wenig bearbeiteten Schwerpunktthemen orientiert, richtig war. Das gleiche gilt für die Offenheit der fachwissenschaftlichen Ausrichtung der einzelnen Beiträge. Bei der Wahl dieser beiden Themen wie bei der Entscheidung für das Thema des sich in Vorbereitung befindlichen dritten Bandes, „Europa der Bürger?“ spielten das Forschungsprogramm und die Arbeitsschwerpunkte des Mannheimer Zentrums für Europäische Sozialforschung eine wichtige Rolle. Gleichwohl spiegelt das Jahrbuch nur einen Teil seiner Aktivitäten wider.

Zum Gelingen des Projekts haben nicht nur die Autoren mit ihrer Bereitschaft beigetragen, sich auf das Thema einzulassen und sich unter starkem Termindruck mit Überarbeitungsvorschlägen auseinanderzusetzen. Unser Dank gilt auch dem Vorstand des Mannheimer Zentrums für Europäische Sozialforschung, der uns durch die Bereitstellung von Infrastruktur bei der Herausgabe unterstützte. Die redaktionelle Bearbeitung und die Anfertigung der Druckvorlage übernahm Sigrid Mack-Manhart. Bei der Schlußredaktion wurden wir von Taikinue Infantes und bei der Korrektur der Einleitung von Andrea Hennecke unterstützt. Ihnen gilt unser herzlichster Dank. Und schließlich wollen wir uns bei Hermann Schmitt bedanken, der an der Initiierung und Konzeptierung des Bandes beteiligt war.

Mannheim, im Juli 1997 — Die Herausgeber

Inhalt

Dritter Teil
Institutionenpolitik im Mehrebenensystem

Vierter Teil
Der Wandel des interinstitutionellen Systems der EU

Fünfter Teil
Die Neuordnung Europas

Elmar Rieger und Thomas König

Einleitung: Perspektiven und Probleme europäischer Institutionenpolitik

> „Es ist durchaus wahr und eine - jetzt hier nicht näher zu begründende - Grundtatsache aller Geschichte, daß das schließliche Resultat politischen Handelns oft, nein, geradezu regelmäßig, in völlig unadäquatem, oft in geradezu paradoxem Verhältnis zu seinem ursprünglichen Sinn steht" (Weber 1919/1980, 547).

> "We must come to agree that democratic societies, as they now operate, will self-destruct, perhaps slowly but nonetheless surely, unless the rules of the political game are changed. ... There is increasing awareness that something other than ordinary politics will be required to generate fiscal and monetary discipline, that a regime is needed that will function in the acknowledged long-term interests of all participants in the body politic. The search for, and discussion of, alternative fiscal and monetary rules has begun" (Brennan und Buchanan 1985, 150).

Der Wohlfahrtsstaat und die Europäische Union sind die zwei herausragenden Formen institutioneller Ordnung, welche die sozialen und politischen Verhältnisse in der europäischen Nachkriegszeit geprägt haben. Im Unterschied aber zur Entwicklung des Wohlfahrtsstaats, die ausdrücklich dem Primat der Politik folgte und von Diskussionen über die Gestaltung und Umgestaltung sozialer Ordnung kontinuierlich begleitet wurde, schien sich die Europäische Integration lange Zeit außerhalb einer institutionellen Ordnungspolitik zu bewegen. Dieser Umstand verweist gleichzeitig auf eine Grundlage der unbestreitbaren Erfolge der europäischen Integration wie auch darauf, daß die Ausschaltung ordnungspolitischer Debatten, die bisher den Erfolg garantierte, zur Quelle von Problemen wurde. Die Rahmenbedingungen der europäischen Integration haben sich verändert. Die aktuelle institutionelle Ordnung wird weder als ausreichend für eine Vertiefung noch für eine Erweiterung der Union erachtet.

Wahrnehmung und Bewertung institutioneller Ordnungen sind in den Sozialwissenschaften ein Gradmesser für gesellschaftliche Kontinuität und politischen Wandel. In Zeiten positiver wirtschaftlicher und gesellschaftlicher Entwicklungen sind Institutionen selbstverständliche Garanten für politische Stabilität. Sie sind Instanzen der Sinngebung und erfüllen wesentliche Orientierungsfunktionen individuellen und kollektiven Handelns. Ihre Geltung wird nicht weiter hinterfragt, und sie sind dem politischen Tagesgeschäft weitgehend entzogen. Institutionen sind dann „Tradition", welche die Regierungs- oder Regimestabilität garantiert (Tsebelis 1995, 293). Als Ordnung gelten sie, weil es schon immer so gewesen ist (Weber 1972, 19). Anders werden Institutionen in Krisen- und Umbruchzeiten bewertet. Erfolgreiche Krisenbewältigung setzt ausreichenden Handlungsspielraum voraus. Regierungs- und Regimestabilität hängen hier nicht von politischer Stabilität, sondern vom Möglichkeitsraum politischen Wandels ab. Dessen Optionen werden von institutioneninvestierten Vetospielern und ihren unterschiedlichen Politikvorstellungen festgelegt. Weil deren Existenz und Handlungsfähigkeit von der bestehenden Institutionenordnung bestimmt wird, ist die Abstimmung eines neuen Institutionengefüges eine schwierige Aufgabe.

In den Sozialwissenschaften wurden Institutionen lange Zeit, wenn überhaupt, als Ergebnis langfristiger evolutionärer Prozesse und inkrementaler Entwicklung thematisiert. Ihr Erklärungswert wurde gering veranschlagt, weil es keine institutionelle Entwicklung gab, die bestimmten Veränderungen, Prozessen oder Ereignissen des sozialen Lebens ursächlich zugerechnet werden konnte. Zeiten beschleunigten Wandels und rapider Umbrüche sind deshalb auch daran erkennbar, daß Institutionen selbst als Problem wahrgenommen und zum Fokus gezielter politischer Einflußnahme und Gestaltung werden, weil sie die Anpassung an veränderte Verhältnisse erschweren oder gar blockieren. An Traditionen orientiertes Handeln löst reflektiertes und rationales Handeln ab. Die sozialwissenschaftliche Beschäftigung mit Institutionen wird dann weniger beschreibend, sondern mehr analytisch und stärker an Zweck-Mittel-Relationen orientiert. Fragen nach den Konsequenzen unterschiedlicher institutioneller Strukturen, der Effektivität und Effizienz von Institutionen für die Koordination und Motivation des Handelns, den Mechanismen der Bindung und der Steuerung des Verhaltens und der Logik institutionengenerierender und institutionenfortbildender Prozesse treten in den Vordergrund (Weimer 1995).

Im Zusammenhang mit der europäischen Integration zeigt sich, daß die unterschiedliche Auffassung von Institutionen einer grundsätzlichen Veränderung der Wahrnehmung und Bewertung ihrer Ursachen, Entwicklungswege und Konsequenzen entspricht (König 1997). Während bis Mitte der achtziger Jahre institutionelle Fragen der Integration folgten, wird jetzt der Fortgang der Integration von der Lösung institutioneller Fragen abhängig gemacht. Dies bedeutet einen kritischen Einschnitt im Prozeß der Integration.

Er reflektiert aber auch eine Schwächung der institutionellen Grundlagen europäischer Politik, die zum Ausgangspunkt institutionenpolitischer Konflikte wurde. Diese Einleitung beschreibt und analysiert den Umschwung der Integration hinsichtlich seiner institutionenpolitischen Implikationen. Der erste Abschnitt zeigt die Doppelnatur von Institutionen als Regeln beherrschende *constraints* und als Ziele setzende *opportunities*. Dieser Doppelnatur liegen zwei grundsätzlich unterschiedliche Vorstellungen über Institutionenentstehung und Institutionenfortbildung zugrunde. Wie der zweite Abschnitt zeigt, hilft diese Unterscheidung, den jüngsten Wandel in der Logik der europäischen Integration besser zu verstehen und zu erklären. Der dritte Abschnitt konzentriert sich auf die gegenwärtige Herausforderung europäischer Institutionenpolitik. Die jüngsten Vertragsneufassungen und Verfassungsrevisionen markieren insofern einen Einschnitt, als sich mit ihnen die Legitimitätsfrage der europäischen Integration auf eine neue Weise stellt. Von besonderer Bedeutung ist dabei der Mehrheitsentscheid im Ministerrat. Er verändert nicht nur das interinstitutionelle Gleichgewicht des europäischen Entscheidungssystems, sondern benötigt aufgrund seiner spezifischen Rationalitätskriterien bestimmte gesellschaftliche Voraussetzungen. Es ist aber fraglich, ob diese überhaupt gegeben sind. Deshalb zeigen die gegenwärtigen institutionenpolitischen Auseinandersetzungen neue Grenzen der Integration. Die Mitgliedstaaten werden sich dabei über ihre nationalen Grundlagen und Identitäten in dem Maße bewußt, in dem sie diese von der Integration bedroht sehen.

1 Von der Institutionentheorie zur Institutionenpolitik

Das starke Interesse an institutionentheoretischen Fragen hat zwei voneinander unabhängige Ursachen. Diese Ursachen verweisen auf verschiedene Dimensionen des Institutionenbegriffs bzw. unterschiedliche Vorstellungen und Annäherungen an das Thema Institutionen und ihre Rolle in sozialwissenschaftlichen Erklärungen.[1] Der Kern dieses Unterschieds kommt in den Begriffen der Evolution und der Dezision zum Tragen. Dieser Unterschied in den Modellvorstellungen von Institutionenentstehung und Institutionenfortbildung verweist aber auch insofern auf die politische Problematik der europäischen Integration, als er auf eine entscheidende Veränderung der Wahrnehmung ihrer Entwicklungslogik und ihrer bisher dominanten Rationalitäts-

und Legitimitätskriterien aufmerksam macht. Mit den Begriffen Evolution und Dezision werden die gegenwärtigen Brennpunkte und Probleme europäischen Institutionen*wandels* offensichtlich. Institutionen*wahl* bedeutet Konflikte um Alternativen auf der Grundlage divergierender Interessen und Ideen, wohingegen Institutionen*anpassung* eine allmähliche und unidirektionale Transformation institutioneller Ordnung beschreibt.

Die erste Ursache des Interesses an Institutionen ist die seit Mitte der siebziger Jahre verstärkt Aufmerksamkeit gewinnende Erkenntnis, daß die institutionellen Arrangements der entwickelten Industriegesellschaften diesen selbst zum Problem wurden. Dominante Konsensformel der 50er und 60er Jahre war die Sozialpolitik des Wohlfahrtsstaates. Sie stellte das Verhältnis der sozialen Gruppen auf eine neue Grundlage und stabilisierte damit das spannungsreiche Verhältnis zwischen marktwirtschaftlichem Konkurrenzkapitalismus und parlamentarischer Demokratie. Ihre Systeme paktierter Verteilungsgerechtigkeit wurden ausgedehnt und vervielfältigt, auf immer neue Probleme angewendet, wobei deren „Entdeckung" zum wichtigsten Antriebsfaktor des Parteienwettbewerbs wurde. Das Ergebnis dieser Entwicklung war das allgemeine Phänomen sozialpolitischen Kontrollverlusts. Die politischen, wirtschaftlichen und sozialen Institutionen des Wohlfahrtsstaates wurden nun nicht nur als Ursache negativer gesellschaftlicher Entwicklungen wahrgenommen, sondern auch als wichtigster Grund dafür, daß sich diese als hochgradig politik- und veränderungsresistent erwiesen (Olson, 1982). Als Ausdruck verfestigter Macht- und Herrschaftskonstellationen begünstigen sie den Status quo und verhindern notwendige Innovationen (Benz und Hesse 1988, 69). Politikwissenschaftlich gewendet ist der entscheidende Mechanismus das Gesetz der antizipierenden Reaktion: unter den Bedingungen parlamentarischer Demokratie und umfassender politischer Integration sozialer Gruppen werden Maßnahmen, die die Erfolgsbedingungen der gegebenen institutionellen Strukturen verletzen würden, von vornherein unterlassen (Scharpf 1987, 120).

Die zweite Ursache ist die Wiederentdeckung der institutionellen Dimension in den Wirtschaftswissenschaften und in Teilen benachbarter Sozialwissenschaften. Eine große Rolle spielt dabei die (Wieder)Entdeckung der Transaktionskosten wirtschaftlichen Handelns (Williamson 1990). In allgemeinerer Perspektive rücken Fragen der Formung, Vermittlung und Kanalisierung sozialen Handelns erneut in den Mittelpunkt des analytischen Interesses. In dieser Perspektive geht es vorwiegend um den Nachweis des Nutzens institutioneller Arrangements für wirtschaftliches Handeln. Institutionenökonomisch gewendet: Individuen maximieren innerhalb stabiler Präferenzordnungen ihren Nutzen; sie tun dies aber auf der Basis beschränkter kognitiver Kapazitäten, unvollständiger Informationen und aufwendiger Kontrolle von Vereinbarungen. Diese Schwierigkeiten lassen sich als Transaktionskosten fassen. Institutionen senken diese Kosten und machen damit Transaktionen möglich. Diese entstehen dann, wenn ihr Nutzen größer ist als die Transaktionskosten.

Der Kontrast zwischen diesen beiden Perspektiven sozialwissenschaftlicher Institutionenanalyse verweist auf das Grundproblem einer Institutionenpolitik. Dieses Grundproblem stellt sich als ein Paradoxon. Institutionen*politik* kann als Prozeß strategischer Veränderung der *Bedingungen* zukünftigen politischen Handelns und Entscheidens definiert werden (Shepsle 1986, 74). Institutionen können aber auch als Einrichtungen wahrgenommen werden, die sich bereits von ihrem Wesen her einem direkten, zweckrationalen Zugriff entziehen. Sie sind demzufolge, wie der schottische Moralphilosoph Adam Ferguson es ausdrückte, „the result of human action but not of human design“ (Hayek 1973, 20; 1975). Deshalb können sie als soziale Tatsachen erscheinen, die individuellem wie kollektivem Handeln und Entscheiden vorgelagert sind. Das Moment der Nichtverfügbarkeit ist entscheidend; ist dieses Moment nicht mehr gegeben, oder wird es abgeschwächt, dann verliert die Institution an Wirkung und löst sich auf (Jepperson 1991).[2] Insofern ist für eine bestimmte Richtung der Sozialwissenschaften „Institution“ der Gegenpol zu zweckrationalem, instrumentellem Handeln. Diese Richtung wendet sich ausdrücklich *gegen* ein instrumentelles, auf *Entscheidungen* bezogenes und outcome-orientiertes Verständnis von Politik.[3] Kollektives Handeln ist an spezifische institutionelle Voraussetzungen gebunden. Es kann aber nicht diese Bindung selbst thematisieren, d.h. zu ihrem Objekt machen (Schmalz-Bruns 1990, 321 und 324). Institutionen tauchen deshalb in Arbeiten dieser Richtung regelmäßig als unabhängige und abhängige Variablen gleichzeitig auf. Besonders deutlich wird dies in der Regimeforschung, wenn die Normbildung von Regimen für den Regimezustand selbst hervorgehoben wird. Das Problem der Institutionenentstehung und des Institutionenwandels wird dagegen kaum thematisiert. Wenn dazu Aussagen gemacht werden, dann in der Form, daß Institutionen das Produkt von Lernvorgängen und evolutionären Prozessen seien, in denen langfristige, eigendynamische Entwicklungen und die unbeabsichtigten Folgen des Handelns einen eher zufälligen, aber entscheidenden Einfluß ausüben (Hayek 1973; Krasner 1984). Deshalb sind Arbeiten dieser Richtung regelmäßig deskriptiv und ohne eindeutige Mikrofundierung. Vorherrschendes Thema ist Institutionen*anpassung*, nicht aber Institutionen*wahl*.

Während in dieser Perspektive Institutionen*politik* kaum thematisierbar ist, scheint auch für die Neue Institutionenökonomie Institutionenpolitik selbst kein Problem zu sein. Institutionenökonomische Ansätze gehen davon aus, daß Institutionen Lösungen für Transaktionsprobleme sind; der wahrscheinlich höhere Nutzen institutioneller Regeln gegenüber Transaktionskosten ist die Ratio der Institutionenbildung.[4] Diese ist damit gleichsam eine Funktion der Problemwahrnehmung und -bewertung. Ihre Zweckmäßigkeit entscheidet über ihre Bildung. Anders ausgedrückt: Die große Wahrscheinlichkeit von Verhaltensanomalien - Abweichungen vom Modell rationalen Entscheidens - machen die Bildung und Garantierung von Institutionen zwingend erforderlich (Frey und Eichenberger 1989). Diesem Umkehrschluß wird ein naiver Funktionalismus vorgeworfen (Kuran 1988, 144). Andere Versionen der Neuen Institutionenökonomie sehen das Problem der Institutionenpolitik als klassisches Problem kollektiven Handeln: Wie können Regeln vereinbart werden, deren Einhaltung für den Einzelnen selbst nicht rational sein muß, weil er die Einhaltung durch andere nicht garantieren kann (Gauthier 1986)? Im Anschluß an Olson (1965) wird davon ausgegangen, daß mit dem Verallgemeinerungsgrad von Interessen die Schwierigkeiten ihrer Organisierung zunehmen. Institutionenpolitik ist hier eine Politik der Selbstbindung und Selbstbeschränkung.[5] Allgemeiner gefaßt ist das Problem der Institutionenbildung ein Problem strategischer Handlungsinterdependenz, das spieltheoretisch modellierbar ist (Gretschmann 1990, 340). Entscheidend ist aber der eindimensional bleibende, Institutionen unmittelbar begründende Zusammenhang zwischen dem Handlungs- und Koordinierungsproblem einerseits und seiner Lösung in Form einer Institution andererseits. Für das Problem der Institutionenpolitik stellt sich in dieser Perspektive deshalb die Frage, wie auf der Basis divergierender Interessenlagen, aber gemeinsamer Kooperationsvorteile eine Selbstbindung der Akteure erzeugt und stabilisiert werden kann.

Eine mögliche Antwort auf diese Frage liefert eine stärker politikwissenschaftlich gewendete Fassung des Problems der Institutionenpolitik. Beispielsweise geht Scharpf davon aus, daß die Durchsetzung institutioneller Reformen „überdurchschnittlich oft zu einer reinen Machtfrage (wird), bei der die auf Reform dringenden Kräfte von vornherein mit dem Widerstand einer besonders kompetenten und durch überragenden Sachverstand ausgezeichneten Klasse von Betroffenen rechnen müssen“ (1987, 124). In dieser

Perspektive sind *incentive compatibility* und Mechanismen der Selbstbekräftigung und Selbstdurchsetzung von Regeln Grundlagen erfolgreicher Institutionenpolitik: Sowohl innerhalb eines institutionellen Feldes als auch zwischen institutionellen Feldern müssen die Interessen und Perspektiven der relevanten Akteure konsensuell abgestimmt werden, um Reformziele zu erreichen.[6] Auch dieses Problem ist spieltheoretisch faßbar und wiederholt lediglich die Forderung, daß die am Institutionenwandel Beteiligten Vorteile gegenüber dem Status quo erwarten müssen.

Spieltheoretische Modellierungen europa- und integrationspolitischer Probleme sind allerdings ein vergleichsweise junges Phänomen. Die wenigen Arbeiten beschäftigen sich mit dem Problem kollektiven Handelns bei bestimmten institutionellen Vorgaben, beispielsweise den komplexen Verfahrensvorgaben der europäischen Gesetzgebung. Noch geringer ist die Anzahl an Studien, welche die europäische Integration als Wahl von Institutionen analysieren. Ihre ersten Ergebnisse zeigen, daß sich europäische Integration und europäische Politik grundsätzlich verändert haben. Sie setzen allerdings voraus, daß sich diese Phänomene auch tatsächlich als Entscheidungs- und damit überhaupt als politische Probleme stellen.

2 Die europäische Integration als Problem der Institutionenpolitik

Das Thema „europäische Institutionenpolitik" ist weder selbstverständlich noch kann es auf eine bestimmte politische und sozialwissenschaftliche Tradition verweisen. Dies ist nicht zufällig, sondern hängt mit dem bisherigen Verlauf der europäischen Integration, ihrem inhaltlichen Schwerpunkt, ihrer Logik und der Art ihrer Legitimierung unmittelbar zusammen. Folgt man Weber, dann ist der Kern von Politik das „Streben nach Machtanteil oder nach Beeinflussung der Machtverteilung, sei es zwischen Staaten, sei es innerhalb eines Staates zwischen den Menschengruppen, die er umschließt" (Weber 1919/1980, 506). So verstanden, in einem weiten Sinne, ist Politik Führung und Herrschaft durch autoritatives Entscheiden zwischen alternativen Handlungsentwürfen. Legitimität erhält Politik dabei über den Wettbewerb zwischen unterschiedlichen Politikentwürfen, der über Abstimmung in Form demokratischer Wahlen bzw. parlamentarischer Beschlußfassung entschieden wird.

Nimmt man dieses Verständnis von Politik zum Ausgangspunkt, dann scheint über lange Zeit die europäische Integration jenseits von Politik stattgefunden zu haben. Damit ist nicht gemeint, es hätte keine politischen Entscheidungen oder Konflikte gegeben. Die regelmäßigen Krisen der Gemeinschaft waren ohne Zweifel *politische* Krisen im Sinne einer Unfähigkeit zur Entscheidung und Führung. Aber die europäische Integration war in dreierlei Hinsicht jenseits von Politik angesiedelt. Erstens wurde sie über die Wirtschaftsintegration als konstitutivem Inhalt legitimiert. Zweitens vollzog sich ihr Gang als organische Entwicklung auf der Grundlage inkrementaler, der wirtschaftlichen Entwicklung folgenden Politik. Und drittens wurde die Ausbildung der europäischen politischen Ordnung als Ergebnis einer unsichtbaren Hand gesehen - eine Ordnung, die sich ohne öffentliche Debatten als Nebenprodukt pragmatisch-funktionaler Problemlösungen selbständig summiert und kristallisiert.

Die politische Ordnung der europäischen Integration kam nicht über *Entscheidungen* zwischen konkurrierenden Politikentwürfen zustande, die aufgrund der Regeln ihres Zustandekommens Anspruch auf Geltung, Wertschätzung und Legitimität hätten. Die fehlende öffentliche Auseinandersetzung unterstützte auch die Vorstellung, die europäische Integration sei jenseits ausdrücklicher Institutionenpolitik im Sinne einer Institutionen*wahl* angesiedelt. Die europäische Integration war kein Objekt bewußter institutionenpolitischer Gestaltung. Politik als Sphäre von „Machtverteilungs-, Machterhaltungs- (und) Machtverschiebungsinteressen“ (Weber) schien im Rahmen der europäischen Integration keine Rolle zu spielen. Und deshalb blieb die Legitimität der Integration außerhalb der Europapolitik.[7] Nur im Außenverhältnis der Union, in der Behauptung gegen die Sowjetunion, die Vereinigten Staaten und die neuen Wirtschaftsmächte Südostasiens kam machtpolitischer Realismus deutlicher zum Tragen.

Diese Konstellation hat sich erst in den letzten Jahren verändert. Inzwischen bestimmen machtpolitischer Realismus und öffentliche Diskussionen über institutionenpolitische Konflikte auch im Binnenverhältnis der Union europäische Politik. Diese neue Konstellation ist insofern eine politische Herausforderung, als sie ein neues Integrationsmodell an die Stelle des alten setzt. Institutionelle Evolution wird von institutioneller Dezision abgelöst; die europäische Integration stellt sich immer weniger als Selbstläufer und Schicksal dar, sondern als Objekt politischer Gestaltung, die weitgehend Beachtung findet und diese auch finden muß, weil die Integration vor einem neuen Publikum rechenschafts- und konsenspflichtig wird. Die Besonderheit bzw. die Schwierigkeit der neuen Situation besteht darin, daß gerade die relative Politikferne der Integration und ihre Spezifizierung als Marktintegration ihr Legitimität über funktional erzielten Erfolg verschafften. Diese außerpolitische Legitimitätsbasis hat sich allerdings erschöpft bzw. kann nicht mehr einfach fortgesetzt werden.

Die neue Integrationskonstellation zeichnet sich jedoch dadurch aus, daß die Regierungen der Mitgliedsländer mit der Währungsunion die alte funktionale Integrationslogik in einer institutionellen Ordnung fortzusetzen versuchen, die nicht mehr das für eine stabile Währung erforderliche europapolitische Vertrauen der Öffentlichkeit garantieren kann. Deshalb wird *zusätzlich* versucht, über institutionelle Reformen und Vertragsrevisionen der Integration neue Legitimitätsquellen zu erschließen. Die jüngste Politisierung der Integration bedeutet aber auch, daß die Ergebnisse der bisherigen Entwicklung zur Disposition gestellt werden können. Dies ist der eigentliche Inhalt der Aussage, daß das Problem der europäischen Integration heute zu einem Problem der Institutionenpolitik geworden ist. Europäische Politik steht unter einem neuen Rationalitäts- und Legitimitätsdruck.

Die neue Situation ist auch eine sozialwissenschaftliche Herausforderung, weil sie eine kritische Prüfung der bisherigen Integrationsforschung, ihrer Ausgangs- und Bezugspunkte, ihrer Ansätze und ihres Instrumentariums verlangt. Bisher wurde die europäische Integration kaum als Problem einer Institutionenpolitik gesehen. Zwei Gründe waren dafür ausschlaggebend. Erstens war der Funktionalismus das vorherrschende Denk- und Legitimationsmodell der Integration. Zweitens ist die Union als Mehrebenensystem konstruiert. In letzter Instanz ist es allerdings die Institutionalisierung der Union selbst, also die Expansion ihrer Kompetenzen und Handlungsressourcen, die dazu führte, daß die Integration zu einem institutionenpolitischen Problem wurde. Weiler hat diese Entwicklung treffend als Paradoxon zusammengefaßt: „The problem with the unity vision is that its very realization entails its negation“ (1992, 39). Je wirkungsmächtiger die Integration wird, je selbständiger die Handlungsbefugnisse europäischer Organe sich gestalten, desto mehr werden die nationalgesellschaftlichen Grundlagen der Mitgliedstaaten zu ihrer Verteidigung herausgefordert. Im Zuge einer zunehmenden Entfunktionalisierung der Binnengrenzen der Union und des Ausbaus eines neuen Macht- und Herrschaftszentrums wurden die regelmäßig nur undeutlich gefühlten, aber allgemein und wirkungsmächtig vorausgesetzten Grundlagen nationalgesellschaftlicher Identität und Solidarität den Bevölkerungen der Mitgliedstaaten bewußter. Im Licht der Alternative einer europäischen politischen Ordnung treten die Konturen der bisherigen Ordnung deutlicher hervor. Gleichzeitig aber, und unabhängig von der Integration, hat sich der innen- und außenpolitische Kontext europäischer Politik gewandelt.

2.1 *Funktionalismus als Ersatz für Institutionenpolitik*

Nach dem Scheitern der Europäischen Verteidigungsgemeinschaft, die auch das vorläufige Scheitern der Politischen Union bedeutete, wurde die politische Integration mit der wirtschaftlichen identifiziert bzw. dieser untergeordnet. Die *Einheit* der europäischen Integration ist nach wie vor die wirtschaftliche Einheit; sie ist ihr dominantes Leitmotiv - dominant auch im Sinne der Unterordnung von Politik. Dies bedeutet nicht, mit der Binnenmarktbildung würden keine politischen Ziele verfolgt werden. Doch werden diese Ziele auf wirtschaftlichem Wege zu erreichen versucht. Einer der Ausgangspunkte der europäischen Integration, insbesondere der Vergemeinschaftung von Kohle und Stahl, war ausdrücklich die Beseitigung einer Konfliktquelle, die zuvor die europäische Politik in zwei Weltkriege geführt hatte. Und diese Politik war dadurch bestimmt, daß wirtschaftliche Interessengegensätze regelmäßig auf die Außenpolitik der europäischen Staaten durchschlugen. Höhepunkt dieser Verknüpfung war der Versailler Vertrag, der über die Beschneidung der wirtschaftlichen Grundlagen Deutschlands deren Außenpolitik binden wollte. Vor dem Hintergrund dieser Erfahrungen waren die institutionellen Formen und die Schwerpunkte der europäischen Integration ausdrücklich darauf angelegt, einen großen Teil „der politischen Fragen zwischen den beteiligten Völkern aus Problemen der Außenpolitik in solche der Innenpolitik (zu) verwandeln“ (Hallstein 1969, 45). Dabei gehe es aber nicht, so Hallstein weiter, „um die Beseitigung von Gegensätzlichkeiten, so doch um ihre Kanalisierung, ihre Zähmung, ihre Domestizierung“ (ibid.).

Allerdings wurden institutionelle Fragen bei der Gestaltung der Europäischen Wirtschaftsgemeinschaft bewußt nachrangig gehalten; die Formel „form follows function“ verhinderte, daß konstitutionelle Fragen zu einer eigenständigen Dimension - und damit auch Konfliktquelle - der Integration wurden. Die funktionalistische Integrationsideologie ging von der unmittelbaren und exklusiven Ableitbarkeit politischer Lösungen aus grenzübergreifenden Problemlagen aus. Die vertraglich begründeten und funktional begrenzten Souveränitätsübertragungen wurden als Herstellung „optimaler Entscheidungsniveaus“ legitimiert, um die Effektvität von Politik zu steigern:

„Grenzüberschreitende Probleme (sollen) auch durch grenzüberschreitende Instanzen gelöst werden, und dasselbe sollte hiernach für grenzüberschreitende Probleme gelten, die aus innerstaatlichen wirtschaftlichen Entwicklungen oder Maßnahmen resultieren"(Verloren van Themaat 1979, 638). Unter der Rubrik europäischer *governance* dominiert diese Perspektive nach wie vor die politische wie die sozialwissenschaftliche Reflexion des Integrationsprozesses.[8]

Insbesondere in den Anfangsjahren der Integration war die vorherrschende Vorstellung, europäische Politik sei aufgrund ihrer besonderen Motivierung, die traditionelle Nationalstaatlichkeit zu überwinden, von grundsätzlich anderer Art als ihre klassischen Formen. Sie sei deshalb weder abgeleiteter noch selbständiger Legitimation und Kontrolle bedürftig. Zum Beispiel ging Ipsen in seiner wegweisenden Darstellung des Gemeinschaftsrechts davon aus, daß „Wirtschafts- und Sozialpolitik aus ihrem Verfahren und der Sache heraus sich in immanenter Selbstkontrolle der Sachgerechtigkeit" vollziehen. Dies gelte vornehmlich „für Akte von Planungsgehalt und solche, die aus dem Sachzwang der Planung, ihrer Vorbereitung und notwendigen Datenversetzung *weniger zur Entscheidung als zur Einsicht und Erkenntnis nötigen*" (1972, 164 - unserer Hervorhebung, E. R. und T. K.) Mit dieser neutralen und konfliktfreien Sicht blieb die Integration jenseits der üblichen parteipolitischen Konfliktlinien. Das Links-Rechts-Schema parteipolitischer Orientierung, das seit der Französischen Revolution die europäische Geschichte beherrschte, war für die Europapolitik irrelevant und überlagerte sich nicht mit der - lange latent bleibenden - Spaltung zwischen Souveränitätsbewahrung und Souveränitätsübertragung. Dies gilt auch für das Europäische Parlament. Obwohl im Europäischen Parlament die wichtigsten nationalen Parteien vertreten sind, und obwohl die Sitzordnung des Parlaments parteiprogrammatischen Kriterien folgt, dominierte die positive Einstellung zur Integration die Links-Rechts-Unterscheidung (Weiler 1992, 32-3). Auch bei der Kommission und beim Ministerrat ist die Parteizugehörigkeit ihrer Mitglieder kein offensichtlicher Parameter ihrer Politik. Deshalb konnte der Eindruck entstehen, europäische Politik sei jenseits der traditionellen Ideen- und Interessenkämpfe des Nationalstaats angesiedelt: „This neutralization of ideology has conditioned, in its turn, the belief that an agenda could be set for the Community, and the Community could be led toward an ever closer union among its peoples without having to face the normal political cleavages present in the member states" (Weiler 1992, 34).

Auch die äußere Form und die innere Organisationsstruktur der politischen Institutionen der Integration sollten sich in den Vorstellungen der führenden Akteure mehr oder weniger von selbst aus den Funktionen der neuen gemeinschaftlichen Einrichtungen ergeben.[9] Tatsächlich wurde davon ausgegangen, die neuen europäischen Eliten könnten auf unstrittige und eindeutige Weise aus Integrationsaufgaben entsprechende Integrationslösungen ableiten. Die klassischen Formulierungen demokratischer Repräsentation, Verfassungsgebung und Gewaltenteilung wurden als der nationalstaatlichen Ordnung verhaftet gesehen, die es zu überwinden galt; politischer Wettbewerb wurde durch Planung abgelöst. Diese Planungsaufgaben sollten auch ihre eigene organisatorische Struktur und die für ihre optimale Erfüllung notwendige Verteilung und Anordnung von Macht bestimmen. Das Problem der Machtordnung wurde deshalb nicht als eigenständiges politisches Problem gesehen. Genausowenig gab es Fragen nach der Angemessenheit von Verfahren und der Entwicklungsfähigkeit von Institutionen. Und schließlich konnten auch Sinn und Zweck der Integration sehr weitgehend und unhinterfragt vorausgesetzt werden. Obwohl Sozialwissenschaftler wie Haas bereits früh die Ambiguität des politischen Projekts der Gemeinschaftbildung beklagten („we need a dependent variable“ - Haas 1971, 18), nahmen Funktionalisten an, daß es jenseits der konkreten organisatorisch-institutionellen Strukturen ein europäisches Gemeinwohl gebe, das dem Integrationsprozeß Sinn und Zweck verleihe.

Die Vereinbarung der Währungsunion kann als Versuch gewertet werden, die europäische Integration weiterhin als Prozeß zu sehen, der über ökonomisch-funktionelle Mechanismen die Entstehung einer Politischen Union vorantreibt, ohne daß diese Union selbst Objekt der bewußten Gestaltung einer neuen politischen Ordnung wäre. Die wirtschaftliche Dynamik soll neue politische Realitäten schaffen.[10] Mit dem Maastrichter Vertrag wurde diese Grundvorstellung auf eine qualitativ neue Ebene gehoben, ohne daß die Konturen einer neuen *politischen* Ordnung deutlicher würden. Anders ausgedrückt weigern sich auch im Maastrichter Unionsvertrag die Mitgliedstaaten, zwischen wirtschaftlicher und politischer Integration einen Unterschied zu machen.[11] Damit entpolitisiert die Währungsunion die europäische Integration; das Ziel des Integrationsprozesses bleibt unbestimmt. Auseinandersetzungen grundsätzlicher Art über das Verhältnis der Mitgliedstaaten (und nachgeordneter Ebenen) zum supranationalen Verband werden zumindest in Mitgliedstaaten wie Deutschland oder Luxemburg, deren Regierungen auf die Wirkungen funktionalistischen *spillovers* vertrauen, verhindert. Politische

Gewinn- und Verlustrechnungen können nur veranstaltet werden, wenn gegenüber dem Status quo ein eindeutig identifizier- und bewertbarer Bezugspunkt vorhanden ist. Weil dieser Bezugspunkt nicht thematisiert wird, können auch keine alternativen Ordnungsentwürfe formuliert werden. Aufgrund der Identifizierung der wirtschaftlichen mit der politischen Integration bleibt der Integrationsprozeß jenseits einer ordnungsgestaltenden und ordnungsschaffenden Institutionenpolitik. Die nationalen Referenden, die im Zusammenhang mit der jüngsten Erweiterungsrunde und zum Teil im Rahmen der Ratifizierung des Maastrichter Unionsvertrag abgehalten wurden, sind kein Ersatz für eine Verfassungsdiskussion. Sie legitimieren den bereits erreichten Stand der Integration - oder verweigern diesem die Zustimmung. Wie das dänische Beispiel jedoch zeigt, wird die verweigerte Zustimmung nicht zum Anlaß einer grundsätzlichen Infragestellung, sondern lediglich einer partiellen Korrektur der europäischen Integration genommen.

Frühere Ansätze der Integrationsforschung konnten noch ganz selbstverständlich davon ausgehen, ihr Thema sei die Erklärung der Entwicklung eines neuartigen politischen Verbands aus Nationalstaaten, deren Beziehungen und Konflikte auf neue Weise und ohne Zuhilfenahme von Gewalt geregelt werden (Haas 1971, 4 und 6).[12] Die Forschung beschäftigte sich mit dem (wahrscheinlichen) Ergebnis im Sinne der Ablösung einer (nationalstaatlich) fragmentierten Ordnung durch eine neue Struktur, oder sie fragte nach den organisatorischen und verhaltensleitenden Konsequenzen der Integrationspolitik für die Integration selbst. Nationale Unterschiede der sozialen und wirtschaftlichen Verfassung kamen, wenn überhaupt, allein als intervenierende Variable des Integrationsprozesses, als Faktoren einer Beschleunigung bzw. Verlangsamung in den Blick (Haas 1971, 7-8). Weder der Wandel nationaler Wirtschafts- und Sozialsysteme noch ihr gegenseitiges Verhältnis unter dem Einfluß der Integrationspolitik war ein eigenständiges Thema. Die nationalstaatliche Souveränität wurde bereits als Merkmal vergangener Strukturen gesehen; im Zentrum der Aufmerksamkeit stand das Konstrukt einer neuen politischen Ordnung. Entsprechend war die Forschung orientiert: „The main reason for studying regional integration is thus normative: The units and actions studied provide a living laboratory for observing the peaceful creation of possible new types of human communities at a very high level of organization and of the processes which may lead to such conditions. The study of regional integration is concerned with tasks, transactions, perceptions, and learning, *not with sovereignty, military capability, and balances of power*" (Haas 1971, 4 - unsere Hervorhebung, E. R. und T. K.).

Dieses Zitat zeigt bereits den grundlegenden Wandel, den der Prozeß der europäischen Integration erfahren hat. Die ursprüngliche funktionalistische Orientierung an europäischen Problemen, auf die europäische Eliten europäische Antworten finden sollten, wurde durch eine Europapolitik abgelöst, in der genau die Elemente wieder auftauchen, von denen Haas und andere Beobachter annahmen, daß sie bereits einer vergangenen Epoche angehörten: nationalstaatliche Souveränität und klassische Machtpolitik zwischen nationalstaatlichen Akteuren. Diese Entwicklung ist Ergebnis der Integration selbst. Einmal veränderte die Institutionalisierung der Union und die Investition ihrer Akteure, Kompetenzen und Ressourcen einzubringen, die Bedingungen nationaler Politik. Handlungsbefähigungen und Strategien nationaler Akteure wurden durch die Integration in einem Maße verändert, daß in einer wachsenden Zahl von Bereichen die Karten des politischen Spiels neu gemischt und ausgeteilt wurden. Die Beiträge von Eising und von Benz, Ast und Frenzen in diesem Band geben Beispiele dafür. Zum anderen veränderte die Integration auch das Verhältnis zwischen den Mitgliedstaaten. Ein wichtiger Aspekt dieser Entwicklung ist die allgemeine Senkung wirtschaftlicher Transaktionskosten. Wie der Beitrag von Hallerberg zeigt, führt diese Entwicklung zu einer Standortkonkurrenz mit eigener Dynamik, die auf ihre Weise Politik und Gesellschaft der Mitgliedstaaten herausfordert.

Jenseits der funktionalistischen Perspektive und Interpretation sorgte noch ein zweiter Faktor dafür, daß die institutionelle Ordnungspolitik der Europäischen Integration im Hintergrund blieb. Dieser Faktor ist die hybride Natur der Union. Der Union wurden Kompetenzen übertragen, ohne daß sie als Handlungseinheit kompetent wurde. In dem Maße, in dem der Union staatliche Qualitäten fehlen, fehlt auch ein Fokus autoritativer politischer Entscheidung. Die Beschreibung der Union als Mehrebenensystem wechselseitig verschränkter Ebenen der Willensbildung und Entscheidungsfindung verweist auf diese fehlende Eigenschaft einer Regierungsgewalt, in der sich Entscheidungskompetenzen bündeln und die deshalb Bezugspunkt von parteivermittelter Interessenaggregation einerseits und von Vorrichtungen eines Systems von *checks and balances* europäischen Regierungshandelns andererseits sein könnte. Ohne eindeutige Konzentration von Entscheidungsbefugnissen fehlen auch die Ansatzpunkte breiter, große Bevölkerungsgruppen integrierende wie mobilisierende Prozesse *europäischer* Interessenkonfrontation und Interessenklärung. Stattdessen sorgt das Nadelöhr intergouvernementaler Willensbildung und Entscheidungsfindung, gemeinsames Interesse souveräner Regierungsakteure, dafür, daß europäische Politik *high politics* bleibt. Die fehlende Einheitlichkeit der Implementierung und Erzwingung europäischer Gesetze ist ein weiterer Grund für die vergleichsweise politikferne bzw. politikabgewandte Seite europäischer Politik.[13]

Die europäische Integration wurde auch deshalb kaum als politische Aufgabe wahrgenommen, weil sie vergleichsweise bürgerfern gestaltet wurde. Zum einen ist das Europäische Parlament trotz Direktwahl und trotz Ausdehnung seiner Kompetenzen im europäischen System der Willensbildung, Entscheidungsfindung und Beschlußfassung nicht mit einer Legislative der klassischen Ordnung demokratischen Parlamentarismus' vergleichbar. Und zum anderen werden die Ergebnisse europäischer *Politik* erst durch die mitgliedstaatliche Ausführung wirksam. Damit lebt europäische Politik von der Akzeptanz und Legitimität der nationalen Ordnung mitgliedstaatlicher Verwaltung und Politik. Dieser Unterschied etwa zur bundesstaatlichen Konstruktion der Vereinigten Staaten, wo Bundesgesetze durch Bundesbehörden und staatliche Gesetze durch die staatlichen Behörden ausgeführt werden, hat nach Hallstein „den schwer zu überschätzenden Vorteil, dem Bürger die ihm noch 'fremde' Wirklichkeit der europäischen Ordnung unter der Autorität und im vertrauten Gewande der nationalen Ordnung und - nicht zuletzt - in seiner Sprache nahezubringen" (1969, 59). Dies bedeutet aber auch, daß der „europäische Bürger" europäische Politik nicht als seine Angelegenheit wahrnimmt und es eine tiefe Kluft zwischen „Brüssel" und der eigenen politischen Existenz gibt. Gleichzeitig hat spätestens mit der Verabredung der Währungsunion die Integration eine Qualität bekommen, die sie zu einer unausweichlichen Realität aller Bürger der europäischen Gesellschaft macht. Die Probleme dieser integrationsinduzierten Realität können jedoch nur zu politischen Problemen werden, wenn es ein Objekt dieser Politik gibt. Trotz der institutionellen Veränderungen der Europäischen Union sind weder ihre politischen Konturen als eigenständige Ordnung noch das Ziel ihrer Entwicklung deutlicher geworden. Jacques Delors selbst bezeichnete noch anläßlich seiner Verabschiedung als Präsident der Kommission die Union als „un object politique non-identifié".[14]

2.2 *Wandlungen des Kontextes der europäischen Integration*

Das Spannungsverhältnis zwischen nationalstaatlicher Souveränität und europäischer Integration hat die Integrationspolitik von Anfang an begleitet. Es hat allerdings in bezeichnender Weise sein Vorzeichen geändert. Während zu Beginn der europäischen Integration die Idee prägend war, über die Abkehr von Nationalstaatlichkeit zugunsten funktionalistischer, gemeinsamer Problemlösung zwischenstaatliche Reibungsflächen und Konfliktpunkte abzubauen, hat die supranationale Institutionenbildung und die eigentümliche Konstruktion des europäischen Entscheidungssystems dazu geführt, daß nationale Regierungen aus innenpolitischen Gründen europäische Politik zu betreiben versuchen. Je eigenständiger die supranationale Ebene hinsichtlich ihrer Entscheidungsbefugnisse und Ressourcen wurde, desto größer wurde die Versuchung, über „europäische“ Politik nationale Verhältnisse zu verändern. An die Stelle einer Europapolitik, die mit neuen Methoden neue Ziele zu verwirklichen sucht, trat zunehmend eine *nationale* Europapolitik, deren Bezugspunkt mehr oder weniger ausschließlich die jeweiligen, exklusiven nationalen Verhältnisse waren.[15] Der Maastrichter Unionsvertrag ist der (bisherige) Höhepunkt dieser Entwicklung einer Nationalisierung der europäischen Integration.[16] Indem sie Konvergenz- und Verschuldungskriterien und Vorgaben für einen Fahrplan zur Währungsunion vereinbarten, wurden nationale Regierungen in ihrem jeweiligen Binnenverhältnis gegenüber Parlamenten, Gerichtshöfen, unabhängigen Zentralbanken, Bürgern und Interessengruppen gestärkt. Dieser nationale Umschlag der Integrationspolitik reflektiert aber nicht nur die Institutionalisierung supranationaler Entscheidungszentren, sondern ist auch auf die Transformation der westeuropäischen Gesellschaften zu Wohlfahrtsstaaten zurückzuführen.

Mit dieser Transformation änderten sich die Parameter von Politik und ihrer demokratischen Kontrolle. Aus- und umverteilende Sozialpolitik wurde zum dominanten Politikmodus. Das Potential des politischen Systems, grundlegende Spannungen und Wertkonflikte moderner, hochgradig arbeitsteiliger Gesellschaften in verhandelbare Verteilungskonflikte zu transformieren, wurde enorm gesteigert. Gleichzeitig sorgte die wirtschaftliche Entwicklung dafür, daß für diesen Strukturwandel der Politik genügend Ressourcen vorhanden waren. Mit der wohlfahrtsstaatlichen Expansion veränderte sich aber auch die Gruppenstruktur der modernen Gesellschaften. Zu den traditionellen Besitz- und Erwerbsklassen der Industriegesellschaft traten die Versorgungsklassen des Wohlfahrtsstaates, und neben den sozialpolitischen Klientelen organisieren sich auch die Produzenten der neuen wohlfahrtsstaatlichen Güter. Für die Struktur der politischen Auseinandersetzung bedeutete dies, daß zu den Verteilungskonflikten der Industriegesellschaft die Umverteilungskonflikte des Wohlfahrtsstaates hinzukamen. Mit der wohlfahrtsstaatlichen Transformation änderten sich auch Legitimitätsideen und Interessen sozialer Gruppen. Die Verengung staatlicher Verteilungsspielräume durch nachlassendes bzw. stagnierendes Wirtschaftswachstum führte nicht nur deshalb zu Blockierungen des politischen Systems, weil die neuen Mittel und Wege der sozialpolitischen Entschärfung von Verteilungskonflikten nicht mehr gangbar waren, sondern auch, weil durch die wohlfahrtsstaatliche Transformation die gesellschaftliche Verfassung auf einer neuen Grundlage steht. Die Neueröffnung politischer Arenen und die Erhöhung des Integrationsgrades des politischen Verbandes, welche die Anzahl an organisierten Vetospielern mit unterschiedlichen Politikvorstellungen vergrößerte, schuf auch neue Widerspruchs- und Widerstandsmöglichkeiten der neuen wie der alten gesellschaftlichen Gruppen gegen Veränderungen des Status quo, dessen bedingungsloser Erhalt jedoch zu Inflation, Staatsverschuldung und Massenarbeitslosigkeit führt. Mit diesem allgemeinen Wandel binnengesellschaftlicher Strukturen änderten sich auch die Einschätzung und die Bewertung der europäischen Integration durch die Regierungen der Mitgliedstaaten. Diese sahen in der Integration und den gemeinschaftlichen Einrichtungen exklusive Arenen, in denen nationale Politik gemacht werden kann, wohingegen der Handlungsspielraum in den nationalen Arenen durch die Existenz etablierter Vetospieler reduziert wird. Der europäische Binnenmarkt wurde zum Gegengewicht des nationalen Wohlfahrtsstaats und dessen wirtschaftspolitischem Pedant, der Überregulierung.

Die Marksteine der institutionellen Entwicklung der Union seit Mitte der achtziger Jahre - das Binnenmarktprogramm, die Einheitliche Europäische Akte, der Maastrichter Unionsvertrag mit der Währungsunion, der gegenwärtig zur Entscheidung anstehende Maastricht II-Vertrag und die Implikationen der Osterweiterung - bedeuten für die innere Verfassung der Mitgliedstaaten revolutionäre Veränderungen. Tatsächlich drängt sich der Eindruck auf, daß auf europäischen Wegen nationale Entscheidungsträger - hauptsächlich die Regierungen - in ihren wohlfahrtsstaatlich überformten Gesellschaften Veränderungen vornahmen, die ansonsten unterblieben wären. Die Eindämmung von Inflation und Staatsverschuldung sowie der Abbau ineffizienter öffentlicher Sektoren als Kernprobleme aller Mitgliedstaaten wurden über die Festlegung der Konvergenzkriterien für eine europäische Währungsunion zu lösen versucht, die Mobilität von Arbeit und Kapital konnte durch die Schaffung des Binnenmarktes erhöht werden, und die großen Vertragslösungen der Europapolitik seit Mitte der achtziger Jahre können als Mechanismen der Selbstbindung nationaler Regierungen an marktliberale Rationalitätskriterien politischen Handelns interpretiert werden.

Über die Vertragskonstruktionen und die Kommission als Überwachungsinstanz wurden Elemente einer Selbstbekräftigung und Selbstdurchsetzung eingeführt und damit die Realisierungschancen dieser Politiken in den nationalen Kontexten erhöht (Harden und von Hagen 1996; Rieger 1995). Diese Strategie reflektiert die allgemeine Skepsis, ob in den Demokratien der entwickelten Wohlfahrtsstaaten Verfassungsänderungen - weniger im rechtlichen als im Sinne der Veränderung der Grundregeln des politischen Prozesses - überhaupt noch möglich sind.[17] Voraussetzung dieser Strategien und Wahrnehmungen des europäischen Systems war allerdings ein Bild einer Integration und Gemeinschaftsbildung, die sich jenseits von Politik vollziehen und deshalb als eigenständige Imperative in politischen Prozessen eingesetzt werden können.

Die Entwicklung der Integration hat damit eine ganz andere Richtung eingeschlagen und andere Schwerpunkte gewonnen, als es die frühe Integrationsforschung noch vermutete. Insbesondere die Vorstellung eines konfliktfreien und kumulativen *spillover* zunehmender Vergemeinschaftung nationaler Politikbereiche läßt sich angesichts hochgradig politikbestimmter, weder sozioökonomischen noch institutionellen Entwicklungszwängen unmittelbar folgenden Gestaltungssprüngen und Gestaltungsbrüchen aufrechterhalten. Die Marktintegration wird aus nationaler Perspektive zunehmend mit einem neoliberalen Programm in Verbindung gebracht und verliert damit ihre parteipolitische Neutralität. Die Auseinandersetzungen um die „soziale Dimension" der Integration und um die Einfügung eines „Beschäftigungskapitels" in die Amsterdamer Revision des Unionsvertrags ist ein Indikator parteiprogrammatischer Ideologisierung der Integration (Leibfried und Pierson 1995; Weiler 1992).

Die Diagnose einer Nationalisierung ergibt sich vor allem dann, wenn weniger die spezifischen Inhalte als die Verfahren der Europapolitik in den Mittelpunkt der Analyse gestellt werden. Die gegenwärtige wie die frühere Europapolitik wollte sich über ihre spezifisch europäische Qualität legitimieren; nach wie vor ist der Funktionalismus das beherrschende Denkmodell der Europapolitik als auch der Ausgangspunkt sozialwissenschaftlicher Integrationsforschung. Stark verkürzt ausgedrückt ist dieses Denkmodell von der Vorstellung geprägt, daß es gemeinsame, die nationalen Grenzen und Zuständigkeiten transzendierende Problemlagen gibt, auf die mit entsprechend gemeinschaftlichen policies geantwortet werden soll.[18] Diese Denkweise wird auch daran erkennbar, daß im Zusammenhang mit „institutionellen Reformen" die Effizienz des bisherigen Entscheidungssystems gesteigert werden soll. Insbesondere soll über eine Ausdehnung des Mehrheitsentscheids auf bisher vergleichsweise konfliktreiche Politikfelder zum einen die Schnelligkeit eines europäischen Entscheidungshandelns erhöht und zum anderen die Wahrscheinlichkeit gesteigert werden, einheitliche Positionen erreichen und durchsetzen zu können (König und Schulz 1996). Daß dieser Entwicklungsweg, der sich an der Funktions- und Handlungsfähigkeit europäischer Politik orientiert, zu Lasten ihrer Integrations- und Bindungsfähigkeit gehen würde, ist daran ablesbar, daß mit ihm auch eine Diskussion über Formen abgestufter Integration bzw. neuer *opting out*-Modelle eröffnet wurde (Wallace 1996). Für unseren Zusammenhang ist jedoch entscheidend, daß im Fokus europäischer Handlungsfähigkeit eher die Überwindung binnengesellschaftlicher Strukturkrisen als die Herstellung eines neuen europäischen politischen und sozialen Systems steht. Der Widerstand der Briten gegen den Maastrichter Unionsvertrag und ihre ablehnende Haltung gegenüber der weiteren Stärkung europäischer Instanzen ist auch darauf zurückzuführen, daß die britische Politik aufgrund ihres institutionellen Zuschnitts binnengesellschaftlich sehr viel handlungsfähiger und die Liberalisierung des britischen Arbeitsmarktes und der britischen Wirtschaft weiter fortgeschritten ist als auf dem Kontinent. Die britische Politik braucht deshalb weder die europäischen Entscheidungsgremien als innenpolitisches Machtmittel noch die Währungsunion als Mittel finanz- und wirtschaftspolitischer Selbstdisziplinierung.

Der Vorzeichenwechsel der Europapolitik ist auch an der Stärkung der Exekutive sowohl im jeweiligen nationalen wie im supranationalen Entscheidungssystem abzulesen. In gewisser Weise wurde diese Entwicklung bereits mit der Gründung der verschiedenen Gemeinschaften angelegt. Den Kern bildeten eigenständige Organe, die als Expertengremien konzipiert waren, gekoppelt mit einer Vertretung der Mitgliedstaaten als eigentlichem Entscheidungsorgan. Das Verhältnis der beiden Einrichtungen wurde dabei nicht als Interessenkonfrontation und damit auch Interessenklärung, sondern als „harmonische Zusammenarbeit" konzipiert.[19] Gewaltenteilung, Konstitutionalismus und Parlamentarismus wurden ausdrücklich als Gestaltungsvorgaben abgelehnt. Stattdessen wurde davon ausgegangen, Problemwahrnehmung und Problembeantwortung geschähen dann am besten, wenn dies in einem weitgehend politikfreien Raum stattfindet. Die neuen Eliten, so die Vorstellung, seien besser als Parlamentarier und parteipolitisch gebundene Regierungen in der Lage zu erkennen, wie sich ein spezifisch europäisches Gemeinwohl gestaltet.

Aber gibt es tatsächlich „europäische“ Probleme, die von europäischen Instanzen erkannt und von ihnen im Interesse eines europäischen Gemeinwohls mit entsprechenden Lösungen beantwortet werden? Diese Vorstellung setzt voraus, daß es jenseits der Ideen und Interessen konkreter europapolitischer Akteure und jenseits der tatsächlichen Strukturen europapolitischer Willensbildung und Entscheidungsfindung europäische Werte und ein europäisches Gemeinwohl gibt, die als solche erkannt und verwirklicht werden können. Aber welche Anhaltspunkte gibt es für die Annahme eines von allen Akteuren als wünschenswert erkannten und gemeinsam angestrebten Endzustandes der europäischen Integration? Sowohl politisch wie wissenschafts- und erkenntnistheoretisch ist diese Perspektive unhaltbar, auch wenn sie im Sinne eines gesellschaftlichen Problemlösens gewünscht wird. Für das Verständnis und die Erklärung der tatsächlichen Ergebnisse des europapolitischen Entscheidungshandelns fruchtbarer ist die Einsicht, daß es für sie keine exogenen Maßstäbe und Bewertungskriterien gibt. Die konkreten Ergebnisse der Europapolitik können nur über die Analyse der Interessen der Entscheidungsträger und der Organisation der Willensbildung und Entscheidungsfindung erschlossen und bewertet werden. Europapolitische Ergebnisse sind die Ergebnisse europapolitischen Entscheidungshandelns. Europapolitik als solche hat kein Endziel, das von Akteuren und den Institutionen, innerhalb derer sie sich bewegen und die ihr Entscheidungshandeln strukturieren, verfolgt wird.[20]

Die Berechtigung dieser Perspektive läßt sich an den Auseinandersetzungen um die europapolitischen Verfahrensregeln erkennen. Sie sind auch deshalb zum Ausgangs- und Bezugspunkt von Konflikten geworden, weil die *Ergebnisse* des europapolitischen Entscheidungshandelns von der *Organisation* des Entscheidungshandelns abhängig sind, und weil Korrekturen europapolitischer Ergebnisse - zum Beispiel die Zunahme regionaler Disparitäten - ja nicht bei diesen Ergebnissen selbst ansetzen, sondern bei Veränderungen der *Regeln* des Entscheidungshandelns. Schneider weist in diesem Band ausdrücklich darauf hin, daß gerade die spieltheoretischen Beiträge zur Integrationsforschung insofern institutionalistisch orientiert sind, als sie untersuchen, „*wie* sich Entscheidungs*prozeduren* auf die Handlungsmöglichkeiten der Akteure auswirken“ (S. 166 - unsere Hervorhebung, E. R. und T. K.).

3 Grenzen europäischer Institutionenwahl

Der Mehrheitsentscheid des Ministerrats ist in mehrfacher Hinsicht der kritische Punkt bei der Neuordnung des europapolitischen Entscheidungssystems. Er hat andere institutionenpolitische Implikationen als die Einstimmigkeit. Insbesondere verändert er das Verhältnis von Effektivität und Legitimität im europapolitischen Mehrebenensystem. Er verändert aber auch das Verhältnis von Politik und Wirtschaft im Rahmen der Integration. Obwohl es auch bisher in bestimmten Bereichen Mehrheitsentscheidungen gab, änderte dies nichts daran, daß die Einstimmigkeit des Ministerrats die eigentliche Legitimitätsgarantie der politischen Integration war. Seit Mitte der achtziger Jahre ist die vermehrte Anwendung des Mehrheitsentscheids beobachtbar. Unter dem Eindruck einer sich erweiternden Union ist anzunehmen, daß die Einstimmigkeitsregel immer mehr an Bedeutung verlieren wird.

Neben der materialen Legitimierung der Integration als umfassender Prozeß einer Binnenmarktbildung war die Einstimmigkeit im Ministerrat ein entscheidender Faktor, die Akzeptanz der Integration auf der politischen Seite zu sichern. Der erste Versuch eines Übergangs von Einstimmigkeit zum Mehrheitsentscheid als *Regel* der Beschlußfassung im Ministerrat im Jahr 1965 löste eine Krise aus, die erst durch den Luxemburger Kompromiß beendet wurde. Durch ihn wurde die Einstimmigkeit auch in Bereichen festgeschrieben, in denen der Vertrag Mehrheitsentscheide vorsah. Gegen die Einstimmigkeit wurden regelmäßig ihre Status quo-Orientierung und die Verlangsamung und Komplizierung der Abstimmungsprozesse im Ministerrat vorgebracht. Entscheidungsblockaden konnten regelmäßig nur über Entscheidungsmaterien übergreifende *package deals* und *side payments* aufgelöst werden. Allerdings drängte die Erweiterung und Vertiefung gemeinschaftlicher Rechtsetzung zum Mehrheitsentscheid. Trotz eines allmählichen Übergangs zum Mehrheitsentscheid zeichnet sich diese Entwicklung jedoch dadurch aus, daß sie mit der Betonung des Subsidiaritätsprinzips immer im Schatten des Luxemburger Kompromisses und damit der Vetomöglichkeit einzelner Mitgliedstaaten verbleibt.[21] Das Nebeneinander unterschiedlicher Abstimmungsregeln macht die Einstimmigkeit zu einer *last resort*-Strategie bzw. einem Trumpf für unterlegene Parteien.[22] Gerade dieser Aspekt wurde in den letzten Jahren als Hauptproblem der Integrationspolitik dargestellt. Die Persistenz der Einstimmigkeit wurde insbesondere in der Interpretation von Scharpf (1988) als Ursache systemischer Produktion suboptimaler und Reformen verhindernder Politik beschrieben. Das bisher letztlich ungeklärte

Verhältnis von Mehrheitsentscheid und Einstimmigkeit hat jedoch einen tieferen Grund. Die Einstimmigkeitsregel löst den für Mehrebenensysteme konstitutiven Konflikt zwischen der Effektivität des gemeinschaftlichen Entscheidungsverhaltens einerseits und der Sicherung der Integrationskonstruktion andererseits zugunsten der Integration. Die gegenwärtige Regelung unterschiedlicher Verfahrensweisen je nach Entscheidungsmaterie kann nicht darüber hinwegtäuschen, daß die Legitimität von Mehrheitsbeschlüssen eine kritische Größe darstellt. Dafür gibt es Gründe, die mit der Natur der politisch-institutionellen Integration der Union systematisch verknüpft sind.

Einstimmigkeit ist mehr als nur ein Entscheidungsmechanismus. Funktionsfähigkeit politischer Instanzen und Effektivität des Entscheidungshandelns sind keine bereits an sich gültigen Maßstäbe. Einstimmigkeit ist auch eine Konsensformel. Als solche ist sie an eine Konstellation gebunden, in der souveräne Akteure in ganz bestimmten, abgegrenzten Materien Beschlüsse fassen. Beide Momente, die Souveränität der Akteure wie die Begrenztheit des Rahmens, innerhalb dessen Entscheidungen getroffen werden, sind für ein hierarchisch gegliedertes politisches System, dessen Einheiten grundsätzlich selbständig sind und bleiben, konstitutiv. Anstatt einheitlicher und kontinuierlicher „Regierungsgewalt“ mit allgemeiner Problemlösungskapazität und Legitimität zerfällt die politische Gewalt auf der Ebene der Union in ein Bündel paktierter Einzelberechtigungen, innerhalb derer die verschiedenen resortspezifischen Inkarnationen des Ministerrats immer wieder aufs neue eine gemeinsame Linie finden müssen. Insofern gibt es keine „europäische Regierung“, die für die getroffenen Entscheidungen Verantwortung übernimmt. Jede politische Aktion setzt die Einigung von gegeneinander prinzipiell selbständigen Inhabern von Prärogativen voraus, und diese Einigung herbeizuführen ist Aufgabe und Zweck der Kommission[23] in ihrer Funktion als Initiator von Gemeinschaftspolitik und in ihrer Rolle als „ehrlicher Makler“.

Die Selbständigkeit der Mitgliedstaaten ist die *raison d'être* der Einstimmigkeitsregel. Damit hängt auch die Logik der Beschlußfassung zusammen. Weber beschrieb und analysierte im Zusammenhang mit seiner Diskussion des Ständestaats diese besondere Form einer „Ordnung politischer Angelegenheiten durch *Kompromiß*“. Er stellt anläßlich der Eigenart dieser Form von Regierung, daß für Vertreter, die nicht zustimmen, Beschlüsse nicht bindend sind, die Frage, „ob ein moderner Staat in solchen Formen regiert werden könne“ (1980, 264). Dem Kompromiß als Grundlage politischen Handelns stellt er deshalb ausdrücklich freie parlamentarische Abstimmung als die „moderne rationale Form der staatlichen Willensbildung" gegenüber (ibid.). Dieser Hinweis zeigt zweierlei. Erstens ist der Interessenausgleich durch Kompromiß eine nicht zu umgehende Realität europäischen Entscheidungshandelns. Zweitens kommt in den Besonderheiten und in den Problemen der Abstimmungsmodi die grundlegende - und genausowenig um- oder hintergehbare - Differenz zwischen konföderaler und nationalstaatlicher Politik zum Ausdruck.

Einstimmigkeit ist aber nicht nur eine Konsensformel. Sie ist auch eine Formel der Kontrolle der Macht. Nach der Montesquieuschen Formel ist der Kern der Gewaltenteilung, daß sie Macht gegen Macht setzt: „Damit die Macht nicht mißbraucht werden kann, ist es nötig, durch die Anordnung der Dinge zu bewirken, daß die Macht die Macht bremse" (Montesquieu 1748/1994, 215). Die Einstimmigkeit im Ministerrat bedeutet deshalb eine Gewaltenteilung. Sie ist aber nicht wie bei Montesquieu eine arbeitsteilig-qualitative, sondern eine einfache, quantitative Teilung der Macht des Ministerrats.[24] Dem Einwand, diese Konstruktion müsse zwangsläufig zu gegenseitiger Blockierung und Bewegungslosigkeit führen, kann mit Montesquieu entgegengehalten werden, „durch den notwendigen Fortgang der Dinge müssen sie (die gewaltenteiligen Körperschaften, E. R. und T. K.) notgedrungen fortschreiten und sind daher gezwungen, in gleichem Schritt zu marschieren" (ibid., 227). Im Anschluß an Montesquieu haben deshalb auch die Verfasser der *Federalist Papers* ausdrücklich die Vetomacht verteidigt, „damit die Chancen für die Gemeinschaft (...) erhöht (werden), daß nicht aufgrund von Hast, Unachtsamkeit oder böser Absicht schlechte Gesetze erlassen werden. Je öfter eine Maßnahme einer Untersuchung unterzogen wird und je unterschiedlicher die Positionen sind, die sie zu untersuchen haben, desto geringer wird die Gefahr sein, daß sich jene Irrtümer ergeben, die einem Mangel an entsprechender Überlegung oder auch jenen Fehlentscheidungen entspringen, die zustandekommen, weil man sich von irgendwelchen gerade herrschenden Leidenschaften oder Interessen hat ergreifen lassen. Es ist weitaus weniger wahrscheinlich, daß irgendwelche tadelnswerte Ansichten auf alle Teile der Regierung zur selben Zeit und in bezug auf dasselbe Objekt übergreifen, als daß sie der Reihe nach jeden einzelnen von ihnen leiten und in die Irre führen" (Hamilton, Madison und Jay 1787-88/1993, 434-5). Die hohe Entscheidungshürde, die von den Autoren der *Federalist Papers* der amerikanischen Verfassung auferlegt wurde, reflektiert, daß bundesstaatliche Legitimität in einer Föderation selbständiger Einzelstaaten ein sehr knappes Gut ist.

Das Problem besteht deshalb nicht in Verfahren bzw. Entscheidungsregeln an sich, sondern daß diese Verfahren eine bestimmte politische Ordnung widerspiegeln und an diese gebunden sind. Eine erste institutionenpolitisch entscheidende Frage ist deshalb, ob die politische Integration ein Maß erreicht hat, das den Übergang zu einem kontinuierlichen *europäischen* Regierungshandeln trägt. Eine zweite Frage ist die nach der wahrscheinlichen Qualität der Ergebnisse einer wesentlich über Mehrheitsentscheid zustandegekommenen europäischen Politik. Eine dritte ist die nach der Legitimität.

Je mehr die Souveränität der Mitgliedstaaten betont wird, desto weniger Raum gibt es für Mehrheitsentscheide.[25] Umgekehrt setzt der Mehrheitsentscheid eine Legitimierung durch die allgemeine Bevölkerung voraus, die sich nicht in der Regelgebundenheit der Gesetzgebung erschöpft. Wie das Beispiel Weimar zeigt, ist Legalität nicht mit Legitimität gleichzusetzen. Damit ein Mehrheitsentscheid Bindungskraft entfaltet, muß ein hohes Maß an Legitimität dieser Art von Politik existieren. Diese Art von Legitimität ist aber bis jetzt weitgehend an den Nationalstaat gebunden. Nur in einem nationalstaatlichen Verband ist es vorstellbar, daß, wie in Großbritannien regelmäßig der Fall, eine Regierung, die von etwa 30 Prozent des Wahlvolkes gewählt wurde, Gesetze verabschiedet, die von allen Briten akzeptiert wird. Für die Europapolitik bedeutet dies, daß auch eine strikte Koppelung des Mehrheitsentscheids an die Konsentierung durch den Ministerrat nicht unbedingt ausreicht, ihre Legitimität zu sichern.[26] Der eine Grund dafür ist darin zu suchen, daß am Maßstab der gegenwärtig existierenden Formen parlamentarischer Konsentierung und Mitentscheidung gemessen das System europäischer Willensbildung und Entscheidungsfindung nach wie vor als Scheinparlamentarismus bezeichnet werden kann. Wildenmann hat darauf hingewiesen, daß „in der Organisation der Macht eine Bestandsaufnahme der Institutionen der EG zu dem Schluß (führt), daß ihre Strukturen eher dem Deutschen Reich von 1871 (gleicht) als einem parlamentarischen Verfassungsstaat mit legitimen Entscheidungskompetenzen und Problemlösungskapazität. Das Parlament (ist) zwar gewählt, (hat) aber wenig zu sagen und (übt) eher eine Alibifunktion aus" (1991, 1). Es ist deshalb interessant zu sehen, wie sich Weber zur damaligen Verfassung des Deutschen Reichs und zum Problem der Demokratie in Deutschland äußerte. Er stellte damals fest, man habe „nur die Wahl: in einem bürokratischen 'Obrigkeitsstaat' mit Scheinparlamentarismus die Masse der Staatsbürger rechtlos und unfrei zu lassen und wie eine Viehherde zu 'verwalten' - oder sie als Mit*herren* des Staates in diesen einzugliedern. (...) Man kann die Demokratisierung sehr wohl (für jetzt) vereiteln. Denn starke Interessen, Vorurteile und - Feigheiten sind gegen sie verbündet. Aber es würde sich bald zeigen, daß dies um den Preis der ganzen Zukunft Deutschlands geschähe. Alle Kräfte der Massen sind gegen einen Staat engagiert, in dem sie nur Objekt und an dem sie nicht Teilhaber sind" (1919/1980, 291). Die angestrebte Steigerung der Effektivität europäischer Politik wird zumindest bis jetzt nicht durch eine gesteigerte Legitimität gedeckt. Deshalb spielt für die Mitgliedstaaten die Konstruktion der Union als fragmentierter und vertraglich gebundener Zweckverband hinsichtlich ihrer Legitimationsgrundlage eine größere Rolle als die Konsentierung der Europapolitik durch das Europäische Parlament. Kirchhof, Richter des Zweiten Senats des Bundesverfassungsgerichts, hat diesen Grundsatz im Anschluß an das Maastricht-Urteil nochmals ausdrücklich festgehalten: „Die Europäische Gemeinschaft (sic!) bleibt trotz ihrer Hoheitsbefugnisse ein Staatenverbund, der im Unterschied zu souveränen Staaten keine allgemeine Zuständigkeit besitzt, sondern nur die Zuständigkeiten in Anspruch nehmen darf, die ihr der Gründungsvertrag zuweist. Für die Gemeinschaftsorgane gilt also der Grundsatz der begrenzten Einzelermächtigung" (1996, 11).[27]

Kirchhof hebt dieses Konstruktionsmerkmal der Union ausdrücklich deshalb hervor, weil „das Europäische Parlament nicht der Gesetzgeber des Europarechts (ist) und die Parlamente der Mitgliedstaaten (...) nur mittelbar Einfluß auf die Rechtsetzung im Europäischen Rat (sic!) (gewinnen). Diese Entparlamentarisierung der europäischen Gesetzgebung weist den Gerichten vermehrt die Aufgabe zu, den Charakter der Europäischen Union als Rechtsgemeinschaft - ihre vertragliche und verfassungsrechtliche Rechtsgebundenheit - zu wahren" (1996, 11). Damit betont Kirchhof ausdrücklich den „Geltungsvorbehalt jedes der 15 Mitgliedstaaten" und das Vetorecht. Wird die Analogie zur Verfassung des Deutschen Reiches weitergetrieben, kann Kirchhofs Formulierung auch als Antwort auf Webers „prinzipielle Frage" verstanden werden: „Welches Organ hat, wenn man sich die Parlamentsmacht fortdenkt, die Demokratie, um die Verwaltung der Beamten ihrerseits zu kontrollieren?" (1917/1980, 289).[28] Kirchhofs Antwort, auf die europäischen Verhältnisse übertragen, lautet: die nationalen Verfassungsgerichtshöfe.

Das Dilemma von Funktions- und Integrationsfähigkeit zeigt sich, wenn auch in weniger offensichtlicher und deshalb auch seltener diskutierter Form, auch bei der Herausbildung der europäischen, Ebenen-übergreifenden Verwaltungsstruktur. In gewisser Weise ist diese Struktur bereits selbst ein Integrations- und Legitimationsfaktor, als sie ausdrücklich die in verschiedenen Ebenen angesiedelten Akteure in konkreten Problemlösungskontexten verklammert. Wie die Beiträge von Bücker et al. und von Bach in diesem Band deutlich machen, ist das Grundprinzip dieser Strukturen die problembezogene Kooperation und Konsenserzielung exklusiver Akteurskreise. Diese beiden Momente, enger Problembezug und Exklusivität der Arena, sind gleichzeitig Stärke und Schwäche der Konstruktion. Eine Stärke deshalb, weil sie eine Konzentration und Fokussierung von Interessen ermöglichen. Eine Schwäche deshalb, weil die Verallgemeinerungsfähigkeit dieser Politikmodi begrenzt ist. Zum einen gibt es keine Öffentlichkeit und damit auch keine ausreichenden Hebel parlamentarischer Kontrolle. Zum anderen ist diese Struktur eine Privilegienstruktur; die natürlichen *checks und balances* eines offenen Lobby-Systems von Parteien und Interessengruppen gibt es nicht. Angesichts der gleichzeitig hochgradig abgeschotteten und segmentierten Ordnung des Ausschußwesens stellt sich die Frage, wer auf welcher Grundlage über den Zugang welcher Interessen entscheidet.

Dieser Zugang hat zweifache Bedeutung. Zum einen ist er Voraussetzung für die Mitwirkung von Interessengruppen an Entscheidungen, die im Ministerrat von Verwaltungsmitgliedern unter Ausschluß der Öffentlichkeit getroffen werden. Zum anderen kann Zugang das Informationsniveau der Entscheider erhöhen, wenn die möglichen Konsequenzen der Beschlußfassung nicht ausreichend bekannt sind. Außerdem stellen sich, wie Schneider in diesem Band ausdrücklich hervorhebt, in diesen Strukturen eine Fülle problematischer *Prinzipal-Agenten*-Beziehungen. Auch in diesem Bereich europäischer Institutionenpolitik wiederholt sich deshalb das Problem, daß bei der Steigerung der Funktionsfähigkeit eine kritische Größe erreicht werden kann, die zu Lasten der Integrationsfähigkeit geht. Anders als bei der Frage des Mehrheitsentscheids läßt sich beim Verwaltungshandeln selbst aufgrund seiner segmentierten und grundsätzlich mitgliedstaatlichen Natur diese Größe weniger eindeutig benennen.

Hier ist nun nicht der Ort, das Dilemma zwischen der Funktionsfähigkeit europäischer Politik einerseits und ihrer Integrationsfähigkeit andererseits aufzulösen. Uns ging es vor allem darum, die Grenzen der gegenwärtigen Alternativen europäischer Institutionenwahl aufzuzeigen. Es wird wohl kein Zweifel daran bestehen, daß im Unterschied zu früheren kritischen Etappen der Europäischen Integration die gegenwärtige Situation sehr viel mehr politikbestimmt und politikabhängig ist. Diese Lage auch als sozialwissenschaftliche Herausforderung zu begreifen ist das Hauptanliegen der Beiträge dieses Bandes.

Anmerkungen

1 Für zusammenfassende Darstellungen vgl. Dietl (1993), Knight und Sened (1995) und Richter (1994).

2 Die Erwartung und die Hoffnung, institutionelle Transformation lasse sich durch politische Entscheidungen gezielt steuern, steht damit die institutionentheoretisch begründete Einsicht gegenüber, daß dauerhaft wirksame Veränderungen gerade von jenen Momenten der Institution ausgehen, auf die Politik den geringsten Einfluß hat. Politik ist regelmäßig Politik *in* Institutionen (Benz 1990, 365).

3 Hier handelt es sich um idealtypische Gegenüberstellungen. Wie Nedelmann in diesem Band zeigt, kann die Schwächung einer Institution die Handlungsfähigkeit und Durchsetzungschancen ihrer Träger steigern.

4 Zum Beispiel beschreibt Shepsle politische Institutionen als „ex ante agreements about a structure of cooperation (that) economize on transaction costs, reduce opportunism and other forms of agency 'slippage' and thereby enhance the prospects of gains through cooperation“ (1986, 74).

5 In diesem Zusammenhang kann eine mögliche Unterscheidung zwischen Institution und Organisation getroffen werden. Institutionen können als unwillkürlicher Mechanismus der Selbstbindung, und Organisationen als willkürlicher Mechanismus gesehen werden. Dementsprechend würden sich Institutionen durch Tradition, Organisationen durch Dezision verändern (Gretschmann 1990, 341, in Anlehnung an Deutschmann 1988, 59).

6 Für eine kurze Einführung vgl. Ledyard (1989).

7 Die Kategorie der Legitimität spielte keine besondere Rolle in der sozialwissenschaftlichen Analyse und Reflexion der europäischen Integration. Weiler hat auf den Umstand aufmerksam gemacht, daß gerade in einer integrationspolitischen Lage, in der über die verschiedenen Vertragsrevisionen der europäischen Politik neue Legitimitätsquellen erschlossen werden sollen, sich ausdrücklich die Legitimitätsfrage als politische Frage stellt: „The focus on legitimacy may, at first blush, seem bizarre in this context. In particular, und unlike earlier steps in the process of European integration, it could be said that the current round of treaty revision enjoys a far greater measure of transparency, a wider level of public awareness, a more informed media discussion, and, consequently, a greater level of popular support. It would probably be the first major change in the architecture of the Community polity in relation to which general public legitimacy could be claimed“ (Weiler 1992, 12).

8 Für eine Kritik dieser Perspektive vgl. den Beitrag von Greven in diesem Band.

9 Vgl. dazu die entsprechenden Abschnitte bei Küsters (1981).

10 Zu den Widersprüchen dieser Strategie vgl. die komparative Analyse von Engelmann et al. in diesem Band.

11 Die Identität von wirtschaftlicher und politischer Integration hat bereits Hallstein betont. Er hob ausdrücklich hervor, die wirtschaftliche Integration sei „nicht nur ein Schritt auf dem Wege zur politischen Integration, nicht nur deren Vorbereitung. Sie ist bereits ein Stück davon“ (zit. nach Schindler 1972, 359).

12 Der Fokus der Integrationsforschung war nationalstaatliche Souveränität: „The study of regional integration is concerned with explaining how and why states cease to be wholly sovereign, how and why they voluntarily mingle, merge, and mix with their

neighbours so as to lose the factual attributes of sovereignty while acquiring new techniques for resolving conflict between themselves" (Haas 1971, 6).

13 Es ist kein Zufall, daß im Zusammenhang mit europäischer Politik der Begriff „Gesetz" fehlt. Stattdessen gibt es ein abgestuftes Instrumentarium der Rechtssetzung der Union: Verordnungen, Richtlinien, und Entscheidungen.

14 Zit. nach Schmitter (1996, 1).

15 Für eine allgemeine Perspektive und Interpretation dieser Entwicklung vgl. den Beitrag von Wolf in diesem Band.

16 Maastricht II wird nach allem, was im Moment bekannt ist, diese Tendenz verstärken. Die Vergemeinschaftung von zentralen Teilen der Innen- und Justizpolitik geschieht ohne Beteiligung bzw. Einspruchsrecht des Europäischen Parlaments und des Europäischen Gerichtshofs. Im Schengen-Protokoll, das in den neuen Unionsvertrag aufgenommen werden soll, heißt es: „Der Gerichtshof besitzt auf keinen Fall die Zuständigkeit für Maßnahmen oder Beschlüsse, die die Aufrechterhaltung der öffentlichen Ordnung oder die Gewährleistung der inneren Sicherheit betreffen."

17 Vgl. dazu Brennan und Buchanan (1985, 134-50), insbesondere S. 145: „Must we acknowledge that changes in basic institutions can be imposed only nondemocratically, by a group seeking to promote its own interests (...)?"

18 Vgl. dazu den Beitrag von Greven in diesem Band.

19 Vgl. dazu Küsters (1981), von der Groeben (1995) und Ipsen (1971).

20 Vgl. dazu Brennan und Buchanan (1985: 45).

21 Für eine Beschreibung und Interpretation dieser Entwicklung vgl. den Beitrag von König und Bräuninger in diesem Band.

22 Schneider bezweifelt grundsätzlich die Möglichkeit, den verschiedenen Entscheidungsmaterien eindeutige Abstimmungsmodi so zuzuweisen, daß verhindert wird, ein Junktim von Politikbereichen, in denen der Mehrheitsentscheid gilt, mit Politikbereichen, in denen Einstimmigkeit gilt, herzustellen (in diesem Band S. 171).

23 Vor dem Hintergrund der Einstimmigkeitsregel war deshalb für die Kommission immer von zentraler Bedeutung, herauszufinden, über welche Probleme im Ministerrat *gleichzeitig* entschieden werden soll: „Ein Mitgliedstaat erklärt sich zu einer Aktion nur bereit, wenn zugleich eine andere beschlossen wird. Immer liegt diesem Verlangen ein Gleichgewichtsproblem zugrunde: ein Staat möchte ein Opfer nur bringen, wenn es durch einen bestimmten Vorteil kompensiert wird" (Hallstein 1969, 63).

24 Wir folgen hier einem Gedanken, den Weber im Rahmen seiner Analyse der politischen Konstruktionen des Feudalismus und Patrimonialismus entwickelte (1972, 635).

25 Dieser Punkt wird noch verschärft, wenn die Unterschiede nationaler Ordnungskonfigurationen in den Blick genommen werden. Wie der Beitrag von Ebbinghaus und Kraus in diesem Band zeigt, reflektiert die Subsidiaritätsformel des Maastrichter Unionsvertrags eher die Unterschiede als daß sie diese zu bewältigen versucht. Insofern ist die Subsidiaritätsformel Ausdruck von Vielfalt, aber nicht eine institutionenpolitische Antwort auf sie.

26 Dabei lassen wir hier die Frage außer Acht, ob das gegenwärtige System der Direktwahl zum Europäischen Parlament tatsächlich in der Lage ist, das europäische Aggretationsproblem von Interessen angesichts der vielschichtigen Heterogenität des europäischen Wahlvolks zu lösen. Der Beitrag von Kopstein und Hanson in diesem Band zeigt, daß selbst ein funktionierendes System intermediärer Interessenvermittlung keine Garantie für parlamentarische Legimität ist.

27 Weiler weist darauf hin, daß die europäische Gesetzgebung längst diesen Rahmen eines funktionalen Zweckverbandes gesprengt hat, und bezeichnet deshalb die Legitimations- und Kontrollformel „begrenzte Zuständigkeit“ als Zeitbombe: „But this process also constitutes a ticking constitutional time bomb that one day might threaten the evolution and stability of the Community. Sooner or later 'supreme' courts in the member states would realize that the 'sociolegal contract' announced by the Court in its major constitutionalizing decision (namely that 'the Community constitutes a new legal order ... for the benefit of which the states have limited their sovereign rights, *albeit within limited fields*'...), has been shattered - although they (the 'supreme' courts) have accepted the principles of the new legal order (supremacy and direct effect) the fields do not seem any more to be limited, and that in the absence of Community legislative or legal checks it will fall on them to draw the jurisdictional lines of the Community and its member states“ (Weiler 1992, 28-9).

28 Vgl. dazu auch Webers Hinweis: „In jedem Massenstaat führt Demokratie zur bürokratischen Verwaltung, und ohne Parlamentarisierung, zur reinen Beamtenherrschaft“ (1917/1980, 289).

Literatur

Benz, Arthur. 1990. „Institutionspolitik“. In *Jahrbuch zur Staats- und Verwaltungswissenschaft* 4: 359-74.

Brennan, Geoffrey und James M. Buchanan. 1985. *The Reason of Rules. Constitutional Political Economy.* Cambridge: Cambridge University Press.

Dietl, Helmut. 1993. *Institutionen und Zeit.* Tübingen: Mohr.

Frey, Bruno S. und Rainer Eichenberger. 1989. „Anomalies and Institutions“. In *Journal of Institutional and Theoretical Economics* 145: 423-37.

Gauthier, David. 1986. *Morals by Agreement.* Oxford: Oxford University Press.

Gretschmann, Klaus, 1990. „Neue ökonomische Institutionenanalyse“ (Besprechungsaufsatz). In *Jahrbuch zur Staats- und Verwaltungswissenschaft* 4: 339-58.

Haas, Ernst B. 1971. „The Study of Regional Integration: Reflections on the Joy and Anguish of Pretheorizing“. In *Regional Integration. Theory and Research*; hrsgg. von Leon N. Lindberg und Stuart A. Scheingold. Cambridge MA: Harvard University Press, 3-42.

Hallstein, Walter. 1969. *Der unvollendete Bundesstaat. Europäische Erfahrungen und Erkenntnisse.* Düsseldorf und Wien: Econ.

Hamilton, Alexander, James Madison und John Jay. 1787-88/1993. *Die Federalist Papers.* Übersetzt, eingeleitet und mit Anmerkungen versehen von Barbara Zehnpfennig. Darmstadt: Wissenschaftliche Buchgesellschaft.

Harden, Jürgen von und Ian J. Harden. 1996. „Die Europäische Verfassung und die Staatsfinanzen der Mitgliedsländer“. In *Das Europäische Mehrebenensystem*, hrsgg. von Thomas König, Hermann Schmitt und Elmar Rieger. Frankfurt/M., New York: Campus (Mannheimer Jahrbuch für Europäische Sozialforschung 1): 228-50.

Hayek, Friedrich August von. 1973. *Law, Legislation and Liberty. A New Statement of the Liberal Principles of Justice and Political Economy*. Volume I: Rules and Order. London: Routledge & Kegan Paul.

—. 1975. *Die Irrtümer des Konstruktivismus und die Grundlagen legitimer Kritik gesellschaftlicher Gebilde*. Tübingen: Mohr.

Hesse, Joachim Jens und Arthur Benz, 1988. „Staatliche Institutionspolitik im internationalen Vergleich". In *Jahrbuch zur Staats- und Verwaltungswissenschaft* 2: 69-111.

Ipsen, Hans Peter. 1972. *Europäisches Gemeinschaftsrecht*. Tübingen: Mohr.

Jepperson, Ronald L. 1991. „Institutions, Institutional Effects, and Institutionalism". In: *The New Institutionalism in Organizational Analysis*; hrsgg. von Walter W. Powell und Paul J. DiMaggio. Chicago: University of Chicago Press, 143-63.

Kirchhof, Paul. 1996. „Das Recht Europas und das der Staaten. Eine Normenhierarchie wie im Bundesstaat gibt es nicht". In *Frankfurter Allgemeine Zeitung* vom 4. Dezember 1996: 11.

Knight, Jack und Itai Sened, Hrsg. 1995. *Explaining Social Institutions*. Ann Arbor MI: University of Michigan Press.

König, Thomas und Heiner Schulz. 1996. *The Efficiency of Legislative Decision Making in the European Union. An Event-History-Analysis of EU Decision Making Speed.* Mannheim, Paper presented at the Annual Meeting of the American Political Science Association, San Francisco.

König, Thomas. 1997: *Europa auf dem Weg zum Mehrheitssystem. Gründe und Konsequenzen nationaler und parlamentarischer Integration.* Wiesbaden: Westdeutscher Verlag.

Krasner, Stephen D. 1984. „Approaches to the State. Alternative Conceptions and Historical Dynamics". In *Comparative Politics* 16: 66-94.

Kuran, Timur. 1988. „The Tenacious Past: Theories of Personal and Collective Conservatism". In *Journal of Economic Behavior and Organization* 10: 143-71.

Ledyard, John O. 1989. „Incentive Compatibility". In *The New Palgrave* (Allocation, Information, and Markets). New York, London: Norton, 141-51.

Leibfried, Stephan und Paul Pierson, Hrsg. 1995. *European Social Policy. Between Fragmentation and Integration.* Washington D.C.: Brookings.

Montesquieu, Charles, Louis de Secondat, Baron de l'Bréde et de. 1748/1994. *Vom Geist der Gesetze*. Auswahl, Übersetzung und Einleitung von Kurt Weigand. Stuttgart: Reclam.

Olson, Mancur. 1965. *The Logic of Collective Action. Public Goods and the Theory of Goods.* Cambridge MA, London: Harvard University Press.

—. 1982. *The Rise and Decline of Nations. Economic Growth, Stagflation, and Social Rigidities*. New Haven CO, London: Yale University Press.

Richter, Rudolf. 1994. *Institutionen ökonomisch analysiert. Zur jüngeren Entwicklung auf einem Gebiet der Wirtschaftstheorie*. Tübingen: Mohr.

Rieger, Elmar. 1995. „Die Politik supranationaler Integration. Die Europäische Gemeinschaft in institutionentheoretischer Perspektive". In *Politische Institutionen im Wandel* (Sonderheft der Kölner Zeitschrift für Soziologie und Sozialpsychologie 35); hrsgg. von Birgitta Nedelmann. Opladen: Westdeutscher Verlag, 349-67.

Scharpf, Fritz W. 1987. „Grenzen institutioneller Reform". In *Jahrbuch zur Staats- und Verwaltungswissenschaft* 1: 111-51.

—. 1988. „The Joint-Decision Trap: Lessons From German Federalism and European Integration". In *Public Administration* 66: 239-78.

Schindler, Dietrich. 1972. „Das Endziel der europäischen Integration. Die Frage der rechtlichen Struktur einer künftigen europäischen Gemeinschaft". In *Der Staat als Aufgabe.* Gedenkschrift für Max Imboden; hrsgg. von Peter Saladin und Luzius Wildhaber. Basel, Stuttgart: Helbling & Lichtenhahn, 355-69.

Schmalz-Bruns, Rainer. 1990. „Neo-Institutionalismus" (Besprechungsaufsatz). In *Jahrbuch zur Staats- und Verwaltungswissenschaft* 4: 315-37.

Schmitter, Philippe. 1996. „Examining the Present Euro-Polity with the Help of Past Theories". In *Governance in the European Union;* hrsgg. von Gary Marks, Fritz W. Scharpf, Philippe C. Schmitter und Wolfgang Streeck. London: Sage, 1-14.

Shepsle, Kenneth A.. 1986. „Institutional Equilibrium and Equilibrium Institutions". In *Political Science: The Science of Politics*; hrsgg. von H. Weisburg. New York: Agathon, 51-82.

Starobinski, Jean. 1991. *Montesquieu. Ein Essay.* München: Hanser (frz. 1953 und 1989).

Verloren van Themaat, Pieter. 1979. „Die Aufgabe der Rechtswissenschaft in der Diskussion um eine neue Weltwirtschaftsordnung". In *Rabels Zeitschrift für ausländisches und internationales Privatrecht* 43: 632-48.

Wallace, Helen. 1996. „Integration von Verschiedenheit". In *Das Europäische Mehrebenensystem;* hrsgg. von Thomas König, Hermann Schmitt und Elmar Rieger. Frankfurt/M., New York: Campus (Mannheimer Jahrbuch für Europäische Sozialforschung 1): 29-45.

Weber, Max. 1917/1980. „Wahlrecht und Demokratie in Deutschland". In *Gesammelte Politische Schriften*, 4. Aufl. Tübingen: Mohr, 245-310.

Weber, Max. 1919/1980. „Politik als Beruf". In *Gesammelte Politische Schriften* 4. Aufl.. Tübingen: Mohr, 505-60.

Weber, Max. 1980. *Wirtschaft und Gesellschaft.* Tübingen: Mohr.

Weiler, Joseph H. H. 1992. „After Maastricht: Community Legitimacy in Post-1992 Europe". In *Singular Europe. Economy and Polity of the European Community after 1992;* hrsgg. von William James Adams. Ann Arbor MI: University of Michigan Press, 11-41.

Wildenmann, Rudolf. 1991. *Probleme der sozio-politischen Steuerungskapazität Europas.* Mannheim: Forschungsstelle für gesellschaftliche Entwicklungen, vv. Manuskript.

Williamson, Oliver E. 1990. *Die ökonomischen Institutionen des Kapitalismus. Unternehmen, Märkte, Kooperationen.* Tübingen: Mohr.

Erster Teil

Institutionen und Integrationspolitik

Michael Th. Greven

Der politische Raum als Maß des Politischen — Europa als Beispiel

Der wissenschaftliche und politische Diskurs über den europäischen Einigungs- und Integrationsprozeß, lange Zeit die Beschäftigung von wissenschaftlichen und politischen Spezialisten oder auch Idealisten, ist in den letzten Jahren wissenschaftlich wie politisch aufgewertet und ins Zentrum der Aufmerksamkeit und damit auch Auseinandersetzungen gerückt worden. Wissenschaftlich wie politisch geht diese Umwertung einher und ist auf komplizierte Weise vielleicht sogar befördert worden durch den viel weiter ausgreifenden Globalisierungsdiskurs[1], der ungeachtet seiner unklaren Inhalte und diffusen normativen Konnotationen heute in Wissenschaft wie Feuilleton boomt.

In diesen beiden Diskursen und in ihrer Verschränkung spielen Vorstellungen des „politischen Raumes", seiner als dramatisch empfundenen Veränderung, seiner angeblich neuartigen Ent- aber auch Begrenzung sowie damit verbundene Aspekte der Mobilität, der Zugehörigkeit, der Teilhabe eine wichtige, nicht immer aber ausgesprochene und bewußt reflektierte Rolle.

Es ist zugleich Fragestellung wie These dieser sich als Erkundungen des Politischen unter diesen sich rasch verändernden Umständen verstehenden kurzen Überlegungen, daß mit diesen Prozessen und ihrer Reflexion eine fundamentale und kategoriale Dimension des Politischen tangiert wird, die etwas mit den menschenwürdigen Maßverhältnissen zu tun hat, von denen gelegentlich in der politischen Philosophie, aber kaum jemals in den aktuellen Krisendiskursen sowohl der - auch - als problematisch empfundenen europäischen Einigung wie der Globalisierung die Rede ist. Normativ werden Überlegungen wie diese im Kontext der praktisch-politischen Frage nach der Zukunft der Demokratie unter Bedingungen der Entgrenzung bedeutsam.

Die empirischen Tatbestände, die den Diskursen und Reflexionen zugrunde liegen sind im Grunde unbestreitbar - auch wenn sie in verschiedensten sozialwissenschaftlichen Theoriezusammenhängen unterschiedlich gewichtet, normativ beurteilt und nicht zuletzt terminologisch behandelt werden. Ich gehe von folgenden realen, untereinander interdependenten Prozessen und Sachverhalten aus:

1. Es gibt eine in der Tendenz eindeutige, bereits weit vorangeschrittene Entwicklung zur kapitalistischen „Welt-Marktwirtschaft, die von den „Triaden-Ökonomien", darunter der Europäischen Ökonomie dominiert wird" (Altvater 1996, 531); ich ziehe diese Formulierung der ubiquitären Rede vom „Weltmarkt" vor, weil wir es empirisch erstens mit sehr vielen unterschiedlich entwickelten Märkten zu tun haben, deren gemeinsame Tendenz allerdings in dem zunehmenden Bedeutungsverlust nationalstaatlicher Steuerungsmöglichkeiten besteht und weil zweitens dieses System der „Welt-Marktwirtschaft" in sich außerordentlich heteronom und hierarchisch um die drei Verdichtungen der Austauschbeziehungen der „Triade" konzentriert ist, die allein nahezu achtzig Prozent der realen Werte nur untereinander austauschen.
   Wichtig bleibt aber die Feststellung: Diese Tendenz ist, wie die Jahre nach 1928 zeigen, nicht unumkehrbar, kann zeitweise unterbrochen, regional ausgesperrt, verlangsamt oder sektoralisiert werden; in den politischen Gesellschaften der Gegenwart hat - gegen den ersten Anschein der alltagsbestimmenden Ideologien und auf diese aufbauenden ökonomischen Theorien - die Politik das letzte Wort (Greven 1995a).
2. Zunächst als Folge dieser ökonomischen Vernetzungsprozesse, nunmehr aber auch unabhängig davon sich auf der Basis technologisch basierter moderner Kommunikationsmittel zunehmend global verdichtend, existiert ein wiederum in sich extrem verzerrendes, aber immerhin weltweites Kommunikationssystem, das ohne Zeitverlust die Übermittlung von Informationen und Bildern ermöglicht und das in Form einer audiovisionellen Kulturindustrie zur weltweiten Angleichung von alltagskulturellen Verhaltensstandards und Konsumgewohnheiten beiträgt. Politisch - natürlich auch ökonomisch - bedeutsam ist aber vor allem, daß prinzipiell alle irgendwo stattfindenden Ereignisse als Informationen überall zur gleichen Zeit verfügbar sind und so erst bestimmte Handlungen mit zum Teil globalen Auswirkungen ermöglichen. Überflüssig darauf hinzuweisen, daß faktisch die daraus resultierenden Vorteile wiederum sehr ungleich verteilt nutzbar sind und daß die globale Übetragbarkeit und Verfügbarkeit von Informationen neue Formen nicht nur der Produktion, sondern auch des Vertriebs und der Standortpolitik mitbedingt hat.
3. Von der Entgrenzung der Kommunikation ist die zunehmende Relativierung von räumlicher Distanz durch moderne Verkehrsmittel und insbe-

sondere politisch gesetzte Grenzen als früheren Hindernissen der Mobilität zu unterscheiden; schafft die weltweite audiovisuelle Kommunikation in den nach der Bevölkerungszahl wachsenden Krisen- und Armutsregionen der Welt wirkmächtige, wenn auch, wie die Schicksale der meisten Migranten zeigen, illusionäre pull-Faktoren, so die Verkehrsinfrastrukturen in Verbindung mit dem relativ gewachsenen Bildungsstandard die objektiven Verbindungen und Möglichkeiten weiträumiger Mobilität. Auch hier sollte die dramatische Ungleicheit nicht vergessen werden, daß drei bis vier Fünftel der weltweiten Flüchtlings- und Migrationsbewegungen ausserhalb der weltwirtschaftlichen Zentralregionen, also innerhalb von deren südlichen Peripherie stattfinden.

Und in der Politikwissenschaft wird vernachlässigt und kaum systematisch gefragt, inwiefern beides, technologisch avanciertes Kommunikations- wie Mobilitätssystem überhaupt erst die neuartigen politischen Regierungsweisen, z.B. das „Regieren im europäischen Mehrebenensystem" ermöglichen, wie sie es aber andererseits auch formen und mit eigenen „Sachzwängen" versehen.

4. Als vierten realen und zugleich bewußtseinsmäßig nachhaltig reflektierten Prozeß nenne ich die Entgrenzung einiger Folgen politischen Handelns oder Unterlassens, aber darüber hinaus auch des Wirtschaftssystems und der Lebensweise vor allem wiederum in den drei entwickelten Zentren der „Welt-Marktgesellschaft"[2], die zumeist unter der Formel von der „Globalisierung von Problemen" und mit Fokussierung auf die Umweltproblematik angesprochen wird. Die Entgrenzung von Folgen politischen Handelns oder Unterlassens bleibt aber nicht auf die Umweltproblematik beschränkt, sondern ist auch in fast allen anderen policy-Bereichen zu beobachten; sie ist bedingt durch zunehmende funktionale und institutionelle Vernetzung und abhängig von der machtmäßigen und strukturellen Stellung des jeweiligen Akteurs in diesen Zusammenhängen. Das heißt, auch hier finden sich gravierende Unterschiede in Reichweite, Qualität und vor allem Verantwortung für die entgrenzten Folgen, die durch die Rede von der „Globalität" beziehungsweise „Globalisierung" von Folgen und Problemen häufig eher kaschiert als verdeckt werden.

Wenn mit dieser kurzen Erwähnung von vier Aspekten der gegenwärtigen Globalisierungsdiskussion wesentliche, das heißt langfristig und trendsetzende Dimensionen der Entwicklung gesellschaftlicher und politischer Institutionen angesprochen sind, dann geht es jetzt um die Frage, wie die Fortbildung und Entwicklung politischer Entscheidungsprozesse, ihrer institutionellen, organisatorischen und nicht zuletzt subjektiven Bedingungen, zu denken wäre, die darauf eine angemessene politische Antwort sein könnte. Politische Räume müssen jeweils auf spezifische Weise institutionalisiert sein. Institutionen, das habe ich an anderer Stelle ausführlicher erläutert (1986, 1995b) sind keineswegs im Sinne Gehlens jene „großen unverfügbaren und verzehrenden" anthropologischen Prämissen des Handelns, sondern sie sind sowohl geschichtliches Ergebnis wie gestaltungsfähige Voraussetzung des Handelns. Wie alle durch Handeln gesellschaftlich erzeugten Phänomene bilden sie sich einerseits unintendiert weiter, können aber andererseits in der Reflexion des zukünftigen Handelns bewußt gemacht und - innerhalb der Grenzen, die für alles politische Handeln gelten - gestaltet werden. Jede Gründung oder Umgründung einer politischen Gemeinschaft steht vor dieser Aufgabe, die moderne parlamentarische Demokratie ist ebenso wie der Verfassungsstaat Folge einer bewußten Institutionenpolitik, an deren geschichtlicher Realität kein Zweifel bestehen kann und deren politische Möglichkeit auch weiterhin gegeben bleibt.

Die oben gestellte Frage klingt im Lichte einer sich schnell vermehrenden Literatur zu „internationalen Regimen", „supranationalen Institutionen", „transnationaler Demokratie", ja „Weltgesellschaft", „Weltregierung" und „Erdpolitik" pseudonaiv, weil, bei allen Unterschieden dieser und weiterer Ansätze, die *Grundformel* für die angemessene politische Antwort auf die dargestellten Entwicklungstrends auf der Hand zu liegen scheint und für die verschiedensten Theorien auch in Anspruch genommen wird. Sie lautet in ihrer populärsten Variante: der Entgrenzung der Probleme beziehungsweise der Folgen von Politik könne nur die Entgrenzung der politischen Problembearbeitung und damit der Politik selbst angemessen sein.

Konkret gesagt wird also aus der mit den Internationalisierungs- und Globalisierungsprozessen geschaffenen Problemlage bereits das funktional begründete „Ende des Nationalstaates" (Hoffman 1995), werden „transnationale Staats(!)bürgerschaft" (Kleger, 1995) oder - was nicht ganz dasselbe meint - „transnational citizenship" (Bauböck 1994), „Kosmopolis" und „stufenförmig globaler Föderalismus" (Narr 1996), „transnationale Demokratie" (Erne u.a. 1995), „globalere Demokratie" (Gross 1994, 66), „komplexes Weltregieren" (Zürn 1994), „cosmopolitan democracy and governance" (Held 1995, 219ff), ja schlicht „human governance" (Falk 1995) deduziert und zum Teil auch normativ eingefordert. Gerade auf Letzteres, die normative Inanspruchnahme als den Fluchtpunkt meiner eigenen Argumentation, will ich gleich zurückkommen.

Bei Jachtenfuchs und Kohler-Koch heißt es zum „Regieren im dynamischen Mehrebenensystem“ der Europäischen Union, dessen Entstehung sei „Teil der Problematik der Organisation von Politik unter Bedingungen zunehmender Internationalisierung... (Und jetzt deduzierend weiter, M.G.) Die Lösung wichtiger Akteursgruppen von territorialen Bindungen, die Entstofflichung weltwirtschaftlicher Transaktionen, die Entgrenzung der Problemhaushalte hat zur Folge, daß eine erfolgversprechende politische Problemverarbeitung ebenfalls grenzüberschreitend organisiert sein muß...“ (Jachtenfuchs und Kohler-Koch 1996b, 21). Die Alternativen, die in dem hier abgebrochenen Zitat des Weiteren aufgestellt werden, nämlich Markt oder Selbstorganisation, können hier im Moment außen vor bleiben. Wichtig und im Sinne der eben angesprochenen Grundformel repräsentativ ist das Zitat für die praktisch-politische Dimension der Logik des europäischen Einigungsprozesses ebenso wie seine jedenfalls in der Politikwissenschaft überwiegende wissenschaftliche Reflexion.

Gegenüber der machtvollen Dynamik der wirtschaftlichen, technologischen, kommunikativen und nicht zuletzt kulturellen Trends, die auf die hier nur kurz angedeutete „Entgrenzung von Politik“ gemeinsam und unaufhaltsam hinzuwirken scheinen und gegen den Chor der wissenschaftlichen Stimmen, die in der Folge davon diese Prozesse rechtfertigend und mit begründeten Vorschlägen zur Effektivierung begleiten, mag es müßig erscheinen, die angekündigten Überlegungen zur Veränderung des „politischen Raumes“, die mit allen diesen dynamischen Veränderungen und Entgrenzungen einhergehen, überhaupt ernsthaft zu beginnen, weil sie von vorne herein in der Gefahr stehen, nur als unzeitgemäße kulturkritische Betrachtung mißverstanden zu werden.

Das wäre aber ein grobes, wenn auch heute weit verbreitetes Mißverständnis, denn diese Überlegungen werden durchaus mit praktischer Intention angestellt. Es machte nähmlich zu allen Zeiten und es macht auch heute in der scheinbar nur von wirtschaftlichen Sachzwängen bestimmten Gegenwart einen praktisch-politischen Unterschied, welche Vorstellungen, oder um es in der heutigen Wissenschaftssprache zu sagen, welche „gesellschaftlichen Konstruktionen der Wirklichkeit“, in diesem Fall des Politischen, in den Köpfen vorherrschen; oder auch zuspitzend formuliert: in den Köpfen der Herrschenden bei der politischen Gestaltung der Wirklichkeit praktisch werden. Zwischen den subjektiven Vorstellungen der Akteure, die bewußt oder unbewußt ihr Handeln beeinflussen, und der Reproduktion beziehungsweise Veränderung von Institutionen besteht ja eine nicht auflösbare konstitutive

Beziehung, der gegenüber ein weitverbreitetes Mißverständnis die wechselseitigen generalisierten Verhaltenserwartungen, also die Institutionen, als externe Phänomene sui generis verdinglicht.

Versucht man die leitende Vorstellung des Politikbegriffs zu verstehen, die in der hier als repräsentative Grundformel bezeichnenden Ableitung vorgeführt wurde, so wird man dem Selbstverständnis der meisten Autoren und Autorinnen sicherlich gerecht, wenn man ihren Politikbegriff in etwa mit „zielgerichtetem Problemlösungshandeln" durch dafür legitimierte Bevollmächtigte gleichsetzt, also einem policy-geprägten Verständnis des Politischen.[3] Es soll sogleich darauf hingewiesen werden, daß dieses wissenschaftlich dominante Politikverständnis sich nach meinem Eindruck - beweisen kann ich es nicht - in großer Übereinstimmung mit dem vorherrschenden Politikverständnis breiter Kreise der gesellschaftlichen Öffentlichkeit und der politischen Eliten nicht nur in Deutschland, sondern weit darüber hinaus auch im ganzen Gebiet des europäischen Einigungsprozesses befindet. Ein solches Politikverständnis hat ein scheinbar klares Rationalitätsprofil, das durch Optimierungs- und Effektivierungsdenken beim Mitteleinsatz, eindeutige Priorisierung oder Ausräumung von offenkundigen Zielkonflikten und die Bündelung zu Programmpaketen charakterisiert ist. Der Erfolg oder Mißerfolg solcher problemlösenden Politik bemißt sich an allgemein anerkannten Maßstäben des Alltagsbewußtseins ebenso wie des wissenschaftlichen Modells. Was soll daran auszusetzen sein?

Ein erster kritischer Einwand kann dem dargestellten Politikverständnis noch ganz immanent entgegengehalten werden und er hat zum Teil auch eine sprachkritische Qualität. Aus der globalen Unbegrenztheit von Folgen eines bestimmten Handelns oder Entscheidens, also zum Beispiel der Tatsache, daß „wir pro Sekunde rund 1000 Tonnen Treibhausgase in die Luft" emittieren, um Ernst Ulrich von Weizsäcker wörtlich zu zitieren (1994, 6), kann nämlich keineswegs logisch oder zweckorientiert der auch von ihm gezogene und so suggestiv wirkende Schluß gezogen werden, die Lösung des damit geschaffenen Problems erfordere „global governance" oder in seinen eigenen Worten eine an keine Grenzen gebundene „Erdpolitik". Schon das so vertraulich den Leser oder die Leserin in das grammatikalische Subjekt des zitierten Satzes einbeziehende „wir" hält keiner Überprüfung stand, sondern entspringt der hybriden Konstruktion eines postulierten Subjekts „Menschheit"[4] als Korrespondenzbegriff der postulierten „Erdpolitik". Wie der Autor an anderer Stelle aber selbstverständlich zutreffend schreibt, ist die Verantwortung für diese Emission lokal und im Hinblick auf eine bestimmte Wirtschafts- und Lebensweise eindeutig zuzuordnen (1994, 11) und dort und nur dort, wo diese Emission quantitativ und qualitativ die Hauptursache der global wirksamen Zerstörung der Erdatmosphäre setzt, könnte sie jedenfalls prinzipiell auch durch politisches Handeln und Entscheiden abgestellt oder, realistischer gesagt, reduziert, jedenfalls politisch beeinflußt werden. Also bliebe der politische und handlungsmäßige Ansatzpunkt trotz der globalen Folgen stets lokal[5] und zwar unabhängig davon, ob etwa durch die industrielle Entwicklung bisher nicht so entwickelter Regionen andere Orte als problemverursachend hinzuträten. Gäbe es nun auf lokaler Ebene, sagen wir durch eine erfolgreiche Umweltpolitik der Europäischen Union, eine wirksame Reduzierung, etwa gar eine Halbierung der Emissionen nach dem Stand von 1995 - ein schöner grüner Traum -, so träten die in diesem Fall positiven Folgen wiederum global, nämlich in Form der Verlangsamung der bisherigen Zerstörung der Erdatmosphäre auf.

Verallgemeinert und abstrahiert man den an diesem Beispiel gewonnenen Gedanken zu einer ähnlichen Grundformel, wie der hier kritisierten, so würde sie lauten: auch wenn man globale Probleme lösen wollte, so müßte man in allen Fällen weiterhin politisch lokal Entscheiden und Handeln; oder noch zugespitzter: mögen positive wie negative Folgen politischen Entscheidens und Handelns in manchen Fällen auch global auftreten, so bleibt das Entscheiden und Handeln selbst doch an bestimmte Orte gebunden. Begriffe wie „Globalisierung von Politik“, sei es in Form von „Erdpolitik“ oder „global governance“, können sich allenfalls auf die natürlich wichtige Wahrnehmungs- und Bewußtseinskomponente des Politischen richten, also dazu auffordern, die möglicherweise globalen Folgen politischen Entscheidens und Handelns mitzubedenken, aber das politische Entscheiden und Handeln selbst hat stets eine territoriale beziehungsweise lokale Basis, ist also begrenzt. Dabei können wir den theoretischen wie praktischen Grenzfall eines erdumspannenden politischen Systems mit einer Regierung wegen seines ganz und gar utopischen Charakters hier getrost außer Acht lassen - aber selbst an diesem utopischen Fall ließe sich ironischer Weise noch die Richtigkeit der obigen Überlegung nachweisen.

Die Rede von der „Entgrenzung der Politik“ (als Beispiel für viele andere Kandziora 1994), mit der im sachlichen Kern also kaum mehr als die grenzüberschreitende Relativierung der Regelungskompetenz und Steuerungskapazität von Nationalstaaten sowie die Wirkungsweise von internationalen Regimen oder supranationalen Institutionen charakterisiert werden soll, ist grob mißverständlich, weil diese unbezweifelbare Relativierung bestimmter

Grenzen ja nicht „Entgrenzung“, sondern zumeist nur die Ersetzung der engeren älteren durch die weiteren neuen Grenzen meint. Auch die Regelungskompetenz der Europäischen Union endet an solchen Grenzen, setzt und verstärkt sie wie im Falle der Asylpolitik sogar möglichweise intensiver, als das in der Summe der vormaligen Wirkungen nationaler Grenzen der Fall war. Auch internationale Regime sind funktional und hinsichtlich ihrer Reichweite begrenzt und vor allem, wenn man ihre Funktionsweise konkret analysiert, auf eine operativ lokale Basis angewiesen. Dabei bliebe es weiteren Analysen und Überlegungen überlassen, ob der hier verwandte Begriff „Grenze“ eigentlich in jedem neuen territorialen und funktionalen Zusammenhang genau die Bedeutung beibehalten würde, wie wir sie auf der Basis unserer Erfahrungen mit dem Nationalstaat implizit zumeist unterstellen, obwohl wir auch hier ja bereits empirisch mindestens etwa zwischen den Grenzen der Wirkung nationalen oder supranationalen Rechts als den sogenannten Hoheitsgrenzen, den Wirkungsgrenzen des politischen Entscheidens oder Handelns bestimmter Akteure und der noch diffuseren Ebene der nichtkontrollierten oder nichtintendierten Wirkungen außerhalb des politisch kontrollierten Raumes unterscheiden.

Bei der im Weiteren interessierenden Frage nach der Möglichkeit eines der europäischen Einigung gemäßen politischen Raums wird in einer gewissen Vereinfachung von der Gegenüberstellung mit den jeweiligen nationalen politischen Räumen die Rede sein müssen; vereinfachend deshalb, weil mir natürlich bewußt ist, daß „Kommunikationsräume... sich in Größe, Funktion und Konstitution unterscheiden und ...ineinander verschachtelt, aufeinander bauend oder miteinander konkurrierend“ (Kleinsteuber 1995, 42f.), in Deutschland zum Beispiel auf kommunaler, Länder- oder eben nationaler Ebene koexistieren können und sich von daher also kein formales Argument gegen die Schaffung eines weiteren europäischen politischen Raumes ergibt. Die Frage lautet vielmehr, ob dieser vielleicht im formalen Sinne mögliche Raum noch in einer Weise gedacht und praktisch realisiert werden könnte, der bestimmte Anforderungen des Politischen, näherhin wenn dieses Politische demokratisch beschaffen sein soll, angemessen bliebe.[6]

Den bisherigen immanent an dem vorherrschenden policyorientierten Politikverständnis ansetzenden Kritikpunkt kann man also vielleicht überraschend auch so zusammenfassen, daß bereits er auf den fundamentalen Sachverhalt der räumlichen und damit auch stets irgendwie begrenzten Konstitution des Politischen verweist, wie ihn Hannah Arendt am Beispiel der Entstehung der Polis so formuliert hat: „Politisch (im Unterschied zu sakral,

M.G.) wird dieser öffentliche Raum erst, wenn er in einer Stadt gesichert ist, also an einen greifbaren Platz gebunden ist... Diese Stadt ...ist die Polis, und sie ist politisch und so von anderen Siedlungen unterschieden (für die die Griechen auch ein anderes Wort hatten[7]), weil sie eigentlich nur um den öffentlichen Raum herumgebaut ist, den Marktplatz, auf dem die Freien und Gleichen sich nun jederzeit treffen können." (Arendt 1993, 46) „Das Entscheidende dieser politischen Freiheit ist, daß sie räumlich gebunden ist. Wer seine Polis verläßt oder aus ihr verbannt wird, verliert nicht nur seine Heimat oder sein Vaterland, sondern er verliert den Raum, in welchem allein er frei sein konnte" (Arendt 1993, 41). Oder noch ein letztes Zitat, das auf den konstitutiven Zusammenhang von politischen Raum und Recht verweist: „Ohne die Mauer des Gesetzes konnte ein öffentlicher Raum so wenig existieren wie ein Stück Grundeigentum ohne den es einengenden Zaun..." (Arendt 1985, 62).

Worauf es hier ankommt und was uns durch das Zitat Hannah Arendts in Erinnerung gerufen wird, das ist die territorial begrenzte Basis, die zum Konstitutionsmerkmal der „Erfindung des Politischen" durch die Griechen gehörte, wie auch Christian Meier betont, der noch eine andere Konsequenz, nämlich die damit gesetzte „bestimmte Weise der Unterscheidung von Innen und Außen" betont (1983, 17), die Carl Schmitt dann in seinem Begriff des Politischen und später im „Nomos der Erde" (1950) zur angeblich fundamentalen Unterscheidung des Freund-Feind-Schemas existenzialistisch überhöht und stilisiert hat. Zu dieser „emphatischen Raumbezogenheit" des Nomos-Begriffes, wie sie sich bei Schmitt findet, gilt es, wie Wilfried von Bredow zurecht feststellt, ebenso „Distanz (zu) halten, ohne sie allerdings ganz zu vernachlässigen" (von Bredow 1994, 26)[8], wie zu den neuerlich im Zuge rechter ideologischer Aufrüstung zu findenden Revitalisierungsversuchen der spezifisch deutschen Tradition von „Geopolitik" (Kandziora 1994). Aber wenn man diese Vorsichtsmaßnahmen berücksichtigt, dann gibt es keinen Grund, die spezifische Raumbezogenheit des Politischen zu vernachlässigen oder durch eine bloß unpräzise Begrifflichkeit scheinbar verschwinden zu lassen[9], weil diese, wie ich glaube, unaufhebbare Raumbezogenheit vor allem demokratietheoretisch weitreichende Konsequenzen zeitigt und vielleicht selbst eine der Hauptursachen ist, warum heute in Theorie wie Praxis eine zunehmende Unzufriedenheit und Verdrossenheit über die funktional doch scheinbar so unabweisbare Ausweitung der Grenzen des politischen Raumes um sich greift.

Worin besteht nun diese spezifische Raumbezogenheit des Politischen?

Bei den Griechen und in einem gewissen Maße auch noch bei den Römern ergibt sie sich aus dem je nach den besonderen Bedingungen zusammentreffenden funktionalen Formen des Regierens und der sozioökonomisch und topographischen Grundlage der jeweiligen politischen Handlungsträger: in der Polis ebenso wie im Rom der republikanischen Senatsherrschaft wird die Form der direkten Demokratie durch das mehr oder weniger vollständige Zusammentreffen des sozioökonomisch bedingten Lebensraums der politischen Klasse mit dem künstlich geschaffenen, aber eben dazu passenden politischen Raum ermöglicht und bedingt. Um den Begriff aus dem Titel dieses Beitrages und zugleich eines aus der Sicht unserer allzu dem Gegenwärtigen verhafteten Disziplin außenseiterischen Buches aufzugreifen: hier stimmten die „Maßverhältnisse des Politischen" (Negt und Kluge 1992) einigermaßen.

Der historisch durchaus naturalistisch verstandene politische Raum hatte also in der Antike bereits eine doppelte Bedeutung, verwies in seiner engeren Bedeutung auf den konkreten Ort der politischen Öffentlichkeit, an dem, wie auf der Akropolis Athens oder später im Forum Romanum symbolische Repräsentanz wie faktische Kommunikation der *res publica,* also der politisch verhandelten und entschiedenen allgemeinen Angelegenheiten des Zusammenlebens in spezifischer Institutionalisierung zur Deckung kamen und vom privaten Bereich streng getrennt wurden und er verwies zweitens auf die in der ursprünglichen Polis noch durch die befestigte Stadtmauer, später aber durch die Geltung des Gesetzes symbolisch abgegrenzte Gemeinschaft der Bürgerschaft.

Mit der Entwicklung des territorialen Flächenstaates und seinem Dominantwerden als Ordnungsstruktur politischer Räume mit Wirkung nach innen wie außen seit der frühen Neuzeit mußte sich der politische Raum den veränderten Anforderungen des Regierens und der politischen Beteiligung entsprechend verändern; ein Prozeß, der hier mit seinen verschiedenen, keineswegs unilinearen institutionellen Ausprägungen und regionalen Varianten nicht nachgezeichnet werden kann, der aber seit dem 19. Jahrhundert in eine zunehmende Uniformität nach dem Muster des territorialen Nationalstaates und des dadurch gebildeten internationalen Systems einmündete.

Das zentrale Problem, das dabei gelöst werden mußte und in unterschiedlichen Entwicklungsschritten auch gelöst wurde, war, die seit der Antike entstandenen, aber im weiteren Geschichtsverlauf anspruchsvoll angereicherten Beteiligungs-, Inklusions- und damit immer auch Legitimationserfordernisse der jeweils politisch relevanten kollektiven Akteure, zunächst innerhalb des Adels und der Städte, dann der Stände im Reich und in den sich entwickelnden geschlossenen Herrschaftsterritorien, schließlich des als Legitimationsquelle seit dem 17. Jahrhundert nach und nach dominant werdenden „Volkes" in einem neu zu entwickelnden politischen Raum organisatorisch und institutionell zu verwirklichen. Dieser lokal nicht mehr in der konkreten und gewissermaßen naturalistischen Form der Pnyx in Athen oder des Forum Romanums in Rom (Bleicken 1989, 1994) zu symbolisierende politische Raum entstand schließlich in Form der „Öffentlichkeit" (Habermas 1990)[10] als Komponente der sich herausbildenden „bürgerlichen Gesellschaft" und das funktionale wie ideenpolitische Mittel zu seiner Verwirklichung wurde der in seiner Herkunft nicht mit der Demokratie verbundene, mehr noch ihr in ihrer klassischen Form entgegenstehende moderne Repräsentationsgedanke (Hofmann 1974). Als Alexander Hamilton 1777 das erste Mal den uns heute so geläufigen, damals aber von den meisten noch als Oxymoron verstandenen Begriff „representative democracy" benutzte (Podlech 1984, 524), setzte das voraus, daß er die langen und komplizierten Begriffs- und Bedeutungswandel beider Konzepte ingeniös und hinsichtlich der Demokratie sogar noch antizipatorisch miteinander zu diesem unsere Gegenwart immer noch prägendenden Neologismus verband.

Diese „Öffentlichkeit" ist, darauf hat Udo Bermbach (1995) und im Hinblick auf zeitgenössische Weiterentwicklungen der Demokratietheorie Rainer Schmalz-Bruns (1995) aufmerksam gemacht, politisch wie theoretisch stets auch eine normative Institution gewesen, in der, in den Worten von Jürgen Habermas, in einem vielfältigen Geflecht von Organisationen und Prozessen, innerhalb der bürgerlichen Gesellschaft „legitime Macht kommunikativ erzeugt" (Habermas 1992, 187f.) wird. Pointierter gesagt: mit der prozeduralen Umsetzung der hinsichtlich der Legitimationsstiftung des modernen Verfassungsstaates absolut werdenden Idee der „Volkssouveränität" in den verschiedenen institutionellen Ausprägungen der „repräsentativen Demokratie" war nicht nur ein begrenzter politischer Raum in Form der Öffentlichkeit, sondern auch - wie immer zuvor in der Geschichte und funktional erforderlich - ein exklusives, wenn auch nunmehr nur noch theoretisch oder ideologisch fingiertes Trägersubjekt definiert, das sich zumeist in der erfundenen Identität und Einheit der Nation (Anderson 1988) symbolisch und alltagskulturell vielfach reflektieren ließ. Die Formulierung „fingiert" ist bewußt gewählt, denn ähnlich wie beim „Gesellschaftsvertrag" handelt es sich auch bei dem politischen Begriff des „Volkes" um eine geschichtlich wirksam werdende Realfiktion, oder anders gesagt, um die moderne Version eines Mythos.

Im Hinblick auf die anstehende und sich weiterentwickelnde Europäische Union scheint mir auf diesen Grundlagen nunmehr nicht nur erkennbar, sondern zum Teil auch begründbar, worin deren fundamentale Zukunftsschwierigkeiten liegen. Ich kann sie nach allem in der einfachen Frage zusammenfassen: kann, und wenn sie kann, wie kann die Europäische Union jenen unverzichtbaren politischen Raum institutionell konstituieren, der auf dem Hintergrund des normativen Anspruchsniveaus „repräsentativer Demokratie" überzeugen könnte, indem er ungeachtet der historisch und kulturell differenzierten Ausgangsbedingungen der jetzigen Mitgliedstaaten von der Bevölkerung in ausreichendem Maße als angemessen empfunden werden würde?

Als schwer zu überwindendes Hindernis sehe ich dabei nicht die schiere Größe an, die ja die der Vereinigten Staaten von Amerika nur unwesentlich übertreffen würde, sondern eben die ansonsten als „Reichtum" empfundene Vielfalt und Persistenz der Sprachen und Kulturen, darunter der national differenten „politischen Kulturen", die die der USA bei weitem übertrifft und ein völlig anderes Integrationsniveau erforderlich machte. Der Versuch, in dieser Situation jenseits des nationalen politischen Raumes eine institutionelle oder symbolische Repräsentation der neuen transnationalen Einheit zu stiften, findet allenfalls auf der Ebene nationaler Eliten ein gewisses und in den Mitgliedsländern unterschiedlich weitreichendes Echo, das aber durch den dominanten Zwang zu instrumentellem Verhalten aus der jeweiligen nationalen Interessenlage heraus sogleich wieder vielfach gebrochen wird. Auch der Verweis auf existierende mehrsprachige und multikulturelle politische Gemeinschaften, wie die Schweiz, kann mich nicht davon überzeugen, daß die Überwindung der durch die Existenz verschiedener Sprachen geschaffenen distinkten Kommunikationsräume jenseits der Funktionseliten und jenseits instrumenteller Kommunikation, die für die jetzige policy-Vernetzung ausreichen mag, einheitsstiftend oder wenigstens einheitsfördernd gelingen könnte. Noch so viele Vereinheitlichungen nationaler Gesetze, europäische Richtlinien oder Urteile des Europäischen Gerichtshofs mögen den funktionellen Erfordernissen eines einheitlichen Problemlösungshandelns angemessen sein, eine politische Integration im Sinne der Entstehung eines gemeinsam kommunikativ benutzten Raumes und eine entsprechende symbolische Repräsentation findet deshalb erfolgreich doch nicht statt, und wenn Hans S. Kleinsteuber hinsichtlich Europas von einem Raum „einer einzigartig verdichteten Kommunikation" spricht (1995, 41), dann mag das in vielerlei Hinsicht zutreffen, aber eben gerade im für den Aufbau einer Zivilgesellschaft jenseits der Technokraten entscheidenden Bereich des Politischen am allerwenigsten. Entsprechend werden die „Eurokraten“ auch weiterhin als fremd, also als nicht dem eigenen politischen Raum angehörig betrachtet werden und jenseits derer, die von den jeweiligen Regelungen unmittelbar profitieren, wird sich eher das Gefühl politischer Fremdbestimmung und Entfremdung in wachsenden Kreisen steigern, das ja in den meisten der beteiligten nationalen politischen Kulturen bereits ein beträchtliches Ausmaß angenommen hat und dessen Ursache nicht allein in der Unzufriedenheit mit dem Problemlösungspotential des politischen Prozesses, sondern auch mit der einseitigen Dominanz des instrumentellen policy-Ansatzes zu tun hat. Hinzu kommt ja, daß, wie die eindrucksvolle Analyse Fritz Scharpfs kürzlich festgestellt hat, die als Folge der jetzigen Kompetenz- und Aufgabenkonzentration auf die Garantie des einheitlichen Binnenmarktes abzielende Handlungslogik des EU-Systems für eine „negative Integration“ sorgt, die einerseits „eine Standortkonkurrenz zwischen den Mitgliedstaaten der Europäischen Gemeinschaft“ auslöst, durch die andererseits das bisherige Wohlfahrtsstaats- bzw. Sozialpolitikregime der nationalen Regierungen unterminiert und in dem Falle, daß es in einzelnen Regelungen oder Maßnahmen als konkurrenzverzerrend interpretiert werden kann, sogar illegalisiert wird (Scharpf 1996, 217).[11] Diese vom politischen Handeln der politischen Eliten auf europäischer und nationaler Ebene nahezu abgekoppelten Effekte der „negativen Integration“ können in ihrer soziale Sicherung auf nationaler Ebene zerstörenden Wirkung mittelfristig ebenfalls nur das jeweilige nationale Krisenpotential erhöhen und müssen auf dieser Ebene delegitimierend wirken, so daß man nirgendwo erkennen kann, wie sich ein eigenständiger europäischer politischer Raum bilden und darüber hinaus positiv wahrgenommen werden können sollte. Eher muß man für die nahe Zukunft das Gegenteil befürchten.

Das europäische Parlament entwickelt zwar ebenso wie die hauptamtlich Beschäftigen der europäischen Behörden und Institutionen unübersehbar einen eigenen transnationalen *esprit de corps*[12], aber was nützt das, wenn die auf beide bezogene öffentliche Kommunikation weiterhin national segmentiert und politisch-kulturell unterschiedlich verläuft und es nicht einmal in den Wahlen zu dem inzwischen politisch gestärkten Gremium gelingt, den überall nachgewiesenen Charakter „nationaler Nebenwahlen“ (Reif 1984) zu überwinden. Der Satz von Christian Fenner, „Europa kann man nicht wählen“ (1989) bleibt auch in diesem Sinne weiterhin richtig. Europäische Parteien im eigentlichen Sinne des Wortes können sich wegen der fehlenden infrastrukturellen Voraussetzung eines gemeinsamen politischen Raumes gar nicht erst bilden (Greven 1992). Die im „Eurobarometer" nachgewiesenen Akzeptanzwerte erweisen sich demgegenüber in großem Maße als sozialwissenschaftliche Artefakte (Hedetoft 1994), denn sie können nicht übersehen machen, daß sich die meisten Bürger und Bürgerinnen in den europäischen Mitgliedsländern politisch eben nicht mit den Institutionen der Union identifizieren oder sich durch sie repräsentiert finden. Als Bürger Dänemarks oder Bürgerin Spaniens für die europäische Integration, für eine Stärkung des Europäischen Parlaments, für eine bessere europäische Umweltpolitik zu sein, transzendiert noch nicht den jeweiligen nationalen politischen Raum, ja fügt, solange jegliche Wahrnehmung der europäischen Ebene durch den eigenen nationalen Raum mit seinen Medien und kulturellen Besonderheiten gefiltert werden muß, letzterem keinen weiteren hinzu. „Für autonome demokratische Willensbildung auf der europäischen Ebene fehlen auf absehbare Zeit die soziopsychischen und kommunikativen Voraussetzungen" (Scharpf 1996, 232).

Das Sprach- und Kulturproblem ist also kein akzidentielles, das sich angesichts der Realisierung des wirtschaftlichen Binnenmarktes als Folge von *spill-overs* und *spin-offs* langfristig von selbst erledigt, wie mancher inhärente Funktionalismus in der europäischen Integrationsliteratur immer mal wieder glauben machen will.[13]

Hinsichtlich der Entstehung eines transnationalen politischen Raumes, an dem auch Bürger und Bürgerinnen in relevantem Ausmaße teilnehmen könnten, sehe ich prinzipiell nur zwei Möglichkeiten, die heute allerdings beide utopisch erscheinen müssen. Analog zu den meisten Beispielen erfolgreicher Nationalstaatsbildung müßte sich auch auf europäischer Ebene eine den Nationalsprachen funktional äquivalente *lingua franca* etablieren, mit allem, was an Umbildung der bisher nationalen Schulwesen, Medien und politischen Kulturen etc. dazugehörte. Peter Glotz hält die These in seiner bekannt schmissigen Art für „Unsinn", „eine kritische, die Bürgerrechte sichernde Öffentlichkeit sei übernational (und in Europa, M.G.) nicht organisierbar", beschränkt aber zugleich die unbedingt notwendige Anforderung einer „Gemeinsprache" bloß auf „alle nationalen Funktionseliten" (Glotz 1995, 23f.) und affirmiert damit en passant den demokratisch defizienten Charakter der europäischen Einigung dauerhaft.

Erst in der Verbindung solcher die vorhandenen segmentierten politischen Räume tiefgreifend durchdringenden Assimilationsprozesse entsteht also ein neuer, übergreifender politischer Raum, wie z.B. die nicht ohne Grund sogenannte „moderne Nation" (Gellner 1991), deren Entstehung ja in den meisten

Fällen bewußte Politikgestaltung ihre eigentliche Gestalt erst zu verleihen vermochte. In der Geschichte waren solche Prozesse selten und, wie Hannah Arendt (1963) gezeigt hat, dann nur in Revolutionen wie der amerikanischen und französischen die Folge kooperativ vereinbarter Integration und Verfassungssetzung, sondern die Vereinheitlichung entstand in der Mehrzahl der Fälle aus der herrschaftlichen Verbindung entsprechender nationaler Bewegungen[14], wirtschaftlichen Interessendrucks und politisch-zentralistischem Hegemonialstreben[15] - um von den kolonial aufgeherrschten „Nationalkulturen" mit einer ganz von außen kommenden *lingua franca* wie im Falle Indiens oder Nigerias ganz zu schweigen. Wenn Graf Kielmansegg schreibt: „Demokratie gründet sich immer auf ein der Verfassung vorgegebenes, sich selbst als solches begreifendes kollektives Subjekt" (1996, 54), dann darf dieser normativ und demokratietheoretisch richtige Gedanke in den allermeisten Fällen nicht als historische Aussage über die Entstehung von Demokratien mißverstanden werden. Zumeist verdankt sich die vorgegebene „Einheit" oder „Identität" undemokratischen Herrschaftsakten und -prozessen der Vorgeschichte, „Blut und Eisen" wie im deutschen Falle 1870/71 - und die spätere Demokratisierung richtet sich nicht selten auch gegen diese herrschaftlichen Zwangsvereinigungen und führt über den Selbstbestimmungsgedanken zu deren Infragestellung oder gar Desintegration. Für die Europäische Einigung aber bedeutet dies in der Tat, daß sie bisher zwangsläufig immer eher als herrschaftliche Fremdbestimmung im jeweiligen nationalen politischen Raum reflektiert wird und daß ihr für eine demokratische Version im Sinne der Unterscheidung von Edgar Grande (1996, 345) die wesentlichen „substantiellen" Voraussetzungen fehlen. Zu diesen substantiellen Voraussetzungen müßte man mit Beate Kohler-Koch die Internalisierung grenzüberschreitender Normen und Verhaltensorientierungen, wie sie sich bei den Europaeliten und in den europäischen Institutionen zweifelos auffinden lassen, als „massenhaften Prozeß" (1993, 131), also auf der Ebene der Verhaltensdisposition von Bürgern und Bürgerinnen in den Gesellschaften der Mitgliedstaaten zählen und zweitens, daß die auf transnationaler Ebene gefundenen Lösungen „mit den binnengesellschaftlichen Institutionen kompatibel gehalten werden" (1993, 136). Das erste Kriterium ist aber evidentermaßen empirisch in Europa nicht erfüllt; die europäischen Institutionen bilden außerhalb der politischen und technokratischen Eliten, die mit ihnen alltäglich umgehen, ein auf fremdbestimmte und fremdbestimmende Machtorganisationen reduziertes Arrangement, dem in der politischen Bevölkerung weder ausreichende kognitive, noch normative und erst recht keine emotiven Internalisierungen entsprechen. Das zweite Kriterium führt angesichts der vorhandenen Unterschiede der historisch und individuell tief verankerten differenten nationalen Institutionen ebenfalls zu einem pessimistischen, vielleicht auch nur realistischen Ausblick.[16]

Die andere, die schweizerische Lösung, setzt jedenfalls dort eine die gemeinsame politische Kultur erst ermöglichende, zumindest passive Mehrsprachenkompetenz in quantitativ erheblichem Ausmaß voraus; das mag bei drei oder vier Sprachen gerade noch so schlecht und recht funktionieren, ist aber angesichts der Zahl der beteiligten Sprachen auf der Ebene der Europäischen Union unrealisierbar. Mit der fingierten Gleichberechtigung aller Mitgliedersprachen und einem schon jetzt ans Absurde grenzenden Übersetzungsdienst mag man die rein funktionellen Aspekte der instrumentellen Binnenkommunikation des europäischen Apparates vielleicht gerade noch in den Griff bekommen - aber einen eigenständigen politischen Raum europäischen Charakters und die entsprechende symbolische Integration kann man auf diese Weise nicht erzeugen.

Durch den argumentativen Zwischenschritt, in dem oben kurz angedeutet werden sollte, wie durch den Übergang zur repräsentativen Demokratie die ursprünglich naturalistische Fassung des politischen Raumes gewissermaßen virtualisiert wurde, ohne allerdings, wie das bisherige Ergebnis verdeutlichen konnte, dadurch seine konstitutive Bedeutung für ein über den reduzierten instrumentellen Politikbegriff hinausgehendes Verständnis des Politischen zu verlieren[17], fühle ich mich gegen den kritischen Einwand gefeit, das skeptische, um nicht zu sagen deprimierende Ergebnis verdanke sich einem besonders anspruchsvollen normativen Demokratiekonzept. Ein solches kam hier keinesfalls zum Einsatz[18], sondern nur das gängige der „demokratischer Elitenherrschaft" auf repräsentativer Basis. Diese Repräsentation erfordert als zwingende Mindestvoraussetzung den durch gemeinsame Kommunikation zumindest virtuell erzeugten und als gemeinsam anerkannten politischen Raum und entsprechende Institutionalisierungen, darunter als wichtigste eine europäische Öffentlichkeit. Daß ein anspruchsvolleres normatives Demokratiekonzept sich nicht mit einem gemeinsamen, bloß virtuellen und mittels Repräsentation hergestellten politischen Raum zufrieden geben könnte, mag aus folgendem abschließenden Zitat entnommen werden: „Es scheint, als bedürfe die deliberative Demokratie der *face-to-face* Interaktion der Diskussionsteilnehmer" (Buchstein 1996, 321).

Wir müssen uns deshalb die „deliberative Demokratie" als besonders kleinräumig vorstellen.

Anmerkungen

1 Wie weit aber tatsächlich, bleibt in diesem Diskurs häufig nur vage umschrieben und ist keineswegs immer dem Wortlaut entsprechend zu interpretieren, z.B.: „Unter Globalisierung soll dabei die Ausweitung der verdichteten sozialen Handlungszusammenhänge über den nationalen Rahmen hinaus verstanden werden" (Zürn 1966, 109).

2 Inzwischen wurde es auch „...im Norden möglich, die Hauptursache für die globale Umweltkrise in dem verschwenderischen Wohlstandsmodell des Nordens zu sehen" (von Weizsäcker 1994, 11).

3 So definieren Jachtenfuchs und Kohler-Koch in ihrem Einleitungsbeitrag zu einem umfangereichen Sammelband über „Europäische Integration" zwar präzise nur „Regieren" und nicht „Politik" oder gar das „Politische" allgemein (1996b, 15), aber bis auf den Aufsatz von Graf Kielmansegg (1996) setzen sie wie alle anderen Beiträge des Bandes *de facto* doch den policyorientierten instrumentellen Politikbegriff implizit mit dem Politischen gleich.

4 „Hybrid" im Sinne des folgendes Zitats: „Gesellschaften sind zwangsläufig partikular, weil sie ...aus Mitgliedern mit Erinnerungen an ihr eigenes und an ihr gemeinschaftliches Leben (bestehen). Demgegenüber hat die Menschheit zwar Mitglieder, aber keine Erinnerung, und folglich auch keine Kultur, keine überlieferten Bräuche, keine vertrauten Lebensweisen, keine Feste, kein gemeinsames Verständnis sozialer Güter" (Walzer 1996, 22).

5 „Lokal" hier nicht im Sinne von kleinräumig oder kommunalpolitisch etc., sondern im Sinne eines gegenüber auf Grenzenlosigkeit abzielenden Begriffen wie „global" oder „planetarisch" (von Bredow 1994, 25) konkret angebbaren und begrenzten Raumes beziehungsweise Territoriums - gleich wie ausgedehnt sie auch sein mögen. Die Ausdehnung selbst ist dabei ein Faktor, der, wie die weitere Argumentation zeigen soll, nicht ohne Auswirkungen auf das Politische bleibt und deshalb bei der aktiven Gestaltung des politischen Ordnungsrahmens bedacht werden muß.

6 „So wenig man quantitativ genau sagen kann, wie groß eine Gruppe sein muß, um Gesellschaft genannt werden zu können, oder umgekehrt, wann die Zahl von Individuen überschritten ist und vor allem die Erstreckung eines Raumes zu weit wird, um noch sozial von einer Gesellschaft eingenommen zu werden, so sehr ist darauf zu achten, daß kommunikativ-handelnd wahrnehmbare Gemeinsamkeiten vorhanden sind, die die institutionellen Prägemechanismen ergänzen" (Narr 1996, 203).

7 Nach Hinweis der Herausgeberin Ursula Ludz (in: Arendt 1993, 204); *asty*, was soviel wie „gegenüber, im materialen Sinne außerhalb der Stadt" bedeutet.

8 Wie sich das allerdings mit von Bredows kurz danach folgender Feststellung verbindet, „durch die Entwicklungen von Wissenschaft, Technik, Industrie und Handel im 19. Jahrhundert (sei) die Raum-Differenz schlicht hinfällig geworden" (1994, 31), bleibt mir rätselhaft.

9 Man kann zwar einerseits wie Zürn z.B. immer wieder behaupten, daß „in vieler Hinsicht (?) inzwischen aufgrund der Globalisierung der Unterschied zwischen „Innen" und „Außen" aufgehoben" sei (Zürn 1996, 110), aber die damit erzeugte Suggestion geht an der Tatsache haarscharf vorbei, daß die im Weiteren angesprochenen elementaren Voraussetzungen jeder Politik, wie Mitgliedschaft, Legitimität, Herrschaft und Demokratie eben nicht ohne gerade diese Unterscheidung auskommen können - siehe dazu auch die klare Position von Scharpf (1996, 213 und passim).

10 Zu den Revisionen der hier zitierten „Neuauflage" gegenüber Habermas' ursprünglichen Auffassungen von 1962 siehe Bermbach (1995).

11 Scharpf geht übrigens offenkundig von der prinzipiellen territorialen Beschränktheit der Demokratie aus, wenn er deren „Autonomie", beziehungsweise „die Unabhängigkeit dieser (demokratischen, M.G.) Willensbildung von externen Willensakten" (1996, 211) annimmt und feststellt, „daß die demokratische Politik ihr Ideal in einer staatlich durchgeregelten Nationalwirtschaft fände" (1966, 213).

12 Das gilt offenkundig auch für die boomende Europaforschung, die sich gerade in europaweiten „Netzwerken" zu integrieren beginnt.

13 Siehe etwa Roegele (1993, 2), der aus der Analogie mit Ergebnissen der Kommunalreform auf den funktionalistischen *spill-over* der Entstehung eines „Kommunikationsraumes Europa" im Gefolge der wachsenden Regelungsdichte und Vernetzung des Handelns zu schließen können glaubt.

14 Diese Bedingung gilt nach Gross zurecht auch für eine Demokratisierung Europas, die „praktisch nur realisierbar ist, wenn Millionen von Europäerinnen und Europäern sich engagieren und eine entsprechende Verfassung gebende europäische Versammlung fordern" (1994, 69); Jürgen Seifert stellt dem Pathos nur die ernüchternde Realität gegenüber, wenn er sagt: „Von der Euphorie einer Europäischen Bewegung... ist nichts geblieben." (1994, 76).

15 Auch Peter Glotz gesteht beiläufig zu, daß das von ihm immer wieder als Modell eines multinationalen und multikulturellen politischen Zusammenhangs stilisierte „Österreich-Ungarn" eben nicht demokratisch organisiert war (1995, 22) und sich insofern zumindest in seinem Zustandekommen nicht als Vorbild für einen demokratischen europäischen Einigungsprozeß eignet.

16 Ein Schluß, den Kohler-Kochs beeindruckender Aufsatz, in der Anwendung dieser selbstaufgestellten Maßstäbe allerdings vielleicht etwas inkonsequent, nicht nahelegt.

17 „In etwas relativierter Weise gilt ein solches Problem angemessener Größenordnung auch für die Räume repräsentativ überspringende liberale Demokratie" (Narr 1996, 208). Wie das Zitat aber andeutet, unterscheidet Narr in seinem interessanten Beitrag analytisch nicht zwischen der territorialen, sozialen und politischen Dimension von Räumen.

18 Anders als in Greven (1992) - woraus keine voreiligen Schlüsse gezogen werden sollten - oder z.B. Andreas Gross, der in seinen interessanten Thesen zur direkten Demokratie zwar zutreffend feststellt, daß in einer „direkten Demokratie die Macht besser verteilt und fragmentiert" ist (1994, 65), aber die sich daraus ergebenden Probleme des begrenzten politischen Raumes mit keinem Wort thematisiert; da nützt es wenig, für ein „direktdemokratisches Europa" emphatisch „mehr Utopie" (1994, 66) zu fordern.

Literatur

Altvater, Elmar. 1996. „Westeuropäische Integration und osteuropäische Transformation in der globalen Standortkonkurrenz". In *Jachtenfuchs und Kohler-Koch,* Hrsg. 1996a: 531-57.

Anderson, Benedict. 1988. *Die Erfindung der Nation. Zur Karriere eines folgenreichen Konzepts*. Frankfurt/M., New York: Campus.
Arendt, Hannah. 1963. *Über die Revolution*. München: Piper.
—. 1985. *Vita Activa oder vom tätigen Leben*, 4. Aufl. München: Piper.
—. 1993. *Was ist Politik? Fragmente aus dem Nachlaß*. München, Zürich: Piper.
Bauböck, Rainer. 1994. *Transnational Citizenship. Membership and Rights in International Migration*. Aldershot: Edward Elgar.
Bermbach, Udo. 1995. „Plädoyer für eine ungeteilte Öffentlichkeit. Anmerkungen zum 'normativen Begriff der Öffentlichkeit' von Jürgen Habermas". In *Göhler*: 25-37.
Beyme, Klaus von und Claus Offe, Hrsg. 1996. *Politische Theorien in der Ära der Transformation*, Opladen: Westdeutscher Verlag (PVS-Sonderheft 26).
Bleicken, Jochen. 1989. *Die Verfassung der römischen Republik*, 5. Aufl. Paderborn: Schöningh.
—. 1994. Die athenische Demokratie, 2. Aufl. Paderborn: Schöningh.
Böhret, Carl und Göttrik Wewer. Hrsg. 1993. *Regieren im 21. Jahrhundert - zwischen Globalisierung und Regionalisierung*. Opladen: Leske + Budrich.
Bredow, Wilfried von. 1994. *Turbulente Welt-Ordnung. Internationale Politik am Ende des 20. Jahrhunderts*. Stuttgart u.a.: Kohlhammer.
Buchstein, Hubertus. 1996. „Die Zumutungen der Demokratie. Von der normativen Theorie des Bürgers zur institutionell vermittelten Präferenzkompetenz". In *Beyme und Offe*: 295-324.
Erbring, Lutz, Hrsg. 1995. *Kommunikationsraum Europa*. Konstanz: Ölschläger.
Erne, Roland u.a., Hrsg. 1995. *Transnationale Demokratie. Impulse für ein demokratisch verfaßtes Europa*. Zürich: Realutopia.
Falk, Richard. 1995. *On Human Governance. Toward a New Global Politics*. Pennsylvania, Cambridge: Polity.
Fenner, Chistian. 1989. „Die Grenzen einer Europäisierung der Parteien: Europa kann man nicht wählen". In *Politische Vierteljahresschrift* 22: 26-44.
Gellner, Ernest. 1991. *Nationalismus und Moderne*. Berlin: Rotbuch.
Glotz, Peter. 1995. „Integration und Eigensinn: Kommunikationsraum Europa - eine Chimäre?". In *Erbring*: 17-26.
Göhler, Gerhard, Hrsg. 1995. *Macht der Öffentlichkeit - Öffentlichkeit der Macht*. Baden-Baden: Nomos.
Grande, Edgar. 1996. „Demokratische Legitimation und europäische Integration". In *Leviathan* 24: 339-60.
Greven, Michael Th. 1986. „Über Institutionalisierung, verbleibende Kontingenz und mögliche Freiheit". In *Grundfragen der Theorie politischer Institutionen,* hrsgg. von Gerhard Göhler. Opladen: Westdeutscher Verlag, 98-106.
—. 1992. „Political Parties Between National Identity and Eurofication". In *Nelson, Roberts und Veit*: 75-95.
—. 1995a. „Die Pluralisierung politischer Gesellschaften: Kann die Demokratie bestehen?". In *Jäger und Hoffmann*: 257-81.
—. 1995b. „Political Institutions and the Building of Democracy". In *European Journal of Political Research* 27: 463-75.
Gross, Andreas. 1994. „Zwölf Denkanstöße für ein (direkt-)demokratisch verfaßtes Europa". In *Stiftung Mitarbeit*: 62-73.

Habermas, Jürgen. 1990. *Strukturwandel der Öffentlichkeit*, Neuaufl. Frankfurt/M.: Suhrkamp.

—. 1992. *Faktizität und Geltung*. Frankfurt/M.: Suhrkamp.

Hedetoft, Ulf. 1994. „National Identities and European Integration *From Below*: Bringing the People Back In". In *Journal of European Integration* 28: 1-28.

Held, David. 1995. *Democracy and the Global Order. From the Modern State to Cosmopolitan Governance.* Cambridge: Polity.

Hoffman, John. 1995. *Beyond the State*. Cambridge: Polity.

Hofmann, Hasso. 1974. *Repräsentation. Studien zur Wort- und Begriffsgeschichte von der Antike bis ins 19. Jahrhundert*. Berlin: Duncker & Humblodt.

Jachtenfuchs, Markus und Beate Kohler-Koch, Hrsg. 1996a. *Europäische Integration*. Opladen: Leske + Budrich.

—. 1996b. „Regieren im dynamischen Mehrebenensystem". In *Jachtenfuchs und Kohler-Koch*: 15-44.

Jäger, Thomas und Dieter Hoffmann, Hrsg. 1995. *Demokratie in der Krise? Zukunft der Demokratie*. Opladen: Leske + Budrich.

Kandziora, Ewald. 1994. „Geopolitik. Oder: Von der historischen Überholtheit, sich gegen die Entgrenzung der Politik zu stemmen". In *WeltTrends. Internationale Politik und vergleichende Studien* 5: 89-106.

Kielmansegg, Peter Graf. 1996. „Integration und Demokratie". In *Jachtenfuchs und Kohler-Koch*: 47-71.

Kleinsteuber, Hans S. 1993. „Kooperative Komunikation als Zukunftsperspektive". In *Aviso* 8: 3-5.

Kleger, Heinz. 1995. „Transnationale Staatsbürgerschaft: Zur Arbeit an einem europäischen Bürgerstatus". In *Erne u.a.*: 34-59.

Kohler-Koch, Beate. 1993. „Die Welt regieren ohne Weltregierung". In *Böhret und Wewer*: 109-41.

Komitee für Grundrechte und Demokratie, Hrsg. 1996. *Jahrbuch 1995/96*. Sensbachtal: Selbstverlag.

Leggewie, Claus, Hrsg. 1994. *Wozu Politikwissenschaft? Über das Neue in der Politik*. Darmstadt: Wissenschaftliche Buchgesellschaft.

Meier, Christian. 1983. *Die Entstehung des Politischen bei den Griechen*. Frankfurt/M.: Suhrkamp.

Negt, Oskar und Alexander Kluge. 1992. *Maßverhältnisse des Politischen*. Frankfurt/M.: Fischer.

Narr, Wolf-Dieter. 1996. „Kosmopolis - Notwendigkeit und Gefahr, Wunschdenken und Utopie". In *Komitee für Grundrechte und Demokratie*: 183-216.

Nelson, Brian; David Roberts und Walter Veit, Hrsg. 1992. *The Idea of Europe. Problems of National and Transnational Identity*. New York, Oxford: Berg.

Podlech, Adalbert. 1984. „Repräsentation" (Art.). In *Geschichtliche Grundbegriffe*, Bd. 5: 509-47.

Reif, Karlheinz. 1984. „Nationale Regierungsparteien verlieren die Wahl zum Europäischen Parlament 1984". In *Zeitschrift für Parlamentsfragen* 3: 341-42.

Roegele, Otto B. 1993. „Kommunikationsraum Europa". In *Aviso* 8: 1-3.

Seifert, Jürgen. 1994. „Bürgerrechtliche Forderungen an Europa". In *Stiftung Mitarbeit*: 74-83.

Scharpf, Fritz. 1996. „Föderalismus und Demokratie in der transnationalen Ökonomie". In *von Beyme und Offe*: 211-35.

Schmalz-Bruns, Rainer. 1995. „Selbstorganisation, Selbstregierung, Selbstverwirklichung: Die Idee der Öffentlichkeit im Spiegel moderner Demokratietheorie". In *Göhler*: 39-74.

Schmitt, Carl. 1950. *Der Nomos der Erde*. Berlin: Duncker & Humblodt.

Stiftung Mitarbeit, Hrsg. 1994. *Mehr Demokratie für Europa. Ideen und Ansätze*. Bonn: Stiftung Mitarbeit.

Walzer, Michael. 1996. *Lokale Kritik - globale Standards. Zwei Formen moralischer Auseinandersetzung*. Berlin: Rotbuch.

Weizsäcker, Ernst Ulrich von. 1994. *Erdpolitik. Ökologische Realpolitik an der Schwelle zum Jahrhundert der Umwelt*, 4. aktualisierte Aufl. Darmstadt: Wissenschaftliche Buchgesellschaft.

Zürn, Michael. 1994. „Das Projekt 'Komplexes Weltregieren'. Wozu Wissenschaft von den Internationalen Beziehungen". In *Leggewie*: 77-88.

—. 1996. „Konfliktlinien nach dem Ende des Ost-West- Gegensatzes - global handeln, lokal kämpfen". In *von Beyme und Offe*: 94-128.

Klaus Dieter Wolf

Intergouvernementale Kooperation und staatliche Autonomie

1 Einleitung

Als zivilisatorische Errungenschaften auf dem Weg zu einem nicht gewaltsamen Austrag grenzüberschreitender Konflikte sind internationale Institutionen, bei aller Kritik an ihrer Effektivität im einzelnen, etwa im Rahmen der Forschung über internationale Regime dennoch immer grundsätzlich wohlwollend betrachtet worden. Zumal die auf eine rein staatenweltliche Perspektive fixierten Untersuchungen stehen einem im folgenden näher zu untersuchenden Problem, das gleichwohl schon immer bestand, weitgehend desinteressiert gegenüber: der im Zuge der Internationalisierung des Regierens auftretenden Entdemokratisierung durch die Selbstbindung der Regierungen in intergouvernementalen Kooperationsstrukturen. Erst die zunehmende Erschließung eines gesellschaftsweltlichen Wahrnehmungsraums und die Verknüpfung der Analyse internationaler Institutionen mit Fragen der Regierungslehre („global governance")[1] haben diese Demokratieproblematik deutlicher sichtbar gemacht. Nicht zufällig wurde ein Demokratiedefizit zuerst an einer internationalen Institution identifiziert, die an der Schnittstelle unterschiedlicher Teildisziplinen der Politikwissenschaft angesiedelt ist - der Europäischen Union.

Als kontrovers mag bereits ein entsprechender Befund wie etwa der folgende aufgefaßt werden: „Die komplexe Maschinerie der Vorbereitung von Ministerratsbeschlüssen und der Ministerrat als zentrales Entscheidungsgremium - verbunden mit dem Prinzip der Nichtöffentlichkeit der Verhandlungen und Beschlußfassung des Ministerrats - ist zu einem *arcanum imperii* in idealtypischer Vollendung geworden." (Rieger 1995, 363). Noch weitaus umstrittener ist aber, ob dieser Befund und damit auch die Ausgestaltung der institutionellen Arrangements, auf die er rekurriert, als Resultat von Sachzwängen oder als Ergebnis intentional-strategischen Handelns aufzufassen sind. Der folgende Beitrag versucht, das Phänomen der Entdemokratisierung durch intergouvernementale Selbstbindung am Beispiel der EU exemplarisch zu beschreiben[2] und als eine unter dem Zeichen der internationalen Vergesellschaftung stehende neue Form der Staatsräson theoretisch-konzeptionell einzuordnen. Zugespitzt könnte man sagen: Während sich die Staaten früher im Ergebnis dadurch gegenseitig geholfen haben, daß sie sich militärisch bedrohten, tun dies Regierungen heute, indem sie intergouvernementale Institutionen schaffen, mittels derer sie auf dem Wege der gegenseitigen Selbstbindung politische Entscheidungen von nichtgouvernementalen Einflüssen abschirmen können.

Dieses akteursorientierte und auf eine primär an Selbstbehauptung orientierte Handlungslogik zugespitzte Deutungsangebot der Kooperation in internationalen Institutionen konkurriert mit einem anderen, das zwar das gleiche Phänomen beobachtet, es aber als eine Folge struktureller Sachzwänge betrachtet, die ihre Wirkungen hinter dem Rücken der Akteure entfaltet haben. Im Demokratiedefizit drückt sich aus dieser Perspektive lediglich ein Versäumnis von ohnehin überforderten *Problemlösern* aus. So beschreibt Zürn (1992) unter dem Begriff der „ungleichzeitigen Denationalisierung" einen Prozeß, innerhalb dessen die ökonomische Globalisierung eine Internationalisierung der politischen Problembearbeitung hervorruft, die zwar zu langsam fortschreitet, um die durch die Globalisierung geschwächte Steuerungsfähigkeit der einzelnen Staaten wieder herzustellen, jedoch zu schnell, um die bestehenden und vor allem auf der Ebene der Einzelstaaten lokalisierten Strukturen demokratischer Partizipation den in immer komplexeren Mehrebenensystemen ablaufenden Prozessen des Regierens anzupassen.

Das „Regieren im internationalen System" (dazu etwa Gehring 1995), scheint dabei auf die Orientierung der Regierungen an einer möglichst effektiven Bearbeitung von Sachfragen reduziert zu werden. Gegenüber dieser *governance*-Problematik tritt die Dimension des *government*, d.h. des Regierens im Sinne der Selbstbehauptung und der Autonomiesicherung der politisch-administrativen Systeme, als ein möglicherweise ebenso wichtiges Motiv für intergouvernementale Kooperation in den Hintergrund. Der durch internationale Institutionen bewirkte Entdemokratisierungseffekt ist aber zu hartnäckig, um allein als ein „Hinterherhinken" erklärt zu werden. Zur Entfaltung einer alternativen Erklärung soll daher im folgenden die klassische Handlungsanleitung der Staatsräson vom Milieu der Staatenwelt in das Milieu der Mehrebenenpolitik übertragen und das Streben sowohl nach interner als auch nach externer Autonomie zur Deutung der Entdemokratisierung durch intergouvernementale Selbstbindung herangezogen werden. Mit dem

Begriff der *Neuen Staatsräson* soll zum Ausdruck gebracht werden, daß es sich dabei um eine Strategie staatlicher Selbstbehauptung handelt, mit der die Regierungen sich nicht mehr allein in der Staatenwelt, sondern zugleich auch gegenüber gesellschaftsweltlichen Herausforderungen zu behaupten versuchen. Die Annahme von auch in ihrem Kooperationsverhalten untereinander weiterhin an sich selbst interessierten Regierungen führt dabei zwangsläufig zu dem Schluß, daß eine Beseitigung des Demokratiedefizits von diesen gar nicht gewünscht sein kann.

2 Intergouvernementale Kooperation als Option zur Wiedererlangung staatlicher Handlungsautonomie

Gesellschaftsweltliche Herausforderungen an den Territorialstaat und das Staatensystem werden gewöhnlich unter der Überschrift „Verlust einzelstaatlicher Problemlösungskompetenz unter dem Druck der Globalisierung" verbucht. Sowohl der Versuch, Steuerungsfähigkeit durch das Zusammenlegen einzelstaatlicher Kompetenzen in internationalen Institutionen zurückzugewinnen, als auch der, zu diesem Zweck auf die Ressourcen nichtgouvernementaler Akteure zurückzugreifen, werfen Autonomiekosten auf. Den mit der zweiten Option verbundenen Trade-Off hat Scharpf (1991, 622) treffend so beschrieben: „Steuerungserfolge werden erkauft durch die Enthierarchisierung der Beziehung zwischen Staat und Gesellschaft", d.h. durch den Verlust an interner Autonomie. So wichtig die Erhaltung der konkreten Regelungskompetenz der politisch-administrativen Systeme auch unbestreitbar ist, so hoch erscheint der dafür zu entrichtende Preis. Die einzelnen Regierungen sind nur noch eingeschränkt autonom im Sinne einer eigenen Zieldefinition und der Fähigkeit zur Strukturierung gesellschaftlicher Zusammenhänge gemäß dieser Ziele: „(T)he extensive penetration of civil society by transnational activity transforms the relationship between state and society" (Held und McGrew 1994, 75, 60).[3]

Die Berechtigung einer Sichtweise, derzufolge internationale Institutionen eine Art Selbstregierung der Staaten mit dem Ziel der Zusammenlegung von Problembearbeitungskompetenzen darstellen, soll hier keineswegs in Abrede gestellt werden. Zwischenstaatliche Kooperation enthält jedoch auch die instrumentell-strategische Dimension der Autonomiesicherung, die von einem allein problemorientiert-funktionalen Verständnis des Regierens (nämlich als *governance*) ausgehend, nicht erfaßt werden kann. Dies gelingt auch nicht, wenn man den staatenweltlichen Blickwinkel des internationalen Systems als Scheibe anlegt, aus dem Selbstbindung durch zwischenstaatliche Vereinbarungen nur als Autonomie*einbuße* (nämlich im allein interessierenden Verhältnis der Regierungen untereinander) erscheint. Erst aus einer die inner- und transgesellschaftlichen Bezüge einschließenden Mehrebenenperspektive wird die Bedeutung der intergouvernementalen Selbstbindung für die Erhöhung der internen Autonomie erkennbar. Zwischenstaatliche Vereinbarungen können Verantwortlichkeiten verteilen, die Mitwirkungsmöglichkeiten von Nichtregierungsakteuren verringern und generelle Vorgaben für den innenpolitischen Prozeß festlegen. Sie können somit mehrere Funktionen gleichzeitig erfüllen. Mit der gegenseitigen Einschränkung ihrer externen Autonomie im Rahmen internationaler Institutionen können Regierungen sowohl gemeinsam Problemlösungskapazitäten wiederherstellen als auch interne Autonomiespielräume zurückgewinnen.

3 Autonomie durch Selbstbindung in der EU

Das bezüglich der externen Autonomie radikalste intergouvernementale Selbstbindungsprojekt ist die Europäische Union. An ihr kann allerdings auch besonders anschaulich gezeigt werden, wie sich Regierungen nicht nur gegenseitig binden, sondern damit zugleich auch Fesseln ablegen, ja in der Gesamtrechnung ein Mehr an Autonomie und Handlungsfähigkeit gewinnen können. An der EU lassen sich ein hoher Grad an zwischenstaatlicher Selbstbindung und eine damit einhergehende Entdemokratisierung als zwei Seiten derselben Medaille beobachten. Mit der Herausbildung dieses komplexen Entscheidungssystems ist eine Gewichtsverlagerung zugunsten gouvernementaler und exekutiver Akteure auf der zwischenstaatlichen und der supranationalen Ebene eingetreten, die die Einflußmöglichkeiten von nichtgouvernementalen Akteuren beschneidet: „The unique institutional structure of the EC is acceptable to national governments only insofar as it strengthens, rather than weakens, their control over domestic affairs.“[4]

Anhand der Festschreibung der Konvergenzkriterien im Vertrag von Maastricht läßt sich veranschaulichen, wie die Zusammenlegung staatlicher Steuerungsinstrumente im Namen einer effektiveren Problemlösung zur Abschirmung und besseren innenpolitischen Durchsetzung eines bestimmten politischen Programms instrumentalisiert werden kann. Das der WWU zugrunde liegende wirtschaftspolitische Credo wurde unter dem Eindruck der Globalisierung konsensfähig. Es spiegelt die Auffassung wider, daß das Modell des westeuropäischen Wohlfahrtsstaates an seine Grenzen gestoßen und ein Abbau dieses Wohlfahrtsstaates unumgänglich sei (Sandholtz 1993, 34). Mit diesem programmatischen Gleichklang wurde eine unerläßliche Voraussetzung für die Nutzung des Instruments der gegenseitigen Selbstbindung geschaffen.

Die Durchsetzung eines diesem Credo folgenden eisernen Stabilitätskurses durch einschneidende Haushaltskürzungen im jeweils nationalen Alleingang wäre voraussichtlich auf nur geringe gesellschaftliche Akzeptanz gestoßen. Als opferreiches politisches Programm stellt der im Vertrag von Maastricht festgeschriebene Zwang zur Haushaltsdisziplin einen geradezu idealen Kandidaten für das Interesse an einer Diffusion von Zurechenbarkeit und Weiterleitung von Verantwortlichkeit dar.[5] Entgegen anderslautenden Beteuerungen des deutschen Finanzministers Theo Waigel („Meine Finanzpolitik ist nicht ein Anhängsel von Maastricht")[6] stellte der Präsident des Europäischen Währungsinstituts (EWI), Alexandre Lamfalussy fest, daß „virtually all governments had been using EMU as the excuse for unpopular but vital reforms of tax and benefit systems".[7]

Die unter dem Vorzeichen der „Maastricht-Tauglichkeit" geführten Haushaltsdebatten in den Parlamenten der EU-Staaten illustrieren, in welcher Weise versucht wurde, die Akzeptanz der von den Bevölkerungen zu erbringenden Opfer zu erhöhen und zugleich die Verantwortung dafür auf die europäische Ebene („'Maastricht' verpflichtet!")[8] abzuwälzen. Ausgangspunkt der dafür vorgebrachten Argumentationskette ist ein Primat der Außenpolitik: Die Fähigkeit Europas zur Selbstbehauptung könne angesichts der Globalisierung der Märkte, folgt man Kinkel oder Waigel, allein der Maastricht-Vertrag und in dessen Gesamtpaket eben auch die Währungsunion mit ihrer bindenden Vorgabe, Haushaltsdefizite abzubauen, sichern. Diese könne aber nur bei Einhaltung der Haushaltsdisziplin bereits in der „Bewährungsphase" im Vorfeld der WWU-Endstufe (d.h. vor dem 1. Januar 1999) realisiert werden. Die im EU-Vertrag institutionell verankerten Elemente zur Sicherung der Haushaltsdisziplin (Art. 104-104c) schirmen auf diese Weise eine monetaristische Wirtschafts- und Währungspolitik gegenüber dem zu erwartenden gesellschaftlichen Widerstand ab. Sie verschaffen in der innenpolitischen Auseinandersetzung dem Sparpaket mit dem Argument eine zusätzliche Legitimation, ohne seine Verabschiedung würden die

Stabilitätskriterien für einen Beitritt zur Währungsunion nicht erfüllt und damit letztlich auch Europas Selbstbehauptungsinteressen geschädigt.[9] Einmal auf der zwischenstaatlichen Ebene abgesichert, kann eine monetaristische Stabilitätspolitik als Sparkurs in der innenpolitischen Auseinandersetzung unter Berufung auf internationale Vorgaben leichter umgesetzt werden. Die Reihe der dadurch in die Pflicht genommenen potentiellen Widersacher reicht von der Opposition im Bundestag über die Bundesländer bis hin zu den Tarifpartnern.[10] Als (möglicherweise) „schlechte Ökonomie, aber ... gute Politik" erfüllt die Selbstbindung an die *ökonomisch* „entbehrlichen" Konvergenzkriterien eine doppelte, nämlich auch auf das Binnenverhältnis zwischen Staat und Gesellschaft gerichtete *politische* Funktion.[11]

Die WWU erweist sich somit in einem umfassenden Sinne als der Versuch der nationalen Regierungen, ihre Handlungsfähigkeit im binnengesellschaftlichen Kontext zu wahren. Sie stellt aber zugleich auch einen Beitrag zur Erhaltung der äußeren Autonomie dar. Da die Mitgliedstaaten vor ihrem Eintritt in die WWU angesichts der nach der Liberalisierung der Kapitalmärkte wesentlich von Marktkräften bestimmten Wechselkursparitäten faktisch ohnehin über keinen eigenen geld- und währungspolitischen Handlungsspielraum mehr verfügten, braucht dieser auch nicht aufgegeben zu werden. Vielmehr führt die Vergemeinschaftung der Geldpolitik auch nach außen zu einer größeren Handlungsfreiheit. Das Beispiel zeigt überdies, daß die Zusammenlegung staatlicher Steuerungsinstrumente nicht nur dem Interesse der Staaten an sich selbst dienen kann, sondern daß es der intergouvernementalen Selbstbindung über den exekutiven Machterhalt, von dem nach einem Regierungswechsel ja auch die gegenwärtigen Widersacher profitieren könnten, hinaus auch um die Zementierung von Sachentscheidungen und politischen Programmen gehen kann.

Die im Maastricht-Vertrag festgelegten Konvergenzkriterien stellen nur ein, wenn auch vielleicht besonders augenfälliges Beispiel dafür dar, wie im Rahmen eines Mehrebenen-Entscheidungssystems, innerhalb dessen zunächst das instrumentell-strategische Ziel, nämlich die Bereitstellung einer Polity mit erweiterten gouvernementalen Handlungsspielräumen, realisiert worden ist, darauf gestützt ein bestimmtes politisches Programm, das zu einem gegebenen Zeitpunkt die Unterstützung der beteiligten Regierungen findet, verbindlich festgeschrieben werden kann. Damit Ziele wie die Herstellung internationaler Wettbewerbsfähigkeit („Standortdebatte") und die Flexibilisierung der Arbeitsmärkte auf Kosten sozialstaatlicher Errungenschaften überhaupt eine innenpolitische Durchsetzungschance haben, müssen zwei Voraussetzungen gegeben sein: Zum einen das gemeinsame Interesse der Regierungen, den Wohlfahrtsstaat mit Hilfe eines bestimmten politischen Programms umzustrukturieren und dieses Programm gegen absehbare gesellschaftliche Widerstände abzusichern. Diese Bedingung für eine *substantielle,* d.h. inhaltlich-programmatische Selbstbindung ist nicht dauerhaft gegeben, sondern bedarf einer bestimmten politischen Konstellation der Übereinstimmung über konkrete politische Ziele - hier die Stabilitätspolitik. Zum anderen muß über einen Polity-Rahmen verfügt werden können, der jederzeit spezifische Handlungs- und Begründungsmöglichkeiten bereitstellt. Dies gilt für das von nichtgouvernementalen politischen Einflüssen weitgehend abgeschirmte und von den Regierungen der Mitgliedstaaten daher stets zu kontrollierende Mehrebenensystem der EU. Dieses steht als Resultat einer generellen Übereinstimmung, über einen möglichst großen Handlungsspielraum zu verfügen, auf Dauer bereit und läßt sich immer dann aktivieren, wenn dies eine konkrete Übereinstimmung in substantiellen Zielen als geboten erscheinen läßt. Um dann diese Ziele der innergesellschaftlichen Kontroverse zu entziehen, lassen sich Selbstbindungsgrade erhöhen oder sektoral ausdehnen - wie mit dem Vertrag von Maastricht geschehen. Dessen Aushandlung muß zwingend unter Ausschluß der Öffentlichkeit erfolgen.

4 Selbstbindung als Neue Staatsräson: theoretisch-konzeptionelle Schlußfolgerungen

Die bisherigen Überlegungen und Beobachtungen sollen nun in einen kohärenten konzeptionellen Rahmen eingebettet werden. Das Außenverhalten der in der EU kooperierenden liberalen Demokratien ist offenkundig eingebunden in ein komplexes Anforderungs-Umwandlungs-Geflecht mit einer Vielzahl von Adressaten. Zu den externen Herausforderungen der Staatenwelt sind mindestens gleichrangig solche aus der Gesellschaftswelt getreten, die sich vor allem auf die interne Autonomie der Staaten richten. Im *Innern* fordern die nichtgouvernementalen Akteure immer mehr Mitwirkungsrechte („Demokratisierung von Außenpolitik"). Auf der *transnationalen* Ebene bilden sich Politikverflechtungen zwischen nichtgouvernementalen Akteursgruppen heraus, die von Wirtschaftsunternehmen, Verbänden bis hin zu substaatlichen Einheiten reichen und ein Ausdruck der Emanzipation der eigenen Interessenverfolgung von der Kontrolle und Steuerung durch die nationalen Regierungen sind.

Unter der Voraussetzung, daß es ein Eigeninteresse der interagierenden Regierungen an ihrer Selbstbehauptung nach innen und nach außen gibt, kann für die Außenpolitikanalyse mit Skocpol (1979, 31) vermutet werden, daß sich die politisch-administrativen Systeme vermehrt internationale Handlungszusammenhänge zunutze machen könnten, um dem Druck gesellschaftlicher Akteure zu entgehen. Offe bezeichnet ein solches „Interesse an sich selbst" geradezu als das Bestimmungsmerkmal des modernen Staates.[12] Die eigene Selbstbehauptung kann als die *instrumentelle* Meta-Strategie jeder Handlungseinheit verstanden werden, im Unterschied zu nachgeordneten *substantiellen* Zielsetzungen, für deren Formulierung und Verfolgen sie erst die Voraussetzungen schafft. Das Interesse an sich selbst setzt nicht einmal voraus, daß sich Regierungen immer gegen ihre gesellschaftlichen Umfelder verbünden, aber sie wollen dies jederzeit tun können. Mit Hilfe der *Two-Level-Games*-Analyse kann die vor diesem Hintergrund auftretende Frage nach der Demokratisier- bzw. Instrumentalisierbarkeit internationaler Kooperationsstrukturen in ein aufschlußreiches Untersuchungsmodell integriert werden. Intergouvernementale Kooperation wird als Bestandteil eines „Zwei-Ebenen-Spiels" greifbar, bei dem Regierungen an mehreren Tischen gleichzeitig spielen und dabei versuchen, bestimmte Ziele in miteinander in Verbindung stehenden internen und externen Handlungszusammenhängen durchzusetzen. Der Mehrebenenkontext, in dem staatliches Außenverhalten angesiedelt ist, legt die Vermutung nahe, daß Regierungen ihr Interesse an sich selbst nicht nur untereinander im Rahmen zwischenstaatlicher Diplomatie, sondern auch gegenüber gesellschaftlichen Akteuren verfolgen. Dabei können die Beziehungen der Regierungen sowohl untereinander als auch zu ihren jeweiligen gesellschaftlichen Umfeldern jeweils von Interessenübereinstimmungen wie auch von Differenzen gekennzeichnet sein. Für die Erklärung des Demokratiedefizits in der EU bedeutet dies aber dennoch, daß das Streben nach Selbstbehauptung auf *beiden* Ebenen als eine Demokratisierungsschranke wirkt, da sich die Regierungen stets einen jeweils möglichst großen Handlungsspielraum erhalten wollen.[13]

Erst über die Ausdifferenzierung des Milieus internationaler Politik zu einem Mehrebenensystem erschließen sich beide Dimensionen der Selbstbehauptungsproblematik. Aus einem wachsenden gesellschaftsweltlichen Druck resultiert das hier mit dem Begriff der Neuen Staatsräson[14] bezeichnete *neuartige Autonomiestreben*, bei dem es dem Staat nicht mehr allein um ein möglichst großes relatives Gewicht im Konzert der Mächte in der Staatenwelt geht, sondern um die Wiedergewinnung von Handlungsautonomie gegenüber den sich von dem Monopol von Exekutive und Bürokratie auf die Unterhaltung auswärtiger Beziehungen emanzipierenden gesellschaftlichen Umfeldern. Die Strategie der Neuen Staatsräson besteht in einer Reorganisation von Staatlichkeit im Rahmen der *international governance* mit dem Ziel, Festlegungen zu treffen und Bindungen einzugehen, die der gesellschaftlichen Auseinandersetzung und damit auch einer Revidierbarkeit möglichst weitgehend entzogen werden sollen. Aus der Logik dieser Neuen Staatsräson folgt, daß Regierungen sowohl ihre Synthesefunktion beim Zusammenschnüren der für die Weiterleitung nach außen bestimmten gesellschaftlichen Interessen als auch die Vermittlung von Anpassungserfordernissen aus der internationalen Umwelt nach innen nicht nur aktiv, sondern im Sinne der eigenen Selbstbehauptung vor allem auch *interessiert* wahrnehmen.

Der zwischenstaatlichen Kooperation wächst auf diese Weise eine neue Funktion zu: „The international system lends domestic autonomy to the state through institutions such as international law and diplomacy, which empower the state to overcome societal resistance to its policing practices" (Thomson 1995, 226). Die gegenseitige Selbstbindung bietet sich neben der traditionell geübten Praxis der gegenseitigen Bedrohung als ein weiteres Mittel an, mit dem sich die Regierungen gegenseitig bei der Erhaltung der internen Autonomie unterstützen können. Dieses Motiv wird immer dann unterstellt werden müssen, wenn mit zwischenstaatlichen Vereinbarungen eine bestimmte Streitfrage der weiteren gesellschaftlichen Kontroverse bzw. Mitsprache entzogen wird - je irreversibler, desto eindeutiger. Was zunächst aussieht wie ein Souveränitätsverzicht gegenüber den anderen Mitgliedern der Staatenwelt, erhält als Loslösung von gesellschaftlicher Kontrolle eine neue Plausibilität.[15]

Der Wunsch nach Befreiung von gesellschaftlichen Beeinträchtigungen ihrer Handlungsfreiheit, den vermutlich gerade diejenigen Regierungen teilen, die dem größten gesellschaftlichem Druck ausgesetzt sind, also die liberalen Demokratien, muß als ein starkes Motiv für strategische Interaktionen zwischen Regierungen in Betracht gezogen werden. Dies gilt in besonderer Weise für die Wahl ganz bestimmter institutioneller Arrangements, denn „(a) state's involvement in an international network of states is a basis for potential autonomy of action and against groups and economic arrangements within its jurisdiction" (Nordlinger 1981, 23). Das Spiel auf diesem Instrument kommt allerdings einer Gratwanderung zwischen der Erhaltung interner und externer Handlungsspielräume gleich, da Autonomiesicherung nach innen auf Kosten der Autonomiesicherung nach außen gehen kann und umgekehrt. Zwischenstaatliche Selbstbindungen, die die interne Autonomie vermehren, müssen einerseits so irreversibel sein, daß sie nicht jederzeit durch eine veränderte gesellschaftliche Willensbildung wieder aufgehoben werden können (Handlungsspielraum des politisch-administrativen Systems nach innen), andererseits aber auch reversibel genug, um sich gegebenenfalls aus zwischenstaatlich vereinbarten Autonomiebeschränkungen für die einzelnen staatlichen Akteure wieder zurückziehen zu können (Handlungsspielraum nach außen).

Anmerkungen

1 Mit dem Begriff der *international governance* oder *global governance* wird das Phänomen des grenzüberschreitenden Regierens bezeichnet, das sich auf funktional oder territorial bestimmte Räume jenseits der einzelstaatlichen Zuständigkeiten richtet.

2 Der hier zu untersuchende Zusammenhang beschränkt sich allerdings nicht auf die Politik in der EU. Verschiedene Autorinnen und Autoren verweisen auf das generelle Phänomen „that states increasingly exercise sovereignty in multilateral, international institutions which are distanced from societal control. State bargaining with society is bypassed and legitimated by multilateralism" (Thomson 1995, 230). Dazu meint Wendt (1994, 393) „As state actors pool their de facto authority over transnational space, they remove it from direct democratic control. Territorial electorates may still retain the formal right to 'unelect' their leaders, but the ability to translate this right into tangible policy change... is constrained by the commitments that states have made to each other."

3 Begründet wird dies etwa damit, daß die „sich verstärkende Teilhabe der Gesellschaft an den Entscheidungen der politischen Systeme auch deren Außenverhalten beeinflußt" (Czempiel 1994, 2) und daß „the global society envelopes and thus constrains states and their behavior" (Skidmore und Hudson 1993b, 14). Vgl. auch Simonis (1972, 293) oder Nordlinger (1981, 19).

4 Moravcsik (1993a, 507). Vgl. auch Judge (1995). Literatur zu dieser These findet sich zuhauf. Schon Hoffmann (1983, 21) stellt fest, daß „the Community helps preserve the nation-states far more than it forces them to wither away".

5 Vgl. dazu auch Putnams (1988, 457) Hinweis, daß gerade für mit Verzichtskosten verbundene und damit unpopuläre Stabilisierungsprogramme die Strategie der zwischenstaatlichen Selbstbindung besonders attraktiv ist.

6 Zitiert nach Münster (1996).

7 Interview mit der Financial Times vom 15. Januar 1996 (zitiert nach Deutsche Bundesbank, Auszüge aus Presseartikeln Nr. 2, 15. Januar 1996, 14).

8 Das Zitat stammt aus einem Gespräch mit dem ehemaligen spanischen Wirtschaftsminister Miguel Boyer in der ZEIT vom 15. März 1996. Darin heißt es: „Manche Politiker glauben, Maastricht nehme ihnen die Arbeit ab, die Bürger von der Notwendigkeit unpopulärer Reformen zu überzeugen. Sie glauben, es reiche zu sagen: 'Maastricht' verpflichtet!'".

9 Siehe zu dieser Argumentation die in Internationale Politik (6/96, 64ff und 71) dokumentierten Äußerungen von Kinkel und Waigel.

10 So stellte der Präsident der Landeszentralbank in Rheinland-Pfalz und im Saarland, Hans-Jürgen Koebnick, am 25. Juni 1996 fest: „Es besteht eine nicht ganz unberechtigte Hoffnung, daß die Tarifpartner in den Teilnehmerländern unter den Bedingungen der EWU vorsichtiger agieren werden, als sie es in der Vergangenheit getan haben." (zitiert nach Deutsche Bundesbank, Auszüge aus Presseartikeln Nr. 43, 5. Juli 1996, 16).

11 Miguel Boyer in dem bereits angeführten Gespräch in der ZEIT vom 15. März 1996.

12 Siehe dazu Narr (1995, 332). In der Tat scheint die gewählte Definition den kleinsten gemeinsamen Nenner aller Staatsziele zu benennen, nämlich die Wahrung eines Handlungsspielraums für eine möglichst unabhängige konkrete Zielbestimmung und für die daran orientierte Gestaltung der Umwelt. Zu einer ausführlicheren Begründung und theoretisch-konzeptionellen Einordnung des Strebens nach Autonomie siehe Wolf (1997).

13 Der auf Putnams (1988, 433) „Metapher" des „Zwei-Ebenen-Spiels" aufbauende Forschungsansatz unterstellt, daß das vorherrschende innenpolitische Interesse der in internationalen Verhandlungen interagierenden Regierungen im Rahmen solcher „Zwei-Ebenen-Spiele" nicht zwangsläufig das des ehrlichen Maklers sein muß, der sich über eine weitestgehende Einlösung gesellschaftlicher Anforderungen seine Legitimation als Problemlöser erhalten möchte. Das Regierungsinteresse darauf zu reduzieren, würde die Instrumentalisierbarkeit internationaler Verhandlungen für innenpolitische Zwecke unterbelichten. Vielmehr bietet das „Zwei-Ebenen-Spiel", so die hier unterstellte Annahme, den daran beteiligten Regierungen zahlreiche *Möglichkeiten* „to manipulate domestic and international politics simultaneously" (Moravcsik 1993b, 15). Putnam selbst führt eine Reihe von Beispielen für den Typ eines „Zwei-Ebenen-Spiels" auf, bei dem Staaten internationale Verhandlungen dafür einsetzen „to achieve internal reform in situations where constituency pressures would otherwise prevent action without the pressure (...) that an external partner could provide" (Putnam 1988, 447f).

14 Die nach innen gerichtete Funktion dieser klassischen Selbstbehauptungsdoktrin hat im Zeichen der transnationalen Vergesellschaftung und der innergesellschaftlichen Demokratisierung zwar eine andere Qualität gewonnen, war aber stets schon vorhanden. Für Keohane steht das Motiv der *Kartellbildung* der Regierungen gegenüber ihren Gesellschaften gar an der Wiege aller zwischenstaatlichen Übereinkünfte. Er setzt innenpolitische Motive schon bei der gegenseitigen Anerkennung der Souveränität und des Verzichts auf Interventionen an: „Intervention... reduced the power of monarchs vis-à-vis civil society. Hence, agreement on principles of nonintervention represented a cartel-type solution to a problem of collective action." (Keohane 1995, 172).

15 Auch Spruyt (1994, 190) identifiziert am Ende seiner umfassenden Analyse der Entwicklung der Staatenwelt und künftiger staatlicher Überlebensstrategien angesichts der gesellschaftlichen Emanzipationstendenzen internationale Institutionen als strategische

Instrumente „deliberately designed... as protection to individual governments from irate domestic constituents".

Literatur

Czempiel, Ernst-Otto. 1994. „Vergesellschaftete Außenpolitik". In *Merkur* 48: 1-14.

Evans, Peter B.; Harald K. Jacobson; Robert D. Putnam, Hrsg. 1993. Double-edged Diplomacy: International Bargaining and Domestic Politics. Berkeley: University of California Press.

Gehring, Thomas. 1995. Regieren im internationalen System. Verhandlungen, Normen und Internationale Regime. In *Politische Vierteljahresschrift* 36: 197-219.

Held, Daniel und Anthony McGrew. 1994. „Globalization and the Liberal Democratic State". In *Sakamoto* 1994: 57-84.

Hoffmann, Stanley. 1983. „Reflections on the Nation-State in Western Europe Today". In *Journal of Common Market Studies* 21: 21-37.

Judge, David. 1995. „The Failure of National Parliaments?". In *West European Politics* 18: 79-100.

Keohane, Robert O. 1995. „Hobbes' Dilemma and Institutional Change in World Politics: Sovereignty in International Society". In *Whose World Order?;* hrsgg. von Hans-Hendrik Holm und Georg Sørensen. Boulder: Westview Press, 165-86.

Moravcsik, Andrew. 1993a. „Preferences and Power in the European Community: A Liberal Intergovernmentalist Approach". In *Journal of Common Market Studies* 31: 473-524.

—. 1993b. „Introduction. Integrating International and Domestic Theories of International Bargaining". In *Evans, Jacobson und Putnam* 1993: 3-42.

Münster, Siegfried. 1996. „Die Zeiten, da der Staat die Wirtschaft ankurbeln konnte, sind vorbei". In *Süddeutsche Zeitung* vom 10. Januar 1996.

Narr, Wolf-Dieter. 1995. „Recht-Demokratie-Weltgesellschaft. Habermas, Luhmann und das systematische Versäumnis ihrer großen Theorien", (Teil 2). In *Prokla* 95: 324-44.

Nordlinger, Eric A. 1981. *On the Autonomy of the Democratic State.* Cambridge, Mass.: Harvard University Press.

Putnam, Robert. 1988. „Diplomacy and Domestic Politics: The Logic of Two-Level Games". In *International Organization* 42: 427-60.

Rieger, Elmar. 1995. „Politik supranationaler Integration. Die Europäische Gemeinschaft in institutionentheoretischer Perspektive". In *Politische Institutionen im Wandel,* hrsgg. von Brigitta Nedelmann. Opladen: Westdeutscher Verlag (Kölner Zeitschrift für Soziologie und Sozialpsychologie, Sonderheft 35): 349-67.

Sandholtz, Wayne. 1993. „Choosing Union: Monetary Politics and Maastricht". In *International Organization* 47: 1-39.

Scharpf, Fritz W. 1991. „Die Handlungsfähigkeit des Staates am Ende des zwanzigsten Jahrhunderts". In *Politische Vierteljahresschrift* 32: 621-34.

Simonis, Georg. 1972. „Außenpolitischer Handlungsspielraum und politische Autonomie. Gesellschaftlicher Wandel und politische Innovation". In *Politische Vierteljahresschrift,* Sonderheft 4: 282-314.

Skidmore, David und Valerie M. Hudson, Hrsg. 1993a. *The Limits of State Autonomy. Societal Groups and Foreign Policy Formulation.* Boulder: Westview Press.

—. 1993b. „Establishing the Limits of State Autonomy: Contending Approaches to the Study of State-Society Relations and Foreign Policy-Making". In *dies.* 1993a: 1-22.

Skocpol, Theda. 1979. *States and Social Revolutions: A Comparative Analysis of France, Russia, and China.* Cambridge: Cambridge University Press.

Spruyt, Hendrik. 1994. *The Sovereign State and Its Competitors. An Analysis of System Change.* Princeton, N.J.: Princeton University Press.

Thomson, Janice E. 1995. „State Sovereignty in International Relations: Bridging the Gap between Theory and Empirical Research". In *International Studies Quarterly* 39: 213-33.

Wendt, Alexander. 1994. „Collective Identity Formation and the International State". In *American Political Science Review* 88: 384-96.

Wolf, Klaus Dieter. i.E. „Entdemokratisierung durch Selbstbindung in der Europäischen Union". In *Projekt Europa im Übergang? Probleme des grenzüberschreitenden Regierens in der Europäischen Union*, hrsgg. von David Skidmore et al. Baden-Baden: Nomos.

Zürn, Michael. 1992. „Jenseits der Staatlichkeit. Über die Folgen der ungleichzeitigen Denationalisierung". In *Leviathan* 20: 490-513.

Daniela Engelmann, Hans-Joachim Knopf, Klaus Roscher und Thomas Risse

Identität und Europäische Union: Die Diskussion um den Euro in Großbritannien, Frankreich und Deutschland

1 Einleitung[1]

Die Vorbereitung der europäischen Wirtschafts- und Währungsunion (WWU) und der damit verbundene institutionelle Umbau der Europäischen Union (EU) sind in vollem Gange. Dabei fällt auf, daß sich die politische Debatte um den Euro in den EU-Mitgliedstaaten auf die Vorzüge und Nachteile einer europäischen Währung konzentriert, während sich die wissenschaftliche Kontroverse in erster Linie mit den strukturellen Konsequenzen der WWU für das Institutionengefüge der EU auseinandersetzt. Es dominieren hier neofunktionalistische bzw. liberal-intergouvernementalistische Ansätze, die die spezifische Institutionenwahl von Akteuren auf funktionale Erfordernisse und/oder materiell bzw. machtpolitisch definierte Interessen zurückführen.[2] Die Betonung funktionaler Logik, um die Entstehung spezifischer institutioneller Lösungen zu erklären, exogenisiert Akteursinteressen und -präferenzen und kann deshalb leicht zu Fehleinschätzungen führen.

Wir argumentieren im folgenden, daß die WWU nicht aufgrund funktionaler Logik und ökonomischer bzw. machtpolitischer Akteursinteressen erklärt werden kann, sondern in erster Linie politischen Charakter hat. Die Einführung des Euro hat längst Symbolfunktionen für das politische Projekt der Europäischen Integration insgesamt übernommen. Aus diesem Grund haben konservative Politiker wie der deutsche Bundeskanzler Helmut Kohl diesem Vorhaben zugestimmt und betreiben es weiter. Dies erklärt auch, warum Oppositionsparteien wie die deutsche SPD und die französischen Sozialisten (PSF) die WWU kaum in Frage stellen. Wir argumentieren, daß sowohl die deutsche und französische Zustimmung zur WWU als auch die britische Opposition dagegen nur im Kontext von Auseinandersetzungen über das Verhältnis nationaler und europäischer Identitätsvorstellungen verstanden werden kann, während ein interessengeleiteter Erklärungsansatz das Phänomen nicht angemessen beschreibt.

Dieser Aufsatz konzentriert sich auf Deutschland, Frankreich und Großbritannien als die maßgeblichen EU-Mitgliedsländer. Zunächst wird argumentiert, daß traditionelle, auf materiell definierten Interessen basierende Erklärungen die unterschiedlichen Haltungen politischer Eliten in diesen Ländern gegenüber der WWU nicht angemessen wiedergeben können. Anschließend wird die Konstruktion nationaler und/oder europäischer Identitäten in den Mittelpunkt der Analyse gestellt und aufgezeigt, wie unterschiedliche Identitätsvorstellungen die Differerenzen in den Einstellungen zum Euro besser erklären.

2 Das „Puzzle“: Die WWU und die „nationalen Interessen“ Großbritanniens, Frankreichs und Deutschlands

Herkömmliche Erklärungsansätze gehen davon aus, daß die europäische Integration durch zunehmende wirtschaftliche Interdependenz zwischen den Mitgliedstaaten, Reaktionen auf den Prozeß der Globalisierung oder *balance of power*-Erwägungen vorangetrieben wird. So kann jedoch weder das Festhalten der französischen und deutschen Regierung an der WWU erklärt werden, noch die Tatsache, daß sozialdemokratische Oppositionsparteien in beiden Ländern den Euro nicht in Frage stellen und ebensowenig, weshalb sich Großbritannien vorläufig gegen eine Teilnahme an der WWU entschieden hat.

Einleitend kann festgestellt werden, daß die ökonomischen Gründe für eine WWU relativ schwach zu sein scheinen. Sogar unter den Vertretern einer neoliberalen Wirtschaftspolitik bestehen Zweifel, ob eine Währungsunion ohne eine weitere politische Vertiefung der EU überhaupt wünschenswert ist (Eichengreen, von Hagen und Harden 1996; von Hagen und Lutz 1995; vgl. auch Überblick in Cameron 1996; Minkkinen 1997). Darüber hinaus lassen sich Unterschiede in den nationalen Haltungen zur WWU nicht ausschließlich mit wirtschaftlichen Interessen oder machtpolitischen Erwägungen erklären. So gibt es gute Gründe dafür, daß *Großbritannien* eine WWU aufgrund der neoliberalen Orientierung der britischen Wirtschaftspolitik von Anfang an hätte unterstützen sollen. Großbritannien versucht, Auslandsinvestitionen anzuziehen und als „Billiglohnland“ zu einem Hauptproduktionsort für außereuropäische Firmen zu werden, die damit Zugang zum europäischen Binnenmarkt haben. Der Euro könnte für diese Unternehmen attraktiv sein, da Transaktionskosten gesenkt und Währungsschwankungen verhindert werden.

Auch im *französischen* Fall erscheint die Ausgangslage unklar. Einerseits kann die französische Entscheidung, einer gemeinsamen Währung beizutreten, damit erklärt werden, daß der Euro einer Dominanz des Europäischen Währungssystems (EWS) durch die DM vorzuziehen ist. Darüber hinaus bietet die WWU die Möglichkeit, ein nach der Wiedervereinigung erstarktes Deutschland in eine europäische supranationale Institution einzubinden. Hinzu kommt, daß die Konvergenzkriterien der WWU Präsident Chirac helfen, seine Austeritätspolitik und die Reform des französischen Wohlfahrtsstaats auf nationaler Ebene zu legitimieren. Auf der anderen Seite argumentieren Frankreichs Gegner der gemeinsamen Währung, daß die WWU eine Bedrohung für Frankreichs *indépendence* darstelle und die WWU die französische Wirtschaftspolitik mehr unter Druck setze, als es das EWS je getan hat. Schließlich ist auch nicht klar, warum sich die französischen Sozialisten in der Debatte um die WWU trotz der Konsequenzen für den französischen Wohlfahrtsstaat eher ruhig verhalten haben.

Während ökonomische und machtpolitische Ansätze im Falle Großbritanniens und Frankreichs die jeweiligen nationalen Positionen nur unzureichend erklären können, führen solche Erwägungen im Falle *Deutschlands* zu der kontrafaktischen Einschätzung, daß die Bundesrepublik der WWU nicht beitreten sollte. Erstens braucht die deutsche Wirtschaft keine gemeinsame Währung, da das EWS bereits eine DM-Zone darstellt. Die meisten deutschen Unternehmen wickeln ihre europäischen Geschäfte in DM ab, die Transaktionskostenersparnisse durch eine gemeinsame Währung sind folglich minimal. Zweitens ist zu fragen, warum Deutschland - gerade vor dem Hintergrund des einigungsbedingten Machtzuwachses - das von der Bundesbank kontrollierte Europäische Währungssystem zugunsten von WWU und europäischer Zentralbank aufgeben sollte. Drittens bleibt auch bei strikter Einhaltung der Konvergenzkriterien unklar, ob Deutschlands Wirtschaftspolitik des knappen Geldes und der geringen Inflation die WWU überlebt. Schließlich kann mit Blick auf die deutsche SPD genauso wie oben in Bezug auf die französische PSF argumentiert werden. Da deutsche Arbeitskräfte die Verlierer einer strikten Anwendung der Konvergenzkriterien zu sein scheinen, ist die fortdauernde Unterstützung der Sozialdemokraten für die WWU kontraintuitiv.

Wenn traditionelle Ansätze die britischen, französischen und deutschen Entscheidungen zur WWU nicht erklären können, dann stellt sich die Frage nach alternativen Begründungen. Wir argumentieren im folgenden, daß die Interessen und Präferenzen der relevanten politischen Eliten zum Gegenstand der Untersuchung gemacht werden müssen. Dies führt zwangsläufig zu einer Analyse der Konstruktion der nationalen und/oder europäischen Identitäten in den politischen Diskursen der drei Länder. Im folgenden analysieren wir in diesem Zusammenhang die Debatten um die WWU zwischen und innerhalb der politischen Parteien in Großbritannien, Frankreich und Deutschland.

3 Identitätsvorstellungen und die WWU: Die nationalen Debatten

3.1 Die britische Opposition

3.1.1 Europabezogene Ordnungsvorstellungen und die WWU

Britische Positionen zur europäischen Integration reichen von völliger Ablehnung (der rechte Flügel der Konservativen, der äußerst rechte und der linke Flügel der Labour Party) über eine Hauptströmung eines „Europas der Nationen“ innerhalb der Arbeiterpartei und der Tories bis hin zu Vertretern eines föderalen Europas, die allerdings in der konservativen Partei zu vernachlässigen sind und auch innerhalb der Labour-Partei nur eine kleinere Gruppe bilden.

Die Europa-Gegner in beiden Parteien stimmen in ihren europäischen Ordnungsvorstellungen keineswegs überein (Spicer 1992). Einige treten für einen Austritt aus der EU ein, andere favorisieren eine bloße Freihandelszone und eine weitere Gruppe unterstützt ein intergouvernementalistisches 'Europa der Nationen'. Die Europa-Frage spaltet mittlerweile die *konservative Partei* genauso wie die britische Regierung, inbesondere im Hinblick auf die WWU und den Euro. Es war genau diese Uneinigkeit, die Premierminister Major mit seinen *opt-outs* im Maastrichter Vertrag (zur Währungsunion und zum Sozialprotokoll) zu vermeiden versuchte. Die ideologisch sehr heterogene Gruppe der Europa-Gegner vertritt die Vision einer angelsächsischen Unabhängigkeit, rebelliert gegen jeden weiteren Verlust an Souveränität und spricht sich daher gegen die WWU aus. Die WWU wird also nicht als ausschließlich wirtschaftliche Angelegenheit verstanden, sondern birgt politische Implikationen in sich (Thatcher 1988; Baker, Gamble und Ludlam 1993).

Seit 1987 hat sich die *britische Arbeiterpartei* zu einer pro-europäischen Partei gewandelt. Einerseits versuchte sie damit, den Thatcherismus auf der nationalen Ebene durch ein stärkeres Engagement im Bereich der europäischen Sozialpolitik zu umgehen (Haahr 1992, 1993), der Wandel resultierte jedoch auch aus den vermehrten Kontakten von Labour-Politikern und Gewerkschaftsführern mit ihren kontinentaleuropäischen Partnern (Tindale 1992). Nach dem gescheiterten Experiment der französischen Sozialisten in den 80er Jahren und inspiriert von Jacques Delors' Idee einer „sozialen Dimension" im europäischen Einigungsprozeß, änderte sich das Denken der intellektuellen Linken (Cosgrove 1992; George und Haythorne 1996). Die „alternative Wirtschaftsstrategie" mit dem Ziel, die britische Wirtschaft mit Hilfe einer protektionistischen Barriere zu schützen („Sozialismus in einem Land") wurde aufgegeben zugunsten eines europäischen Modells von Kapitalismus mit sozialer Dimension (nicht unähnlich den deutschen Vorstellungen von Sozialpartnerschaft).

3.1.2 WWU und britische Identität

Eine kollektive europäische Identität kann aus den britischen Debatten kaum herausgelesen werden. Europa wird weiterhin mit dem Kontinent gleichgesetzt und gegenüber England als 'das Andere' wahrgenommen. Britische Konzeptionen von Staatlichkeit und Souveränität erscheinen oftmals durch den Integrationsprozeß bedroht. Für Europa-Gegner steht die britische parlamentarische Souveränität auf dem Spiel. Mehr als zwanzig Jahre nach dem Beitritt Großbritanniens in die Europäische Gemeinschaft erscheint Großbritanniens Verhältnis gegenüber der EU weiterhin ambivalent (Bailey 1983; George 1990, 1992). Schon Winston Churchill formulierte 1953: „We are with Europe, but not of it. We are linked, but not comprised. We are interested and associated, but not absorbed" (zitiert nach Cash 1992). Die britische Geschichte bildet dabei einen nicht zu vernachlässigenden Erklärungsfaktor. Großbritannien sieht sich selbst als eine Welthandelsnation und vertritt von daher eine globalistische Sichtweise der internationalen Beziehungen und der Weltwirtschaft (Major 1993; Rifkind 1996). Zweifelsohne ist diese Sichtweise von der kolonialen und Seemachts-Vergangenheit Großbritanniens beeinflußt (Pfaltzgraff 1969; Sharpe 1996). Das besondere Verhältnis zu den USA und die Beziehungen zum Commonwealth sind ebenfalls zwei bedeutende

Aspekte britischer Identität (Laurence und Jones 1996). Das Gefühl der Abgrenzung gegenüber Kontinentaleuropa ist in Großbritannien demgegenüber nach wie vor weit verbreitet, und vor allem die konservativen Medien behalten die Differenzierung zwischen „uns“ und „den Anderen“ (in Europa) in der Berichterstattung und den Kommentaren bei.

Daraus läßt sich ableiten, daß die WWU den vorherrschenden Sichtweisen über die britische Identität bei Abgeordneten der Labour-Partei und den Konservativen widerspricht. Deren Haltungen beruhen auf Identitätsvorstellungen, die in der politischen Kultur und in den politischen Institutionen Großbritanniens tief verankert sind. Daher argumentieren die Befürworter einer WWU ökonomisch und vermeiden eine politische Diskussion mit identitätsbezogenen Komponenten. Die Opposition gegen die WWU und eine gemeinsame Währung wird hingegen plausibel, wenn man britische Souveränitätsvorstellungen zugrunde legt, u.a.

— *externe (nationale) Souveränität,* verkörpert z.B. durch die Unabhängigkeit Großbritanniens vom Kontinent seit dem Jahre 1066 und der Unabhängigkeit von Rom und dem Papst (Armstrong und Bulmer 1994);
— *interne (parlamentarische) Souveränität,* historisch begründet durch den Kampf zwischen König und Parlament und eng verbunden mit dem britischen Demokratieverständnis.

Dieses britische Verständnis von Souveränität ist nur schwer damit vereinbar, daß „Brüssel“ über wirtschaftliche Belange Großbritanniens entscheidet und daß eine Europäische Zentralbank kreiert werden soll, die die monetären Angelegenheiten Großbritanniens bestimmt und zum Verlust fiskalischer Souveränität führt. Darüber hinaus argumentieren britische Euro-Skeptiker, daß die europäischen Institutionen fundamental undemokratisch seien und daß die WWU die parlamentarische Souveränität unterminiere. Die britische Währung stellt also ein Souveränitätssymbol, das nicht zugunsten des „Euro“ aufgegeben werden darf. Außerdem unterscheiden sich die WWU und die Unabhängigkeit der Europäischen Zentralbank stark von dem institutionellen Gefüge in Großbritannien, das keine unabhängige „Bank of England“ kennt (Armstrong und Bulmer 1996).

3.2 *Frankreich zwischen WWU und „une certaine idée de la France"*

3.2.1 *Europabezogene Ordnungsvorstellungen und die WWU*

In Frankreich reichen die europäischen Ordnungsvorstellungen von einem „Europa der Vaterländer", welches nach wie vor das zentrale Leitbild der Gaullisten (RPR) darstellt, bis hin zu föderalen Vorstellungen, wie sie das Zentrum (UDF) und die Sozialisten (PSF) vertreten. Für die *Sozialisten* war die Zustimmung zum Maastrichter Vertrag Formsache, hatte doch das Bekenntnis zur Europäischen Integration Mitte der 80er Jahre konsensualen Status in der Partei erlangt. Sie folgte darin Mitterrand, der als Staatspräsident „Europa" zum zentralen Inhalt seines politischen Vermächtnisses erkor. Im Wahlprogramm von 1988 findet sich die Begründung der WWU wieder, die im folgenden die Argumentation bestimmte. Demnach soll der ECU in der globalisierten Weltwirtschaft ein starkes Gegengewicht zu Dollar und Yen darstellen, sie grenzte die USA und Japan somit als die „Anderen" gegen die europäische Identität ab (Parti Socialiste 1988, 78; Mitterrand 1988, 14).

Die Partei hieß das Verhandlungsergebnis als persönlichen Erfolg Mitterrands willkommen. Ebenso wie der PSF interpretierte der Präsident selbst die „Unabhängigkeit" der EZB weiterhin auf seine eigene Weise: „Der Ministerrat trifft die Entscheidungen der Wirtschaftspolitik. Die Zentralbank führt lediglich die Währungspolitik aus."[3] Die EZB sei demnach völlig unabhängig - aber im französischen Sinne des Wortes. Daß dies dem Vertragstext widersprach, störte niemanden. Die Sozialisten argumentierten darüber hinaus, Frankreich befinde sich bereits in einer de facto D-Mark-Zone und habe die Kontrolle über seine Währungspolitik längst verloren. Die WWU stelle deshalb einen Rückgewinn an Souveränität dar.[4] Letztlich wurden aber politische statt ökonomische Argumente vorgetragen. Durch die WWU könne die Integration vertieft und die Grundlage für ein sozialeres Europa geschaffen werden.

Das Europamodell des *RPR* ist nach wie vor ein „Europa der Nationalstaaten", wobei nationale Souveränität das zentrale konstitutive Element jeder Gesellschaftsordnung ausmache. Die Partei ist sich aber uneinig darüber, ob dieses Credo auf streng „orthodoxe" Weise zu verstehen sei oder ob - in offenerer Lesart - nicht doch etwas *pooling* von Souveränität möglich ist, auf rein intergouvernementale Weise selbstverständlich. Wie weit diese Vorstellungen voneinander entfernt sind, wurde anläßlich der Debatte um das Maastricht-Referendum 1992 offenbar. Während die Parteispitze um Jacques Chirac und Alain Juppé Souveränitätstransfers (inklusive der WWU) unter dem Vorbehalt des Luxemburger Kompromisses akzeptierte, kritisierte eine Gruppe unter der Führung Séguins den durch die EZB hervorgerufenen Souveränitätsverlust und rief zur Ablehnung des Vertragswerkes auf. Das Währungsinstitut sei auch aus demokratischer Sicht bedenklich, denn damit würden die Entscheidungen einer demokratisch weder legitimierten noch kontrollierten Brüsseler Bürokratie übertragen (Séguin 1992).

In seinem Grundsatzpapier von 1996 erklärte der RPR seine europapolitischen Differenzen für beendet (RPR 1996). Zugleich wird aber eine klare anti-föderale Position bezogen, der intergouvernementale Ansatz wird unterstrichen und der Blick auf eine gesamteuropäische Sicherheitsordnung gerichtet. Die gaullistische Idee von Europa als „weder föderales Modell noch reine Freihandelszone" wird auch in dem „Memorandum für ein europäisches Sozialmodell" deutlich.[5]

3.2.2 Französische Identität und WWU

Die Übertragung der Währungspolitik auf eine supranationale Institution wie die EZB betrifft Kernelemente des französischen Verständnisses von Souveränität. Von zentraler Bedeutung war die Unabhängigkeit der EZB, die in krassem Widerspruch zu dem aus der französischen politischen Kultur folgenden Verständnis von den Aufgaben eines Währungsinstituts steht (Goodman 1991). Die Banque de France war lange abhängig von der Regierung, und die französische Wirtschaft war traditionell von einem hohen Grad an Staatsinterventionismus geprägt. Erst seit Mitte der achtziger Jahre vollzog sich eine „kulturelle Wende" hin zur monetaristischen *pensée unique*. Während der Begriff „Unabhängigkeit" also etwa in Deutschland auf das völlige Fehlen politischer Einflußnahme abzielt, sieht das französische Selbstverständnis darin die Freiheit der Wahl der Mittel, vermittels welcher die Zentralbank geldpolitische Ziele verfolgt. Diese Ziele selbst müssen jedoch von einer politischen Autorität definiert werden.

Die Angst vor dem größer und stärker gewordenen Deutschland wurde als ein zentrales Argument ins Feld geführt. Während Befürworter die Akzeptanz des deutschen Modells als den Preis für die Einbindung Deutschlands in die EU betrachteten, sahen die Gegner darin einen Beweis dafür, daß Frankreich in einer solchen EU von Deutschland dominiert werde. Der Unterschied zwischen beiden Lagern war also der Glaube, ob internationale Institutionen wie die EU die Macht Deutschlands einbinden könnten.

Die Befürworter der WWU teilen eine gemeinsame, auf kollektiver Identität basierende Vision von Europa, während ihre Gegner im RPR an gaullistischen Vorstellungen nationaler Unabhängigkeit und eines „Europa der Vaterländer" festhalten. Zustimmung und Ablehnung der WWU stehen daher im Zusammenhang mit unterschiedlichen europäischen Ordnungsvorstellungen, welche wiederum mit spezifischen Ideen über Frankreichs Rolle in Europa zusammenhängen. Die Befürworter dehnen das historische und kulturelle Erbe Frankreichs auf Europa als Ganzes aus, das damit zum Träger der *mission civilisatrice* in der globalisierten Welt wird. Die Gegner halten an *une certaine idée de la France* fest und fürchten, daß die nationalen Besonderheiten in einem Schmelztiegel homogenisiert werden.

Die Berücksichtigung von Identitätsvorstellungen zeigt, warum der RPR im Maastricht-Referendum sein aussichtsreiches strategisches Ziel, nämlich die nächsten Parlamentswahlen zu gewinnen, durch eine Zersplitterung leichtfertig aufs Spiel setzte. Es wird auch verständlich, warum der PSF - selbst in der Opposition - die WWU weiterhin unterstützt, obwohl er dadurch zur Rechtfertigung von Austeritätspolitik gezwungen wird. Seit Mitterrands „Wende" 1983 gehört die große Mehrheit der Partei zum Lager der „modernen" europäischen Sozialdemokraten, denen die Europäisierung zur Legitimierung neoliberaler Politiken dient, solange diese durch ein „soziales Europa" ausgeglichen werden. Die Unterstützung für die WWU basiert somit stärker auf allgemeinen politischen Vorstellungen von Europa als auf ökonomischen Prinzipien, die der ideologischen Orientierung widersprechen würden.

3.3 Bundesrepublik Deutschland: Europäische Identität und WWU

3.3.1 Europabezogene Ordnungsvorstellungen und die WWU

Um die deutsche Diskussion (oder besser ihre Abwesenheit) um die WWU zu verstehen, muß man sich den föderalistischen Europa-Konsens in der deutschen Parteienlandschaft vor Augen führen. Dieser Grundkonsens besteht seit den 50er Jahren, als die SPD ihre anfängliche Zurückhaltung gegenüber der europäischen Integration aufgab. Als Folge dieser integrationsfreundlichen Haltung wird die WWU immer noch von allen Parteien (außer den Grünen) trotz einer wachsenden Legitimationskrise des Euro in der deutschen öffentlichen Meinung unterstützt. Selbst die Gegner der Währungsunion wagen nicht, diesen überparteilichen Konsens in Frage zu stellen und verschleiern ihre Grundsatzkritik, indem sie auf die Verschiebung des Zeitplans drängen oder eine strengere Einhaltung der Konvergenzkriterien verlangen.

Es ist aufschlußreich, daß Kritiker der Währungsunion sofort und von allen Seiten des politischen Spektrums verurteilt werden (Heisenberg 1996, 8). Gerade im „Superwahljahr" 1994 hätte die SPD reichlich Möglichkeit gehabt, den Euro-Konsens herauszufordern, da die deutsche öffentliche Meinung die WWU mehrheitlich ablehnte. Dennoch nutzte die SPD diese Unzufriedenheit der Wähler nicht aus. Trotz der Enttäuschung über die fehlende Verknüpfung zwischen der WWU und Politischer Union sowie der Beeinträchtigung der Rechte der Länder stimmte die SPD dem Maastrichter Verträgen zu, da eine Ablehnung der Deutschen als Abwendung von Europa ausgelegt und die Sozialdemokraten als anti-europäisch angeprangert worden wären (Platzer und Ruhland 1994). Die Reaktion der Parteimehrheit auf gelegentliche Kritik der Parteilinken verdeutlicht den „präskriptiven Status" der europäischen Idee.

Obwohl also eine erhebliche Kluft zwischen der öffentlichen Meinung und der Regierungsposition herrscht, versucht keine der etablierten Parteien, daraus politisches Kapital zu schlagen. Das Projekt der WWU wird als entscheidend für Deutschlands Integration in Europa gesehen. Daraus ergibt sich, daß Widerstand gegen die Währungsunion gleichgesetzt wird mit der Ablehnung der Europäischen Integration insgesamt und der Befürwortung einer unilateralistischen bzw. nationalistischen Politik Deutschlands.

Die deutsche Diskussion um die WWU bezieht sich bisher kaum auf die Vor- und Nachteile der Währungsunion, sondern konzentriert sich auf die strikte Einhaltung der Konvergenzkriterien, um den Euro zu einer ebenso harten Währung wie die D-Mark zu machen. Einige haben Finanzminister Theo Waigel und der Bundesbank vorgeworfen, in Wirklichkeit die WWU abzulehnen, da sie Standards setzen, die niemand - auch nicht die Bundesrepublik selbst - erfüllen kann. Altbundeskanzler Schmidts Kritik an Hans Tietmeyer und dessen Beharren auf der strikten Auslegung von Konvergenzkriterien und Stabilitätspakt faßt zusammen, wie sehr die Unterstützung der WWU durch die politische Klasse in Deutschland vor allem von politischen statt wirtschaftlichen Überlegungen motiviert ist:

> „Wenn die Eurowährung zum 1. Januar 1999 nicht zustande käme, so käme sie wahrscheinlich nie mehr zustande; denn inzwischen würden überall erhebliche Teile der Völker gegen die dem Maastrichter Vertrag und den Deutschen angelasteten Haushaltskürzungen aufbegehren. Die

schwerste Krise des europäischen Integrationsprozesses - möglicherweise sein Ende! - wäre die Folge. Und Deutschland stünde isoliert da - genau das Gegenteil jener Einbettung, die von Adenauer bis Kohl alle Bundeskanzler als überragendes strategisches Ziel verfolgt haben, im vitalen deutschen Interesse!" (Schmidt 1996, 3).

Schmidts Aussage hängt direkt mit Identitätsvorstellungen in der politischen Diskussion der Bundesrepublik zusammen.

3.3.2 Deutsche Identität und WWU

Aufgrund ihrer problematischen nationalen Identität im Anschluß an den Holocaust und den II. Weltkrieg und im Gegensatz zu Briten oder Franzosen empfanden die meisten Deutschen das Ziel der europäischen Einigung als so selbstverständlich, daß kaum deren Vor- und Nachteile, sondern nur der Weg dorthin diskutiert wurde. Bereits seit den 50er Jahren besteht ein Grundkonsens unter den politischen Parteien darüber, daß ein vereinigtes Europa die beste Möglichkeit darstelle, Deutschlands Vergangenheit zu bewältigen und den neu erworbenen Wohlstand zu sichern. Bulmer bezeichnet dies als „Europäisierung" der deutschen Politik (Bulmer 1989; siehe auch Hellmann 1996; Katzenstein 1996).

Der Zeitraum zwischen dem Untergang der DDR und der deutschen Vereinigung bis zur Ratifizierung der Maastrichter Verträge Ende 1992 ist in unserem Zusammenhang insofern wichtig, als das Ende des Ost-West-Konfliktes und die unerwartete deutsche Einigung den Handlungsspielraum der Bundesrepublik in Europa plötzlich erweiterte, so daß Deutschland seine nationalen Interessen hätte neu definieren können. Es fand jedoch keine Umorientierung deutscher Prioritäten statt; die Kontinuität der deutschen Europapolitik ist erstaunlich. Die Bundesregierung, die die westeuropäische Integration stets als bedingenden Teilschritt zur deutschen Vereinigung erachtet hatte, legte von Anfang an größten Wert darauf, den Einigungsprozeß fest in der EG und der NATO zu verankern (Müller 1992, 127f.). Deutschlands Engagement für die europäische Integration hatte also den Kontext, in dem es ursprünglich entstanden war, überlebt. Selbst nach der Vereinigung wird Kohls Überzeugung nach wie vor von den politischen Eliten geteilt, daß nur tiefere politische und wirtschaftliche Einigung - in Form einer einheitlichen Währung - die europäischen Institutionen stärken kann, um den Frieden zukünftig zu sichern.

Daß die deutsche Diskussion um die WWU politisch und nicht in erster Linie wirtschaftlich motiviert ist, zeigt sich auch an der Behandlung der Konvergenzkriterien, die vor allem zur Beruhigung der deutschen Öffentlichkeit eingeführt wurden. Nicht die Folgen der WWU für die deutsche Wirtschaft werden debattiert, sondern lediglich, wie streng die Kriterien angewandt werden sollten (Schmidt 1996; Köhler 1996). Nach dem Wortlaut der Maastrichter Verträge können die *finanziellen* Kriterien, die Haushaltsdefizite einschränken sollen (im Unterschied zu den monetären Kriterien, die sich auf Inflation und langfristige Zinsen beziehen), flexibel interpretiert werden, wobei die haushaltspolitischen Trends zu berücksichtigen sind. Selbst der frühere Bundesbankchef Helmut Schlesinger (1996) ist der Meinung, daß bei der Entscheidung über die Teilnahme eines Mitgliedstaats ein gewisser Ermessensspielraum bleiben sollte und es sich bei den Kriterien lediglich um Referenzgrößen handle. Da die strenge Auslegung der Kriterien keinen wirtschaftlichen Sinn macht, schließen wir daraus, daß dies sowohl auf die Beruhigung der deutschen Öffentlichkeit zielt, als auch von den Gegnern einer einheitlichen Währung benutzt wird, um ihr Eintreten zu verhindern. M.a.W., selbst die Diskussion um die Konvergenzkriterien kann nur mit Hilfe politischer statt ökonomischer Überlegungen verstanden werden.

Daraus läßt sich schlußfolgern, daß der deutschen WWU-Diskussion ein Konflikt zwischen konkurrierenden kollektiven Identitätsvorstellungen zugrunde liegt. Einerseits sind die WWU und der Euro mit der nationalen Identität als „deutsche Europäer“ vereinbar. Wer gegen den Euro ist, gerät leicht in den Verdacht, die europäische Integration insgesamt abzulehnen, was wiederum als Befürwortung eines nationalistischen Kurses der deutschen Außenpolitik interpretiert wird. Die im politischen Diskurs äußerst wirksame Gleichung lautet also: „WWU = europäische Einigung = europäisches Deutschland = Überwindung der deutschen Vergangenheit“. Andererseits konkurriert mit dieser Identitätsvorstellung eine Variante der deutschen „post-nationalen“ Identität nach dem Zweiten Weltkrieg: der „D-Mark-Patriotismus“. Die D-Mark symbolisiert den wirtschaftlichen Nachkriegserfolg der Bundesrepublik. Kritiker der WWU bedienen sich des „D-Mark Patriotismus“ und bezweifeln, daß der Euro jemals die Stabilität der D-Mark erreichen könnte, wobei diese Stabilität inzwischen längst zum nationalen Mythos geworden ist, der mit ökonomischen Gegebenheiten wenig zu tun hat. Die WWU-Kritiker zehren also vom identitätsstiftenden Charakter der D-Mark, die Deutschlands Wohlstand und „Wirtschaftswunder“ nach dem Krieg verkörpert. Die „Nation, die keine sein will“ (Meier 1991) beruht demnach auf einer postnationalen Identität in Form eines „D-Mark-Patriotismus", der sich auf Deutschlands Wirtschaftsmacht und die „harte" Währung stützt. Die Währungsreform von 1948 und auch die deutsche Währungsunion von 1990 kann man daher als entscheidende konstitutive Akte der Bundesrepublik sehen, die die politische und soziale Integration vertieft und kollektive Identitäten geformt haben (Schmierer 1996). Als die öffentliche Meinung mehrheitlich eine gemeinsame Währung ablehnte, bildete sich ein Konsens zwischen der Bundesregierung, der Bundesbank und den etablierten Parteien heraus, daß die WWU wahrscheinlich nicht vor 1999 in Kraft treten würde und die Konvergenzkriterien so streng wie möglich anzuwenden seien.

Zusammengefaßt erwartet die Befürworter der WWU in der Bundesrepublik eine enorme Herausforderung, die der Quadratur des Kreises nahekommt. Die politischen Eliten betrachten eine gemeinsame Währung als entscheidenden Schritt zu einer europäischen politischen Union, um das vereinigte Deutschland fest in den westlichen politischen und wirtschaftlichen Institutionen zu verankern und die europäische Identität der Deutschen ebenso wie den „Verfassungspatriotismus" (Habermas) zu stabilisieren. Doch die politischen Eliten müssen sich auch mit der anderen Komponente der Nachkriegsidentität, dem „D-Mark-Patriotismus", auseinandersetzen, der den Widerstand der Mehrheit der deutschen Bevölkerung gegen den Euro begründet. Das Insistieren auf der strengen Anwendung der Konvergenzkriterien soll die politische Akzeptanz und die Legitimität der WWU vergrößern. Doch um bspw. den Zuwachs des Haushaltsdefizits auf weniger als 3% des BIP zu kürzen, bedarf es tiefer Schnitte in den deutschen Sozialstaat. Diese selbst auferlegte strikte Interpretation der Maastricht Kriterien fordert daher den berühmten deutschen Konsens über die *soziale* Marktwirtschaft heraus, eine weitere zentrale Komponente der deutschen Nachkriegsidentität. Es ist nicht klar, ob es den deutschen Politiker gelingen wird, diese fast unvereinbaren Aspekte deutscher kollektiver Identitäten miteinander zu versöhnen.

4 Schlußfolgerungen

Wir haben in diesem Artikel argumentiert, daß die WWU und der Euro nur im Rahmen politischer statt ökonomischer Ordnungsvorstellungen verstanden werden kann. Obwohl die wirtschaftlichen Vor- und Nachteile einer gemeinsamen europäischen Währung zumindest unklar sind und die neoliberalen Politiken zur Erfüllung der Konvergenzkriterien zum Teil tiefe Einschnitte ins soziale Netz beinhalten, wurde die WWU inzwischen zum Eckpfeiler des europäischen Integrationsprojektes. Es läßt sich plausibel zeigen, daß die Unterstützung für ebenso wie die Opposition gegen eine gemeinsame Währung im Zusammenhang mit unterschiedlichen Vorstellungen über die europäische Integration variieren und nicht mit unterschiedlichen wirtschaftlichen Ordnungsvorstellungen. Wenn ökonomische Überlegungen entscheidend wären, dann würde man erwarten, daß die WWU insbesondere von den britischen Konservativen, den französischen Gaullisten und dem Wirtschaftsflügel der CDU/CSU unterstützt wird. Gleichzeitig müßte man mit erheblichem Widerstand seitens der europäischen Sozialdemokraten und Sozialisten rechnen. Wie gezeigt, ist das Gegenteil der Fall. Der RPR und die britischen Tories sind über die WWU zutiefst gespalten, wohingegen der französische PSF und die deutsche SPD zu den stärksten Befürwortern gehören.

Wir glauben daher, daß es bei der WWU und dem Euro in erster Linie um Identitätsvorstellungen und politische Leitbilder europäischer Ordnung geht. Die Anhänger einer gemeinsamen Währung in allen drei Ländern haben eine gemeinsame Vision des europäischen Integrationsprojektes als endgültige Überwindung der historischen Spaltungen des Kontinents. Die WWU wird dazu benutzt, den europäischen Einigungsprozeß voranzutreiben, wobei der Euro eine kollektive europäische Identität symbolisiert, wohingegen die D-Mark, der französische Franc und das britische Pfund als die Überbleibsel einer nationalistischen Vergangenheit konzentriert werden. Umgekehrt benutzen die Gegner der WWU die nationalen Währungen gerade als Symbole nationaler Identität, die nicht auf dem Altar der europäischen Einigung geopfert werden sollen.

Allerdings gehen die politischen Eliten in allen drei Ländern hohe Risiken ein. Zwar geht es um Politik, aber ökonomische Realitäten spielen nach wie vor eine Rolle, insbesondere die Globalisierung der Finanzmärkte. Nur so ist es zu erklären, daß der französische Staatspräsident und der deutsche Bundeskanzler ritualistisch ihre Unterstützung für die WWU beschwören, wenn immer ein wichtiger europäischer Politiker diese in Frage stellt. Es geht um den Versuch, die Finanzmärkte von spekulativen Angriffen auf die europäischen Währungen abzuhalten und damit die EWS-Krise von 1992 zu wiederholen. Gleichzeitig wird damit aber ein Automatismus geschaffen, der kaum noch ein Abrücken von der gemeinsamen Währung zuläßt und selbst eine Verzögerung des Zeitplans immer weniger möglich erscheinen läßt, ohne das Gesamtprojekt der europäischen Integration zu gefährden.

Gleichzeitig bedeutet aber das Pochen auf der strikten Einhaltung der Konvergenzkriterien mit dem Ziel, die politische Akzeptanz der WWU in der Bundesrepublik zu erhöhen, daß der europäische Wohlfahrtsstaat in Zeiten von Globalisierung einerseits und niedrigem Wirtschaftswachstum andererseits ernsthaft gefährdet wird. Dieser Wohlfahrtsstaat gehört aber zum Kernbestand einer europäischen kollektiven Identität, die sich gegenüber angloamerikanischen Modellen des *laissez-faire*-Kapitalismus ebenso abgrenzt wie gegenüber dem Sozialismus vormals östlicher Prägung. Anders ausgedrückt, die politische Legitimität des europäischen Einigungsprojektes beruht unter anderem auch auf der Bewahrung des Sozialstaates. Wenn daher die konsequente Durchsetzung der Konvergenzkriterien und des Waigelschen „Stabilitätspaktes" mit dem kurzfristigen Ziel, die WWU unbeschadet zu erreichen, langfristig das europäische Integrationsprojekt selbst unterminiert, wären die Konsequenzen ruinös - sowohl für den Wohlfahrtsstaat als auch für die europäische Einigung.

Anmerkungen

1 Dies ist die deutsche Zusammenfassung von Daniela Engelmann et al., „Identity Politics in the European Union: The Case of the Economic and Monetary Union (EMU)" in Minkkinen und Patomäki 1997. Der Beitrag entstand im Rahmen eines Forschungsschwerpunkts „Europäisierung im nationalen, regionalen und sektoralen Vergleich", der vom Land Baden-Württemberg gefördert wurde.

2 Für den Neofunktionalismus siehe die klassische Argumentation von Haas 1958. Für den liberalen Intergouvernementalismus siehe jetzt Moravcsik 1993. Zur Kritik vgl. Risse-Kappen 1996.

3 François Mitterrand in Frankfurter Allgemeine Zeitung, 11. September 1992.

4 Vgl. insbesondere Elisabeth Guigou in Vendredi, Nr. 131, 7. Februar 1992. Vgl. auch Gérard Fuchs in Vendredi, Nr. 141, 17. April 1992.

5 Jacques Chirac in Libération, 25. März 1996.

Literatur

Armstrong, Kenneth und Simon Bulmer. 1994. *The United Kingdom*, Contribution to the Institut für Europäische Politik Project on EC Decision-Making between the National and Community Level: Towards a 'Merged Institutional System'?, directed by Dietrich Rometsch and Wolfgang Wessels. Bonn.

—. 1996. „United Kingdom". In *The European Union and Member States,* hrsgg. von Dietrich Rometsch und Wolfgang Wessels. Manchester: Manchester University Press, 253-90.

Bailey, Richard. 1983. *The European Connection. Implications of EEC Membership.* Oxford: Pergamon Press.

Baker, David; Andrew Gamble und Steve Ludlam. 1993. „Whips or Scorpions? The Maastricht Vote and the Conservative Party". In *Parliamentary Affairs* 46: 151-66.

—. 1994. „The Parliamentary Siege of Maastricht 1993: Conservative Divisions and British Ratification". In *Parliamentary Affairs* 47: 37-60.

Bulmer, Simon. 1989. *The Changing Agenda of West German Public Policy.* Aldershot: Dartmouth.

Cameron, David. 1996. *Moving to Economic and Monetary Union: Transitional Issues, Third-Stage Dilemmas.* Ms., Yale University.

Cash, William. 1992. *Europe. The Crunch.* London: Duckworth.

Cosgrove, Ken. 1992. „The Odd Man Out: The United Kingdom's Semi-Detached Relationship with Community Europe". In *International Relations* 11: 269-84.

Eichengreen, Barry, Jürgen von Hagen und Ian Harden. 1996. „Solving Maastricht's Fiscal Problem". In *European Integration and American Federalism: A Comparative Perspective*; hrsgg. von Richard Herr und Steven Weber. Berkeley: University of California, 61-8.

George, Stephen. 1990. *An Awkward Partner.* Oxford: Oxford University Press.

—, Hrsg. 1992. *Britain and the European Community. The Politics of Semi-Detachment.* Oxford: Clarendon Press.

— und Deborah Haythorne. 1996. „The British Labour Party". In *Political Parties and the European Union;* hrsgg. von John Gaffney. London: Routledge, 110-21.

Goodman, John B. 1991. „The Politics of Central Bank Independence". In *Comparative Politics* 23: 329-49.

Haahr, Jens Henrik. 1992. „European Integration and the Left in Britain and Denmark". In *Journal of Common Market Studies* 30: 77-100.

—. 1993. *Looking to Europe.* Aarhus: Aarhus University Press.

Haas, Ernst. 1958. *The 'Uniting of Europe'. Political, Social, and Economic Forces 1950-57.* Stanford: Stanford University Press.

Hagen, Jürgen von und Stephan Lutz. 1995. *Monetary and Fiscal Policies on the Way to EMU.* Working Paper. MZES, Universität Mannheim.

Hellmann, Gunther. 1996. „Goodbye Bismarck? The Foreign Policy of Contemporary Germany". In *Mershon International Studies Review* 40: 1-39

Heisenberg, Dorothee. 1996. *Loud and Clear: Germany's EMU Agenda-Setting After Maastricht.* Paper presented at the Tenth International Conference of Europeanists. Chicago, 14.-17. März 1996.

Katzenstein, Peter. 1996. *The Taming of German Power.* Cornell University und Wissenschaftskolleg Berlin, vv. Ms..

Köhler, Horst. 1996. „Sie machen es sich zu einfach". In *Die Zeit,* 29. November 1996.

Laurence, Charles und George Jones. 1996. „Redwood Takes Message to Home of Free Market". In *Daily Telegraph,* 30. Juli 1996.

Major, John. 1993. *Britain at the Heart of Europe.* London: Conservative Political Centre.

Meier, Christian. 1991. *Die Nation, die keine sein will.* München: Hanser.

Minkkinen, Petri. 1997. *Introduction:* „The Politics of Economic and Monetary Union". In *Minkkinen und Patomäki*: 7-18

Minkkinen, Petri und Heikki Patomäki, Hrsg. 1997. *The Politics of Economic and Monetary Union.* Finnish Institute of International Affairs. Helsinki.

Mitterrand, François. 1988. *Lettre à tous les français.* Paris: Fayard.

Moravcsik, Andrew. 1993. „Preferences and Power in the European Community. A Liberal Intergovernmentalist Approach". In *Journal of Common Market Studies* 31: 473-524.

Müller, Harald. 1992. „German Foreign Policy after Unification". In *The New Germany and the New Europe;* hrsgg. von Paul B. Stares. Washington DC.: Brookings Institution, 126-73.

Parti Socialiste. 1988. *Propositions pour la France.* Paris.

Pfaltzgraff, Robert L. 1969. *Britain Faces Europe.* Philadelphia: University of Pennsylvania Press.

Platzer, Hans-Wolfgang und Walter Ruhland. 1994. *Welches Deutschland in welchem Europa? Demoskopische Analysen, politische Perspektiven, gesellschaftliche Kontroversen.* Bonn: Dietz.

Rassemblement Pour la République. 1996. *Vers l'Europe que nous voulons.* Paris.

Rifkind, Malcolm. 1996. Rede vor dem European Policy Forum am 1. Mai 1996 in London. In *Internationale Politik* 8: 117-19.

Risse-Kappen, Thomas. 1996. „Exploring the Nature of the Beast: International Relations Theory and Comparative Policy Analysis Meet the European Union". In *Journal of Common Market Studies* 34: 53-80.

Schlesinger, Helmut. 1996. „Money is Just the Start". In *The Economist*, 21. Sept. 1996: 21-25.

Schmierer, Joschka. 1996. *Mein Name sei Europa. Einigung ohne Mythos und Utopie.* Frankfurt/M.: Fischer-Taschenbuch.

Schmidt, Helmut. 1996. „Die Bundesbank - kein Staat im Staate". In *Die Zeit*, 8. Nov. 1996.

Séguin, Philippe. 1992. *Discours pour la France.* Paris: Grasset.

Sharpe, L. John. 1996. *British Scepticism and the European Union: An Explanation.* Paper for the „Disintegration in Europe", Workshop. ECPR Joint Sessions. Oslo.

Spicer, Michael. 1992. *A Treaty Too Far.* London: Fourth Estate.

Thatcher, Margaret. 1988. „Probleme der Europäischen Einigung (III). Unterschiedliche Positionen zum Fortgang der Integration". Rede der britischen Premierministerin Margaret Thatcher vor dem Europakolleg in Brügge (Belgien) am 20. Sept. 1988. In *Europa-Archiv* Folge 24: D682-687.

Tindale, Stephen. 1992. „Learning to Love the Market: Labour in the European Community". In *The Political Quarterly* 63: 276-300.

Zweiter Teil

Institutionenpolitische Konstellationsanalysen

Birgitta Nedelmann

Die Entinstitutionalisierung des Wohlfahrtsstaates und Konfliktentstehung — der Fall des Lohnfortzahlungsgesetzes[1]

1 Einleitung

Der Soziologie ist es zweifellos gelungen, den Auf- und Ausbau des Wohlfahrtsstaates theoretisch differenziert zu erklären; wird es ihr auch gelingen, seinen Abbau zu erklären? Paul Pierson (1994, 29) hat zu bedenken gegeben, daß das Phänomen des Abbaus des Wohlfahrtsstaates nicht einfach das Spiegelbild seines Aufbaus ist; vielmehr stelle es ein eigenständiges Phänomen dar, das einer gesonderten theoretischen Erklärung bedürfe. Sind im Prozeß des Abbaus des Wohlfahrtsstaates andere Trägergruppen und soziale Mechanismen wirksam als im Prozeß seiner Entstehung und Expansion, dann hätte die Wohlfahrtsforschung nach theoretischen Erklärungen dafür zu suchen, wie der in vielen westlichen Industrieländern derzeit zu beobachtende Prozeß des Abbaus wohlfahrtsstaatlicher Leistungen ausgelöst wurde, welche Gruppen und Organisationen ihn vorantreiben, welche Konflikte dabei entstehen, wie sie ausgetragen werden und welche beabsichtigten und unbeabsichtigten Wirkungen er zur Folge hat. Unterschiedliche theoretische Annäherungsweisen wären möglich und gleichermaßen legitim, um derartige Schrumpfungsprozesse zu analysieren; es sollte allerdings ein solcher theoretischer Bezugsrahmen gewählt werden, der der Besonderheit derartiger Abbauprozesse Rechnung tragen kann. Worin aber besteht sie und welche Theorie ist am ehesten dazu in der Lage, diese zu erfassen?

In dem vorliegenden Beitrag wird eine *institutionentheoretische* Perspektive eingeschlagen. Unter ihrer Anleitung wird danach gefragt, was mit hoch institutionalisierten Gebilden, wie westlichen Wohlfahrtsstaaten, geschieht, wenn sie in ihrem institutionellen Bestand bedroht werden. Dieser theoretische Ausgangspunkt mag insofern überraschen, als die konventionelle Wohlfahrtsforschung vornehmlich an dem materiellen Aspekt wohlfahrtsstaatlicher Leistungen interessiert ist. Sie konzentriert sich auf die Erfassung der Höhe und des Ausmaßes wohlfahrtsstaatlicher Leistungen. Insbesondere die komparativ und quantitativ verfahrende Wohlfahrtsforschung fördert eine derartige einseitige materielle Sichtweise, um Unterschiede zwischen Wohlfahrtsstaaten zu erfassen. So legitim und ertragreich diese Forschungsrichtung auch immer sein mag - sie angesichts der derzeitigen Rückentwicklung des Wohlfahrtsstaates beizubehalten, würde bedeuten, die Spezifizität des gegenwärtigen Prozesses zu verfehlen. Das Besondere der derzeitigen Entwicklung besteht nicht einfach darin, daß Wohlfahrtsempfängern materielle Kürzungen auf unterschiedlichen Gebieten zugemutet werden, sondern darin, daß solche wohlfahrtsstaatliche Leistungen abgebaut werden, die noch bis vor kurzem als selbstverständliche, unantastbare Bestandteile der Wohlfahrtsgesellschaft galten. Unter der Perspektive der Entinstitutionalisierung wird zu erklären sein, wie es dazu kommen kann, daß derartige selbstverständliche Errungenschaften in Frage gestellt und Eingriffe in institutionalisierte Ansprüche vorgenommen werden. Versteht man den Wohlfahrtsstaat in seiner herkömmlichen Gestalt als eine hoch institutionalisierte Einrichtung, so erhebt sich die Frage, wie sich eine derartige Institution gegen Angriffe auf ihren Bestand verteidigt. Welche Trägergruppen und Organisationen werden bei dem Angriff auf institutionalisierte Bestandteile des Wohlfahrtsstaates mobilisiert, welche Konflikte entstehen und wie werden sie ausgetragen? Mit welchen Argumenten und Strategien werden „Selbstbindungen" gelöst und „einzementierte" soziale Rechte aufgekündigt (Rieger 1997)? Warum sind Kürzungen wohlfahrtsstaatlicher Leistungen auf einigen Gebieten ohne nennenswerten Widerstand möglich, obwohl die materiellen Einbußen beträchtlich sind, warum erweisen sie sich auf anderen Gebieten als undurchführbar, obwohl die materiellen Verluste unerheblich sind? Im Gegensatz zur herkömmlichen Wohlfahrtsforschung interessiert hier nicht, welche materiellen Kürzungen auf den verschiedenen Gebieten vorgenommen wurden, sondern vielmehr, *wie* die Androhung von Kürzungen artikuliert wird, welche Bedeutung ihr für die jeweilige Wohlfahrtsgesellschaft, verstanden als Institution, zugemessen wird und welche Durchsetzungschancen sie hat.

Mit dieser Präzisierung der Fragestellung dürfte deutlich geworden sein, daß hier der *politischen* Seite von Prozessen der Entinstitutionalisierung von Wohlfahrtsstaaten nachgegangen wird. Die bloße Erhebung quantitativer Daten über das Ausmaß des materiellen Abbaus würde wenig ergiebig sein, um diesen politischen Aspekt von Entinstitutionalisierungsprozessen zu erfassen. Vielmehr ist die Analyse auf die Alltagspolitik zu verlagern, denn in dieser werden die entscheidenden Kämpfe zwischen den Kontrahenten ausgetragen, die wohlfahrtsstaatliche Leistungen kappen bzw. aufrechterhalten wollen. Im Mittelpunkt der Aufmerksamkeit steht dabei die Analyse derjenigen Konflikte, die bei dem Angriff bzw. der Verteidigung anerkannter wohlfahrtsstaatlicher Leistungen entstehen. In komparativer Hinsicht fällt auf, daß der Abbau des Sozialstaates zu höchst unterschiedlichen politischen Konflikten geführt hat. Während die Kürzung einer ganz bestimmten Leistung in dem einen Land widerstandslos hingenommen wird, löst sie in dem anderen heftigen Widerstand aus. Wie lassen sich derartige Unterschiede erklären? Wie kann man außerdem den auffallenden Widerspruch erklären, daß materiell verschmerzbare Kürzungen zu heftigen politischen Konfliktauseinandersetzungen führen, während einschneidende Kürzungen oft nur mit einem geringen Konfliktniveau einhergehen? Diese Beobachtungen weisen darauf hin, daß es nicht in erster Linie die materielle Tragweite der Kürzungen ist, die die Chancen der Konfliktentstehung im Prozeß des Abbaus des Wohlfahrtsstaates beeinflußt, sondern vielmehr die Relevanz dieser Kürzungen für die Aufrechterhaltung des Wohlfahrtssystems als Institution. Welche Wohlfahrtsleistungen gehören aber zum notwendigen institutionellen Bestand und provozieren Gegenmaßnahmen im Falle der Androhung ihrer Kürzung und welche sind institutionell verzichtbar und eventuell als Kompromißangebot und Verhandlungsmasse in den politischen Konflikt einzugeben?

In dem vorliegenden Beitrag können nicht alle hier aufgeworfenen Fragen behandelt werden. Es wird zunächst zu klären sein, was genauer unter dem Begriff der „Entinstitutionalisierung“ verstanden wird. Danach wird an einem Beispiel demonstriert, wie hoch institutionalisierte Sozialleistungen in ihrem Bestand angegriffen und welche Trägergruppen zu ihrer Verteidigung mobilisiert werden. Im Anschluß an früher durchgeführte Analysen über Konfliktauseinandersetzungen auf dem Gebiet der Rentenpolitik (Nedelmann 1982) wird davon ausgegangen, daß das Ergebnis der Konfliktauseinandersetzungen von drei intervenierenden Variablen abhängt:

1. *Konfliktfähigkeit*: Die Fähigkeit der Akteure, die fragliche Kürzung in einen institutionellen Konflikt zu transformieren, das heißt, in einen Konflikt um den Fortbestand grundlegender, althergebrachter Ansprüche auf wohlfahrtsstaatliche Leistungen.
2. Die Fähigkeit zur Mobilisierung von *Machtressourcen* zur Durchsetzung bzw. Verteidigung der Institution.

3. *Organisationsfähigkeit*: Die Fähigkeit zur Mobilisierung von Organisationsmitteln im Kampf gegen bzw. für die institutionalisierten Wohlfahrtsansprüche.

Der Konflikt über die „Lohnfortzahlung im Krankheitsfall“, der von Oktober 1996 bis Ende 1996 in der Bundesrepublik ausgetragen wurde, sei hier zur Illustration herangezogen.

2 Der Begriff der Entinstitutionalisierung

Nach Ronald L. Jepperson (1991, 145) sind Institutionen soziale Muster, die durch bestimmte reproduktive Mechanismen aufrecht erhalten werden. Dieser Definition zufolge kommt der Art der *Reproduktionsmechanismen* entscheidende Bedeutung dafür zu, wie die zentralen Merkmale von Institutionen aufrechterhalten werden, nämlich ihre Selbstverständlichkeit, Berechenbarkeit, reziproke Erwartungsstruktur und Objektivität. Es lassen sich zwei Typen von Reproduktionsmechanismen unterscheiden, die sich wiederum zwei extremen Fällen der Institutionalisierung zuordnen lassen, hohe Institutionalisierung einerseits und niedrige Institutionalisierung andererseits (Nedelmann 1995). Die folgende Übersicht veranschaulicht diese Dimensionen:[2]

	Institutionalisierung	*Entinstitutionalisierung*	
	1. Eingewöhntheit	strategisches Handeln	
	2. Internalisierung	Externalisierung	
	3. Eigenwert	Instrumentalität	
	4. Entlastung	Belastung	
	5. Objektivität	Mobilisierungsbedarf	
Rigidität			*Zerfall*

←---→

Hoch institutionalisierte soziale Gebilde werden durch die auf der linken Seite des Schemas angeordneten Reproduktionsmechanismen gestützt, durch Eingewöhnung in bestimmte Handlungsmuster, durch Internalisierung der der Institution zugrundeliegenden Werte und Normen, durch Glaube an den Eigenwert der Institution, durch Entlastung von Nutzenkalkülen und schließlich durch die Objektivität der Institution, die dafür sorgt, daß sie auch dann fortbesteht, wenn einige Individuen der Institution zuwiderhandeln.

Dieses zuletzt genannte Merkmal gibt ein Problem auf: Wie viel abweichendes Verhalten kann eine Institution verkraften, ohne daß das für sie typische Handlungsmuster verändert wird? Wann muß der Reproduktionsmechanismus der Eingewöhnheit auf strategisches Handeln umgestellt werden, um die Aufrechterhaltung der Institution zu gewährleisten? Wann sieht sich eine Institution dazu aufgerufen, Abweichungen durch ausdrückliche Erinnerung an die ihr zugrundeliegenden Werte und Normen zu kontrollieren? Wann müssen internalisierte Werte und Normen externalisiert und dargestellt werden? Wann reicht es nicht mehr, den Eigenwert der Institution zur Grundlage des Handelns zu machen, wann muß ihr Nutzen nach innen und außen demonstriert werden? Eine Institution, die sich nicht mehr auf ihren objektiven Charakter verlassen kann, muß zu ihrer Unterstützung individuelle Akteure mobilisieren. Damit stellt sie den Reproduktionsmechanismus auf „Mobilisierung" um. Hat eine Institution ihre Reproduktionsmechanismen ganz auf diejenigen umgestellt, die auf der rechten Seite des Schemas angeordnet sind, dann wird von einem niedrigeren Grad der Institutionalisierung gesprochen. Der Prozeß, den eine Institution bei dieser Umstellung von Reproduktionsmechanismen vom linken zum rechten Pol beschreibt, wird *Entinstitutionalisierung* genannt: Durch strategisches Handeln wird Routine außer Kraft gesetzt, durch Externalisierung von Werten und Normen wird der Internalisierungsvorgang abgelöst, Demonstration der Instrumentalität der Institution ersetzt den Glauben an ihren Eigenwert, statt Entlastung von Nutzenkalkülen tritt Belastung mit Nutzenkalkülen auf, und schließlich schwindet mit zunehmender Mobilisierung von individueller Unterstützung für die Institution deren objektiver, über-individueller Charakter. Wenn auch durch Wechsel der Reproduktionsmechanismen das ursprüngliche Handlungsmuster der Institution nicht aufrecht erhalten werden kann, geht der Prozeß der Entinstitutionalisierung schließlich in einen Prozeß des Zerfalls der Institution über.

Erst durch Aufdecken der institutionellen Reproduktionsmechanismen läßt sich das Paradox institutioneller Stabilität verstehen, auf das Jepperson hingewiesen hat. Niedrige Institutionalisierung muß nicht notwendigerweise mit Instabilität und umgekehrt hohe Institutionalisierung nicht notwendigerweise mit Stabilität einhergehen. Gerade da hoch institutionalisierte Gebilde durch Gewöhnung, Internalisierung, Glaube an ihren Eigenwert, Entlastung und Objektivität reproduziert werden, sind sie weniger gut darauf vorbereitet, Abweichungen von dem institutionalisierten Handlungsmuster zu kontrollieren. Niedrig institutionalisierte Gebilde dagegen sind aufgrund der für sie typischen Reproduktionsmechanismen hierauf sehr viel besser vorbereitet. Das Paradox institutioneller Stabilität besteht somit darin, daß hohe Institutionalisierung tendenziell mit Instabilität, niedrige Institutionalisierung tendenziell mit Stabilität einhergeht. Dieses Paradox spielt für den Ausgang des Konflikts um die Lohnfortzahlung, der im folgenden analysiert wird, eine nicht unbedeutende Rolle.

3 Der Konflikt um die Lohnfortzahlung

Der hitzige Konflikt, der im Herbst 1996 in der Bundesrepublik seinen Höhepunkt erreichte und gegen Ende des Jahres eine für alle beteiligten Parteien überraschende Wendung nahm, ist ohne einen Blick in seine Vorgeschichte kaum zu verstehen. Bereits vor Ausbruch des Konflikts nämlich wird deutlich, daß einer seiner wichtigsten Träger, die Gewerkschaften, bereits in Richtung „Entinstitutionalisierung" abgedrängt worden waren. Damit waren sie - dem geschilderten Stabilitätsparadox zufolge - auf die bevorstehende Auseinandersetzung optimal vorbereitet.

Die Schlüsselbegriffe zum Verständnis der wirtschaftspolitischen Lage in der Bundesrepublik vor Ausbruch des Konflikts sind „Globalisierung" und „Sparmaßnahmen". Sie stehen gleichzeitig für einen grundlegenden Wandel in der bisherigen institutionalisierten Beziehung zwischen den drei Hauptakteuren des Konflikts - der Bundesregierung, den organisierten Arbeitgebern und Arbeitnehmern. Erinnert sei zunächst daran, daß die Führung der IG Metall im Frühjahr 1996 mit ihrem Vorstoß, die Regierung und die Arbeitgeberorganisationen in ein „Bündnis für Arbeit" einzubinden, gescheitert war. Lohnverzicht und Sicherung des „sozialen Friedens", so das von der Gewerkschaft unterbreitete Angebot, sollte gegen Beschäftigungsgarantie getauscht werden. Die Ablehnung dieses Bündnisangebots durch die Arbeitgeber bedeutete für die Gewerkschaften nicht nur ein Scheitern in der Sache, sondern auch eine Abwertung ihrer bisherigen Rolle als gleichberechtigter „Sozialpartner". Ohne Rücksicht auf die Gewerkschaften verabschiedete die Koalitionsregierung im September 1996 ein „Sparprogramm", das drastische Einschnitte sozialer Sicherheitsvorkehrungen bedeutete. Das Übergehen der Gewerkschaften verdeutlicht, daß sie von der Regierung und den Arbeitgebern kompensationslos in eine passive Rolle abgedrängt worden waren, nach der sie für den „sozialen Frieden" zu sorgen hätten, das heißt, für die Kontrolle ihrer Basis. Dieser deutliche Wandel in der institutionalisierten Beziehung zwischen den Hauptakteuren des Marktes traf die Gewerkschaften in ihrer institutionellen Identität. Sie waren seitdem für weitere Eingriffe in ihren institutionellen Bestand sensibilisiert.

Was den zweiten Begriff betrifft, „Globalisierung", so hat Pierre Bourdieu (1996) das damit verbundene politische Konzept kritisch unter die Lupe genommen und den Ausdruck des „Modells Tietmeyer" geprägt. Damit spielt er auf eine vom Bundesbankpräsidenten Tietmeyer gemachte Äußerung an, mit der er das gegenwärtige ökonomische Problem wie folgt charakterisierte:

> „In allen europäischen Ländern geht es heute darum, Voraussetzungen für ein dauerhaftes Wachstum und Vertrauen für die Investoren zu schaffen, indem man die öffentlichen Haushalte unter Kontrolle bringt, das Steuer- und Abgabenniveau auf ein erträgliches Maß absenkt und die sozialen Sicherungssysteme reformiert..." (DIE ZEIT, Nr. 45, 1.11.1996, 2).

Nach Bourdieu wird das Ziel der „Reformierung der sozialen Sicherungssysteme" hierbei zur notwendigen Voraussetzung für Standorterhaltung, zu einer Art „vertrauensbildender Maßnahme" für Investoren. Die Opferbereitschaft der Arbeitnehmer werde als notwendige Bedingung für den Erhalt von Arbeitsplätzen im eigenen Land hingestellt. Tietmeyer instrumentalisiere das Ziel der „Reformierung", das heißt, des Abbaus des Sozialstaates, um den „Standort Deutschland" für Investoren attraktiver zu gestalten. In dem wohlklingenden Wort „Globalisierung" schwinge unmißverständlich die an die Gewerkschaften gerichtete Drohung mit, dann Arbeitsplätze weiter abzubauen, wenn sich die Arbeitnehmer weigerten, ihre Ansprüche auf Sozialleistungen herunterzusschrauben. Die Verfechter des „Modells Tietmeyer" muten demnach den Arbeitnehmern Kosten zu, ohne ihnen Gegenleistungen zu garantieren. Insofern läßt sich das „Modell Tietmeyer" als Versuch verstehen, das neo-korporatistische Modell der siebziger Jahre, das auf einem sozialpartnerschaftlichen Austausch von Leistungen und Gegenleistungen beruhte, in ein Herrschaftsmodell umzuwandeln, in dem die Arbeitgeber, unterstützt von der Regierung, die Befehlsgewalt über Gewerkschaften und Arbeitnehmer übernehmen (Zeuner 1996).

Diese veränderte Beziehung zwischen den drei Hauptakteuren des sozialen Marktes - Regierung, organisiertem Kapital und organisierter Arbeit - ist der Ausgangspunkt für den hier zu behandelnden Fall. Entsprechend unternahmen Regierung und Arbeitgeber unterschiedliche Vorstöße, um die institutionalisierten Ansprüche der Arbeitnehmer auf Sozialleistungen anzugreifen. Sie loteten dabei jeweils aus, wie hart der Widerstand der Gewerkschaften war, und wie weit sie mit ihrer Politik der „Standortsicherung" bzw. „Senkung der Lohnkosten" gehen konnten. Wie manifestierten sich derartige Attacken und wie setzten sie sich politisch um?

3.1 Die Änderung des Lohnfortzahlungsgesetzes

Die Koalitionsregierung kam einem von den Unternehmern seit langem gehegten Wunsch entgegen, als sie Ende September 1996 das sog. Entgeltfortzahlungsgesetz änderte. Nach dem neuen Gesetz sollte dem Arbeitnehmer künftig nicht mehr hundert, sondern lediglich achtzig Prozent des Lohnes in den ersten sechs Wochen seiner Krankheit ausbezahlt werden. Dieses Gesetz trat am 1. Oktober 1996 in Kraft.

Mit dieser Initiative, die nicht nur von den Gewerkschaften als Auftakt zum „Klassenkampf von oben" aufgefaßt wurde,[3] veränderte die Regierung die gesetzlichen Rahmenbedingungen für die Tarifverhandlungen, ohne das Institut der Tarifautonomie zu verletzen. Mit Robert K. Merton läßt sich die Tarifautonomie als klassisches Beispiel für eine strukturell angelegte Rollenambivalenz auffassen: Einerseits muß die Regierung die dominante Norm befolgen, die legalen Rahmenbedingungen für Kollektivabsprachen zu schaffen; *aber* andererseits muß sie die Gegennorm befolgen, nicht in die Verhandlungen der Tarifpartner einzugreifen. In diesem spezifischen Fall wurde die Ambivalenz weiter dadurch verstärkt, daß es die Regierung - vorsätzlich oder nicht[4] - offen ließ, welche Übergangsregelungen gelten sollten, wie das Gesetz angewandt werden sollte, ob die laufenden Tarifverträge mit dem Inkrafttreten des neuen Gesetzes unwirksam werden würden oder ob erst das Ende der Laufzeit der gültigen Tarifverträge abgewartet werden sollte, bis das neue Gesetz zum Zuge käme. Das neue Gesetz war insofern das Musterbeispiel für eine Gesetzgebung ohne gesetzliche Spezifizierung. Als solches war es dazu prädestiniert, eine ungeregelte Konfliktauseinandersetzung anzuzetteln. Eine der Haupterrungenschaften der deutschen Nachkriegsgeschichte, die Sicherung des sozialen Friedens durch Institutionalisierung des Klassenkampfes, stand plötzlich auf dem Spiel. Während der Kanzler selbst keinen Kommentar über das neue Gesetz in der Öffentlichkeit abgab, definierte sein Innenminister verbindlich die neu eingetretene Situation: „Wer angesichts der nun wirklich zumutbaren Kürzungen bei der Entgeltfortzahlung von einem heißen Herbst redet, hat die Zeichen der Zeit nicht erkannt"

(Manfred Kanther, DIE ZEIT, Nr. 41, 4.10.1996). Die Gewerkschaften konterten mit einer entsprechenden Gegenerklärung: „Über den heißen Herbst wird nicht mehr nur geredet. Der heiße Herbst hat bereits begonnen" (Ursula Engelen-Kefer, ebd.). Damit war die Initiative zu einem nicht-institutionalisierten „Klassenkampf von oben" aufgegriffen und durch Androhung eines „Klassenkampfes von unten" beantwortet worden. Bevor analysiert wird, wie die Gewerkschaften ihre Androhung umsetzten, soll gefragt werden, wie die Gegenseite, die Arbeitgeber, mit der Initiative der Regierung umgingen. Waren sie in der Lage, die ihr gegebene Vorlage in Maßnahmen umzuwandeln, die in Richtung Entinstitutionalisierung des Sozialstaates liefen, und kamen sie auf diese Weise dem von ihnen verfolgten Ziel der Senkung der Lohnkosten näher?

3.2 Der „Fehdehandschuh" der Arbeitgeber

Die Arbeitgeber griffen unmittelbar die Initiative der Koalitionsregierung auf und warfen den Gewerkschaften den „Fehdehandschuh" hin.[5] Der Präsident der Bundesvereinigung der Arbeitgeberverbände (BDA), Klaus Murmann, verlangte sofort, die Kürzung der Lohnfortzahlung müsse „quer durch alle Branchen für die Mehrheit der 23 Millionen Arbeitnehmer in Deutschland angewendet werden" (FR, 7.10.1996). Er drohte für den Fall, daß es nicht zu einer Einigung mit den Vertretern der Gewerkschaften käme, mit einer „Flut von Klagen" (ebd.). Unter Berufung auf das neue Gesetz bezeichnete er den von den Gewerkschaften angekündigten Widerstand in Form von Arbeitsniederlegungen als „rechtswidrige Streiks" (ebd.). Gesamtmetall übernahm die Vorreiterrolle, um das neue Gesetz umzusetzen. Dabei bildete der Vorstandsvorsitzende von Daimler Benz, Jürgen Schrempp, die Speerspitze, was ihm sehr bald den Spitznamen „Rambo Schrempp" eintrug. Die Arbeitgeber der Chemischen Industrie, allen voran die BASF, folgten seinem Beispiel. Wie stellten die derart vorpreschenden Arbeitgeber ihre Maßnahmen in der Öffentlichkeit dar, wie transformierten sie den Konflikt und welche Macht- und Organisationsmittel mobilisierten sie?

Konflikttransformation: Die Begrenzung der Lohnfortzahlung wurde erstens als eine ökonomisch zwingende Maßnahme hingestellt, um die Arbeitgeber von überhöhten Lohnnebenkosten zu entlasten. Dieses Argument verlor jedoch sehr schnell an Zugkraft, als in der Öffentlichkeit bekannt wurde, daß eine Senkung der Lohnfortzahlung um zwanzig Prozent nur geringfügige ökonomische Erleichterungen für die Unternehmen mit sich führen würde und daß überdies die Unternehmen je nach ihrer wirtschaftlichen Lage ganz unterschiedlich von diesen Effekten profitieren würden. Es wurde deutlich, daß die Interessenlage der Unternehmer von einer eventuellen Kürzung ganz unterschiedlich berührt wurde. Dieser Umstand war für die äußere Darstellung ihrer Forderung abträglich. Zweitens transformierten die Arbeitgeber die Kürzung der Lohnfortzahlung in einen Konflikt um symbolische Prinzipien. Die hierbei angesprochenen Werte wurden von den Arbeitgebern um so heftiger vertreten, je geringfügiger ihr damit verbundenes materielles Interesse war. Es ließ sich beobachten, daß der Konflikt um die Lohnfortzahlung in dem Maße in einen Prinzipienkonflikt transformiert wurde, in dem sich der behauptete Kostenentlastungseffekt als Fehlkalkül erwies. Das erste Prinzip, das bereits zuvor in der Öffentlichkeit vertreten worden war, war die Absicht, den Krankenstand der Arbeitnehmer zu kontrollieren. Mit dem Mittel der Senkung der Lohnfortzahlung verbanden die Unternehmer die Hoffnug, die Arbeitnehmer disziplinieren und dem „Krankfeiern" ein Ende setzen zu können. Das zweite Prinzip, für das sie mit Hilfe der Kürzung der Lohnfortzahlung kämpften, betraf den Flächentarifvertrag. Sie verknüpften mit dem neuen Gesetz die Hoffnung, das von ihnen seit langem favorisierte Prinzip der unternehmensspezifischen Absprachen durchsetzen und durch Aushandeln von „Haustarifen" die Einheitsfront der gewerkschaftlich organisierten Arbeitnehmerschaft brechen zu können. Drittens verbanden sie ein strategisches Prinzip mit dem neuen Gesetz um die Lohnfortzahlung. Sie setzten darauf, die noch laufenden Tarifverträge in Hinblick auf das neue Gesetz zu brechen und damit die Auseinandersetzungen durch Anrufen von Arbeitsgerichten zeitlich zu verzögern. Ihr Kalkül dabei war, nicht nur in strategischer Hinsicht Oberhand über die Gewerkschaften zu gewinnen, sondern auch neue Daten für die kommenden Tarifverhandlungen zu setzen. Mit welchen Machtressourcen verbanden sie diesen in einen Prinzipienkonflikt transformierten Streit um die Lohnfortzahlung?

Machtressourcen: Vereinfacht man die Analyse, so lassen sich zwei Arten von Machtressourcen unterscheiden, die im Laufe des Kampfes der Arbeitgeber um Durchsetzung von achtzig Prozent Lohnfortzahlung zum Zuge kamen. Zum einen wurde das bereits angesprochene Zauberwort der „Globalisierung" bzw. der Sicherung des „Standorts Deutschland" in die Debatte geworfen. Die Kürzung der Lohnfortzahlung wurde als Testfall dafür ausgegeben, „ob die Gewerkschaften zur Anpassung an die globalen Bedingungen in der Lage sind" (FAZ, 5.10.1996).[6] Dieser Anpassungsdruck verstärkte sich während der drei Monate, in denen die Auseinandersetzungen anhielten, durch Meldungen über weiter steigende Arbeitslosenzahlen, die sich zu diesem Zeitpunkt bereits auf über 4 Millionen beliefen. Ironischerweise gaben gerade die steigenden Arbeitslosenzahlen den Arbeitgebern ein Mittel an die Hand, um dem Argument der „Globalisierung" Nachdruck zu verleihen.

Die Instrumentalisierung der Arbeitslosigkeit als Drohmittel gegenüber den Gewerkschaften wurde mit einer zweiten Ressource verstärkt: Die Arbeitgeber drohten mit legalen Sanktionen für den Fall, daß die Gewerkschaften die Friedenspflicht während der laufenden Tarifverträge brechen und Streiks ausrufen würden. Diese Drohung zielte darauf ab, die Organisationsmacht der Gewerkschaften bereits im Vorfeld zu unterlaufen.

Organisationsfähigkeit: Wie waren die Arbeitgeber organisatorisch gerüstet, um die Gesetzesinitiative der Regierung umzusetzen? Die allgemein zu beobachtende Interessenheterogenität im Lager der Arbeitgeber war im Fall des Konflikts der Lohnfortzahlung besonders ausgeprägt und wirkte sich auch nachteilig auf ihre organisatorische Geschlossenheit aus. Gesamtmetall-Präsident Werner Stumpfe wurde von dem neugewählten Präsidenten des BDA, Dieter Hundt, in der Taktik unterstützt, das neue Gesetz unverzüglich anzuwenden. Einige Unternehmen, wie Daimler Benz, preschten eilfertig vor, um dieser Taktik zu folgen; andere, wie Porsche, erklärten gelassen, sie hielten sich an die laufenden Tarifverträge und somit an das alte Gesetz. Dieses Beispiel aus der Metallbranche zeigt, daß die Interessen der Arbeitgeber nicht nur zwischen den verschiedenen Industriezweigen unterschiedlich gelagert waren, sondern auch innerhalb der einzelnen Industriezweige. Ein Gewerkschaftsfunktionär kommentierte diese offensichtliche Uneinheitlichkeit mit der Bemerkung: „Die sind schizophren ... Wenn das so weitergeht, ist der Arbeitgeberverband nicht mehr handlungsfähig" (FR, 7.10.1996). Ein Vertreter des Arbeitgeberverbandes gestand die Heterogenität der Interessenlage der Unternehmer selbst ein: „Ein Unternehmerverband ist eben ein Verein von Individualisten und Egoisten, die sich gegenseitig am Markt bekämpfen" (FR, 9.10.1996).

Diese allgemeine Unterschiedlichkeit in der ökonomischen Interessenlage wurde weiter dadurch verstärkt, daß die einzelnen Unternehmen unterschiedlich stark von dem Problem des Krankenstandes ihrer Belegschaften betroffen waren. Einige Unternehmen hatten bereits wirksame Absprachen mit den Betriebsräten getroffen, um den Krankenstand zu senken; entsprechend war für sie das Problem der Lohnfortzahlung im Krankheitsfall weniger gewichtig. Andere Unternehmen hatten nach wie vor gegen einen relativ hohen Ausfall von Arbeitsstunden aufgrund von Krankschreibungen zu kämpfen. Diesen lag daher mehr daran, das neue Gesetz so schnell wie möglich zum Zuge kommen zu lassen.

Die Heterogenität der ökonomischen Interessenlage und die Heterogenität der Organisationsmacht der Arbeitgeber bedingten und verstärkten sich wechselseitig. Dadurch wurde die Bildung einer einheitlichen Front gegen die Gewerkschaften erschwert. Diese Schwäche wird schließlich dafür verantwortlich zu machen sein, daß sie die „Schlacht" um achtzig Prozent Lohnfortzahlung verloren geben mußten.

3.3 Die Gegenattacke der Gewerkschaften

Zentrale Einsichten der Marxschen Klassenkampftheorie - von vielen bereits für überholt angesehen - erweisen sich als zutreffend, wenn erklärt werden soll, weshalb die Gewerkschaften ihre angeschlagene Ausgangsposition in Organisationsstärke umwandeln konnten. Auf den ihnen von der Kapitalseite hingeworfenen „Fehdehandschuh" reagierten sie *unmittelbar*, *eindeutig* und *homogen*. Ohne lange zu zögern, gaben sie auf die „kalte Machtprobe" der Arbeitgeber eine „heiße Antwort" (FR, 2.10.1996). Als bekannt wurde, daß einige Unternehmen mit unmittelbarer Wirkung nur noch achtzig Prozent Lohn für erkrankte Arbeiter zahlen würden, erkannten die Gewerkschaften unmittelbar und eindeutig ihre Interessenlage, schöpften daraus neue Machtressourcen und verstärkten ihre Organisationsmacht. Die Metallgewerkschaft verstand es, die Angriffslaune des Vorreiters Daimler Benz in positive Kampfenergie gegen den „süß verpackten Schweinkram" (FR, 11.10.1996) umzuwandeln. Die erste Klage gegen die Mercedes Benz AG zur Zahlung des vollen Lohns ging bereits eine Woche nach Inkrafttreten des neuen Gesetzes bei dem Arbeitsgericht Karlsruhe ein (FAZ, 7.10.1996). Aber wie gingen sie im einzelnen vor, um den Angriffen von Regierung und Arbeitgebern zu begegnen?

Konflikttransformation: Den Vertretern der Gewerkschaften gelang es, das Problem der Lohnfortzahlung in einen Konflikt um den Fortbestand ihrer institutionellen Identität zu transformieren und ihn hoch wertgeladen und emotional auszutragen. Die Forderung nach „hundert Prozent" wurde zum klassenkämpferischen Kürzel für ihre Forderung nach „Aufrechterhalten der institutionalisierten Ansprüche der Arbeitnehmer". Überdies gelang es den

Gewerkschaften, ihre Forderung nicht bloß als legitime materielle Forderung hinzustellen, sondern als unteilbaren Anspruch auf die Unverletzbarkeit historisch erkämpfter Gewerkschaftsrechte, kurz, als Anspruch auf die „Unantastbarkeit ihrer institutionellen Identität". Zwei zentrale Symbole wurden dabei mobilisiert:

Erstens knüpften die Gewerkschaften an die Errungenschaften der Arbeiterbewegung in der Vergangenheit an. Sie riefen den historischen Konflikt in Erinnerung, den sie Ende der fünfziger Jahre ausgefochten hatten, um die Arbeiter in Hinblick auf die Lohnfortzahlung mit den Angestellten gleichzustellen. Sie versäumten nicht, drohend ins Gedächtnis zurückzurufen, daß seinerzeit der Kampf erst nach Schlichtung durch den Bundeskanzler Konrad Adenauer beendet werden konnte. Die Gewerkschaften argumentierten, ein Nachgeben heute gegenüber den Arbeitgebern in der Lohnfortzahlungsfrage würde bedeuten, das „Rad der Geschichte zurückzudrehen" und die Klassenunterschiede zwischen Arbeitern und Angestellten wieder einzuführen (Die Welt, 2.10.1996). „Was unsere Väter vor 40 Jahren erkämpft haben, werden wir nicht kampflos aufgeben", erklärte ein Betriebsratsvorsitzender (Die Welt, 2.10.1996). Die Generalisierung des Lohnfortzahlungskonflikts in einen allgemeinen Konflikt um den Bestand der Gewerkschaftsbewegung als solcher hob die Auseinandersetzungen auf ein höheres Konfliktniveau: „Da steht die Gewerkschaftsbewegung überhaupt auf dem Spiel", erklärte Werner Neubauer, der Vorsitzende von Bayerns IG-Metall (FR, 7.10.1996). Klassengefühle, die als längst bewältigt galten, brachen wieder aus, als die Arbeitnehmer ihre Empörung zum Ausdruck brachten, erneut unternehmerischer Willkür ausgeliefert zu sein.

Durch Mobilisierung eines zweiten Symbols wurden die wiederaufgeflammten alten Klassengefühle zu einer allgemeinen Stimmungslage verdichtet, die während der fraglichen Konfliktmonate nicht nur die betroffenen Arbeitnehmer, sondern die „Menschen der Bundesrepublik" ganz allgemein, und zwar in ihrer Rolle als potentiell Kranke, erfaßte: Die Absicht von Regierung und Arbeitgebern wurde als Maßnahme dargestellt, mit der sie die „Jagd auf Kranke" eröffnet hätten (FAZ, 9.10.1996; FR, 7.10.1996). Auf den Spruchbändern der Demonstranten wurde die „Koalition aus Kapital und Kabinett gegen Kranke" angeprangert; „Kohl und Arbeitgeber" wurden bezichtigt, „die Kranken zu beklauen" (Die Welt, 2.10.1996). Dieser Appell an „die Kranken" als den eigentlichen Konfliktgegnern wirkte vereinheitlichend auf die unterschiedlichen Kategorien von Arbeitnehmern, überwand regionale und branchenspezifische Unterschiede und knüpfte an eine Leitidee des bundesrepublikanischen Sozialstaates an, an die „Solidarität mit den Schwachen der Gesellschaft". Diese Generalisierung der Konfliktadressaten war gleichzeitig dazu angetan, bereits vorhandene Sentimente gegen Kürzungen im Gesundheitssektor zu intensivieren und ein allgemeines Klima der Empörung und Entrüstung gegen weitere Benachteilungen von Schwachen zu schaffen. Ein partikularistischer Klassenkonflikt war damit in einen hoch emotionalen, universalistischen Massenkonflikt transformiert worden, der allgemeine Unterstützung in der bundesrepublikanischen Öffentlichkeit fand.

Machtressourcen: Die von den Gewerkschaften mobilisierten Machtressourcen standen unmittelbar im Zusammenhang mit ihrer Fähigkeit, in dem Konflikt um die volle Lohnfortzahlung ohne zeitlichen Verzug ihre partikularen Interessen zu erkennen, sie mit der Frage ihrer institutionellen Identität zu verbinden und sie in hoch wertgeladene, emotionale und universalistische Interessen zu transformieren. Eine solche Art der Konflikttransformation ist die geeignetste Voraussetzung zur Mobilisierung motivationaler Ressourcen.

Die Gewerkschaften organisierten Informationsveranstaltungen während der Arbeitszeit, an denen die Arbeiter teilnahmen, obwohl sie dafür individuell mit Lohnausfall bezahlen mußten. Es wurde die Strategie eingeschlagen, solche Betriebe mit Arbeitsniederlegungen zu bestrafen, die die unmittelbare Anwendung des neuen Gesetzes ankündigten. Neue Formen des „intelligenten Ungehorsams" (FR, 10.10.1996) wurden erfunden. Am 24. Oktober fand bundesweit ein „allgemeiner Protesttag" statt, an dem nicht nur Arbeitnehmer, sondern auch „betroffene Bürger" teilnahmen.

Die Machtressourcen der Gewerkschaften bestanden nicht nur in ihrer Fähigkeit, breite Gefolgschaft zu mobilisieren und sie öffentlich zu demonstrieren, sondern auch darin, den Unternehmen unmittelbar materielle Verluste durch Arbeitsniederlegungen zuzufügen. Die Höhe der zugefügten Umsatzeinbußen - so wurde geschätzt - übertraf die Höhe der Einsparung, die im Fall der Einführung der achtzigprozentigen Lohnfortzahlung eingetreten wäre (Die Welt, 2.10.1996). Insbesondere wurde die Autoindustrie, allen voran Daimler Benz, geschädigt, womit die Belegschaft das Vorpreschen ihrer Unternehmensleitung massiv sanktionierte. Dabei darf die überregionale, um nicht zu sagen, globale Wirkung nicht verkannt werden, die dadurch erzeugt wurde, daß das Symbol des bundesdeutschen Wohlstandes, Mercedes, profaniert wurde.

Organisationsfähigkeit: Der Kampf um die volle Lohnfortzahlung zeigt, daß organisatorische Schwäche in Stärke umgesetzt werden kann. Die Gewerkschaftsführung war, so ist eingangs geschildert worden, aufgrund ihrer gescheiterten Initiative zur Schaffung eines „Bündnisses für Arbeit" geschwächt in den Konflikt um die Lohnfortzahlung eingetreten. Die paradoxe Wirkung dieser Niederlage bestand darin, daß sie die weiteren Entinstitutionalisierungsversuche ihrer Gegner jetzt aus der Defensive um den Bestand ihrer institutionellen Identität kraftvoller und radikaler gestalten konnte, als es ihr von einer konsolidierten Machtposition aus möglich gewesen wäre. Der Widerstand gegen die Beschneidung angestammter Rechte wurde von der Gewerkschaftsleitung als einmalige Chance wahrgenommen, die Gefolgschaft ihrer Basis wiederzugewinnen und den seit einiger Zeit zu konstatierenden Mitgliederschwund zu bremsen. Die Kürzung der Lohnfortzahlung erwies sich insofern als ein „Geschenk" der Arbeitgeber an die Gewerkschaften (FAZ, 5.10.1996). „In 'stillen Stunden' dankt der Hauptkassier der Gewerkschaft Kohl und der FDP, die mit ihrem gescheiterten Versuch, die Lohnfortzahlung zu kürzen, der IG Metall innerhalb von zwei Monaten 28 000 neue Mitglieder zugeführt haben", weiß Rainer Hank zu berichten (FAZ, 21.12.1996).

Zwei Strategien waren im wesentlichen dazu angetan, die Organisationsmacht der Gewerkschaft zu stärken. Die eine bestand darin, an die legale Basis der Beziehungen mit den Arbeitgebern zu appellieren, nämlich an die gegenseitige Respektierung laufender Tarifverträge. Die Arbeitgeber würden sich eines Rechtsbruchs schuldig machen, wenn sie in die laufenden Tarifvereinbarungen eingriffen; in diesem Sinne wurden sie schlechthin als „Tarifverbrecher" bezeichnet. Kein geringerer als der ehemalige Chef der ÖTV, Heinz Kluncker, sah darüber hinaus die Institution der Tarifautonomie gefährdet: „Wenn ein paar Schwachköpfe in Bundestag und Management die Tarifautonomie in Frage stellen, kann ich nicht mehr schweigen... Wir werden uns gegen den Rechtsbruch, gegen die Kaltschnäuzigkeit des Kapitalismus wehren." (Die Welt, 2.10.1996).[7] Der soziale Konsens, eine der Errungenschaften der Bundesrepublik, stehe in Gefahr, gebrochen zu werden. „Wenn die Arbeitgeber nicht zum normalen Tarifrecht zurückkehren," so drohten die Gewerkschaftsfunktionäre, „werden die Beschäftigten nicht zur normalen Arbeit zurückkehren" (Die Welt, 2.10.1996). Schließlich kam ein zeitlicher Umstand den Gewerkschaften entgegen, der es ihnen gestattete, ihre Organisationsstärke effizient zu demonstrieren. Die Anfang November beginnenden Tarifverhandlungen für das Jahr 1997 begrenzten den Einsatz ihrer Macht-, Motivations- und Organisationsressourcen in zeitlicher Hinsicht. Auf diese Weise wurden die Kosten der Gewerkschaft kalkulierbar, der

Druck auf die neuen Verhandlungsrunden erhöhbar und das individuelle Risiko der demonstrierenden Arbeitnehmer begrenzbar.

4 Siegreiche Verlierer[8] - die Konfliktlösung

Eine Wende des Konfliktes wurde bereits Mitte Oktober erreicht, als sich die Arbeitgeber dazu bereit erklärten, die volle Lohnfortzahlung bis zum Auslaufen der noch geltenden Tarifverträge für 1996 fortzusetzen, und die Gewerkschaften im Gegenzug versicherten, keine Streiks auszurufen. Die endgültige Konfliktlösung wurde damit auf die neuen Verhandlungsrunden für 1997 vertagt, die Anfang November 1996 begannen. Die heikle Frage, ob mit institutionalisierten Ansprüchen gebrochen oder ob sie respektiert werden würden, war damit in die institutionalisierten Verfahren des organisierten Klassenkampfes umgeleitet, aber noch keineswegs entschieden worden.

Zunächst brachen hektische und unkoordinierte Verhandlungsaktivitäten aus, die in einigen Regionen noch von Arbeitsniederlegungen und Demonstrationen begleitet waren. Das vorläufige Ergebnis war eine zunehmend unübersichtlichtliche Lage. So wurde beispielsweise in der Süßwarenindustrie, für die der Manteltarifvertrag noch bis 1998 gültig war, von Firma zu Firma höchst unterschiedlich vorgegangen: Während sich - wie zu Beginn der Adventszeit verlautet wurde - bei Bahlsen, van Houten, Niederegger, van Netten, den Aachener Printen- und Schokoladenfabriken, Schöller, Ritter, Tekrum und Nestle die Fronten versteiften, boten die „Katjes-Werke sowie Stollwerck 'ohne Wenn und Aber' volle Lohnfortzahlung an... Auch bei Lindt & Sprüngli zeichne sich eine Lösung ab" (FR, 3.12.1996).

In diese allgemein unübersichtliche Lage fielen die Verhandlungen in der Metallbranche. Sie wurden daher besonders wichtig, und dies nicht nur deshalb, weil die Arbeitgeber in diesem Industriezweig als erstes ein Exempel hatten statuieren wollen, sondern auch, weil den Absprachen in der Metallbranche traditionell eine Schrittmacherfunktion zukommt. Am 5. Dezember schlossen die Partner der niedersächsischen Metallindustrie nach zuvor bereits einmal gescheiterten Verhandlungen einen wegweisenden Vertrag ab, der als Kern die hundertprozentige Lohnfortzahlung enthielt. Dieser Abschluß wurde als Bestätigung der alten Gesetzgebung ausgegeben. Damit hatten die Gewerkschaften nach außen hin einen Sieg errungen (FAZ, 6.12.1996), der sich allmählich auch in anderen Regionen und Industriezweigen durchsetzte. Nach Deutung von Gewerkschaftsfunktionären war damit die Situation wiederhergestellt, die vorher bestanden hatte. Aber war die Situation nach diesem Abschluß tatsächlich wie vorher? Bedeutete die Fortsetzung der hundertprozentigen Lohnfortzahlung die Aufrechterhaltung der institutionalisierten Sozialleistungen oder war der Abschluß gleichbedeutend mit der Entinstitutionalisierung dieser Rechte? Die Beantwortung dieser Frage trifft den Kern des in diesem Beitrag gestellten Problems, nämlich ob die Reproduktionsmechanismen zur Aufrechterhaltung einer Institution verändert oder beibehalten wurden.

Erstens scheint der *materielle* Aspekt des Abschlusses auf den ersten Blick die Deutung der Gewerkschaften zu bestätigen: Der gemeinsame Vorstoß von Regierung und Arbeitgebern, die Lohnfortzahlung zu kürzen, war gescheitert. Ein zweiter Blick in die Details der Absprachen zeigt jedoch, daß die Gewerkschaften einen hohen Preis für die Durchsetzung ihrer Forderung bezahlt haben: Die Bemessungsgrundlage für Sonderzulagen wurde verändert, das Weihnachtsgeld gekürzt und die Lohnzulagen auf ein Niveau gedrückt, das unter der damaligen Inflationsrate lag (1,5% für 1997 und 2,5% für 1998). In Hinblick auf die eingangs beschriebenen Reproduktionsmechanismen läßt sich konstatieren, daß die Verfechter einer Institution im Falle einer Kostenerhöhung für die Aufrechterhaltung der Institution dazu gezwungen werden, Nutzenkalküle anzustellen: Wie viel ist die Beibehaltung der institutionalisierten Rechte wert? Je mehr die Gewerkschaften ihre Forderung in einen unteilbaren, hoch wertgeladenen und affektiv besetzten Prinzipienkonflikt transformierten, desto höher konnten die Arbeitgeber ihren Preis schrauben. Um ihr „Gesicht" - bzw. ihre institutionelle Identität - „zu wahren" (FR, 10.12.1996), hatten sich die Gewerkschaften in eine Situation begeben, in der das, was früher selbstverständlich war, jetzt nur um die Zahlung eines erheblichen Preises beibehalten werden konnte. Nach der hier unterstellten Definition bedeutet die Umstellung auf den Reproduktionsmechanismus „Nutzenkalkül", daß ein Prozeß der Entinstitutionalisierung abläuft.

Der paradoxe Konfliktausgang deutet noch in einer zweiten Hinsicht auf die Entinstitutionalisierung einer sozialen Errungenschaft hin, auch wenn es gelang, sie materiell aufrecht zu erhalten. Der soziale Kitt, mit dem Institutionen zusammengehalten werden, Vertrauen, war brüchig geworden. Bereits in den ersten Tagen nach Ausbruch des Konfliktes wurde davon gesprochen, daß „viel Porzellan zerschlagen" worden war (FR, 9.10.1996). Die institutionalisierte Beziehung der „Sozialpartnerschaft" und des „sozialen Konsens", die bereits vorher in eine Über- und Unterordnungsstruktur umgewandelt worden war, wurde im Laufe der Auseinandersetzungen weiter verändert. Der Konflikt zeigt, daß die Beziehungen zwischen den drei Akteuren nicht mehr auf stillschweigender gegenseitiger Anerkennung ihrer jeweiligen Rolle als „Sozialpartner" beruhte, sondern auf ihrer jeweiligen Fähigkeit zur Konflikttransformation und zur Mobilisierung von Macht- und Organisationsstärke.

Auch ein drittes Ergebnis weist in Richtung Entinstitutionalisierung einer bisher als hoch institutionalisiert angesehenen Beziehungsstruktur. Keiner der drei Akteure, die in diesem Konflikt auftraten, läßt sich eindeutig als „Sieger" ansprechen, auch wenn sich die Gewerkschaften selbst als solche von ihrer Gefolgschaft feiern ließen. Nicht nur waren die Beziehungen zwischen den Gewerkschaften und den Arbeitgeberorganisationen nach Ausgang des Konfliktes andere als zuvor, sondern auch die Beziehungen zwischen Regierung und Arbeitgebern. Letztere fühlten sich von der Regierung „im Stich gelassen" (FR, 8.10.1996). Es sei ein einmaliger Fall, so bemerkte der Präsident von Gesamtmetall, Werner Stumpfe, „daß eine Regierung unter großen Anstrengungen ein Gesetz zustande bringe und einzelne Mitglieder derselben Regierung danach die Arbeitgeber davor warnten, das Gesetz anzuwenden" (FR, 9.10.1996). Umgekehrt sah sich die Koalitionsregierung in ihren Bemühungen enttäuscht, den Arbeitgebern mit einer Gesetzesinitiative entgegenzukommen. „'So schnell machen wir für euch kein Gesetz mehr', droht die Politik dem Kapital" nach dessen Mißerfolg bei den Tarifverhandlungen (FAZ, 21.12.1996). Damit war das gegenseitige Vertrauen in die gemeinsame Frontstellung gegen das angebliche Anspruchsdenken der Arbeitnehmer getrübt worden. Der Konfliktausgang lehrt daher auch, daß die Realisierung des von Politik und Kapital gemeinsam verfolgten Ziels der „Standortsicherung" und Lohnkostensenkung schon deshalb schwer fällt, weil die Beziehung zwischen Regierung und organisiertem Kapital insgesamt unberechenbarer geworden ist und auch innerhalb der Organisationsvertretungen des Kapitals (BDA und BDI) Zerfallserscheinungen manifest werden. Die „Globalisierung" zeitigt ironischerweise desintegrierende (oder „entbettende") Rückwirkungen für diejenigen, die sie am meisten beschwören (Altvater und Mahnkopf 1996, Teil II und III).

5 Schluß

Entsprechend der hier unterstellten Definition von Entinstitutionalisierung kann als Ergebnis des betrachteten Falls der Lohnfortzahlung folgendes festgehalten werden. Die Initiative der Regierung führte zwar nicht zur Umsetzung und Befolgung des neuen von ihr erlassenen Gesetzes, aber dazu, den Grad der Institutionalisierung dieser Sozialleistung zu senken: Nach Konfliktausgang war die Lohnfortzahlung kein selbstverständliches, unhinterfragtes Recht mehr, sondern ein mit strategischen Mitteln hart umkämpftes Recht, dessen Werte nach außen dargestellt, dessen Nutzen kalkuliert und für das erhebliches Potential zur Unterstützung mobilisiert und organisiert werden mußte. Um den Anspruch auf volle Lohnfortzahlung weiterhin aufrecht zu erhalten, mußten nicht nur die Reproduktionsmechanismen umgestellt, sondern auch in Hinblick auf andere Leistungen neue Kosten in Kauf genommen werden. Obwohl also das materielle Niveau der umkämpften Sozialleistung unverändert geblieben ist, wurde sein Institutionalisierungsgrad gesenkt.

Ein Blick auf die quantitative Seite wohlfahrtsstaatlicher Leistungen allein hätte nicht genügt, um die in diesem Beitrag gestellte Frage zu entscheiden, ob Vorgänge der Entinstitutionalisierung stattgefunden haben oder nicht. Dieser Fall lehrt nicht nur, daß die betreffende Sozialleistung jetzt durch andere Reproduktionsmechanismen getragen wird als vor Ausbruch des Konflikts und insofern entinstitutionalisiert wurde, sondern auch, daß die Beziehung zwischen den Trägern dieser Sozialleistung in Richtung Entinstitutionalisierung verändert wurde. Was die Gewerkschaften betrifft, so ist der Analyse Bodo Zeuners (1996) zuzustimmen, wenn er sagt: „Die Gewerkschaften genießen nun auch in Deutschland nicht mehr den Status einer zweifelsfrei anerkannten mitregulierenden 'intermediären' Institution der Arbeitsbeziehungen, sondern sie müssen eigenständige Kämpfe, Abwehrkämpfe, organisieren". In Zukunft werden sie verstärkt auf ihre Konflikt- und Organisationsfähigkeit sowie auf ihre Machtressourcen angewiesen sein, um „Regierung und Unternehmer wenigstens für Übermut zu bestrafen und ein wenig 'zur Raison zu bringen'". Der „Übermut" von Politik und organisiertem Kapital bestand darin, die Gewerkschaften dazu herauszufordern, auf einen Teil ihrer hoch institutionalisierten Wohlfahrtsansprüche zu verzichten. Was die materielle Seite dieser Herausforderung betrifft, so ist es ihnen nicht gelungen, sie durchzusetzen. Was jedoch die Bedrohung dieser Leistung als Institution betrifft, so ist es ihnen sehr wohl gelungen, sie zu schwächen - allerdings um den Preis, daß sie selbst in aller Öffentlichkeit demonstrieren mußten, wo die Grenzen ihrer Durchsetzungsfähigkeit liegen.

Anmerkungen

1 Dieser Beitrag ist die überarbeitete Version eines englischsprachigen Beitrages, der auf der vom *Swedish Institute for Social Research* organisierten Konferenz *„Welfare States at the Crossroads“* (9.-12. Januar 1997) vorgelegt wurde. Ich danke Thomas Körner für vielfache Hilfe bei der Materialsammlung und konstruktive Kritik.

2 Ich bin Wolfgang Zapf für die Reformulierung meiner ursprünglich gewählten Terminologie dankbar, der ich mich zum Teil angeschlossen habe (Zapf 1996, 512).

3 Dieser Ausdruck wurde von Robert Leicht geprägt, DIE ZEIT, Nr. 45, 1.11.1996, 1.

4 Nach Noé (1996) handelte es sich um eine „vorsätzliche Lücke“.

5 Dieser Ausdruck wurde von der FAZ benutzt, 2.10.1996.

6 „Sollte sich die Gewerkschaft bei der Lohnfortzahlung durchsetzen,“ so drohte die FAZ unmißverständlich (9.10.1996), „würden noch mehr Unternehmen ins Ausland abwandern“.

7 Die zeitgleiche Tagung des ÖTV-Kongresses in Stuttgart verhalf den Gewerkschaften überdies zu einer Demonstration der Solidarität zwischen ÖTV und IG-Metall: „Transport und Metall - wir sind überall“, war auf den Plakaten der Demonstranten zu lesen.

8 In der Presse fand dieser Topos des siegreichen Verlierers mehrere Varianten; vgl. DIE ZEIT, 13.12.1996; Stuttgarter Zeitung, 14.12.1996; FR, 10.12.1996; die FAZ sah bereits am 2.10.1996 vorher, daß es zu einem „Pyrrhussieg“ kommen werde.

Literatur

Altvater, Elmar und Birgit Mahnkopf. 1996. *Grenzen der Globalisierung*. Münster: Westfälisches Dampfboot.

Bourdieu, Pierre. 1996. „Warnung vor dem Modell Tietmeyer“. In *DIE ZEIT*, Nr. 45, 1.11.1996, 2.

Jepperson, Ronald L. 1991. „Institutions, Institutional Effects, and Institutionalism“. In *The New Institutionalism in Organizational Analysis*, hrsgg. von Walter W. Powell und Paul J. DiMaggio. Chicago: The University of Chicago Press, 143-63.

Mertens, Erika. 1996: „Lauter Scherben. Kampf um die Lohnfortzahlung: Verloren haben auch die Sieger“. In *DIE ZEIT*, Nr. 51, 13.12.1996, 1.

Nedelmann, Birgitta. 1982. *Rentenpolitik in Schweden*. Frankfurt/M.: Campus.

—. 1995. „Gegensätze und Dynamik politischer Institutionen“. In *Politische Institutionen im Wandel*, hrsgg. von Birgitta Nedelmann. Opladen: Westdeutscher Verlag, (Kölner Zeitschrift für Soziologie und Sozialpsychologie, Sonderheft 35): 15-40.

Noé, Claus. 1996. „Vorsätzliche Lücke". In *DIE ZEIT*, Nr. 42, 11.10.1996, 20.

Pierson, Paul. 1994. *Dismantling the Welfare State? Reagan, Thatcher, and The Politics of Retrenchment.* Cambridge: Cambridge University Press.

Rieger, Elmar. 1997. „Soziologische Theorie und Sozialpolitik im entwickelten Wohlfahrtsstaat. Zu Esping-Andersens 'Drei Welten des Wohlfahrtskapitalismus'". In *Welten des Wohlfahrtskapitalismus*, hrsgg. von Stephan Lessenich und Ilona Ostner. Frankfurt/M., New York: Campus (im Druck).

Zapf, Wolfgang. 1996. Besprechung von Birgitta Nedelmann, Hrsg.: *Politische Institutionen im Wandel.* In *Soziologische Revue* 19: 511-12.

Zeuner, Bodo. 1996. „Von der 'Konzertierten Aktion' zum 'Bündnis für Arbeit'?". In *FR*, 13.11.1996, 11.

Abkürzungen:

FAZ: Frankfurter Allgemeine Zeitung

FR: Frankfurter Rundschau

Jeffrey S. Kopstein und Stephen E. Hanson

Institutionen und Interessen: Der Vergleich Weimar-Rußland

Aus dem Amerikanischen übersetzt von Elmar Rieger

1 Einleitung[1]

Sowohl im Westen wie in Osteuropa haben zahlreiche Beobachter eine Analogie zwischen Weimarer Republik und nachsowjetischem Rußland gezogen. In fachwissenschaftlichen Publikationen wie in der Massenpresse wird regelmäßig auf „Weimar-Rußland" verwiesen - eine gedemütigte, instabile Großmacht, nur allzu leicht in der Lage, die politischen und moralischen Zügel des inneren wie des äußeren Liberalismus abzustreifen. Seltsamerweise haben aber trotz der großen Aufmerksamkeit, welcher ein möglicher Zusammenbruch der nachimperialistischen russischen Demokratie findet, weder Skeptiker noch Befürworter der Weimar-Analogie diesen Ansatz im Rahmen sozialwissenschaftlicher Theorie untersucht. Der Vergleich begnügt sich regelmäßig als interessante Bemerkung. Er wurde aber nie systematisch entwikkelt.

In diesem Beitrag wollen wir den Versuch unternehmen, die Analogie zwischen Weimarer Republik und nachsowjetischem Rußland grundsätzlicher auszuführen und diese Lücke in der Diskussion zu füllen. Unsere Absicht ist dabei nicht, eine vollständige und anspruchsvolle Theorie demokratischen Zusammenbruchs oder faschistischer Entwicklung aufzubauen. Bei diesem Vergleich spielen zu viele Faktoren eine Rolle und ist die Zahl der Fälle - zwei - zu klein, um eindeutige kausale Beziehungen zwischen Variablen zu identifizieren. Indem allerdings die theoretische Kategorie des „Weimar-Syndroms" ausführlicher entwickelt wird, wird es auch möglich sein, mit größerer analytischer Genauigkeit zu bestimmen, wo die Analogie zwischen Weimarer Repubiik und nachsowjetischem Rußland trägt und wo nicht. Wenn, auf theoretischer Grundlage, die Ähnlichkeiten und die Unterschiede zwischen diesen beiden Fällen bestimmt sind, dann hat man die Grundlage für einen „strukturiert-fokussierten Vergleich", der zu neuen kausalen Hypothesen führen kann, die dann in anderen Fällen nachimperialistischer Demokratieentwicklung überprüft werden können. Über die Bestimmung der Bedingungen, unter denen in der Weimarer Republik eine Rückkehr zum expansiven Machtstaat wahrscheinlich wurde, wird auch eine Bestimmung der Wahrscheinlichkeit einer derartigen Entwicklung im nachkommunistischen Rußland möglich - unabhängig davon, ob die Bedingungen im letzteren Fall in theoretischer Hinsicht als gleichartig oder als verschiedenartig eingeschätzt werden.

Um einen derartig groß angelegten Vergleich handhabbar zu machen, subsumieren wir die große Zahl von Faktoren, die in der umfangreichen Forschung zur Weimar-Analogie angeführt werden, unter drei Hauptkategorien: jene, die mit dem *institutionellen Vermächtnis* des früheren Imperiums verknüpft sind; dann jene, die sich auf die *internationale Umwelt* beziehen, die Entscheidungsträgern Grenzen setzt; und schließlich jene, die die Eigenart des jeweiligen *Parteiensystems* reflektieren, das den politischen Kampf in den zwei Fällen reguliert. Diese drei breiten Kategorien können als Variablen formuliert werden:

1. Der Grad der Vollständigkeit des revolutionären Bruchs mit feudalen/dirigistischen Institutionen;
2. die Stärke des internationalen Drucks zu wirtschaftlicher Liberalisierung, dem die nachimperialistische Demokratie ausgesetzt ist;
3. der Grad der Institutionalisierung eines kompetitiven und representativen Parteiensystems.[2]

Jede dieser Variablen spielt eine wichtige Rolle in den Theorien demokratischen Zusammenbruchs. Strukturalisten argumentierten, faschistische Entwicklungen seien in neuen Demokratien wahrscheinlicher, in denen der Bruch mit feudalen Herrschaftsstrukturen unvollständig blieb (Moore 1966). Theoretiker eines internationalen Kapitalismus haben behauptet, daß dort, wo mit dem Ziel der Schaffung einer „Marktgesellschaft" unter großem Druck Land, Arbeitskraft und Geld „kommodifiziert" werden, auch die sozialen Grundlagen für einen antiliberalen Rückschlag gestärkt werden (Polanyi 1944). Und schließlich behaupten neoinstitutionalistische Untersuchungen demokratischer Konsolidierung, die Abwesenheit eines strukturierten Parteiensystems führe zum Zusammenbruch der Demokratie, weil nur dieses Merkmal demokratische Artikulation und Organisation sozialer Interessen erlaube (Kitschelt 1993, 1995a).

In empirischer Hinsicht können wir beobachten, daß sowohl binnengesellschaftlich wie international das nachsowjetische Rußland sich bei seiner demokratischen Konsolidierung vor strukturelle Hürden gestellt sieht, die jenen erstaunlich ähnlich sind, mit denen sich die Weimarer Republik konfrontiert sah. Beiden Demokratien wurden durch das institutionelle Vermächtnis der früheren imperialen Regimes Grenzen gesetzt; beide Demokratien standen unter hohem Druck, so schnell wie möglich die Marktvergesellschaftung voranzutreiben. Allerdings sieht sich Rußland diesen Herausforderungen mit einem Parteiensystem konfrontiert, das gegenwärtig weit weniger institutionalisiert und weit weniger repräsentativ ist, als es in Weimar der Fall war. Ein sorgfältiger Vergleich der beiden Fälle scheint dem Argument Kitschelts und anderer zu widersprechen, die Existenz eines stabilen Systems von Programmparteien tendiere zur Stärkung demokratischer Konsolidierung. Weimars faschistischer Zusammenbruch, so unsere These, ist gerade darauf zurückzuführen, *daß* starke Parteien die Organisierung antiliberaler Massenbewegungen förderten; zumindest bis jetzt mag es paradoxerweise das Fehlen einer strukturierten Zivilgesellschaft und eines entsprechenden Parteiensystems gewesen sein, das dem nachsowjetischen Rußland eine faschistische Machtübernahme erspart hat.

Denn Theorien demokratischer Institutionalisierung zufolge liegt das hier beschriebene Paradox darin, daß das, was regelmäßig als institutioneller Garant der Stabilität neuer Demokratie betrachtet wird - ein starkes Parteiensystem -, unter bestimmten Umständen eine demokratische Konsolidierung verhindern kann. Umgekehrt können wir sagen, daß das, was kurzfristig als schwache Ausbildung repräsentativer Institutionen gilt, tatsächlich die Machtübernahme durch antiliberale Interessen verhindern kann.

2 Das Weimar-Syndrom

2.1 Die unvollständige Revolution

Bei den verschiedenen Erklärungen der Schwäche der Weimarer Demokratie steht der Verweis auf den unvollständigen politischen, sozialen und kulturellen Bruch mit dem semi-feudalen Kaiserreich an erster Stelle. Militär und ostelbische Agrarier beherrschten die politische Diskussion, während der soziale Garant der Demokratie, das Bürgertum, hoffnungslos schwach und demokratischem Konstitutionalismus entfremdet blieb (Dahrendorf 1967; Mommsen 1989). Jene sozialen Gruppen, die das Reich dominierten, Großindustrielle, Agrarier, Militär und Beamtenschaft, hatten nur geringes Interesse, die Institutionen der jungen Demokratie zu unterstützen. Tatsächlich mobilisierten sie von Anfang an gegen die neue Ordnung, indem sie entweder Organisationen unterstützten, die vom Reich profitierten, oder sie fühlten sich von den Umständen, unter denen das Reich zusammenbrach - Gebietsverluste und Reparationszahlungen an die Siegermächte - betrogen und gedemütigt. Obwohl Sozialdemokraten, Liberale und auch einige der nationalistischen Gruppierungen versuchten, ihre Landsleute mit der Niederlage und der Demokratie zu versöhnen, blieb an den Trägern der neuen Ordnung der Vorwurf hängen, die Nation zugunsten zynischer Machtpolitik oder unklarer Vorstellungen über liberale Demokratie verraten zu haben.

Der wichtigste, wenn auch regelmäßig unterschätzte Aspekt, in dem die Revolution von 1918 unvollständig blieb, ist jedoch die fehlgeschlagene sozioökonomische Marktvergesellschaftung. Deutschlands Modell des „organisierten Kapitalismus", wo zentrale Teile der Industriewirtschaft mittels extensiver Kartellisierung und hoher Zolltarife weder innerer noch äußerer Konkurrenz ausgesetzt waren, war nur insofern von den Ereignissen des Jahres 1918 betroffen, als Teile seines Binnenmarktes jetzt Teil des neuen unabhängigen Polens wurden. In sozioökonomischer Hinsicht hatte sich allerdings wenig verändert. Tatsächlich wurde dieser Umstand von einigen Vertretern der sozialistischen Linken wie Rudolf Hilferding ausdrücklich begrüßt. Industriewirtschaftlicher Protektionismus und Kartellisierung, Subventionierung des ostelbischen Großgrundbesitzes in Form der „Osthilfe" versteckte wie offene Subventionierung der Reichswehr und konservative Professorenschaft blieben unangetastet. In politischer Hinsicht bestand das Hauptergebnis der Revolution darin, mit der Arbeiterklasse einen neuen Akteur ins Spiel zu bringen - ein Spiel, worin der Staat hauptsächlich als Instrument gesehen wurde, den Nutzen der verschiedenen Gruppen, sei es die Arbeiterklasse, die Koalition von Eisen und Roggen, oder die Armee, zu vergrößern, und nicht als Instanz, die Bedingungen dafür schafft, daß über wirtschaftliches Wachstum die soziale Dividende gleichmäßig verteilt werden kann.

Schließlich muß noch ein Vermächtnis des Reichs für die Weimarer Demokratie erwähnt werden: der unvollständige Bruch mit der „großdeutschen" Definition der Grenzen des Nationalstaats. Die Tatsache, daß Deutschlands Aufstieg zu einer erstrangigen Industriemacht unter der Schirmherrschaft traditionaler Monarchie und unter Rechtfertigung der Verteidigung nationaler Souveränität vonstatten ging, behinderte die Entwicklung einer stärker zivilgesellschaftlichen Form nationaler Identität (Greenfeld 1991). Unter den Bedingungen nationaler Demütigung und territorialer Verluste im Gefolge der Niederlage im Ersten Weltkrieg mußte diese Ambiguität gegenüber nationaler Grenzziehung zum politischen Pulverfaß und zum Dauerproblem der Legitimierung des neuen „kleindeutschen“ demokratischen Regimes werden.

2.2 Die internationale Dimension

Das allgemein feindselige und antideutsche internationale politische Klima im Gefolge des Versailler Vertrags fiel mit den Zwängen einer neuen außenwirtschaftlichen Konstellation zusammen. Die fehlgeschlagene Reformierung der hochgradig dirigistischen und protektionistischen deutschen Wirtschaft durch die Weimarer Regierungen hätte ohne den starken und gleichzeitigen Druck der Weltmärkte nicht ausgereicht, die Konsolidierung der Demokratie zu untergraben. Tatsächlich stimmen die meisten Beobachter darin überein, daß in den Jahren zwischen 1924, als der Dawes-Plan eine Regelung der Reparationszahlungen und einen Weg für die Stabilisierung der Währung brachte, und 1929, als die Weltfinanzkrise einsetzte, die Republik eine stabile Entwicklung erlebte. Mit dem Einsetzen der Großen Depression änderte sich dies sehr schnell. Die jüngsten Forschungsergebnisse zu den internationalen Aspekten der Weimarer Krise bestätigen die inzwischen vierzig Jahre alte These Polanyis, daß die Weigerung, den Goldstandard aufzugeben, nach 1929 den Handlungsspielraum der politischen Entscheidungsträger entscheidend verkleinerte, als wenn sie nicht durch die „goldenen Ketten“ gebunden gewesen wären (Polanyi 1944; Eichengreen 1992). Der damalige Kanzler, Brüning, stand 1930 vor einer harten Entscheidung: entweder über eine Deflation den Goldstandard verteidigen, oder die Ausgaben erhöhen und damit die Parität bzw. die Konvertierbarkeit der Währung aufzugeben. (Borchardt 1982). Unter Wirtschaftshistorikern ist es immer noch umstritten, ob Brüning tatsächlich mehr Handlungsspielraum hatte, als ursprünglich angenommen wurde. Gleichgültig aber wie die objektiven wirtschaftlichen Zwänge ausfielen, vor die sich die Politiker damals gestellt sahen, glaubte die deutsche Führung nicht, anders handeln zu können. Die internationale Finanzwelt verlangte eine glaubwürdige Verpflichtung gegenüber dem Goldstandard, und ohne die Bedrohung durch eine echte politische Krise oder Bürgerkrieg sah niemand die Notwendigkeit eines Bruchs mit dieser Orthodoxie.

Dies galt in besonderem Maße für Deutschland, wo, aufgrund seiner unausgeglichenen Handelsbilanz, der inneren Drohung (vor allem nach den Septemberwahlen des Jahres 1930, als Nationalsozialisten und Kommunisten gemeinsam 31,5 Prozent der Stimmen vereinnahmen konnten), und der Erinnerung an die Hyperinflation von 1923 jede Form von Abwertung und Abkehr vom Goldstandard das internationale Vertrauen in die Reichsmark zerstört und zu Kapitalflucht und Inflation geführt hätten. Ob tatsächlich die deutschen demokratischen Politiker innerhalb des Goldstandardsystems genügend Handlungsspielraum besessen hätten, oder den Goldstandard unter Bewahrung der Institutionen der liberalen Demokratie hätten aufgeben können, bleibt weiterhin offen. Es besteht allerdings kein Zweifel daran, daß die Belastungen durch Reparationszahlungen und durch die Aufwendungen zur Stabilisierung des Wechselkurses die Glaubwürdigkeit der extremen Rechten steigerte, die behauptete, daß Deutschland angesichts der tatsächlichen Verhältnisse des internationalen Finanz- und Militärsystems nur verlieren könne.

2.3 Parteiensystem und Präsidialismus

Die Revolution mag zwar nicht in größerem Maße die Sozialstruktur verändert haben, sie schuf aber eine ganze Reihe neuer politischer Institutionen, die soziale Interessen auf neue Weise kanalisierten. Trotz ihrer unnachgiebigen Feindseligkeit gegenüber der Republik hatten jene Gruppen, die die neue Ordnung ablehnten, seit 1923 keine Möglichkeiten mehr, auf außerparlamentarischem Weg zur Macht zu gelangen. Ab 1923 mußten sie über Wahlen und im Rahmen der Gesetze ihren Weg suchen.

Die Institutionen der Weimarer Republik dürfen als bekannt vorausgesetzt werden. Es galt ein striktes Verhältniswahlrecht. Der Föderalismus wurde ausgebaut und verstärkt. Staatsoberhaupt war ein auf sieben Jahre von der gesamten Wahlbevölkerung gewählter Präsident. Gewann kein Kandidat im ersten Wahlgang die absolute Mehrheit, genügte im zweiten Wahlgang eine einfache Mehrheit, das Amt zu gewinnen, wobei im zweiten Wahlgang neue Kandidaten aufgestellt werden konnten - wie es dann auch bei der Wahl Hindenburgs im Jahr 1925 der Fall war. Obwohl ihm diese Wahl im damaligen europäischen Maßstab ein hohes Maß an Legitimität gab, konnte der

Präsident seine Befugnisse nur mit dem Einverständnis des Kanzlers und seines Kabinetts ausüben. Die Ausnahme beschrieb Art. 48 der Weimarer Verfassung, die dem Präsidenten das Recht einräumte, mit militärischen Mitteln gegen ein Bundesland vorzugehen, das sich weigert, seine Verpflichtungen gegenüber dem Reich zu erfüllen. Er ermächtigte ihn weiter, Recht und Ordnung wiederherzustellen und Grundfreiheiten und Grundbestimmungen der Verfassung außer Kraft zu setzen, solange der Reichstag diese Verordnungen nicht ausdrücklich ablehnt.

Die Möglichkeit des Mißbrauchs des Art. 48 fand bemerkenswert wenig öffentliche Aufmerksamkeit. Weil der Großteil der Deutschen bereits Erfahrungen mit einer starken Exekutive hatte, waren die meisten Rechtswissenschaftler und Publizisten eher über die Möglichkeit überzogener parlamentarischer Souveränität als über das Notverordnungsrecht des Präsidenten besorgt. Allerdings mußte ein solches Notverordnungsrecht angesichts eines hochgradig instabilen und polarisierten Parteiensystems, wie es in Weimar zu finden war, eine starke Versuchung darstellen. Friedrich Ebert, der von 1919 bis 1925 der erste Präsident der Republik war, verabschiedete unter Art. 48 über 130 Notverordnungen, von denen viele drängende wirtschaftspolitische Fragen betrafen, aber nicht die Aufrechterhaltung von Recht und Ordnung. Allerdings entwickelte sich Art. 48 erst nach 1930, nachdem der Reichstag sich blockierte, zu einem permanenten Vehikel außerparlamentarischer Gesetzgebung.

Neuere Verfassungstheorien widmen den Gefahren eines Präsidialismus sehr viel mehr Aufmerksamkeit (Linz 1994). Als Indikator demokratischer Konsolidierung ziehen sie die Entwicklung eines Parteiensystems vor. Insbesondere Herbert Kitschelt hat in einer Reihe von Beiträgen die Bedeutung programmatischen Parteienwettbewerbs hervorgehoben, in dem widerstreitende Auffassungen des Gemeinwohls deutlich ausgedrückt und allgemein verstanden werden (1992, 1995a, 1995b). Wie nimmt sich der Fall Weimar in der Perspektive Kitschelts aus? Es verdient ausdrücklich hervorgehoben zu werden, daß Weimar ein hochgradig entwickeltes Parteiensystem besaß; die Bürger waren sich über die Grunddimensionen des Parteienwettbewerbs durchaus im Klaren. Nur half dies wenig, die institutionelle Ordnung insgesamt zu stabilisieren. Dies legt nahe, weniger die formalen Strukturen und Dimensionen des Parteienwettbewerbs als Indikator demokratischer Konsolidierung zu verwenden, sondern mehr Aufmerksamkeit der Verbindung zwischen Parteien und ihren Wählern bzw. der Art und Weise dieser Verbindung zu widmen. Obwohl in der Weimarer Republik die Parteien ausführliche und allgemein bekannte Parteiprogramme ausarbeiteten, waren sie doch auch an ganz bestimmte soziale Gruppen gebunden und zu keinem Zeitpunkt in der Lage, jenseits dieser Gruppen, die ihre hauptsächliche Wählerschaft ausmachten, Anklang zu finden. Aus diesem Grund bezeichnete Kirchheimer die Entwicklung von Volksparteien als Wasserscheide der politischen Entwicklung im Europa der Nachkriegszeit (1969). In der Weimarer Republik klammerten sich die Parteien in geradezu selbstzerstörerischer Weise an ihre Programme. Obwohl sie Kitschelts Definition von Programmparteien entsprachen, die unterschiedliche Vorstellungen des Gemeinwohls auszudrücken und umzusetzen versuchten, trugen sie nicht dazu bei, die Weimarer Republik zu stabilisieren. Ganz im Gegenteil sind Programmparteien in nur ansatzweise liberalisierten nachimperialistischen Demokratien ein Beleg für sehr eng gefaßte Bindungen an Interessengruppen. Jede dieser Parteien endet sehr schnell an dem Punkt, wo sie allein für ihre so grundsätzliche wie partikulare Sicht eines Gemeinwohls steht, das keineswegs zufällig ausschließlich der ihrer Kernwählerschaft entspricht, und das mit anderen Gemeinwohlvorstellungen zu kompromittieren sie sich weigern. Damit wird Blockierung unausweichlich.

Das institutionelle Arrangement der Weimarer Republik begünstigte nicht nur die Entwicklung enger Vorstellungen von „Wählerschaft", sondern verhinderte auch die Transformation grundsätzlicher Wertkonflikte in verhandelbare Verteilungskonflikte. Der Präsidialismus war dabei entscheidend. Er hat allerdings den Zusammenbruch der Demokratie nicht unmittelbar verursacht; seine Expansion reflektiert eher die zunehmende Unfähigkeit der Parteien zu verhandeln und zu regieren. Das Gespenst des zunehmenden Präsidialismus hat aber in keinster Weise die ideologische Reinheit der Parteien vermindert oder ihre Verpflichtung gegenüber ihrer Klientel geschwächt. Ganz im Gegenteil konnten die Parteien dadurch, daß sie sich über größere Zeiträume hinweg von der Regierungsgewalt fernhielten, ihrem Bekenntnis treu bleiben. Das klassische, wenn auch nicht einzige Beispiel für diese Tendenz ist das Verhalten der SPD, sobald es um sozioökonomische Fragen ging. Genauso handelte die Zentrumspartei bei der Schulreform und die DNVP bei der Handelspolitik.

Der zunehmende Präsidialismus war Ergebnis der Interessen von Parteieliten, die unter Bedingungen einer nur ansatzweise liberalisierten Wirtschaft und hohem internationalen Druck in einem hochgradig institutionalisierten System kompetitiver Parteien operierten. Nach 1930 waren Kabinette im wesentlichen Präsidialkabinette, die dafür sorgten, daß die Parteien zwar dominante Sprachrohre, aber untergeordnete Vermittler sozialer Interessen blieben. Schlüsselministerien entzogen sich der Kontrolle durch die Parteien, und die Parteien konnten sich leicht der Verantwortung entziehen. Sie waren Nutznießer einer zumindest dem Namen nach demokratischen Ordnung, während sich die Gesellschaft mehr und mehr der Quasi-Diktatur der Notverordnungen auslieferte. Diese Entwicklung machte selbstverständlich den Wahlsieg Hitlers zum Reichstag im Jahr 1932 nicht zwangsläufig. Die Überinstitutionalisierung des Parteiensystems und der Zivilgesellschaft sorgten aber dafür, daß jeder nachhaltigere Versuch ihrer Zerstörung oder Aushebelung mit einer Rücksichtslosigkeit vonstatten gehen mußte, die nur jemand an den Tag legen konnte, der mit den Normen liberaler Demokratie vollständig gebrochen hatte.

3 Weimar Rußland?

Wie eingangs erläutert soll unser Vergleich des deutschen und russischen Falls genaue Hinweise geben, wo die Analogie zu Weimar theoretisch tragfähig ist und wo nicht. In diesem Abschnitt werden wir zeigen, daß zwei der drei Variablen, die u. E. die größte Bedeutung für den Aufstieg Hitlers hatten - der stark eingeschränkte revolutionäre Wiederaufbau im Gefolge des Zusammenbruchs des Reichs und der hohe internationale Liberalisierungsdruck - im nachsowjetischen Rußland genauso wenn nicht sogar *stärker* wie in Weimar-Deutschland anzutreffen sind. Allerdings ist die verbleibende Schlüsselvariable, die Institutionalisierung eines Parteiensystems, in Rußland gegenwärtig nicht zu finden. Tatsächlich haben zwischen 1991 und 1997 russische Politiker so oft und so schnell die Partei gewechselt, daß Parteienbildung als eigenständiges Ziel weitgehend diskreditiert wurde. Es gab zwar auch im nachsowjetischen Rußland trotz des Fehlens eines stabilen Parteiensystems keinen Mangel an faschistischen Möchtegerndiktatoren. Trotzdem ist die Wahrscheinlichkeit sehr hoch, daß gegenwärtig in Rußland gerade deshalb das Fehlen breit angelegter repräsentativer Parteistrukturen die Chancen für eine „gesetzliche" Machtübernahme nach dem Vorbild Hitlers mindert, weil selbst scheinbar überzeugte Parteimitglieder so leicht mit dem Versprechen von Macht und/oder Reichtum umgestimmt werden können, und gleichzeitig der russische im Vergleich zum deutschen Staatsapparat der zwanziger und dreißiger Jahre insgesamt relativ machtlos ist.

Wie die Weimarer wurde die russische Republik aus dem Zusammenbruch eines Reichs geboren, das ein institutionelles Vermächtnis hinterließ, das die Optionen der nachkommunistischen Eliten scharf beschränkte. Aufgrund der Eigenart der Stalinschen Entwicklungsdiktatur, die einen umfangreichen militärisch-industriellen Komplex hervorgebracht hatte, der stärker an Massenausstoß als an Effizienz oder Innovation orientiert war, war dieses Vermächtnis besonders belastend. Auch die Struktur der Agrarwirtschaft blieb weitgehend unangetastet, wobei die sowjetischen Kolchosen in verschiedener Hinsicht den feudalen Gutsbetrieben Ostpreußens und Pommerns ähnlich sind, und die Kommunistische Partei selbst die Rolle der Junkeraristokratie spielt.

Die rasche Delegitimierung und Auflösung des Sowjetstaats erzeugte ein politisches Vakuum, das sehr schnell vom prowestlich-russischen Populismus Boris Jelzins gefüllt wurde. Jelzin verschweißte auf geschickte Weise antikommunistische Stimmung, moderaten russischen Nationalismus und Versprechungen sofortigen Wohlstands, was ihn in den ersten Monaten nach seinem Machtantritt zu einem äußerst populären Politiker machte. Jelzins politische Vision war allerdings auf übermäßig optimistische Einschätzungen der Zeit gebaut, die Rußland brauchen würde, um als demokratischer Staat wiederzuentstehen und um die umfangreiche Marktliberalisierung durchzuführen. Als sich das wahre Ausmaß der wirtschaftlichen Rückständigkeit enthüllte, argumentierten neoliberale westliche und russische Ökonomen, daß längerfristig nur die völlige Aufgabe der alten stalinistischen Wirtschaft - so schmerzlich dies auch in sozialer Hinsicht sein würde - die Grundlage für nachhaltiges Wirtschaftswachstum sein könne (Boyko, Shleifer und Vishny 1995). Dieser Weg westlicher Modernisierung bedeutet aber zwangsläufig die Einschränkung von Machtbefugnissen und Privilegien der Bürokraten und Massenarbeitslosigkeit der schwächsten Teile der russischen Bevölkerung - Ergebnisse die kaum mit Jelzins frühen Versprechungen nationalen Wiederaufstiegs zusammenpaßten.

Es überraschte dann auch kaum, daß die überwiegende Mehrheit der Mitglieder des russischen Obersten Sowjets - eine Körperschaft, die 1990 auf halbdemokratische Weise, die kommunistische Kandidaten privilegierte, gewählt wurde - Jelzins Vorstellungen von Demokratie und Modernisierung nicht teilten. Obwohl viele Kommunisten Gorbatschov so sehr haßten, daß sie ihr ganzes Gewicht zugunsten Jelzins bei dessen Kampf gegen den ehemaligen Generalsekretär in die Waagschale warfen, blieben die meisten doch im Grunde ihres Herzens Nationalbolschewisten, die auch weiterhin von irgendeiner Form von russischer Kontrolle über das gesamte frühere Territorium der UDSSR und einer dominanten Rolle des Staates in der Wirtschaft träumten. Aus diesem Grund überzeugte viele von ihnen Jelzins Unterschrift unter die Belovezhskaya Pusha Vereinbarung, die die Gründung Rußlands, Belarus, der Ukraine und der Gemeinschaft unabhängiger Staaten (GUS) erklärte und die Sowjetunion formal auflöste, gefolgt von der Auflösung der Preisbindung und freier Konvertierbarkeit der Währung noch im gleichen Monat, sei der Beginn einer Verschwörung zur Zerstörung des Staats. Wie in Weimar griff unter wichtigen Teilen der politischen Elite das Gefühl um sich, Rußland würde von einer Koalition aus westlichen Finanzmächten und einheimischen Verrätern - einschließlich, nach Meinung mancher Kommentatoren, Gorbatschovs und Jelzins - beherrscht, die das Vaterland verkauften.

Diese Überzeugung wurde genau wie in der Weimarer Zeit noch durch die Tatsache geschürt, daß das nachsowjetische „Rußland" auf einen Umfang reduziert wurde, der es auf den Stand des siebzehnten Jahrhunderts brachte. Gleichzeitig sahen sich plötzlich ungefähr 25 Millionen Russen außerhalb der russischen Föderation und neuen Staatsbürgergesetzen ausgesetzt, die ihre politischen Rechte ausdrücklich zugunsten der Titularnationalitäten der neuen unabhängigen Staaten beschnitten. Angesichts der Tatsache, daß die Grenzen Rußlands und der 14 anderen Sowjetrepubliken von Stalin ausdrücklich so gezogen wurden, um den Interessen der Kommunistischen Partei und nicht der Präferenzen lokaler Ethnien gerecht zu werden, konnte und wurde auch die Legitimität der neuen „international anerkannten" Grenzziehungen der „neuen unabhängigen Staaten" mit guten Gründen bezweifelt werden. Unglücklicherweise brachte jede alternative Definition Rußlands - sei es auf Grundlage slavischer Ethnizität und Orthodoxie im Fall Solzhenitsyns, auf Grundlage der Sowjetmacht, wie es die Nationalbolschewisten präferierten, oder auf Grundlage neuer Träume expansiven Großmachtstrebens wie im Fall Zhirinovskys - zwangsläufig die Gefahr eines russischen Militärrevanchivismus in ausdrücklicher Opposition zu einer internationalen liberalen Ordnung (Solzhenitsyn 1990; Zhirinovsky 1993; Zyuganov 1994).

Wie Weimar sah sich die neue russische Demokratie in den ersten Jahren ihrer Existenz ernsten Bedrohungen sowohl durch „rechte" Nationalisten als auch „linke" Ex-Kommunisten ausgesetzt. Der ex-kommunistische Widerstand, angeführt durch den Parlamentssprecher Ruslan Khasbulatov und

Jelzins eigenem Vizepräsident Alexander Rutskoi wurden im Oktober 1993 fürs erste ausgeschaltet, als sich Jelzin für die Bombardierung des russischen Weißen Hauses entschied, nachdem der Oberste Sowjet sich weigerte, auf Jelzins Anordnung hin sich aufzulösen. Zwei Monate später allerdings, bei den Wahlen zur neuen Staatsduma, schnitt die Kommunistische Partei vergleichsweise gut ab. Die ultranationalistische „Liberaldemokratische Partei Rußlands" (LDPR), die von Wladimir Zhirinovsky angeführt wurde, gewann 24 Prozent der Zweitstimmen. Angesichts dieser Bedrohung ging Jelzin zunehmend dazu über, auf die Unterstützung korrupter Mitglieder der Armee und des Geheimdienstes zu bauen. Die Wirtschaftsreformen wurden zwar, formal gesehen, fortgeführt, aber nur wenige Staatsunternehmen und Kolchosen gingen tatsächlich bankrott. Dafür sorgte die Tolerierung der wachsenden Verschuldung zwischen den Betrieben, die Unterstützung durch ein zunehmend instabiler werdendes halbprivatwirtschaftliches Bankensystem und die Aufhäufung enormer Lohnrückstände in so gut wie allen Bereichen der Wirtschaft.

3.2 Die internationale Dimension

Die Weltwirtschaft der neunziger Jahre ist ohne Zweifel eine andere als die der Zwischenkriegszeit. Die Enstehung eines tatsächlich globalen Marktsystems, das binnengesellschaftliche Arrangements in jedem Winkel der Welt beeinflußt, als gemeinsames Resultat des nachhaltigen dynamischen Wachstums der kapitalistischen Schlüsselwirtschaften der Nachkriegszeit und der Entstehung mächtiger neuer Wirtschaften in Ostasien, ist dabei an erster Stelle zu nennen. Deshalb ist der völlige „Ausstieg" aus dem liberalen Kapitalismus bei weitem schwerer zu bewerkstelligen als in der Zeit der Großen Depression. Auch in ideologischer Hinsicht ist nach dem vollständigen Zusammenbruch der stalinistischen Planwirtschaft der UDSSR die Möglichkeit der Begründung nichtmarktwirtschaftlicher Entwicklungswege äußerst unwahrscheinlich.

Vieles blieb allerdings seit der Zwischenkriegszeit unverändert. Tatsächlich war gerade der Erfolg des globalen Kapitalismus der neunziger Jahre Grundlage dafür, daß Investoren in Reaktion auf politische und wirtschaftliche Ereignisse ihr Kapital beinahe sofort von einem Teil der Welt in einen anderen transferieren können. Für einheimische Politiker bedeutet dies, daß sie sehr schnell für jede tatsächliche oder auch nur scheinbare Abkehr vom wirtschaftsliberalen Ideal bestraft werden. Sowohl in der postkommunistischen Welt wie auch in den Ländern außerhalb des Kreises der reichen Staaten ist deshalb der den einheimischen Politikern verbleibende wirtschaftspolitische Handlungsspielraum ziemlich klein.

Schließlich spielen trotz der Aufgabe des Goldstandards der IMF und die Weltbank eine ähnliche Rolle bei der Koordinierung der Einschätzungen der wirtschaftlichen Leistungsfähigkeit der verschiedenen Länder durch die globalen Investoren. Die internationale Koordination der westlichen Finanzinteressen, die eingerichtet wurde, um die globale Marktintegration voranzutreiben, hatte deshalb die unbeabsichtigte Konsequenz, die fortgeschrittenen Länder in eine kleine Gruppe von Modellstaaten, die den Löwenanteil der internationalen Investitionen auf sich ziehen, und eine große Zahl von „Nachzüglern", die weiter und weiter zurückfallen, aufzuteilen.

Obwohl der Westen Rußland keine Reparationen nach Weimarer Muster für den Kalten Krieg auferlegte, erbten doch die früheren Sowjetrepubliken (ohne die Baltikumstaaten) in so gut wie jeder Hinsicht die schlechtestmögliche Lage unter den postkommunistischen Ländern. Im Vergleich zu den neuen Marktwirtschaften Ost- und Mitteleuropas oder zu China waren die früheren Sowjetrepubliken geographisch von westlichen Absatzmärkten und westlichen Investoren weit entfernt; ihr territorialer Umfang ist immens und das Fehlen ausgebauter Häfen verschärft die Mängel marktwirtschaftlicher Infrastruktrur; der bemerkenswerte Grad stalinistischer Industrialisierung und Kollektivierung machte die Zerschlagung dieser ineffizienten Strukturen zu einem gesellschaftlich äußerst schmerzhaften Prozeß.

Wie im Deutschland der Weimarer Republik produzierte die schnelle Marktliberalisierung unter den Bedingungen des gleichermaßen bedrückenden Vermächtnisses quasi-feudaler und kollektivistischer sozioökonomischen Strukturen zunächst einmal eine Hyperinflation, bis ein glaubwürdiges Sparprogramm der Regierung verabschiedet werden konnte. Schließlich wurde nach der Annahme der neuen Jelzinschen Verfassung eine Art von Dawes Plan makroökonomischer Stabilisierung für Rußland mit dem IMF ausgearbeitet. Durch die Absenkung staatlicher Subventionierung der am meisten gefährdeten Bereiche der Wirtschaft wurde zunehmend die Inflation unter Kontrolle gebracht. Die damit verbundene Belebung der Schattenwirtschaft - vor allem in Großstädten wie Moskau und Petersburg - wurde deshalb auch von massiven Umschichtungen jener ineffizienten Industrie- und Agrarwirtschaften und Regionen begleitet, die am stärksten am Stalinschen Erbe zu tragen hatten.

Trotz des Chaos und der Turbulenz der ersten nachkommunistischen Jahre hatte in der russischen Föderation die Schaffung neuer, formal-demokratischer Institutionen der Interessenrepräsentation nicht zu vernachlässigende Wirkungen für das politische Handeln. Wie im Deutschland der Weimarer Republik nach dem Bierhallenputsch von 1923 hatte auch die gewaltsame Auflösung des alten russischen Obersten Sowjets und die Annahme der neuen russischen Verfassung im Herbst 1993 zur Folge, daß auch die am stärksten antiliberalen Parteien ihre Ziele im Rahmen konstitutioneller Verfahren verfolgten. Zwischen 1993 und 1996 fanden zwei Wahlen zur Staatsduma und eine Präsidentschaftswahl statt, bei denen kaum Irregularitäten und nur wenig oder überhaupt keine Ausschreitungen berichtet wurden. Außerdem konkurrierten in diesen Wahlkämpfen eine Vielzahl von Parteien und Politikern auf ernsthafte Weise um die Unterstützung der russischen Wähler.

Die russische Verfassung von 1993 ähnelte auch insofern jener der Weimarer Republik, als sie die Exekutive mit besonderen Machtbefugnissen ausstattet. Im russischen Fall ist der Präsidialismus allerdings weniger versteckt als offen, weil Jelzin seine neue Verfassung ausdrücklich so gestaltete, um jede Gefährdung seiner Macht durch das Parlament auszuschalten. Es spricht deshalb Bände, daß der einzige andere prominente Parteiführer, der bei der Wahl vom Dezember 1994 *für* dieses Dokument stimmte, Wladimir Zhirinovsky war, der seinen Anhängern versicherte, nach seiner Wahl zum Präsident im Jahr 1996 die Verfassung zu seinem Vorteil verwenden zu können. Wie es sich dann zeigte, war diese Unterstützung durch den faschistischen Rand für die Annahme der Verfassung entscheidend, weil die Zahl der abgegebenen Stimmen nur knapp über der vorgeschriebenen Marke von fünfzig Prozent lag - zumindest nach den wiederholt bezweifelten offiziellen Angaben. Die neue Verfassung räumte dem Präsident das Recht ein, Verordnungen mit Gesetzeskraft zu jeder Zeit und nicht nur in Notsituationen wie bei der Weimarer Verfassung zu erlassen. Seit 1994 benützt Jelzin dieses Machtinstrument praktisch ununterbrochen. Außerdem wurde dem Präsidenten das Recht eingeräumt, das Parlament aufzulösen und Neuwahlen auszuschreiben, wenn dieses drei Mal seinen Vorschlag eines Premierministers ablehnt oder zwei Mal der Regierung das Vertrauen entzieht. Der Präsident kontrolliert auch die Zentralbank, ernennt die Mitglieder des Verfassungsgerichts (das nur sporadisch zusammengetreten ist, nachdem sein erster Präsident, Zorkin, in den Ereignissen des Jahres 1993 für Chasbulatov Partei ergriff und daraufhin entlassen wurde) und führt den Vorsitz im Sicherheitsrat, einer unklar definierten Einrichtung, mit umfangreichen Machtbefugnissen sowohl hinsichtlich der inneren wie der äußeren Sicherheitspolitik.

In verschiedener Hinsicht könnte man deshalb vermuten, daß in Rußland die Weichen für denselben Mißbrauch der verfassungsmäßigen Machtbefugnisse der Exekutive gestellt wurden, so daß der vollständige Zusammenbruch der Demokratie nach Weimarer Muster unausweichlich würde. Tatsächlich haben ja auch beide Länder ähnliche imperiale Erbschaften angetreten, verknüpft mit ähnlichen internationalen wirtschaftlichen Zwängen, und beide gaben sich Verfassungen mit ähnlich starkem Potential direkter Präsidialherrschaft. Außerdem gab es auch keinen Mangel an faschistischen und quasifaschistischen Ideologien, die in der Diktatur die einzig mögliche Antwort auf die Nöte des nachkommunistischen Rußlands sahen. Das einzige, so scheint es, was zu einer faschistischen Machtübernahme in der russischen Föderation fehlt, war eine starke politische Organisation, die dazu in der Lage gewesen wäre.

Hier zeigen sich dann die offensichtlichen Brüche mit dem Weimarer Syndrom. Anders als im Deutschland der Weimarer Republik, wo die führenden politischen Parteien ihre ideologische und organisatorische Integrität trotz des Zusammenbruchs des Reichs und trotz der Niederlage im Krieg behielten, überlebten nur wenige unter den wichtigeren, gerade flügge gewordenen Parteien der ausgehenden Gorbatschov-Ära die Turbulenzen der nachkommunistischen Zeit. Dachorganisationen wie das „Demokratische Rußland", entscheidendes Mittel des Aufstiegs Jelzins, zerbrachen nach dem Ende der sowjetischen Herrschaft in zahllose, sich gegenseitig bekämpfende Faktionen. Das gleiche geschah mit den berüchtigsten faschistischen Gruppierungen aus der Zeit der Perestroika wie der *Pamjat*, die auf ähnliche Weise durch innere Grabenkämpfe zerstört wurde. Schließlich spielte Jelzin selbst eine Rolle bei der Zerstörung der Parteiorganisationen aus der Sowjet-Zeit, indem er nach dem Augustputsch die KPDSU verbot und sich gleichzeitig weigerte, sich einer bestimmten anti-kommunistischen Partei anzuschließen.

Tatsächlich war zwischen 1990 und 1996 Zhirinovskys sogenannte Liberaldemokratische Partei Rußlands die einzige Partei, die mehr oder weniger mit gleichem institutionellen Zuschnitt überlebte. Es kann keinen Zweifel daran geben, daß Zhirinovskys rassistische und ausländerfeindliche Rhethorik, sein Ruf nach Wiederherstellung des alten Reichs, nach *Lebensraum* im mittleren Osten, und seine dauernde Beschimpfung der westlichen Verschwörung, Rußland zu zerstören, unmittelbar durch Hitlers Beispiel inspiriert waren. Angesichts der parallelen Situation von Weimar und nachkommunistischem Rußland, die wir oben beschrieben haben, sollte die Kristallisierung dieser politischen Tendenz nicht überraschen. Es fällt aber auf, daß Zhirinovsky, trotz seiner starken Bemühungen, bis 1996 sehr viel weniger Erfolg als Hitler hatte, unter dem Dach disziplinierter Parteiorganisation gesellschaftliche Unterstützung zu mobilisieren. Selbst bei den Parlamentswahlen des Jahres 1993, wo die LDPR 23 Prozent der Zweitstimmen auf sich vereinen konnte und damit zu diesem Zeitpunkt die größte Partei Rußlands bildete, konnten seine Anhänger nur vier Direktmandate erringen - eine deutliche Demonstration der Abhängigkeit der LDPR vom Charisma ihres Führers. Als schließlich auch andere Politiker wie Lebed, Zyuganov und selbst Jelzin von jener nationalistischen Rhethorik Besitz ergriffen, die zuerst von Zhirinovsky monopolisiert wurde, schwand die Popularität der LDPR. Ihr Stimmenanteil fiel 1995 bei der Wahl zur Staatsduma auf 12 Prozent und beim Präsidentschaftswahlkampf 1996 auf nur noch 6 Prozent.

Nach der Annahme der neuen russischen Verfassung, nach der die Hälfte aller Sitze der Staatsduma nach dem Verhältniswahlrecht unter allen Parteien aufgeteilt werden, die die Fünfprozenthürde nehmen, wurden Dutzende neuer Parteien gegründet - und zerfielen schnell wieder. Die einzige Partei mit einigermaßen effektiver lokaler Organisation, funktionierendem Apparat und irgendwie kohärentem Programm war die von Gennadii Zyuganov geführte Kommunistische Partei der Russischen Föderation. Obwohl Zyuganovs Mischung aus paranoidem Nationalismus und nostalgischer Wertschätzung stalinistischer Wirtschaftsplanung ihm einen großen Teil der Stimmen der Rentner, früherer Apparatschiks und Kolchosenbauern verschaffte, war sein eigenes Wirtschaftsprogramm sowohl vage wie nicht umsetzbar. Seine Klage des Zusammenbruchs der Sowjetunion erschreckte schließlich auch die schärfsten Gegner Jelzins und dessen Schocktherapie. Nach seiner Niederlage gegen Jelzin in der Präsidentschaftswahl von 1996 erscheint es zweifelhaft, ob sich seine „rot-braune" Koalition noch länger halten kann.

Die zukünftige Entwicklung der russischen Demokratie hing deshalb von der Frage ab, wie sich der Zusammenbruch der nachimperialen Planwirtschaft unter dem internationalen Liberalisierungsdruck gestalten würde, wenn wirkungsvolle Programmparteien fehlen, die jene sozialen Interessen repräsentieren könnten, die am stärksten von dieser Entwicklung betroffen sind. Das erstaunlichste Moment im Gefolge der Wiederwahl Jelzins im Juli 1996 bestand darin, daß trotz des wahrhaft katastrophalen und unübersehbaren Zusammenbruchs des sowjetischen Wirtschaftssystems in Rußland wie in den anderen früheren Sowjetrepubliken sich die Möchtegern-Hitlers vor kaum überwindbare Schwierigkeiten wirkungsvoller kollektiver Organisierung und Mobilisierung der Verlierer der Schocktherapie gestellt sahen. Das Fehlen einer kohärenten Koalition aus Junkern und Militärs, die die Grundlage einer anti-marktwirtschaftlichen Bewegung bilden könnten - sowohl die früheren Wirtschafts- und Landwirtschaftsministerien wie auch die Russische Armee befanden sich im Zustand fast völliger Auflösung - fanden sich die Antiliberalen von Zhirinovsky bis Zyuganov außerstande, außerhalb von Wahlen einen faschistischen Weg einzuschlagen. Genausowenig konnten die bekennenden Faschisten in freien Wahlen eine Mehrheit gewinnen. Statt der Weimarer Blockierung effizienter und programmatischer Parteien, die nur über den Teufelspakt wohlorganisierter, reaktionärer Traditionalisten und Nationalsozialisten aufgelöst werden konnte, sah das nachkommunistische Rußland nichts als fortgesetztes allgemeines Chaos sowohl in der Verwaltung wie in jedem anderen Bereich des politischen Lebens. Nach 1996 ist der Kern des Problems der Entwicklung Rußlands weniger die Machtübernahme durch eine neue totalitäre Elite als das Fehlen jeder Art wirkungsvoller staatlicher Steuerung.

4 Schlußfolgerung

Institutionen spielen eine Rolle - aber in oft unerwarteter Weise. Die Institutionalisierung *kann* tatsächlich ein Indikator demokratischer Konsolidierung sein. Aber sie ist es weder immer, noch ist sie es zwangsläufig. In dieser Hinsicht unterscheiden wir uns von der neueren Forschung zu diesem Thema. Der Fall der Weimarer Republik zeigt, daß ein hochgradig entwickeltes Parteiensystem und eine entsprechende Zivilgesellschaft unter den Strukturbedingungen nachimperialer Demokratie und starkem Wettbewerbsdruck globaler Marktwirtschaft gleichermaßen Faschismus wie stabile demokratische Verhältnisse hervorbringen können.[3] Ausgedrückt in Begriffen soziologischer Theorie: soziopolitische Komplexität und wirtschaftliche Notsituationen vertragen sich nicht.

Das Paradox des russischen Falls liegt darin, daß zumindest bis jetzt die formalen Verfahren der Demokratie auch deshalb überleben konnten, *weil* tatsächlich programmatische und repräsentative Parteien nur schwach ausgebildet waren oder ganz fehlten. Das Vermächtnis des Totalitarismus setzt zwar der Formierung einer nachkommunistischen Zivilgesellschaft hohe Hürden. Im Gegensatz zur Annahme vieler Forscher kann gleichzeitig aber auch die soziale Atomisierung der Entwicklung funktionsfähiger autoritärer Lösungen Grenzen setzen. Die schwachen Ansätze anti-systemischen kollektiven Handelns können mit dem wenigen sozialen Surplus, das überhaupt erwirtschaftet werden kann, aufgekauft werden. Aus dem gleichen Grund können zwar Programmparteien, die die Zivilgesellschaft repräsentieren, für die demokratische Konsolidierung von Ländern wie Polen oder der Tschechischen Republik, die erfolgreich ihre Wirtschaft liberalisieren, entscheidend sein, während genuine repräsentative Parteien in Rußland, wo der wirtschaftliche Zusammenbruch langsam und schmerzhaft verlief und wo deshalb auch die gesellschaftlichen Interessen wenig „zivil" sind, eine sehr viel ambivalentere Rolle spielen können.

Zusammenfassend läßt unsere Untersuchung vermuten, daß Rußland nicht die Erfahrungen der Weimarer Republik wiederholen wird, trotz der vielen offensichtlichen Ähnlichkeiten der strukturellen Lage. Obwohl die Parallelen zwischen der Geschichte Weimars zwischen 1918 und 1924 und dem ersten Halbjahrzehnt der nachsowjetischen Demokratie Rußlands ohne Zweifel besorgniserregend waren, kann gezeigt werden, daß die weitere - in eine antidemokratische Richtung gehende - Entwicklung der deutschen Politik in den Jahren bis zu Hitlers Machtantritt weitgehend von ihrem hochentwickelten, repräsentativen System von Programmparteien geprägt war. Im Unterschied dazu besitzen die hauptsächlich auf die instrumentellen Zwecke Moskauer Eliten zurückgehenden gegenwärtigen russischen Parteien nur wenige Verbindungen zur russischen Gesellschaft insgesamt. Als mögliche politische Grundlage eines antiliberalen Dirigismus sind sie viel zu ineffektiv und amorph. Solange Präsidialverwaltung, Armee und Geheimdienst korrumpiert und durch Auflösung bedroht sind, solange gibt es auch zumindest gegenwärtig keine alternative institutionelle Grundlage für ein faschistisches Regime.

Selbstverständlich ist Geschichte nicht ganz vorhersagbar. Ohne Zweifel ist der Zusammenbruch der Demokratie in Rußland in irgendeiner Form nach wie vor möglich. Die großen Stimmanteile für die Partei Zhirinovskys bei der Wahl vom Dezember 1993, die Beinahe-Wahl des Großmacht-Anhängers Zyuganovs im Juli 1996 und der regelmäßige Rückgriff Jelzins auf einen „starken Mann" - dies zeigt deutlich das Potential für die Wiederkehr einer Form autoritärer Herrschaft. Allerdings können wir davon ausgehen, daß angesichts der Schwierigkeiten, im nachsowjetischen Kontext effiziente politische Institutionen zu schaffen, heute jede Form eines russischen Protofaschismus gleichermaßen instabil und ineffektiv wäre, wie es das demokratische Regime ist.

Anmerkungen

1 Für Kritik und hilfreiche Hinweise zu früheren Fassungen dieses Beitrags danken wir Arista Cirtautas, Michael Lewis-Beck, Elmar Rieger und Peter Rutland.

2 Es gibt natürlich noch viele andere Faktoren, die bei einem Vergleich Weimar/Rußland von Interesse sein können. Die Liste der hier gewählten Variablen spiegelt zum einen das allgemeine theoretische Interesse, das ihnen in der Literatur entgegengebracht wird, und zum anderen die Tatsache, daß tatsächlich jede von ihnen als vergleichbare Variable formuliert werden kann. Argumente der Art, der Zusammenbruch Weimars sei auf besondere „deutsche" kulturelle Faktoren oder auf Hitlers unvergleichbare Persönlichkeit zurückzuführen, werden hier aus dem Grund nicht berücksichtigt, weil sie keinen direkten Einfluß auf die Untersuchung des russischen Falls haben - es sei denn, sie werden in Begriffen allgemeiner und überprüfbarer Theorie kultureller Bewirkung politischer Strukturen ausgedrückt. Es sollte noch hervorgehoben werden, daß unsere Wahl der Variablen keineswegs eine a priori-Ablehnung der Bedeutung „ideeller" Faktoren in Erklärungen des Faschismus impliziert.

3 Obwohl Kitschelt zu Recht die Bedeutung der Verbindungen zwischen Eliten und Wählern bei der Formierung von Parteisystemen hervorhebt, übersieht er die Möglichkeit, daß die *Rahmenbedingungen* dieser repräsentativen Eliten-Wähler-Verbindungen, und nicht allein ihre Existenz an sich, ebenfalls eine kritische Variable demokratischer Konsolidierung sein kann (Kitschelt 1995b, 99). Alles in allem repräsentierte die Nationalsozialistische Partei ihre Wählerschaft - selbst wenn die meisten nationalsozialistischen Wähler 1932 nicht vorhersehen konnten, zu welchem Alptraum sie (und den Rest der Menschheit) Hitlers Ideologie führen würde. Indem sich Kitschelt mit der Typologie aus „programmatischen", „klientelistischen" und „charismatischen" Parteien begnügt (1995a, 449), übersieht er die wichtige Rolle von Parteien mit einem *charismatischen Programm*. Parteien wie Lenins Bolschewisten und Hitlers Nationalsozialisten beanspruchten ohne Zweifel ein „Wunder", das die bestehende gesellschaftliche Realität transzendiert. Sie waren aber auch genuin „programmatisch" in dem Sinne, als sie wohlartikulierte (gleichwohl perverse) Vorstellungen eines Gemeinwohls ausdrückten und Anstrengungen unternahmen, auf lokaler Basis Unterstützung zu mobilisieren. Sie besaßen auch in sehr viel höherem Maße eine „rationale" Parteiorganisation, als es bei rein personalistischen oder klientelistischen Parteien typischerweise der Fall ist. Parteienwettbewerb mit einer oder mehrerer „charismatisch-programmatischen" Parteien (wie es in Weimar der Fall war), ist u.E. weit weniger stabil als Parteienwettbewerb, in denen eindeutig „rational-legale" Programmparteien mit klientelistischen und personalistischen Parteien konkurrieren (wie es in den meisten der postkommunistischen Länder Osteuropas der Fall ist). Diese Unterscheidung fehlt in Kitschelts Untersuchungsrahmen, der unausgesprochen davon ausgeht, daß jede Entwicklung in Richtung einer stärkeren Programmorientierung für den Liberalismus von

Vorteil ist. Dieser Punkt ist entscheidend. Obwohl wir uns mit Kitschelt darin einig sind, daß Rußlands Erbschaft eines „patrimonialen Kommunismus" (1995a, 453) die Entwicklung *rational-legaler Programmparteien* in nächster Zukunft unwahrscheinlich macht, ist das Potential für die Entstehung *charismatischer Programmparteien* sehr viel größer.

Literatur

Borchardt, Knut. 1982. *Wachstum, Krisen und Handlungsspielräume in der Wirtschaftspolitik.* Göttingen: Vandenhoeck und Ruprecht.

Boycko, Maksim, Andrei Shleifer und Robert Vishny. 1995. *Privatizing Russia.* Cambridge MA: MIT Press.

Dahrendorf, Ralf. 1967. *Society and Democracy in Germany.* Garden City NY: Doubleday.

Eichengreen, Barry. 1992. *Golden Fetters.* New York: Oxford University Press.

Fish, M. Steven. 1995. *Democracy From Scratch: Opposition and Regime in the New Russian Revolution.* Princeton NJ: Princeton University Press.

Greenfeld, Liah. 1992. *Nationalism. Five Roads to Modernity.* Cambridge MA: Harvard University Press.

Kirchheimer, Otto. 1969. *Politics, Law, and Social Change: Selected Essays.* Edited by Frederic S. Burin and Kurt L. Shell. New York: Columbia University Press.

Kitschelt, Herbert. 1992. „The Formation of Party Systems in East Central Europe". In *Politics and Society* 20: 7-51.

—. 1995a: „Formation of Party Cleavages in Post-Communist Democracies: Theoretical Propositions". In *Party Politics* 1: 447-72.

—. 1995b. „Party Systems in East Central Europe: Consolidation of Fluidity?". In *Studies in Public Policy* Number 241. Glasgow: University of Strathclyde.

Linz, Juan. 1994. „Presidential or Parliamentary Democracy: Does it Make a Difference?". In *The Failure of Presidential Democracy*, hrsgg. von Juan Linz und Arturo Valenzuela. Baltimore: Johns Hopkins University Press.

Mommsen, Hans. 1989. *Die verspielte Freiheit.* Berlin: Propyläen.

Moore, Barrington. 1966. *Social Origins of Dictatorship and Democracy: Lord and Peasant in the Making of the Modern World.* Boston: Beacon Press.

Polanyi, Karl. 1944. *The Great Transformation: The Political and Economic Origins of Our Time.* Boston: Beacon Press.

Solzhenitsyn, Aleksandr. 1991. *Rebuilding Russia: Reflections and Tentative Proposals.* New York: Farrar, Straus, and Giroux.

Zhirinovsky, Vladimir. 1993. *Poslednii Brosok Na Iug.* Moskva: LDP.

Zyuganov, Gennadi. 1994. *Derhava* (2nd Edition). Moskva: Informpechat'.

Paul Bernd Spahn und Wolfgang Föttinger

Fiskalische Disziplin und institutionelle Budgetkoordinierung

Internationale Erfahrungen und ihre Bedeutung für die Europäische Union

1 Einleitung

Der Maastricht-Vertrag zur Schaffung einer europäischen Währungsunion und besonders die Frage, welche Mitgliedsländer der EU sich in einer Anfangsphase an dieser Union beteiligen werden, hat die Diskussion um die Herstellung und Sicherung „fiskalischer Disziplin" in Europa in das Zentrum des Interesses gerückt. Aus ökonomischer Sicht ist das nicht zwingend, denn einerseits waren die Konvergenzkriterien des Maastricht-Vertrages nur als flankierende Maßnahme zur Wahrung monetärer Stabilität gedacht, und ein Zusammenhang zwischen öffentlichen Defiziten und Gefährdung von Preisstabilität ist bei einer unabhängigen Zentralbank, wie sie im Vertrag von Maastricht konzipiert wurde, zumindest strittig. Andererseits hat die Frage nach fiskalischer Disziplin ihre eigene Berechtigung, die losgelöst von der zu schaffenden Währungsunion gesehen werden muß. Das gemeinsame Problem einer strukturellen Krise der öffentlichen Finanzen in Europa hat allerdings durch die Maastricht-Kriterien zur Haushaltsdisziplin besondere Aufmerksamkeit gefunden. Unter dem Zwang, die Beitrittsbedingungen zur Währungsunion zu erfüllen, wurden teilweise nicht unerhebliche Erfolge bei der Konsolidierung öffentlicher Haushalte erzielt (mit besonders beachtlichen Erfolgen in Irland). Aber auch in den USA diskutiert man - und zwar losgelöst von den Wirkungen einer Währungsunion - das übermäßige Staatsdefizit schon seit Mitte der 80er Jahre und ist damit den Europäern, was mögliche strukturelle Anpassungsmaßnahmen angeht, um zehn Jahre voraus.

Im Gegensatz zu den USA hat das Problem der Fiskaldisziplin in Europa jedoch noch eine zusätzliche Dimension: die der Koordinierung von national unabhängigen Budgetpolitiken. Zwischen offenen, eng miteinander verflochtenen Volkswirtschaften mit relativ hohen Staatsquoten können Ausgaben-,

Einnahmen-, und Finanzierungsvorgänge öffentlicher Haushalte prinzipiell eine ganze Reihe interregionaler (bzw. internationaler) *spillover*-Effekte auslösen. Wie dem begegnet werden soll, wird von Ökonomen kontrovers diskutiert. So kann einerseits mit formalen Modellen, die auf spieltheoretische Methoden zurückgreifen, gezeigt werden, daß sich durch eine koordinierte Fiskalpolitik Wohlfahrtsgewinne erzielen lassen. Wenn etwa bei weltweit integrierten Kapitalmärkten von der Budgetpolitik eines Landes über den Transmissionsmechanismus „Weltzinssatz" negative Effekte auf andere Länder ausgehen, so können diese bei koordinierten Politiken internalisiert und damit vermieden werden (Chang 1990). Diese Ergebnisse werden aber andererseits von Autoren bestritten, die insbesondere die Bedeutung der in den genannten Modellen nicht berücksichtigten strategischen Anreize für Regierungen hervorheben. Sie stellen den Nutzen von Koordinierung im Bereich der Fiskalpolitik in Frage und setzen allein auf den Wettbewerbsdruck der Märkte, die die Regierungen - über den internationalen Wettbewerb um mobile Produktionsfaktoren - zu fiskalischer Disziplin zwängen (Tabellini 1990; Dluhosch 1993).

Die Diskussion über die Krise der öffentlichen Finanzen ist aber nicht alleine dem Wunsch nach Konvergenz von Budgetpolitik in Europa zuzuschreiben. Die Handlungsfähigkeit von Nationalstaaten sieht sich nämlich zunehmend auch als Folge von Prozessen eingeschränkt, die gemeinhin mit dem Schlagwort „Globalisierung" umschrieben werden. So macht sich einerseits der internationale Steuerwettbewerb durch eine Erosion von bestimmten Steuerbasen bemerkbar - bei zunehmender Mobilität der Produktionsfaktoren Arbeit und Kapital - was längerfristig zu einer Revision der Einnahmenstruktur der Budgets bzw. zu neuen Formen der Kooperation führen muß. Auf der anderen Seite ergeben sich bei den Ausgaben Zwänge zur Anpassung von Leistungsgesetzen, die durch Rückwirkungen der Globalisierung auf die relative Wettbewerbsposition von Mitgliedern der EU im Vergleich zu Osteuropa und den aufstrebenden Volkswirtschaften Asiens und Lateinamerikas erzeugt werden - neben strukturellen Faktoren, wie etwa die demographischen Einflüsse auf die Alterssicherung.

Dieser Verlust an Handlungsfähigkeit nationaler Regierungen wirkt auch auf die europäische Integration zurück, da eine durch Ressourcenknappheit gekennzeichnete Haushaltspolitik supranationale Projekte gefährden kann und vorhandene zentrifugale Kräfte verstärkt. Als Beispiel sei die Kontroverse um eine für die politische Kohäsion in gewissem Umfange notwendige interregionale Solidarität genannt, die über die bestehenden Wirkungen der europäischen Strukturfonds hinausgehende interregionale Transfers nach sich zöge. Ein weiteres Beispiel ist die Diskussion um asymmetrische regionale Schocks und deren Wirkungen auf Einzelbudgets und eine koordinierte Budgetpolitik in Europa.

Der EU-Vertrag sieht verschiedene Institutionen der fiskalischen Disziplinierung vor, die in diesem Jahrbuch bereits ausführlich beschrieben und kommentiert worden sind (Hagen und Harden 1996). Ungewiß ist jedoch, wie diese Institutionen den Widerspruch zwischen dem langfristigen Ziel der Sicherung fiskalischer Handlungsspielräume und den kurzfristig um Wiederwahl bemühten Politikern der nationalen Regierungen, die den Ausgabenwünschen der verschiedenen Interessengruppen ausgesetzt sind, bewältigen werden. *Ex ante* ist eine Lösung aller möglichen Konflikte nicht denkbar[1]. Institutionenökonomisch geht es darum, opportunistisches Verhalten der Vertragspartner *ex post* (Williamson 1990, 54) durch geeignete Garantieinstrumente zu verhindern bzw. zu reduzieren. Verschiedene Formen der Selbstbindung der politischen Akteure stehen dabei im Mittelpunkt.[2]

Anstelle einer erneuten kritischen Diskussion des EU-Vertragstextes wollen wir in diesem Beitrag Institutionen der Koordinierung von Fiskaldisziplin vorstellen, wie sie in anderen Föderationen angewandt werden. Aus der Diskussion um den „Stabilitätspakt“ skizzieren wir anschließend Optionen für die institutionelle Koordinierung in der EU. Dabei unterscheiden wir zwischen kurzfristigen institutionellen Überlegungen zur glaubwürdigen Umsetzung der Kriterien des Maastricht-Vertrages und langfristiger institutioneller Koordinierung, die die EU als „Problemlösungsgemeinschaft“ sieht und u. U. für die Phase nach Beginn der Währungsunion tragfähigere Konzepte, als die bisher diskutierten, entwickeln könnte.

2 Fiskaldisziplin, Budgetsystem und Koordinierung

Der Begriff der Fiskaldisziplin ist von dem der Fiskalkoordinierung abzugrenzen. Fiskalkoordinierung bezieht sich auf die Fiskalpolitik als konjunkturpolitischem Instrument der makroökonomischer Stabilisierung. Fiskaldisziplin im weiteren Sinne muß hingegen als anreizkompatibler Mechanismus begriffen werden, der dafür sorgt, daß alle Budgetentscheidungen „rational“, d.h. zielkonsistent im Hinblick auf die Maximierung einer durch demokratische Prozesse ermittelten gesellschaftlichen Wohlfahrtsfunktion getroffen werden. Dies ist gleichbedeutend mit einer Politik der Sicherung öffentlicher Ausgaben und Politiken bei nur begrenzt vorhandenen öffentlichen Ressourcen in intertemporaler Perspektive. Diese Definition von Fiskaldisziplin ist um die kommende Jahrhundertwende für Wissenschaft und Politik von besonderer Bedeutung. Damit rücken strukturpolitische - und nicht konjunkturpolitische - Aspekte in den Vordergrund. Das mag zum Teil eine ideologische Verschiebung in den Wirtschaftswissenschaften widerspiegeln. Ein Blick in die Statistik deutet aber an, unter welchen Restriktionen zukünftige Fiskalpolitik agieren muß: Die durchschnittliche Staatsquote (Quotient der Staatsausgaben aller Ebenen zum nominalen Bruttoinlandsprodukt - BIP) stieg in den europäischen OECD-Ländern von 1981 bis 1996 (geschätzt) „nur" um knapp zwei Punkte (von 47,2 auf 49,1%). Die Staatsschuldquote (ausgedrückt als Quotient der Bruttoverbindlichkeiten des Gesamtstaates zum BIP) kletterte dagegen deutlich von 44,0% auf 76,2%.[3] Das deutet darauf hin, daß ein nicht mehr durch laufende Steuereinnahmen zu finanzierendes Niveau der Staatsausgaben erreicht ist - wobei die Sozialtransfers als quantitativ bedeutsamste Haushaltsposition als mögliche Determinanten dieser Situation im Mittelpunkt der Analyse stehen. Das gemeinsame Problem der Wiedererlangung fiskalischer Disziplin, verstanden als die dauerhaft gesicherte Bereitstellung von öffentlichen Ressourcen für budgetär wirksame politische Programme und Leistungsgesetze, ist deshalb für die EU-Staaten der relevante Teilbereich der Budgetkoordinierung.

Das Budget- (oder Haushalts)ergebnis für eine abgegrenzte Periode kann als von einem bestimmten Budgetsystem determiniert betrachtet werden. Ein Budgetsystem umfaßt jeweils eine Reihe verschiedener institutioneller Komponenten, die vom Rechnungslegungskonzept und der Präsentationsform des Haushaltsplans, über die Phasen des Budgetprozesses (Aufstellung, Beratung, Entscheidung, Ausführung und Kontrolle) bis hin zu den Regel- und Sanktionsmechanismen zur Gewährleistung vorgegebener Budgetziele reichen. Das Zusammenspiel verschiedener Budgetinstitutionen im Hinblick auf das Budgetergebnis ist bislang ein verhältnismäßig wenig bearbeitetes Forschungsgebiet.

Die dem fiskalpolitischen Handeln vorausgehende politische Gestaltung von Budgetinstitutionen muß berücksichtigen, daß unter den Begriff der Budgetinstitution nicht nur explizite, gesetzlich verankerte Normen und Organisationen fallen, sondern auch implizite Normen - von allen Akteuren als selbstverständlich erachtete Maximen und Prinzipien im Budgetierungsverfahren. Buchanan begreift fiskalische Disziplin sogar als Produkt kultureller Evolution. Er argumentiert - auf Hayek zurückgreifend -, daß das Entstehen einer „moralischen Ordnung" allgemein akzeptierte Verhaltensregeln nach sich zieht, die auch gegenüber Personen außerhalb der eigenen Familie bzw. der Gruppe wirken, der man sich zugehörig fühlt. Nur so konnten sich moderne Nationalstaaten herausbilden, konnten hochgradige Formen der Arbeitsteilung und die Koordinierungsmöglichkeiten moderner Märkte erreicht werden. Ein Beispiel für die Übertragung von Normen einer Gruppe auf eine moralische Ordnung ist für Buchanan die für den Staat verbindliche Implementierung finanzieller Disziplin. Die evolutionäre Dynamik und Durchsetzung dieser Norm liegt darin begründet, daß nur Individuen und Familien, die finanzielle Disziplin einhalten, überleben und prosperieren können. Analog dazu übertrug man das vorsichtige Wirtschaften mit dem Kapital einer Familie auf den Umgang mit volkswirtschaftlichem Kapital durch die Regierenden. Danach läßt sich argumentieren, „... that the explosive increase in debt or deficit financing of public consumption outlays can be explained, at least in part, by an erosion of previously existing moral constraints." (Buchanan 1982, 1). Ausgelöst wurde dieser angebliche „moralische Verfall" durch die sogenannte „keynesianische Revolution" (Buchanan und Wagner 1977), die dem Staat die Rolle des Stabilisators und Aktivierers der Wirtschaft zugewiesen hat und die „klassische" Vorstellung eines ausgeglichenen Budgets opferte.

Besteht in einem dezentral verfaßten Staatsgebilde Bedarf für Koordinierung von Budgetinstitutionen, dann muß untersucht werden, welche alternativen „institutionellen Arrangements" (Davis und North 1971, 7) hinsichtlich der Träger, der Gegenstände und der Instrumente der Koordinierung möglich sind (Spahn 1996). Was die Träger von Koordinierung, also die organisatorische Verankerung, angeht, kann zum einen versucht werden, ausschließliche und klar abgegrenzte Zuständigkeiten für die verschiedenen Staatsebenen auf Verfassungsebene festzuschreiben, um mögliche Konflike von vornherein auszuschalten oder zu minimieren. Dies ist der Ansatz des in der Literatur vorherrschenden „vertikalen" Föderalismusmodells. Soweit dieses Ziel erreicht wird, entfällt der Bedarf an Koordinierung zwischen den staatlichen Entscheidungsebenen. Auch wird nach diesem Modell zwischenstaatliche bzw. interregionale Kooperation bei Vorliegen von *spillover*-Effekten in wechselseitigem Interesse auf freiwilliger Basis erfolgen. Die höhere Ebene wird hier allenfalls als Makler benötigt, wenn konfligierende Interessen zwischen den Beteiligten eines horizontalen Koordinierungsprozesses auftreten, und sie kann hierzu Verfahrensregeln aufstellen, die allgemein als *fair* betrachtet und dadurch von anderen Gebietskörperschaften befolgt werden. Aber auch ein solches Modell bedarf in hohem Maße einer normierenden Kraft, die von der Meinungsführerschaft des Zentralstaates und seiner Organe, von internalisierten moralischen Verhaltensmustern im Sinne Buchanans und insbesondere von der höchsten Rechtssprechung ausgehen kann. Jede der staatlichen Ebenen trifft dann im Rahmen dieser Normen für ihre jeweilige Verantwortlichkeit politische Entscheidungen, die sie zugleich auch implementiert, administriert und kontrolliert.

Im Gegensatz hierzu beruht das in der Bundesrepublik Deutschland verwirklichte Staatsmodell auf dem Gedanken des „kooperativen" Föderalismus. Zum einen gilt zwar auch hier die strikte Budgetautonomie von Bund und Ländern; zum anderen wird durch die weitgehende Harmonisierung von Rechtsnormen (Steuergesetzgebung, Haushaltsgrundsätzegesetz, Rahmengesetze) ein einheitlicher Grundkonsens vorgegeben, der die Implementierung der im nationalen Rahmen getroffenen politischen Entscheidungen auf der Ebene nachgeordneter Gebietskörperschaften anleitet. Die Extremfälle, in denen entweder die supranationale Ebene oder eine Vertretung der Regierungen der gleichen Föderationsebene Richtung und Geschwindigkeit öffentlicher Entscheidungen bestimmen, werden durch verschiedene Institutionen der gemeinschaftlichen Entscheidungsfindung ergänzt - so etwa die Planungsausschüsse zur Entscheidungsfindung im Rahmen von Gemeinschaftsaufgaben. Auch auf horizontaler Ebene bedient man sich kooperativer Formen der institutionalisierten Entscheidungsfindung, so etwa im Bildungsbereich durch die Kultusministerkonferenz. Dazu kommen unabhängige, nicht weisungsgebundene Institutionen, die sich insbesondere als unabhängige Notenbanken in der Geldpolitik bewährt haben.

Mit der Budgetautonomie verträgliche Instrumente der Koordinierung sind z.B. der regelmäßige Informationsaustausch über die Konjunkturentwicklung oder die mittelfristige Finanzplanung. Dies setzt die Standardisierung von Information und von Informationsprozessen voraus. Im europäischen Rahmen könnte so die supranationale Ebene der EU die Aufgabe übernehmen, politikrelevante Informationen und ihren zwischenstaatlichen Austausch zu standardisieren und damit richtungsweisende Vergleiche zu ermöglichen, die formal koordiniertes Politikverhalten bestimmen. Zum anderen könnte sie als *informal leader* globale Vorgaben für nationale Budgetinstitutionen entwickeln, die politiknormierend wirken und im Sinne eines übergreifenden Konsenses auf nationaler Ebene freiwillig implementiert werden. Politikkoordinierung in Europa vollzöge sich dann vorwiegend auf informeller Basis - bei Wahrung der Budgetautonomie der Mitgliedstaaten und des im Maastricht-Vertrag festgeschriebenen Subsidiaritätsprinzips.

Es können auch generalisierende Vereinbarungen zur Implementierung fiskalpolitischer Regeln getroffen werden, die materielle Folgen nach sich ziehen, beispielsweise verfassungsmäßige Vorgaben zur Beschränkung der Kreditaufnahme. Solche Regeln der Selbstbindung müssen freilich von allen Mitgliedern der Union als mit nationalen Zielen verträglich angesehen werden und bedürfen einer sorgfältigen Überprüfung hinsichtlich des Gebots der Subsidiarität. Sofern diesen Regeln verfassungsmäßiger Rang zukommt, dürfte dies freilich gesichert sein. Schließlich können dort, wo zwischen Budgets von Körperschaften eines föderalen Systems Transferströme fließen, fiskalische Anreize als Koordinierungsinstrument benutzt werden. Auch diese sind mit dem Gedanken der Subsidiarität verträglich, soweit es den Mitgliedstaaten vorbehalten bleibt, die Nichtinspruchnahme solcher Anreize als Sanktion gegen sich wirken zu lassen. Die Eignung von Sanktionsmechanismen zur Budgetkoordinierung wird weiter unten diskutiert.

Im folgenden werden zwei grundsätzlich verschiedene Ansätze zur fiskalischen Koordinierung skizziert, wie sie einesteils durch institutionelle Formen, andererseits durch das fast völlige Fehlen von expliziten Institutionen zur Politikkoordinierung gekennzeichnet sind. Typisch für den erstgenannten Ansatz ist der australische Commonwealth; für den zweiten steht das Beispiel der USA. Trotz der spezifischen Differenz dieser Föderationen zur EU - die relativ schwache finanzielle und politische Stellung der übergeordneten Ebene in der EU - können aus dieser Betrachtung Fingerzeige für die Gestaltung der Rahmenordnung, in der sich zukünftig die Koordinierung von Fiskaldisziplin der Europäischen Währungsunion vollziehen wird, abgeleitet werden.

3 Institutionen fiskalischer Koordinierung: Das Beispiel Australiens

Die australische Föderation umfaßt die zentrale Ebene, die Bundesregierung, und acht Bundesstaaten, deren Autonomie durch die Verfassung garantiert wird. Australien verfügt über eine Reihe interessanter Institutionen zur fiskalischen Koordinierung der Einzeletats.

In den 20er Jahren dieses Jahrhunderts konkurrierten der australische Commonwealth und Mitgliedstaaten um Ressourcen auf den damals noch sehr engen nationalen und internationalen Kapitalmärkten. Eine Koordinierung der Kreditaufnahme, insbesondere hinsichtlich Zeitpunkt und Konditionen der Anleihen, erfolgte zunächst informell auf freiwilliger Basis und wurde 1927 mit dem *Financial Agreement* durch die Schaffung eines *Loan Council* etabliert (James 1992, 45). Diese Institution stellt genau das dar, was man als gemeinschaftliches Entscheidungsfindungsgremium bezeichnen kann. Das *Loan Council* setzt sich aus den Regierungschefs des Commonwealth und der Bundesstaaten zusammen (vertretungsweise der jeweiligen Finanzminister). Es verfolgt einen kooperativen Ansatz bei der Entscheidung über Höhe und Struktur der Kreditaufnahme des gesamten öffentlichen Sektors in Australien. War ursprünglich das Schuldenmanagement Hauptzweck des *Council*, so trat nach dem Zweiten Weltkrieg eine weitere Zielsetzung hinzu: Vereinbarungen zur Berichterstattung und Überwachung der öffentlichen Kreditaufnahme sollten sicherstellen, daß sich diese konsistent zu den makroökonomischen Zielen des Commonwealth entwickelte und daß die Kreditaufnahme mit dauerhaft verfolgbaren fiskalischen Strategien verträglich war.

Das vertikale fiskalische Ungleichgewicht in Australien - die Steuern sind in hohem Maße zentralisiert und die Staaten müssen einen bedeutenden Teil ihrer Ausgaben durch Zuschüsse der Zentralregierung finanzieren - verschaffte dem Commonwealth allerdings einen dominierenden Einfluß im *Loan Council*, so daß Kooperation meist mit zentralstaatlicher Bestimmung gleichgesetzt werden mußte. Allerdings fanden die australischen Staaten bald Wege, die Verschuldungsvorgaben des *Council* zu umgehen (James 1992, 50), so durch die Ausgliederung der Kreditaufnahme in formal eigenständige Unternehmen oder durch Leasingfinanzierung von Infrastrukturinvestitionen. Das *Loan Council* akzeptierte faktisch die zunehmende Eigenständigkeit der Bundesstaaten bei der Kreditaufnahme, reformierte aber zugleich die Regeln zur Berichterstattung, um weiterhin den Überblick über die Verschuldungssituation des öffentlichen Sektors zu behalten. Die materielle Koordinierung ging in eine mit der Eigenständigkeit der Budgets eher verträgliche informelle Koordinierung über.

Die *New Loan Council Arrangements* von 1993 bestätigten die abnehmende Kontrolle des *Loan Council* (Commonwealth of Australia 1994). Unter der neuen Regelung macht jede Jurisdiktion einen Vorschlag bezüglich ihres geschätzten Finanzierungsdefizits und dem daraus folgenden Kreditbedarf. Die Vorschläge geben so eine recht zuverlässige Angabe der zu erwartenden Nachfrage des öffentlichen Sektors auf dem Kapitalmarkt. Voraussichtliche Überschreitungen der angekündigten Kreditaufnahmen nach oben oder nach unten außerhalb einer bestimmten Toleranzgrenze müssen dem Loan Council mitgeteilt und begründet werden. Der Bericht wird jeweils der Öffentlichkeit zugänglich gemacht. Ein weitergehender Vorschlag, die Institution zu einem *Federal Fiscal Council* mit Kompetenzen für weite Bereiche der Geld- und Fiskalpolitik zu transformieren (Mathews 1984), wurde nicht befolgt.

Die zunehmende Loslösung der Staaten „aus der Gnade des Commonwealth" geht mit einem in den letzten Jahren zu beobachtenden Vorrang der Fiskaldisziplin in der Budgetpolitik einher. Teilweise werden Budgetreformen auch institutionell verankert, z.B. mit dem Übergang von einem zahlungsorientierten Rechnungswesen zur kaufmännischen Buchführung des *accrual accounting*.[4] Der Bundesstaat New South Wales hat 1995 sogar einen *General Government Debt Elimination Act* verabschiedet, der mittelfristig die Rückführung der Verschuldung auf ein dauerhaft niedriges Niveau vorsieht, das ohne größere Korrekturen auf der Ausgaben- oder Einnahmenseite des Budgets über einen Konjunkturzyklus gehalten werden kann. Langfristig wird eine völlige Rückzahlung der Staatsschuld bis zum Jahr 2020 angestrebt.[5]

In Australien setzt man als Koordinierungsinstitutionen auch unabhängige Expertengremien ein, die im internationalen Vergleich über relativ starke Kompetenzen und über klar definierte Aufgaben verfügen. Im März 1996 wurde von der australischen Bundesregierung eine *National Commission of Audit* eingesetzt - offenbar auch als Reflex auf Initiativen der Bundesstaaten in diesem Bereich. Die Kommission analysiert und berichtet über die finanzielle Situation der Bundesregierung mit der Absicht, diese über ihre zukünftige Haushaltspolitik dahingehend zu beraten, daß das mittel- bis langfristige Ziel einer Verbesserung der finanziellen Situation des Staates erreicht wird. Sie berichtet insbesondere auch über finanzielle Verpflichtungen, die sich in der ausgewiesenen fundierten Staatsschuld nicht wiederfinden, wie zum Beispiel die Auswirkungen demographischer Entwicklungen auf das Budget, längerfristige Pensionsverpflichtungen, zukünftiger Erhaltungsaufwand für die öffentliche Infrastruktur usw. Weitere Aufgaben der Kommission sind die Analyse der zwischenstaatlichen Finanzbeziehungen sowie die Entwicklung einer Methodologie zur Entwicklung und Implementierung von Leistungsindikatoren für Behörden und Ministerien. Hier geht es vor allem darum, Potentiale zur Effizienzsteigerung bei der Produktion öffentlicher Dienstleistungen zu identifizieren.[6]

Australien verfügt - ähnlich wie die Bundesrepublik Deutschland - über ein Finanzausgleichssystem, das quantitativ für die Bundesstaaten noch bedeutsamer ist als für die deutschen Bundesländer. Die Verteilung der Finanzmittel erfolgt nach sehr detaillierten Kriterien- und Bedarfskatalogen. Diese wurden von der unabhängigen *Commonwealth Grants Commission* entwickelt und werden regelmäßig inhaltlich und methodisch überprüft. Die Kommission wurde 1933 ins Leben gerufen. Sie definiert selbst ihre Rolle als „...ein unabhängiger, unparteiischer und autoritativer Schiedsrichter bezüglich der Verteilungsaspekte des fiskalischen Föderalismus in Australien" (Commonwealth Grants Commission, 1983, 160 - eigene Übersetzung). Ein Vergleich mit der - unterbliebenen - Reform des Finanzausgleichs in Deutschland nach der Wiedervereinigung bietet sich an. Zahlreiche Vorschläge von wissenschaftlicher Seite, diese besondere Situation zu einer überfälligen Reform des Länderfinanzausgleichs zu nutzen, blieben wirkungslos. Darunter befand sich auch ein Vorschlag, in Analogie zum australischen System bei der Berechnung der Finanzausgleichsbeiträge verstärkt Kostenaspekte bei der Produktion öffentlicher Dienstleistungen zu berücksichtigen (Föttinger und Spahn 1993).[7]

Für die EU sollten die Erfahrungen der australischen Föderation auch dazu benutzt werden zu prüfen, inwieweit für Einzelaspekte der Fiskalpolitik darauf zurechtgeschnittene, u.U. auch unabhängige Gremien installiert werden könnten.[8] Aus folgendem Grund kann die partielle Übertragung von Kompetenzen zur Entscheidung bzw. Entscheidungsvorbereitung hilfreich sein: Findet Konfliktaustragung in „umfassenden" politischen Gremien wie dem Europäischen Rat oder dem Rat der Wirtschafts- und Finanzminister (ECOFIN) statt, steht bei jeder Einzelentscheidung das ganze Spektrum der dort verhandelten Fragen mit zur Disposition. Die damit verbundenen komplexen Prozesse des Stimmentauschs zwischen den Akteuren blockieren Reformen und politische Innovationen. Sehr gut zeigen läßt sich dies für die deutsche Föderation anhand der Verhandlungen zwischen den von unterschiedlichen Mehrheiten dominierten Kammern des Parlaments, Bundestag und Bundesrat.

4 Disziplinierung über den Markt und Verzicht auf Budgetkoordinierung: Das Beispiel der USA

Die größte bislang existierende Währungsunion, die Vereinigten Staaten von Amerika, stellen ein föderales Gebilde dar, das im Hinblick auf fiskalische Disziplin besonders bemerkenswert ist: die Verschuldung des Gesamtstaates ist (geringfügig) niedriger als die der zentralen Regierungsebene. Das bedeutet, daß alle Körperschaften unterhalb der Bundesregierung (Bundesstaaten, Landkreise, Städte und Gemeinden) zusammengenommen Nettofinanzvermögensüberschüsse aufweisen. Gleichzeitig gibt es - im Gegensatz zu anderen Föderationen wie Kanada, Australien oder Deutschland - keinerlei koordinierende Institutionen zwischen Bundesstaaten und Bundesregierung. Dies wird gelegentlich als Beleg für die These angeführt, daß in der EU keine zentrale Koordinierung der Fiskaldisziplin notwendig sei. Der Druck der Kapitalmärkte würde schon dafür sorgen, daß unsolide staatliche Schuldner diszipliniert würden - und zwar über zusätzliche Risikozuschläge (höhere *spreads*) bzw. Kursverfall von zirkulierenden staatlichen Schuldzertifikaten.

Heute gibt es in fast allen Bundesstaaten sowie für die meisten Kommunen und Landkreise der USA mehr oder weniger restriktive konstitutionelle Regeln zur Vorlage bzw. Einhaltung eines ausgeglichen Haushalts und zur Begrenzung der Verschuldung (ACIR 1987). Zusätzlich gibt es in den Verfassungen einiger Staaten Beschränkungen bei der Steuererhebung. Gesetzliche Vorschriften sind aber nur dann wirksam, wenn auch Mechanismen zu ihrer Durchsetzung existieren. Hier gibt es für die US-Bundesstaaten kein klares Bild. Es wurde nie versucht, die Einhaltung gesetzlicher oder konstitutioneller Vorschriften etwa über ein Gerichtsverfahren einzuklagen. Anscheinend ist eine lange Tradition nicht-kreditfinanzierter Haushalte der Hauptgrund dafür, daß verantwortliche Politiker auf der Ebene der Einzelstaaten einen ausgeglichenen Haushalt anstreben (Poterba 1996, 397). Das kann als Beweis für die Bedeutung von internalisierter Budget'moral' und des Zusammenwirkens formeller und informeller Budgetinstitutionen gelten. Andererseits wurden die institutionellen Verschuldungsbeschränkungen in der Mitte des 19. Jahrhunderts begründet, nachdem es auf der Ebene der Bundesstaaten mehrfach zu Schuldenkrisen und Zahlungsausfällen gekommen war (English 1996). Lange vor Keynes reichten offenbar die immanenten moralischen Hemmnisse auf Seiten der Politiker nicht aus, um eine Überschuldung des Staates zu verhindern. Den Thesen von Buchanan wird damit die empirische Grundlage entzogen.

Das bekannteste Beispiel für das Versagen konstitutioneller Budgetbeschränkungen in den USA ist wohl die Schuldenkrise der Stadt New York im Jahre 1975. In einem der höchstentwickelten Finanzzentren der Welt kam es zu einer Situation, in der ein staatlicher Schuldner in einem solchen Maße Verbindlichkeiten akkumuliert hatte, daß neue Anleihen zur Revolvierung der Staatsschuld ab einem bestimmten Zeitpunkt zu keinem Zinssatz mehr am Markt abgesetzt werden konnten und ein Tilgungsmoratorium verkündet werden mußte. Die Kapitalmärkte und insbesondere die *Rating*-Agenturen, deren Aufgabe ja in der regelmäßigen Bonitätsprüfung von Schuldnern besteht, übten offenbar ihre Kontrollfunktion nicht genügend oder rechtzeitig aus.

Die amerikanische Bundesregierung hat sich in solchen Fällen stets geweigert helfend einzuspringen. Dies ist ein wichtiges Signal an die Märkte, denn nur bei Ausschluß zwischenstaatlicher Haftung für finanzielle Verpflichtungen anderer Gebietskörperschaften (kein *bail out*) kann ineffizientes *moral hazard*-Verhalten unterbunden werden. Im Falle der USA ist dies durch das Verhalten der Zentralregierung vollständig und glaubwürdig gelungen. Bedenkt man die angesichts des Fehlens koordinierender Institutionen geringe Zahl an Forderungsausfällen öffentlicher Schuldner, so unterstreicht das deutlich die disziplinierende Wirkung der Kapitalmärkte auf das Verhalten der subnationalen Regierungen bzw. Parlamente.

Auf die EU ist das amerikanische (Nicht-)Koordinierungskonzept jedoch nur bedingt übertragbar. Es gibt gewichtige Gründe, warum hier das *no bail out* (gesetzlich verankert in Art. 104b EU-Vertrag) für die geplante Währungsunion nicht vollständig glaubwürdig sein wird. Solange keine Politische Union in Europa verwirklicht ist, dürfte der Boykott von Gemeinschaftspolitiken - wie kürzlich von Großbritannien betrieben - oder die Drohung mit dem Austritt aus der Währungsunion eine gewisse Wirkung hinsichtlich finanzieller Zugeständnisse haben. Insbesondere die größeren EU-Staaten sind in ihrer relativen ökonomischen Bedeutung zu wichtig, als daß die Mitglieder der Währungsunion die Rückwirkungen einer Finanzkrise in einem Land ignorieren könnten.

Trotz allem können aus der New Yorker Schuldenkrise interessante Einsichten für die EU gewonnen werden (Bishop, Damrau und Miller 1989): Transparenz der Budgets ist eine Grundvoraussetzung dafür, daß die Kapitalmärkte ihren disziplinierenden Einfluß entfalten können. Die Stadt New York hatte einen beträchtlichen Teil ihrer Schulden in Nebenhaushalten versteckt. Selbst die Option strikter Dezentralität bzw. Subsidiarität im Bereich der Budgetkoordinierung bedarf also der Setzung gemeinsamer Regeln für vergleichbare und aussagekräftige Budgetinformationen.

5 Konsequenzen und Alternativen für die institutionelle Fiskalkoordinierung in der EU

5.1 Die Diskussion um den „Stabilitätspakt"

Ende 1995 schlug der deutsche Finanzminister dem ECOFIN-Rat einen „Stabilitätspakt" zur Haushaltsdisziplin vor. Unterstützung fand er beim Sachverständigenrat für die Begutachtung der gesamtwirtschaftlichen Entwicklung, der in seinem Jahresgutachten 1995/96 die zentrale Bedeutung eines „haushaltspolitischen Paktes" mit einem verläßlichen Sanktionsmechanismus für die Funktionstüchtigkeit der Währungsunion postulierte (Sachverständigenrat 1995, 255).

Der Stabilitätspakt, im Grunde eine Konkretisierung von Art 104c, Absatz 11 EU-Vertrag, beinhaltet die Selbstverpflichtung der Teilnehmerstaaten auf einen Mechanismus, der bei Überschreiten einer Defizitgrenze finanzielle Sanktionen vorsieht. Bei der Europäischen Zentralbank soll eine unverzinsliche Einlage hinterlegt werden, die 0,25% des BIP pro angefangenem Prozentpunkt, um den die Defizitgrenze überschritten wird, beträgt. Die Einlage würde in eine Geldbuße umgewandelt, wenn nach zwei Jahren die Defizitgrenze immer noch überschritten wird. Die Defizitgrenze sollte unter „normalen" Umständen 1% des BIP betragen und auch in konjunkturell ungünstigen Jahren 3% nicht übersteigen.

Die Position der Kommission weicht davon etwas ab (Stand Ende 1996). Sie schlägt bei Verletzung der Defizitgrenze eine Zwangseinlage von mindestens 0,2% des BIP plus einem Zehntel der Differenz zwischen Jahresdefizit und dem Richtwert von drei Prozent des BIP (höchstens aber 0,5% des BIP) vor. Sanktionen erfolgen erst dann, wenn die auf die Feststellung eines übermäßigen Defizits im vorangegangenen Jahr bei einem Mitgliedstaat folgenden Empfehlungen des Rates zum Defizitabbau nicht befolgt wurden und ein erneuter Beschluß ergeht.

Ungeklärt ist bislang die Verwendung der Geldbußen. Eine Abführung an den Haushalt der EU würde bei gegebenem Finanzbedarf automatisch die Beiträge aller Mitgliedstaaten reduzieren. Das impliziert einen zusätzlichen politischen Druck, wenn die Umverteilung zugunsten der anderen Länder öffentliche Ressentiments im bestraften Land zur Folge hätte.

Eine institutionelle Regelung zur Einhaltung von Fiskaldisziplin, die eine gegenseitige Verhängung von Geldbußen als Kernpunkt beinhaltet, ist nicht glaubwürdig. Bestrafungen nach Buchhalterart sind in einer Währungsunion zwischen selbständig bleibenden Nationalstaaten mangels einer entsprechenden Instanz zu ihrer Durchsetzung nicht sinnvoll.[9] Es existiert lediglich das Drohpotential wirtschaftlicher Sanktionen, und dieses dürfte von der Drohung des zu bestrafenden Landes mit einem Austritt aus der Union, der diese in ihrem Fortbestand insgesamt gefährden würde, neutralisiert werden. Zudem läge es im gemeinsamen Interesse der Entscheider (des ECOFIN-Rates), von Ausnahmeregelungen, die auch im „Stabilitätspakt" vorgesehen sind, großzügig Gebrauch zu machen, da jede Regierung einmal in diese Verlegenheit kommen könnte und so davon profitierte. „Automatische Sanktionen" *ex post* lassen sich, unabhängig von der gewählten vertraglichen Formulierung, nicht absolut verbindlich etablieren. Die Fixierung der regierenden Politiker auf diesen Sanktionen weckt den Verdacht, daß damit kein effektiver Versuch der Defizitbegrenzung in der dritten Stufe der Währungsunion angestrebt wird, sondern daß auf diese Weise den Widerständen in den Mitgliedsländern, insbesondere im Hartwährungsland Deutschland, gegen den Eintritt in die dritte Stufe entgegengewirkt werden soll.

Wir wollen im folgenden daher zwei Optionen skizzieren, die unserer Auffassung nach besser geeignet wären, im Sinne eines anreizkompatiblen Mechanismus auf eine Schuldenbegrenzung hinzuwirken. Die kurz- bis mittelfristige Option versucht, den Stabilitätspakt realitätsnäher zu gestalten; die mittel- bis langfristige Option nimmt eine grundsätzlichere Haltung im Hinblick auf die Konsolidierung öffentlicher Budgets in Europa ein.

5.2 Die kurz- bis mittelfristige Option: Der „Stabilitätsfonds"

Die kurz- bis mittelfristige Option ist sowohl für die Einhaltung der Defizitkriterien in der EU als auch für eine Anwendung innerhalb der Bundesrepublik Deutschland selbst geeignet, wo ja - besonders seit der Wiedervereinigung - ebenfalls erheblicher Bedarf an Koordinierung der Staatsverschuldung innerhalb der Föderation besteht. Wir schlagen vor, daß alle Mitgliedstaaten der Währungsunion zu Beginn eines Jahres Beiträge in einen „Stabilitätsfonds" leisten, die als „Sicherheit" dafür dienen, daß die Defizitgrenzen eingehalten werden. Geeignet wäre dazu ein bestimmter Prozentsatz des nationalen Umsatzsteueraufkommens des Vorjahres, da hier die Bemessungsgrundlage harmonisiert ist. Nach Abschluß eines Haushaltsjahres und Bekanntgabe der Rechnungsergebnisse, entscheidet der ECOFIN-Rat unter Berücksichtigung der wirtschaftlichen Gesamtlage, ob die Einlagen zurückgezahlt werden.[10]

Politisch delikat bleibt freilich die Frage, was mit nicht zurückerstatteten Fondsbeiträgen geschehen sollte. Durchsetzbar wäre vielleicht eine Regelung, die dem Zahlerland das Eigentumsrecht an der Einlage grundsätzlich beläßt, aber die Verfügbarkeit der Mittel auf bestimmte Verwendungen beschränkt - etwa auf die Reduzierung des Nettoschuldenstandes. Dies würde freilich den Anreiz vermindern, die Verschuldung aus eigenen Anstrengungen zu reduzieren, solange hierzu Mittel aus der Reserve des Stabilitätsfonds zur Verfügung stehen. Wünschenswert wäre daher eine Regelung, wonach Mittel nach einer bestimmten Zeit effektiv der Gemeinschaft zufallen, zumindest zu einem bestimmten Teil, nachdem sich gezeigt hat, daß ein Mitgliedsland zur Selbstdisziplinierung unfähig ist. Die Maßstäbe hierfür müßten jedoch sehr streng gefaßt werden, so daß für die Gemeinschaft kein Begründungsdefizit gegenüber den Bürgern des betroffenen Landes besteht und die Politikverfehlung eindeutig zugewiesen werden kann.

Ein solcher Stabilitätsfonds hätte zwei Vorteile: Bei der Haushaltsplanung würde die Abführung in den Stabilitätsfonds eine zusätzliche Restriktion auf die Ausgaben ausüben, sie wirkte demnach wie eine globale Minderausgabe. Die Nichtrückzahlung der Einlage würde in der Öffentlichkeit nicht die gleiche diskreditierende Wirkung wie eine Geldbuße haben, würde aber dennoch die betroffene Regierung zwingen, sich gegenüber ihren Wählern zu erklären.

Ganz analog könnte die Aufteilung der deutschen Verschuldungsquote auf den Bund und die Ländergesamtheit sowie zwischen den Bundesländern institutionalisiert werden. Auch hierzu muß kein neues Gremium geschaffen werden. Der Finanzplanungsrat könnte als Koordinierungsgremium dienen. Die Kompetenzverteilung wäre aber - im Gegensatz zur EU-Ebene - asymmetrisch. Da die Bundesregierung für die Einhaltung der Grenzwerte des Gesamtstaates allein verantwortlich ist, muß ihr die Möglichkeit eingeräumt werden, ggf. auf Kosten der Länder und Gemeinden über den deutschen Stabilitätsfonds zu verfügen.

Um das „Umgehungsinstrument" Ausnahmeregelung partiell auszuschalten, könnten Defizitgrenzen endogenisiert werden, indem sie zum Beispiel an das Wachstum des Sozialprodukts gekoppelt werden. Etwa im Sinne eines

Konzepts des „konjunkturbereinigten Haushalts“ müßten bei starkem BIP-Wachstum Haushaltsüberschüsse erzielt werden, bei moderatem Wachstum müßte der Haushalt ohne Kreditfinanzierung auskommen und nur bei schwachem Wachstum (bzw. Stagnation oder Rückgang) wären Haushaltsdefizite erlaubt.[11] Damit würde dem Umstand Rechnung getragen, daß die Defizitquote bei unerwartet ungünstiger konjunktureller Entwicklung durch das Wirken automatischer Stabilisatoren (höhere Sozialtransfers, niedrigere Steuereinnahmen) ungeplant in die Höhe schnellen kann. Prognosefehler würden dann nicht zu Situationen führen, in denen unter starkem politischem Druck diskretionäre Entscheidungen über Ausnahmen von einer starren Defizitregel getroffen werden müßten. Gleichzeitig würden asymmetrische wirtschaftliche Entwicklungen in den Mitgliedstaaten bzw. -Regionen berücksichtigt. Es bestünde kein strategischer Anreiz mehr für zu optimistische Prognosen des BIP.

5.3 Die mittel- bis langfristige Option: Die EU als Problemlösungsgemeinschaft

Angesichts der in der Einleitung genannten strukturellen Gemeinsamkeiten und der mit der Währungsunion zunehmenden politischen und wirtschaftlichen Integration liegt es nahe, die EU für den Bereich der Fiskaldisziplin als „Problemlösungsgemeinschaft“ zu konstituieren.

Hagen und Harden (1994) haben hierzu die Errichtung unabhängiger nationaler Schuldenbehörden vorgeschlagen, dezentral wirkende Koordinierungsinstitutionen, die zwischenstaatliche Koordinierung überflüssig machen würden. Die auf den ersten Blick naheliegende Analogie zur Einhaltung monetärer Disziplin durch eine unabhängige Notenbank trägt aber nicht weit. Im einen Fall wird der Regierung bzw. dem sie stützenden demokratischen Souverän lediglich die Zahl der Finanzierungsinstrumente beschnitten (Seignorage-Einnahmen, Verkauf staatlicher Schuldtitel an die Notenbank), während die nationale Schuldenbehörde den Umfang der Finanzierung selbst bestimmen müßte.

Kernkompetenzen und kurzfristige diskretionäre Entscheidungen können jedoch nicht aus den Händen des demokratischen Souveräns bzw. der nationalen Regierungen gegeben werden. Hier muß eine wünschenswerte Verbindlichkeit notgedrungen hinter der politischen Flexibilität zurücktreten, die mit zwischenstaatlichen Koordinierungsgremien, wie dem Ministerrat der

EU, verbunden ist. Denkbar wären auch Einigungen auf EU-Ebene über die Einführung von Verschuldungsgrenzen in den nationalen Verfassungen. Ein Konsens über das Ausmaß dieser Grenze dürfte jedoch nur schwer zu erreichen sein.

Langfristige Perspektiven und Reformkonzepte sollten daher von unabhängigen Institutionen entwickelt werden. Um politische Wirksamkeit zu entfalten, bedarf es eines entsprechenden politischen Auftrags und eines verbindlichen Zeitrahmens zur Umsetzung der Vorschläge in nationales Recht. Der Vergleich zwischen unabhängigen Expertengremien in Australien und dem einflußlosen Sachverständigenrat in Deutschland macht dies deutlich. Eine Richtlinienkompetenz der Europäischen Kommission für die Koordinierung von Budgetinstitutionen ist dagegen mit Rücksicht auf das Subsidiaritätsprinzip abzulehnen.

Ein solches unabhängiges Gremium, zusammengesetzt aus Wissenschaftlern und nicht direkt in Regierungsverantwortung stehenden Politikern und Bürokraten, müßte sich primär mit Budgetinstitutionen beschäftigten, die die Transparenz öffentlicher Haushalte gewährleisten. Darunter fallen Aspekte des öffentlichen Rechnungswesens, der Abgrenzung des Rechnungslegungskreises und der Darstellungsweise und der Publizierungspflicht von Haushaltsdokumenten. Die Harmonisierungsfrage betrifft Unterschiede zwischen den Mitgliedstaaten vor allem aber Mängel, die sich in der Budgetdarstellung aller nationalen Haushalte wiederfinden. Zu nennen sind vor allem die Verbuchung bereits bestehender, aber erst zukünftig kassenwirksam werdender Verbindlichkeiten (etwa Pensionen).

Die Reichweite eines Entwurfs für ein mögliches europäisches Haushaltsgrundsätzegesetz, der auf die Koordinierungserfahrungen zwischen Bund und Ländern in Deutschland zurückgreifen kann, muß zum jetzigen Zeitpunkt offenbleiben. Eine weitgehende Angleichung des Haushaltsprozesses in den Mitgliedstaaten stößt noch auf Schwierigkeiten. Berührt man die Beschlußverfahren für die nationalen Haushaltsgesetze, so ist sofort das parlamentarische und juristische System insgesamt herausgefordert. Bei den fundamentalen Unterschieden, die z.B. zwischen den Budgetprozessen in Großbritannien, Frankreich und Deutschland bestehen, scheint eine prozeßorientierte Koordinierung gegenüber einer objektorientierten Koordinierung in pragmatischer Sicht unterlegen zu sein.

Gleichzeitig ist ein Wettbewerb der Budgetinstitutionen möglich und wünschenswert, wie die Föderationen Australiens, der USA und auch Kanadas demonstrieren. Systemwettbewerb als Entdeckungsverfahren ermöglicht Experimente und Innovationen bei der Produktion öffentlicher Güter. Bezüglich der Einhaltung von fiskalischer Disziplin mögen einzelne Staaten oder Regionen erfolgreicher sein und dann über einen Demonstrationseffekt Nachahmer finden. Zu denken ist an Verfahren der Output*messung, der Globalbudgetierung, kurz des gesamten Spektrums des Public Management. Dies wäre ein wichtiger Schritt in die richtige Richtung, der dann weitere Maßnahmen zur Budgetkoordinierung folgen könnten, die mit dem Prinzip der Subsidiarität vereinbar wären, zugleich aber auch die fiskalische Disziplin im Sinne einer längerfristigen Sicherung öffentlicher Funktionen in Europa befördern helfen.

Anmerkungen

1 In der Begrifflichkeit der Neuen Institutionenökonomik ist die geplante Europäische Währungsunion ein relationaler Vertrag zwischen den unterzeichnenden Staaten (Richter 1994, 42). Kennzeichnend sind spezifische Investitionen, Unsicherheit über die Zukunft und Dauerhaftigkeit der geplanten Beziehungen.

2 Andere mögliche Garantieinstrumente scheiden im Kontext der EU aus. So sind *tit for tat*-Strategien angesichts der Verflechtung der Volkswirtschaften nicht glaubwürdig.

3 Quelle: OECD Economic Outlook 58 (Dez. 1995), Tabellen 28 und 34.

4 International nimmt Neuseeland in diesem Bereich eine Vorreiterrolle ein.

5 In diesem Zusammenhang ist von Interesse, daß im kanadischen Bundesstaat ähnliche Entwicklungen wie in der australischen Föderation zu beobachten sind: Die Provinz Alberta hat 1995 einen *Balanced Budget and Debt Retirement Act* beschlossen, der die Tilgung der Nettostaatsschuld innerhalb von 25 Jahren vorschreibt.

6 Wiederum muß Neuseeland als Vorreiter auf dem Gebiet der Implementierung von Leistungsindikatoren und der Stärkung der Verantwortlichkeit von politischen Entscheidungsträgern und Bürokraten genannt werden.

7 Argumentiert wurde unter anderem damit, daß die Nichtberücksichtigung von Kostenvorteilen der ostdeutschen Länder (auf Jahre hinaus niedrigere Tariflöhne) zu einer finanziellen Überversorgung und damit zur Konservierung ineffizienter Strukturen im öffentlichen Bereich beitragen würde, eine Befürchtung, die sich leider zu bewahrheiten scheint und die durch die *bailout*-Wirkungen bestimmter Bundesergänzungszuweisungen noch verstärkt wird.

8 Der Verantwortlichkeit für grundlegende Entscheidungen dürfen sich die Regierungsmitglieder als Agenten des demokratischen *Prinzipals* aber nicht entziehen; siehe unten unter 5.3.

9 So auch der niederländische Zentralbankchef Wim Duisenberg, zukünftiger Präsident des Europäischen Währungsinstitutes (o.V. 1996).

10 Denkbar wäre auch, daß der Stabilitätsfonds Einlagen über mehrere Jahre akkumulieren könnte. Dann stünden Mittel zur Verfügung, um in konjunkturellen Schwächepha-

sen extreme Budgetreaktionen hinsichtlich prozyklisch wirkender Steuererhöhungen und/oder Ausgabenkürzungen zu vermeiden.

11 Dieses Verfahren wurde für die Schweiz von einer Kommission, besetzt mit Vertretern der Bundesregierung und der Kantone, vorgeschlagen. Der Hinweis ist Gandenberger (1996, 55) entnommen.

Literatur

Advisory Commission on Intergovernmental Relations (ACIR). 1987. *Fiscal Discipline in the Federal System: National Reform and the Experience of the States*. Washington.

Buchanan, James und Richard Wagner. 1977. *Democracy in Deficit - The Political Legacy of Lord Keynes*. New York u.a.: Academic Press.

—. 1985. „The Moral Dimension of Deficit Financing". In *Economic Inquiry* 23: 1-6.

Bishop, Graham, Dirk Damrau und Michelle Miller. 1989. „1992 and Beyond - Market Discipline CAN Work". *In The EC Monetary Union*. New York: Salomon Brothers Inc.

Chang, Roberto. 1990. „International Coordination of Fiscal Deficits". In *Journal of Monetary Economics* 25: 347-66.

Commonwealth Grants Commission. 1983. *Equality in Diversity: Fifty Years of the Commonwealth Grants Commission*. Canberra: Australian Government Publishing Service.

Commonwealth of Australia. 1994. *Commonwealth Financial Relations With Other Levels of Government 1994-95, Budget Paper* No. 3. Canberra: Australien Government Publishing Service.

Davis, Lance E. und Douglass C. North. 1971. *Institutional Change and American Economic Growth*. Cambridge: Cambridge University Press.

Dluhosch, Barbara. 1993. *Strategische Fiskalpolitik in offenen Volkswirtschaften*. Diss. Köln.

English, William B. 1996. „Understanding the Costs of Sovereign Default: American State Debts in the 1840s". In *American Economic Review* 86: 259-75.

Föttinger, Wolfgang und Paul Bernd Spahn. 1993. „Für einen kostenorientierten Länderfinanzausgleich". In *Wirtschaftsdienst* 73, 5: 237-46.

Gandenberger, Otto. 1996. „Coordination of Macroeconomic Policy and Fiscal Decentralization - A European Perspective". *Bericht für Comisión Económica para América Latina y Caribe (CEPAL)*, Santiago de Chile und Eschborn: Gesellschaft für Technische Zusammenarbeit (GTZ).

Hagen von, Jürgen und Ian J. Harden. 1994. „National Budget Processes and Fiscal Performance". In *European Economy - Towards Greater Fiscal Discipline*, No. 3: 311-418.

— und Ian J. Harden. 1996. „Die Europäische Verfassung und die Staatsfinanzen der Mitgliedsländer". In *Das Europäische Mehrebenensystem;* hrsgg. von Thomas König, Elmar Rieger und Hermann Schmitt. Frankfurt/M., New York: Campus (Mannheimer Jahrbuch für Europäische Sozialforschung 1): 228-50.

James, Denis W. 1992. *Intergovernmental Financial Relations in Australia*. Sidney: Australien Tax Research Foundation.

Mathews, Russell. 1984. „The Australian Loan Council: Co-ordination of Public Debt Policies in a Federation". In *Public Finance and Public Debt - Proceedings of the 40th Congress of the International Institute of Public Finance, Innsbruck,* hrsgg. von Bernard Herber. Detroit: Wayne State University, 307-19.

o.V. 1996. „Duisenberg ruft zu strenger Auslegung der Maastrichter Kriterien auf". In *Frankfurter Allgemeine Zeitung,* 31.10.

Poterba, James M. 1996. „Budget Institutions and Fiscal Policy in the U.S. States". In *American Economic Review* 86: 395-400.

Richter, Rudolf. 1994. *Institutionen ökonomisch analysiert.* Tübingen: Mohr.

Sachverständigenrat zur Begutachtung der gesamtwirtschaftlichen Entwicklung. 1995. *Jahresgutachten 1995/96.* Stuttgart: Metzler-Poeschel.

Spahn, Paul Bernd. 1996. „Coordination, Cooperation and Control Within Decentralized Fiscal Systems". *Bericht für Comisión Económica para América Latina y Caribe (CEPAL).* Santiago de Chile und Eschborn: Gesellschaft für Technische Zusammenarbeit (GTZ).

Tabellini, Guido. 1990. „Domestic Politics and the International Coordination of Fiscal Policies". In *Journal of International Economics* 28: 245-65.

Williamson, Oliver E. 1990. *Die ökonomischen Institutionen des Kapitalismus.* Aus dem Amerikanischen übersetzt von M. Streissler. Tübingen: Mohr.

Dritter Teil

Institutionenpolitik im Mehrebenensystem

Gerald Schneider

Auswege aus der Verflechtungsfalle?
Eine Analyse der wichtigsten Reformoptionen

You can't make an omlette without breaking eggs.
Englisches Sprichwort

1 Einleitung[1]

Es gehört zu den Eigentümlichkeiten der Theorie der regionalen Integration, daß die wichtigsten Innovationen oft ein wenig aus dem zeitlichen Rahmen fallen. So veröffentlichten Lindberg (1963) oder auch Haas (1965) ihre Präzisierungen zum Neofunktionalismus gerade in jenem Moment, als Präsident de Gaulle zur Blockade des europäischen Integrationsprozesses ansetzte und über wiederholte Vetodrohungen den Glauben an ein supranationales Europa nachhaltig erschütterte. Zur Kategorie der „unzeitgemäßen Betrachtungen" gehört aber auch der gewichtigste intergouvernementalistische Beitrag der letzten Jahrzehnte, nämlich Fritz Scharpfs (1985, 1988) pessimistische Einschätzung, daß die Europäische Union in einer Verflechtungsfalle stecke und deshalb reformunfähig sei.

Scharpfs Artikel wurden zu einem Zeitpunkt publiziert, als sich die EU zur Selbsterneuerung anschickte. Die fundamentalen Reformwerke der letzten Dekade - das Binnenmarktprogramm, die Einheitliche Europäische Akte und zuletzt der Maastrichter Vertrag - schienen den intergouvernementalistischen Pessimismus zunächst Lügen zu strafen. Doch zwölf Jahre nach seiner Veröffentlichung ist der Scharpfsche Analyseraster wieder brandaktuell. Die Situation gleicht der pessimistischen Einschätzung anfangs der achtziger Jahre, als das Gespenst der „Eurosklerose" umging und eine tiefgreifende Wirtschaftskrise die Union erschütterte. Auch heute ist fast nirgendwo Integrationsenthusiasmus zu verspüren. Im Gegenteil, es scheint, als ob der Integrationsprozeß in der zweiten Hälfte der neunziger Jahre wiederum ins Stocken, wenn nicht sogar in eine Sackgasse geraten ist - in eine Politikverflechtungsfalle eben.

Das fundamentale Reformdilemma der Europäischen Union ist nach Scharpf (1985, 1988) auf eine Pathologie des Föderalismus zurückzuführen: Obwohl die Organisation tendenziell nur suboptimale Verhandlungsergebnisse schaffe, nütze die ineffiziente Zusammenarbeit immer einem Mitglied. Solange sich der einzelne Profiteur an die ihm lieb gewordene Politik klammere, sei eine Verbesserung der Situation, eine institutionelle Selbsterneuerung, ausgeschlossen. Ein wesentlicher Grund für die Stagnation im Integrationsprozeß bildet deshalb laut Scharpf das Einstimmigkeitsprinzip, auf dem jede grundlegende Entscheidung beruht. Diese Abstimmungsregel verleihe jedem Staat ein Vetorecht und verhindere Reformen, die den Interessen eines einzelnen Mitgliedstaates zuwiderliefen.

In diesem Aufsatz untersuche ich, ob dieses Reformdilemma tatsächlich besteht. Zusätzlich werde ich mit Hilfe von spieltheoretisch inspirierten Überlegungen verschiedene Lösungswege analysieren. Zuvor biete ich eine Einführung in die aktuelle Theoriediskussion und umreiße den *Rational Choice*-Ansatz in den Integrationsstudien.

2 Der Mehrebenenansatz und die Theorie der strategischen Integration

In den letzten Jahren ist die Einsicht gereift, daß das herkömmliche Hin und Her zwischen Verfechtern besonders pointierter Theorieansätze zwar wichtige heuristische Orientierungspunkte liefert, sich aber für die weiterführende Analyse wenig eignet. Deshalb überrascht es kaum, daß sich in der Literatur immer mehr Synthesen durchsetzen, die wesentliche Elemente der theoretischen Extreme vereinen, des Neofunktionalismus auf der liberalistischen und des Intergouvernementalismus auf der realistischen Seite.[2] Eine dieser neueren Synthesen stellt in einem gewissen Sinne der Mehrebenenansatz dar (z.B. Marks et al. 1996a, b; König, Rieger und Schmitt 1996). Im Rahmen dieses immer noch sehr disparaten Theoriestranges wird darauf verwiesen, daß besonders der Intergouvernementalismus der Komplexität des Integrationsprozesses nicht gerecht werde. So beschränke sich besonders die realistische Spielart der Integrationstheorien darauf, den Prozeß der europäischen Integration auf eine Abfolge von Haupt- und Staatsaktionen zu reduzieren. Unbeachtet bleibe hingegen, daß beispielsweise auch trans- und subnationale Akteure zunehmend an Gewicht gewännen.

In der Kritik des Mehrebenenansatzes an den herkömmlichen Integrationstheorien, besonders an einem auf die Gipfeltreffen des Europäischen Rates oder die Sitzungen des Ministerrates fixierten Intergouvernementalismus, eröffnen sich interessante Überschneidungen mit den neueren spieltheoretischen Arbeiten zur europäischen Integration. Diese Studien wenden sich explizit gegen eine Fokussierung auf einzelne EU-Organe und beschäftigen sich mit den vielfältigen Formen, welche die Machtteilung innerhalb der Europäischen Union in der letzten Dekade angenommen hat. Eine Reihe von Autoren (Crombez 1996; 1997; Garrett und Tsebelis 1996; Moser 1996a, b; Schneider 1995; Tsebelis 1994/5; 1997; Steunenberg 1994; 1997; Steunenberg, Koboldt und Schmidtchen 1996; 1997) haben gezeigt, daß sich die Formen der Machtteilung in der EU immer mehr ausdifferenzieren und Entscheidungsprozesse letztlich nur als Zusammenwirken unterschiedlicher EU-Organe und anderer, vorab nationalstaatlicher Akteure verstanden werden können.

Die Grundannahme dieser Studien besteht darin, daß die Akteure ihre Handlungen und Realitätseinschätzungen den komplexen Verflechtungsformen anpassen. Deshalb hat sich die EU in dieser Perspektive zu einem stark vernetzten politischen System gewandelt - zu einem Mehrebenengebilde, wie es von den größtenteils induktivistisch orientierten Kritikern des Intergouvernementalismus beschrieben wird. Weil der kleinste gemeinsame Nenner der spieltheoretischen Ansätze wohl in der Annahme der strategischen Interdependenz besteht, bezeichne ich den neuen Ansatz als die Theorie der strategischen Integration (Moser, Schneider und Kirchgässner 1997; Schneider 1998; Schneider, Weitsman und Bernauer 1995).

Die spieltheoretische Analyse in der Theorie der regionalen Integration hat eine längere Tradition, als man zunächst glauben würde. Bereits in den siebziger Jahren versuchten verschiedene Forscher, mit Hilfe sogenannter Machtindizes die *a priori* Entscheidungsmacht einzelner Mitgliedstaaten zu bestimmen (z.B. Brams und Affuso 1976; Holler und Kellermann 1978; Johnston 1977). Diese Studien bezogen sich auf den Ministerrat oder das Europäische Parlament, also auf jene Gremien, in denen die Mitgliedstaaten unterschiedliches Stimmengewicht besitzen. Die Machtindex-Analyse ermittelt dabei aufgrund von vorgegebenen Formeln die relative Zahl der Fälle, in denen ein Akteur mit seiner Stimme eine unterlegene Koalition in eine Gewinnkoalition unterschiedlichster Definition verwandeln kann. Schon in den siebziger Jahren konnte damit auf die Problematik des gewichteten Stimmens im Ministerrat hingewiesen werden. So verstärkt sich unter Umständen etwa der disproportionale Einfluß von kleinen Mitgliedstaaten, weil zwischen der Zahl der Stimmengewichte und der Koalitionsmacht eines Akteurs eine nichtlineare Beziehung herrscht. Ein kritischer Punkt dieser Modelle besteht jedoch darin, daß die Nichtberücksichtigung der Akteurspräferenzen zu einer übermäßigen Gewichtung extremistischer Mitgliedstaaten führt (Garrett und Tsebelis 1996).

Unterschiedliche Interessen sind der Grundstein zu den räumlichen Präferenzmodellen, die seit Mitte der neunziger Jahre nach ihrer erfolgreichen Erprobung in Studien zum amerikanischen Kongreß auch die Theorie der regionalen Integration erreicht haben. Diese Spielart der formalen Theorie eignet sich besonders, um die Wirkungen unterschiedlicher Verfahren auf das politische Verhalten zu erfassen. Die grundlegende Fragestellung besteht dabei darin, den Einfluß einzelner Akteure auf politische Entscheidungsprozesse innerhalb eines festgefügten Rahmens zu bestimmen. Diese Art von Macht wird dabei als die Fähigkeit beschrieben, die Tagesordnung in einem Gremium dominieren zu können (*agenda setting power*). Räumliche Präferenzmodelle berücksichtigen im Vergleich zur Machtindex-Analyse oft auch die unterschiedliche Befähigung der Akteure zu strategischem Handeln. Nicht jede Spielerin ist gleichermaßen geschickt, mit Drohungen oder Versprechungen den Integrationsprozeß in die von ihr gewünschte Richtung zu zwingen. In der Theorie der strategischen Integration muß deshalb der Einsatz solcher Mittel genauer studiert werden.[3]

Vier gemeinsame Merkmale halten die moderne spieltheoretische Forschung in der Theorie der regionalen Integration zusammen. Erstens sind die neuen spieltheoretischen Beiträge institutionalistisch orientiert und untersuchen, wie sich Entscheidungsprozeduren auf die Handlungsmöglichkeiten der Akteure auswirken. So wurde in den letzten Jahren unter anderem gezeigt, wie das Zusammenarbeits- und das Mitentscheidungsverfahren das Verhalten der konkurrierenden EU-Institutionen beeinflussen. Völliger Konsens über diese Wirkungen konnte nicht erzielt werden, wie aus den Kontroversen zwischen George Tsebelis (1996; 1997) und Peter Moser (1996b; 1997) ersichtlich wird.

Ein zweites verbindendes Element besteht in der Perzeption der europäischen Integration als vernetzte Interaktion. Das heißt, daß in dieser Perspektive die Handlungen auf mehreren Interaktionsebenen gleichzeitig für das Gesamtergebnis wichtig sind. Weil das Zusammenwirken der unterschiedlichen Interessen immer bedeutender wird, ist europäische Integration letztlich nur als Mehrebenenspiel deutbar. Ein drittes gemeinsames Merkmal der

Ansätze ergibt sich daraus, daß die Frage der Machtdelegation ernst genommen wird. In den meisten Modellen steht auf irgendeine Weise eine Prinzipal-Agent-Beziehung im Vordergrund des Forschungsinteresses. Prinzipals bilden etwa die Wähler in den Mitgliedstaaten; Agenten sind die Regierungen, die ihrerseits Entscheidungskompetenzen an EU-Organe delegiert haben. Wie die Mikroökonomie in mannigfacher Anwendung gezeigt hat, sind solche Prinzipal-Agent-Beziehungen praktisch nie unproblematisch.

Das führt mich zum vierten gemeinsamen Element, dem Moment der Unsicherheit. In Prinzipal-Agent-Beziehungen sind Ineffizienzen oft die Folge davon, daß ein Agent gewisse Informationsvorteile gegenüber seinem Prinzipal besitzt. So weiß die Regierung eines EU-Mitgliedstaates in den meisten Fällen besser als die Opposition darüber Bescheid, was an einem Treffen des Europäischen Rates ausgehandelt wurde. Dieser Vorteil läßt sich strategisch nutzen, was generell zwei Wirkungen zeitigt. So schaffen Informationsasymmetrien zum einen Anreize zum Lügen. Eine Regierung kann beispielsweise aus wahltaktischen Gründen vorgeben, die ökonomischen Auswirkungen eines zwischenstaatlichen Übereinkommens seien für ihre Wählerschaft positiv, obwohl das Gegenteil der Fall ist. Solche Bluffs führen zum anderen dazu, daß sich die ehrlichen Regierungen von den Lügnern absondern müssen. Wenn nun die Effekte tatsächlich positiv sind, müssen die ehrlichen Exekutiven mit besonderem Nachdruck auf die Wirkungen des Übereinkommens hinweisen.[4]

Das wesentliche Resultat der neuen Generation spieltheoretischer Literatur besteht in der akteurs- und institutionenzentrierten Begründung der Integrationsforschung. Die Zusammenarbeit in der Europäischen Union wird letztlich als kollektive Anstrengung erfahren, die nur unter bestimmten Umständen Erfolg hat. Es gehört zu den Vorzügen der Spieltheorie, die Transition von individuellen zu kollektiven Entscheidungen zu problematisieren. Dies steht im Gegensatz zur traditionellen Forschung, wo ausschließlich strukturelle Verwerfungen oder historische Einzelfiguren wie Präsident de Gaulle als Triebkräfte oder Hemmnisse der Integration identifiziert werden (Scharpf 1988).

Grenzen bestehen insofern, als nicht jede spieltheoretische Anwendung den allgemeinen Problemen der Spieltheorie ausweichen kann. Die größte Schwierigkeit liegt in der Vieldeutigkeit der Aussagen. Gerade wenn die Akteure probabilistisch zwischen verschiedenen Strategien wählen (d.h. eine gemischte Strategie einschlagen), wird praktisch jede erdenkliche Lösung möglich. Auch bei wiederholten Spielen kann sich jedes Ergebnis einstellen, wie die von Axelrod popularisierten Folktheoreme zeigen.[5] Trotzdem glaube ich, daß die Spieltheorie als analytische Methode einiges zur Erforschung der Europäischen Union beitragen kann, solange sich die wissenschaftliche Fragestellung an den politischen Problemen orientiert - und nicht etwa umgekehrt.

3 Entscheidungsregeln und das Reformproblem in der Europäischen Union

Die Theorie der strategischen Integration läßt sich auch zur genaueren Untersuchung des Reformdilemmas der Europäischen Union verwenden. Räumliche Präferenzmodelle helfen dabei besonders, die Wirkungen unterschiedlicher Reformoptionen zu erfassen. Der Einfachheit halber gehe ich von der Annahme aus, daß nur drei Staaten oder Staatengruppen über die Zukunft der EU entscheiden - etwa die drei Vormächte Deutschland, Frankreich und Großbritannien. Ferner beschränke ich die Zahl der umstrittenen Themen („Dimensionen") auf zwei, eine Liberalisierungs- und eine Integrationsdimension. In Abbildung 1 sind entsprechend zwei Issueachsen und die bevorzugten Positionen der Akteure („Idealpunkte") eingetragen. Ich setze voraus, daß die Akteure zu einer Reform bereit sind, wenn sie gemeinsam eine Region identifizieren können, die für alle Beteiligten Verbesserungen gegenüber dem Status quo darstellt.

Der Reformprozeß beginnt mit dem Status quo von 1980, als Maggie Thatcher Europa mit ihrem Schlachtruf *We want our money back* erschütterte. 1984 einigte sich die EU wider Erwarten auf ein Paket, das eine Vertiefung der Integration über die Einheitliche Europäische Akte und auch eine Liberalisierung der europäischen Politik über das Binnenmarktprogramm brachte. Ein ähnlich gelagerter Reformschritt erfolgte 1991 mit dem Maastrichter Vertrag.

Die Graphik zeigt, daß Reformen nur solange möglich sind, als sich die Staaten außerhalb der sogenannten Pareto-Menge befinden (dem Dreieck, das die Idealpunkte der drei Staaten miteinander verbindet und die jene Lösungen umfaßt, die gesellschaftlich optimal sind). Wenn die Aushandlungen zu einem bestimmten Zeitpunkt zu einer Lösung innerhalb der Pareto-Menge führen, ist bei Einstimmigkeit keine Änderung möglich, da eine gemeinsame Verbesserung blockiert wird. Dies entspricht der Situation, die Fritz Scharpf als Verflechtungsfalle bezeichnet hat.

Abbildung 1: Das Reformpotential in einer Europäischen Union mit drei Staaten

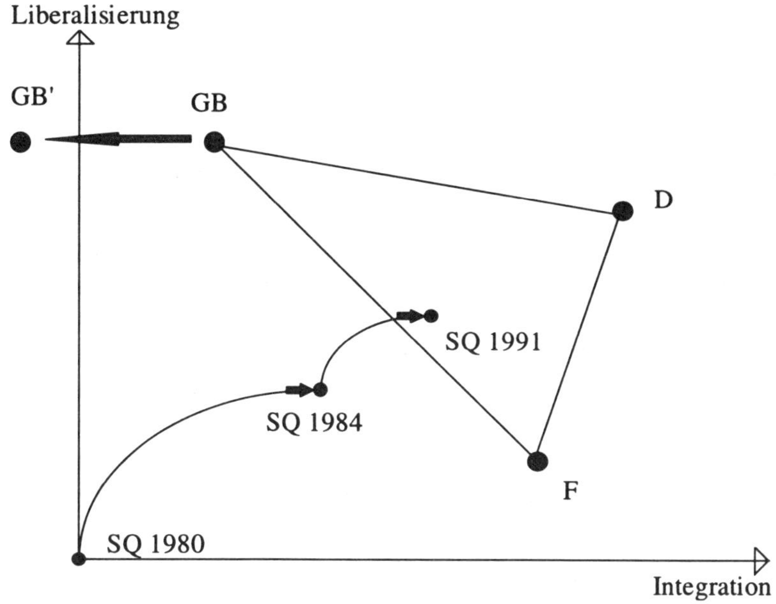

Als zweite Hypothese läßt sich aus dem Schaubild ableiten, daß eine Reform wahrscheinlicher wird, je näher die Präferenzen der Staaten zusammenliegen. Interessenhomogenität unterstützt somit den Integrationsprozeß. Das Resultat scheint trivial, doch gilt es nicht zwangsläufig bei einem qualifizierten Mehrheitserfordernis. Falls der Status quo nicht in der Menge der Paretolösungen liegt, bedeutet ein Übergang zu qualifizierten Mehrheiten, daß die Chance für einen Integrationsfortschritt abnimmt, wenn die Präferenzen nahe beieinander liegen (Schneider 1995). Das ist in der Graphik mit den unterschiedlichen Präferenzen für Großbritannien angedeutet. Wenn eine Verschiebung auf den Idealpunkt GB's stattfindet, schwinden die Chancen dieses störrischen Mitgliedes, auf den Prozeß überhaupt Einfluß zu nehmen. Drittens spielen in diesem einfachen Modell die Distanzen eine große Rolle. Befindet sich der Status quo weit entfernt von den Idealpunkten der Spielerinnen, ist die Pareto-Menge relativ groß. Je näher der Status quo durch

Reformen aber an die Idealpunkte heranrückt, desto kleiner wird sie. Das Reformpotential schrumpft zur Nullmenge, wenn sich der Status quo in der Pareto-Menge befindet. Das bedeutet, Reformen können dann schnell über die Bühne gehen, wenn sich die beteiligten Akteure in ihrer Unzufriedenheit über die gegenwärtige Lage vereint wissen - was in Ost- und Mitteleuropa nach 1989 der Fall war. Doch heute gleicht die EU in konstitutionellen Fragen immer mehr den etablierten Demokratien, wo eine umfassende Neugestaltung der politischen Verhältnisse wegen der relativen Nähe zum *Pareto-Set* wenig Erfolg verspricht. Gerade deshalb wäre es wohl angezeigt, einen permanenten Reformdialog zu führen und die institutionelle Erneuerung schrittweise zu vollziehen.

Die Analyse dieses stilisierten Modells zeigt also, daß Entscheidungsregeln im Reformprozeß größte Bedeutung beizumessen ist. Dies gilt nicht zuletzt deshalb, weil bei der immer noch vorhandenen Dualität verschiedener Entscheidungsregeln (Einstimmigkeit im Europäischen Rat und teilweise qualifizierte Mehrheitsbeschlüsse im Ministerrat), Entscheidungen der einen Instanz gegen Entscheidungen der nächsten Instanz ausgespielt werden können. Das verringert die Chancen zur Reform insofern, als für grundlegende Weichenstellungen wegen der Hierarchie der EU-Organe weiterhin auch dann Einstimmigkeit gelten wird, wenn rein juristisch gesehen auch eine Mehrheitsentscheidung möglich wäre. Grundlegende Reformen sind deshalb wohl nur dann zu erwarten, wenn die Reforminteressen der Mitgliedstaaten nahe beieinander liegen.

Konkret kennen wir so wenig wie die europäischen Regierungen die Entfernung der Europäischen Union zur Pareto-Menge. Anzunehmen ist aber, daß nicht zuletzt aufgrund vergangener Erfolge das Reformpotential begrenzt ist. Die andauernden Erneuerungsbemühungen lassen aber gleichzeitig vermuten, daß die von Scharpf beschworene Unmöglichkeit der Reform nicht in dem extremen Ausmaß gilt, wie es der Ausdruck „Verflechtungsfalle" suggeriert. Es stellt sich nun die Frage, ob es Raum für eine europäische Institutionenpolitik gibt und ob die von Politikern und Akademikern ins Spiel gebrachten Reformrezepte tragfähig sind.

In der Reformdebatte ist ein Wettbewerb zwischen einer Vielzahl von Konzepten zu beobachten. Die Spannweite der Vorschläge reicht vom Subsidiaritätsprinzip über ein Europa der variablen Geometrie bis hin zu *Europe à la carte*. Ich will sechs Vorstöße diskutieren, die in der aktuellen Diskussion zur Institutionenwahl eine Rolle spielen.

Der erste Vorschlag verlangt, gewisse Themen einem bestimmten Abstimmungsmodus zuzuordnen; er stammt unter anderem vom Europäischen Parlament und der unabhängigen *European Constitutional Group*.[6] Vor allem die letztgenannte Gruppierung, ein Zusammenschluß von konservativen Staatswissenschaftlern, beruft sich dabei auf Überlegungen von führenden Public Choice-Vertretern. Nach Buchanan und Tullock wäre Einstimmigkeit etwa bei Entscheidungen zu öffentlichen Gütern angebracht, da eine Übereinkunft letztlich der Wohlfahrt aller Beteiligten dienen sollte. Bei der Lösung von redistributiven Konflikten wären hingegen Mehrheitsbeschlüsse vorzuziehen, wobei zumindest eine Partei als Verliererin feststeht. Auch wenn diese Empfehlung auf den ersten Blick bestechend wirkt, verbirgt sich dahinter eine gewisse Naivität. Nach meinem Dafürhalten sind auch die ausgeklügelsten Zuordnungsmechanismen nicht imstande, Konflikte rein durch eine Etikettierung als „Mehrheits-" oder „Einstimmigkeitsentscheidungen" aus der Welt zu schaffen: Überlagern sich wie in der EU verschiedene Abstimmungsregeln, wird der Unterlegene nach einem Mehrheitsbeschluß einen einstimmigen Entscheid zu seinen Gunsten durchzusetzen versuchen, wie es die britische Blockadehaltung nach den für die konservative Regierung negativen BSE-Beschlüssen jüngst illustriert hat. So torpedierte John Major die anfängliche Niederlage seines Landes, indem er ein Junktim der Beschlüsse gegen den Rinderwahnsinn mit Politikbereichen schuf, wo Großbritannien weiterhin ein Vetorecht besaß.

Als zweites Reformrezept wird die Erweiterung propagiert. Demnach existierten in einer größeren Organisation vermehrt Koalitionsmöglichkeiten, von denen letztlich auch der Integrationsprozeß profitieren könnte. Vergessen wird, daß auch Erweiterungen ihren Preis haben. So ist zu erwarten, daß die Instabilität der Entscheidungen mit der Anzahl der EU-Mitgliedsländer steigt. Es ist ein triviales, aber fundamentales Resultat der nicht-kooperativen Spieltheorie, daß die Menge stabiler Entscheidungen mit der Größe eines Entscheidungsorgans schrumpft (Köhler 1990). Zudem bleibt unberücksichtigt, daß sich die Effekte der Integration immer mehr von Kollektiv- zu

Clubgütern wandeln. Während eine Vertiefung oder eine Erweiterung in der Frühphase der Union auf unproblematische Weise zunächst allen EU-Mitglied- und -Anrainerstaaten Nutzen brachte, wandelt sich die EU immer mehr zu einem exklusiven Verein. Das ist an den immer höheren „Eintrittspreisen" für Neumitglieder ersichtlich.[7]

Seit Maastricht hat sich die EU die Subsidiarität als drittes Rezept ins Stammbuch geschrieben. Die Absicht, die hinter diesen föderalistischen Bestrebungen steckt, ist lobenswert, da die Subsidiarität Zentralisierungstendenzen mit all ihren bürokratischen Nebenerscheinungen entgegenwirkt. Damit sich die Organisation in ihren Vertiefungsbemühungen auf die wesentlichen Ziele konzentrieren kann, soll in einem gewissen Sinne das Poolen von Regierungsfunktionen zurückgenommen werden. Doch gerade Scharpf hatte vor zehn Jahren auf den wunden Punkt föderaler Systeme hingewiesen und die Schwierigkeit beschrieben, institutionelle Reformen gegen den Willen einzelner Profiteure durchzusetzen. Zudem ist nicht gewährleistet, daß sich die Staaten darüber einigen, welche Funktionen künftig wieder von den Nationalstaaten wahrgenommen werden sollten. Mit anderen Worten: auch das Subsidiaritätsprinzip kann Verteilungskonflikte nicht aus der Welt schaffen. Im Gegenteil, eine Föderalisierung der Union stärkt die Bemühungen von Kleinstaaten, ihre Zustimmung zu einem Reformprojekt teuer zu verkaufen.

Ein viertes Reformrezept ist die partielle Integration, die entweder zu einem Europa der verschiedenen Geschwindigkeiten oder zu einem *Europe à la carte* führen könnte. Ähnliche Wirkungen wie das Subsidiaritätsprinzip entfalten die sich ergänzenden Reformvorstellungen insofern, als die einseitige Vertiefung der Integration in Kernstaaten unter Umständen auch den halbintegrierten Randstaaten nützt. Solange sich die Kernstaaten nicht zum exklusiven Club erklären, können die Außenstehenden von den Leistungen der Vorreiter profitieren und sich als Trittbrettfahrer verhalten. Dies gilt etwa für Projekte wie das Schengener Abkommen, wo eine vergleichsweise immer noch liberale Asylpolitik der Kernstaaten den Migrationsdruck jener Randstaaten mildert, die einen noch restriktiveren Kurs verfolgen. So überrascht es wenig, daß auch innerhalb der Europäischen Union die Tendenz sich verstärkt hat, über eine Politik der selektiven Anreize die Teilnahme an weiteren Vertiefungsrunden schmackhaft zu machen.[8]

Verfechter des Multilateralismus halten fünftens *Issue-linkage* für einen Erfolgsgarant für internationale Zusammenarbeit. Die Marathonsitzungen im Rahmen des Ministerrates oder des Europäischen Rates weisen darauf hin, daß der Suche nach solchen Paketlösungen bis jetzt etlicher Erfolg beschieden war. Doch sind aufgrund der geschilderten Entwicklungen Zweifel angebracht, ob die Umverteilung in der EU weiterhin unproblematisch ist. Ferner ist zu berücksichtigen, daß mit der wachsenden Zahl der Dimensionen, die sich über das Schnüren von Paketen ergeben, auch die Unbestimmtheit des politischen Prozesses zunimmt. Das bedeutet, daß Lösungsvorschläge von einer Instanz zur anderen geschoben werden könnten, ohne daß letztlich eine gültige Einigung zustande käme.

Die einzig realistische Reform der EU besteht deshalb im sechsten Reformprojekt, das die Stärkung der Öffentlichkeit zum Ziel hat. Demokratisierung darf sicher nicht heißen, daß jeder Staat sein eigenes Referendum über einen wichtigen Integrationsvertrag abhält, was nur das Veto des Einzelstaates stärkt (Hug 1997). Was Not tut, ist hingegen eine Stärkung der demokratisch legitimierten Institutionen innerhalb der Europäischen Union. So wäre es erstrebenswert, wenn das Parlament Entscheidungsbefugnisse für Reformfragen erhielte. Demokratisierung würde auf der anderen Seite auch bedeuten, Entscheidungen transparenter zu machen. Heute bleibt oft unklar, welchen Standpunkt eine Regierung vertreten hat - was den Politikern hilft, sich aus der Verantwortung zu stehlen. So ist es ihnen möglich, eine Vorlage zu torpedieren, ohne einen Sturm in der Presse auszulösen. Um dies zu verhindern, müßten die vertretenen Standpunkte offengelegt werden. Glücklicherweise sind solche Reformbemühungen derzeit im Gang.

4 Schluß

Ich habe in diesem Artikel versucht, das Reformdilemma der EU aus der Perspektive der Theorie der strategischen Integration zu analysieren. Dieser Ansatz faßt die verschiedenen spieltheoretischen Analysen zur europäischen Integration zusammen. Er eignet sich besonders, das Zusammenwirken verschiedener EU-Organe in den wesentlichen Entscheidungsprozessen analytisch in den Griff zu bekommen. Die Theorie der strategischen Integration trägt somit auch dazu bei, den Diskurs in der Integrationsforschung von den sterilen Auseinandersetzungen zwischen Neofunktionalisten und Intergouvernementalisten weg zu bewegen und der Neuen Institutionenökonomie anzunähern.

In diesem Sinne hilft die spieltheoretische Analyse, einen Mittelweg zwischen dem Reformoptimismus und dem Reformpessimismus der dominierenden Ansätze einzuschlagen. Die solcherart inspirierte Analyse hat zu drei Resultaten geführt. Erstens befindet sich die Europäische Union tatsächlich in einer Reformkrise - wenn auch teilweise aus anderen Gründen, als von Scharpf vor zwölf Jahren angeführt. Überspitzt gesagt droht die Organisation an ihren eigenen Erfolgen auseinanderzubrechen. So hat die Einführung supranationaler Elemente, vor allem die Verankerung des Mehrheitsprinzipes, insofern einen beträchtlichen Sprengsatz geschaffen, als die in einer Abstimmung besiegten Staaten sich für ihre Niederlage durch Entscheidungsblockaden rächen können. Erpressungstouren sind deshalb möglich, weil neben den Mehrheitsbeschlüssen in vielen Politikbereichen immer noch Einstimmigkeit die zentrale Entscheidungsregel ist.

Potentielle Auswege stellen zweitens zumeist potentielle Irrwege dar. Die häufig propagierten Lösungskonzepte weisen Probleme auf, die sie als wenig attraktiv erscheinen lassen. So verschärft ein Ausbau der föderalistischen Ansätze die Tendenz, von der Integration profitieren, jedoch nicht für sie bezahlen zu wollen. Andere Ansätze sind zu technokratisch angelegt und vermögen nicht, das wichtigste institutionelle Problem, den Dualismus zwischen den verschiedenen Entscheidungsregeln und die darauf beruhende Erpressungsmacht, erfolgversprechend zu lösen.

Als dritte Schlußfolgerung ergibt sich deshalb, daß die Demokratisierung der Europäischen Union den einzigen erfolgversprechenden Ausweg aus dem Reformdilemma darstellt. Aufgrund meiner Modelle kann ich nur voraussagen, daß es äußerst schwierig ist, den dafür notwendigen Konsens zu erreichen. Aber auch hier gilt: sag niemals niemals. Eventuell finden sich Auswege, um die Nettobilanz aller Beteiligten kurzfristig zu verbessern. Die Aufgabe der Politik besteht ja nicht zuletzt darin, jene Politikverflechtungsfallen zu lindern, welche die Sozialwissenschaften identifizieren.

Anmerkungen

1 Dieser Aufsatz faßt Überlegungen zusammen, die ich im Laufe der letzten zwei Jahre entwickelt habe. Einige Zwischenresultate konnte ich an der Universität Tübingen und am Max-Planck-Institut für Gesellschaftswissenschaft in Köln präsentieren. Besonders

Philipp Genschel, Thomas Plümper, Volker Rittberger, Fritz Scharpf, Frank Schimmelpfennig und Susanne Schmidt steuerten wertvolle Anregungen bei. Danken möchte ich auch den Herausgebern und Thomas Holzer für Kommentare zum ersten Entwurf. Magdalena Bernath hat das Manuskript in sprachlicher Hinsicht überarbeitet.

2 Der Intergouvernementalismus als theoretischer Ansatz (und nicht als Organisationsform) läßt sich im wesentlichen auf die Hypothese reduzieren, daß in internationalen Organisationen die zwischenstaatlichen Organe das letzte Wort haben und daß Verhandlungsergebnisse in ihnen immer nur auf dem kleinsten gemeinsamen Nenner beruhen. Die Neofunktionalisten glauben hingegen, daß die supranationalen EU-Organe (die Kommission, das Parlament oder auch der Europäische Gerichtshof) die Ausgestaltung der Integrationspolitik entscheidender beeinflussen. Ein weitergehender Theorievergleich ist in Schneider zu finden, i.E.

3 Schneider und Cederman (1994) untersuchen die Verhandlungen im Europäischen Rat in diesem Sinn.

4 Asymmetrisch verteilte Information ist nach meinem Dafürhalten auch im europäischen Integrationsprozeß ernst zu nehmen, weil Regierungen über ein beträchtliches Monopol in der Beeinflussung der Öffentlichkeit verfügen und ihre zukünftigen Schritte nicht im voraus ankündigen. Vgl. hierzu die Kontroverse zwischen Müller 1995 und Schneider 1996.

5 Ein Folktheorem besagt, daß in unendlich wiederholten Spielen jedes Resultat möglich ist. Weil dieses spieltheoretische Resultat keinem bestimmten Entdecker zugeordnet werden kann, wird es „Folktheorem" genannt.

6 Weiterführende Hinweise bei Schneider 1995.

7 Bei Kollektivgütern gelten die Kriterien der Nicht-Ausschließbarkeit und der Nicht-Rivalität. In bezug auf die europäische Integration bedeutet dies, daß die positiven Effekte der Kollaboration keinem Staat vorenthalten werden können und daß um diese Externalitäten keine Konkurrenz herrscht. Bei einem Klubgut gilt das erste Kriterium nicht mehr, was sich im europäischen Kontext unter anderem im zunehmend höheren „Eintrittspreis" für Beitrittskandidaten äußert. Für eine Kollektivgüteranalyse der EU siehe Pahre 1995.

8 Das gilt etwa für die Währungsunion, bei der die Probleme des kollektiven Handelns zusätzlich über die Erhebung eines beträchtlichen Eintrittspreises („Konvergenzkritierien") gelindert werden sollen.

Literatur

Brams, Steven J. und Paul J. Affuso. 1976. „Power and Size: A New Paradox". In *Theory and Decision* 7: 29-56.

Buchanan, James M. und Gordon Tullock. 1962. *The Calculus of Consent.* Ann Arbor: University of Michigan Press.

Crombez, Christophe. 1996. „Legislative Procedures in the European Community". In *British Journal of Political Science* 26: 199-228.

—. 1997. „Policy Making and Commission Appointment in the European Union". In *Moser, Schneider und Kirchgässner.*

Garrett, Geoffrey und George Tsebelis. 1996. „An Institutional Critique of Intergovernmentalism". In *International Organization* 50: 269-99.

Haas, Ernst B. 1964. *Beyond the Nation-State. Functionalism and International Organization.* Stanford: Stanford University Press.

Holler, Manfred und Johann Kellermann. 1978. „Die a-priori-Abstimmungsstärke im Europäischen Parlament". In *Kyklos* 31: 107-11.

Hug, Simon. 1997. „Integration Through Referendums". In *Moser, Schneider und Kirchgässner.*

Johnston, Ronald J. 1977. „National Sovereignty and National Power in European Institutions". *Environment and Planning* 9: 569-77.

Koehler, David H. 1990. „The Size of the Yolk: Computations for Odd and Even-Numbered Committees". In *Social Choice and Welfare* 7: 231-45.

Lindberg, Leon N. 1963. *The Political Dynamics of European Economic Integration.* Stanford: Stanford University Press.

Marks, Gary, Fritz W. Scharpf, Philippe C. Schmitter und Wolfgang Streeck 1996a. *Governance in the European Union.* London: Sage.

—, François Nielsen, Leonard Ray und Jane E. Salk. 1996b. „Competencies, Cracks, and Conflicts: Regional Mobilization in the European Union". In *Comparative Political Studies* 29/2: 164-92.

Moravcsik, Andrew. 1991. „Negotiating the Single European Act: National Interests and Conventional Statecraft in the European Community". In *The New European Community. Decisionmaking and Institutional Change*, hrsgg. von Robert O. Keohane and Stanley Hoffmann Boulder, Westview Press (First published 1991 in International Organization 45: 19-56).

Moser, Peter. 1996. „The European Parliament as a Conditional Agenda Setter: What Are the Conditions? A Critique of Tsebelis (1994)". In *American Political Science Review* 90: 834-38.

—. 1997. „The Benefits of the Concilitation Procedure for the European Parliament". In *Moser, Schneider, Kirchgässner.*

—. i.E. „A Theory of the Conditional Influence of the European Parliament in the Cooperation Procedure". In *Public Choice.*

—, Schneider, Gerald und Gebhard Kirchgässner. 1997. *Decision Rules in the European Union: A Rational Choice Perspective.* London: Macmillan (erschien ebenfalls als Sondernummer der Zeitschrift *Außenwirtschaft*, Frühjahr 1997).

Müller, Harald. 1995. „Spielen hilft nicht immer". In *Zeitschrift für Internationale Beziehungen* 2: 371-91.

Pahre, Robert. 1995. „Wider and Deeper: The Links between Expansion and Enlargement in the European Union". In *Towards a New Europe: Stops and Starts in Regional Integration*; hrsgg. von Gerald Schneider, Patricia A. Weitsman und Thomas Bernauer. Westport, CT: Praeger.

Scharpf, Fritz. W. 1985. „Die Politikverflechtungsfalle - Europäische Integration und deutscher Föderalismus im Vergleich". In *Politische Vierteljahresschrift* 26: 323-56.

—. 1988. „The Joint-Decision Trap: Lessons From German Federalism and European Integration". In *Public Administration* 66: 239-78.

Schneider, Gerald und Lars-Erik Cederman. 1994. „The Change of Tide in Political Cooperation: A Limited Information Model of European Integration". In *International Organization* 48: 633-62.

—, Weitsman, Patricia A. und Thomas Bernauer. 1995. *Towards a New Europe: Stops and Starts in Regional Integration*. Westport, CT: Praeger.

—. 1995. „The Limits of Self-Reform: Institution Building in the European Community". In *European Journal of International Relations* 1: 59-86.

—. 1996. „'Endogener Präferenzwandel' - eine konstruktivistische Fata Morgana". Unveröffentlichtes Manuskript, Universität Stuttgart.

—. i.E. *Strategic Integration: Domestic Politics and Regional Cooperation in Europe*. Ann Arbor: University of Michigan Press.

Steunenberg, Bernard. 1994. „Decision Making under Different Institutional Arrangements: Legislation by the European Community". In *Journal of Institutional and Theoretical Economics* 150: 642-69.

—, Christian Koboldt und Dieter Schmidtchen. 1996. „Comitology and the Balance of Power in the European Union: A Game Theoretic Approach". In *International Review of Law and Economics*; 16: 329-44.

—. 1997. „The Comitology Game: European Policy Making with Parliamentary Involvement". In *Kirchgässner, Moser und Schneider.*

Tsebelis, George. 1994. „The Power of the European Parliament as a Conditional Agenda Setters". In *American Political Science Review*. (Ungekürzte Fassung in *Schneider, Weitsman und Bernauer* 1995).

—. 1997. „Maastricht and the Democratic Deficit". In *Moser, Schneider und Kirchgässner.*

Maurizio Bach

Transnationale Institutionenpolitik: Kooperatives Regieren im politisch-administrativen System der Europäischen Union

1 Einleitung: Ebenen der transnationalen Institutionenpolitik

Die europäische Einigung ist zur bedeutendsten Herausforderung nicht nur für die Politik in Europa, sondern auch für die politiksoziologische Theoriebildung geworden. Darüber besteht diszplinenübergreifende Einhelligkeit: Institutionenpolitik und Institutionenanalyse gleichermaßen haben sich in Anbetracht der Entwicklung der europäischen Integration in den vergangenen Jahrzehnten im transnationalen Maßstab der „entgrenzten Politik" neu zu orientieren und zu bewähren. Viele überkommene Konzepte und theoretische Ansätze haben sich als ungeeignet erwiesen, den politisch und institutionell innovativen Dynamiken des europäischen politischen Prozesses gerecht zu werden.

Dieser Beitrag untersucht die Rahmenbedingungen der transnationalen Institutionenpolitik im politisch-administrativen Binnensystem der Europäischen Union. Unter europäischer Institutionenpolitik verstehe ich hier die kontinuierliche und effiziente Kooperation der Mitgliedsländer auf den verschiedenen Ebenen des Gemeinschaftsverbandes, soweit sie die Probe des politischen und bürokratischen Alltags besteht. Meine zentrale Frage lautet: Welchen *binnen*institutionellen Strukturen und Akteurskonstellationen im supranationalen Regierungs- und Verwaltungssystem ist es zuzuschreiben, daß in seiner bisherigen Geschichte überwiegend eine dauerhafte und inkrementelle kollektive Meinungsbildung und Entscheidungsfindung an der Tagesordnung gewesen ist und auch in Zukunft erwartbar ist. In Anbetracht der heterogenen nationalen Interessenlagen, der zwischen den Mitgliedsländern divergierenden Policy-Traditionen und Verwaltungsstrukturen sowie -kulturen ist die Frage, wie die bürokratischen Instanzen der Mitgliedsländer in dem gänzlich neuartigen Verwaltungssystem der EU-Kommission interagieren und kooperieren, nicht nur von aktuellem empirischen Interesse, besonders nach den spektakulären Integrationserfolgen der Ära Delors und mit Blick auf die bevorstehende Verwirklichung der Währungsunion.

Die Frage nach den Bedingungen und Chancen kollektiven Handelns und transnationaler Kooperation auf europäischer Ebene verweist darüber hinaus auf ein theoretisches Grundproblem der soziologischen Institutionenanalyse: Wie ist gesellschaftliche Ordnung und Kooperation (hier: transnationale Integration) möglich, solange die individuellen Akteure (sprich: Mitgliedsländer) rational, d.h. konsequent nach dem Prinzip der individuellen Nutzenmaximierung handeln? Gefragt wird mit anderen Worten nach der Lösung des utilitaristischen Dilemmas im europäischen Verhandlungssystem von prinzipiell gleichberechtigten Staaten ohne Souverän, das weitgehend ohne hierarchische Koordination kollektives europäisches Regieren gewährleistet. Meine hypothetische Antwort lautet: Das utilitaristische Dilemma des Ordnungs- und Kooperationsproblems ist auf europäischer Ebene durch erfolgreiche voluntaristische Institutionenneugründung und entsprechende Routinisierung einer transnationalen institutionenpolitischen Praxis prinzipiell und vermutlich dauerhaft überwunden.

Diese Konstitutionshypothese kann sich auf den Ansatz der korporativen Akteursbildung von James Coleman stützen (Coleman 1990), der sich auch bei der Analyse des europäischen Regimes bewährt hat. Die einschlägigen Studien leiten die institutionelle Stabilität und Dynamik der europäischen Integration im wesentlichen von der formalen makropolitischen Verfassung und institutionellen Basisstruktur (paktierte Verträge, Allokation von Kompetenzen, Transfer von Ressourcen, Organisationsinteresse) des Gemeinschaftssystems ab und überprüfen dann die Annahmen empirisch vornehmlich anhand von Politikfeldstudien (dazu grundlegend: Schneider und Werle 1989; Dang-Nguyen, Schneider und Werle 1993). Im Unterschied dazu finden in dem vorliegenden Beitrag zusätzlich zu den verfassungs- und policy-bezogenen Gesichtspunkten der politikwissenschaftlichen Systemanalyse Kriterien der institutionellen Differenzierung Berücksichtigung, die die erfolgreiche Freisetzung und Strukturierung von spezifischen sozialen Handlungskontexten im institutionellen Binnenraum des europäischen korporativen Akteurs betreffen. Zentrale Kriterien der soziologischen Institutionenanalyse (in Anlehnung an Lepsius 1990, 53ff.; 1995) sind, neben der Bestimmung von bestimmten Handlungszielen und der Herausbildung funktionsspezifischer Rationalitätskriterien, die Entwicklung eigener Wertorientierungen und normativ verbindlicher Handlungsmuster. Besonders wichtig ist hierbei die systemadäquate Gestaltung von formalen Verfahren der politischen wie sachlichen Meinungsbildung und Entscheidungsfindung. Davon hängt ab, inwieweit Konflikte institutionalisiert und gegebene Interessensdisparitäten zum Ausgleich gebracht werden können. Darüber hinaus sind aber auch die Strukturbedingungen der Konstitution und das politische Selbstverständnis von distinkten Funktionseliten als soziale Trägergruppen der Institutionenbildung und der Institutionenkämpfe systematisch in die soziologische Institutionenanalyse einzubeziehen.

Neben den konstitutionellen Aspekten der Institutionenbildung - der bevorzugte Gegenstand der politik- wie rechtswissenschaftlichen Europaforschung - gerät damit eine weitere Handlungsebene der Institutionenpolitik in den Blick. Diese zweite Ebene hat in der bisherigen Europaforschung nur relativ wenig Beachtung gefunden, sowohl in empirischer wie in konzeptioneller Hinsicht. Sie ist in ihren relevanten Akteurskonstellationen und Binnenstrukturen freilich nicht losgelöst von der ersten Ebene der Institutionenpolitik zu sehen. Ihre Binnenordnung reflektiert im Gegenteil das konstitutive Spannungsverhältnis zwischen mitgliedstaatlicher Souveränitätswahrung bzw. nationalem Interessenschutz und kollektiver Regierung, und dies nicht nur hinsichtlich der Kompetenzenallokation im System, etwa zwischen den Organen des Ministerrates und der Kommission. Diesem institutionalisierten Grundkonflikt des supranationalen korporativen Akteurs trägt sowohl das differenzierte Regelwerk der Verfahren zur politischen Meinungsbildung und Entscheidungsfindung Rechnung wie die Implementationsstrukturen der europäischen exekutiven Rechtsetzung.

Symptomatisch für kooperatives Regieren in der EU auf dieser Ebene der Institutionenpolitik ist demgemäß eine weitreichende Verflechtung der europäischen Bürokratien. Diese fußt auf einer transnationalen Vernetzung einzelstaatlicher Politiknetzwerke, gewissermaßen auf einem multibürokratischen Netzwerke-Netzwerk. Für die politische Meinungsbildungs- und Entscheidungsprozesse in der EU ist deshalb grundlegend, daß sie sich in der Mehrzahl der Fälle einer intensiven und kontinuierlichen Kommunikation und Kooperation zwischen den Ressorts der einzelstaatlichen Ministerialverwaltungen und den EU-Organen in den vergemeinschafteten Politiksektoren (und darüber hinaus) verdanken.

Über die konkreten Kommunikations- und Interaktionsmuster, die sich in den zentralen Politiknetzwerken der europäischen Kollektivregierung herausgebildet haben, gibt die einschlägige Literatur indessen nur begrenzt Auskunft. Die Binnenstrukturen der supranationalen Stabsorganisationen und die Strukturen ihrer Vernetzung mit den nationalen Korrespondenzstäben sind nur bruchstückhaft erforscht. Um ein präziseres Bild vom Zusammenwirken der vielfältigen Bürokratien (und staatsunabhängigen Akteure) zu erhalten, erscheint aber eine genauere Kenntnis der Binnenstrukturen, Rationalitätskriterien, Legitimitätsansprüche und Funktionsbedingungen der supranationalen kooperativen Verwaltung, und zwar unter Berücksichtigung der jeweiligen nationalen Bezugsbürokratien, unverzichtbar.

Empirischer Gegenstand nachstehender Überlegungen sind die Verwaltungs- und Expertenstäbe des europäischen Regierungssystems. In Anbetracht der Vielfalt an Stäben, die im europäischen Regierungssystem wirken,[1] richtet sich der Fokus hier auf das Ausschußwesen der Kommission. Das System der europäischen Ausschüsse bildet die wichtigste horizontale Koordinations- und Steuerungsebene der im europäischen Entscheidungsprozeß involvierten einzelstaatlichen und supranationalen Stäbe (siehe auch den Beitrag von Bücker et al. in diesem Band). Die Komitees stellen aber überwiegend untergeordnete Organisationseinheiten des multinationalen Stabssystems der Kommission dar, die als zentraler korporativer Akteur und leistungsfähigster politischer Entrepreneur der kollektiven Regierung fungiert. Die Komiteepolitik ist Ausdruck einer Strategie der segmentären transnationalen Politik-Netzwerkbildung, mit der dieses Organ seine politische und administrative Handlungsfähigkeit sichert. Es liegt auf der Hand, daß das europäische politisch-administrative Handlungssystem in Kategorien der traditionellen Bürokratiesoziologie und bürokratischen Politik nicht mehr angemessen verstanden werden kann. Die empirische Analyse der transnationalen Interaktionsstrukturen und Kooperationsmuster in den Mehrebenennetzwerken der europäischen Stabsverwaltungen erfordert hingegen die Entwicklung eines analytisch-konzeptionellen Bezugsrahmens von Institutionenpolitik, der der Funktion und Stellung, den Arbeitsmethoden und Qualifikationen sowie der Legitimation von multinationalen und expertokratischen Verwaltungsstäben im europäischen Regierungssystem Rechnung trägt. Dazu soll mit den nachfolgenden Überlegungen zur transnationalen Institutionenpolitik der Kommission ein Beitrag geleistet werden.

2 Verwaltungs- und Expertenstäbe im multibürokratischen Entscheidungsprozeß

Wenn von der Kommissionsbehörde als einer staatlichen Bürokratie die Rede ist, dann ist dies aus mehreren Gründen irreführend. Tatsächlich hat die Kommission mit dem herkömmlichen Verwaltungstypus nationalstaatlichen Zuschnitts nur sehr wenig gemeinsam (Bach 1992). Die strukturelle Singularität und auch Neuartigkeit der Exekutive des Kollektivverbandes lassen sich in einer ersten Annäherung - freilich nur ganz allgemein - auf der Folie des idealtypischen Bürokratiebegriffs von Max Weber umreißen.[2]

Eine der grundlegenden Strukturdifferenzen gegenüber diesem Bürokratiemodell betrifft die fast durchgängig multinationale Personalzusammensetzung der Stäbe.[3] Zwar sind internationale politische Organisationen mit Funktionären verschiedener Staatsangehörigkeit inzwischen keine Seltenheit mehr; einen erfolgreichen Aufbau einer mit substantiellen etatistischen Rechtssetzungs- und Exekutivkompetenzen ausgestatteten übernationalen Behörde, die ihre Bediensteten selbst rekrutiert und sie zur ausschließlichen Loyalität gegenüber den Verbandszielen verpflichtet,[4] kennt die europäische Geschichte allerdings seit Bestehen der Nationalstaaten nicht. Im Regelfall waren und sind Staatsverwaltungen in personeller Hinsicht national homogen.

Die multinationale Stabszusammensetzung der Kommission fällt aber nicht nur unter sprachlich-kulturellen, sondern auch unter verfahrensmäßigen Gesichtspunkten ins Gewicht. Letzeres erstreckt sich sowohl auf die Rekrutierungs- bzw. Kooptationsmechanismen wie auch auf die Entscheidungsprozesse selbst. Insgesamt muß bei der Postenbesetzung neben der Berücksichtigung von Qualifikationsgesichtspunkten im engeren Sinne stets auch eine gewisse Proportionalität bei der Stellenverteilung unter den Mitgliedstaaten gewahrt werden. Das hat zwangsläufig eine große Heterogenität der in Brüssel vertretenen politischen und administrativen Kulturen zur Folge. Dabei treffen zum Teil gegensätzliche, in Ländern wie etwa Frankreich, dem Vereinigten Königreich oder Deutschland tief verwurzelte eigenständige Verwaltungstraditionen aufeinander (Abèlés und Bellier 1996; Bellier 1994; 1995). Trotz der Dominanz des französischen Verwaltungsmodells in der Gemeinschaftsverwaltung verursacht die charakteristische Multinationalität beträchtliche Verständigungsprobleme. Sie birgt auch ernsthafte politische Konfliktpotentiale, besonders natürlich bei nationalen Interessengegensätzen, was allenthalben einen erheblichen Vermittlungs- und Abstimmungsbedarf erzeugt und dies nicht nur bei Fragen des Führungsstils, sondern auch hinsichtlich der Problemwahrnehmungen sowie der jeweils als legitim erachteten Verfahrensmodalitäten.

Das in der Kommission vorherrschende Kulturenkonglomerat bildet darüber hinaus ein einzigartig zusammengesetztes Spiegelbild der verschiedenen nationalen Elitenprofile mit ihren je landesspezifischen Bildungsprozessen und sozio-politischen Herkunftsmilieus. Inwieweit das europäische Arbeitsambiente in Brüssel die nationalen Differenzen eher verschärft oder diese vielmehr einebnet, möglicherweise eine neue europäische Funktionselite (oder Elitenfraktion) hervorbringt, kann in Ermanglung jeglicher Forschung zu dieser Frage nicht gesagt werden. Ein Grundcharakteristikum dieser Führungsgruppe ist indes schon jetzt klar erkennbar, nämlich das hohe Maß an transnationaler Mobilität der in der und für die Gemeinschaft tätigen Verwaltungskader (Bach 1992, 24).

Ein zweites grundlegendes Unterscheidungsmerkmal der Kommissionsstäbe im Vergleich zum nationalen Bürokratietypus betrifft das Ausmaß der Institutionalisierung von Kommunikations- und Koordinationsstrukturen, die typischerweise nicht hierarchisch gegliedert sind. Der Kommissionsapparat gründet zu einem erheblichen Teil auf einem ausgedehnten und differenzierten System von horizontalen Organisations*netzwerken* und Personalverflechtungen.

Wenn interorganisatorische Netzwerke auch in modernen staatlichen Verwaltungssystemen immer häufiger vorkommen, so sind solcherart Organisationsgebilde im EU-Mehrebenensystem unentbehrlich für die Aufbau- wie für die Ablauforganisation. Multinationale Willensbildung und Entscheidungsfindung in dem transnationalen Verbandsystem ohne Souverän ist strukturell auf Verhandlung, Verständigung und Zusammenarbeit angewiesen. Kein Akteur des Systems kann sich dieser kooperativen Grundanforderung entziehen. Das gilt auch für die Entwicklung von Beschlußvorlagen im Kommissionsapparat, erst recht für die exekutive Normsetzung im bürokratischen Implementationsprozeß. Die für herkömmliche Bürokratien typische binnenstaatliche Geschlossenheit der Exekutive kehrt sich unter diesen Voraussetzungen auf europäischer Ebene in eine multilaterale Strukturoffenheit der Administration gegenüber den Mitgliedstaaten um. Dem Mehrebenen-Verflechtungssystem der politischen Organe entspricht somit ein offenenes Mehrebenen-Stabssystem der europäischen Verwaltung. Das hohe Maß an kooperativer Differenzierung findet dabei seinen organisatorischen Ausdruck in einem komplexen Gefüge von funktional wie fachlich spezialisierten Stäben. Diese sind in einem mehrstufigen System von transnationalen Beratungs- und Entscheidungsprozeduren eingebunden. Der politisch-administrative Prozeß wird daher durch eine ausgeprägte ressortgebundene Fragmentierung bestimmt. Vieles spricht dafür, daß es insgesamt in der Kommission vor allem an einer effizienten und systematischen politischen Vermittlung der administrativen Ziele und Maßnahmen, etwa durch das Kollegialgremium der politisch verantwortlichen, aber den eigenen Zuständigkeitsbereich oft idiosynkratisch führenden Kommissare, zu gebrechen scheint (vgl. z.B. Stevens und Stevens 1996).[5] Von einer zentralistischen politischen Führung monolithischer nationaler Verwaltungssysteme, wie man sie noch in manchen europäischen Nationalstaaten vorfinden mag, kann für Brüssel jedenfalls keine Rede sein.

Der Vergleich der Kommission mit typischen öffentlichen Staatsverwaltungen greift aber noch aus einem weiteren Grund zu kurz. Dieser hat mit dem spezifischen Charakter der Gesetzesnormen zu tun, die das europäische Mehrebenensystem hervorbringt. Majone hat darauf aufmerksam gemacht, daß insbesondere die Kommission unter diesem Gesichtspunkt mehr Gemeinsamkeiten mit den unabhängigen Regulierungsbehörden des amerikanischen Regierungssystems aufweist als etwa mit den Bürokratien der westeuropäischen Wohlfahrtsstaaten.[6]

Majone sieht in der selektiven Ausrichtung des europäischen *Policy-Making* auf bestimmte Politikbereiche und im überwiegenden Rückgriff auf eine regulative Maßnahmenpolitik ein grundlegendes Unterscheidungsmerkmal des europäischen Integrationsmodus im Vergleich zu dem im nationalstaatlichen Politikfeld dominierenden redistributiven Politiktypus. In diesem Zusammenhang thematisiert Majone auch die Legitimationsfrage, ohne dabei dem in der Debatte um das vermeintliche europäische Demokratiedefizit üblichen verfassungsrechtlichen Problemverständnis verhaftet zu bleiben. Statt dessen weist er auf das allgemeinere, aber für das europäische Regierungssystem in besonderem Maße gültige Grundproblem der wirksamen Kontrolle regierender Bürokratien hin, ohne dafür freilich befriedigende institutionelle Lösungen anbieten zu können.

Nach meinem Dafürhalten ist unter diesem Gesichtspunkt den Sachverständigen- und Verwaltungsausschüssen der Kommission größere Beachtung zu schenken. Sie stellen eine innovative und praktische Verfahrenslösung für eine dilemmatische Problemlage dar: Auf der einen Seite gewährleisten sie eine kontinuierliche Partizipation an und effektive Kontrolle der europäischen Politikformulierung seitens der einzelstaatlichen Ministerialverwaltungen. Andererseits ermöglichen sie es der Kommission, die relevanten nationalen, gegebenenfalls auch subnationalen sowie nicht-staatlichen Verwaltungs- und Expertenstäben der Mitgliedsländer systematisch in das supranationale *Policy-Making* einzubinden. Das Problem des effizienten und verantwortlichen Regierens in der Europäischen Union stellt sich damit in einem anderen Licht dar.

3 Kooperation und Elitenbildung in Komitee-Regime

Das engmaschige Netzwerk, in dem die kooperative Verwaltungsverflechtung zwischen der Kommission und den Staatsbürokratien eingebettet ist, ist das Ausschußwesen der Kommission. In diesem Organisationsgeflecht stehen die Repräsentanten der Kommission, der beteiligten Staatsverwaltungen und, soweit in den Ausschüssen vertreten, der Interessenverbände und der Wissenschaft tagtäglich in engsten Arbeitskontakten.[7] Eine tiefergehende empirisch-qualitative Erforschung besonders dieses Organisationsnetzwerkes verspricht deshalb wichtige Erkenntnisse über die Interaktionsmuster, Rationalitätskriterien und Verfahrenslogiken der tragenden horizontalen Verflechtungsstrukturen des Gemeinschaftssystems. Doch zunächst sei ein summarischer Blick auf einige Grundannahmen der Politikverflechtungstheorien geworfen, um die Fruchtbarkeit dieser Ansätze für die Untersuchung des Komitee-Regimes der Kommission wenigstens andeutungsweise aufzuzeigen.

Für die vergleichende Politikwissenschaft und insbesondere *Policy*-Forschung steht außer Zweifel, daß sich in den meisten modernen Demokratien, "neben dem hierarchisch-majoritären (...) ein zweiter Politiktypus entwickelt (hat), in dem Entscheidungen von vorneherein an einer Mehrzahl von Bezugseinheiten orientiert sind, in dem es nicht auf Mehrheit, sondern auf allseitiges Einverständnis ankommt, und in dem Widerstrebende nicht zwangsweise zur Raison gebracht werden können" (Scharpf 1992, 12). Es ist besonders dieser 'konsensuelle Modus', der den einschlägigen Forschungen zufolge in vielen modernen politischen Verbands- und Verwaltungssystemen das sog. Politik-Netzwerk als einen neuartigen Typus von personalen und inter-organisationalen Verflechtungs- und Kooperationstrukturen entstehen läßt.[8] Zu den spezifischen Eigenschaften von Politiknetzwerken gehört, daß sich die entsprechenden Kommunikations- und Einflußkanäle horizontal in den politischen Systemen ausbreiten. Diese unterlaufen typischerweise bestehende formale Hierarchien. Kenis und Schneider (1991, 27) fassen diesen

Aspekt folgendermaßen zusammen: „From a network point of view, modern political decision making cannot adequately be understood by the exclusive focus on formal politico-institutional arrangements. Policies are formulated to an increasing degree in informal political infrastructures outside conventional channels such as legislative, executive and adminstrative organizations. Contemporary policy processes emerge from complex actor constellations and resource interdependencies, and decisions are often made in a highly decentralized and informal manner."

Eine weitere Frage in diesem Zusammenhang betrifft die Handlungsform der Kooperation in zwischenstaatlich vernetzten Verwaltungseinheiten. Auch kooperative Formen des Staats- und Verwaltungshandelns sind freilich keine neuen Phänomene. Arthur Benz hat gezeigt, daß kooperative Handlungs- und Interaktionsmodi in zahlreichen Aufgabenbereichen, auf vielen Ebenen und in unterschiedlichen organisatorischen Kontexten des öffentlichen Sektors vorkommen. „Mit dem Begriff 'kooperative Verwaltung' wird die Tatsache umschrieben, daß der moderne Staat seine Aufgaben nicht ausschließlich in einseitig-hoheitlicher Tätigkeit und in hierarchischen Steuerungsstrukturen erfüllt" (Benz 1994, 345). Der Begriff der Kooperation läßt sich in diesem Zusammenhang dahingehend präzisieren, daß er in struktureller Hinsicht die Anerkennung wechselseitiger Gleichberechtigung durch die beteiligten Akteure im Entscheidungsprozeß (gegebenenfalls bei asymmetrischer Machtverteilung) voraussetzt. Weiter ist das Konzept in prozessualer Hinsicht durch Problemlösung im Zusammenwirken der Akteure definiert, was in der Regel Formen von dialogischer Interaktion und Kommunikation voraussetzt. Zusammengefaßt heißt es bei Benz: „Grundlage von Kooperation ist die wechselseitige, direkte, sprachliche Kommunikation über Ziele, Interessen, Problemdefinitionen, Situationseinschätzungen, Kenntnisse und Werthaltungen der Akteure mit der Absicht, diese aufeinander abzustimmen und in Einklang zu bringen" (ebd., 38).

Sieht man jedoch einmal von diesen primär entscheidungsbezogenen Perspektiven ab, dann spricht ceteris paribus darüber hinaus vieles dafür, daß solcherart informelle und kooperative Organisations- und Verflechtungsgebilde in politischen Institutionen auch der sozialen Gruppenintegration im weiteren Sinne, z. B. der Elitenbildung in kleinen sozialen Zirkeln, Vorschub leisten können. Es gehört zu den Grundannahmen der neueren Sozialtheorie, daß Kommunikationsnetzwerke in dem Maße sozial integrierend wirken, wie Mechanismen des sozialen Tausches und der sozialen Kontrolle, aber auch der Vertrauensbildung sowie der Emergenz kollektiv bindender Normen wirksam werden (vgl. z.B. Coleman 1990). Dabei ist wichtig, daß das angesprochene soziale Geschehen jenseits formeller, autoritärer und auch rein utilitaristischer Handlungskoordinationen, gleichsam in den Nischen der Hierarchie zum Tragen kommt. Unter dieser Voraussetzung trifft die zentrale These der soziologischen Netzwerktheorie zu, daß die jeweilige Struktur sozialer Netzwerke das Verhalten der Akteure nachhaltig präge. Personelle Verflechtungen in Institutionen zeitigen damit, wie Knoke die soziologische Grundperspektive der Netzwerkeforschung zusammenfaßt: „...important behavioral, perceptual, and attitudinal consequences both for the individual units and for the system as a whole ... Both the forms and contents of relations among social positions have significant consequences for the formation of political attitudes and behaviors" (Knoke 1990, 9; vgl. zusammenfassend Pappi 1992).

Die Europaforschung hat sich die analytischen Potentiale der Netzwerktheorie bisher nur vereinzelt zunutze gemacht. Dies obwohl im Apparat der Kommission genuine Politiknetzwerke, denen eine eminente Bedeutung für den politischen Meinungs- und Entscheidungsprozeß zugeschrieben wird, seit längerem schon ausgemacht wurden.[9] Die Kommission kann mit ihren verhältnismäßig kleinen Leitungsstäben, vor allem aber aufgrund des Fehlens einer eigenen vertikalen Vollzugsbürokratie, ihre politische Gestaltungsmacht nur unter der Voraussetzung entfalten, daß sie mit den Ministerialbürokratien der Mitgliedsländer kontinuierlich zusammenarbeitet.

Das Ausschußwesen der EU wird durch ein ausgedehntes und differenziertes Netz von vielen hundert Verwaltungs- und Sachverständigenausschüssen sowie ihnen vorgelagerten Arbeitsgruppen von Experten gebildet. Die einzelnen Komitees setzen sich zumeist aus Vertretern der nationalen Verwaltungen und Verbände sowie der Wissenschaft zusammen. Ihre Hauptaufgabe, die fachspezifischen regulativen Maßnahmen im dafür zuständigen Beamten- und Expertenkreis zu beraten und Beschlußvorlagen zu erarbeiten, wird von der Kommission koordiniert. In ihre Zuständigkeit fällt auch die Kooptation der Ausschußmitglieder nach bestimmten nationalen Quoten. Insgesamt dürften etwa 30-35.000 Beamte aus den fünfzehn Mitgliedsländern in diesem Netzwerk dauernd involviert sein. Dem stehen nur wenig mehr als 3000 höhere Beamte der Kommissionsverwaltung gegenüber (auf Grundlage von Wessels 1996, 188f.).

Stellt man sich nun das europäische Regierungssystem als ein Mehrebenengeflecht von Verhandlungs- und Verwaltungsnetzwerken vor, so bildet dieses Komitee-Regime der Kommission schon aufgrund seiner quantitativen

Ausdehnung die entscheidende Verflechtungsebene der europäischen Exekutive. Damit ist es zugleich auch als der wichtigste institutionelle Ort anzusehen, an dem eine Integration der neuen europäischen Funktionselite stattfindet oder jedenfalls zu erwarten ist. Diese Hypothese bezüglich der Elitenbildung im Komiteeregime wirft nun eine Reihe von Fragen auf, die vor allem die Art und das Ausmaß der Gruppenbildung als eine Variable zur Kennzeichnung der Binnenstruktur dieses institutionell differenzierten Funktionssystems betrifft. Im folgenden seien einige aus meiner Sicht zentrale Forschungsfragen dazu entwickelt, die mir geeignet erscheinen, die engen funktionalistischen und entscheidungsbezogenen Ansätze der Policy-Forschung, durch eine stärker politiksoziologische Perspektive zu erweitern.

Eine der grundlegenden Fragen dazu lautet: Welche spezifischen Eigenschaften der Netzwerke sind im Zusammenhang der kooperativen Stabsstrukturen im europäischen Mehrebenensystem vornehmlich für die politische Willensbildung und verbindliche Beschlußfassung relevant? Diese Problemstellung zielt auf eine Betrachtung der gruppenspezifischen Interaktions- und Entscheidungsmuster sowie der vorherrschenden politischen Konfliktbewältigungs- und Problemlösungsstrategien. Dabei stehen vorrangig die funktionsspezifischen Rationalitätskriterien zur Debatte, die in dem differenzierten Handlungskontext des Komiteeregimes ausgebildet werden und das Entscheidungsverhalten der Akteure maßgeblich anleiten. Welche Rolle spielt beispielsweise die Orientierung an ergebnisorientierter und technischer Problemlösung auf der Grundlage von wissenschaftlichen Expertisen bzw. administrativen *feasibility*-Einschätzungen? In diesem Zusammenhang wäre empirisch zu prüfen, welche Bedeutung insbesondere der extremen thematischen Spezialisierung der Komiteeaufgaben und damit der Fragmentierung der Konfliktinhalte für die Problembewältigung und Implementationswahrscheinlichkeit zukommt. Für ein genaueres Verständnis der besonderen Kompromißpragmatik, die die Regulierungspraxis des Komiteeregimes von den meisten anderen Regimearenen zu unterscheiden scheint, ist die Aufmerksamkeit weiterhin auf die Ausformungen und Wirkungen der technokratischen Elitenallianzen zu richten.

Diese Frage ist auch auf die Einflußnahme seitens privater Interessensorganisationen auszudehnen. In der Verbändeforschung ist zwar umstritten, welches Regime der transnationalen Vermittlung privater Interessen in der EU herrscht, insbesondere ob die Kommission dabei eher eine pluralistische oder eine korporatistische Strategie verfolgt (vgl. Streeck und Schmitter 1991; Eichener und Voelzkow 1994; Kohler-Koch 1996). Einigkeit besteht indessen darüber, daß auch die privaten Interessengruppen stets bemüht sind, ihren Einfluß vornehmlich im Komiteeregime geltend zu machen bzw. zu erhalten. Denn vor allem der institutionalisierte oder informelle Zugang zu den Kommunikationsstrukturen und zur Informationsbörse des Komiteeregimes eröffnet erfolgversprechende Mitwirkungs- und Einflußchancen auf den Policy-Zyklus für private Akteure (vgl. Algieri und Rometsch 1994; Pappi und Schnorpfeil 1996).

In den Ausschüssen wirken im Regelfall jene Ministerialbeamten mit, die in den Verwaltungen der Mitgliedsländer die entsprechende fachliche Zuständigkeit besitzen. Beim späteren Vollzug der europäischen Maßnahmen sitzen diese dann in den Einzelstaaten auch an kompetenter Stelle. Wie beeinflußt dieser Umstand die Chancen der Verwirklichung der europäischen Beschlüsse, und was bedeutet das für die Wahrnehmung der jeweiligen sachlichen Problemlagen? Welche konkreten Rationalitätskriterien bestimmen die Verfahren der Meinungsbildung und Entscheidungsfindung in den verschiedenen Stäben? Läßt sich tatsächlich eine allgemeine, stabsübergreifende Orientierung an technischen Problemlösungen beobachten oder bilden die einzelnen Stäbe je eigene funktionsspezifische Rationalitätskriterien aus? Wie korrespondiert diese Orientierung mit dem Bestreben der Ausschußmitglieder, bei Verhandlungen über Entwürfe von Rechtsmaßnahmen möglichst Übereinstimmung zu erzielen? Welches sind die institutionellen Voraussetzungen für flexible und pragmatische Verhandlungen?

In der Literatur finden sich verstreute Hinweise darauf, daß die Entscheidungsfindung, insbesondere im Rahmen der Führungsstäbe, in der Komission und im Ausschußwesens verfahrensmäßig nur wenig formalisiert sei. Die Soziologie des sozialen und politischen Tauschs (vgl. Coleman 1990, Kap. 6, 119ff.; Marin, 1990) hat gezeigt, daß bei gering formalisierter Kommunikation selbst in komplexen Organisationen oft eher ein auf Gegenseitigkeit beruhender, unspezifizierter Interessenausgleich zustande kommt. Wie funktioniert konkret dieses Moment der „diffusen Reziprozität“ (Héritier 1995) bei der Kompromißfindung im Komiteeregime, für das ein relativ hohes Maß an Informalität den Informationsaustausch und die Kooperationsbeziehungen kennzeichnend ist? Und welche Funktionen erfüllen politische Tauschprozesse im weiteren Kontext der politischen Kompensations- und Koppelgeschäfte, die in den höheren politischen Verhandlungsarenen auf der Tagesordnung sind?

Schließlich soll noch die Frage aufgeworfen werden, ob in dem institutionellen Rahmen der Kommissionsstäbe und seiner nationalen Bezugsorganisationen auch spezifische kooperative Verhaltensnormen nichtinstrumentellen Charakters etabliert werden, die sich als geeignet erweisen könnten, die regimetypischen Konfliktpotentiale im national heterogenen Interessenfeld und im Spannungsbereich zwischen nationalen und supranationalen Leitideen dauerhaft zu entschärfen. Mit anderen Worten: Gibt es empirische Evidenzen dafür, daß sich in den Netzwerken des Komiteeregimes eine eigene, auch normativ integrierte *Policy Community* konstituiert? Welche Rolle spielt dabei die Orientierung an den allgemeinen Leitideen der europäischen Einigung? Kann die Hypothese von einer tendenziellen *De-Nationalisierung* und *Entpolitisierung* der Verhandlungsprozesse im Komiteeregime (Bach 1992; Peters 1992; Héritier 1995; Joerges 1996) einer qualitativ-empirischen Untersuchung standhalten? Die Beantwortung dieser Fragen ist von erheblicher Tragweite, insofern vom Grad der Binnenintegration im sozio-politischen Milieu des Komiteeregimes auf das Niveau der transnationalen Verwaltungsintegration geschlossen werden kann.

Die Forschung beginnt erst langsam, sich mit diesen Aspekten der europäischen Binnen-Institutionenpolitik zu befassen. Vielfach gelangen die vorliegenden empirischen Studien allerdings nicht über ein funktionalistisches und deskriptives Institutionenverständnis hinaus.

4 Legitimationsprobleme regulativer Komitee-Politik

Das Komiteeregime, das von der Forschung lange Zeit stiefmütterlich behandelt wurde und auch im Schatten der gegenwärtigen Verfassungsdebatten um die europäische Institutionenreform steht, gerät seit dem Vertrag von Maastricht zunehmend unter Legitimationsdruck. Ein treibender Akteur dabei ist das Europäische Parlament. Auf Grundlage der mit dem Maastrichter Vertrag eingeführten Mitentscheidungskompetenz (EUV Art. 189b) fordert dieses Organ nun auch eine gleichrangige Beteiligung am Komitologie-Verfahren des Ministerrats. Es wendet sich damit gegen die vertragsrechtliche Immunisierung des Komitee-Regimes gegenüber außerbürokratischer, insbesondere parlamentarischer Kontrolle (zu den Einzelheiten des Konflikts siehe Nuttens 1995). Dadurch erwächst dem Komiteeregime namentlich mit dem Parlament nicht nur ein konkurrierender institutioneller Akteur, der die exklusiven Durchführungsbefugnisse der Kommission zunehmend in Frage stellen wird. Im Falle einer zukünftigen Aufweichung des Monopols der

Kommission auf dem Gebiet der exekutiven Normsetzung würden jedoch - soviel kann zu diesem Zeitpunkt gesagt werden - mit einer gestärkten parlamentarischen Ausschußkontrolle Rationalitätskriterien in den Entscheidungsprozeß eindringen, die sich diffuseren und politisch wie normativ brisanteren Leitideen und Interessenlagen der Parlamentsvertreter verdanken. Vor allem aber werden die parlamentarischen Leitideen der europäischen Politik mit dem bisher vorherrschenden instrumentellen Rationalitätsstandards der Verwaltungs- und Expertenpolitik nicht ohne weiteres vereinbar sein. Damit zeichnet sich im Binnenraum der europäischen Institutionenordnung, namentlich im Konflikt zwischen dem Komiteeregime und den Parlamentsausschüssen eine parlamentarische Brechung bürokratisch-expertokratischer Politik an.[10]

Das Komiteeregime wirft darüber hinaus aber auch spezifische, bislang vernachlässigte Legitimationsfragen auf, die gegenüber der geläufigen, auf Verfassungsprobleme fixierten Debatte um das europäische Demokratiedefizit andere Akzente setzen. Die Dominanz der bürokratisch-expertokratischen Willensbildung im Komitteeregime kollidiert ganz offenkundig mit den normativen und institutionellen Grundprinzipien demokratischen Regierens, wie sie im EU-System besonders vom Europäischen Parlament vertreten werden. Zur Debatte steht der Grundkonflikt zwischen, allgemein gesprochen der Bürokratie und der Demokratie. Ein Antagonismus, für den es im Rahmen der notorisch exekutivlastigen Vertragsarchitektur des Gemeinschaftsverbandes und aufgrund der Logik des Verhandlungssystems mit seinen technisch komplexen Materien und nur schwer durchschaubaren Verfahren bisher keine praktikablen institutionellen Lösungen zu geben scheint, der mit zunehmender Integrationsdichte jedoch an allgemeiner politischer Brisanz gewinnen wird.

Richtet man den Blick auf das Komiteeregime, dann wird klar, daß eine stark ressortgebundene und bürokratisch fragmentierte Willensbildung zu einer folgenreichen Trennung von Politikbereichen und zu einer Isolierung von Rationalitätskriterien führt (vgl. dazu und zum folgenden Lepsius 1993, 258). Die Zuständigkeit eines Ressorts löst einen Politikbereich aus dem Gesamtzusammenhang politischer Entscheidungen. Innerhalb der Zuständigkeit werden Ziele gesteckt, die Kriterien der Rationalität folgen diesen; die Folgekosten werden externalisiert und das Programm nach dem Muster negativer Koordination bürokratisch auf der Basis einer technokratischen Allianz der Akteure durchgesetzt. Dem entgegen stehen Prozesse, die zu einer horizontalen Verflechtung von Programmen und zu einer gegenseitigen

Reflexion und Abstimmung der jeweiligen Rationalitätskriterien zwingen. Parlamentarische Beratung und Mehrheitsbildung bei der Entscheidung sind bewährte Mittel zur horizontalen Integration von vertikalisierter Zuständigkeitsteilung. Kennzeichnend für das Komiteeregime des Mehrebenensystems ist, daß es eine solche horizontale politische Vermittlung von Rationalitätskriterien von vornherein durch die Institutionalisierung von Kooperationsbeziehungen zwischen Verwaltungs- und Expertenstäben wirkungsvoll entgegenwirkt. „Die Willensbildung und Entscheidungsfindung wird dadurch in hohem Maße instrumentell und finalistisch aus den diffusen Interessenlagen, die Parlamente vertreten, isoliert und der Dauerbeobachtung durch die Öffentlichkeit entzogen“ (ebd.).

Mit der üblichen Praxis der Verhandlung und Vorverhandlung im Halbschatten der Öffentlichkeit und unter Bedingungen geringer Sichtbarkeit im europäischen Komiteeregime stellt sich somit das alte legitimationspolitische Problem der "unsichtbaren Mächte" in der Demokratie (vgl. Bobbio 1984) auf neue Weise. Die im Komiteeregime fest verankerte Definitionsmacht der Experten, seien dies Fachbeamte oder wissenschaftliche Spezialisten, entspricht der modernen Variante der Arkanherrschaft, also technokratischem Regieren. Der Technokrat verfügt über ein Wissen, das dem Staatsbürger in der Regel nicht zugänglich ist, und selbst wenn ihm der Zugang dazu erleichtert würde, bliebe das Expertenwissen für die meisten Bürger wohl nur schwer nachvollziehbar. Die demokratische Öffentlichkeit könnte auch keinerlei wertvollen Beitrag zur Diskussion oder Verhandlung liefern. Selbst der interessierte Staatsbürger, das ideale Subjekt der Mehrheitsdemokratie, bleibt im Verhältnis zum Technokraten ein inkompetenter Dilettant.

Doch trotz dieser Einwände muß das Komiteeregime nicht *tout court* als unvereinbar mit demokratietheoretischen Grundprämissen angesehen werden. Folgt man Sartoris (1987, insb. Kap. 8) entscheidungstheoretischer Argumentation, dann spricht auch in der parlamentarischen Demokratie vieles für eine Verlagerung von Entscheidungskompetenzen in Komitees. Erwähnt seien hier nur die Gewährleistung einer Kontinuität der Beratungen und Präferenzbildung oder die Ermöglichung von *positive sum*-Resultaten. Nach Sartori reduziert die Beschlußfassung in Ausschüssen typischerweise auch die externen Kosten der Entscheidungsfindung. Der wichtigste Vorteil aber ist, daß trotz heterogener Präferenzen effektive Verhandlungsmöglichkeiten gegeben sind. Damit geht oft eine Orientierung der Akteure an Kompromissen und sachlichen Problemlösungen einher. Mit anderen Worten, Ausschußverhandlungen erhöhen dieser Theorie zufolge deutlich die Entscheidungswahrscheinlichkeit auf der Basis reziproker Kompensationsgeschäfte. Aufgrund dieser Vorzüge sieht Sartori im Komitee die *decision forming unit* schlechthin (ebd., 237). Freilich nimmt der Demokratietheoretiker die offenkundigen Schattenseiten der *Demo-Distribution* nicht auf die leichte Schulter. Wenn die typische *low visibility* von Ausschußentscheidungen noch wie ein Schutzschirm gegen politische Rhetorik und konfliktmindernd wirken kann, so kranken Ausschußsysteme meist daran, daß die mangelnde demokratische Repräsentativität der überwiegend durch Kooptation rekrutierten Mitglieder die Zurechenbarkeit von politischer Verantwortlichkeit erheblich erschweren, wenn nicht nachhaltig verhindern. Die Dispersion wie Fragmentierung des politischen Prozesses tragen ihren Teil dazu bei. Damit ist eine wirksame Kontrolle der Entscheidungen, vor allem durch die davon Betroffenen, in der Regel nicht durchführbar.

Die mit dem Komiteeregime aufgeworfenen legitimationskritischen Fragen ließen sich, wie oben dargetan, somit unter der allgemeinen Problematik der Kontrolle verselbständigter regulativer Bürokratien einer vertiefenden Betrachtung zuführen. Giandomenico Majone hat wertvolle Vorstöße in diese Richtung unternommen, indem er die Kommission mit autonomen regulativen Körperschaften, wie wir sie vom politischen System der USA, aber auch von den europäischen Ländern kennen, verglichen hat (siehe oben). Die demokratietheoretischen Perspektiven dieser komparativen Analysen von politischen Institutionen, die an die Grenzen mehrheitsdemokratischer Legitimation stoßen, sind allerdings kaum ansatzweise ausgelotet worden. Sie verdienten aber vor allem auch im Hinblick auf die drängende Frage nach alternativen Mechanismen der legitimen Kontrolle regulativer Behörden ein gezieltes Nachdenken. Angesichts der offenkundigen Dilemmata, in die die normative Kritik des Legitimationsdefizits des europäischen Mehrebenensystems unweigerlich gerät wenn sie mit den Konzepten der herkömmlichen Verfassungstheorie argumentiert, ist es an der Zeit, auch auf diesem Gebiet mit neuen Ideen und Begriffen zu experimentieren (siehe u.a. Grimm 1994; Kielmansegg 1996; Zürn 1996). In diesem Sinne stellt die europäische Institutionenbildung auch für die moderne Demokratietheorie eine große begriffliche Herausforderung dar (vgl. Andersen und Burns 1996).

Eine gezielte empirische Strukturanalyse der Verwaltungs- und Expertenstäbe sowie des Komiteeregimes verspricht somit realistischere Ausagen über die Chancen und Grenzen einer wirksamen und vertretbaren demokratischen Partizipation, einer Stärkung der politischen Verantwortlichkeit und Kontrolle sowie nicht-majoritärer Kontrollformen. Manche Aspekte der in letzter

Zeit vieldiskutierten europäischen Legitimationsfrage präsentieren sich in einem anderen Licht, wenn man die systemtragende Funktions- und Wirkungsweise der komplexeren semi-formellen Akteurskonstellationen im „Schatten der Hierarchie" (Fritz W. Scharpf) in die Betrachtung einbezieht, statt die Legitimationsdiskussion *in termini* abstrakter demokratietheoretischer Verfassungsprinzipien zu führen. Sowohl das normative Bezugsmodell des parlamentarischen Staates wie der Idealtypus der nationalen Staatsbürokratie erweisen sich letzten Endes als nur begrenzt tauglich für die Analyse der supranationalen Institutionenbildung in der Europäischen Union.

Anmerkungen

1 Dazu zählen u.a. auf der Kommissionsebene die Generaldirektionen, das Generalsekretariat, die Kabinette der Kommissare, die Verwaltungs- und Sachverständigenausschüsse und deren Arbeitsgruppen; auf der Ebene des Ministerrates: der Ausschuß der Ständigen Vertreter bei den Europäischen Gemeinschaften, die entsprechenden Sonderausschüsse und Arbeits- sowie Expertengruppen; auf der Ebene des Europaparlaments wären schließlich die Parlamentsausschüsse dazu zu rechnen.

2 Hier ist deshalb an erster Stelle an die klassische Bürokratiesoziologie Max Webers zu denken, weil sein Paradigma der rationalen Bürokratie nicht nur eine differenzierte Analyse der sozialen und technischen Konstitutionsbedingungen und Funktionsweise der modernen rationalen Verwaltungsorganisation umfaßt. Webers Bürokratiebegriff ist darüber hinaus integraler Bestandteil seiner Herrschaftssoziologie. In diesem Rahmen erlaubt die typologische Bestimmung der institutionalisierten Verwaltungsstäbe und der Grad der Bürokratisierung einer gegebenen politischen Ordnung grundsätzliche Aussagen über ihren Herrschaftscharakter und damit über ihre spezifische Legitimitätsgeltung (siehe Weber 1976, 125-130, 541-579; Schluchter 1985; Breuer 1991, insb. 192-230). Freilich liegen die Grenzen des Weberschen Bürokratiemodells, besonders wenn man die Europäische Gemeinschaft betrachtet, auf der Hand: Eine kooperative Bürokratie, die nicht monokratische Herrschaftsfunktionen ausübt, sondern institutionelle Ressourcen tauscht, und nicht ausschließlich in den Grenzen des Nationalstaates operiert, sondern übernational wirkt, ferner mit Staatsbürokratien verschiedener Nationalität horizontal verflochten ist, lag jenseits von Webers Vorstellungsvermögen.

3 Aufgrund der Charakteristika der supranationalen Verwaltungsorganisation, die nicht nur einer territorialen Vollzugsbürokratie entbehrt, sondern auch im übrigen nur wenig strukturelle Gemeinsamkeiten mit der herkömmlichen Staatsbürokratie aufweist, erscheint der Begriff 'Stab' oder 'Stabsstelle' hier für die Beschreibung der Verwaltungsorganisation zweckdienlich. Darunter versteht man in der Organisationssoziologie im allgemeinen Verwaltungseinheiten oder Expertengremien, die überwiegend

unterstützende Koordinierungs- und Leitungsfunktionen in den Führungsgremien von Organisationen erfüllen (vgl. Steinle 1992, 2311).

4 Nach dem Statut der Beamten und Bediensteten der EG, das eine vollkommen eigenständige Regelung gegenüber nationalem Verwaltungsrecht trifft, bilden die Beschäftigten der Stäbe der Gemeinschaftsorgane einen besonderen europäischen öffentlichen Dienst (vgl. Beutler, Bieber, Pipkorn und Streil 1993, 163).

5 Eine Ausnahme in jüngster Zeit stellt die Kommissionspräsidentschaft Jacques Delors' dar. Delors gelang es mit großem Erfolg, die Kommissionsadministration vor allem für die Verwirklichung des Binnenmarktprogramms zu mobilisieren (vgl. Ross 1994).

6 Ich stütze mich auf folgende Arbeiten: Majone 1989, 1993, 1993a, 1994, 1994a.

7 Vgl. u.a. Nicoll 1987; Meng 1988; Grote 1990; Bach 1992, 1993; Bradley 1992; Joerges 1995; Falke und Winter 1996; Algieri und Rometsch 1994, Pappi und Schnorpfeil 1996; Bücker, Joerges, Neyer und Schlacke 1996; Pedler und Schaefer, 1996; Neyer 1996.

8 Zum Policy-Netzwerke-Ansatz siehe zusammenfassend: Knoke 1990; Marin und Mayntz 1991, darin insbes. der Beitrag von Kenis und Schneider; Waarden 1992; Ladeur 1993.

9 Zur Anwendung des Policy-Netzwerk-Ansatzes auf die Analyse des EU-Systems siehe u.a.: Dang-Nguyen, Schneider und Werle 1993; Héritier u.a. 1994; Schumann 1993; 1996, 84ff.; Pitschas 1996; Pappi und Schnorpfeil 1996; Heinelt 1996.

10 Die Aktivitäten des BSE-Untersuchungsausschusses des Europäischen Parlaments sind dafür nur das jüngste Beispiel.

Literatur

Abèlés, Marc und Iréne Bellier. 1996. „La Commission européenne du compromise culturel à la culture politique du compromis". In *Revue française de science politique*, 46: 431-56.

Algieri, Dietrich und Franco Rometsch. 1994. „Europäische Kommission und organisierte Interessen. Die Rolle des „Ausschußwesens" und Ansätze für einen strukturierten Dialog". In *Eichener:* 135-49.

Andersen, Svein und Tom R. Burns. 1996. „The European Union and the Erosion of Parliamentary Democracy: A Study of Post-parliamentary Governance". In *Andersen und Eliassen:* 227-51.

— und Kjell A. Elissen, Hrsg. 1996. „The European Union: How Democratic Is It?". London: Sage.

Bach, Maurizio. 1990. *Die charismatischen Führerdiktauren. Drittes Reich und italienischer Faschismus im Vergleich ihrer Herrschaftsstrukturen.* Baden-Baden: Nomos.

—. 1993. „Vom Zweckverband zum technokratischen Regime: Politische Legitimation und institutionelle Verselbständigung in der Europäischen Gemeinschaft". In *Nationalismus - Nationalitäten - Supranationalität*; hrsgg. von Heinrich-August Winkler und Hartmut Kaelble. Stuttgart: Klett-Cotta, 288-308.

Bellier, Irène. 1994. „La Commission Européenne: Hauts Fontionnaires et 'culture du management'". In *Revue Francaise d'Administration Publique* 70: 253-62.

—. 1995. „Une culture de la Commission Européenne? De la rencontre des cultures et du multilinguisme des fonctionnaires". In *Politiques publiques en Europe*; hrsgg. von Yves Mény, Pierre Muller, Jean-Louis Quermonne. Paris: Harmattan, 49-60.

Benz, Arthur. 1994. *Kooperative Verwaltungen. Funktionen, Voraussetzungen und Folgen.* Baden-Baden: Nomos.

Beutler, Bengt, Roland Bieber, Jörn Pipkorn und Jochen Streil. 1993. *Die Europäische Union - Rechtsordnung und Politik,* 4. Aufl. Baden-Baden: Nomos.

Bobbio, Noberto 1984. *Il futuro della democrazia. Una difesa delle regole del gioco.* Turin: Einandi.

Bradley, Kieran St. Clair. 1992. „Comitology and the Law: Through a Glass, Darkly". In *Common Market Law Review* 29: 693-721.

Breuer, Stefan. 1991. *Max Webers Herrschaftssoziologie.* Frankfurt/M., New York: Campus.

Bücker, Andreas; Christian Joerges; Jürgen Neyers und Sabine Schlacke. 1996. „Social Regulation through European Committees: An Interdisciplinary Agenda and Two Fields of Research". In *Pedler und Schäfer*: 39-58.

Coleman, James. 1990. *Foundations of Social Theory.* Cambridge MA, London: Harvard University Press.

Damg-Nguyem, Godefroy, Volker Schneider und Raymund Werle. 1993. *Corporate Actor Networks in European Policy Making: Harmonizing Telecommunications Policy.* MPIFG Discussion Paper 93/4. Köln.

De Naelou, Anne. 1995. „Experts, expertise et coopération européenne". In *Cahiers internationaux de Sociologie* XCVII: 129-60.

Eichener, Volker. 1993. *Social Dumping or Innovative Regulation? Processes and Outcomes of European Decision-Making in the Sector of Health and Safety at Work*; EUI Working Paper. Florenz.

— und Helmut Voelzkow, Hrsg. 1994. *Europäische Integration und verbandliche Regulierung.* Marburg: Metropolis.

Falke, Andreas. 1989. „Regulation und Deregulation im Spannungsfeld des amerikanischen Regierungssystems". In *Zeitschrift für Parlamentsfragen* 2: 263-82.

Falke, Josef und Gerd Winter. 1996. „Management and Regulatory Committees in Executive Rule-Making". In *Winter:* 541-82.

Grimm, Dieter. 1993. „Mit einer Aufwertung des Europa-Parlaments ist es nicht getan - Das Demokratieprinzip der EG hat strukturelle Ursachen". In *Jahrbuch zur Staats- und Verwaltungswissenschaft* 6: 13-18.

Grote, Rolf Jürgen. 1990. „Steuerungsprobleme in transnationalen Beratungsgremien: Über soziale Kosten unkoordinierter Regulierung in der EG". In *Jahrbuch zur Staats- und Verwaltungswissenschaft* 4: 227-53.

Heinelt, Hubert, Hrsg. 1996. *Politiknetzwerke und europäische Strukturfondsförderung.* Opladen: Leske + Budrich.

Hèritier, Adrienne u.a. 1994. *Die Veränderung von Staatlichkeit in Europa. Ein regulativer Wettbewerb: Deutschland, Großbritannien, Frankreich.* Opladen: Leske + Budrich.

—. 1995. *Die Koordination von Interessenvielfalt im europäischen Entscheidungsprozeß und deren Ergebnis: Regulative Politik als „Patchwork".* MPIFG Discussion Paper. Köln.

Jachtenfuchs, Markus und Beate Kohler-Koch, Hrsg. 1996. *Europäische Integration.* Opladen: Leske + Budrich.

Joerges, Christian. 1995. *Die Beurteilung der Sicherheit technischer Konsumgüter und der Gesundheitsrisiken von Lebensmitteln in der Praxis des europäischen Ausschußwesens („Komitologie").* Ein Projekt zu den Rechtsgrundlagen, zur Funktionsweise und zur Legitimationsproblematik der Sozialregulierung in der Europäischen Gemeinschaft. Bremen: ZERP.

—. 1996. *Integrating Scientific Expertise into Regulatory Decision-Making. Scientific Expertise in Social Regulation and the European Court of Justice: Legal Frameworks for Denationalized Governance Structures*; EUI Working Papers, RSC No. 96/10. Florenz.

Kenis, Patrick und Volker Schneider. 1991. „Policy Networks and Policy Analysis: Scrutinizing a New Analytical Toolbox". In *Policy Networks. Empirical Evidence and Theoretical Considerations*; hrsgg. von Bernd Marin und Renate Mayntz. Frankfurt/M., Boulder CO: Campus/Westview, 25-59.

Kielmansegg, Peter Graf. 1996. „Integration und Demokratie". In *Jachtenfuchs und Kohler-Koch*: 47-71.

Knoke, David. 1990. *Political Networks: The Structural Perspective.* Cambridge: University Press.

Kohler-Koch, Beate. 1996. „Die Gestaltungsmacht organisierter Interessen". In *Jachtenfuchs und Kohler-Koch*: 193-222.

Ladeur, Karl-Heinz. 1993. „Von der Verwaltungshierarchie zum administrativen Netzwerk. Zur Erhaltung der Eigenständigkeit der Verwaltung unter Komplexitätsbedingungen". In *Die Verwaltung. Zeitschrift für Verwaltungswissenschaft* 26: 137-65.

Lepsius, M. Rainer. 1990. *Interessen, Ideen und Institutionen.* Opladen: Westdeutscher Verlag.

—. 1993. „Die Europäische Gemeinschaft und die Zukunft des Nationalstaates". In *Demokratie in Deutschland*; hrsgg. von ders. Göttingen: Vandenhoek & Ruprecht, 249-64.

—. 1995a. „Institutionenanalyse und Institutionenpolitik". In *Politische Institutionen im Wandel*, hrsgg. von Birgitta Nedelmann. Opladen: Westdeutscher Verlag, 392-403.

—. 1995b. „Max Weber und das Programm einer Institutionenpolitik". In *Berliner Journal für Soziologie* 5: 327-33.

Majone, Giandomenico. 1989. „Regulating Europe: Problems and Prospects". In *Jahrbuch zur Staats- und Verwaltungswissenschaft* 3: 159-76.

—. 1993. „The European Community Between Social Policy and Social Regulation". In *Journal of Common Market Studies* 31: 153-70.

—. 1993a. *The European Community: An 'Independent Fourth Branch of Government'?* EUI Working Paper SPS No. 93/9. Florenz.

—. 1994. „The Rise of the Regulatory State in Europe". In *West European Politics* 17: 78-102.

—. 1994a. *Understanding Regulatory Growth in the European Community,* EUI Working Paper SPS No. 94/17. Florenz.

Marin, Bernd, Hrsg. 1990. *Generalized Political Exchange.* Frankfurt/M., New York und Boulder Col.: Campus/Westview.

— und Renate Mayntz, Hrsg. 1991. *Policy Networks. Empirical Evidence and Thoretical Considerations.* Frankfurt/M. und Boulder, Col.: Campus/Westview.

Meng, Werner. 1988. „Die Neuregelung der EG-Verwaltungsausschüsse. Streit um die 'Comitologie'". In *Zeitschrift für ausländisches und öffentliches Recht und Völkerrecht* 48: 208-28.

Neyer, Jürgen. 1996. *Im Wirrwarr der Ausschüsse oder die Legitimität der supranationalen Verwaltung des Binnenmarktes;* Konferenzpapier anläßlich der Tagung des AK Integrationsforschung der DVPW. Mannheim, 1./2. November 1996.

Nicoll, William. 1987. „Qu'est-ce que la comitologie?". In *Revue du Marché Commune* 306: 185-87.

Nuttens, Jean-Dominique. 1994. *La 'Comitologie'*. Paris: Privatdruck.

Pappi, Franz Urban. 1992. „Personelle Verflechtungen". In *Enzyklopädie der Betriebswirtschaftslehre*, Bd. III, Handwörterbuch der Organisation, 3. Auflage, hrsgg. von Erich Frese. Stuttgart: Poeschel, 1962-78.

— und Willi Schnorpfeil. 1996. „Das Ausschußwesen der Europäischen Kommission: Grundstrukturen und Kommunikationsmöglichkeiten für Verbände". In *Das europäische Mehrebenensystem*; hrsgg. von Thomas König, Elmar Rieger und Hermann Schmitt. Frankfurt/M.: Campus-Verlag (Mannheimer Jahrbuch für Europäische Sozialforschung I): 135-59.

Pedler, Robin H. und Guenther F. Schaefer, Hrsg. 1996. *Shaping European Law and Policy: The Role of Committees and Comitology in the Political Process.* Maastricht: European Institute of Public Administration.

Peters, Guy. 1992. „Bureaucratic Politics and the Institutions of the European Community". In *Sbragia*: 75-122.

Pitschas, Rainer. 1996. „Europäische Integration als Netzwerkkoordination komplexer Staatsaufgaben". In *Jahrbuch zur Staats- und Verwaltungswissenschaft* 8: 379-416.

Ross, George. 1994. *Jacques Delors and European Integration.* Cambridge: Polity.

Roth, Günther. 1987. *Politische Herrschaft und persönliche Freiheit. Heidelberger Max Weber-Vorlesungen 1983.* Frankfurt/M.: Suhrkamp.

Sartori, Giovanni 1987. *The Theory of Democracy Revisited.* Chatham N.J.: Chatham House Publisher.

Sbragia, Alberta M. Hrsg. 1992. *Euro-Politics. Institutions and Policymaking in the „New" European Community.* Washington D.C.: The Brookings Institution.

Scharpf, Fritz W. 1992. „Einführung: Zur Theorie von Verhandlungssystemen". In *Horizontale Politikverflechtung. Zur Theorie von Verhandlungssystemen*; hrsgg. von Arthur Benz, Fritz W. Scharpf und Reinhard Zintl. Frankfurt/M., New York: Campus, 11-27.

Schluchter, Wolfgang. 1985. *Aspekte bürokratischer Herrschaft.* Frankfurt/M.: Suhrkamp.

Schumann, Wolfgang. 1993. „Die EG als neuer Anwendungsbereich für Policy-Analyse: Möglichkeiten und Perspektiven der konzeptionellen Weiterentwicklung". In *Policy-Analyse*; hrsgg von Adrianne Héritier. Opladen: Westdeutscher Verlag, (Politische Vierteljahresschrift Sonderheft 24): 394-431.

—. 1996. *Neue Wege in der Integrationstheorie. Ein policy-analytisches Modell zur Interpretation des politischen Systems der EU.* Opladen: Leske + Budrich.

Steinle, Claus. 1992. „Stabsstelle". In *Handwörterbuch der Organisation.* 3. Aufl., hrsgg. von Erich Frese. Stuttgart: Poeschel, 2310-22.

Stevens, Anne und Handley Stevens. 1996. „The Non-Management of Europe". 8ème Colloque International de la Revue "Politiques et Management Publique". Paris (unveröffentlichtes Konferenzpapier).

Streeck, Wolfgang und Philippe C. Schmitter. 1991. „From National Corporatism to Transnational Pluralism: Organized Intererests in the Single European Market". In *Politics and Society* 19: 133-64.
Waarden, Frans van. 1992. „Dimensions and Types of Policy Networks". In *European Journal of Political Research* 19: 29-52.
Weber, Max. 1976. *Wirtschaft und Gesellschaft. Grundriß der verstehenden Soziologie*. 5. rev. Aufl., besorgt von Johannes Winckelmann. Tübingen: Mohr.
—. 1988. *Gesammelte Politische Schriften*; hrsgg. von Johannes Winckelmann. Tübingen: Mohr.
Wessels, Wolfgang. 1990. „Administrative Interaction". In *The Dynamics of European Integration*; hrsgg. von William Wallace. London: Pinter, 229-41.
—. 1996. „Verwaltung im EG-Mehrebenensystem: Auf dem Weg zur Megabürokratie?". In *Europäische Integration*; hrsgg. von Markus Jachtenfuchs und Beate Kohler-Koch. Opladen: Leske + Budrich, 165-92.
Winter, Gerd, Hrsg. 1996. *Sources and Categories of European Union Law. A Comparative and Reform Perspective*. Baden-Baden: Nomos.
Zürn, Michael. 1996. „Über den Staat und die Demokratie im europäischen Mehrebenensystem". In *Politische Vierteljahresschrift* 37: 27-55.

Mark Hallerberg

Die wachsende Ineffizienz der Steuerpolitik innerhalb der Europäischen Union: Eine institutionentheoretische Perspektive

Aus dem Amerikanischen übersetzt von Thomas König

1 Einführung

Seit der Gründung der Europäischen Gemeinschaften wird unter den Mitgliedstaaten das Ausmaß an wirtschaftspolitischer Harmonisierung debattiert. 1951 vereinbarten die sechs Gründungsmitglieder der europäischen Kohle- und Stahlgemeinschaft, lediglich die Schranken in den Kohle- und Stahlsektoren zu beseitigen. Der Vertrag von Rom (1958) versprach die Schaffung eines gemeinsamen Marktes, und 1968 stimmten die damaligen Mitgliedstaaten ihre Zölle ab. Der Versuch der Mitgliedstaaten, die Währungspolitik in den frühen 70ern zu koordinieren, hatte nur mäßigen Erfolg. Mit der „Einheitlichen Europäischen Akte" (1987) bewegten sie sich jedoch wieder auf eine größere ökonomische Integration zu. Nach der Abschaffung verbliebener Kapitalkontrollen im Jahre 1990 und der meisten Grenzkontrollen am 1. Januar 1993 sieht der nächste Schritt des Maastrichter Vertrages die Schaffung einer gemeinsamen Währung vor. Dieser Plan scheint frühestens 1999 realisierbar. Während das Grundprinzip für einen gemeinsamen Markt auf wirtschaftlicher Effizienz beruht,[1] ist der wirtschaftliche Ertrag einer gemeinsamen Währung weit weniger klar. Frieden und Eichengreen (1994) argumentieren überzeugend, daß neben wirtschaftlichen auch politische Motive anzuführen sind, um eine ausreichende Erklärung für das Vorantreiben der Währungsunion zu liefern.[2]

Allerdings zögern die Mitgliedstaaten, bei der Harmonisierung der direkten Steuern voranzuschreiten (Kanbur und Keen 1993; Genser und Haufler 1996; Inman und Rubinfield 1996; Cnossen 1996). Bislang waren die Mitgliedstaaten in nur geringem Ausmaß bereit, Kontrolle über ihre indirekten Steuern abzugeben. Zwar erheben mittlerweile alle Mitgliedstaaten eine

Mehrwertsteuer von mindestens 15%, doch wurde eine gewisse Flexibilität bezüglich der Prozentsätze erhalten. Bei den direkten Steuern haben die Mitgliedstaaten bislang wenig erreicht. Einige Mitgliedstaaten sehen einen europaweiten Handlungsbedarf und schlagen eine Vereinheitlichung der Steuern auf mobile Wirtschaftsfaktoren vor, insbesondere auf Finanzkapital, und in weitaus geringerem Maße auch auf Humankapital. Die Aufhebung der meisten Kapitalverkehrsschranken im Juli 1990 sowie die Abschaffung von Grenzkontrollen Anfang 1993 erleichterten die Kapitalmobilität innerhalb der Europäischen Union, so daß mittlerweile mehr Möglichkeiten existieren, Steuerunterschiede bei der Standortfestlegung auszunutzen.

Unter diesem Gesichtspunkt ist eine wachsende Ineffizienz der Steuerpolitik innerhalb der Europäischen Union festzustellen, die im Mittelpunkt des folgenden Beitrags steht. In dessen erstem Abschnitt wird das Grundprinzip eines Mindestniveaus an Steuersatzharmonisierung auf der Ebene der Europäischen Union untersucht. Zunehmende wirtschaftliche Integration führt in zweierlei Hinsicht zu größerer Ineffizienz: Wenn sich zum einen die Steuerlasten weiterhin von Land zu Land erheblich unterscheiden, haben diese Lasten einen größeren Einfluß auf den Wirtschaftsstandort. Es erhöhen sich die sogenannten *Deadweight*-Kosten, die ich als ökonomisch ineffizient einstufe. Zum anderen können die Steuersätze über die Zeit hinweg konvergieren, weil die Staaten um bewegliche Wirtschaftsfaktoren konkurrieren. Zwar könnte diese Entwicklung die ökonomische Ineffizienz eliminieren, doch würde der Staat mit der Präferenz für den niedrigsten Steuersatz den Standard für alle anderen Staaten vorgeben. Dieses Ergebnis ist jedoch nicht wünschenswert, da es zu demokratischer Ineffizienz führt: Die Bevölkerungen der anderen vierzehn Länder verlören bei der Verteilung der Steuerlast ihr Mitspracherecht. Schlimmer noch, sie hätten dann keinen Einfluß auf die Gestaltung der öffentlichen Bereiche ihres eigenen Landes. Aus beiden Perspektiven ist daher die „effizienteste" Lösung, daß die Staaten ihre Steuerpolitik selbst auf der Ebene der Europäischen Union koordinieren.

Im zweiten Abschnitt werden die Bemühungen beschrieben, die bis heute auf der Ebene der Europäischen Union im Hinblick auf die Einführung einer koordinierten direkten Besteuerung unternommen wurden. Es zeigt sich, daß es hier kaum Fortschritte gegeben hat. Im dritten Abschnitt werden die Steuersätze und die steuerlichen Belastungen innerhalb der Europäischen Union verglichen, wie sie sich von 1990 bis 1995 entwickelt haben. Schließlich werden Erklärungen für das Scheitern dieser Anstrengungen gesucht.

2 Ein Argument für eine gewisse Steuerharmonisierung auf EU-Ebene

Verschiedene Steuersätze auf bewegliche Wirtschaftsfaktoren sind aus zweierlei Gründen unerwünscht. Aus Sicht der Europäischen Union, die sich die Aufrechterhaltung der „vier fundamentalen Freiheiten des Verkehrs" für Güter, Personen, Dienste und Kapital zum Ziel gesetzt hat, bedeuten unterschiedliche Steuern eine Verletzung dieser grundlegenden Freiheiten. Ist ein gegebener Faktor mobil, wird er sich immer dort niederlassen, wo er die höchsten Erträge erzielt. Die Kapitalrückfuhr der Kapitalanleger wird über Steuern geregelt, so daß Kapital bei großen Disparitäten solange in Länder mit niedrigeren Steuerraten fließen wird, bis die Netto-Gewinnquote vor Steuern wieder in allen Staaten gleich ist. Steuerunterschiede führen deshalb zu Ineffizienzen in der Investitionsanlage. Wenn von einer relativen Stabilität der steuerlichen Belastungen seit 1990 ausgegangen wird, dann läßt sich fragen, wie zunehmende Beweglichkeit von Kapital die Effizienz von Investitionen beeinflußt. Zum besseren Vergleich können die Steuersätze zunächst als Konstante behandelt werden, wohingegen im dritten Abschnitt eine Veränderung der Steuerlasten und Steuersätze diskutiert wird.

In der Vergangenheit hatten zwei europäische Entscheidungen signifikante Auswirkungen auf den Grad der Ineffizienz, die durch unterschiedliche Steuersätze verursacht wird. Zuerst schafften die Mitgliedstaaten alle verbliebenen Kapitalkontrollen im Juli 1990 ab und machten Kapital damit vermutlich noch mobiler als es zuvor bereits war (Frankel 1993; Hallerberg und Clark 1997). Desweiteren ist davon auszugehen, daß die Abschaffung der meisten Grenzkontrollen am 1. Januar 1993 dazu beitrug, daß seither Firmen eine größere Bereitschaft für Investitionen außerhalb ihrer Heimatländer und in anderen Staaten der Europäischen Union haben. Ohne Grenzkontrollen verringerten sich die Transaktionskosten, die, wie z.B. kostspielige Wartezeiten an den Zollstationen oder zusätzliche Verwaltungskosten, die Attraktivität von Investitionen in anderen Teilen der Union senkten. Die Europäische Union rechtfertigte diese Veränderungen damit, daß die Abschaffung der Grenzkontrollen zu einer effizienteren Allokation von Ressourcen und insbesondere zu einer effizienteren Verteilung von Kapital führen würde. Der „Cecchini Bericht" sagte optimistisch voraus, daß die gewonnene Effizienz eines grenzenlosen Europas höhere Wachstumsraten und niedrigere Arbeitslosenraten mit sich bringen werde.

Allerdings sensibilisiert die Reduzierung bzw. Abschaffung von Barrieren, die besonders die Beweglichkeit des Kapitals und vielleicht auch die anderer Wirtschaftsfaktoren erhöht, die Standortentscheidung für Unterschiede in den Steuerlasten. Steuersätze haben nur in einer Wirtschaft, aus der das mobile Kapital nicht abgezogen werden kann und in der die Steuerlast in allen Regionen des Landes gleich hoch ist, keine Auswirkung auf die Entscheidung für den Investitionensort *per se*. Da in diesem Fall überall die gleiche Steuersumme zu zahlen ist, hängen Investitionen nur von der höchsten Gewinnrate ab, die über das Angebot und die Nachfrage von internem Kapital bestimmt wird.

Mit zunehmender Kapitalmobilität werden jedoch Nettogewinne relevant. Geht man von der ökonomischen Standardannahme aus, daß sich alle Märkte räumen, müssen die Nettogewinne in einer Europäischen Union bei mobilem Kapital gleich sein. Im Fall einer gleichgewichtigen Nettogewinnrate von 5% bedeutet das, daß eine Investition einen Bruttogewinn von 10% in einem Land erzielen muß, in dem der marginale Steuersatz bei 50% liegt. Die gleiche Investition muß jedoch in einem Land mit einem marginalen Steuersatz von 25% lediglich einen Bruttogewinn von 6,67% erbringen. Eine Investition, von der ein 8%iger Gewinn in einem Land mit hohem Steuersatz erwartet wird, wird demnach nicht getätigt werden, weil das gleiche Kapital in einem Land mit niedrigen Steuern einen höheren Nettogewinn verspricht. Diese Disparitäten in den Vorsteuergewinnen führen zu sogenannten *Deadweight*-Kosten. Steuerunterschiede haben demnach zur Folge, daß Investitionen in Niedrigsteuerländern gemacht bzw. in Ländern mit höherem Steuersatz nicht gemacht werden. Unter solchen Voraussetzungen besteht die Gefahr, wie Hans-Werner Sinn ausführt, daß Europa wegen der Unterschiede in der Steuerlast eine, „reorganization of production on the basis of comparative tax advantage instead of comparative cost advantage" erfährt (Sinn 1992, 7). Die vorausgesagte verbesserte wirtschaftliche Effizienz infolge des gemeinsamen Marktes könnte von wachsender Ineffizienz überlagert werden, solange die Mitgliedstaaten weiterhin unterschiedliche Steuern erheben.

Während als Beleg für diese Aussage im dritten Abschnitt drei systematische Beweise präsentiert werden, kann an dieser Stelle auf die bisher ausführlichste Studie über europäische Anlagemuster, den *Ruding-Report* (Ruding Committee 1992), verwiesen werden, demzufolge Investitionsentscheidungen an Effizienz verloren haben. Dieses Dokument wurde von einem Ausschuß vorgelegt, den die Europäische Kommission beauftragt hatte, die Auswirkungen von Steuerdifferenzen auf den gemeinsam Markt zu untersuchen. Er folgert, daß Unterschiede in den Steuersystemen zu deutlichen Anlageverzerrungen geführt haben. So gaben in einer Befragung insgesamt 47% und auf dem Finanzsektor 78% der europäischen Geschäftsführer an, die Steuerhandhabung sei ein Hauptgrund für ihre Standortwahl (Ruding Committee 1992, 108-9). Sogar in Großbritannien, dem Land mit der verbreitesten Skepsis gegenüber einer Integration, dominiert die Ansicht, daß Steuerunterschiede den internen Markt verzerren.[3] Diese wirtschaftliche Ineffizienz hat auch konkrekte Auswirkungen. Wie die Europäische Kommission kürzlich erläuterte (1996a,b), haben die Unterschiede in den Steuersystemen zu niedrigeren Beschäftigungsraten innerhalb der Gemeinschaft geführt.

Noch ist nicht klar, ob die wirtschaftliche Ineffizienz ohne Koordination auf der EU-Ebene fortbestehen wird. Ein „Steuerwettbewerb" würde im Laufe der Zeit alle Staaten mehr oder weniger zu einer Angleichung der Steuersätze auf mobile Faktoren führen, was die wirtschaftliche Ineffizienz beseitigen würde. Die Logik dieser Angleichung sieht folgendermaßen aus: Regierungen erkennen, daß Kapital dahin fließen wird, wo es die höchsten Gewinne erzielen kann. Mehr Kapital bedeutet zum einen mehr Steuereinnahmen, zum andern mehr Arbeit und höheres Wirtschaftswachstum, die auf dem höheren Investitionsniveau beruhen. Eine Regierung wird dann versuchen, durch eine Senkung des Steuersatzes vermehrt Kapital anzuziehen. Allerdings werden die anderen Staaten aufgrund ihrer Befürchtung, das bereits vorhandene Kapital sowie zukünftige Investitionen zu verlieren, mit einer eigenen Steuersenkung antworten. Aus langfristiger Sicht ist zu erwarten, daß die Steuersätze einer Abwärtsspirale folgen. In spieltheoretischen Begriffen ist diese Situation ein „Gefangenen-Dilemma" (Giovannini 1989; Hallerberg 1996; Radielli 1997).[4]

Die niedrigeren Sätze verringern die Staatseinnahmen und haben daher Auswirkungen auf die Politik, die Regierungen in einer Welt mit hoher Kapitalmobilität verfolgen können. Zunächst sollte sich die entsprechende Steuerlast vom Kapital weg auf die Arbeit verschieben, da der Faktor Kapital mobiler ist als der Faktor Arbeit. Diese Entwicklung kann sogar soweit gehen, daß Kapital überhaupt nicht mehr besteuert wird. Solange dieser Prozeß andauert, werden Staaten alle Faktoren zu besteuern versuchen, die eine geringere Mobilität haben. Schließlich kann der Steuerwettbewerb zum Abbau oder sogar zum Verschwinden des Wohlfahrtsstaates führen, zumindest des Wohlfahrtsstaates, wie wir ihn kennen. Wie weiter unten erläutert wird, ist es aber unwahrscheinlich, daß die Steuerlast auf Arbeit noch weiter erhöht werden kann. Eine zusätzliche Besteuerung von Arbeit ist insbesondere auf einem Kontinent wie Europa mit einer alternden Bevölkerung und damit verbunden schrumpfender Beschäftigung, ausgeschlossen. Hier hat der Wohlfahrtsstaat ein stattliches Ausmaß erreicht, das in manchen Ländern bis zu 50% des Bruttosozialproduktes verschlingt. Dieses Ausgabenniveau kann mit Steuern auf Arbeit allein (und auf Land) nicht aufrecht erhalten werden. Wie Schjelderup (1993) bemerkt: „The fear is that capital mobility may lead to capital flight from high to low tax countries in such large amounts that it deprives a nation of its tax base and, as a consequence, its welfare system" (zitiert in Tanzi 1995, 65).

In diesem Kontext könnte die Einführung einer gemeinsamen Währung jedoch zu einer erheblichen demokratischen Ineffizienz führen. Unter der Prämisse von demokratisch regierten Mitgliedstaaten, die den Willen ihres Volkes in öffentliche Politik umsetzen, kann angenommen werden, daß das Ausmaß an Wohlfahrtsstaatlichkeit innerhalb der Europäischen Union deshalb variiert, weil die jeweiligen Bevölkerungen unterschiedliche Vorstellungen über das Ausmaß an staatlicher Unterstützung haben. Umfassender Steuerwettbewerb führt nun dazu, daß nur ein Staat, und zwar der Staat mit der Präferenz für den niedrigsten Steuersatz, die endgültige Position ohne Rücksicht auf die Ziele und Überzeugungen der anderen diktiert. Selbst wenn Deutschland, das mit seinen rund 80 Millionen Einwohnern das größte Land der EU ist, den endgültigen Steuersatz festlegen würde, müßten die restlichen 293 Millionen Einwohner der Gemeinschaft mit der deutschen Entscheidung leben.

Eine derartige Entwicklung würde die Diskussionen über das demokratische Defizit, das innerhalb der Europäischen Union existieren mag, mit Sicherheit anheizen. Viele Bürger beschweren sich schon jetzt über die „Brüsseler" Entscheidungen, die nach ihrer Ansicht besser im eigenen Land getroffen werden sollten. Auf diese Bedenken hin hat die Europäische Union das Prinzip der „Subsidiarität" betont, das besagt, daß Entscheidungen auf der am besten geeigneten Ebene, vor allem in den Parlamenten der Mitgliedstaaten, getroffen werden sollen. Besteuerung war nach Einschätzung von Kommission und Mitgliedstaaten ein Gebiet, das nicht auf der EU-Ebene koordiniert werden soll. Die Ironie daran ist, daß der Verzicht auf steuerliche Koordination, der die mitgliedstaatliche Souveränität in Steuerangelegenheiten erhalten soll, das demokratische Defizit vergrößert.

Wenn nun aber die Koordination der mitgliedstaatlichen Steuerpolitik wünschenswert ist, welche Form soll diese annehmen? Hierfür liegen bereits

Vorschläge vor, die im wesentlichen der Argumentation hier entsprechen. Das Ruding Committee (1992) unterstützt beispielsweise einen Mindestkörperschaftssteuersatz von 30% innerhalb der Europäischen Union. Gensler und Haufler (1996) sind der Meinung - ohne ein spezifisches Niveau zu benennen -, daß ein Mindestsatz für die Körperschaftssteuer eine verzerrte Kapitalverteilung verhindern könnte. Unter der Voraussetzung, daß die Steuerbasen ebenfalls harmonisiert werden, stellen die beiden Vorschläge nicht nur in Aussicht, die wirtschaftliche Ineffizienz innerhalb der Europäischen Union zu beseitigen, sondern sie wären auch einer Angleichung durch Steuerwettbewerb hinsichtlich der demokratischen Effizienz überlegen. Cnossen (1996) diskutiert die Anwendung von dualen Einkommenssteuern, die derzeit in Finnland und Norwegen praktiziert wird. Dabei werden Einkommen aus Kapital und Arbeit getrennt innerhalb einer Steuer behandelt und der Kapitalsteuersatz an der niedrigsten marginalen Rate für Arbeit angesetzt. Dadurch wird den Ländern erlaubt, verhältnismäßig immobile Arbeit progressiv zu besteuern, während gleichzeitig dem Kapital der Anreiz genommen wird, das Land zu verlassen. Die Sätze könnten sogar noch weiter gesenkt werden, falls der Steuerwettbewerb sich intensivieren sollte.

Schließlich ist für die demokratische Effizienz nicht die präzise Form der Steuerharmonisierung wichtig, sondern vielmehr, daß die Bevölkerungen der Mitgliedstaaten eine kollektive Entscheidung über ihre Besteuerung treffen. Eine Lösung hierfür bietet die direkte Übertragung von Kompetenzen, die beispielsweise das Europäische Parlament befugen würde, eine gemeinsame Steuerpolitik für alle Mitglieder festzulegen. Obwohl hierzu eine Parallele zur Entwicklung des deutschen Steuersystems nach dem Ersten Weltkrieg vorliegen würde (Hallerberg 1996), ist nur schwer vorstellbar, daß die Regierungen der Mitgliedstaaten und auch ihre Bevölkerungen bereit sind, eine solch fundamentale Kompetenz abzugeben. Eher vorstellbar ist, daß die Staaten die existierende institutionelle Struktur auf EU-Ebene nutzen, um eine mehr oder weniger gemeinsame Politik auszuhandeln. Der folgende Abschnitt geht kurz auf die bisherigen Bemühungen der Europäischen Union ein, die Direktbesteuerung zu koordinieren.

3 EU-Bemühungen um Harmonisierung

Die bisherigen Anstrengungen der Europäischen Union, die Steuerpolitik zu koordinieren, basierten auf der Trennung von Steuern auf Wohnsitzbasis und Steuern auf Ursprungsbasis. Die Besteuerung auf Wohnsitzbasis, also die Erhebung einer Steuer für alle Einwohner eines gegebenen Landes, welche den Investitionsstandort nicht berücksichtigt, soll steuerliche Verzerrungen bei Investitionsentscheidungen eliminieren, weil, zumindest in der Theorie, der Steuersatz unabhängig vom Investitionsort ist.[5] In der Tat besteuerten 1991 noch alle Länder der Europäischen Union private Einkommen und, bis auf Belgien und Frankreich, auch alle geschäftlichen Einkommen auf Wohnsitzbasis (Frenkel, Razin und Sadka 1991, 25). Der wirksame Gebrauch des Wohnsitzprinzips verhindert einen Steuerwettbewerb und ermöglicht den Staaten, verschiedene Steuersätze beizubehalten. Damit dieses Wohnsitzprinzip in der vorgesehenen Art greift, muß ein Staat jedoch Informationen über den ausländischen Kapitalbesitz seiner Steuerzahler haben. Unterschiede in den Steuersätzen werden daher Einfluß auf die Gewinnraten haben. Vor diesem Hintergrund sah ein Vorschlag der Europäischen Union aus dem Jahr 1988 vor, daß die Mitgliedstaaten den Informationsaustausch untereinander verbessern, um dem Wohnsitzprinzip zur Durchsetzung zu verhelfen. Doch bestimmte Staaten innerhalb der Union, allen voran Großbritannien und Luxemburg, haben sich erfolgreich gegen eine Straffung von Geheimhaltungsgesetzen gestellt.

Als zweite Möglichkeit können die Mitgliedstaaten die wirtschaftliche Ineffizienz infolge von unterschiedlichen Steuersystemen mit dem heute bestehenden *de facto* Ursprungsprinzip reduzieren. Im Jahr 1975 schlug die Europäische Kommission ein gemeinsames System zum Umgang mit Doppelbesteuerungen durch Körperschafts- und persönliche Einkommenssteuern vor. Gleichzeitig befürwortete sie eine Harmonisierung von Steuersätzen auf Körperschaftseinkommen. Der Ministerrat lehnte jedoch beide Maßnahmen ab, und die Kommission zog ihre Vorschläge schließlich zurück. Ähnlich brachte die Kommission im Jahr 1988 einen Vorschlag mit dem Ziel ein, die Grundlagen für Körperschaftssteuern abzustimmen. Dieser Schritt hätte zwar einen Steuerwettbewerb nicht verhindert, doch wären die Unterschiede in den Steuersystemen transparenter und damit die Transaktionskosten reduziert worden. Eine formale Harmonisierung der Körperschaftssteuern wurde in der jüngsten Zeit nicht mehr in Betracht gezogen. Die Kommission hat aber im Jahr 1988 die Einführung einer 15%igen Mindestrate auf Körperschaftseinkommen vorgeschlagen, die der Ministerrat ebenfalls ablehnte. Die Europäische Union verabschiedete 1990 schließlich einige technische Direktiven, die strenge Auflagen für die Besteuerung von Muttergesellschaften und deren Tochterunternehmen sowie für die Besteuerung von fusionierten Unternehmen machten. Die Kommission setzte daraufhin das *Ruding Committee* mit dem Ziel ein, einen Kurs für das Vorgehen der Europäischen Union zu finden. Nachdem dieses Komittee seine Empfehlungen ausgesprochen hatte, lehnte die Kommission die wichtigste Empfehlung allerdings ab, nämlich eine Mindestrate von 30% für die Körperschaftseinkommenssteuer festzusetzen (siehe Commission of the European Communities 1992). Unter der Führung von Kommissar Mario Monti lebten im Jahr 1996 die Diskussionen über die Handhabung der direkten Besteuerung wieder auf, jedoch gibt es bis heute keine Einigung unter den Mitgliedstaaten, wie man innerhalb einer gemeinsam Struktur verfahren soll (siehe Commission of the European Communities 1996a, 1996b).

4 Europäische Steuersysteme der Gegenwart

Wie sehen die europäischen Steuersysteme aus? Ähnlichkeiten und Unterschiede von Steuersystemen können auf mehrere Weisen beurteilt werden. Dieser Abschnitt beginnt mit einer Betrachtung der marginalen Grenzraten für Körperschaftssteuern und Einkommenssteuern für den Zeitraum von 1986 bis 1995, oder genauer gesagt, für die letzten zehn Jahre, da für diesen Zeitraum auch Daten verfügbar waren. Diese Steuern finden Berücksichtigung, weil sie auf zwei Gruppen erhoben werden, die innerhalb der Europäischen Union am mobilsten sein dürften: Unternehmen und gut verdienende Individuen. Wenn Steuerwettbewerb die marginalen Raten beeinflußt, dann ist anzunehmen, daß sich diese Raten zuerst verändert haben. Die Entwicklungen innerhalb der Europäischen Union dürften sowohl zu einer fallenden Tendenz der Steuersätze sowie zu einer Verringerung der Unterschiede untereinander geführt haben. Zwar werden die marginalen Grenzraten häufig verglichen, doch sollte man sich der damit verbundenen Probleme bewußt sein. Unterschiede in Steuerschlupflöchern zeigen solche Raten nicht auf, so daß die gesamte Steuerlast in einem Staat mit einer vergleichsweise hohen, gesetzlich vorgeschriebenen Besteuerung niedrig sein kann. Um diesem Problem teilweise Rechnung zu tragen, wird nun die Steuerlast auch als ein

Teil des Bruttosozialprodukts (BSP) betrachtet. Man kann davon ausgehen, daß Firmen Körperschaftssteuer tatsächlich entrichten, wenn der Steueranteil des BSP hoch ist. Außerdem ist zu erwarten, daß die Gesamtsteuerlast von mobilen auf immobile Faktoren verschoben wird, wenn der Steuerwettbewerb zunimmt. Ein Vergleich von Steuereinnahmen dient als Indikator für eine etwaige Verlagerung.

Der allgemeine Befund ist, daß sich die Steuersätze und Steuerlasten weiterhin unterscheiden, aber eine kleine Annäherung bei Körperschaftssteuern zu verzeichnen ist. Deutlicher kommt zum Vorschein, daß sich die Steuerlast etwas weg vom Kapital auf die Arbeit hin verlagert hat. Falls dieser Trend mit Blick auf die Wirtschafts- und Währungsunion anhält, werden sich die wirtschaftlichen Ineffizienzen infolge unterschiedlicher Steuersysteme wahrscheinlich verringern. Da diese Harmonisierung durch eine abwärts tendierende Konvergenz der Steuersätze zustande kommt, nimmt jedoch die demokratische Ineffizienz zu. Es ist daher zu erwarten, daß der Steuerwettbewerb die gesetzlichen Steuersätze für Körperschaftseinkommen beeinflussen wird. Diese Steuersätze wirken sich auf die Entscheidungen von Unternehmen aus, wo zu versteuernde Einkommen angesiedelt werden sollen. In gleichem Maße, in dem sich Staaten um ihre Steuereinnahmen sorgen, machen sie sich über die gesetzlichen Vorschriften in anderen Ländern Gedanken. Multinationale Firmen haben einen Anreiz, ihre Kosten in Ländern mit hohen Steuern und ihre Gewinne in Niedrigsteuerländern anzusiedeln. So kann ein Unternehmen einen finanziellen Verlust in einem Höchststeuerland reklamieren und gleichzeitig hohe Profite in einem Niedrigsteuerland verbuchen. Andere Strategien zur Reduzierung der Steuerlast sind das sogenannte *transfer pricing* und die *thin capitalization*. Beide hängen von den gesetzlichen Steuersätzen ab (Sørenson 1993; Tanzi 1995). Weil diese Strategien keine oder höchstens eine minimale Umsiedlung von tatsächlichem Kapital erfordern, müssen keine besonderen Veränderungen in ausländischen Direktinvestitionen zu beobachten sein, bevor sich Staaten zu einer Harmonisierung ihrer gesetzlichen Steuersätze genötigt fühlen. Eine abschließende Begründung für die Untersuchung der gesetzlichen Steuersätze ist, daß sie Einfluß auf die Steuergutschriften nehmen, die ein Unternehmen im Heimatland aufgrund im Ausland verdienter Gewinne erhalten kann. Steuerrückzahlungen können generell den Steuerbetrag, den ein Unternehmen im Heimatland bezahlen müßte, nicht übersteigen. Eine Senkung des eigenen Steuersatzes kann daher weitere Auslandsinvestitionen verhindern, weil ausländische Investitionen nach wie vor dem ausländischen Steuersatz unterliegen.

Der gesetzliche Einkommenssteuerhöchstsatz ist von gleicher Relevanz. Man würde erwarten, daß gutverdienende Individuen, die unter den höchsten marginalen Steuersatz fallen, eine höhere internationale Mobilität aufweisen als schlechter bezahlte Arbeiter. Der Höchstsatz sollte deshalb besonders sensibel auf zunehmende wirtschaftliche Offenheit in den OECD Ländern reagieren (Tanzi 1995, 10 und 36). Der persönliche Höchstsatz repräsentiert auch die wahrscheinlichste Klasse, in der sich nicht eingetragene Gesellschaften wiederfinden. Seine Berücksichtigung stellt sicher, daß die Unternehmen, die nicht mit der Körperschaftssteuer abgedeckt worden sind, nicht von dieser Studie ausgeschlossen werden. Änderungen in den Höchstraten können auch politische Auswirkungen haben. Einer der sichtbarsten Attribute eines staatlichen Steuersystems ist die Höchstrate, mit der es seine wohlhabenderen Bürger besteuert. Da Steuersysteme oft sehr komplex sind, kann die Höchstrate zugleich als Signal für gutverdienende Individuen, Firmen und für andere Staaten dienen. Aus all den genannten Gründen ist ein gewisser Steuerwettbewerb bei den gesetzlichen Steuersätzen zu erwarten.

Tabelle 1: Vergleich der Unternehmensbesteuerung und individueller Steuersätze innerhalb der Europäischen Gemeinschaft/Union und der OECD Länder

	Unt. 1986	*Unt. 1992*	*Unt. 1995*	*Ind. 1986*	*Ind. 1992*	*Ind. 1995*
EU-12 Länder						
Durchschnitt	42.9	37.1	36.6	61.4	51.5	49.2
Std. Dev.	6.5	4.8	3.5	7.7	6.4	7.5
Nicht-EU OECD-Länder						
Durchschnitt	41.7	34.2	35.0	51.2	36.0	36.9
Std. Dev.	8.9	7.9	5.5	11.0	12.1	11.8

Anmerkungen: Daten für die Unternehmensbesteuerung fehlen 1986 für Island und die Türkei; 1992 für Norwegen und Portugal; 1995 für Island und Norwegen. Die Sätze der Schweiz für die Unternehmensbesteuerung sind nicht vergleichbar mit anderen Ländern wegen des föderalistischen Charakters des Steuersystems. Die Schweiz wird deshalb hier nicht in den Vergleich einbezogen.

Quellen: OECD (1991, 1994 und 1996), Owens (1994); Price Waterhouse (1996) und *The International Handbook of Corporate and Personal Taxes* (1994).

Tabelle 1 zeigt die marginalen Sätze für 1986, 1992 und 1995. Diese Daten haben im Zusammenhang mit Europa eine besondere Bedeutung. 1986 repräsentiert den Stand der Steuersätze vor der „Einheitlichen Europäischen Akte". 1992 war das letzte Jahr vor Aufhebung nahezu aller Grenzkontrollen. Die Sätze in diesem Jahr sind die letzten, die sich definitiv nicht wegen des Maastrichter Vertrages verändert haben. Zugleich stammen sie aus dem ersten Jahr, in dem sich Änderungen in den Körperschaftssteuersätzen aufgrund der Aufhebungen der verbliebenen Kapitalkontrollen niederschlagen können. 1995 schließlich war das Jahr, in dem Österreich, Finnland und Schweden der Europäischen Union beitraten. Die Einführung weiterer Steuersysteme in den bestehenden Mix der Europäischen Union mag einige Auswirkungen gehabt haben, insbesondere, weil diese Staaten dazu tendierten, niedrigere Sätze auf Kapital zu erheben. Neben den Sätzen der Europäischen Union vergleicht die Tabelle auch die Steuern in den OECD Ländern insgesamt. Hallerberg und Basinger (i.E.) zeigen, daß die Abwärtsbewegung in den Sätzen von 1986 bis 1990 in allen OECD Ländern stattfand und nicht nur in der Europäischen Union. Jeder Vergleich von Steuersätzen sollte den Versuch unternehmen, die allgemeinen Veränderungen von den Veränderungen innerhalb Europas zu isolieren.[6]

Einige Punkte kommen sehr deutlich zum Vorschein. Erstens ist die Standardabweichung für die Raten innerhalb der Europäischen Union für beide Steuersätze über die gesamte Periode hinweg geringer als die der nichteuropäischen OECD-Staaten. Daraus läßt sich ein gewisser Druck ableiten, der in den Ländern der Europäischen Union dafür sorgt, daß diese ihre Raten untereinander mehr in Einklang bringen als mit der Außenwelt. Zweitens fand die größte Veränderung in den zwei Gruppen von 1986 bis 1992 statt, als die mittleren und die Durchschnittsraten für die Körperschafts- wie auch für die persönlichen Steuersätze fielen. Wie ich an anderer Stelle zeige (Hallerberg und Basinger, i.E.), ist diese allgemeine Senkung der Raten eher eine Reaktion auf die Steuerreform in den Vereinigten Staaten von 1986 als eine Antwort auf die „Einheitliche Europäische Akte". Dennoch haben die EU-Staaten durchweg einen geringeren Unterschied zwischen ihren Sätzen beibehalten. Drittens sind die Veränderungen in den Raten von 1992 bis 1995 nicht so groß wie man dies aufgrund des Wegfallens der meisten Grenzkontrollen im Januar 1993 vermuten könnte. Tatsächlich hat sich die Abweichung vom Durchschnitt innerhalb der Europäischen Union für den Einkommenssteuerhöchstsatz in diesem Zeitraum zwar vergrößert, aber diese Änderung fällt eher gering aus. Im Gegensatz dazu ging die Standardabweichung bei Körperschaftsraten innerhalb der EU immer weiter zurück. Eine vorläufige Schlußfolgerung ist deshalb die, daß Einkommenssteuern zumindest bisher weniger anfällig für Steuerwettbewerb waren und Körperschaftssteuern unter dem Druck von anderen Staaten etwas konvergierten.

Eine zweite Beurteilungsmöglichkeit bieten die Steuereinnahmen aus Einkommen und Körperschaften, die ins Verhältnis zum BSP gesetzt werden. Bei zunehmendem Steuerwettbewerb würde man erwarten, daß die Steuerlast von mobilen Faktoren, wie dem Kapital, auf immobilere Faktoren, wie Arbeit, verlagert wird. Es sollte darauf hingewiesen werden, daß Vergleiche von Steuerlasten in BSP-Prozent zu Trugschlüssen führen können, da Kapital in völlig unterschiedlichen Proportionen in den Ländern eingesetzt werden kann. Sowohl die absoluten Niveaus als auch die Veränderungen in der Aufnahme, die beide einen deutlichen Einfluß auf die Steuereinnahmen haben, können sich aus Gründen ändern, die nichts mit Steuerpolitik zu tun haben (Hallerberg und Basinger, i.E.). Dennoch ist diese Variable hilfreich, da sie speziell für die Körperschaftssteuer zeigt, daß Firmen tatsächlich Steuern bezahlen. Wenn die Besorgnis besteht, daß der Steuerwettbewerb die Länder zum Abbau ihres Wohlfahrtsstaatsniveaus zwingt, weil die Steuereinnahmen auf Null fallen werden (Sinn 1992; Schjelderup 1993), dann ist die Tatsache, daß die Steuereinnahmen gleich geblieben sind oder sogar zugenommen haben, beruhigend.

Grafik 1 vergleicht die durchschnittliche Steuerlast innerhalb der zwölf Mitgliedstaaten 1985, 1989 und 1993 in Prozent des Bruttosozialproduktes. Zwei Ergebnisse sind sofort erkennbar: Zunächst haben sich die marginalen Steuersätze für die persönlichen und die körperschaftlichen Einkommenssteuern über die Zeit nach unten bewegt, während die Prozentsätze der entsprechenden Steuern im gleichen Zeitraum erstaunlich stabil geblieben sind. Zweitens gibt es einen bescheidenen Rückgang bei den Einnahmen aus körperschaftlichen Einkommenssteuern. Nach dieser Grafik könnte man zu dem Schluß kommen, daß selbst die völlige Abschaffung dieser Steuer, die weniger als 2% des BSP repräsentiert, keinen großen Einfluß auf das Wohlfahrtsstaatsniveau hat. Dieser Schluß wäre höchst irreführend. Nicht eingetragene Gesellschaften entrichten persönliche Einkommenssteuern anstelle von körperschaftlichen Einkommenssteuern. Das Ende der Besteuerung von Körperschaften würde mehr Firmen und selbst Personen veranlassen, sich als Gesellschaft eintragen zu lassen und somit die Einnahmen aus persönlichen Steuern beeinträchtigen. Bei einer derartigen Entwicklung drängt sich die Frage auf, ob mobile Faktoren nicht gänzlich von der Steuer befreit werden sollen.

Grafik 1: Vergleich der durchschnittlichen Steuerlast innerhalb der Europäischen Gemeinschaft

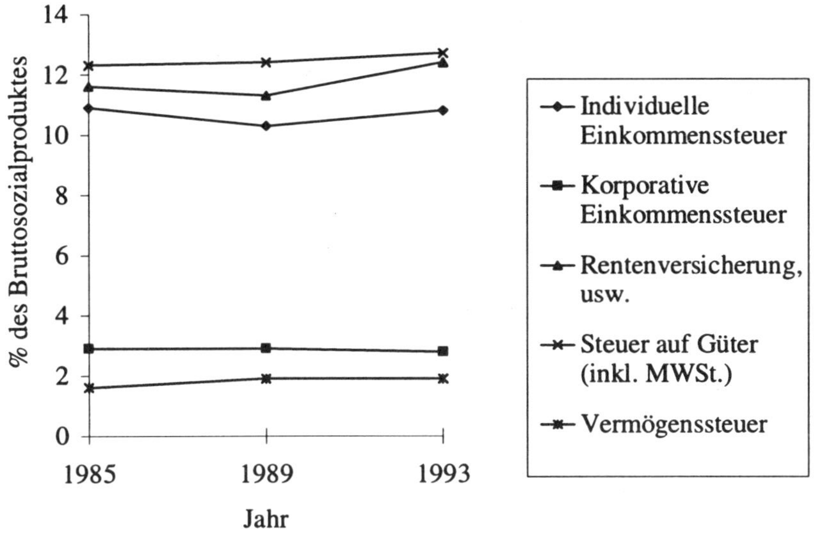

Quelle: OECD (1995, 76-85).

Tatsächlich hat die Europäische Kommission kürzlich behauptet, daß es innerhalb der Europäischen Union eine deutliche Verlagerung der Steuerlasten gab, und zwar von mobilen auf immobile Faktoren, also genauso, wie es die Theorie des Steuerwettbewerbs vorhergesagt hätte. Die Zahlen der Kommission, die sich auf dem impliziten Steuersatz, der aus dem Steueraufkommen geteilt durch die Steuerbasis gebildet wird, zeigen, daß der Steuersatz auf beschäftigte Arbeit von 34,7% im Jahre 1980 auf 40,5% im Jahre 1994 gestiegen ist, während im gleichen Zeitraum die Steuern auf andere Faktoren der Produktion, hauptsächlich auf Kapital und selbständige Arbeit, aber auch auf Energie und Rohstoffe von 44,1% auf 35,2% sanken (Commission of the European Communities 1996b, 4). Sich auf die gleichen Zahlen berufend argumentiert die Kommission an anderer Stelle: „these developments suggest that individual Member States' freedom to structure their own taxation systems has diminished, and that they have in part reacted to the threat of fiscal degradation by shifting the tax burden" (Commission of the European Communities 1996a, 4). Die Implikationen dieser Änderungen sind, daß eine Verlagerung der Lasten ohne eine Koordination der Mitgliedstaaten stattgefunden hat, so daß sich die demokratische Ineffizienz vergrößert hat. Doch wie Grafik 1 zeigt, bestehen noch immer signifikante Unterschiede in den Steuersystemen innerhalb der Union. Wirtschaftliche Ineffizienz wird deshalb weiterhin zu beobachten sein.

5 Erklärung für die Untätigkeit und Zukunftsaussichten

Warum haben es die Staaten der Europäischen Union bislang nicht geschafft, eine Reduzierung der unterschiedlichen Steuersysteme herbeizuführen, die solche Ineffizienzen verursachen? Der Grund ist, so hört man in Gesprächen, daß die Besteuerung an das Thema Souveränität gebunden ist. Wie die Kommission 1990 schrieb: „There are a number of basic considerations why the Community should hold back on the harmonization of company tax systems in the member states, particularly in the view of the principle of subsidiarity. Member states should remain free to determine their tax arrangements, except where these would lead to major distortions" (Commission of the European Communities 1990, 2). Es ist tatsächlich ein grundlegendes Recht eines jeden Staates, über die Besteuerung seiner Bürger souverän zu entscheiden. Wenn Staaten diese Autorität aufgeben, übertragen sie Kompetenzen auf die Union zu Lasten des Nationalstaates. Trotzdem wird dadurch nicht die Bedenkenlosigkeit bei Fragen der Besteuerung erklärt. Noch vor zehn Jahren wurde behauptet, daß das Recht, Geld zu drucken, eine unverzichtbare Aufgabe der Nationalstaaten sei. Warum sind aber Staaten bereit, Souveränität aufzugeben, wenn, wie im Fall einer gemeinsamen europäischen Währung, kein eindeutiger wirtschaftlicher Anreiz besteht, und warum sind sie nicht bereit, wenn, wie im Beispiel der Steuerkoordinierung, wirtschaftliche Vorteile zu erwarten sind?

Es gibt zwei grundsätzlich unterschiedliche Perspektiven für eine Antwort auf diese Fragen, eine wirtschaftliche und eine politische. Aus wirtschaftlicher Sicht ist der Druck zur Steuerharmonisierung noch nicht groß genug. Die Kapitalmobilität ist noch zu gering, und bisher kam dem Steuerwettbewerb noch keine große Bedeutung zu. Gordon und Bovenberg (1996) argumentieren zum Beispiel, daß Investoren bei asymmetrischer Informationslage entmutigt werden, ihr Kapital im Ausland anzulegen. Die Wahrscheinlichkeit, dabei auf einer „sauren Zitrone" sitzen zu bleiben oder niedrigere Gewinne zu erzielen, ist weitaus größer als im eigenen Land. Wenn diese Annahme auf das heutige Europa zutrifft, dann werden die im Cecchini-Report vorausgesagten Vorteile von mobilem Kapital nicht realisiert werden. Dieser Zustand, falls er tatsächlich existiert, ist mit großer Wahrscheinlichkeit nur von kurzer Dauer. Der Grad des asymmetrischen Informationsniveaus wird unter einer gemeinsamen Währung zurückgehen: „government and private bonds issued in different countries become virtually perfect substitutes and capital flows can be expected to react very sensitively to any change in national tax policy" (Genser und Haufler 1996, 60). In der Tat sollte eine koordinierte Steuerpolitik bei abnehmendem asymmetrischen Informationsniveau und gleichbleibenden Restbedingungen effektiver sein, da es weniger Anreize für europäische Kapitalanleger gibt, ihre Vermögen in Amerika oder Asien anzulegen.

Die zweite Erklärung für die fehlende wirksame Harmonisierung der Steuerpolitik entspricht der Erklärung, die Eichengreen und Frieden (1994) für die Währungsunion heranzogen - man muß die Politik berücksichtigen. Hier diktiert die institutionelle Vorgabe, daß Besteuerungsangelegenheiten eine einstimmige Zustimmung im Ministerrat erfordern, den *Status quo*-Erhalt (Garrett und Tsebelis 1996). Wie schon zuvor erwähnt sind die meisten Vorschläge der Kommission aufgrund der fehlenden Zustimmung im Ministerrat gescheitert. Unter diesen Bedingungen bleibt der Kommission nur die Hoffnung: „even if the unanimity requirement were to be maintained, more progress might still be made if greater consideration were given - already in the presentation of Commission proposals - to the wide-ranging consequences of failure to adopt the various proposals" (Commission of the European Communities 1996a, 10).

Doch das Problem könnte dann darin bestehen, daß bestimmte Staaten einen Vorteil aus dem Status quo-Erhalt erzielen. Daher wird der Steuerwettbewerb über die Zeit hinweg dafür sorgen, daß die Sätze auf das Niveau sinken, das von dem Staat mit der niedrigsten Rate bevorzugt wird. Dieser Staat wird vermutlich keine höhere Rate unterstützen, die Vorteile für die anderen Staaten hätte, ohne dafür eine Vergütung auf anderen Gebieten zu erhalten. Genauso beunruhigend ist die Frage, welche Form der Steuerwettbewerb in Zukunft annehmen könnte. Wie Hallerberg und Basinger illustrieren (i.E.), reagieren Staaten wie Großbritannien, die lediglich die Zustimmung eines einheimischen institutionellen Veto-Spielers für die Verabschiedung eines Gesetzes benötigen, schneller auf Änderungen in anderen Ländern als zum Beispiel Belgien, das mit vielen Veto-Spielern zu kämpfen hat.[7] Daher werden Staaten mit vielen Veto-Spielern zu den wahren Verlierern einer weiteren Integration werden, weil sie sich nicht an ein sich rasch verändemdes Steuerspielfeld anpassen können. Staaten mit nur einem Veto-Spieler werden dagegen nicht bereit sein, den Status quo zu verändern, weil sie davon profitieren. Vielmehr werden sie als Konsequenz jene Reformen blokkieren, die im Ministerrat zur Entscheidung anstehen. Eine institutionenpolitische Veränderung in Form von qualifizierten Mehrheitsentscheiden statt Einstimmigkeit in Steuerfragen wäre daher notwendig.

6 Fazit

Die Situation stellt einen unbefriedigenden Stand der Dinge für die Europäische Union dar. Wenn die Faktoren generell immobil sind, dann werden sich die erwarteten Zugewinne an wirtschaftlicher Produktivität, niedrigerer Inflation und insbesondere niedrigeren Arbeitslosenquoten als Folge des gemeinsamen Marktes nicht einstellen. Falls Kapitalmobilität vorliegt oder unter einer gemeinsamen Währung das Kapital mobiler wird und sich dadurch der Steuerwettbewerb intensiviert, werden die meisten Staaten ihre Autonomie über die Steuerpolitik verlieren. Die Sätze werden fallen und die demokratische Ineffizienz zunehmen. Einen Ausweg aus dieser Situation bietet die Koordination der Politik, durch die die Unterschiede zwischen den jeweiligen Steuersystemen verringert werden können. Allerdings erschwert die institutionelle Struktur der Union die Koordination. Im Zeichen von „Souveränitätswahrung" erfordert jede Steueränderung eine einstimmige Entscheidung im Ministerrat. Durch die Beibehaltung dieser institutionellen Vorgabe setzen sich die Staaten der Gefahr aus, dieselbe zu verlieren. Es bleibt daher nur zu hoffen, daß die qualifizierte Mehrheitswahl in den nächsten Jahren auch auf die Entscheidungen in Steuerangelegenheiten ausgeweitet wird.

Anmerkungen

1 Vgl. dazu Cecchini Report (1988).
2 Bundesbankpräsident Hans Tietmeyer hat diesen Grund für die Währungsunion auch ausdrücklich angeführt (1996).

3 „As regards the more general conclusions reached by the Committee (i.e. to the effect that national differences in the tax treatment of businesses distort investment decisions to the disadvantage of the internal market and that the elimination of distortions cannot simply be left to market forces and tax competition), these generally speaking appear to have been accepted in the UK..." (Elliot 1993, 44).

4 Vgl. Dehejia and Genschel (1997) für eine Alternative zu *Prisoner's Dilemma*-Modellen für dieses Spiel.

5 Ich diskutiere hier nur Kapitalausfuhrneutralität; Kapitaleinfuhrneutralität existiert, weil der Steuersatz gleich ist, egal wo die Anlegerin wohnt.

6 In unveröffentlichten Arbeiten haben Hallerberg and Basinger eine *Dummy Variable* für EU-Mitglieder gebildet, die sich allerdings als insignifikant erwies.

7 Vgl. Tsebelis (1995).

Literatur

Cecchini, Paolo. 1988. *The European Challenge 1992* (*The Cecchini Report*). Aldershot: Gower.

Cnossen, Sijbren. 1996. „Company Taxes in the European Union: Criteria and Options for Reform". In *Fiscal Studies* 17: 67-91.

Commission of the European Communities. 1996a. *Taxation in the European Union. Report on the Development of Tax Systems*. Brüssel 22.10.96. COM(96) 546 final.

—. 1996b. „Taxation in the European Union". In *Discussion Paper for the Informal Meeting of ECOFIN Ministers*. Brüssel 20.03.96. SEC(96) 487 final.

—. 1992. SEC(92) *1118 final*. Brüssel, 26 Juni 1992.

—. 1990. *Guidelines on Company Taxation. SEC(90)601 final*. Commission of the European Communities.

Dehejia, Vivek H. und Philipp Genschel. 1996. „Tax Competition in the European Union: A Theoretical Model and a Plausibility Probe". *Paper Presented at the German-American Academic Council's Summer Institute on the Political Economy of European Integration*. Bremen, August 1996.

Elliot, Peter. 1993. „United Kingdom. National Responses to the Ruling Committee Report". In *EC Tax Review* 1: 43-51.

Frankel, Jacob. 1993. „Quantifying International Capital Mobility in the 1980s". In *On Exchange Rates*, hrsgg. von Jacob Frankel. Cambridge: MIT Press, 41-69.

—, Assaf Razin und Efraim Sadka. 1991. *International Taxation in an Integrated World*. Cambridge: MIT Press.

Frieden, Jeffrey und Barry Eichengreen. 1994. „The Political Economy of European Monetary Unification: An Analytical Introduction". In *The Political Economy of European Monetary Unification*; hrsgg. von Jeffrey Frieden und Barry Eichengreen. Boulder: Westview Press, 1-24.

Genser, Bernd und Andreas Haufler. 1996. „Tax Competition, Tax Coordination and Tax Harmonization: The Effects of EMU". In *Empirica* 23: 59-89.

Giovannini, Alberto. 1989. „National Tax Systems Versus the European Capital Market". In *Economic Policy* 9: 345-74.

Gordon, Roger und A. Lans Bovenberg. 1996. „Why is Capital so Immobile Internationally? Possible Explanations and Implications for Capital Income Taxation". In *American Economic Review* 86: 1057-75.

Hallerberg, Mark. 1996. „Tax Competition in Wilhelmine Germany and its Implications for the European Union". In *World Politics* 48: 324-57.

— und William Roberts Clark. 1997. *How Should Political Scientists Measure Capital Mobility? A Review*. Unveröffentlichtes Manuskript.

— und Scott Basinger. i.E. „Internationalization and Changes in Tax Policy in OECD Countries: The Importance of Domestic Veto Players". In *Comparative Political Studies*.

Inman, Robert und Daniel L. Rubinfield. 1996. „Designing Tax Policy in Federalist Economies: An Overview". In *Journal of Public Economics* 60: 307-34.

Kanbur, Ravi und Maurice H. Keen. 1993. „Jeux Sans Frontières: Tax Competition and Tax Coordination - When Countries Differ in Size". In *The American Economic Review* 83: 877-92.

Organisation for Economic Cooperation and Development. 1996. *Revenue Statistics of OECD Member Countries, 1965-1995*. Paris: OECD.

—. 1991. *Taxing Profits in the Global Economy*. Paris: OECD.

—. 1994. *Taxation & Investment Flows*. Paris: OECD.

Price Waterhouse. 1996. *Corporate Taxes: A Worldwide Summary*. Price Waterhouse.

Radielli, Claudio. 1997. „Entropy or Institutionalisation? The Rough Road to Multi-Level Governance in International Tax Policy". Paper, *ECPR-Workshop*. Bern.

Ruding Committee. 1992. *Report of the Committee of Independent Experts on Company Taxation*. Brüssel: European Commission.

Schjelderup, Guttorm. 1993. „Optimal Taxation, Capital Mobility and Tax Evasion". In *Scandinavian Journal of Economics* 95: 377-86.

Sinn, Hans-Werner. 1992. „The Case for European Harmonization". In *Tax Harmonization and Financial Liberalization in Europe*; hrsgg. von Georg Winkler. New York: St. Martin's Press, 3-7.

Sørensen, Peter. 1993. „Coordination of Capital Income Taxes". In *Adjustment and Growth in the European Monetary Union;* hrsgg. von Francisco Torres und Francesco Giavazzi. Cambridge: Cambridge University Press, 340-84.

Tanzi, Vito. 1995. *Taxation in an Integrating World.* Washington, D.C.: The Brookings Institution.

The International Handbook of Corporate and Personal Taxes. 1994. London: Chapman & Hall.

Tietmeyer, Hans. 1996. „Grußwort". In *Währungsunion und politische Integration: Historische Erfahrungen und europäische Perspektiven* Nr. 9. Wissenschaftliches Kolloquium am 3. November 1995 im Hotel Mariott, Frankfurt/M. auf Einladung der Deutschen Bundesbank. Frankfurt/M.: Fritz Knapp Verlag.

Tsebelis, George. 1995. „Decision Making in Political Systems: Veto Players in Presidentialism, Parliamentarism, Multicameralism and Multipartyism". In *British Journal of Political Science* 25: 289-325.

Arthur Benz, Susanne Ast und Albrecht Frenzel

Regionale Institutionenpolitik im Prozeß der Europäisierung

1 Herausforderungen für die regionale Ebene: Europäischer Regionenwettbewerb und europäische Regionalpolitik

Nach der europäischen Verfassungsnorm des Subsidiaritätsprinzips gelten Regionen als Garanten einer bürgernahen und damit legitimen europäischen Politik. In der europäischen Verfassungswirklichkeit sind Regionen aber auch der Ort, an dem sich die ökonomischen, sozialen und politischen Konsequenzen der Europäischen Integration unmittelbar und in konzentrierter Form auswirken: Mit der Vollendung des europäischen Binnenmarktes verschärft sich die Konkurrenz zwischen Wirtschaftsräumen und beschleunigt sich der Strukturwandel der regionalen Ökonomien, die sich auf eine zunehmende Arbeitsteilung und Spezialisierung einstellen müssen. Zugleich führt die zunehmende Vergemeinschaftung raumwirksamer Politiken zu neuen Koordinationserfordernissen zwischen europäischer, nationaler und regionaler Ebene. Politik und Verwaltung in den Regionen sind damit in doppelter Weise gefordert: Sie müssen einerseits die ökonomischen und sozialen Folgen des Strukturwandels bewältigen und andererseits auf die Europäisierung von raumrelevanten Politiken reagieren.

Die Regionen, die als Akteure in der europäischen Institutionenpolitik mitwirken, sind zugleich gefordert, auf die europäische Integration mit einer eigenen regionalen Institutionenpolitik zu reagieren. Neben der Veränderung intraregionaler Strukturen sind dabei die Entwicklung der intergouvernementalen Beziehungen zwischen Regionen, Nationalstaat und EU von Bedeutung. Intraregionale und intergouvernementale Strukturveränderungen verlaufen nicht unbedingt zeitgleich, aber sie wirken wechselseitig aufeinander ein. Regionale Institutionenpolitik ist somit ein Mehrebenen-Prozeß, in dem einerseits regionsinterne Konflikte zwischen kommunalen Gebietskörperschaften und staatlichen wie privaten Organisationen zu regeln sind, andererseits die spezifischen regionalen Interessen in den Verhandlungsprozessen der „europäischen Politikverflechtung" vermittelt werden (Hooghe 1995; Kohler-Koch 1996). Die besonderen Schwierigkeiten liegen darin, den inkompatiblen Anforderungen der regionsinternen wie der intergouvernementalen Prozeßebenen gleichzeitig gerecht zu werden: erstere erfordern eine effektive Beteiligung möglichst aller wichtigen regionalen Interessen, während letztere eine relative Autonomie von Repräsentanten der Regionen verlangen. Damit ist die regionale Institutionenpolitik im Prozeß der Europäisierung durch das in anderen Kontexten festgestellte Dilemma von „Mitgliedschaftslogik" und „Einflußlogik" geprägt (Schmitter und Streeck 1987; vgl. auch Benz 1992; Benz 1994, 182-203).

Mit dem Begriff Institutionenpolitik beschreiben wir nicht nur Regierungs- und Verwaltungsreformen, sondern auch Prozesse, die auf die Reproduktion politisch-administrativer Strukturen gerichtet sind (Hesse und Benz, 1990). Zur Institutionenpolitik „sind alle Aktivitäten von Institutionen zu rechnen, die der Stabilisierung (d.h. Regenerierung) oder Veränderung ihrer Strukturen dienen und die innerhalb der Institution realisiert werden. Der Begriff erstreckt sich somit sowohl auf die Politik, die Institutionen zum Gegenstand hat, als auch auf die Politik in Institutionen, d.h. auf die Prozesse, in denen Strukturen reproduziert werden" (Benz 1990, 360).

Diese Definition impliziert, daß Institutionenpolitik einerseits durch Akteure bewußt gestaltet wird, andererseits aber der Eigendynamik des strukturellen Wandels unterliegt. In der regionalen Politik und in Mehrebenensystemen sind dabei neben der restringierenden Wirkung bestehender Institutionen Entwicklungen in flexiblen Politiknetzwerken zu beachten, die die Grenzen formaler Institutionen überschreiten. Regionale Institutionenpolitik hat zum Teil direkt die Veränderung dieser Netzwerke zum Ziel, indem etwa die Regeln der Zusammenarbeit verändert werden, zum Teil löst sie eher ungeplant Änderungen in Netzwerken aus.

2 Institutionelle und raumspezifische Differenzierungen der regionalen Ebene

Die institutionelle Entwicklung in den europäischen Regionen verläuft nicht einheitlich. Europäischer Standortwettbewerb und wachsende Koordinationserfordernisse in europäisierten Politikfeldern sind zwar Herausforderungen, vor die sich alle Regionen Europas gestellt sehen; die konkreten institutionenpolitischen Reaktionen werden jedoch durch raumstrukturelle Besonderheiten und die jeweiligen nationalen institutionellen Kontexte geprägt. Wir beobachten deshalb höchst unterschiedliche Prozesse, die es nicht zulassen, von „der“ regionalen Ebene in Europa oder „der“ regionalen Institutionenpolitik zu sprechen. Vielmehr ist zu vermuten, daß die Anpassungen der Regionen an die europäische Integration die institutionelle Differenzierung der regionalen Ebene verstärken wird. Das „Europa der Regionen“ ist damit auch in Zukunft ein Europa der institutionellen Vielfalt für territoriale Politiken.

Angelegt ist diese Differenzierung bereits in der Mehrdeutigkeit des europäischen Regionenbegriffs: Regionen sind zum einen Gebietskörperschaften, die zwischen der nationalen und der kommunalen Ebene angesiedelt sind. In diesem Sinne verstehen sich so unterschiedliche Gebietskörperschaften wie die deutschen Bundesländer, die französischen *régions* oder die englischen *counties* als europäische Regionen. Regionen stellen aber auch Problemräume dar; sie bezeichnen einen Bezugsrahmen für interdependente wirtschaftliche und soziale Strukturen und Prozesse. Diese Raumcharakteristika führen - unabhängig vom jeweiligen nationalen institutionellen Kontext - zu einer weiteren Differenzierung regionaler Politik: Als Extrempole eines Kontinuums unterschiedlicher funktionsräumlicher Merkmalsausprägungen lassen sich dabei Stadtregionen mit überlokalen Zentrumsfunktionen (Metropolregionen) und ländlich-periphere Entwicklungsregionen unterscheiden.

Diese beiden Raumtypen sind in diametral entgegengesetzter Weise von den raumwirksamen Effekten der europäischen Integration betroffen. Die Dialektik der beiden integrationspolitischen Ziele „Wachstum“ und „wirtschaftlicher und sozialer Zusammenhalt“ (Kohäsion) findet hier ihren räumlichen Niederschlag: Daraus resultieren raumspezifische Policy-Profile, die sich folgendermaßen definieren lassen:

— Die strukturstarken Verdichtungsräume profitieren im Verhältnis zu ländlichen Räumen zwar von den sozioökonomischen Konzentrationstendenzen, welche durch die Europäisierung und die Globalisierung beschleunigt werden (Junne 1996). Zugleich verschärft sich die Standortkonkurrenz europäischer Zentren untereinander (Europäische Kommission 1993; 1994). Vor diesem Hintergund hat regionale Politik die Funktion einer *zentrenorientierten Wachstumspolitik.* Dies bedeutet, daß man sich auf regionaler Ebene um eine Forcierung regionaler Gemeinschaftsprojekte (Infrastrukturen, Ansiedlung von Hochtechnologiebetrieben) bemüht, denen im Standortwettbewerb eine besondere Bedeutung zugemessen wird;

flankiert wird eine solche Entwicklung der Wachstumspole durch eine Anbindung an interregionale Infrastrukturen (Hochgeschwindigkeitsnetze, Datenautobahnen).

— Ländliche Entwicklungsregionen zählen zu den Verlierern der beschriebenen ökonomischen Entwicklungsdynamik und sind deshalb Adressaten von auf „wirtschaftlichen und sozialen Zusammenhalt" (Kohäsion) gerichteten Ausgleichsmaßnahmen. In diesem Bereich hat regionale Politik die Funktion einer *peripherieorientierten Entwicklungspolitik.* Diese beinhaltet zentralisierte Förderpolitiken mit interregionalen Verteilungswirkungen und Strategien, die darauf angelegt sind, durch Kooperation aller wichtigen regionalen Akteure „endogene Entwicklungspotentiale" in den Regionen zu mobilisieren (Batt 1994; Ziegler, Hoffmann und Gabriel 1995).

„Metropolregionen" und „Entwicklungsregionen" sind als sozio-ökonomisch definierte Problemräume in der Regel nicht deckungsgleich mit den Grenzen historisch gewachsener kommunaler und regionaler Gebietskörperschaften. Metropolregionen zeichnen sich gerade durch die „Ausfransung" der sozioökonomische Verflechtungen zwischen Kernstädten und Umlandgemeinden aus, ebenso werden ländliche Entwicklungsregionen durch Verwaltungsgebiete der lokalen Gebietskörperschaften fragmentiert statt integriert. Deshalb wurden seit Ende der 60er Jahre vor allem in den Politikfeldern Raumordnung und Regionalentwicklung intermediäre Institutionen geschaffen, die in der Regel den strukturellen Rahmen für eine gemeinsame Planung von Gebietskörperschaften darstellen. In dem Maße, wie diese Problemraum-Strukturen (z.B. deutsche Regionalverbände, französische *syndicats intercommunaux d'aménagemant et d'urbanisme)* an Bedeutung gewinnen, tritt zur horizontal-territorialen Fragmentierung noch eine vertikal-funktionale Differenzierung der regionalen Ebene hinzu. Anders ausgedrückt: In der Praxis ist „regionale Politik" nicht ohne weiteres gleichzusetzen mit „Politik regionaler Gebietskörperschaften". Vielmehr weisen großflächige subnationale Einheiten wie die deutschen Flächenländer oder die französischen *régions* Binnendifferenzierungen und räumliche Disparitäten auf. Diese Unterschiede erfordern differenzierte regionale Politiken und unterschiedliche vertikale und horizontale Koordinationsbeziehungen zwischen raumrelevanten Akteuren.

Diese „räumliche" Bedeutung des Regionenbegriffs wird in der Diskussion um die regionale Dimension der EU oft übersehen, da hier in der Regel die Integration von an institutioneller Besitzstandswahrung orientierten Gebietskörperschaften in europäische Entscheidungsprozesse im Vordergrund steht. Durch die daraus resultierende Überbetonung der institutionellen Bedeutung von Region (= Bundesland) wird jedoch der „räumliche“ Aspekt regionaler Politik in der Europäischen Union vernachlässigt, wodurch die reale Differenzierung regionaler Politik in der europäischen Union nur unvollständig erfaßt wird. Denn nicht allein der nationale institutionelle Kontext, sondern vielmehr das Zusammenwirken von Institutionen und raumspezifischen Problemlagen führen zu unterschiedlichen institutionenpolitischen Reaktionen in den europäischen Regionen.

Diese Tendenz einer institutionellen und einer räumlichen Differenzierung regionaler Politik läßt sich anhand von Fallstudien zur institutionellen Entwicklung in französischen und deutschen Regionen darstellen.[1] Durch die Länderauswahl berücksichtigen wir einerseits die unterschiedlichen institutionellen Kontexte der territorialen Staatsorganisationen eines Bundesstaats mit ausgeprägter „Politikverflechtung“ und eines regionalisierten Einheitsstaats mit einer ausgeprägten informellen Koordination zwischen Akteuren der lokalen, regionalen und nationalen Politik. Um neben dieser institutionellen Varianz auch raumspezifische Unterschiede zu erfassen, untersuchen wir in beiden Ländern jeweils eine Metropolregion und eine ländliche Entwicklungsregion.

3 Institutionenpolitik in unterschiedlichen raumspezifischen Problemlagen

Im folgenden soll die Bedeutung raumspezifischer Problemlagen für die regionale Institutionenpolitik herausgearbeitet werden. Dabei läßt sich zeigen, daß es raumspezifische Problemwahrnehmungen der „europäischen Herausforderung“ gibt, welche zu unterschiedlichen Erwartungen an regionale Institutionenpolitik führen.

3.1 Metropolregionen

In beiden untersuchten Metropolregionen Stuttgart und Bordeaux dominiert das Ziel einer erhöhten Konkurrenzfähigkeit im internationalen Standortwettbewerb die regionalpolitische Agenda. Es erfordert vorrangig eine Mobilisierung und Bündelung regionsinterner Wachstumskräfte. Das zentrale Koordinationsproblem besteht in Entscheidungsblockaden im Abstimmungsprozeß der regionalen Akteure untereinander, also in der intraregionalen Handlungsfähigkeit. Beeinträchtigt wird diese durch die in den Beziehungen zwischen Kernstädten und ihren Umlandgemeinden angelegten *Verteilungskonflikten*, die sowohl durch Verlagerungen von Finanzkraft ins Umland als auch durch die steigende Belastung der Zentrumsfunktionen der Kernstadt verursacht sind. Die anhaltenden Blockaden durch ungelöste Verteilungskonflikte erweisen sich im Standortwettbewerb als kontraproduktiv, zumal sie es den Regionen schwer machen, ihre gemeinsamen Interessen nach außen zu vertreten. Dies wiederum führt zu einem erhöhten Anpassungsdruck auf die bestehenden vertikalen Beziehungen: An den Staat richten sich Forderungen nach einer aktiven Institutionenpolitik, um die Handlungsfähigkeit der Region im Standortwettbewerb und in europäisierten Politikfeldern (insbesondere in der raumbedeutsamen Infrastrukturpolitik) zu erhöhen. Zugleich bedarf die Region einer Vertretung ihrer Interessen in der europäischen Infrastrukturpolitik (insbesondere bei Entscheidungen über die transeuropäischen Netze).

Die Metropolregionen *Bordeaux* und *Stuttgart* (Frenzel 1996) - jeweils die fünftgrößte Agglomeration ihres Landes - zeigen seit 1989 regionalwirtschaftliche Krisensymptome. Neben der erlahmenden Konjunktur werden beide Regionen erheblich von der einbrechenden Nachfrage im Bereich der Rüstungstechnologie getroffen, ein dramatischer Rückgang der industriellen Arbeitsplätze ist die Folge. Als Reaktion auf diese Krise fordern die Präsidenten der Industrie- und Handelskammern - Paul Glotin in Bordeaux und Hans-Peter Stihl in Stuttgart - eine verbesserte regionale Zusammenarbeit, um die Stellung der jeweiligen Stadtregion im europäischen Standortwettbewerb zu stärken.
Dem liegt eine ähnliche Situationsanalyse zugrunde: In der jeweiligen Metropolregion wird ein Mangel an strategischer Kohärenz beklagt, der als Folge der kommunalen Fragmentierung gedeutet wird. So stellen Bordeaux und Stuttgart jeweils rund 25 Prozent der Agglomerationsbevölkerung, das „Umland" ist also mit seinen spezifischen Eigeninteressen relativ stark. Vor diesem Hintergrund erscheint die „Krise" zum Teil „hausgemacht", da die kommunalen Eigeninteressen des Umlandes angeblich wichtige Infrastrukturvorhaben behindern. In beiden Metropolregionen verweisen die IHK-Präsidenten auf ein fehlendes regionales Wirtschaftsförderkonzept, auf den unzureichenden öffentlichen Personennahverkehr, auf die geringe internationale „Wahrnehmbarkeit" der Agglomeration und

auf das investitions- und innovationsfeindliche Klima, welches aus den permanenten interkommunalen Reibereien entstehe.
Unterstützt wird der Vorstoß der beiden Unternehmer im Prinzip durch die Kernstadt-Oberbürgermeister - Jacques Chaban-Delmas in Bordeaux und Manfred Rommel in Stuttgart. Beide Rathaus-Chefs versprechen sich von diesen Initiativen zusätzliche politische und finanzielle Handlungsspielräume. Die Reformvorschläge zielen in beiden Fällen auf eine stärkere intraregionale Zentralisierung der Entwicklungssteuerung insbesondere in den Bereichen Raumordnung, Regionalentwicklung und Wirtschaftsförderung. Paul Glotin schlägt hierzu die Bildung eines Grand-Bordeaux vor, eine Art „Regionalstadt" mit 400.000 Einwohnern (statt derzeit 220.000). Hans-Peter Stihl und Manfred Rommel favorisieren einen „Regionalkreis" (mit 2,6 Mio. Einwohnern), in dem der OB der Stadt Stuttgart (ca. 600.000 Einwohner) zugleich Landrat wäre. In beiden Ländern stoßen diese Vorschläge auf den erbitterten - und parteiübergeifenden - Widerstand der Umlandkommunen, die ihre Eigenständigkeit bedroht sehen.

3.2 Ländliche Entwicklungsregionen

In den ländlichen Entwicklungsregionen dominiert das Ziel, die Wirksamkeit der regionalen Strukturpolitik zu erhöhen, die regionalpolitische Agenda. Das zentrale Koordinationsproblem politischer Steuerung besteht darin, nationale Entscheidungsroutinen regionaler Strukturförderung mit den Vorgaben der europäischen Regionalpolitik zu verbinden. Entsprechend wird in den ländlichen Regionen vor allem die Entwicklung vertikaler Beziehungen, also die institutionelle Anpassung von Entwicklungsregionen an die Förderkriterien der EU thematisiert, was zu einem erhöhten Anpassungsdruck auf die schwach entwickelten intraregionalen Beziehungen führt. Um einerseits Zugang zu den regionalen Fördermitteln zu erlangen und andererseits die Wirksamkeit regionaler Politik zu erhöhen, sind die regionalen Akteure zu größtmöglicher intraregionaler Abstimmung und Vernetzung gezwungen. Grundsätzlich sind in diesen Regionen intraregionale Verteilungskonflikte zwischen Kommunen weniger ausgeprägt als in Verdichtungsregionen, weil hier das gemeinsame Interesse an einer Ressourcenmobilisierung dominiert. Gleichwohl setzt eine wirksame Vertretung dieser Interessen voraus, daß man sich in der Region auf spezifische Entwicklungsvorstellungen einigt und die dabei auftretenden *Konflikte zwischen sektoralen Politiken* löst. Die 1988 durchgeführte Reform der Strukturpolitik der EG/EU verstärkte die Notwendigkeit einer innerregionalen Kooperation und Koordination, weil die Vergabe von Fördermitteln nun von der partnerschaftlichen Zusammenarbeit regionaler Akteure abhängig gemacht wird.

Die Probleme der Regionen *Nordöstliches Brandenburg*[2] wie *Centre-Bretagne* sind symptomatisch für die ländlichen Entwicklungsregionen: Sie sind geprägt durch eine deutliche Verringerung der in der Landwirtschaft Beschäftigten bei gleichzeitig unzureichender Kompensationsfähigkeit des Industrie- und Dienstleistungssektors sowie eine damit verbundene Abwanderungsbewegung in die Großräume Berlin und Paris. Ergänzend zur nationalen Strukturförderung sind die ländlichen Räume Ostdeutschlands und der Zentral-Bretagne Ziel 1- bzw. 5b-Fördergebiete der europäischen Regionalpolitik. Weil die EU regionale Entwicklungsmaßnahmen im Rahmen der Strukturförderung nie komplett, sondern immer nur teilfinanziert, ist eine nationale bzw. regionale „Kofinanzierung" bei der Inanspruchnahme der EU-Strukturfondsmittel notwendig.
Diese Kofinanzierung wurde für die neuen Länder der Bundesrepublik gemäß des Einigungsvertrages vom 31. August 1990 zunächst mit Mitteln aus der Gemeinschaftsaufgabe „Verbesserung der regionalen Wirtschaftsstruktur" (GRW) gewährleistet, was zur Folge hatte, daß der Einsatz der EU-Mittel in den Fördergebieten auch dem nationalen Kriterienkatalog der GRW folgen mußte. Dadurch unterlag die ostdeutsche regionale Wirtschaftsförderung deutlichen Zentralisierungstendenzen (Hesse und Renzsch 1991; Benz 1993), die zu einer programmatischen Verengung der EU-Förderung führte: Die in erster Linie auf die Förderung gewerblicher Investitionen ausgerichteten GRW-Förderkriterien sehen eine den spezifischen Bedürfnissen ländlicher Räume angemessene Förderung nämlich nicht vor. Die teilweise Aufhebung der Koppelung erzeugte neue Anpassungsprobleme, die strukturelle Probleme der regionalen Politik erst richtig deutlich werden ließen. Die Umsetzung der europäischen Strukturpolitik erfolgt in Frankreich ebenfalls im Rahmen gewachsener nationaler Routinen, nämlich in Planverträgen (*contrats de plans*) zwischen Zentralstaat und *région*. Im Gegensatz zur deutschen GRW weisen diese jedoch ähnliche Schwerpunkte und Verhandlungslogiken wie die Programmplanung der EU auf.
Im deutschen wie im französischen Fall üben die Zugriffsmöglichkeiten auf die europäischen Strukturfondsmittel einen deutlichen Anpassungsdruck auf die vertikalen (zwischen Bund und Land bzw. Staat und *région*)

und horizontalen Koordinationsmuster (zwischen Ministerien und Abteilungen bzw. directions) aus, der teilweise erhebliche Abstimmungsprobleme mit sich bringt. Die Akteure ländlicher Räume sind darauf angewiesen, funktionierende Kommunikations- und Kooperationsnetzwerke ins Leben zu rufen, die entsprechende Entwicklungsprogramme entwerfen und umsetzen können. Zugleich müssen sie sich verstärkt um die Koordination unterschiedlicher Politikfelder bemühen und Konflikte zwischen sektoralen Interessen lösen. Grundsätzlich erleichtert allerdings das gemeinsame Ziel der Ressourcenmobilisierung die Kooperation der regionalen Akteure in den Problemräumen.

4 Institutionenpolitik in spezifischen nationalen Kontexten

Institutionenpolitik ist nach unserem Verständnis eingebettet in den vorhandenen institutionellen Kontext. Daher ist davon auszugehen, daß die institutionenpolitische Bearbeitung von raumspezifischen Problemlagen in den einzelnen Mitgliedstaaten der EU in unterschiedlicher Weise erfolgt. Entscheidend ist dabei neben der Binnenorganisation der Regionen deren Einbindung in den vertikalen Staatsaufbau und in die nationale Politikverflechtung. Hinsichtlich beider Aspekte gibt es zwischen Frankreich und Deutschland signifikante Unterschiede, welche die divergierenden institutionellen Entwicklungen in den von uns untersuchten Regionen erklären können.

4.1 Deutschland

Im Regierungssystem der Bundesrepublik Deutschland prägt eine stark institutionalisierte „Politikverflechtung" zwischen Bundes- und Länderebene die intergouvernementalen Beziehungen (Hesse und Benz 1990; Kilper und Lotta 1995; Lehmbruch 1976; Scharpf, Reissert und Schnabel 1976). Im Prozeß der europäischen Integration konnten die Länder ihre starke Stellung in den intergouvernementalen Beziehungen behaupten, wenn nicht sogar stärken: Die deutsche Länderebene ist einerseits „Staat" gegenüber Kommunen und Planungsregionen, andererseits sind die Länder „europäische Regionen" im Sinn der NUTS 1-Gebietskategorie der EU und vertreten die regionale Ebene Deutschlands im Ausschuß der Regionen. Dies erlaubt der

Landespolitik, die vertikalen Beziehungen zwischen subnationaler, nationaler und europäischer Ebene gemäß ihren spezifischen institutionellen Eigeninteressen zu gestalten. Die starke Stellung der Landesebene hat für die untersuchten Problemregionen unterschiedliche Konsequenzen: Während die Landesregierung von Baden-Württemberg ihre Gestaltungsmacht einsetzen kann, um über institutionenpolitische Eingriffe die wirtschaftspolitische Strategiefähigkeit der Region Stuttgart zu steigern, erweisen sich Ressortegoismen der nicht minder durchsetzungsfähigen Brandenburger Landesministerien als Belastung für eine gezielte Entwicklung ländlicher Räume.

In *Stuttgart* griff die Landesregierung die Reformforderungen aus der Region auf, da sie ein starkes Interesse an der wirtschaftlichen Leistungsfähigkeit der Kernregion des Landes hat. Gegen den Widerstand der Gebietskörperschaften im Umland der Stadt Stuttgart verabschiedete der Landtag im Februar 1994 das von der Regierung vorgelegte „Gesetz über die Stärkung der Zusammenarbeit in der Region Stuttgart". Mit ihm wurde der „Verband Region Stuttgart" geschaffen, ausgestattet mit einer direkt gewählten Regionalversammlung, erweiterten Zuständigkeiten (Wirtschaftsförderung, Regionalverkehr, Abfallwirtschaft, regionale Großveranstaltungen) und gestärkten Eingriffsbefugnissen gegenüber den Kommunen (landesplanerisches Planungsgebot, gebietsscharfe Ausweisung von regionalbedeutsamen Vorhaben). Der gesetzgeberische Eingriff wurde folgendermaßen begründet: „Die Stellung der Region Stuttgart im europäischen und internationalen Wettbewerb soll gestärkt werden." (Landtag von Baden-Württemberg, Drucksache 11/3067, 2).

Im Ergebnis führte die Reform zu einem Wandel der intraregionalen Beziehungen, durch die vor allem die interkommunale Kooperation im „Schatten der Hierarchie" (Scharpf 1993) eines handlungsfähigen Regionalverbandes gefördert wird. Die vertikalen Beziehungen der regionalen Akteure veränderten sich dagegen kaum. Eine „Verselbständigung" der Stadtregion in der Koordination mit der Bundes- und Europapolitik ist nicht zu erkennen. Dafür gibt es zwei Ursachen. Zum einen bestand aus Sicht der Region bislang kein Bedarf an Interessenvermittlung „am Land vorbei", da die Landesregierung der Region Stuttgart als wirtschaftlicher Zentralregion hinreichend große Aufmerksamkeit widmet. Zum zweiten ist das Land daran interessiert, seinen umfassenden territorialen Vertretungsanspruch gegenüber dem Bund und der EU zu wahren.

Im *Nordöstlichen Brandenburg* hat die Landesregierung in Potsdam entscheidenden Einfluß auf die Verwendung der EU-Strukturhilfen. Durch

die Anbindung der EU-Regionalförderung an das Prozedere der Gemeinschaftsaufgabe erlangt vor allem das Brandenburger Wirtschaftsministerium eine Schlüsselstellung: Sowohl auf Ebene des Bundes als auch auf Ebene des Landes dominieren durch die Kopplung des Regionalfonds an die GRW die Wirtschaftsressorts die Entscheidungsprozesse („Fachbruderschaften"). Die Entwicklung der ländlichen Räume ist indes in der Kompetenz des Landwirtschaftministeriums, das sich jedoch primär an den Klientelinteressen der Landwirtschaft orientiert. Die sektorale Fragmentierung der Regionalpolitik führt in der Fallstudienregion zu einer gravierenden Fehlsteuerung, weil das Wirtschaftsministerium seinerseits keine territorial orientierte Entwicklungsstrategie verfolgt, sondern sich hauptsächlich auf den Strukturwandel in altindustriellen Gebieten konzentriert. Ein solches Vorgehen wird durch den einseitig an gewerblichen Investitionen orientierten Kriterienkatalog der Gemeinschaftsaufgabe zusätzlich begünstigt (Spiekermann 1992).
Unter Federführung Sachsens drängten die neuen Bundesländer eine Erweiterung der Förderkriterien der Gemeinschaftsaufgabe. Gleichzeitig forderte die EU-Kommission, die Förderkriterien der GRW deutlich auszuweiten, wenn die Kopplung von EU- und GRW-Mitteln aufrechterhalten werden soll. Diesem doppelten Reformdruck „von oben und von unten" (Voelzkow und Hoppe 1996) wurde im 24. Rahmenplan (1995-1998) entsprochen, indem eine Teilabkopplung der EU-Regionalfondsmittel von der GRW erlaubt wurde. Dies sollte in Zukunft ein eigenständiges Profil einer durch EU-Förderung unterstützten kooperativen Regionalpolitik ermöglichen. Allerdings ist fraglich, ob die Dominanz der Landesministerien und die starke Sektoralisierung der Regionalpolitik dadurch überwunden wird. Sie ist es, die einer horizontalen Kooperation in den Problemregionen entgegensteht. Jedenfalls erweisen sich die regionalen „Partnerschaften" bislang als zu schwach, um einen eigenständigen Zugang zu europäischen Entscheidungsprozessen zu gewinnen; sie sind auf die Interessenvermittlung durch die Landesregierung angewiesen.

4.2 Frankreich

Im Regierungssystem der Französischen Republik prägen personalisierte Netzwerke zwischen administrativen und politischen Akteuren die intergouvernementalen Beziehungen (Grémion 1976; Hesse und Benz 1990; Mabileau 1994; Mény 1996; Eberlein 1996). Die 1982 eingeleitete Dezentralisierung und die Europäisierung territorialer Politik haben diese Netzwerke zwischen Vertretern der territorialisierten Staatsverwaltung (v.a. den Präfekten) und einflußreichen politischen Akteuren (*Notable)* eher gestärkt, da sie eine flexible Interessenvermittlung zwischen lokaler, regionaler und staatlicher Politik ermöglichen. Daraus eröffnen sich Spielräume für staatliche wie regionale Akteure, die sich zugleich gegenseitig wirksam begrenzen. Anders als in der Bundesrepublik sind jedoch die subnationalen *collectivités territoriales* völlig gleichrangig. Die Region verfügt also gegenüber Départements und Kommunen über keinerlei Eingriffsmöglichkeiten. Regionale Politik entwickelt sich deshalb in verflochtenen vertikalen und horizontalen Verhandlungssystemen (Balme 1995), was für die untersuchten Problemregionen unterschiedliche Konsequenzen hat: In der Region Bordeaux kommt es in Ermangelung von institutionenpolitischer Handlungsfähigkeit lediglich zu marginalen Anpassungen der informellen Koordination, während sich die bretonischen Netzwerke als hinreichend flexibel erweisen, die Mittel aus den europäischen Strukturfonds in die regionale Wirtschaftsförderung zu integrieren.

In *Bordeaux* kommt es zu keiner Strukturreform der intraregionalen Kooperation, das Projekt *Grand Bordeaux* verläuft im Sande. Die Umlandbürgermeister widersetzen sich erfolgreich jedem Eingriff in ihre Kompetenzdomänen, während es der alte wie der neue Bürgermeister von Bordeaux vermeiden, die bestehenden Kooperationsbeziehungen mit dem Umland zu belasten, da von diesem interkommunalen Netzwerk die politische Handlungsfähigkeit und damit der Erfolg abhängen. So bleibt das Projekt *Grand Bordeaux* ein Vorhaben, das nur von der Industrie- und Handelskammer befristet forciert wird, ohne zur für Verwaltungsreformen zuständigen zentralstaatlichen Ebene durchzudringen.

Der institutionenpolitische Attentismus der französischen Staatsregierung hat vor allem strukturelle Gründe. Die *pouvoir notabiliaire* ist auf zentralstaatlicher Ebene stark vertreten: Viele Abgeordnete der Nationalversammlung und Minister kumulieren lokale und regionale Mandate. Der französische Senat ist wegen der Mandatskumulation und seines eigentümlichen Wahlverfahrens de facto eine Art Gemeindekammer und damit ein Bollwerk gegen jeden Eingriff in die seit den Tagen der Revolution von 1789 nahezu unveränderte, fragmentierte Gemeindestruktur. Ein prominentes und für die Fallstudie zudem einschlägiges Beispiel für den kommunalfreundlichen *cumul de mandats* ist der französische Premiermi-

nister Alain Juppé, seit Juni 1995 in Personalunion Bürgermeister von Bordeaux und Präsident des von Umlandinteressen dominierten Stadt-Umland-Verbandes *Communauté urbaine de Bordeaux.*
Die Entwicklung der intraregionalen Beziehungen beschränkt sich deshalb auf eine Anpassung der informellen Koordination. Aufgrund einer Vereinbarung sollen die Aktivitäten von Region, *Département, Communauté urbaine* und Industrie- und Handelskammer besser koordiniert werden. Das fortbestehende lose und informelle Beziehungsgeflecht zwischen den verschiedenen subnationalen Gebietskörperschaften erlaubt jedoch zugleich eine größere Vielfalt (und Redundanz) der vertikalen Beziehungen, da es hier (im Gegensatz zur deutschen Länder-Prärogative) kein subnationales Vertretungsmonopol nach außen gibt. Vor allem die Stadt Bordeaux beteiligt sich unter dem europapolitisch engagierten Bürgermeister Chaban-Delmas an Projekten, welche den Direktzugang zur EU-Kommission und anderen europäischen Institutionen ermöglichen. Daneben verfügen der Regionalrat von Aquitanien und der Generalrat der Gironde über internationale Verbindungen, über die sich wiederum Direktkontakte zur europäischen Kommission herstellen lassen. Diese Kontakte von Stadt, *Département* und Region werden allerdings untereinander kaum koordiniert und dienen den jeweiligen Gebietskörperschaften mehr zum Informationsaustausch als zur Interessenvermittlung.
In der *Zentral-Bretagne* zeigt sich, daß die durch die europäische Regionalpolitik erforderlich gewordenen Kommunikations- und Koordinationsleistungen von bereits existierenden Netzwerken zwischen unterschiedlichen staatlichen, regionalen und kommunalen Administrationen einfacher geleistet werden können als in Brandenburg. Die als ressortübergreifende Querschnittsaufgabe angelegte europäische Regionalpolitik wird hier außerdem von der traditionell federführenden interministeriellen Raumordnungsbehörde (DATAR) wahrgenommen, was den Koordinationserfordernissen der gemeinschaftlichen Regionalpolitik weitgehend entspricht. Auf diese Weise können Implementationsprobleme vermieden werden, wie sie im Vergleichsfall Brandenburg festzustellen waren.
Es ist nicht zu übersehen, daß es im Rahmen der europäischen Regionalpolitik in Frankreich zu einer Machtverschiebung zugunsten der regionalen Ebenen kam (Le Gâles 1994). Dabei ist bemerkenswert, daß die selbstverwalteten Gebietskörperschaften von der Reform der EU-Strukturfonds weniger profitieren konnten als die staatlichen Präfekturen. Allerdings sind - im Unterschied zu deutschen Landesministern - die Präfek-

ten zum einen nicht auf fachliche Interessen festgelegt und nehmen zum anderen traditionell eine Vermittlungsfunktion zwischen Regionen und Staat wahr. Die Bedeutung des Präfekten als Koordinator (*relais)* der regionalen Interessen erfuhr durch die EU-Regionalpolitik eine deutliche Aufwertung. Das Gewicht des gewählten Conseil Régional hingegen bleibt abhängig von der Fähigkeit seines Präsidenten, eigene Vorstellungen im Verhandlungsprozeß mit dem Präfekten durchsetzen zu können.
Die Region Bretagne gehört zu denjenigen französischen Regionen, denen eine prozedurale Einflußnahme gut gelingt. Diese beruht nicht auf institutionalisierten Kooperationsstrukturen, sondern auf informellen Netzwerken zwischen Vertretern des Staates und der Region, die einen starken elitären Charakter aufweisen. Intergouvernementale Kooperation und Koordination werden hier also durch die spezifische französische Verwaltungstradition der informellen Beziehungen zwischen zentralstaatlichen, regionalen und lokalen Akteuren (*système notabiliaire*) wie zwischen öffentlichem und privatem Sektor gefördert. Sie erleichtert in gleicher Weise die intraregionale Konzertierung der für die Entwicklungspolitik relevanten Akteure wie die intergouvernementale Einflußausübung, wobei die Präfekten und die regionalen Stellen der DATAR als leistungsfähige Schnittstellen zwischen beiden Politikebenen agieren.

5 Schlußfolgerungen

Die Fallstudien haben Hinweise auf ein eigendynamisches Zusammenwirken raumspezifischer Problemlagen und Policy-Profile mit dem jeweiligen landesspezifischen institutionellen Kontext erbracht. Der darin angelegte Zusammenhang zwischen der räumlichen und der institutionellen Bedeutung des Begriffs „Region“ hat dabei wesentlichen Einfluß auf die differenzierten institutionenpolitischen Entwicklungen in den europäischen Regionen. In der künftigen Erforschung der intergouvernementalen Beziehungen zwischen EU, Nationalstaaten und Regionen sollte diese „Dualität“ des Regionenbegriffs stärker berücksichtigt werden.

Diese Dualität verweist zum einen darauf, daß sich je nach sozioökonomischer Problemstruktur eines Raums unterschiedliche Problemperzeptionen entwickeln, die die regionale Institutionenpolitik leiten: In den größeren Stadtregionen steht die Optimierung der intraregionalen Kooperation im

Vordergrund, um die interregionale Wettbewerbsfähigkeit in der europäischen Standortkonkurrenz zu sichern. Weil interkommunale Koordinations- und Verteilungskonflikte zu Entscheidungsblockaden führen, werden institutionelle Reformen angestrebt. In den ländlichen Entwicklungsregionen steht die gleichzeitige Optimierung der vertikalen und der intraregionalen Koordination auf der institutionenpolitischen Agenda, um die Effektivität der Strukturpolitik zu erhöhen. Sie wird allerdings durch Koordinationsprobleme innerhalb des strukturpolitischen Mehrebenenverbundes erschwert: Die Organisation der Einflußbeziehungen zur EU-Kommission wird oft durch eine Hierarchisierung der intraregionalen Politik erreicht, was die Ausbildung stabiler Kooperationsnetze stört.

Dieser raumspezifische institutionenpolitische Anpassungsdruck wird in spezifischen institutionellen Kontexten der Mitgliedstaaten der EU unterschiedlich bearbeitet (vgl. auch Marks 1996a; 1996b): Im deutschen Regierungssystem mit seiner föderativen Politikverflechtung ist die institutionenpolitische Handlungsfähigkeit sowohl gegenüber dem Bund wie der EU auf der Länderebene konzentriert. Dies erklärt die institutionenpolitische Handlungsfähigkeit in den Metropolregionen ebenso wie die sektorale Fragmentierung der Regionalpolitik in den ländlichen Entwicklungsregionen: Eine starke Landesregierung kann auch gegen den Widerstand kommunaler Interessen eine Reorganisation der Verdichtungsregionen durchführen. Auf der anderen Seite fällt es ihr schwer, die erforderlichen Kommunikations- und Kooperationsbeziehungen in Entwicklungsregionen zu mobilisieren, ohne gleichzeitig ihren eigenen Steuerungsanspruch aufzugeben. Während die Landesregierung in Stadtregionen ein eigenes Interesse an der Regelung der Verteilungskonflikte und an der Steigerung der Wettbewerbsfähigkeit des Standorts hat und ihre Steuerungsmacht einsetzen kann, divergieren in den ländlichen Entwicklungsregionen die Interessen an einer Mobilisierung endogener Kooperation mit dem Interesse der Landesressorts, die Entwicklung nach eigenen fachlichen Zielen zu steuern. Die Dominanz der Landesebene in der regionalen Politik ist hier - ganz im Unterschied zu Stadtregionen - eher kontraproduktiv.

Das französische Regierungssystem verfügt dagegen über informell-vernetzte territoriale Verhandlungssysteme, die in den Metropolregionen zu institutionenpolitischen Blockaden führen, weil sie nicht durch eine übergeordnete Reformpolitik aufgelöst werden können. Weder das *Département* noch die Region können eine den deutschen Ländern vergleichbare Macht zur Lösung der intraregionalen Verteilungskonflikte einsetzen. Allerdings sind die französischen Stadtregionen über informelle Kontakte der Bürgermeister besser in die europäischen Entscheidungsprozesse eingebunden als die deutschen Vertreter von Verdichtungsregionen, die in Europa durch das Land repräsentiert werden. In den ländlichen Entwicklungsregionen dagegen ermöglichen die institutionellen Strukturen des französischen Staates flexible Anpassungen, die durch etablierte „Grenzstellen" (Präfekt; DATAR) in vertikaler und horizontaler Hinsicht gesteuert werden können. Diese scheinen eine den spezifischen Problemlagen angemessene Regionalpolitik zu erlauben und erleichtern ihre Koordination mit der europäischen Strukturpolitik.

Übersicht: Merkmale regionaler Institutionenpolitik

Institutionelle Bedingungen / regionale Policy-Profile	Deutschland Bundesstaat Dominanz der Landesebene in der vertikalen Politikverflechtung	Frankreich Regionalisierter Staat Informelle Vernetzung der Ebenen
Metropolregionen – Zentrenorientierte Wachstumspolitik – Ziel: Wettbewerbsfähigkeit	Region Stuttgart Institutionenpolitische Handlungsfähigkeit (Reform der Region)	Grande Bordeaux Institutionenpolitische Handlungsunfähigkeit
Ländlichen Entwicklungsregionen – Peripherieorientierte Entwicklungspolitik – Ziel: Effektivität der Förderpolitik	Nordöstliches Brandenburg Administrative Sektoralisierung, unzureichende Koordination und Kooperation in der Region	Centre-Bretagne Flexible Anpassung vertikaler und horizontaler Netzwerke

Die Leistungsfähigkeit regionaler Institutionenpolitik hängt demnach davon ab, ob raumspezifische Problemstrukturen mit vorhandenen, institutionenspezifischen Lösungsmustern korrespondieren. Die Stärke von Regionen im europäischen Mehrebenensystem ist daher nicht mit ihrer Kompetenzausstattung oder ihrem politischen Gewicht gleichzusetzen. Betrachtet man die deutschen Länder und die französischen Regionen im Vergleich, so ist zumindest eine differenzierte Bewertung angebracht: Der durch die Interventionsmöglichkeiten der Landesregierungen erzeugte „Schatten der Hierarchie“ scheint die intraregionale Kooperation in Stadtregionen zu befördern und trägt dazu bei, die Blockaden und Verteilungskonflikte zu überwinden. In den ländlichen Regionen dagegen ist das Land selbst durch Konflikte zwischen sektoralen Interessen geschwächt und belastet dadurch die intraregionale Kooperation in den Problemräumen. Im Ergebnis ist die Politik der deutschen Regionen stark durch institutionelle Eigeninteressen der Länder geprägt, wodurch die Orientierungen an materiellen Zielen der regionalen Politik in den Hintergrund gedrängt wird. Die Vertreter der sozioökonomisch definierten Regionen, die eigentlich Adressaten europäischer Politiken in den Bereichen Raumentwicklung, regionale Wirtschaftsförderung und Infrastruktur sind, bleiben von den europäischen Entscheidungsprozessen abgekoppelt, sieht man von entsprechenden Aktivitäten einzelner Großstädte ab.

Die institutionell schwächeren französischen Regionen sind dagegen wesentlich besser intern integriert und auf die Einflußausübung in europäischen Politiken eingestellt. Sie profitieren dabei nicht nur von der engen Kooperation mit zentralstaatlichen Akteuren, sondern auch von der „Stärke schwacher Beziehungen“, d. h. der hohen Flexibilität informeller und durch etablierte Grenzstellen verbundener Kommunikations- und Verhandlungsstrukturen. Dies macht sich vor allem bei der Mobilisierung von Fördermitteln für strukturschwache Regionen positiv bemerkbar, während in den Stadtregionen das Fehlen einer konsistenten Strategie der Region nachteilig ist. Hier fehlt der für die kooperative Lösung von Verteilungskonflikten erforderliche institutionelle Rahmen.

Anmerkungen

1 Die folgenden Ausführungen fassen erste Ergebnisse eines laufenden Forschungsprojekts zusammen, das im Rahmen des Forschungsschwerpunkts „Europäisierung im nationalen, regionalen und sektoralen Vergleich“ an der Fakultät für Verwaltungswissenschaften der Universität Konstanz durchgeführt und vom Land Baden-Württemberg finanziert wird.

2 Hier wurde aus zwei Gründen eine ostdeutsche Region ausgewählt: Zum einen sind gerade in ostdeutschen Bundesländern Entwicklungsprobleme des ländlichen Raums von besonderer Bedeutung, weil dieser Raumtyp dort (wie in der Bretagne) dominiert. Zum anderen sind diese Gebiete in hohem Maße abhängig von der EU-Struktur-

förderung, so daß sich Wechselwirkungen zwischen bundesdeutscher und europäischer Regionalpolitik sehr gut veranschaulichen lassen. Fallstudien zu westdeutschen Regionen (Staeck 1995) lassen darauf schließen, daß unsere Ergebnisse hinsichtlich der institutionellen Probleme und Reaktionen für die Bundesrepublik Deutschland insgesamt gelten.

Literatur

Balme, Richard. 1995. „French Regionalization and European Integration: Territorial Adaptation and Change in a Unitary State". In *The European Union and the Regions*; hrsgg. von Barry Jones und Michael Keating. Oxford: Clarendon Press, 167-88.

Batt, Helge-Lothar. 1994. *Kooperative regionale Industriepolitik*. Frankfurt/M.: Lang.

Benz, Arthur. 1990. „Institutionspolitik". In *Jahrbuch zur Staats- und Verwaltungswissenschaft* 4: 359-74.

—. 1992. „Mehr-Ebenen-Verflechtung. Verhandlungsprozesse in verbundenen Entscheidungsarenen". In *Horizontale Politikverflechtung;* hrsgg. von Arthur Benz, Fritz W. Scharpf und Reinhard Zintl. Frankfurt/M., New York: Campus, 147-205.

—. 1993. „Reformbedarf und Reformchancen des kooperativen Föderalismus nach der Vereinigung Deutschlands". In *Verwaltungsreform und Verwaltungspolitik im Prozeß der deutschen Einigung;* hrsgg. von Wolfgang Seibel et al. Baden-Baden: Nomos, 454-73.

—. 1994. *Kooperative Verwaltung: Funktionen, Voraussetzungen und Folgen*. Baden-Baden: Nomos.

Eberlein, Burkard. 1996. *Der Wandel territorialer Politik in Frankreich - Untersucht am Beispiel der „Technopole"*. Dissertation. Universität Konstanz.

Europäische Kommission. 1993. *New Location Factors for Mobile Investment in Europe*. Final Report. Brüssel, Luxemburg: Amt für amtliche Veröffentlichungen der EG.

—. 1994. *Europa 2000+ - Europäische Zusammenarbeit bei der Raumentwicklung*. Brüssel, Luxemburg: Amt für amtliche Veröffentlichungen der EG.

Frenzel, Albrecht. 1996. *Stratégies politico-administratives face au Défi Européen? Le Changement institutionnel dans les urbaines de Stuttgart et de Bordeaux, Contribution à la conférence.* Arbeitskreis Lokale Politikforschung: Kommunalpolitik und lokale Politikforschung - alte Probleme und neue Herausforderungen an der Schwelle des Jahres 2000; 28.-30. März.

Grémion, Pierre. 1976. *Le pouvoir périphérique*. Paris: Ed. Seuil.

Hesse, Joachim Jens und Arthur Benz. 1990. *Die Modernisierung der Staatsorganisation*. Baden-Baden: Nomos.

— und Wolfgang Renzsch. 1991. „Zehn Thesen zur Entwicklung und Lage des deutschen Föderalismus". In *Föderalstaatliche Entwicklung in Europa;* hrsgg. von Joachim Jens Hesse und Wolfgang Renzsch. Baden-Baden: Nomos, 29-47.

Hooghe, Liesbet. 1995. „Subnational mobilisation in the European Union". In *West European Politics* 18 (Special Issue: The Crisis of Representation in Europe): 175-98.

Junne, Gerd. 1996. „Integration unter den Bedingungen von Globalisierung und Lokalisierung“. In *Europäische Integration;* hrsgg. von Markus Jachtenfuchs und Beate Kohler-Koch. Opladen: Leske + Budrich, 513-30.

Kilper, Heiderose und Roland Lhotta. 1995. *Föderalismus in der Bundesrepublik Deutschland.* Opladen: Leske + Budrich.

Kohler-Koch, Beate. 1996. „Regionen im Mehrebenensystem der EU“. In *Das europäische Mehrebenensystem*; hrsgg. von Thomas König, Elmar Rieger und Hermann Schmitt. Frankfurt/M., New York: Campus (Mannheimer Jahrbuch für europäische Sozialforschung I): 203-27.

Le Galès, Patrick. 1994. Regional Economic Policies: „An Alternative to French Economic Dirigisme?“. In *The End of the French Unitary State? Ten Years of Regionalization in France (1982-1992);* hrsgg. von John Loughlin und Sonia Mazey. London: Frank Cass.

Lehmbruch, Gerhard. 1976. *Parteienwettbewerb im Bundesstaat.* Stuttgart: Kohlhammer.

Mabileau, Albert. 1994. *Le système local en France.* Paris: Montcrestien.

Marks, Gary. 1996a. „Politikmuster und Einflußlogik in der Strukturpolitik“. In *Europäische Integration,* hrsgg. von Markus Jachtenfuchs und Beate Kohler-Koch. Opladen, Leske + Budrich, 313-44.

—. 1996b. „Exploring and Explaining Variation in Cohesion Policy“. In *Cohesion Policy, the European Community, and Subnational Government;* hrsgg. von Liesbet Hooghe. Oxford: Oxford University Press, 388-422.

Mény, Yves. 1996. *Le système politique français.* Paris: Montcrestien.

Scharpf, Fritz W., Bernd Reissert und Fritz Schnabel. 1976. *Politikverflechtung. Theorie und Empirie des kooperativen Föderalismus in der Bundesrepublik.* Kronberg/Ts: Scriptor.

—. 1993. „Positive und negative Koordination in Verhandlungssystemen“. In *Policy-Analyse, Kritik und Neuorientierung;* hrsgg. von Adrienne Héritier, Opladen: Westdeutscher Verlag (PVS-Sonderheft 24): 57-83.

Schmitter, Philippe und Wolfgang Streeck. 1981. *The Organization of Business Interests: a Research Design to Study the Associative Action of Business in the Advanced Industrial Societies of Western Europe,* (Wissenschaftszentrum Berlin IIMV dp81-13). Berlin: WZB.

Spiekermann, Bernd. 1992. „Regionale Wirtschaftspolitik in der Bundesrepublik unter EG-Rahmenbedinungen“. In *Regionale Wirtschaftspolitik auf dem Wege zur Europäischen Integration,* Akademie für Raumforschung und Landesplanung. Hannover: ARL, 36-43.

Staeck, Nicola. 1996. „Die europäische Strukturfondsförderung in einem föderalen Staat - am Beispiel des Bundeslandes Niedersachsen“. In *Politiknetzwerke und europäische Sturkturfondsförderung. Ein Vergleich zwischen EU-Mitgliedstaaten;* hrsgg. von Hubert Heinelt. Opladen: Leske + Budrich, 75-107.

Thoenig, Jean-Claude. 1975. „La relation entre le centre et la péripherie en France“. In *Bulletin de L'Institut International d'Administration Publique*: 1037-83.

Voelzkow, Helmut und Andrea Hoppe. 1996. „Druck von oben und von unten. Zu den Reformansätzen der deutschen Regionalpolitik als Reaktion auf Implementationsprobleme des Europäischen Regionalfonds in den neuen Bundesländern“. In *Politiknetzwerke und europäische Strukturfondsförderung. Ein Vergleich zwischen EU-Mitgliedstaaten;* hrsgg. von Hubert Heinelt. Opladen: Leske + Budrich, 108-30.

Ziegler, Astrid, Hans Gabriel und Reiner Hoffmann, Hrsg. 1995. *Regionalisierung der Strukturpolitik. Neue Ansätze in ausgewählten Bundesländern*. Marburg: Schüren.

Rainer Eising

Sektorielle Institutionenpolitik und sektorieller Institutionenwandel

Die Liberalisierung der europäischen und der deutschen Stromwirtschaft

1 Einleitung[1]

Von der Europäischen Gemeinschaft (EG)[2] und der Bundesregierung wurden 1996 nach jeweils kontroversen Diskussionen Reformen zur Liberalisierung der Elektrizitätswirtschaft beschlossen.[3] Diese Reformen stellen eine bedeutende Form sektorieller Institutionenpolitik dar, welche direkt auf die Veränderung etablierter Steuerungsregime abzielt. Jene können definiert werden als die „Gesamtheit der institutionellen Arrangements, einschließlich der Regeln und regelsetzenden Akteure, welche die Transaktionen innerhalb und über die Grenzen eines ökonomischen Systems hinweg lenken" (Hollingsworth et al. 1994, 5). Diese Steuerungsregime setzen sich aus verschiedenen Steuerungsmechanismen zusammen, die den Markt, das Unternehmen, den Staat, das Netzwerk und den Verband umfassen. Sie können gegliedert werden in die politische Steuerung des Sektors, die Muster der sektoriellen Interessenvermittlung und die Mechanismen der gesellschaftlichen Selbstregelung. Im Vergleich zu anderen Sektoren war die Stromwirtschaft lange Zeit durch einen hohen Grad nationaler staatlicher Regulierung, eine starke Präsenz öffentlicher Unternehmen, Monopole der Versorgungsunternehmen, die Konzentration auf nationale Märkte und geschlossene nationale Politiknetze gekennzeichnet. Die Liberalisierungen zielen durch die Verbesserung von Marktzutrittschancen auf die Veränderung der Handlungsorientierungen und Koordinationsmechanismen auf den Produktmärkten ab. Sie betreffen vitale Interessen der Mitgliedstaaten in der Energiepolitik und gefährden Bestandsinteressen von Versorgungsunternehmen in einem bislang reformresistenten Sektor.

Der Einfluß der EG geht allerdings über die direkten politischen Steuerungsmaßnahmen hinaus. Durch die sektorspezifische Tätigkeit der EG-

Institutionen wandelt sich das politische Institutionengefüge, in das die sektoriellen Akteure bislang eingebettet waren, zu einem Mehrebenensystem. Die politischen Kompetenzen für die Elektrizitätsversorgung sind nunmehr dauerhaft auf die EG-Ebene, die nationale und die subnationale politische Ebene verteilt, die in der Formulierung und Implementation von EG-Politiken miteinander verflochten sind (Jachtenfuchs und Kohler-Koch 1996). Institutionelle Ansätze haben demonstriert, daß das politische Gewicht, die Präferenzen und die Strategien von Akteuren in hohem Maße durch das Institutionengefüge geprägt werden, in dem sie sich bewegen (Thelen und Steinmo 1992, 8-9). Der institutionelle Wandel ist folglich von besonderer Bedeutung für einen Sektor, der in hohem Maße in nationalen ökonomischen und politischen Strukturen verhaftet war. Aus diesem Grund wird untersucht, wie sich die sektorielle Institutionenpolitik der Gemeinschaft und die Institutionalisierung des EG-Mehrebenensystems auf die *Präferenzbildung,* die *Entscheidungsverfahren* und die *Durchsetzungsfähigkeit* der sektoriellen und der politischen Akteure auswirken. Der empirische Fokus liegt auf der deutschen Stromwirtschaft zur Versorgung von Dritten - der öffentlichen Elektrizitätsversorgung.

Auf der Basis der Fallstudie lassen sich einige Generalisierungen über den Zusammenhang von EG- und nationaler Politik und über die Auswirkungen der politischen institutionellen Veränderungen formulieren:

1. In institutioneller Hinsicht wird die *Durchsetzungsfähigkeit* der federführenden Ministerien in der Bundesregierung gegenüber Interessengruppen und anderen Ressorts sehr begrenzt erhöht. Sie werden in hohem Maße durch die nationalen Interessengruppen eingeschränkt, welche die Einigungsprozesse in der EG mitgestalten.
2. Die EG-Kommission kann die *Präferenzbildung* in den Mitgliedstaaten und innerhalb des Sektors infolge ihres Initiativrechtes stark beeinflussen und die Neubewertung nationaler Konzepte der sektoriellen Steuerung auch gegen große Widerstände begründen.
3. Die Marktintegration läßt auf den Produktmärkten die Bedeutung von Unternehmenszusammenschlüssen und vertraglichen Beziehungen zwischen Unternehmen wachsen. Paradoxerweise steigt aber durch die Einbindung in das Mehrebenengeflecht die Bedeutung von Vertrauen und Fairnesserwägungen in den nationalen Verbändesystemen.

Der folgende Abschnitt (2) bietet zunächst einen Überblick über die Steuerungsregime der Elektrizitätswirtschaft innerhalb der EG (2.1), in welche dann die Struktur des deutschen Sektors vor den Reformen eingeordnet wird (2.2 - 2.3). Daraufhin wird die Entwicklung der EG-Liberalisierung skizziert (3). Im letzten Abschnitt werden ihre Auswirkungen auf den deutschen Sektor dargestellt (4). In der Konklusion werden Schlußfolgerungen über die Wirkung des Integrationsprozesses auf nationale Entscheidungsverfahren in Staat und Verbänden entwickelt (5).

2 Die Steuerungsmechanismen der deutschen Elektrizitätswirtschaft

2.1 Besonderheiten und Typen der Elektrizitätsversorgung

Im Vergleich zu anderen Sektoren ist die Elektrizitätsversorgung durch einige ökonomische und technologische Besonderheiten gekennzeichnet: Elektrizität kann nicht gespeichert werden und muß zeitgleich mit dem Verbrauch erzeugt werden. Die Versorgung ist an Netze gebunden, die den Charakter natürlicher Monopole haben. Erzeugung, Transport und Verteilung erfordern ein hohes Ausmaß an Koordination. Aufgrund dieser Faktoren wurde die Elektrizitätsversorgung lange Zeit vom Wettbewerb ausgenommen. Als wesentliche Ziele der sektoriellen Steuerung haben sich frühzeitig eine sichere und wirtschaftliche Versorgung herausgebildet, die in den vergangenen 20 Jahren um den Umweltschutz erweitert wurden. Wichtige Unterschiede zwischen den Mitgliedstaaten bestehen in Bezug auf den Stellenwert dieser Ziele, die Marktgröße, die eingesetzten Primärenergien und die Importabhängigkeit (McGowan 1993). Die Ursachen hierfür sind neben geographischen und geologischen Unterschieden vornehmlich die Variationen der politischen Steuerung: Die Elektrizitätswirtschaft wird als wichtiger Infrastruktursektor betrachtet. Die politische Regulierung betrifft nicht nur die natürlichen Monopole Transport und Verteilung, sie erstreckt sich vielfach auch auf die Nutzung bestimmter Energiequellen und wurde auf den Umweltschutz ausgedehnt.

In den EG-Mitgliedstaaten haben sich zwei Typen sektorieller Steuerung herausgebildet: In einigen Ländern koordiniert ein im öffentlichen Eigentum befindliches, vertikal integriertes Unternehmen die Elektrizitätsversorgung (Frankreich, Griechenland, Irland, Italien, Portugal; Großbritannien bis 1989). In den anderen Ländern bestehen öffentliche, gemischtwirtschaftliche und private Unternehmen nebeneinander und die Koordination zwischen ihnen erfolgt durch Verträge und Verbände. In den eher dezentral organisierten Ländern nimmt das öffentliche Recht eine größere Rolle in der politischen Steuerung ein als in den vertikal integrierten Sektoren. Letztere sind auch durch eine stärkere ordnungspolitische Präferenz für die staatliche Steuerung der Wirtschaft gekennzeichnet. In beiden Typen ist Wettbewerb weitgehend ausgeschlossen und der internationale Stromhandel begrenzt. Zwischen den Mitgliedstaaten bestehen bedeutende Preisunterschiede.

2.2 *Die institutionelle Struktur der politischen Steuerung*

Aus diesen Variationen kann gefolgert werden, daß die technischen, ökonomischen oder geographischen Faktoren nicht die Muster der sektoriellen Steuerung determinieren. So haben sich in der dezentralen deutschen Elektrizitätswirtschaft die wesentlichen Mechanismen der sektoriellen Steuerung evolutionär durch die Wirtschaftsaktivitäten von Unternehmen und durch Verhandlungen zwischen den Elektrizitätsversorgungsunternehmen (EVU), den Bundesstaaten und den Kommunen herausgebildet (Evers 1983; Gröner 1975). Auch das unter nationalsozialistischer Herrschaft formulierte Energiewirtschaftsgesetz (EnWG) bildete einen Kompromiß zwischen den staatlichen Akteuren, Kommunen und den großen EVU. Es führte 1935 erstmals eine zentralstaatliche ökonomische Regulierung zur Preis- und Investitionskontrolle ein und band die Aufnahme der Versorgungstätigkeit an eine öffentliche Genehmigung.

In der Bundesrepublik wurden die Muster der sektoriellen Steuerung lediglich an die *Semi-Souveränität* des neuen politischen Systems angepaßt (Katzenstein 1987) und erfuhren nur inkrementelle Veränderungen. Das Energiewirtschaftsgesetz wurde kaum verändert. Die etablierten Vertragsmechanismen des Sektors wurden von der Geltung des Gesetzes gegen Wettbewerbsbeschränkungen (GWB) befreit. Die Konzessions- und Demarkationsverträge der Unternehmen und Gemeinden sichern geschlossene Versorgungsgebiete. Die vierte und die fünfte GWB-Novelle von 1980 und 1989 haben den bestehenden Ordnungsrahmen lediglich geringfügig verändert und die Stellung der Kommunen gestärkt. Weiterhin werden die Nutzung von Primärenergien und der Umweltschutz gesetzlich geregelt.

In der Bundesregierung besteht durch das Ressortprinzip eine hohe ministerielle Autonomie, welche die horizontale Koordination zwischen Ministerien erschwert. Innerhalb des Bundesministeriums für Wirtschaft (BMWi) ist die Abteilung für Energiepolitik für die Elektrizitätswirtschaft zuständig. Sie weist durch den hohen Regulierungsgrad des Sektors enge Beziehungen zu den sektoriellen Akteuren auf und hat das etablierte Steuerungsregime positiv bewertet. Die durch eine stark ordoliberale Orientierung geprägte Grundsatzabteilung ist dagegen für wesentliche ordnungspolitische Fragen relevant. Damit sind zwei sehr unterschiedliche Auffassungen zur Frage des Wettbewerbs im BMWi institutionalisiert. Das Bundeskartellamt setzt das GWB um, soweit dies nicht Ländersache ist (Evers 1983; Markert 1996). Die Implementation des EnWG und bestimmter Aspekte des GWB obliegt den Preis- und Fachaufsichtsbehörden der Länder in eigener Verantwortung. Die Einzelentscheide der Aufsichtsbehörden sind verwaltungsrechtlich anfechtbar. Dadurch werden politische Konflikte häufig in rechtliche Auseinandersetzungen transformiert.

Durch den dezentralen und verflochtenen Charakter der politischen Steuerung sind der autonomen Handlungsfähigkeit einzelner Akteure enge Grenzen gesetzt. Zudem werden unterschiedliche politische Handlungslogiken und Konfliktlinien in den energiepolitischen Entscheidungsprozeß institutionalisiert, die in verschiedenen Teilbereichen der Elektrizitätswirtschaft von unterschiedlicher Relevanz sind: Parteienwettbewerb sowie administrative, föderale und juristische Entscheidungslogiken. Diese Segmentierung der politischen Steuerung wird vielfach auch als Ursache für eine mangelnde Effektivität und Kohärenz von Aufsichtsmaßnahmen betrachtet (Bohne 1995, 151). Zwar haben Untersuchungen über die Interaktion zwischen Bundes-, Landes- und Kommunalbehörden nachgewiesen, daß sie die Entstehung eines gemeinsamen Problemverständnisses fördert (Scharpf, Reissert und Schnabel 1978, 102). Die Wertkonflikte um die Nutzung der Kernenergie und die Stärkung der umweltpolitischen Dimension innerhalb des Parteienwettbewerbs haben aber die Grenzen der Konsensfindung im föderalen System deutlich aufgezeigt: Während auf der Bundesebene die Regierungskoalition aus CDU/CSU und FDP die Nutzung der Kernenergie weiterhin befürwortet, haben die SPD und das Bündnis 90/Die Grünen für den Ausstieg aus der Kernkraft plädiert. Die Oppositionsparteien betonen in den Landesregierungen wie auch auf Bundesebene stärker die Bedeutung der Energieeffizienz, die Nutzung erneuerbarer Energien und der dezentralen Kraft-Wärme-Kopplung als die Regierungsparteien (Schiffer 1995).

Die Unternehmens- und Verbandsentwicklung in der Bundesrepublik hat ebenfalls an die Entwicklung vor dem Zweiten Weltkrieg angeknüpft und nur zu begrenzten Modifikationen geführt. Der umfassende Sektorverband, die 1892 gegründete Vereinigung Deutscher Elektrizitätswerke (VDEW), organisierte 1993 mit ihren 658 Mitgliedern etwa 99% der Unternehmen des Sektors (VDEW 1994). Weiterhin wurden drei sub-sektorielle Verbände gegründet. Die EVU sind sowohl Mitglieder je eines subsektoriellen Verbandes als auch der VDEW.

Die neun Verbundunternehmen, die in der *Deutschen Verbundgesellschaft* (DVG) zusammengeschlossen sind, sind Eigentümer des Hochspannungsnetzes in ihren Liefergebieten und kontrollieren faktisch den überregionalen und den internationalen Handel. Die DVG koordiniert den Netzbetrieb, nimmt aber auch politische Aufgaben wahr. 1993 betrug der Anteil der Verbundunternehmen an der Erzeugung von Elektrizität 81%, ihr Anteil an der Verteilung an Endabnehmer belief sich auf 34% (Schiffer 1995, 166). Trotz der Vielzahl von Unternehmen weist der Sektor in den Bereichen Erzeugung und Übertragung somit einen sehr hohen Konzentrationsgrad auf. Die Größe der Verbundunternehmen variiert von großen städtischen Versorgungsunternehmen bis hin zum größten deutschen EVU, der RWE Energie AG. Nur die PreußenElektra ist vollständig in privatem Besitz, die anderen Unternehmen sind in unterschiedlichem Maße durch kommunale oder Länderanteile gekennzeichnet. Ein Netzwerk von Tochterunternehmen und Eigentumsanteilen verbindet die Verbundunternehmen untereinander, mit den 56 regionalen Versorgern und auch mit kommunalen Unternehmen (Klöcker 1985). Es erstreckt sich vertikal bis in die Atom- und Kohlewirtschaft. Die in der *Arbeitsgemeinschaft Regionaler Energieversorgungsunternehmen* (ARE) zusammengeschlossenen Regionalversorger haben 1993 etwa 9% zur Stromerzeugung und 39% zu seiner Verteilung beigetragen. Sie beziehen das Gros ihrer Elektrizität von den Verbundunternehmen und versorgen die weniger dicht besiedelten Regionen. 1993 haben die im *Verband kommunaler Unternehmen* (VKU) zusammengeschlossenen Versorgungsunternehmen 10% zur Erzeugung und 27% zur Verteilung von Elektrizität beigetragen. Der VKU koordiniert seine politischen Tätigkeiten eng mit dem Deutschen Städtetag und hat personelle Verflechtungen mit den anderen kommunalen Spitzenverbänden. Enge Verbindungen bestehen auch zum Bundesverband Gas und Wasser (BGW), der ebenfalls eine Vielzahl kommunaler Unternehmen umfaßt. Im Verhältnis zur ARE, die über ein ähnliches wirtschaftliches Gewicht verfügt, ist der VKU politisch sehr einflußreich: Das Gewicht des Verbandes basiert erstens auf der Stellung der Kommunen in der deutschen Verwaltung: das Recht der kommunalen Selbstverwaltung ist im Grundgesetz verankert. Zweitens bestehen personelle Verflechtungen mit den Parteien und persönliche Verbindungen zu deren kommunalpolitischen Gruppen.

Infolge der wichtigen politischen Rolle der Länder für den Sektor unterhalten sowohl die VDEW als auch der VKU Länderorganisationen. Zwischen den verschiedenen Verbänden bestehen gut etablierte „Kommunikations- und Konfliktlösungskanäle“ (Padgett 1990, 183). Die sektorielle Koordination wird durch drei Aspekte stark begünstigt: erstens durch die Eigentumsverflechtungen (Klöcker 1984), zweitens durch den weitgehenden Ausschluß von Wettbewerb und schließlich durch die hohe personelle Kontinuität in der Verbandsarbeit der Unternehmen. Grundsätzlich repräsentiert die VDEW den gesamten Sektor. Alle subsektoriellen Verbände betonen sehr stark, daß sie nur subsidiär tätig werden. Aber die Unterschiede der Unternehmen in verschiedenen Dimensionen - Eigentumsstruktur, Größe, Funktion, Primärenergiebasis, Grad vertikaler und horizontaler Integration - erschweren die Formulierung gemeinsamer Positionen in zahlreichen Fragen (Interviews ARE, DVG, VDEW, VKU). Zum einen unterminieren die sub-sektoriellen Verbände den repräsentativen Status der VDEW. Zum anderen vermögen die großen EVU durch ihre Investionsmacht politische Diskussionen zu dominieren, die den gesamten Sektor betreffen. So waren z.B. die drei großen westdeutschen EVU, RWE Energie AG, VEBA/PreußenElektra und das Bayernwerk, zentrale Ansprechpartner der politischen Akteure im Transformationsprozeß der ostdeutschen Stromwirtschaft (Richter 1995). Sie sind nun die Haupteigentümer der VEAG, die den ostdeutschen Markt in der Erzeugung dominiert.

Unter den Konsumentenverbänden ist vornehmlich der VIK (*Verband der Industriellen Energie- und Kraftwirtschaft*) zu nennen. Die im VIK zusammengeschlossenen Unternehmen repräsentieren ca 70-80% des industriellen Energiekonsums und 90% der Energieeigenerzeugung (VIK 1994, 55). Die wichtigsten Mitgliedssektoren sind die chemische und die Steinkohleindustrie. Zwischen dem VIK, der VDEW und dem BDI (*Bundesverband der Deutschen Industrie*) wurde eine Verbändevereinbarung zur stromwirtschaftlichen Zusammenarbeit abgeschlossen, welche die Grundsätze für die Einspeisung von Industriestrom in das Netz der Versorgungsunternehmen festlegt und die letztmals 1994 fortgeschrieben wurde. Die Wahl dieser

Kooperationsform in dem hoch regulierten Sektor basiert auf der Auffassung, daß „eine privatwirtschaftliche Vereinbarung flexibler und anpassungsfähiger ist als staatliche Regelung" (VIK 1994, 35).

3 Die Liberalisierung der Elektrizitätswirtschaft in der EG

Die rechtliche Basis der EG-Energiepolitik ist auf drei Verträge - EURATOM, EGKS und EG - verteilt. Bislang gibt es noch keine einheitliche rechtliche Grundlage für eine europäische Energiepolitik. Allerdings gelten die allgemeinen Regeln des EG-Vertrages zur Marktintegration auch für die Elektrizitätswirtschaft, selbst wenn der Sektor lange von ihrer Anwendung ausgenommen wurde. Aufgrund der Betonung ihrer autonomen Handlungskompetenzen in der Energiepolitik haben die Mitgliedstaaten lediglich eine begrenzte Rolle der EG zugelassen (Anderssen 1993, 138). Die Rolle der GD XVII (Generaldirektion Energie) der Kommission war begrenzt auf die Formulierung von Studien und Prognosen.

Erst das Binnenmarktprogramm von 1985 hat die Übertragung der Liberalisierungsmaxime auf Sektoren begünstigt, die zuvor vom Wettbewerb ausgenommen waren - Verkehr, Telekommunikation und Energie. Die EG-Kommission hat 1988 eine Bestandsaufnahme der Hindernisse für einen gemeinschaftlichen Energiemarkt vorgelegt. Für die Gas- und die Elektrizitätswirtschaft wurden weitreichende Ziele zur Einführung von Wettbewerb formuliert (Komission 1988). 1989 legte die GD XVII vier Entwürfe vor, die geringfügige Wettbewerbselemente eingeführt haben. Die Vorschläge zum Transit von Gas und Elektrizität einerseits und zur Erhöhung der Preistransparenz wurden vom Ministerrat gebilligt, während die Verordnung zur Notifikation von Investionsvorhaben abgelehnt wurde. Sie stieß auf ordnungspolitische Vorbehalte. Einige Mitgliedstaaten kritisierten eine Einmischung in private Investitionsentscheidungen (*Agence Europe* 19.05.90, 12).

Selbst diese begrenzten Regelungen haben umfassende organisatorische Reformen in der Verbandslandschaft ausgelöst. Die Arbeit der Kommission an weiteren Liberalisierungsvorschlägen wurde mit substantiellen Kosten für den Sektor assoziiert. Hochrangige Unternehmensvertreter innerhalb der seit 1925 für die technische Kooperation zuständigen *Union Internationale des Producteurs et Distributeurs d'Energie Electrique* (UNIPEDE) haben Pläne für eine eigenständige EG-Interessenorganisation entwickelt. 1989 wurde die

European Grouping of the Electricity Supply Industry (EURELECTRIC) ins Leben gerufen, die nationale Verbände und Unternehmen umschließt. Zudem haben öffentliche kommunale Versorger aus fünf Mitgliedstaaten der EG unter starkem Engagement des deutschen VKU die *Confederation Européenne des Distributeurs d'Energie Public Communaux* (CEDEC) geformt, die acht Mitgliedsverbände umfaßt. Sie betonten die Besonderheiten der Elektrizitätsversorgung und forderten die Beibehaltung geschlossener Versorgungsgebiete. Vornehmlich spanische und französische Verteilerunternehmen haben das *Groupement Europeén de Sociétés et Organismes de Distribution d'Energie* (GEODE) als Gegeninitiative zu EURELECTRIC gegründet. GEODE gehören 55 Mitgliedsunternehmen aus fünf Ländern an. Der Verband hat die Liberalisierung unterstützt und darauf insistiert, daß Verteilerunternehmen ihre Stromlieferanten frei wählen können (Interviews CEDEC, *Eastern Electricity*, EURELECTRIC).

EURELECTRIC repräsentiert etwa 95% der Unternehmen der EG-Elektrizitätsversorgung. Das für EG-Verbände vielfach vermerkte Problem der Heterogenität der Mitglieder trifft auch auf diesen Verband zu. Die Unterschiede in den Strukturen der Elektrizitätsversorgung der Mitgliedstaaten erschwerten in der Liberalisierungsfrage die Formulierung einheitlicher Positionen und eine aktive Interessenvertretung. Daher haben Großunternehmen wie die RWE AG, die *Electricité de France* und VEBA/PreußenElektra und auch nationale Verbände wie die VDEW und die britische *Electricity Association* eigene Niederlassungen in Brüssel eröffnet. In EURELECTRIC wird das nationale Lobbying als legitim angesehen, wenn die Mitglieder sich nicht auf eine gemeinsame Position einigen können. Der Verband war lediglich in der Lage, eine defensive Position seiner „kontinentalen" Mitglieder in der Liberalisierungsfrage zu formulieren, die die Vorteile des Status Quo hervorgehoben hat (EURELECTRIC 1991). Im Gegensatz dazu haben die britischen Mitglieder die Kommissionsvorschläge seit der Privatisierung und Liberalisierung in Großbritannien von 1989 befürwortet. Auch einige kontinentale Unternehmen haben sich Vorteile durch die Einführung von Wettbewerb versprochen. So wollten sich niederländische, spanische und französische Verteilerunternehmen aus den Abhängigkeitsverhältnissen gegenüber ihren Vorlieferanten lösen (Interviews EURELECTRIC).

Nach Auseinandersetzungen um prozedurale und inhaltliche Fragen legte die Kommission im Januar 1992 einen weitreichenden Vorschlag zur Einführung eines Binnenmarktes für Elektrizität und Gas auf der Basis von Art. 100a EG-Vertrag vor (Kommission 1991). Sie betonte ein schrittweises

Vorgehen und hob die Wahl des Mitentscheidungsverfahrens hervor. Dies bedeutete den Verzicht auf ein alleiniges Vorgehen der Kommission nach Art. 90 III EG-Vertrag, das von der GD IV (Wettbewerb) nach dem Vorbild der Telekommunikation befürwortet worden war, allerdings von den anderen Organen und auch von Teilen der Kommission als illegitim angesehen wurde. Inhaltlich sah der Vorschlag den fundamentalen Wandel der etablierten sektoriellen Steuerungsregime vor. Drei seiner Kernelemente sollten Wettbewerb vor allem im Bereich der Erzeugung einführen: (1) Eine statutorische Durchleitungsregel sollte es Verteiler- und Industrieunternehmen ermöglichen, Lieferverträge mit Erzeugern außerhalb des Versorgungsgebietes ihres EVU einzugehen (*Third Party Access* [TPA]). (2) Bestehende Ausschließlichkeitsrechte zum Bau von Leitungen und Kraftwerken sollten abgeschafft und durch ein transparentes und nicht-diskriminierendes Genehmigungsverfahren ersetzt werden. (3) Um Quersubventionen und die Unterminierung der Ziele der Richtlinien zu vermeiden, sollten die Organisation und die Rechnungsführung verschiedener Tätigkeitsbereiche (Erzeugung, Übertragung, Verteilung) vertikal integrierter EVU entflochten werden.

Mit ihrem Vorschlag stieß die Kommission auf grundlegende Widerstände in vielen Mitgliedstaaten und in der Elektrizitätswirtschaft. Gleichzeitig hat sie damit aber einen Prozeß der Neubewertung etablierter Steuerungsregime eingeleitet. In diesem Prozeß hat die GD IV gezielt auf ihre wettbewerbsrechtlichen Kompetenzen verwiesen und zu verschiedenen Zeitpunkten versucht, den Einigungsdruck auf die Mitgliedstaaten und das Europäische Parlament zu erhöhen (vgl. *Financial Times Energy Monthly* 53/15, [Mai 1993]). Um eine politische Einigung mit den anderen Organen zu erreichen, wurde die Einleitung von Vertragsverletzungsverfahren gegen die Ein- und Ausfuhrmonopole von sechs Mitgliedstaaten allerdings bis 1994 verzögert. Zudem war für keinen der Akteure der genaue Inhalt einer Entscheidung des Europäischen Gerichtshofes (EuGH) vollständig absehbar. Selbst wenn es zwei Urteile des EuGH zur Monopolstellung von Versorgungsunternehmen gab - Almelo und Corbeau - wurden diese sehr unterschiedlich interpretiert (LeNestour und Zinow 1995; Hancher 1994). In den EG-Organen, den Mitgliedstaaten und den Versorgungsunternehmen herrschte eine profunde Unsicherheit über den Inhalt einer Entscheidung des EuGH vor. In den beiden Fällen hatte der EuGH entschieden, daß Unternehmen gegebenenfalls zur Bereitstellung von Dienstleistungen im allgemeinen Interesse nach Art. 90 Abs. 2 EG-Vertrag vom Wettbewerb befreit werden können, ohne allerdings die Bedingungen dafür genau festzulegen. Die inhaltliche Entscheidung, ob der Ausschluß von Wettbewerb durch die wirtschaftliche Situation und die Rahmenbedingungen der Unternehmen zu rechtfertigen sei, wurde in den Vorabentscheidungsverfahren an die nationalen Gerichte zurückverwiesen. Damit war die Glaubwürdigkeit von rechtlichen Strategien der Marktblockade oder der Marktöffnung begrenzt. Das politische Entscheidungsverfahren versprach allen Akteuren einen höheren Grad der Ergebniskontrolle.

Nach der Vorlage des ersten Kommissionsvorschlages haben sich die meisten Mitgliedstaaten deutlich gegen die Einführung einer Durchleitung ausgesprochen; diese Regelung wurde nur von Großbritannien und Irland klar unterstützt (Handelsblatt, 09.04.1992). In seiner ersten Lesung hat das Europäische Parlament mit der Mehrheit der Sozialistischen Gruppe den Charakter der Elektrizitätsversorgung als Dienstleistung von allgemeinem wirtschaftlichen Interesse hervorgehoben. In seinem Vorschlag, der nicht von der Europäischen Volkspartei mitgetragen wurde, sah es eine starke Begrenzung der Wettbewerbselemente vor (EP 1993a, b). Allerdings war durch das Abstimmungsverhalten der EVP deutlich, daß das EP in seiner zweiten Lesung voraussichtlich nicht die für Ablehnungen oder Ergänzungen zum Gemeinsamen Standpunkt des Ministerrates notwendige absolute Mehrheit erreichen würde. Dementsprechend hat die Kommission in ihrem geänderten Vorschlag an den Ministerrat nicht alle Elemente des EP-Vorschlages berücksichtigt (vgl. Kommission 1993).

Daraufhin begannen Ende 1993 kontroverse Diskussionen innerhalb des Ministerrates. Vereinfachend kann nach den beiden Steuerungsregimen und den ordnungspolitischen Auffassungen zwischen zwei Gruppen unterschieden werden. Zum einen hat die Gruppe von Ländern mit vertikal integrierten nationalen Versorgungsunternehmen und mit einer Präferenz für eine umfassende staatliche Steuerung dafür plädiert, die Wettbewerbselemente der Richtlinie einzuschränken und die Aufgaben der EVU stärker als Dienstleistungen von allgemeinem wirtschaftlichen Interesse zu betrachten. Unter diese Gruppe fielen vornehmlich Frankreich, Griechenland, Italien, Spanien und Belgien. Andere Mitgliedstaaten - Großbritannien und später auch die Bundesrepublik, die Niederlande, Schweden und Finnland - haben dagegen wesentlich stärker auf einer Liberalisierung im Sinne der Kommission insistiert. Der zentrale Konflikt bestand zwischen der Bundesrepublik und Frankreich. Aufgrund von Preisnachteilen gegenüber der *Electricité de France* und deren Überschußkapazitäten befürchteten die deutschen Versorgungsunternehmen zunehmende Stromimporte aus Frankreich (Harms 1987). Die EdF und die französische Regierung hatten in der zweiten Hälfte der 1980er Jahre zunächst die Liberalisierungspläne unterstützt, um die Überkapazitäten in Exporten abzubauen. Aber angesichts der umfassenden Reformpläne der Kommission haben sie eine wesentlich defensivere Position eingenommen, weil sie „fundamentale Prinzipien der Organisation des französischen Elektrizitätssystems“ in Frage gestellt sahen, nämlich die Energieunabhängigkeit, die langfristige Versorgungssicherheit durch Kernenergie und die landesweite preisliche Gleichbehandlung von gleichartigen Kunden (*Agence Europe* 24.03.95). Diese Elemente wurden ihrer Auffassung nach vor allem durch die mögliche Berechtigung der Verteilerunternehmen, Elektrizität von anderen Lieferanten als der EdF zu beziehen, gefährdet.

Frankreich war während der Ratsdiskussionen in der Lage, ein eigenes Wettbewerbsmodell in die EG-Diskussion einzubringen und die Unterstützung anderer Länder mit einer staatlichen Elektrizitätsversorgung dafür zu gewinnen. In einer durch die EG-Debatte und durch die neue konservative Regierung angestoßenen Revision der Elektrizitätsversorgung, dem Rapport Mandil, anerkannte das Industrieministerium die wesentlichen Elemente des französischen Steuerungsregimes. Allerdings wurden das Außenhandels- und das Erzeugungsmonopol der EdF eingeschränkt (Mathis 1995). Diese Position wurde auch in den Verhandlungen auf der EG-Ebene mit dem Konzept des sogenannten *Alleinabnehmers* vertreten, das als Alternative zum Kommissionsvorschlag konzipiert wurde. In diesem Modell bildet die Netzgesellschaft den alleinigen Käufer und Verkäufer von Elektrizität. Nach Einschätzung einer von der Kommission angeforderten Studie führt dieses Modell zu weitaus geringeren Wettbewerbseffekten als das Kommissionsmodell (EWI 1995). Die Kommission befürchtete nunmehr, daß sich die Beratungsprozesse innerhalb des Ministerrates noch weiter verzögern könnten. Daraufhin hat die Generaldirektion IV die Vertragsverletzungsverfahren gegen die Außenhandelsmonopole Frankreichs, Spaniens, Irlands, Italiens und der Niederlande eingeleitet, um den Einigungsdruck im Rat zu erhöhen.

Innerhalb des Ministerrates stand nach dem französischen Vorschlag die *Reziprozität* der beiden Wettbewerbsmodelle im Vordergrund, die auf den Marktzugang, die Marktergebnisse und die Konsumentenfreiheit bezogen wurde. Die sukzessive Lösung einzelner Probleme in den intensiven Diskussionen und neue Kompromißvorschläge unter verschiedenen Ratspräsidentschaften haben die Kompromißbereitschaft der Mitgliedstaaten erhöht. Auch die Kommission war darum bemüht, den Entscheidungsprozeß zu einer Einigung zu führen. Ende 1995 waren einige Mitgliedstaaten - Großbritannien, Schweden, Finnland und Dänemark - bereit, einem Kompromißvorschlag zuzustimmen (*Agence Europe* 21.12.95, 5). Allerdings fanden die Problemlösungs- und Moderationsstrategien in den unterschiedlichen Ansichten der Hauptkontrahenten Frankreich und Deutschland ihre Grenzen. Erst die Verlagerung der bilateralen Verhandlungen aus den ressortspezifischen Domänen auf die Ebene der Staats- und Regierungschefs hat die Blockadesituation aufgehoben. Die beiden aus engen Ressortsichtweisen herausgelösten Akteure haben eine Einigung ermöglicht, da sie nicht lediglich die Reziprozität der Marktöffnung berücksichtigt haben, sondern einen Kompromiß in grundsätzliche Aspekte der deutsch-französischen Beziehungen und des Integrationsprozesses einbezogen haben.

Auf der Basis dieser sukzessiven Annäherungen konnten die EG-Organe eine Richtlinie für den Strombinnenmarkt formulieren: Ab 1999 sollen die EG-Elektrizitätsmärkte für zugelassene Abnehmer mit einem Konsum von jährlich mindestens 40 GWh geöffnet werden. Diese Schwelle soll nach drei Jahren auf 20 GWh und im Jahr 2005 auf 9 GWh reduziert werden. Dies entspricht einer allmählichen Marktöffnung von 25% auf 33%. Die Mitgliedstaaten entscheiden selbst, ob sie Verteilerunternehmen als Abnehmer zulassen oder nicht. Der Alleinabnehmer und ein verhandelter Netzzugang, in dem die Bedingungen der Durchleitung zwischen den Vertragskontrahenten ausgehandelt werden, wurden als Alternativen zugelassen. Ebenso wurden das Genehmigungs- und ein Ausschreibungsverfahren, in dem die Mitgliedstaaten den Bedarf für neue Kapazitäten ausschreiben, als Alternativen zugelassen. Nach einer Schutzklausel, die ein Element „negativer Reziprozität" bildet, kann ein Mitgliedsland dann Stromlieferungsverträge zwischen einem ausländischen Anbieter und einem inländischen zugelassenen Kunden untersagen, wenn der Abnehmer im Land des Anbieters nicht selbst als Kunde zugelassen wäre (Europäisches Parlament, Rat der EU 1996).

4 Die Auswirkungen der Liberalisierung auf die sektorielle Steuerung der deutschen Elektrizitätswirtschaft

Das Liberalisierungsprogramm hatte bedeutende Auswirkungen auf die sektorielle Steuerung in der deutschen Elektrizitätswirtschaft. Es hat die Präferenzen der politischen und der sektoriellen Akteure verändert. Die Durchsetzungsfähigkeit der federführenden Ressorts gegenüber anderen Ressorts und Interessengruppen wurde in begrenztem Maße gestärkt. Innerhalb des Verbandssystems haben Fairnesskriterien und Vertrauen an Gewicht gewonnnen.

4.1 Die Veränderung der politischen Steuerung

Bis in die frühen 90er Jahre war die Einstellung des Bundesministeriums für Wirtschaft durch die etablierten Muster der politischen Steuerung geprägt. Diese Muster waren auf die neuen Bundesländer übertragen worden und wurden durch die GWB-Novellen nur inkrementell verändert. In einer vornehmlich symbolischen Reform sollte das Energiewirtschaftsgesetz in seinen Zielen um den Umweltschutz erweitert werden, ohne daß zusätzliche Regulierungsmaßnahmen erwogen wurden oder die Aufsichtstatbestände erweitert werden sollten. Auch die mögliche Einführung weiterer Wettbewerbselemente wurde verworfen (Cronenberg 1991, 78). Daher waren alle politischen Akteure sehr skeptisch, als die ersten Vorschläge der EG-Kommision vorgelegt wurden. Das schrittweise Vorgehen wurde begrüßt, die inhaltlichen Aspekte aber unter Betonung der Heterogenität nationaler Strukturen und der etablierten Ziele der sektoriellen Steuerung sehr abwartend bewertet: „Die Vorschläge bedürfen sorgfältiger Prüfung. Die Bundesregierung geht davon aus, daß der Weg zu mehr Wettbewerb im Binnenmarkt für Energie *gleichgewichtig* verfolgt wird, insbesondere daß die *Chancengleichheit* für alle betroffenen Unternehmen gewahrt bleibt und den Zielen *Versorgungssicherheit, Umweltschutz und Wirtschaftlichkeit* Rechnung getragen wird.“ (Bundesministerium für Wirtschaft 1991, 97 - eigene Hervorhebungen).

Bis zu diesem Zeitpunkt hatte die Grundsatzabteilung des BMWi zwar kontinuierlich für die Einführung von mehr Wettbewerbselementen plädiert; diese Forderungen waren allerdings regelmäßig von der Energieabteilung zurückgewiesen worden. Die EG-Initiative und die zunehmend hohe Interaktionsdichte auf der EG-Ebene, die sich von drei bis vier jährlichen Treffen auf wöchentliche Sitzungen erhöhte, haben eine Neubewertung der Praktiken der politischen Steuerung eingeleitet (Interview BMWi). Die Haltung der Energieabteilung, die zuvor durch die engen Beziehungen zur Versorgungswirtschaft geprägt worden war, mündete in eine weitaus positivere Einschätzung eines kompetitiven Regimes. Das etablierte Steuerungsregime wurde zunehmend als dysfunktional betrachtet. Die Neubewertung der etablierten Steuerungsmechanismen wurde konzeptionell durch drei weitere Faktoren unterstützt: Erstens hatte die britische Privatisierung von 1990 demonstriert, daß Wettbewerb in der Elektrizitätswirtschaft grundsätzlich möglich war. Zweitens legte die von der Bundesregierung 1987 eingerichtete Deregulierungskommission im März 1991 ihren Bericht zu den leitungsgebundenen Energien vor, in dem ebenfalls eine umfassende Liberalisierung des Sektors vorgeschlagen wurde. Vier Vorschläge wurden für eine nationale Reform akzeptiert und auch als deutsche Position in die EG-Debatte eingeführt. Für die EG-Ebene wurde zusätzlich noch die Gleichgewichtigkeit und Chancengleichheit der Marktöffnung stark betont (s.o.). Zwar basiert die Position der Bundesregierung damit formal auf den Vorschlägen der Deregulierungskommission. Diese aber können nicht als die alleinigen Erklärungsfaktoren des Wandels eingestuft werden, weil die von der Kommission konsultierten unabhängigen Experten die Vorschläge in teilweise identischer Form bereits in den 60er und 70er Jahren vorgelegt hatten (vgl. Emmerich 1978; Gröner 1965; 1975). Ihre Vorschläge, wie auch nachfolgende Berichte der Monopolkommission, haben der Neubewertung des sektoriellen Steuerungsregimes zusätzliche Legitimität verliehen. Schließlich hatte sich der nationale Diskussionskontext zugunsten einer Liberalisierung verändert: Die Liberalisierung wurde in die vom BDI lancierte breitere Debatte um die Wettbewerbsfähigkeit des Standortes Deutschland einbezogen, die aufgrund der Strukturkrisen in den neuen Ländern und der Perzeption eines zunehmenden internationalen Wettbewerbsdrucks stark an Bedeutung gewann.

Auch das Bundeskartellamt hat die sich durch die EG eröffnenden Handlungsspielräume wahrgenommen. Es hat sowohl auf der Basis des deutschen Wettbewerbsrechts als auch in Abstimmung mit der GD IV auf der Basis des EG-Wettbewerbsrechts Musterverfahren gegen Demarkationsverträge und gegen Ausschließlichkeitsregeln in Konzessionsverträgen eingeleitet (Markert 1996). Allerdings sind die Verwaltungsgerichte und der Bundesgerichtshof bislang nicht der Auffassung des Bundeskartellamtes gefolgt.

Die Neuorientierung wurde zudem durch zentrale wirtschaftliche *Interessengruppen* (BDI, VIK, Deutscher Industrie- und Handelstag) unterstützt. Die Forderungen der großen Energieabnehmer nach einer Senkung der Energiepreise fanden innerhalb des veränderten konzeptionellen Kontextes zunehmend Gehör. Im Januar 1994 hat das Bundeswirtschaftsministerium den ersten Referentenentwurf für ein neues Energiewirtschaftsgesetz und die Reform des GWB vorgelegt. Mit diesem Vorschlag sollte die Bereichsausnahme des GWB für die vertraglichen Regelungen des Sektors aufgehoben werden. Zudem wurden genaue Bedingungen spezifiziert, unter denen eine Durchleitung verweigert werden könnte. Der Inhalt dieser Reform wurde stark durch die Involvierung des BMWi in die EG-Diskussion geprägt (Interviews BMWi, BMU).

Die erwarteten Konsequenzen dieser Reform haben die Einigung innerhalb der Bundesregierung stark erschwert: Grundsätzlich werden durch die Liberalisierung Konzentrationsprozesse und eine verstärkte vertikale Integration erwartet. Die Planungskalkulationen der Unternehmen verschieben sich von langfristigen zu kurz- bis mittelfristigen Zeithorizonten und werden kostenorientierter. Die Möglichkeiten zur umfassenden politischen Steuerung des Sektors werden eingeschränkt. Zudem wird befürchtet, daß der Wettbewerbsmarkt für größere Abnehmer durch Tarifabnehmer quersubventioniert werden könnte. In der Bundesrepublik sind die Kommunen besonders betroffen: Kommunen, die selbst in der Stromerzeugung tätig sind, befürchten das Herausbrechen von Großkunden aus ihrem Versorgungsgebiet, was ihre Abnehmerstruktur verändern und die Auslastung der Kraftwerke verschlechtern könnte. Die Aufhebung der Ausschließlichkeitsrechte in ihren Konzessionsverträgen könnte die Einnahmen aus den Konzessionsabgaben verringern, die sich 1995 auf sechs Milliarden DM beliefen. Auch die gängige Organisationsstruktur der kommunalen Unternehmen, der sogenannte Querverbund, wäre gefährdet (VKU 1994).

Diese Befürchtungen des Deutschen Städtetags und des VKU wurden von allen politischen Parteien, vom Bundesrat und auch von den Ministerien der Bundesregierung anerkannt. Die Verabschiedung des ersten Reformentwurfes des Bundeswirtschaftsministeriums scheiterte 1994 innerhalb der Bundesregierung, weil das *Bundesministerium des Inneren* (BMI) und das *Bundesministerium der Finanzen* (BMF) die finanziellen Auswirkungen auf die Kommunen begrenzen wollten. Innerhalb des *Bundesministeriums für Raumordnung, Bauwesen und Städtebau* wurden mögliche Preissteigerungen in ländlichen Regionen befürchtet. Das *Bundesministerium für Umwelt, Naturschutz und Reaktorsicherheit* (BMU) hat nach der Vorlage der EG-Vorschläge sogar ein eigenes ökologisches Pool-Modell als alternatives Wettbewerbskonzept vorgelegt. Auch die Bemühungen des Bundeswirtschaftsministeriums, während der deutschen Ratspräsidentschaft in der zweiten Jahreshälfte 1994 einen Kompromißvorschlag für die EG-Diskussion vorzulegen, wurde von den anderen Ministerien abgeblockt. Jene betonten ebenso wie die Vertreter der Elektrizitätswirtschaft die notwendige Reziprozität der EG-Marktöffnung (Interviews BMU, BMWi, BMI, BMF).

Nach einer Serie von Verhandlungen mit den anderen Ministerien und den sektoriellen Interessengruppen hat das BMWi im Mai 1996 einen zweiten gegenüber politischen Akteuren demonstriert werden. Sie trug ein weitaus höheres Gewicht, als die Auffassung einzelner subsektorieller Verbände. Selbst wenn die Argumente des Sektors gegen eine Liberalisierung vom Bundeswirtschaftsministerium nicht akzeptiert wurden, wurde doch die Forderung nach einer gleichgewichtigen Marktöffnung in der EG anerkannt. Alle deutschen politischen Akteure haben diese Position akzeptiert, die vom Bundesministerium für Wirtschaft auch innerhalb der Beratungen des Ministerrates vertreten werden mußte. Das Fairnessargument *Reziprozität* stellte damit eine überzeugende Verteidigungslinie nicht nur gegen die EG-Reform, sondern auch gegen die nationale Reform da, die so an den Erfolg einer Einigung auf der EG-Ebene geknüpft war.

Allerdings wurde die VDEW-Position durch die sub-sektoriellen Verbände sowohl auf der EG- als auch auf der nationalen Ebene unterminiert. Der Reformdruck auf beiden Ebenen hat eine eigene sub-sektorielle Meinungsfindung in ARE, DVG und VKU eingeleitet. Die verflochtene Diskussion der beiden Liberalisierungsprozesse hat allmählich den gemeinsamen sektoriellen Standpunkt aufgelöst. Die Perzeption der Versorgungsunternehmen veränderte sich dahingehend, daß eine Reform erfolgen würde. Die zentrale Konfliktlinie innerhalb des Sektors hat die Stellung der Kommunen und die Bedeutung ihrer Wegerechte betroffen. Im Rückblick auf die 4. und 5. GWB-Novellen, in denen die Stellung der Kommunen gegenüber den Verbund- und den Regionalunternehmen verbessert wurde, befürchteten die Mitglieder der DVG und der ARE ein ähnliches Ergebnis der anstehenden Liberalisierungen. Sie haben daher den Einschluß der Kommunen in die Liberalisierung gefordert. Auch in der ARE/DVG-Stellungnahme ist das Bemühen erkennbar, die eigene Position durch den Verweis auf Fairnesserwägungen, diesmal auch auf der nationalen Ebene, zu legitimieren:

„Die Verbund- und Regionalunternehmen haben sich bisher stets für ungeteilten Gebietsschutz auf allen Ebenen der Versorgung ausgesprochen. Da dies jedoch offensichtlich keinen politischen und gesellschaftlichen Konsens mehr findet, befürworten sie, *ungeteilten unverzerrten Wettbewerb in allen EU-Ländern und auf allen Ebenen der Versorgung* zu ermöglichen. Diese Haltung gilt *sowohl für die europäische als auch die nationale Novellierungsdiskussion*“ (ARE/DVG 1994, 1 - eigene Hervorhebung).

Diese subsektoriellen Differenzen haben wiederum die Durchsetzbarkeit einer Reform vergrößert, weil sie die Glaubwürdigkeit der gesamtsektoriellen Position gegen die Einführung von Wettbewerb eingeschränkt haben. Die parteipolitischen Verbindungen der Kommunen und ihre starke Unterstützung innerhalb der Bundesregierung sowie die Notwendigkeit, in Teilen der Reform einen Konsens mit dem Bundesrat zu erzielen, in dem gegenwärtig die SPD eine Mehrheit inne hat, haben den Weg für eine Koalition zwischen den Verbund- und Regionalunternehmen einerseits und dem Bundeswirtschaftsministerium andererseits geebnet.

Die Strategien und politischen Anknüpfungspunkte des Sektors in der europäischen Diskussion folgten den etablierten Praktiken und den neu eingerichteten EG-Strukturen der Interessenvermittlung. EURELECTRIC vertritt die Auffassungen des Sektors vornehmlich gegenüber der Kommission und gegenüber den Ausschüssen des EP. Die Interessenvertretung gegenüber einzelnen Parlamentariern und den nationalen Ausschußmitgliedern verbleibt i.d.R. Angelegenheit der EVU und der nationalen Verbände (Interview EURELECTRIC). So konnte der VKU an seine Praktiken der parteipolitischen Mobilisierung anknüpfen und enge Kontakte zu den deutschen Mitgliedern des EP aufbauen. Zudem war er in der Lage, besondere Belange der kommunalen Versorgungswirtschaft durch die CEDEC auf der EG-Ebene zu vertreten. Einige der DVG-Mitglieder haben eigene Büros in Brüssel, die vornehmlich der dauerhaften Informationsbeschaffung und der Kontaktpflege zu den EG-Institutionen dienen - z.B. die RWE AG und die VEBA/Preußen Elektra. Sie haben einzeln und auch gemeinsam mit dem Bayernwerk ihre Positionen gegenüber der EG-Kommission vertreten. Die Veränderung des Institutionengefüges bedeutet jedoch nicht, daß die nationalen politischen Akteure für die sektoriellen Akteure an Gewicht verlieren. Das federführende Ressort, das Bundesministerium für Wirtschaft, bildete den zentralen Ansprechpartner der EVU und der nationalen Verbände und Interessengruppen auch für die EG-Reform, selbst wenn deutliche Auffassungsunterschiede zwischen den politischen und den sektoriellen Akteuren bestanden (Interviews CEDEC, EURELECTRIC, VKU, VDEW, RWE Energie AG).

5 Konklusion

Die sektorielle Institutionenpolitik der EG hat in nahezu allen Mitgliedstaaten nationale Reformdebatten entfacht, die in einigen Fällen in umfassende Liberalisierungen (Bundesrepublik, Niederlande), in einigen Fällen in moderate Reformen (z.B. Belgien, Frankreich) und in einigen Ländern (z.B. Griechenland) in begrenzte Veränderungen der politischen Steuerung mündeten. In wenigen Fällen wurde die EG-Debatte mit vorhandenen Plänen für eine Privatisierung der Elektrizitätswirtschaft verbunden (Spanien, Italien). Diese Auswirkungen können als Indikator dafür gewertet werden, daß die EG-Institutionen die Präferenzen öffentlicher Akteure für Konzepte der sektoriellen Steuerung verändern können. Im Vergleich zur Durchsetzungsfähigkeit anderer EG-Problemlösungskonzepte - z.B. des Prinzips der Partnerschaft in der Regionalpolitik - wurde die Durchsetzung des Binnenmarktes für die Elektrizitätswirtschaft durch seine Verankerung in der Leitidee der EG, der Schaffung eines gemeinsamen Marktes und durch die wettbewerbsrechtlichen Kompetenzen der EG-Kommission stark begünstigt. Eine hohe Problemlösungskapazität der Liberalisierung wurde in den Mitgliedstaaten zudem wahrgenommen, weil sich die neoliberale ökonomische Doktrin seit dem Anfang der 80er Jahre gegenüber keynesianischen Konzepten durchgesetzt hatte. Die hohe Legitimität der Liberalisierungspolitik hat es der EG-Kommission erlaubt, sie auf einen netzgebundenen Sektor zu übertragen, der im Gegensatz zur Telekommunikation nicht durch eine dynamische technologische Entwicklung gekennzeichnet ist und auch nur ein begrenztes Potential für internationale wirtschaftliche Interdependenzen aufweist.

Die institutionelle Einbindung in das EG-Mehrebenengefüge erhöhte die Handlungskapazitäten der Exekutiven in den Nationalstaaten, innerstaatliche Reformen durchzusetzen. So wurde die EG-Diskussion vom BMWi dazu genutzt, eine begrenzte Reform des Energiewirtschaftsgesetzes in eine umfassende Restrukturierung der sektoriellen Steuerungsmechanismen zu transformieren. Durch die Mehrebenenverflechtung wurde die Position des Bundeswirtschaftsministeriums gestärkt. Während zu wichtigen Teilen der Reformen des GWB und des EnWG auf nationaler Ebene die Zustimmung des Bundesrates erforderlich ist, muß seine Stellungnahme zur EG-Liberalisierung lediglich maßgeblich *berücksichtigt* werden (Morass 1994, 179). Letzteres hat eine Einwilligung auf der EG-Ebene stark erleichtert, welche wiederum die Einigung auf der nationalen Ebene forciert. Das Argument der Stärkung der federführenden Ressorts muß aber in dreierlei Hinsicht qualifiziert werden:

a) Ein Junktim zwischen nationaler und europäischer Politik bedeutet, daß die Position der federführenden Ressorts auf der nationalen Ebene nur dann signifikant aufgewertet wird, wenn auch eine Einigung auf der EG-Ebene erzielt werden kann. Ist eine solche Einigung nicht erreichbar, wie z.B. im Falle der gemeinschaftlichen Energiesteuern, dann ist das federführende Ressort - in diesem Fall das Bundesministerium für Umwelt,

Naturschutz und Reaktorsicherheit - auch auf der nationalen Ebene nicht handlungsfähig.

b) Im Fall der Liberalisierung der Strommärkte war der deutsche nationale Verband zunächst in der Lage, eine einheitliche sektorielle Position zur EG-Liberalisierung zu formulieren, die eine Schwächung der Wettbewerbsfähigkeit der deutschen Elektrizitätswirtschaft befürchtete und ein bedeutendes Fairnesskriterium für die europäische Liberalisierung einklagte. Die Forderung nach der Reziprozität der EG-Marktöffnung wurde von den politischen Akteuren als legitim akzeptiert, selbst wenn diese eine Liberalisierung grundsätzlich befürworteten. Das Bundeswirtschaftsministerium war an diese Position gebunden und nicht in der Lage, innerhalb der Bundesregierung oder auf der EG-Ebene weiterreichende Kompromißpositionen festzulegen. Die Einigung auf der EG-Ebene wurde nur durch die Einbettung der Liberalisierungsfrage in übergreifende Erwägungen der Staats- und Regierungschefs möglich. Die Reziprozität der Marktöffnung wurde grundsätzlichen Überlegungen über die deutsch-französischen Beziehungen und den Integrationsprozeß untergeordnet.

c) Die Fallstudie hat gezeigt, daß die Handlungsfähigkeit nationaler Interessengruppen nicht auf den nationalen Raum begrenzt ist. Die Liberalisierungspolitik hat Neu- und Umgründungen von Verbänden auf der EG-Ebene ausgelöst. Die Unternehmen und nationalen Interessengruppen haben die kontinuierliche und kontroverse EG-Reformdebatte mitgestaltet und zentrale Elemente in die Diskussion eingeführt - z.B. Reziprozität, Verhandelter Netzzugang. Die jeweils problemspezifischen Domänen der politischen Akteure und ihre grundsätzlichen Orientierungen haben die Basis für dauerhafte Koalitionen mit Interessengruppen gebildet. Die Handlungsfähigkeit federführender Ministerien in den EG-Verhandlungen kann durch diese Interaktionsprozesse eingeschränkt werden. Nationale Interessengruppen können sogar Konzepte der EG-Diskussion auf die nationale Ebene einführen, um ihre eigene Position aufzuwerten: Der VKU ist bemüht, für die kommunalen Unternehmen den Status eines Alleinabnehmers zu erlangen.

Anmerkungen

1 Die Studie präsentiert Ergebnisse eines von der Fritz-Thyssen-Stiftung geförderten Forschungsprojektes zur „Europäisierung wirtschaftlicher Interessen". Für Anregungen und Kritik danke ich den Herausgebern des Jahrbuchs, den Teilnehmern des ECPR-Workshops „The Transformation of Governance in the European Union" im April 1996 in Oslo und den Teilnehmern der German American Academic Council Sommerinstitute 1995/96 „The Political Economy of European Integration". Die Studie basiert auf 45 Interviews und auf Dokumentenanalysen.

2 Die Untersuchung bezieht sich auf den ersten Pfeiler der Europäischen Union.

3 Die Reform in der Bundesrepublik bedarf noch der Zustimmung des Bundesrates.

Literatur

Andersen, Svein S. 1993. „Towards a Common EC Energy Policy". In *Making Policy in Europe. The Europeification of National Policy-Making*; hrsgg. von Svein S. Andersen und Kjell A. Eliassen. London u.a.: Sage, 133-54.

ARE und DVG. 1994. *Für ungeteilten Stromwettbewerb in Europa. Vorläufige Anmerkungen zum abgeänderten Richtlinienvorschlag 'Elektrizitätsbinnenmarkt' der EU-Kommission* KOM(93) 643 endg. Hannover, Heidelberg, 26.01.1994.

Bundesministerium für Wirtschaft. 1991. *Energiepolitik für das vereinte Deutschland.* Bonn.

—. 1996. *Entwurf. Amtliche Begründung des Gesetzes zur Neuregelung des Energiewirtschaftsrechts. Stand 17.05.1996.* Bonn.

—. 1996. *Gesetz zur Neuregelung des Energiewirtschaftsrechts. Stand 30.04.1996.* Bonn.

Cronenberg, Martin. 1991. „Energierechtsreform - Stand der Überlegungen aus der Sicht der Bundesregierung". In *Reform des Energiewirtschaftsgesetzes. Eine Analyse der Änderungsvorschläge*; hrsgg. von Jürgen F. Baur. Baden-Baden: Nomos, 45-62.

Emmerich, Volker. 1978. *Ist der kartellrechtliche Ausnahmebereich für die leitungsgebundene Versorgungswirtschaft wettbewerbspolitisch gerechtfertigt?* Gutachten, erstellt für das Land Niedersachsen. Hannover.

EURELECTRIC (Europäische Vereinigung der Elektrizitätswirtschaft - EWIV). 1991. *What Form of Competition for the Electricity Supply Sector in Europe? Position of the Continental Members of EURELECTRIC.* Brüssel.

Europäisches Parlament. 1993a. „Legislative Entschließung mit der Stellungnahme des Europäischen Parlaments zu dem Vorschlag für eine Richtlinie des Parlaments und des Rates betreffend gemeinsame Vorschriften für den Erdgasbinnenmarkt". In *Amtsblatt der Europäischen Gemeinschaften* Nr. C 329: 182.

—. 1993b. „Legislative Entschließung mit der Stellungnahme des Europäischen Parlaments zu dem Vorschlag für eine Richtlinie des Parlaments und des Rates betreffend gemeinsame Vorschriften für den Elektrizitätsbinnnemarkt". *In Amtsblatt der Europäischen Gemeinschaften* Nr. C 329: 150, 17.11.1993.

Europäisches Parlament und Rat der Europäischen Union. 1996. „Richtlinie 96/92/EG des Europäischen Parlaments und des Rates vom 19. Dezember 1996 betreffend gemeinsame Vorschriften für den Elektrizitätsbinnenmarkt". In *Amtsblatt der Europäischen Gemeinschaften* Nr. L 27/20 vom 30.01.1997.

Evers, Hans-Ulrich. 1983. *Das Recht der Energieversorgung*. Baden-Baden: Nomos.

EWI (Energiewirtschaftliches Institut an der Universität Köln). 1995. *TPA and Single Buyer Systems, Producers and Parallel Authorizations, Small and Very Small Systems*. Köln.

Gröner, Helmut. 1965. „Ordnungspolitik in der Elektrizitätswirtschaft". In *ORDO* 15/16: 333-412.

—. 1975. *Die Ordnung der deutschen Elektrizitätswirtschaft*. Baden-Baden: Nomos.

Hancher, Leigh. 1994. „Infringement Proceedings Force ECJ to Rule on Key Legal Issues". In *EC-Energy Monthly* 69/5.

Harms, Wolfgang, Hrsg. 1987. *Atomstrom aus Frankreich? - Zur Schaffung eines europäischen Binnenmarktes für Strom*. Köln et al.: Carl Heymanns-Verlag.

Hollingsworth, J. Rogers, Philippe C. Schmitter und Wolfgang Streeck. 1994. „Capitalism, Sectors, Institutions, and Performance". In *Governing Capitalist Economies. Performance and Control of Economic Sectors*; hrsgg. von Rogers J. Hollingsworth, Philippe C. Schmitter und Wolfgang Streeck. New York, Oxford: Oxford University Press, 3-16.

Jachtenfuchs, Markus und Beate Kohler-Koch, Hrsg. 1996. *Europäische Integration*. Opladen: Leske + Budrich.

Katzenstein, Peter J. 1987. *Policy and Politics in West Germany. The Growth of a Semisovereign State*. Philadelphia: Temple University Press.

Klöcker, Ingo A. 1985. *Hauptprobleme der Zusammenschlußkontrolle in der Versorgungswirtschaft*. Pfaffenweiler: Centaurus-Verlagsgesellschaft.

Kommission der Europäischen Gemeinschaften. 1988. *Der Binnenmarkt für Energie*. Brüssel, KOM (88) 238 endg.

—. 1991. *Vorschlag für eine Richtlinie des Rates betreffend gemeinsame Vorschriften für den Elektrizitätsbinnenmarkt* (SYN 384); *Vorschlag für eine Richtlinie des Rates betreffend gemeinsame Vorschriften für den Erdgasbinnenmarkt* (SYN 385). Brüssel, KOM (91) 548 endg. - SYN 384-385.

—. 1993. *Abgeänderter Vorschlag für eine Richtlinie des Europäischen Parlaments und des Rates betreffend gemeinsame Vorschriften für den Elektrizitätsbinnenmarkt* (COD 384); *Abgeänderter Vorschlag für eine Richtlinie des Europäischen Parlaments und des Rates betreffend gemeinsame Vorschriften für den Erdgasbinnenmarkt* (COD 385). Brüssel, KOM (93) 643 endg.

Markert, Kurt. 1996. „Die Rolle des Bundeskartellamtes bei der 'Regulierung' der deutschen Strom- und Gasversorgung". In *Wettbewerbspolitik und die Ordnung der Elektrizitätswirtschaft in Deutschland und Großbritannien*; hrsgg. von Roland Sturm und Stephen Wilks. Baden-Baden: Nomos, 281-94.

Mathis, Christian. 1995. „Vorschläge für eine Neuorientierung der Elektrizitätswirtschaft in Frankreich. Der 'Rapport Mandil'". In *Energiewirtschaftliche Tagesfragen* 45: 54-58.

McGowan, Francis. 1993. *The Struggle for Power in Europe - Competition and Regulation in the EC Electricity Industry*. London: Chatham House (The Royal Institute of International Affairs).

Padgett, Stephen. 1990. „Policy Style and Issue Environment: The Electricity Supply Sector in West Germany". In *Journal of Public Policy* 10: 165-93.

Richter, Martin. 1995. *Sektorale Transformationsprozesse der ostdeutschen Ökonomie am Beispiel des Umbaus von Strom- und Gaswirtschaft*, Manuskript. Konstanz.

Scharpf, Fritz W., Bernd Reissert und Fritz Schnabel. 1978. „Policy Effectiveness and Conflict Avoidance in Intergovernmental Policy Formation". In *Interorganizational Policy Making. Limits to Coordination and Central Control*; hrsgg. von Kenneth Hanf und Fritz W. Scharpf. London: Sage, 57-114.

Schiffer, Hans Wilhelm. 1995. *Energiemarkt Bundesrepublik Deutschland*. 5. Aufl. Köln: Verlag TÜV-Rheinland.

Thelen, Kathleen und Sven Steinmo. 1992. „Historical Institutionalism in Comparative Politics". In *Structuring Politics. Historical Institutionalism in Comparative Analysis;* hrsgg. von Sven Steinmo, Kathleen Thelen und Frank Longstreth. Cambridge: Cambridge University Press, 1-32.

VDEW (Vereinigung Deutscher Elektrizitätswerke) 1994: *VDEW-Jahresbericht 1994*; Frankfurt/M.

VIK (Verband der Industriellen Energie- und Kraftwirtschaft e.V.) (verschiedene Jahrgänge): *Tätigkeitsbericht*. Essen.

VKU (Verband kommunaler Unternehmen e.V.) 1994. *Stellungnahme des VKU- Bundesvorstandes vom 26. Januar 1994 zum Konzept des Bundeswirtschaftsministeriums für eine Reform des Ordnungsrahmens für Strom und Gas und zum Entwurf eines Gesetzes zur Neuregelung des Energiewirtschaftsrechts vom 20. Oktober 1993*. Köln.

Vierter Teil

Der Wandel des interinstitutionellen Wandels der EU

Thomas König und Thomas Bräuninger

Europäische Integration: Institutionenpolitik zwischen Parlamentarismus und Intergouvernementalismus

1 Die europäische Gesetzgebung im Wandel

Seit Mitte der achtziger Jahre hat die europäische (EU) Institutionenpolitik nicht nur eine theoretische, sondern auch eine faktische Bedeutung für die Gesetzgebung in der Europäischen Union. In den Jahren zuvor umgingen die Mitgliedstaaten mit dem Luxemburger Kompromiß (1966) die Vorgaben der Römischen Verträge (1958), die bereits die Möglichkeit eines mehrheitlichen Gesetzesbeschlusses im Ministerrat (MR) vorsahen. Der Luxemburger Kompromiß, eine intergouvernementale Vereinbarung zur mehrheitlichen Unvereinbarkeit, machte die legislative Integration der nationalen Belange von der Zustimmung aller Mitgliedstaaten abhängig. Zwanzig Jahre nach dem Luxemburger Kompromiß gab der MR im Öffentlichen Amtsblatt von 1986 bekannt, daß in der ersten Jahreshälfte mehr als vierzig Gesetzgebungsbeschlüsse mit qualifizierter Mehrheit gefaßt wurden - eine Verdreifachung gegenüber der Gesamtzahl von 1985 (WQ 1121/86, C306/42). Bis zum Jahresende erhöhte sich die Anzahl an mehrheitlichen Entscheidungen auf über 100 Beschlüsse (Nugent 1994, 147).

Zwei Ereignisse können als Ursache für die Kehrtwende der Mitgliedstaaten in Richtung qualifizierter Mehrheitsentscheid hervorgehoben werden: Zum einen präzisierte das Weißbuch (1985) die Absicht, durch die Verabschiedung von insgesamt 282 Gesetzesvorhaben einen Binnenmarkt in absehbarer Zeit einzurichten (Schreiber 1994, 86); zum anderen vergrößerte die sogenannte „Süderweiterung" mit dem Beitritt Griechenlands (1981) sowie Spaniens und Portugals (1986) die sozio-ökonomischen Unterschiede zwischen den Mitgliedstaaten (Hosli 1996, 260). Beide Ereignisse verdeutlichten die Notwendigkeit, den Handlungsspielraum über die Wahrnehmung des qualifizierten Mehrheitsentscheids auszuweiten (König und Bräuninger 1997, 5). Bei der qualifizierten Mehrheitsbildung besitzen jedoch nicht alle Mitgliedstaaten die gleichen Abstimmungsvoraussetzungen, da Stimmenanteile zwischen großen und kleineren Mitgliedstaaten unterscheiden. Aus integrationstheoretischer Sicht wirft die Einführung von unterschiedlichen Stimmenanteilen die Frage auf, welchen Beitrag die einzelnen Mitgliedstaaten zur Integration der nationalen Politikvorstellungen leisten.

Mit der Ratifikation der Einheitlichen Europäischen Akte (1987) bekräftigten die Mitgliedstaaten ihre Absicht, einen Binnenmarkt bis Anfang der neunziger Jahre etablieren zu wollen. Zu diesem Zweck wurden der Gemeinschaft nicht nur weitere Gesetzgebungskompetenzen übertragen, sondern auch der Anteil an Verfahrensvorgaben erhöht, welche eine mehrheitliche Beschlußfassung im sich vergrößernden MR erlauben (König 1996a, 553). Gleichzeitig sollte das Europäische Parlament (EP) über die Einführung des Zusammenarbeitsverfahrens an der EU-Gesetzgebung stärker beteiligt werden. Anlaß zur parlamentarischen Integration gaben insbesondere zwei Kritikpunkte: erstens das Unbehagen über die zunehmende Praxis mehrheitlicher MR-Entscheidungen, mit der die Gefahr eines kontinuierlichen Ausschlusses ganzer Bevölkerungen einhergeht; zweitens die Befürchtung einer Überbürokratisierung der EU-Gesetzgebung, die bis dahin ohne parlamentarische Kontrolle ausschließlich zwischen den EU-Kommissions- und den nationalen Ministerialbeamten im MR ausgehandelt wurde. So machten schon die Verhandlungen zur Einheitlichen Europäischen Akte deutlich, daß eine EU-Institutionenpolitik zwei Aufgaben zu bewältigen hat: Erstens eine Integration der nationalen Politikvorstellungen, die über eine Absenkung des Entscheidungskriteriums im MR geleistet werden soll; zweitens eine Parlamentarisierung der EU-Entscheidungsprozesse, die über eine stufenweise EP-Integration erreicht werden soll. An diese Aufgabenstellung schließt sich die Frage an, inwieweit die jüngeren Vertragsreformen die Möglichkeiten für eine Integration der nationalen und parlamentarischen Politikvorstellungen verbessert haben.

Schon vor der Ratifikation des Maastrichter Vertrags, der eine über die Einheitliche Europäische Akte hinausgehende Erweiterung der legislativen Gemeinschaftsbefugnisse festschreibt, kamen die Spannungen zwischen einer nationalen und parlamentarischen Integration zum Vorschein. Die Referenden zum Maastrichter Vertrag offenbarten, daß die Diskrepanz zwischen dem parlamentarischen Entscheidungsstil auf der Ebene der Mitgliedstaaten und dem bürokratischen Entscheidungsstil auf der EU-Ebene sowohl bei den nationalen Eliten als auch bei den Bevölkerungen zunehmend Mißfallen hervorruft. Gleichzeitig zeichnete sich durch die anstehenden Beitritte Finnlands,

Österreichs und Schwedens (1995) eine Zuspitzung des Koordinationsproblems im MR ab, dessen Handlungsspielraum durch die EP-Integration nicht verloren gehen durfte. So sollte die erneute EU-Kompetenzerweiterung durch eine erhöhte parlamentarische Legitimation von mehrheitlichen Gesetzesbeschlüssen im Mitentscheidungsverfahren sowie eine partielle Beteiligung der Sozialpartner kompensiert werden, doch durfte dadurch der Handlungsspielraum in der EU-Gesetzgebung nicht beeinträchtigt werden.

Vor dem Hintergrund der anstehenden Erweiterungen werden die Unterschiede zwischen beiden Integrationsaufgaben deutlich, welche das gegenwärtige Kernproblem einer EU-Institutionenpolitik definieren. Die Integration der nationalen Politikvorstellungen wird über die Absenkung des Entscheidungskriteriums im MR angestrebt, die zur Erhöhung des Handlungsspielraums in der EU-Gesetzgebung führt. Im Vergleich zur Einstimmigkeitsvorgabe, welche den Handlungsspielraum auf die einzige, befürwortende Gewinnkoalition aller Mitgliedstaaten reduziert, müssen bei qualifizierter Mehrheit nicht alle mitgliedstaatlichen Politikvorstellungen berücksichtigt werden. Gegenüber Einstimmigkeit erhöhte sich der Handlungsspielraum der zwölf qualifiziert abstimmenden Mitgliedstaaten um ca. 400% im Standardverfahren (König und Bräuninger 1997, 7). Die parlamentarische Integration hängt dagegen von der zusätzlichen Berücksichtigung der parlamentarischen Politikvorstellungen ab, die über die legislative EP-Beteiligung bewerkstelligt werden kann. Zwar stellt diese parlamentarische Integration eine höhere Legitimation von EU-Entscheidungen in Aussicht, doch kann dadurch der Handlungsspielraum wiederum reduziert werden, der durch die Absenkung des Entscheidungskriteriums im MR erhöht wird. Falls dieses institutionenpolitische Kernproblem einer nationalen und einer parlamentarischen Integration nicht bewältigt wird, dann bietet nur noch die Anwendung des Subsidiaritätsprinzips einen Ausweg, das eine Renationalisierung oder Regionalisierung der Gemeinschaftskompetenzen vorsieht.

Ziel unseres Beitrags ist, die aktuelle Situation im Hinblick auf das Kernproblem einer EU-Institutionenpolitik zu beurteilen. In Band 1 des Mannheimer Jahrbuchs zur Europäischen Sozialforschung wurde die historische Entwicklung des EU-Mehrebenensystems anhand einer institutionellen Analyse der Mehrkammer-Gesetzgebung von 1958-1995 beschrieben (König 1996b, 70). In Erweiterung dieser relativen Machtanalyse greift die vorliegende Querschnittsstudie die Frage nach der absoluten Machtverteilung auf. Während die relative Machtanalyse die Durchsetzungspotentiale der Gesetzgebungsakteure vergleicht, welche den Mitgliedstaaten, der Kommission und den Mitgliedern des EPs zur Beeinflussung der EU-Gesetzesvorhaben zur Verfügung stehen, gehen wir in der folgenden Untersuchung der Frage nach, mit welcher Wahrscheinlichkeit die Politikvorstellungen dieser Akteure in den EU-Gesetzen berücksichtigt werden. Diese absolute Macht kann aus individueller Sicht als Inklusivität bezeichnet werden, da damit das akteursspezifische Risiko ausgedrückt wird, bei Gesetzesbeschlüssen ausgeschlossen zu werden. Aus systemischer Perspektive wird über die Inklusivität der Akteure der Handlungsspielraum geregelt, der das Potential für eine Veränderung des Status quo ausdrückt (Tsebelis 1995, 293).

Unsere Ergebnisse zeigen, daß die EU-Institutionenpolitik Möglichkeiten zur formalen parlamentarischen und nationalen Integration eingerichtet hat. So wurde die individuelle Inklusivität der Mitgliedstaaten durch die EP-Integration im Zusammenarbeits- und Mitentscheidungsverfahren nicht eingeschränkt, doch hat sich der Handlungsspielraum in der EU-Gesetzgebung verringert. Vor dem Hintergrund der anstehenden Erweiterungen wird folglich abzuwägen sein, wie groß der Trade-off zwischen nationaler und parlamentarischer Integration sein soll (König 1997). Um dieses Ergebnis zu vermitteln, teilen wir den folgenden Beitrag in drei Abschnitte ein. Zunächst stellen wir die politikwissenschaftlichen Ansätze vor, welche eine EU-Institutionenpolitik anhand der Einrichtung von Verfahrensvorgaben für die EU-Gesetzgebung untersuchen. Anschließend führen wir unser Untersuchungskonzept der legislativen Handlungseinheiten und der inter-institutionellen Gewinnkoalitionen ein. Schließlich beurteilen wir die EU-Institutionenpolitik über die Messung der absoluten Macht, welche die Wahrscheinlichkeit für die Integration der nationalen und parlamentarischen Politikvorstellungen ausdrückt.

2 Die europäische Institutionenpolitik aus politikwissenschaftlicher Perspektive

Politikwissenschaftliche Ansätze zur EU-Institutionenpolitik lassen sich hinsichtlich ihres Konzepts des intendierten und nicht-intendierten Wandels unterscheiden. Bei letzterem werden Verfahrensänderungen, beispielsweise die Einführung des Zusammenarbeits- und des Mitentscheidungsverfahrens, auf reflexive Lernprozesse und nicht-intendierte Konsequenzen eher zufälligen Verhaltens zurückgeführt (Krasner 1984; Keohane 1988). Bei der intendierten Institutionenwahl dagegen steht der Auswahlprozeß der konstitutionellen Akteure im Vordergrund (Buchanan und Tullock 1962; Shepsle 1986). Die Unterzeichner müssen sich auf konstitutionelle Vorgaben einigen, indem sie das Problem zweiter Ordnung, nämlich die Auswirkungen der Vorgaben auf die zukünftige EU-Gesetzgebung abschätzen (Zangl und Zürn 1994, 104). Zur akteursbezogenen Abschätzung einer gleichzeitigen parlamentarischen und nationalen Integration kann auf zwei politikwissenschaftliche Ansätze zurückgegriffen werden, in deren Mittelpunkt die EU-Institutionenpolitik steht: zum einen auf den intergouvernementalen Ansatz über die mitgliedstaatlichen Vertragsverhandlungen, und zum anderen auf räumliche Modelle strategischer Interaktion, welche das inter-institutionelle Zusammenwirken der EU-Gesetzgebungsorgane untersuchen (Garrett und Tsebelis 1996, 270).

Das Untersuchungsschema des intergouvernementalen Ansatzes setzt sich aus drei Bausteinen zusammen: der staatlichen Präferenzbildung und den zwischenstaatlichen Verhandlungen, die in die institutionelle Delegation münden. Hinsichtlich der EU-Wirtschaftsgemeinschaft sollen die übereinstimmenden wirtschaftspolitischen Politikvorstellungen der Mitgliedstaaten und ihre relativen Machtverhältnisse bei den Verhandlungen ausreichen, um die institutionelle Delegation in Form des Standard-, Zusammenarbeits- und Mitentscheidungsverfahrens erklären zu können (Moravcsik 1991, 50; Lange 1993, 5; Garrett 1993, 105). Analog zur „liberalen" Institutionenanalyse gehen intergouvernementale Machtanalysen davon aus, daß die Stimmenverteilung im MR das relative Durchsetzungspotential der Mitgliedstaaten bei den Vertragsverhandlungen reflektiert (Brams 1975; Brams und Affuso 1985; Hosli 1993; Johnston 1994; Widgrén 1994; Lane et al. 1995). Allerdings diskriminieren relative MR-Machtanalysen nur zwischen den Mitgliedstaaten, wenn unterschiedliche Stimmenanteile vergeben werden. Entsprechend ist das relative Durchsetzungspotential der Akteure bei gleichen Abstimmungsvoraussetzungen gleichverteilt, unabhängig davon, ob Einstimmigkeit oder einfache Mehrheit vorgesehen ist. Welche Auswirkungen die Höhe des Entscheidungskriteriums auf den Handlungsspielraum im MR hat, bleibt ebenso unbeantwortet wie die Frage, inwieweit die Einführung des Zusammenarbeits- und des Mitentscheidungsverfahrens das Spannungsfeld zwischen nationaler und parlamentarischer Integration verändert.

Vertreter des zweiten Ansatzes bezweifeln grundsätzlich die Aussagekraft von Untersuchungen der relativen MR-Machtverhältnisse, da die Auswirkungen der strategischen Interaktion zwischen der Kommission, dem MR und dem EP ignoriert werden (Garrett und Tsebelis 1996, 272). Mit Ausnahme von Artikel 148,2b EGV sehen alle EU-Gesetzgebungsverfahren eine Kommissionsinitiative vor, die von den Mitgliedstaaten mit Einstimmigkeit, qualifizierter oder einfacher Mehrheit angenommen werden muß (König 1996a, 558). Im Zusammenarbeitsverfahren hat das EP eine konditionale Agenda Setter-Funktion (Tsebelis 1994, 131), im Mitentscheidungsverfahren besitzt das EP eine Blockademacht (König 1996b, 89). Auf der Grundlage der verfahrensabhängigen Akteurskoalitionen, die eine Änderung des Status quo herbeiführen können, werden die Auswirkungen strategischer Interaktion auf die Berücksichtigung mitgliedstaatlicher und parlamentarischer Politikvorstellungen in räumlichen Modellen illustrativ herausgearbeitet (Tsebelis 1994; Steunenberg 1994; Schneider 1995). Zwar veranschaulicht dieser Ansatz die Politikkonsequenzen der inter-institutionellen Interaktion, doch werden die Unterschiede zwischen den Mitgliedstaaten hinsichtlich ihrer unterschiedlichen Stimmenanteile vernachlässigt.

Die Gegenüberstellung beider Ansätze zeigt, daß eine Erklärung der EU-Institutionenpolitik die Festlegung sowohl der inter-institutionellen Interaktion als auch der unterschiedlichen Stimmenanteile berücksichtigen sollte. Wir nehmen beide Aspekte auf, wenn wir das Spannungsfeld zwischen nationaler und parlamentarischer Integration über einen Vergleich der unterschiedlichen Gesetzgebungsverfahren analysieren. Wir prüfen in einem ersten Schritt, welchen Beitrag die einzelnen Mitgliedstaaten zur Erhöhung des Handlungsspielraums im MR leisten. In einem zweiten Schritt fragen wir anhand des Vergleichs von Standard-, Zusammenarbeits- und Mitentscheidungsverfahren, ob die Berücksichtigung der mitgliedstaatlichen Vorstellungen in der EU-Gesetzgebung infolge der gestiegenen EP-Bedeutung eingeschränkt wurde. Unter der Annahme, daß die Vertragspartner die zukünftigen Präferenzen der EU-Gesetzgebungsakteure nicht kennen, läßt sich auf der systemischen Ebene der Handlungsspielraum in den einzelnen Verfahren aus dem Verhältnis zwischen der Anzahl an Gewinnkoalitionen und allen möglichen 2^n Koalitionen berechnen. Als Maßstab führen wir einen Inklusivitätsindex ein, der auch auf individueller Ebene die verfahrensabhängige Wahrscheinlichkeit ausdrückt, daß die Politikvorstellung eines Akteurs in zukünftigen Beschlüssen enthalten sein wird.

Nach unserer Auffassung mißt diese Inklusionswahrscheinlichkeit die absolute Macht eines Akteurs. Im Gegensatz zu relativen Machtanalysen, welche die Höhe des Entscheidungskriteriums bei ihrem Vergleich über alle Akteure hinweg vernachlässigen, rekurriert unser absolutes Machtkonzept auf die Bedeutung des Entscheidungskriteriums für die Berücksichtigung der akteursspezifischen Politikvorstellungen. Auf systemischer Ebene bedeutet dies, daß bei Einstimmigkeit alle Politikvorstellungen der Mitgliedstaaten berücksichtigt werden müssen, wodurch die Integration der nationalen Politikvorstellungen auf die einzige, befürwortende Gewinnkoalition aller Mitgliedstaaten beschränkt ist. Demgegenüber erlaubt die Absenkung des Entscheidungskriteriums, daß der Handlungsspielraum in der EU-Gesetzgebung durch den Ausschluß einzelner Mitgliedstaaten vergrößert wird. Folglich beruht die Erhöhung des Handlungsspielraum auf einer Erhöhung des individuellen Risikos, aus einem EU-Gesetzesbeschluß ausgeschlossen zu werden.

Zur Vergrößerung dieses Handlungsspielraums leisten jedoch die Mitgliedstaaten einen unterschiedlichen Beitrag, wenn die mitgliedstaatlichen Inklusionswahrscheinlichkeiten aufgrund von unterschiedlichen Stimmenanteilen variieren. Daneben setzt eine Legitimationserhöhung der EU-Gesetzgebung die Berücksichtigung der parlamentarischen Politikvorstellungen voraus, die sich im Standardverfahren noch auf die EP-Anhörung beschränkt. In der Folge wurden das Zusammenarbeitsverfahren (1987) und das Mitentscheidungsverfahren (1993) eingeführt, deren Namensgebung sich auf die jeweiligen EP-Rechte bezieht. Einer EU-Institutionenpolitik kommt daher die Aufgabe zu, Verfahren einzurichten, die den Trade-off zwischen gesellschaftspolitisch-parlamentarischen und funktional-intergouvernementalen Erfordernissen gering halten. Dieses Ziel wird nach unserer Auffassung erreicht, wenn die Verfahren die absolute Macht der parlamentarischen Akteure zum einen erhöhen und die der Mitgliedstaaten nicht verändern. Zum anderen sollte die Integration der parlamentarischen Akteure nicht den Handlungsspielraum vollständig einschränken. Wir gehen folglich davon aus, daß der Parteienwettbewerb im EP die gesellschaftspolitische Koppelung herstellen kann und die Ministerialbeamten im MR die funktionale Komponente in die EU-Gesetzgebung einbringen.

Unter diesem Gesichtspunkt berechnen wir mit unserem Inklusivitätsmaß die absoluten Machtwerte für das Standard-, Zusammenarbeits- und Mitentscheidungsverfahren. Wir beschreiben zunächst unser verfahrensanalytisches Konzept, das mit der Identifizierung der inter-institutionellen Menge von Gewinnkoalitionen beginnt, deren Elemente den Status quo verändern können. Anschließend stellen wir den Inklusivitätsindex vor, mit dem wir die absolute Macht der Handlungseinheiten messen. Diesen Index wenden wir auf die aktuelle Situation der EU-Gesetzgebungsverfahren an.

3 Das Konzept: Inter-institutionelle Gewinnkoalitionen und ihre Handlungseinheiten

Das Konzept der Menge der Gewinnkoalitionen bildet die Grundlage für eine spieltheoretische Analyse von absoluter Macht. Solche Analysen setzen die Identifizierung der an der Entscheidung beteiligten Handlungseinheiten und der verfahrensabhängigen Vorgaben einer inter-institutionellen Verabschiedung voraus. In der Vergangenheit haben Ansätze, welche eine Erklärung der EU-Institutionenpolitik mit sparsamen Mitteln anstrebten, oftmals eine unangemessene Vereinfachung der EU-Verfahrensvorgaben vorgenommen. Beispielsweise wurde von einigen Autoren die inter-institutionelle Verbindung der Gesetzgebungsorgane ignoriert, andere nahmen ein einheitlich handelndes Parlament an und wieder andere blendeten die Vergabe unterschiedlicher Stimmenanteile aus. Im Gegensatz dazu möchten wir neben einer sparsamen Modellierung auch eine realitätsnahe Erklärung für die EU-Institutionenpolitik geben, wofür wir ein adäquates Konzept der EU-Gesetzgebungsakteure und der EU-Verfahrensvorgaben benötigen.

In spieltheoretischen Analysen sind Akteure Handlungseinheiten, die in einem spezifischen Handlungskontext eine Auswahl zwischen Entscheidungsalternativen treffen (Ordeshook 1986, 2). Diese Definition geht davon aus, daß die handelnden Einheiten identifiziert und anschließend ihre Aktionen hinsichtlich Zielerreichung, Unabhängigkeit und Konsistenz qualifiziert werden (Osborne und Rubinstein 1994, 4). Die Probleme, die bei der Identifizierung der handelnden Einheiten auftreten können, sind insbesondere im Bereich der relativen Machtanalysen bekannt (Brams 1975, 175). Geht man von Koalitionen als den handelnden Einheiten aus, dann erscheint die Bildung von neuen Koalitionen, ihre Auflösung sowie die Erhöhung der Anzahl an Koalitionären und ihre Umverteilung „paradox", da durch die Veränderungen der Einheiten kontraintuitive Verschiebungen der relativen Machtverhältnisse stattfinden können (Brams 1975, 180; Fischer und Schotter 1978, 49). Hier wirkt sich die Änderung der Menge der handelnden Einheiten oder der Einheiten selbst auf die Verteilung der Macht aus (Harsanyi 1977, 133). Um diese Identifizierungsprobleme der Handlungseinheiten zu vermeiden, führen wir eine Unterscheidung von drei legislativen Akteurstypen ein: Individuen bzw. natürliche Personen, korporative Akteure bzw. Organisationen und kollektive Akteure bzw. Gesetzgebungsorgane. Vergleichbar mit individuellen Akteuren können auch korporative Akteure als handelnde Einheiten mit entsprechenden Präferenzen und zielgerichtetem Verhalten betrachtet werden, wenn das Kontrollproblem der Auftraggeber von Organisationsvertretern vernachlässigt wird. In diesem Fall liegt kein Unterschied zwischen individuellen und korporativen Akteuren vor. Im Gegensatz dazu bestehen kollektive Akteure sowohl aus individuellen als auch aus korporativen Akteuren. Mit kollektiven Akteuren verbindet sich das Aggregationsproblem der Vorstellungen von individuellen und/oder korporativen Akteuren, das insbesondere bei zwei- und mehrdimensionalen Politikvorhaben Probleme aufwirft (McKelvey 1976).

In der EU-Gesetzgebung kommen alle drei Akteurstypen vor. Die Kommission, der MR und das EP sind kollektive Akteure, welche die Vorstellungen ihrer legislativen Handlungseinheiten aggregieren. Die Kommission bereitet die EU-Gesetzgebungsvorhaben vor und die meisten EU-Gesetze haben eine Kommissionsinitiative zur Grundlage. Die Kommission setzt sich aus einem Gremium von gegenwärtig zwanzig Kommissaren zusammen, die für ihre Generaldirektorate die Verantwortung übernehmen (Donelly und Ritchie 1994, 31). Jeder Kommissar hat Ressortgewalt, bestimmt die Ressortausgaben und besitzt legislative Richtlinienkompetenz, die nicht durch den Kommissionspräsidenten eingeschränkt werden kann. Aus diesem Grund betrachten wir die Kommission als einen einheitlich handelnden Akteur, der durch den Kommissar des entsprechenden Ressorts im Gesetzgebungsverfahren vertreten wird. Die Vorgehensweise eines Kommissars hängt in der Regel nicht von der Lösung eines internen Koalitionsproblems innerhalb der Kommission ab (vgl. dazu Spence 1994, 92; Westlake 1994, 9).

Im MR sind die Regierungen der Mitgliedstaaten repräsentiert, deren Abgesandte zwischen den Vorstellungen ihrer Regierungen und denen der anderen Delegierten vermitteln (Johnston 1994, 27). Wir vernachlässigen das Kontrollproblem der Delegierten durch die Auftraggeber und betrachten die nationalen Delegierten als handelnde Einheiten, welche die Vorstellungen ihrer Regierungen im MR vertreten. Die nationalen Regierungen beauftragen ihre Delegierten mit der Stimmabgabe, die im Fall einer qualifizierten Mehrheit ihren gesamten Stimmenanteil umfaßt und keine Aufteilung erlaubt (Sabsoub 1991, 40). Innerhalb des MRs unterscheiden wir bei der Aggregation der mitgliedstaatlichen Vorstellungen zwischen gleichen und ungleichen sowie starken und schwachen Abstimmungsvorgaben. Bei der qualifizierten Mehrheitsvorgabe diskriminiert die Verteilung der Stimmenanteile zwischen großen und kleineren Mitgliedstaaten, wohingegen bei einfacher Mehrheit und bei Einstimmigkeit keine Unterschiede zwischen den Mitgliedstaaten vorliegen. Im Verlauf des Gesetzgebungsprozesses sind die im MR aggregierten Vorstellungen der Mitgliedstaaten mit denen anderer kollektiver Akteure abzustimmen.

Obwohl das EP nur stufenweise in die EU-Gesetzgebung eingebunden wird, bereitet seine Disaggregation in legislative Handlungseinheiten die größten konzeptionellen Schwierigkeiten. Diese Probleme treten fast immer bei parlamentarischen Akteuren auf, da die Frage nach individuellen oder korporativen Parlamentseinheiten oftmals nur im Vergleich beantwortet werden kann (König und Bräuninger 1996, 335). Im EP ist zudem der doppelte Bezug der Abgeordneten zu ihren Parteien und zu ihren nationalen Gruppen ein Charakteristikum, das die Frage einer nationalen oder parteipolitischen Zuordnung der Parlamentarier aufwirft. Die Antwort hat neben ihrer konzeptionellen auch eine inhaltliche Bedeutung für unsere Fragestellung nach einer parlamentarischen Integration. Ließen sich die Abgeordneten in ihrem Abstimmungsverhalten primär anhand ihrer nationalen Zugehörigkeit zusammenfassen, dann würde sich das intergouvernementale Koalitionsproblem des MRs lediglich im EP wiederholen. In diesem Fall würde nur das nationale Integrationsproblem verdoppelt, aber keine gesellschaftspolitische Rückkoppelung der EU-Gesetzgebung über den parteipolitischen Wettbewerb geleistet.

Dagegen kann über die beobachtbare Parteizugehörigkeit eine gesellschaftliche Dimension in die EU-Gesetzgebung eingebracht werden, welche ja für die nationale Gesetzgebung der Mitgliedstaaten charakteristisch ist. Auch im EP kommt den Parteien die Aufgabe einer gesellschaftspolitischen Rückkoppelung zu, welche die Legitimation der EU-Gesetzgebung seitens der Bevölkerungen erhöhen kann. Da tatsächlich bei der parlamentarischen Mehrheitsbildung im EP die Zugehörigkeit zur Partei dominiert, konzeptionalisieren wir die parteipolitischen Fraktionen als legislative Handlungseinheiten des EPs (Jacobs et al. 1992, 56; Attina 1990, 557). Keine Fraktion besaß jedoch in der Vergangenheit die absolute Mehrheit, so daß die Vorstellungen der Fraktionen über die Bildung von Koalitionen im EP zu aggregieren sind.

Fassen wir unsere Konzeption der legislativen EU-Handlungseinheiten zusammen, dann gehen wir von einem Kommissar, fünfzehn Regierungsvertretern und vierzehn Fraktions- und Parteigruppierungsvertretern aus. Neben dieser Konzeptionalisierung der legislativen Handlungseinheiten definieren die EU-Verfahrensvorgaben die inter-institutionelle Menge der Gewinnkoalitionen. Eine solche Gewinnkoalition besteht aus Handlungseinheiten, die nach den Verfahrensvorgaben einen Gesetzesbeschluß herbeiführen können. In der Menge der Gewinnkoalitionen sind demnach alle möglichen Mehrheiten aufgeführt, die zur Verabschiedung einer EU-Gesetzesinitiative ausreichen. Allerdings fällt die Festlegung der jeweiligen Menge von Gewinnkoalitionen aus zwei Gründen schwer: Erstens können die Entscheidungskriterien im MR und im EP variieren, und zweitens ist die Rolle der Kommission nicht zweifelsfrei zu klären.

Die Kommission besitzt eine Agenda Setter-Funktion aufgrund ihres exklusiven Initiativrechts für EU-Gesetzesvorhaben und ihres Rechts, eine Änderung des Vorhabens im Verlauf des Verfahrens vornehmen zu können (Artikel 189a,2 EGV). Umstritten ist jedoch das Rückzugsrecht der Kommission, wenn ein einstimmiger Beschluß des MRs das ursprüngliche Vorhaben verändert (Usher 1994, 148). In diesem Fall wird der Kommission nur ein Rückzugsrecht zugestanden, wenn ihre Initiative in ihrer grundsätzlichen Ausrichtung beeinträchtigt wird. Solche Formulierungen offerieren juristischen Interpretationsspielraum, der fallweise vor dem EU-Gerichtshof zu entscheiden sein wird. Mit Hinweis auf die kommissionsfreundlichen Urteile des EU-Gerichtshofs entscheiden wir uns jedoch für die Berücksichtigung der Kommission in der jeweiligen Menge der Gewinnkoalitionen (vgl. im Gegensatz dazu Garrett und Tsebelis 1996, 13).

Die variierenden Entscheidungskriterien im MR und im EP offenbaren dagegen unterschiedliche Ebenen des legislativen Spiels. Nach der EU-Verfahrenslogik unterscheiden wir zwischen drei Ebenen, die über zwei Spiele miteinander verbunden sind: erstens ist die unterste Ebene der legislativen Handlungseinheiten mit der mittleren Ebene der kollektiven Akteure über Teilspiele gekoppelt, wenn in den jeweiligen Kammern abgestimmt wird; zweitens folgt die Verbindung der mittleren Ebene mit der obersten Ebene der EU-Gesetzgebung durch das inter-institutionelle Gesamtspiel, wenn eine Entscheidung die Zustimmung mehrerer Kammern erfordert. Mit unserer Teilspielkonzeption bringen wir die unterschiedlichen Vorgaben für die Mehrheitsbildung in den jeweiligen Kammern zum Ausdruck, da unter den Fraktionen entweder eine zustimmende absolute Mehrheit von mindestens 314 Stimmen oder eine passive Mehrheit von mindestens 313 Stimmen, und unter den 15 Mitgliedstaaten entweder eine qualifizierte Mehrheit von 62 zu 87 Stimmen oder Einstimmigkeit zu erzielen ist.

Liegt die Zustimmung der Kommission vor und sind im EP eine passive und im MR eine qualifizierte Mehrheit vorhanden, dann ist im Zusammenarbeits- und Mitentscheidungsverfahren eine von zwei Teilmengen der Menge der Gewinnkoalitionen vorhanden. In der Definition der zweiten Teilmenge, die zur Lösung des inter-institutionellen Gesamtspiels ausreicht, unterscheiden sich jedoch Zusammenarbeits- und Mitentscheidungsverfahren. Im Zusammenarbeitsverfahren enthält die zweite Teilmenge lediglich die Gewinnkoalition eines einstimmigen MR mit zustimmender Kommission. Im Mitentscheidungsverfahren umfaßt die zweite Teilmenge hingegen diejenigen Gewinnkoalitionen, die sich aus einer absoluten Mehrheit der 626 Parlamentarier und allen Mitgliedstaaten zusammensetzen. Welche Auswirkung die jeweilige parlamentarische Mitwirkung auf die Integration der nationalen Politikvorstellungen im MR hat, läßt sich an einem Vergleich zum Standardverfahren aufzeigen. Im Standardverfahren wird die Menge der Gewinnkoalitionen weder geteilt noch ist die parlamentarische Mitwirkung vorgeschrieben. Je nach Artikelgrundlage ist die Zustimmung der Kommission und entweder die qualifizierte Mehrheit oder die Einstimmigkeit der Mitgliedstaaten erforderlich.

Zusammenfassend hängt die Verabschiedung der EU-Gesetzesvorhaben von der Lösung unterschiedlicher Teilspiele ab, deren Logik wir mit der Konzeption der verfahrensabhängigen Mengen von Gewinnkoalitionen darstellen. Aus den Vorgaben für die jeweiligen Teilspiellösungen leiten wir die verfahrensabhängige Menge der Gewinnkoalitionen ab, die das jeweilige Gesamtspiel einer Entscheidung über die Annahme oder die Ablehnung eines EU-Gesetzesvorhabens definiert. Die legislative Menge der Gewinnkoalitionen des Standardverfahrens sieht die Zustimmung der Kommission und des MRs vor, dessen Mitglieder ihr Koalitionsproblem unter qualifizierter oder einstimmiger Entscheidungsvorgabe zu lösen haben. Das Zusammenarbeitsverfahren schließt das EP in einer zweiten Gewinnkombination erstmals ein, das Mitentscheidungsverfahren offeriert dagegen in seiner zweiten Gewinnkombination den Ausschluß der Kommission. Im Mitentscheidungsverfahren kommt demzufolge dem EP die Stellung zu, welche die Kommission im Zusammenarbeitsverfahren inne hat (König 1996b, 90). Diese legislativen Mengen von Gewinnkoalitionen bilden den Ausgangspunkt unserer Analyse der absoluten Macht. Wir stellen nun die Frage nach den Veränderungen der absoluten Machtverhältnisse über die einzelnen Verfahren hinweg, zu deren Beantwortung wir unseren Inklusivitätsindex einführen.

4 Die Messung: Absolute Macht in der europäischen Gesetzgebung

Die Einrichtung unterschiedlicher Verfahren, die entweder im Standardverfahren eine bikamerale Zustimmung von Kommission und MR oder im Zusammenarbeits- und Mitentscheidungsverfahren auch eine quasi-trikamerale Situation mit dem EP vorsehen, legt die Vermutung nahe, daß die Mitgliedstaaten bei ihren Vertragsabschlüssen unterschiedliche Ziele verfolgen. Aus institutionenpolitischer Sicht steht zum einen die Integration der nationalen Politikvorstellungen unter dem Aspekt der Erhaltung des Handlungsspielraums im Blickpunkt. Zum anderen steht die Integration des EPs im Hinblick auf die gesellschaftspolitische Legitimation der EU-Gesetzgebung im Mittelpunkt (vgl. hierzu Wessels 1991; Ludlow 1991; Moravcsik 1993; Kielmansegg 1996). Im Resultat wiesen die Mitgliedstaaten der Kommission eine legislative Agenda Setter- und Überwachungsfunktion zu und integrierten das EP stufenweise in die EU-Gesetzgebung. Inwieweit dieses Spannungsfeld zwischen nationaler und parlamentarischer Integration tatsächlich aufgelöst wurde, untersuchen wir anhand der absoluten Machtwerte im Standard-, Zusammenarbeits- und Mitentscheidungsverfahren.

Neben den Unterschieden, die beim qualifizierten Mehrheitsentscheid zwischen den Mitgliedstaaten infolge der unterschiedlichen Stimmenanteile bestehen, rekurriert der absolute Machtaspekt auf die Wahl von schwachen oder starken Entscheidungskriterien (Garrett und Tsebelis 1996, 279). Schwache Vorgaben erhöhen den Handlungsspielraum, da sich über die Möglichkeit eines Ausschlusses von Handlungseinheiten die Wahrscheinlichkeit für eine Verabschiedung eines Gesetzesvorhabens erhöht. Im Gegensatz zu dieser systemischen Sichtweise garantiert die starke Einstimmigkeitsvorgabe die individuelle Berücksichtigung der Vorstellung, was jedoch einen hohen Status quo-Bias impliziert. Aus diesem Grund schränken starke Kriterien den Handlungsspielraum auf den kleinsten gemeinsamen Nenner ein, wohingegen sich dieser Spielraum durch den möglichen Ausschluß einzelner Mitgliedstaaten erhöht. Werden zudem unterschiedliche Stimmenanteile verteilt, dann tragen nicht alle Mitgliedstaaten im gleichen Maß zur Erhöhung des Handlungsspielraums bei. Welcher individuelle Beitrag von den einzelnen Mitgliedstaaten geleistet wird, kann in einfachen Abstimmungsspielen über die Wahrscheinlichkeit ihres Ausschlusses aus einer MR-Entscheidung ausgedrückt werden.

Bei einfachen Abstimmungsspielen mit gleicher Wahrscheinlichkeit für die Ja- und Nein-Alternativen schwankt die Wahrscheinlichkeit, daß ein Mitgliedstaat berücksichtigt wird, je nach Entscheidungskriterium zwischen 0,5 und 1,0. Ein Akteur besitzt eine Veto-Spieler-Position mit dem höchsten absoluten Machtwert von 1,0, wenn er in allen Gewinnkoalitionen berücksichtigt werden muß. Ist Einstimmigkeit zu erzielen, dann haben alle Akteure eine Veto-Spieler-Position. Kann dagegen ein Akteur bei jeder Abstimmung ausgeschlossen werden, dann hängt die Berücksichtigung seiner Politikvorstellung vom Zufall ab. Da die Abgabe von Ja- und Nein-Stimmen gleich wahrscheinlich ist, ist die Inklusionswahrscheinlichkeit dieses Dummy-Spielers noch 0,5. Ist ein Akteur weder ein Veto-Spieler noch ein Dummy-Spieler, dann bestimmen wir seinen absoluten Machtwert über den relativen Anteil seiner Teilnahme an allen möglichen Gewinnkoalitionen. Geht man von einem einfachen Abstimmungsspiel v aus, dann leiten wir die Inklusionswahrscheinlichkeit ω einer legislativen Handlungseinheit i beim Spiel v folgendermaßen ab

$$\omega_i(v) = \frac{\sum_{S \subseteq N, i \in S} v(S)}{\sum_{S \subseteq N} v(S)} \quad ,$$

wobei deren Teilnahme an den Gewinnkoalitionen mit v(S)=1 ins Verhältnis zur Menge der Gewinnkoalitionen gesetzt wird (Bräuninger 1996, 42). Unser Inklusivitätskonzept der absoluten Macht, das im Gegensatz zu relativen Machtkonzepten keinen Vergleich über die Handlungseinheiten hinweg vornimmt, wollen wir zunächst an einem einfachen Beispiel erläutern. In Tabelle 1 wird die absolute Machtverteilung in einer unikameralen Situation bei Einstimmigkeit und bei Mehrheitsvorgabe im MR sowie in einer bikameralen Situation mit Mehrheiten in MR und EP veranschaulicht.

Im ersten Abschnitt von Tabelle 1 haben wir einen vierköpfigen MR aufgeführt, der unter der starken Einstimmigkeitsvorgabe zu entscheiden hat. In diesem Fall existiert nur eine Gewinnkoalition, und zwar die Gewinnkoalition aller vier Vetospieler, welche den Handlungsspielraum auf eine Entscheidungswahrscheinlichkeit von 0,0625 (1/16) festsetzt. Da jeder Mitgliedstaat zustimmen muß, verfügen alle Mitglieder über einen absoluten Machtwert von 1,0.

Tabelle 1: Gewinnkoalitionen und absolute Machtwerte im Beispiel

I. Unikamerale Situation des Ministerrats (Einstimmigkeitskriterium)

Gewinnkoalitionen	*Anzahl*	*Inklusionswahrscheinlichkeit*
{R,R,R,R}	1	$\omega_R = \frac{1}{1} = 1$

II. Unikamerale Situation des Ministerrats (Mehrheitskriterium q=3/5)

Gewinnkoalitionen	*Anzahl*	*Inklusionswahrscheinlichkeit*
$\{R_2,R_1\}$	3	$\omega_{R_2} = \frac{3+3+1}{3+3+1+1} = 0{,}875$
$\{R_2,R_1,R_1\}$	3	
$\{R_1,R_1,R_1\}$	1	$\omega_{R_1} = \frac{1+2+1+1}{3+3+1+1} = 0{,}625$
$\{R_2,R_1,R_1,R_1\}$	1	

III. Bikamerale Situation zwischen Ministerrat (q=3/5) und Parlament (q=2/3)

Gewinnkoalitionen	*Anzahl*	*Inklusionswahrscheinlichkeit*
$\{R_2,R_1\}\cup\{P,P\}$	3x3=9	$\omega_{R_2} = \frac{9+3+9+3+3+1}{9+3+9+3+3+1+3+1} = 0{,}875$
$\{R_2,R_1\}\cup\{P,P,P\}$	3x1=3	
$\{R_2,R_1,R_1\}\cup\{P,P\}$	3x3=9	$\omega_{R_1} = \frac{3+1+6+2+3+1+3+1}{9+3+9+3+3+1+3+1} = 0{,}625$
$\{R_2,R_1,R_1\}\cup\{P,P,P\}$	3x1=3	
$\{R_1,R_1,R_1\}\cup\{P,P\}$	1x3=3	$\omega_P = \frac{6+3+6+3+2+1+2+1}{9+3+9+3+3+1+3+1} = 0{,}75$
$\{R_1,R_1,R_1\}\cup\{P,P,P\}$	1x1=1	
$\{R_2,R_1,R_1,R_1\}\cup\{P,P\}$	1x3=3	
$\{R_2,R_1,R_1,R_1\}\cup\{P,P,P\}$	1x1=1	

Wird - wie im zweiten Abschnitt von Tabelle 1 - die starke Einstimmigkeitsvorgabe auf eine 3/5-Mehrheit abgesenkt, dann erhöht sich der Handlungsspielraum im MR aufgrund der Ausschlußmöglichkeit einzelner Mitgliedstaaten auf eine Entscheidungswahrscheinlichkeit von 0,5 (8/16). Allerdings verfügen die Mitgliedstaaten in unserem Beispiel über unterschiedliche Stimmenanteile, so daß sich ihre absoluten Machtwerte unterscheiden. Der Mitgliedstaat, der hier zwei Stimmenanteile besitzt, kommt nur in einer Gewinnkoalition nicht vor, wohingegen seine Teilnahme an den anderen sieben Gewinnkoalitionen notwendig ist. Die anderen drei Mitgliedstaaten, die jeweils nur einen Stimmenanteil haben, nehmen nur an fünf der insgesamt acht Gewinnkoalitionen teil. Aus diesem Grund beträgt ihr absoluter Machtwert 0,625, wohingegen der Mitgliedstaat mit zwei Stimmenanteilen eine Inklusionswahrscheinlichkeit von 0,875 besitzt.

Für die Konstruktion von Zwei- und Mehrkammersystemen ist Abschnitt 3 von Tabelle 1 interessant. Aufgabe von Zwei- und Mehrkammersystemen ist, kollektive Interessenlagen in die EU-Gesetzgebung einzubringen. So sollen die parlamentarischen Politikvorstellungen über die EP-Zustimmung in die EU-Gesetzgebung einfließen, ohne die nationale Integration im MR zu gefährden. In unserem Beispiel sieht die parlamentarische Integration eine Einbindung von gleichen Parlamentsakteuren vor, von denen mindestens zwei Akteure eine Mehrheit bilden. Diese parlamentarische Situation wird im bikameralen Beispiel mit der Situation im MR verknüpft, ohne Auswirkungen auf die absoluten Machtwerte der Mitgliedstaaten zu haben. Zwar vergrößert sich die bikamerale Menge der Gewinnkoalitionen auf insgesamt 32 Gewinnkoalitionen, doch verändert die parlamentarische Integration nicht die jeweilige Wahrscheinlichkeit der Mitgliedstaaten, in der Menge der Gewinnkoalitionen enthalten zu sein. Gleichzeitig verringert sich jedoch die Entscheidungswahrscheinlichkeit auf 0,25 (32/128). Obwohl der Handlungsspielraum verringert wird, ist die Entscheidungswahrscheinlichkeit nicht nur viermal größer als bei unikameraler Einstimmigkeit, sondern es fließt auch eine parlamentarische Komponente in die EU-Gesetzgebung ein. Aus diesen Beispielen wird ersichtlich, daß erstens die Absenkung der Entscheidungsvorgabe zu einer Verringerung der absoluten Machtwerte führt; zweitens können unterschiedliche Stimmenanteile zwischen den Handlungseinheiten diskriminieren, wenn daraus unterschiedliche Inklusionswahrscheinlichkeiten für die jeweiligen Politikvorstellungen resultieren; und drittens werden die absoluten Machtwerte nicht verändert, wenn unabhängige Teilspiele in der Form von Zwei- oder Mehrkammersystemen hinzugefügt werden.

Diese Eigenschaften von Verfahrensvorgaben kommen auch bei der Anwendung auf die EU-Gesetzgebungsverfahren zum Vorschein. Tabelle 2 führt die absoluten Machtwerte für das Standard-, Zusammenarbeits- und Mitentscheidungsverfahren auf. Bei Einstimmigkeitsvorgabe besitzen die Mitgliedstaaten und die Kommission im bikameralen Standardverfahren die maximale Inklusionswahrscheinlichkeit von 1,0. Demgegenüber erhöht sich die Entscheidungswahrscheinlichkeit bei qualitativer Mehrheitsvorgabe auf das 2549fache, wohingegen sich die absoluten Machtwerte der Mitgliedstaaten sehr unterschiedlich verringern. Die Politikvorstellungen der Mitgliedstaaten mit hohen Stimmenanteilen können mit einem absoluten Machtwert von 0,8627 selten ausgeschlossen werden, wohingegen Luxemburg mit einem Wert von 0,5736 in die Nähe eines Dummy-Spielers rückt.

Im unikameralen Standardverfahren nach Artikel 148,2b EG ist eine qualifizierte Mehrheit zwischen den Mitgliedstaaten vorgesehen, die zusätzlich eine Mindestzahl von zehn Mitgliedstaaten aufweisen muß. Durch dieses zusätzliche Erfordernis sollen die Vorteile der Mitgliedstaaten mit hohen Stimmenanteilen etwas eingeschränkt werden. Dieses Ziel ist auch erreicht, wenn man ihre absoluten Machtwerte mit denen des bikameralen Standardverfahrens vergleicht. Die Diskrepanz zwischen dem höchsten und niedrigsten absoluten Machtwert wird von fast 34% auf 29% verringert. Gleichzeitig erhöht sich der Handlungsspielraum gegenüber Einstimmigkeit sogar auf das 4607fache, da die Kommission ausgeschlossen wird. Ansonsten verdeutlichen die absoluten Machtwerte der Parlamentsakteure die Kritik an einer mangelnden parlamentarischen Integration. Im Standardverfahren besitzen die Parlamentsakteure eine Dummy-Spieler-Position, welche die Berücksichtigung der parlamentarischen Vorstellungen vom Zufall abhängig macht.

Diese Situation ändert sich mit der Einführung des Zusammenarbeits- und Mitentscheidungsverfahrens. Insbesondere die Sozialdemokratische Partei hat hier einen absoluten Machtwert, der mit 0,8450 an die Machtwerte der großen Mitgliedstaaten von jeweils 0,8627 heranreicht. Gleichzeitig bleiben die absoluten Machtwerte der Mitgliedstaaten gegenüber dem bikameralen Standardverfahren nahezu unverändert. Dieses institutionenpolitische Ziel einer Nichteinschränkung der mitgliedstaatlichen Machtwerte konnte durch das Hinzufügen des unabhängigen Teilspiels im EP erreicht werden. Allerdings erlaubt die zweite Teilmenge den Ausschluß des EPs bei einstimmigem MR, was die absoluten Machtwerte der Mitgliedstaaten etwas erhöht. Insofern wurde kein Trikameralismus zwischen Kommission, MR und EP eingeführt, sondern eine Zwischenform geschaffen, die sich am Integrationsniveau der nationalen Politikvorstellungen orientiert. Im Zusammenarbeitsverfahren kann entweder eine bikamerale Abstimmung mit hoher Hürde im MR oder eine trikamerale Entscheidung mit niedrigerer Hürde im MR erfolgen.

Durch das Mitentscheidungsverfahren gewinnen einige Parlamentsakteure nur geringfügig an absoluter Macht, wohingegen die Kommission aus der Mehrheitsbildung ausgeschlossen werden kann. Auch hier wurde demnach eine Zwischenform eingerichtet, die ebenfalls vom Integrationsniveau der nationalen Politikvorstellungen abhängt. Allerdings wird die nationale an die parlamentarische Integration gebunden, wohingegen im Zusammenarbeitsverfahren die Zustimmung der Kommission erforderlich ist. Nach diesen Resultaten hat die EU-Institutionenpolitik das Spannungsfeld zwischen parlamentarischer und nationaler Integration auf individueller Ebene bewältigt. Ohne die Mitgliedstaaten einzuschränken wurde mit der Einführung beider Verfahren die parlamentarische Integration vorangetrieben. Es stehen folglich Verfahren zur Verfügung, welche die parlamentarische Legitimation der EU-Gesetzgebung verbessern können. Obwohl sich der Handlungsspielraum gegenüber qualifizierter Mehrheit im Standardverfahren verringert, erhöht sich gegenüber Einstimmigkeit in beiden Verfahren die Entscheidungswahrscheinlichkeit auf das 1278fache.

Mit der Einführung der Mehrheitsregel verlieren die Mitgliedstaaten an absoluter Macht, was die „Möglichkeit des Transfers von Legitimität von den Mitgliedstaaten auf die Union" reduziert (Kielmansegg 1996, 69). Das EP kann jedoch zur Legitimierung mehrheitlicher Entscheidungen im MR beitragen, wenn, wie die absoluten Machtwerte der Fraktionen zeigen, die Berücksichtigung gesellschaftlicher Gruppen gelingt. Allerdings sind hierfür zwei Bedingungen zu erfüllen. Erstens müssen diese Verfahren, die zur Zeit nur einen Anteil von 10-15% der EU-Gesetzesproduktion ausmachen, im entsprechenden Umfang auch angewendet werden (König 1996c, 1997). Und zweitens ist die gesellschaftspolitische Rückkoppelung zwischen den Parteien im EP und Bevölkerungen auch tatsächlich zu leisten. Um diese gesellschaftspolitische Rückkoppelung voranzutreiben stehen die unterschiedlichen Vorgehensweisen einer EU-Institutionenpolitik wieder zur Diskussion: entweder wird nach der *Form follows Function*-Hypothese für eine unmittelbare Stärkung des EPs plädiert, die mittelbar zur gesellschaftspolitischen Versäulung beitragen soll; oder es wird von der *Function follows Form*-Hypothese ausgegangen, die zunächst eine gesellschaftspolitische Rückkoppelung verlangt, bevor dem EP funktionale Kompetenzen übertragen werden.

Literatur

Attina, Fulvio. 1990. „The Voting Behavior of the European Parliament Members and the Problem of Europarties". In *European Journal of Political Research* 5: 557-79.

Brams, Steven J. 1975. *Game Theory and Politics*. New York: Free Press.

— und Paul Affuso. 1985. „New Paradoxes of Voting Power on the EC Council of Ministers". In *Electoral Studies* 4: 135-9.

Bräuninger, Thomas. 1996. *Die Modellierung von Entscheidungsverfahren internationaler Organisationen am Beispiel der Meeresbodenbehörde. Teilnahme-, Mitwirkungs- und Durchsetzungschancen in einem institutionalisierten Regime*. Mannheim: Zulassungsarbeit.

Buchanan, James M. und Gordon Tullock. 1962. *The Calculus of Consent: Logical Foundations of Constitutional Democracy*. Ann Arbor: University of Michigan Press.

Donnelly, Martin und Ella Ritchie. 1994. „The College of Commissioners and Their Cabinets". In *The European Commission*; hrsgg. von Geoffrey Edwards und David Spence. Essex: Longman, 31-61.

Fischer, Dietrich und Andrew Schotter. 1978. „The Inevitability of the Paradox of Redistribution in the Allocation of Voting Weights". In *Public Choice* 33: 49-67.

Garrett, Geoffrey. 1993. „The Politics of Maastricht". In *Economics and Politics* 5: 105-23.

— und George Tsebelis. 1996. „An Institutional Critique of Intergovernmentalism". In *International Organization* 50: 269-99.

Harsanyi, John C. 1977. *Rational Behavior and Bargaining Equilibrium in Games and Social Institutions*. Cambridge: Cambridge University Press.

Hosli, Madelaine O. 1993. „Admission of European Free Trade Association States to the European Community: Effects on Voting Power in the European Community Council of Ministers". In *International Organization* 47: 629-43.

—. 1996. „Coalitions and Power: Effects of Qualified Majority Voting in the Council of the European Union". In *Journal of Common Market Studies* 34: 255-73.

Jacobs, Francis, Richard Corbett und Michael Shackleton. 1992. *The European Parliament*. London: Longman Group.

Johnston, Mary. 1994. *The European Council*. Oxford: Westview.

Keohane, Robert O. 1988. „International Institutions: Two Approaches". In *International Studies Quarterly* 32: 379-96.

Kielmansegg, Peter Graf. 1996. „Integration und Demokratie". In *Europäische Integration*; hrsgg. von Markus Jachtenfuchs und Beate Kohler-Koch. Opladen: Leske + Budrich, 47-71.

König, Thomas. 1996a. „The Constitutional Development of European Integration". In *Journal of Theoretical Politics* 8: 553-9.

—. 1996b. „Vom Intergouvernementalismus zum Parlamentarismus? Eine institutionelle Analyse der europäischen Mehrkammergesetzgebung von 1958-1995". In *Das europäische Mehrebenensystem*; hrsgg. von Thomas König, Elmar Rieger und Hermann Schmitt. Frankfurt/M., New York: Campus (Mannheimer Jahrbuch für Europäische Sozialforschung I): 70-98.

—. 1996c. *Freiwilligkeit und Zwang in internationalen Verhandlungen. Eine Modellierung von Kooperation und Konflikt an den Beispielen der Europäischen Union und der Antarktiskonferenz*. Mannheim: Habilitationsschrift.

— 1997. *Europa auf dem Weg zum Mehrheitssystem? Gründe und Konsequenzen nationaler und parlamentarischer Integration*. Opladen: Westdeutscher Verlag.

— und Thomas Bräuninger. 1996. „Power and Political Coordination in American and German Multi-Chamber Legislation". In *Journal of Theoretical Politics* 8: 331-60.

— und Thomas Bräuninger. 1997. „The Institutional Politics of Enlargement. Diverging Goals for Reforming EU-Legislation". Paper presented at the IPSA-Conference, Brüssel.

Krasner, Stephen D. 1988. „Sovereignty: An Institutional Perspective". In *Comparative Political Studies* 21: 66-94.

Lane, Jan-Erik, Reinert Mæland und Sven Berg. 1995. „The EU-Parliament: Seats, States and Political Parties". In *Journal of Theoretical Politics* 7: 395-400.

Lange, Peter. 1993. „The Maastricht Social Protocol: Why Did They Do It?". In *Politics and Society* 21: 5-36.

Ludlow, Peter. 1991. „The European Commission". In *The New European Community: Decisionmaking and Institutional Change*; hrsgg. von Robert O. Keohane und Stanley Hoffman. Boulder, Col.: Westview, 85-132.

Moravcsik, Andrew. 1991. „Negotiating the Single European Act: National Interests and Conventional Statecraft in the European Community". In *The New European Community: Decisionmaking and Institutional Change*; hrsgg. von Robert O. Keohane und Stanley Hoffmann. Boulder, Col.: Westview, 41-84.

—. 1993. „Preferences and Power in the European Community: A Liberal Intergovernmental Approach". In *Journal of Common Market Studies* 31: 473-524.

Nugent, Neill. 1994. *The Government and Politics of the European Union*. 3. Auflage, Houndmills: Macmillan.

Ordeshook, Peter C. 1986. *Game Theory and Political Theory. An Introduction*. Cambridge: Cambridge University Press.

Osborne, Martin J. und Ariel Rubinstein. 1994. *A Course in Game Theory*. Cambridge, Mass.: MIT Press.

Sabsoub, Jean-Pierre. 1991. *The Council of the European Community*. Luxembourg: Office for Official Publications of the European Communities.

Schneider, Gerald. 1995. „The Limits of Self-Reform: Institution-Building in the European Union". In *European Journal of International Relations* 1: 59-86.

Schreiber, Kirstin. 1994. „Binnenmarkt". In *Europa von A-Z*; hrsgg. von Werner Weidenfeld und Wolfgang Wessels. Bonn: Europa Union Verlag, 85-93.

Shepsle, Kenneth A. 1986. „Institutional Equilibrium and Equilibrium Institutions". In *Political Science. The Science of Politics*; hrsgg. von Herbert F. Weisberg. New York: Agathon, 51-82.

— und Barry Weingast. 1987. „The Institutional Foundation of Committee Power". In *American Political Science Review* 81: 85-104.

Spence, David. 1994. „Structure, Functions and Procedures in the Commission". In *The European Commission*; hrsgg. von Geoffrey Edwards und David Spence. Essex: Longman, 92-116.

Steunenberg, Bernard. 1994. „Decision Making Under Different Institutional Arrangements: Legislation by the European Community". In *Journal of Institutional and Theoretical Economics* 150: 642-69.

Tsebelis, George. 1994. „The Power of the European Parliament as a Conditional Agenda Setter". In *American Political Science Review* 88: 128-42.

Usher, John. 1994. „The Commission and the Law". In *The European Commission*; hrsgg. von Geoffrey Edwards und David Spence. Essex: Longman, 146-68.

Wessels, Wolfgang. 1991. „The EC Council: The Community's Decision Making Center". In *The New European Community: Decision Making and Institutional Change*; hrsgg. von Robert O. Keohane und Stanley Hoffman. Boulder, Col.: Westview, 133-54.

Westlake, Martin. 1994. *The Commission and the Parliament*. London: Butterworths.

Widgrén, Mika. 1994. „Voting Power in the EC Decision Making and the Consequences of Two Different Enlargements". In *European Economic Review* 38: 1153-70.

Tabelle 2: Absolute Machtwerte in uni-, bi- und trikameralen europäischen Gesetzgebungsverfahren

	Stimmen	*Art. 148,2b*	*Standard*		*Zusammenarbeit*	*Mitentscheidung*
			Einstimmigkeit	*qual. Mehrheit*		
Kommission	1	0.5000	1.0000	1.0000	1.0000	0.9996
Ministerrat						
Frankreich	10	0.8490	1.0000	0.8627	0.8627	0.8627
Deutschland	10	0.8490	1.0000	0.8627	0.8627	0.8627
Italien	10	0.8490	1.0000	0.8627	0.8627	0.8627
Großbritannien	10	0.8490	1.0000	0.8627	0.8627	0.8627
Spanien	8	0.7939	1.0000	0.8003	0.8004	0.8004
Belgien	5	0.7098	1.0000	0.6909	0.6910	0.6910
Griechenland	5	0.7098	1.0000	0.6909	0.6910	0.6910
Niederlande	5	0.7098	1.0000	0.6909	0.6910	0.6910
Portugal	5	0.7098	1.0000	0.6909	0.6910	0.6910
Österreich	4	0.6798	1.0000	0.6556	0.6557	0.6557
Schweden	4	0.6798	1.0000	0.6556	0.6557	0.6557
Dänemark	3	0.6486	1.0000	0.6167	0.6169	0.6169
Irland	3	0.6486	1.0000	0.6167	0.6169	0.6169
Finnland	3	0.6486	1.0000	0.6167	0.6169	0.6169
Luxemburg	2	0.6069	1.0000	0.5736	0.5737	0.5737

Tabelle 2: Absolute Machtwerte in uni-, bi- und trikameralen europäischen Gesetzgebungsverfahren (Fortsetzung)

	Stimmen	*Art. 148,2b*	*Standard*		*Zusammenarbeit*	*Mitentscheidung*
			Einstimmigkeit	*qual. Mehrheit*		
Parlament						
Sozialdemokratische Partei	221	0.5000	0.5000	0.5000	0.8450	0.8453
Europäische Volkspartei	172	0.5000	0.5000	0.5000	0.6529	0.6530
Vereinigte Europäische Linke	31	0.5000	0.5000	0.5000	0.5552	0.5552
Liberale Partei	52	0.5000	0.5000	0.5000	0.6017	0.6018
Union für Europa	56	0.5000	0.5000	0.5000	0.6137	0.6137
Radikale Europäische Allianz	19	0.5000	0.5000	0.5000	0.5338	0.5338
GRÜNE im EP	25	0.5000	0.5000	0.5000	0.5469	0.5470
Europa der Nationen	19	0.5000	0.5000	0.5000	0.5338	0.5338
FP Österreich (FL)	5	0.5000	0.5000	0.5000	0.5100	0.5100
Vlaams Blok (FL)	2	0.5000	0.5000	0.5000	0.5033	0.5033
Front National Belgien (FL)	1	0.5000	0.5000	0.5000	0.5017	0.5017
Front National Frankreich (FL)	11	0.5000	0.5000	0.5000	0.5212	0.5212
Democratic Unionist (FL)	1	0.5000	0.5000	0.5000	0.5017	0.5017
Alleanza Nazionale (FL)	11	0.5000	0.5000	0.5000	0.5212	0.5212

(FL) – Fraktionslos, Stand 8/1995

Andreas Bücker, Christian Joerges, Jürgen Neyer und Sabine Schlacke

Formen europäischer Risikoverwaltung: Komitologie im Bereich von Lebensmitteln und technischen Gütern[1]

Eines der herausragendsten Merkmale der Regelungstechniken der Europäischen Gemeinschaft ist die Rolle, die Ausschüssen in allen Phasen der Vorbereitung neuer Maßnahmen und der Durchsetzung politischer Richtlinien übertragen worden ist. Trotz der offensichtlichen Bedeutung von Ausschüssen bemerkte Sabino Cassese noch im Jahr 1991, also vor nicht allzu langer Zeit: „Die Ausschüsse sind ein unerforschter Dschungel" (eigene Übersetzung: 1991, 491). Glücklicherweise trifft dies heute nicht mehr zu. Die Ausschüsse der Gemeinschaft im allgemeinen und speziell der Bereich der Komitologie[2] stoßen auf zunehmendes Interesse bei Rechts- (Schlacke 1997; Vos 1997; Türk 1996) und Politikwissenschaftlern (Pappi und Schnorpfeil 1996; Schaefer 1996; Schendelen 1996; Neyer 1997). Die Motive für dieses wachsende Interesse sind jeweils unterschiedlich: Das Europäische Parlament (EP) versucht mit Hilfe der Komitologie die Diskrepanz zwischen seinem Recht auf Teilnahme an der gemeinschaftlichen Gesetzgebung (Art. 189b EGV) und seinem Ausschluß vom Prozeß der Durchsetzung gemeinschaftlicher Politiken zu überwinden. Rechtswissenschaftler sehen im europäischen Ausschußwesen nicht nur ein interinstitutionelles Konfliktpotential, sondern ebenso ein verfassungsrechtliches Abgrenzungsproblem zwischen den nationalstaatlichen und gemeinschaftlichen Kompetenzordnungen sowie der Kontrollmöglichkeit der in diesem System getroffenen Entscheidungen (Joerges 1995; Schlacke 1997). Politikwissenschaftler erkennen in der Komitologie eine Form der Interaktion gouvernementaler Akteure und supranationaler Institutionen, die mit den klassischen Paradigmen der Integrationstheorie kaum mehr zu fassen ist (Neyer 1997).

Diese Problemkreise lassen sich auf ein und dasselbe Phänomen zurückführen, nämlich auf die Entstehung von Strukturen des Regierens in der europäischen Politik, die sich weder eindeutig in nationalstaatlichen, noch in intergouvernementalen oder supranationalen Kategorien beschreiben lassen. Die analytische Beschreibung und Bewertung der gemeinschaftlichen Komitologie kann demnach nur interdisziplinär erfolgen und ist von übergreifender Relevanz sowohl für rechts- als auch für politikwissenschaftliche Ansätze zur Erklärung und Legitimation der europäischen Integration (Joerges 1996; Joerges und Neyer 1997).

Die folgende Darstellung ist in drei Abschnitte unterteilt: In einem ersten Schritt skizzieren wir den rechtlichen Rahmen der Komitologie und stellen unsere forschungsleitenden Fragestellungen vor. In einem zweiten Schritt präsentieren wir einige empirische Resultate unserer Untersuchung des europäischen Ausschußwesens im Bereich der Regulierung von Lebensmittelrisiken und Risiken technischer Güter. Der Beitrag faßt in einem dritten Schritt die empirischen Erkenntnisse zusammen und schließt mit einem Ausblick ab.

1 Der rechtliche Rahmen der Komitologie und forschungsleitende Fragestellungen

Die zentrale Hypothese dieses Beitrags ist am besten darzustellen als eine Herausforderung der institutionellen Strukturen, die das nationale Verfassungsrecht einerseits und das supranationale Gemeinschaftssystem andererseits geschaffen haben. Grundsätzlich sollten die Prozesse von *policy-making* und *decision-making* in den EG-Ausschüssen entweder der einen oder der anderen Ebene von Regieren in der Gemeinschaft zuzuordnen sein. Allein die Tatsache, daß sich institutionelle Strukturen jenseits des Verfassungsstaates herausgebildet haben, indiziert keinesfalls deren Legalität oder Legitimität. Notwendig sind vielmehr normative Kriterien zur Bewertung der real existierenden institutionellen Strukturen. Eine solche Fragestellung fügt sich wohl kaum in die sozialwissenschaftliche Dichotomisierung von Institutionen als *constraint* einerseits und *opportunity* andererseits. Sie zielt auf Kriterien für eine „gelingende" Institutionenbildung und nimmt damit eine klassische konstitutionelle Problematik auf, nämlich eine rechtliche Domestizierung politischer Prozesse im Interesse einer rechtsstaatlichen und demokratischen Verfassung (Joerges und Neyer 1997).

1.1 Der rechtliche Rahmen der Komitologie und institutionelle Kontroversen

Die Entstehung des Ausschußwesens ist bereits umfänglich beschrieben worden (Bertram 1967/68; Demmke et al. 1996). Das Komitologie-System wurde zuerst im Agrarsektor eingeführt. Entwickelte sich das Ausschußwesen in den ersten drei Jahrzehnten der Europäischen Gemeinschaft recht wildwüchsig, das heißt ohne rechtliche Strukturierung, so wurde zumindest das Verfahren für die aus mitgliedstaatlichen Vertretern zusammengesetzten Ausschüsse 1987 mit dem Komitologiebeschluß[3] vereinheitlicht. Diese Ausschüsse hat die Kommission anzuhören oder muß sogar ihre Zustimmung zu einem Rechtsakt erreichen, wenn sie aufgrund sekundärrechtlicher Verpflichtung mit der Durchführung des Gemeinschaftsrechts[4] betraut ist. Daneben existieren aber eine Vielzahl beratender Ausschüsse und Arbeitsgruppen, die sich aus wissenschaftlich-technischen Experten oder Interessengruppen zusammensetzen und in unterschiedlicher Weise an der Vorbereitung und Verabschiedung von Rechtsakten durch den Rat oder die Kommission beteiligt werden (Falke 1996; Falke und Winter 1996).[5]

Gründe für die Prominienz des europäischen Ausschußwesens in der EG-Politik sind leicht zu benennen. Die Gemeinschaftspolitik war immer überwiegend legislative Politik. In den Bereichen, in denen die Kommission darüber hinaus mit der Aufgabe der Regelsetzung innerhalb des vom Rat festgelegten gesetzlichen Rahmens betraut ist (sog. „Durchführung des Gemeinschaftsrechts“), ist sie aufgrund ihrer eigenen beschränkten administrativen Ressourcen auf die Zulieferung von Informationen und Expertise angewiesen. Um die Implementation europäisch konsentierter Politiken zu gewährleisten, muß sie weiterhin die Zusammenarbeit der nationalen Verwaltungen sicherstellen. Der Rat war jedoch keineswegs bereit, der Kommission die Kompetenz zur unabhängigen Durchsetzung breit angelegter Gesetzgebungsprogramme zu übertragen. Da die Durchsetzung solcher Programme unter Umständen politisch empfindliche Fragen und wirtschaftlich bedeutende Interessen berührt, versuchten die Mitgliedstaaten vielmehr, ihre Durchsetzungs- und Vollzugskompetenzen zu bewahren. Das gemeinschaftliche Ausschußwesen kann deshalb als ein institutioneller Kompromiß zwischen supranationalen Gesetzgebungskompetenzen und der Verteidigung nationaler Interessen bzw. Regulierungsbelange verstanden werden (Neyer 1997).

Trotz seiner langen Geschichte ist das Ausschußwesen kaum jemals grundsätzlich vom Europäischen Gerichtshof (EuGH) in Frage gestellt worden. Frühe Entscheidungen haben seine Rechtmäßigkeit bestätigt.[6] Jüngere Entscheidungen über Zusammensetzung und Verfahrensweise der Ausschüsse[7] geben neue Orientierungshilfen, z.B. in bezug auf die Verpflichtung der Gemeinschaft, wissenschaftliche Ausschüsse zu konsultieren, wann immer die „Natur der Sache" dies erfordert.[8]

Die öffentlichkeitswirksamsten juristischen Kontroversen sind vom Europäischen Parlament (EP) initiiert worden (Meng 1988; Bradley 1992; Grams 1995). In der Debatte um die Stärkung der Durchführungsbefugnisse der Kommission gemäß Art. 145 EGV hatte das EP die Position der Kommission zugunsten der Einrichtung von Beratenden Ausschüssen unterstützt (Ehlermann 1988). Die „Komitologie-Entscheidung" der Kommission stieß entsprechend zwar auf entschiedene, im Endeffekt allerdings erfolglose Kritik des EP.[9] Genauso erfolglos war das Vorgehen des EP gegen die weitgefaßte Auslegung der Entscheidungsbefugnisse der Kommission nach Art. 43 EGV.[10]

Dagegen war das EP, zumindest vorläufig, erfolgreich in seinen Bemühungen, seinen Einfluß auf die Durchführung legislativer Akte, die jetzt unter Artikel 189b EGV fallen, zu stärken. Gemäß dem Entwurf einer interinstitutionellen Vereinbarung zwischen dem Rat, der Kommission und dem EP über die Einbeziehung des EP in die Komitologie, dem sog. *modus vivendi*[11], ist für die Durchführung legislativer Maßnahmen nach Artikel 189b EGV der folgende Verfahrensweg einzuhalten: Entwürfe für Durchführungsmaßnahmen werden einem Komitologie-Ausschuß zugeleitet und gleichzeitig dem EP vorgelegt. Der jeweilige zuständige Parlamentsausschuß kann eine Stellungnahme zu dieser Maßnahme abgeben. Über die Berücksichtigung der Stellungnahme entscheidet aber die Kommission.

1.2 Politikwissenschaftliche Fragen

Die bundesdeutsche politikwissenschaftliche Debatte zur europäischen Integration befindet sich derzeit in einem Prozeß der Rückbesinnung auf die klassischen politikwissenschaftlichen Fragestellungen. Während in der Vergangenheit die Beschäftigung mit der Frage nach den treibenden Kräften der Integration dominierte, rückt diese zunehmend in den Hintergrund. Neuere Arbeiten thematisieren hingegen verstärkt die Probleme für europäisches Regieren, die mit dem erreichten Integrationsniveau einhergehen (Jachtenfuchs und Kohler-Koch 1996a). Im Rahmen dieser Neuorientierung ist es in den letzten Jahren zu einer Vielzahl von theoretisch innovativen Ansätzen gekommen.[12] Gerade im Zusammenhang mit der Analyse der (doppelten) Politikverflechtung (Scharpf 1985; Hrbek 1986) wurden hierbei auch verhandlungs- und föderalismustheoretische Ansätze (Benz, Scharpf und Zintl 1992) aufgegriffen und unter dem Stichwort des „Mehrebenensystems" auf die europäischen Rahmenbedingungen angepaßt (Ebbinghaus 1996). Das Konzept der Mehrebenenverhandlungssysteme bietet sich für die Analyse der Komitologie an: Ineinanderverschachtelte nationale und europäische Verhandlungsstrukturen sowie eine Parallelität von wissenschaftlich-technischen und eher politischen Interaktionsstrukturen werden von der vorhandenen politikwissenschaftlichen Literatur als wesentliche Charakteristika des Ausschußwesens betont (IEP 1989; Bach 1992). Aufgrund der komplexen institutionellen Strukturen gilt insbesondere die Effizienz der Komitologie hierbei als eine eher problematische Größe: Zwar sind flach hierarchische Verhandlungsstrukturen nicht notwendigerweise hierarchisch-majoritären Entscheidungsstrukturen in der Findung von kollektiven Ergebnissen unterlegen (Scharpf 1991), doch besteht in der Literatur Übereinstimmung darüber, daß sie relativ anfällig dafür sind, sich in der Anforderung nach Konsensualität zu blockieren und in Konfliktsituationen nur wenig innovativ zu sein (Benz, Scharpf und Zintl 1992). Insbesondere unter der Bedingung strategischen Handelns von Akteuren[13] weisen sie daher oftmals prohibitiv hohe Transaktionskosten auf, die mit der Intensität von Konflikten korrelieren und ihre Funktionalität im Extremfall gegen Null tendieren läßt.

Konsens besteht in der Literatur ebenfalls dahingehend, daß die Funktionalität von Verhandlungssystemen zentral von ihrem Diskursmodus abhängt.[14] Nur auf der Basis einer zumindest ansatzweisen Bereitschaft von Verhandlungspartnern, strategisches Verhalten zugunsten von kommunikativer Rationalität zurückzustellen, kann daher davon ausgegangen werden, daß das Transaktionskostenproblem handhabbar bleibt. Ein Schwerpunkt des analytischen Interesses eines verhandlungstheoretischen Ansatzes muß daher die Frage darstellen, ob und unter welchen Bedingungen Akteure bereit sind, in der Komitologie strategische Nutzenmaximierung zugunsten von verständigungsorientiertem Verhalten zurückzustellen.

1.3 Schwerpunkte interdisziplinärer Analysen

Die Schwerpunkte interdisziplinärer Analysen konzentrieren sich auf das Erkennen und Einordnen von Prozessen und Strukturen im Rahmen des Ausschußwesens, die auf eine neue Form gemeinschaftlichen Regierens hinweisen (Bücker et al. 1996). Es gibt mindestens vier Gesichtspunkte, die für eine Untersuchung der Komitologie im Bereich der gemeinschaftlichen Regulierung gesundheitlicher Risiken von hoher Relevanz sind:

1.3.1 Die Strukturierung von Interaktionsbeziehungen

Im gemeinschaftlichen Harmonisierungsprozeß findet bereits auf der Rechtsetzungsebene ein von der Kommission initiiertes Zusammenwirken mit Sachverständigen, nationalen Verwaltungen, dem EP und gesellschaftlichen Interessengruppen statt. Ziel dieser Interaktionsbeziehungen ist, einen breiten Konsens über institutionelle Grenzen hinweg zu suchen, um ein möglichst problemloses Verabschieden der Entwürfe legislativer Maßnahmen zu gewährleisten. Bereits der gemeinschaftliche Rechtsetzungsprozeß deutet darauf hin, daß im Gegensatz zum klassischen politischen Prozeß, der sich durch hierarchische Strukturen auszeichnet, sich auf der europäischen Ebene Mehrebenenverhandlungssysteme herausbilden, die nicht mehr eine klare Aufteilung zwischen oben, wo entschieden wird, und unten, wo ausgeführt wird, aufweisen. Diese Geflechte von Beziehungen sind abhängig von argumentativen Prozessen, angewiesen auf Expertise und Konsenserzielung. Als wesentliche Faktoren, die argumentatives Handeln im Prozeß der Herstellung von Konsensen befördern, werden in der Literatur insbesondere ähnliche subjektive Geltungsansprüche und Realitätsperzeptionen der verhandelnden Parteien (Héritier 1993), ein hoher Grad an Unabhängigkeit gouvernementaler Akteure im Bereich der Formulierung von Präferenzen (Scharpf 1985; Hrbek 1986) und die Fähigkeit zur innergesellschaftlichen Durchsetzung von Verhandlungsergebnissen (Benz 1992; Grande 1996) hervorgehoben.

1.3.2 Die Strukturierung von Entscheidungsprozessen

Auf der Ebene der Durchführung des Gemeinschaftsrechts ist der Zugang nicht-staatlicher Akteure zum Entscheidungsfindungsprozeß äußerst begrenzt. Die Stärkung der Rolle der wissenschaftlichen Ausschüsse[15] und die große Bereitschaft des EuGH, bei der Beurteilung der Vereinbarkeit von nationaler Gesetzgebung und Art. 30[16] innerhalb und außerhalb der Gemeinschaft akzeptierte Normen zu berücksichtigen, deuten jedoch darauf hin, daß der Entscheidungsprozeß in der Gemeinschaft sich „externen" Gültigkeitskriterien öffnet, um die Angemessenheit solcher Verfahren sicherzustellen (Joerges 1997). Aufgrund der zu behandelnden Thematik, die Regulierung von Risiken im Bereich Nahrungsmittel und technischer Güter, bedarf es einer Rationalisierung des Entscheidungsprozesses durch die Einbeziehung wissenschaftlicher Expertise.

1.3.3 Schaffung von Netzwerken

Eine der offensichtlichen Schnittstellen von rechts- und politikwissenschaftlicher Fragestellungen hinsichtlich der Komitologie ist die Untersuchung, wie Akteure verschiedener Ebenen des Regierens zusammenarbeiten. Im gemeinschaftlichen Ausschußwesen ist bereits aufgrund der rechtlichen Vorgaben ein enges gegenseitiges Angewiesensein nationaler Verwaltungen und gemeinschaftlicher Institutionen im Bereich der Durchführungsrechtsetzung festzustellen.

Die Literatur über Netzwerk-Analyse (Pappi 1993; Scharpf 1993; Mayntz 1993) hebt ausdrücklich hervor, daß die Fähigkeit der Akteure, Koordinationsprobleme zu überwinden, in großem Maße von stabiler Interaktion und einer übergeordneten „Problemlösungsphilosphie" abhängt (Héretier 1993). Europäische Netzwerke existieren nicht in dem gleichen „Autoritätsschatten", der für staatszentrierte Netzwerke gilt, sie sind vielmehr Teil einer eher anarchischen Umwelt, in der die Fähigkeit europäischer und nationaler Institutionen, einen Kompromiß einseitig durchzusetzen, begrenzt ist. Feste Bindungen werden außerdem durch die Verpflichtung nationaler Verwaltungen zur Zusammenarbeit - sowohl mit der Kommission als auch untereinander - gefördert, die das europäische Recht vorsieht.[17]

1.3.4 Schaffung von Legitimation

Das schwierigste theoretische Problem im Zusammenhang mit denationalisierten, nicht-supranationalen Strukturen des Regierens betrifft dessen Legitimität und die politische Verantwortlichkeit *(accountability)* seiner Akteure (Piris 1994). Hier ist es zwar notwendig, aber keinesfalls ausreichend, lediglich die Effizienz oder Sachhaltigkeit der Verhandlungen im Bereich der Risikoregulierung (Majone 1994; 1996; IEP 1989) zu beteuern. Rechtswissenschaftler werden nach gesetzlichen Garantien dafür suchen müssen, daß die Entscheidungsprozesse den Schutz individueller Rechte gewährleisten und sowohl rechtsstaatlichen als auch demokratischen Verfassungsprinzipien entsprechen (Schlacke 1997). Der Verweis auf verfassungsstaatliche Anforderungen an die regulative Politik der Gemeinschaft ist nun allerdings nicht unproblematisch. Woran es der regulativen Politik der Gemeinschaft gerade fehlt, ist ein expliziter Konsens über das anzuwendende normative demokratietheoretische Prinzip. Legitimität wird jedenfalls nicht bereits durch die Legalität von Entscheidungen hergestellt. Insgesamt geht es um nicht mehr und nicht weniger als um die Suche nach einer konstitutionellen Grundlage und Strukturierung des europäischen Mehrebenensystems.

Zwar gibt es deutliche Anhaltspunkte für die Etablierung eines als „deliberativen Supranationalismus" (Joerges und Neyer 1997) zu bezeichnenden regulativen Prinzips, doch sind die hieraus abzuleitenden konkreten Implikationen erst noch herauszuarbeiten. Eine praktisch naheliegende Möglichkeit, politische Verantwortlichkeit zu stärken, liegt darin, parlamentarische Ausschüsse mit der Aufgabe zu betrauen, die Leistung des Komitologie-Systems regelmäßig, wenn auch nachträglich, zu begutachten.[18]

2 Die ausgewählten Untersuchungsfelder: Lebensmittel und technische Güter

Empirische Untersuchungen müssen sich auf begrenzte Themen mit exemplarischem Charakter beschränken. Unsere Konzentration auf Ausschüsse, die mit der Durchführung des europäischen Lebensmittelrechts und der technischen Harmonisierung in den Bereichen Maschinen und Bauprodukte betraut sind, geht auf die Beobachtung zurück, daß in diesen Ausschüssen praktisch wichtige und regulatorisch voraussetzungsreiche Aufgaben wahrgenommen werden. Das gesetzgeberische Programm der Europäischen Gemeinschaft, das mit dem Weißbuch zur Verwirklichung des Binnenmarktes aus dem Jahre 1985[19] begann und durch die Neue Konzeption im Bereich der technischen Normung[20] sowie der Neuen Strategie in der Lebensmittelrechtsangleichung[21] konkretisiert wurde, ist weitgehend verwirklicht worden. Es bedarf jedoch der weiteren Durchführung und Konkretisierung. Die hier ausgewählten Ausschüsse haben diese Aufgaben wahrzunehmen. Die zu treffenden Entscheidungen berühren häufig Fragen des Verbraucher- und

Gesundheitsschutzes, des Umweltschutzes sowie der Sicherheit am Arbeitsplatz. Sie können oftmals nur auf der Grundlage unsicherer Erkenntnislagen getroffen werden und haben stets ökonomische Grenzen zu berücksichtigen. Rechtlich sind die einzelnen Entscheidungen an dem in Art. 100a Abs. 3, 118a, 130r Abs. 2, 129 Abs. 1 sowie 129a Abs. 1 EGV verankerten hohen Schutzniveau zu orientieren. Der Fall BSE zeigt, welch erhebliche praktische Bedeutung dieser an die Kommission delegierte Rechtsetzungsbereich entfalten kann.[22]

2.1 Die Struktur der untersuchten Ausschüsse

Um den komplexen kognitiven und rechtlichen Anforderungen der Risikoregulierung gerecht zu werden, werden im Lebensmittelbereich und im Bereich technischer Güter unterschiedliche Ausschüsse einbezogen. Im Lebensmittelsektor findet sich die Ausschußstruktur, der für die meisten Felder der Risikoregulierung wegweisende Bedeutung zukommt:

An dem Prozeß der Regulierung nehmen im Lebensmittelsektor drei unterschiedliche Ausschüsse teil: Der Ständige Lebensmittelausschuß[23], der Wissenschaftliche Lebensmittelausschuß[24] und der Beratende Lebensmittelausschuß.[25] Der Ständige Lebensmittelausschuß setzt sich aus Vertretern der Mitgliedstaaten zusammen.[26] Die Entscheidungen, an denen der Ständige Lebensmittelausschuß zu beteiligen ist, sind durch das sekundäre Lebensmittelrecht festgelegt.[27] Zahlreiche Beispiele belegen die hohe Relevanz dieser Entscheidungen für den Gesundheitsschutz. So ermächtigt z.B. die im Januar 1997 verabschiedete *Novel Food*-Verordnung[28] die Kommission im Zusammenwirken mit dem Ständigen Lebensmittelausschuß, über die Zulassung neuartiger Lebensmittel und Lebensmittelzutaten zu entscheiden.[29] Diese Entscheidungen setzen in aller Regel wissenschaftliche Expertise voraus. Die Kommission läßt sich daher vom Wissenschaftlichen Lebensmittelausschuß beraten. Dieser setzt sich aus hochrangigen Wissenschaftlern der Europäischen Gemeinschaft zusammen[30], die von der Kommission benannt werden.[31]

Da Risikoentscheidungen im Lebensmittelbereich typischerweise auf unzulänglicher Wissensbasis zu treffen sind, kann wissenschaftliche Beratung allein die notwendige Akzeptanz nicht gewährleisten. Auch soziale und kulturelle Unterschiede müssen bei der Entscheidungsfindung Berücksichtigung finden. Wenn die EG-Kommission die sozialen und kulturellen Belange einbeziehen will, kann sie im Lebensmittelsektor die Stellungnahme des Beratenden Lebensmittelausschusses einholen.[32] Im Beratenden Lebensmittelausschuß sind unterschiedliche Interessengruppen vertreten, die den Handel, die Landwirtschaft, die Verbraucher, die Industrie und die Arbeitnehmer repräsentieren.[33]

Die drei Ausschüsse bilden eine typische Konstellation von Akteuren, die um die Kommission gruppiert und mit Risikoregulierung befaßt sind. Der Ständige Lebensmittelausschuß trifft politische Entscheidungen und vermittelt den Mitgliedstaaten Einfluß auf die Durchführungsrechtsetzung der Kommission. Der Wissenschaftliche Lebensmittelausschuß bringt den wissenschaftlichen Sachverstand ein, und der Beratende Lebensmittelausschuß soll dem Entscheidungsprozeß soziale Akzeptanz verschaffen.

Diese im Lebensmittelsektor zu identifizierende Struktur hilft auch zur Strukturierung der Harmonisierung technischer Güter (Bücker i.E.). Auch hier gewährleisten ständige Ausschüsse den politischen Einfluß der Mitgliedstaaten. Der Ständige Ausschuß 83/189[34] ist der wichtigste Ausschuß für Fragen der technischen Harmonisierung.[35] In den für diese Untersuchung ausgewählten speziellen Untersuchungsbereichen, der Regulierung von Maschinen und Bauprodukten, sind daneben der Ständige Ausschuß nach der Maschinenrichtlinie[36] bei allen Fragen, die diese Richtlinie betreffen, und der Ständige Ausschuß für Bauprodukte[37] bei allen Fragen, die die Bauproduktenrichtlinie betreffen, zu beteiligen.

Wissenschaftliche und Beratende Ausschüsse sind - anders als im Lebensmittelsektor - in der Struktur zur Regulierung technischer Güter nicht vorgesehen. Die entsprechenden Vermittlungsleistungen, die Generierung wissenschaftlich-technischen Sachverstands und die Beteiligung interessierter Kreise, ist Aufgabe der europäischen Normungsorganisationen. Die erforderliche Expertise und Akzeptanz soll also von privat organisierten Einrichtungen, den Normungsorganisationen, vermittelt werden.

Eine Ausnahme von dieser Struktur stellen die technischen Ausschüsse gemäß Art. 12 der Bauproduktenrichtlinie dar, die die sogenannten Grundlagen-Dokumente erstellen. Diese Dokumente enthalten technische und methodische Anforderungen. Sie sind gedacht als ein Bindeglied zwischen den allgemeineren grundlegenden Anforderungen der Bauproduktenrichtlinie und den Mandaten, den Aufträgen an die Normungsorganisationen, bestimmte Normen zu erarbeiten.

Eine weitere Besonderheit findet sich im Bereich der Maschinensicherheit. Hier besteht eine Schnittstelle zu dem Bereich Arbeit und Soziales. Seit 1974 existiert für diesen Bereich ein Beratender Ausschuß für Sicherheit, Hygiene und Gesundheitsschutz am Arbeitsplatz[38], in dem neben einzelstaatlichen Behörden Arbeitnehmer- und Arbeitgeberorganisationen vertreten sind. Ein Unterausschuß dieses beratenden Ausschusses befaßt sich auch mit Fragen der technischen Normung (Pappi und Schnorpfeil 1996).

2.2 *Empirische Untersuchung des Ausschußwesens*

Im folgenden werden erste Ergebnisse der empirischen Untersuchung des Ausschußwesens in den Bereichen der Lebensmittel und technischen Produkte präsentiert. Eine Annäherung an die beiden Untersuchungsfelder erfolgte durch Experteninterviews. Aus diesen Gesprächen hat sich die Möglichkeit ergeben, an mehreren Ausschußsitzungen[39] beobachtend teilzunehmen. Zudem konnte eine Fragenbogenaktion im Ständigen Lebensmittelausschuß durchgeführt werden. Ergänzend wurden Ausschußprotokolle, die längere Zeiträume dokumentieren, ausgewertet.[40]

2.2.1 *Ständige Ausschüsse*

2.2.1.1 *Aufgaben und Funktionsweise*

Die politisch-administrativen Ausschüsse, die sich aus Vertretern der Mitgliedstaaten zusammensetzen, dienen nicht allein der Kontrolle der Kommission im Rahmen der rechtlich normierten Durchführung des Gemeinschaftsrechts. Die Mitgliedstaaten und die Kommission nutzen den Ausschuß vielmehr zur Erörterung von Fragen und Problemen im Zusammenhang mit der praktischen Anwendung der Rechtsakte in den Mitgliedstaaten.

Erörtert werden z.B. Auslegungsfragen, unbestimmte Rechtsbegriffe, Fragen des Anwendungsbereichs und tatsächliche Probleme bei der Umsetzung und dem Vollzug der Verordnungen und Richtlinien.

So werden im Lebensmittelbereich unter dem Stichwort Meinungs- oder Gedankenaustausch z.B. Auslegungsfragen der Nährwertkennzeichnungs-Richtlinie diskutiert. Erörtert wurde z.B. mehrfach, wann eine Kennzeichnung nährwertbezogen ist und deswegen den besonderen Anforderungen der Nährwertkennzeichnungs-Richtlinie unterfällt. Es handelt sich hierbei regelmäßig um ganz konkrete, einzelfallbezogene Anfragen. So fragte z.B. ein Fruchtsafthersteller die Kommission, ob er zu Werbezwecken den Hinweis „ohne Zuckerzusatz“ auf seinen Fruchtsaftflaschen anbringen dürfte, ohne die

Etikettierungsanforderungen der Nährwertkennzeichnungs-Richtlinie einhalten zu müssen. Der Meinungsaustausch innerhalb der Mitgliedstaaten ergab, daß dreizehn von fünfzehn Delegationen diese Angabe als nährwertbezogen und damit kennzeichnungspflichtig einordneten, währenddessen zwei Mitgliedstaaten sie als produktionsbezogen klassifizierten. Die Kommission gab zu erkennen, daß sie die Auffassung der Mehrheit der Mitgliedstaaten teilt und kündigte an, den Hersteller entsprechend zu informieren.

Eine ähnliche Praxis hat sich im Bereich der technischen Harmonisierung unter dem Stichwort „Fragen und Antworten" entwickelt. Insbesondere zu Fragen des Anwendungsbereichs technischer Richtlinien holten die einzelnen Mitgliedstaaten immer wieder die Auffassung der übrigen Mitgliedstaaten ein. Geklärt wurde z.B., ob Elektroautos für Golfplätze, Schneescooter oder *Off-Shore*-Anlagen Maschinen im Sinne der Maschinen-Richtlinie sind. Zum Teil bitten auch Hersteller ihre mitgliedstaatliche Verwaltung, die Auffassung der Kommission und der übrigen Mitgliedstaaten einzuholen. So bat z.B. ein belgischer Hersteller von Lackieranlagen darum, im Ausschuß zu klären, ob diese Lackieranlagen Maschinen im Sinne der Maschinen-Richtlinie sind.

Diese auf kooperativen Handlungsformen beruhenden Absprachen werden in sogenannten *guidance papers*, in Form von Fragen und Antwortenkatalogen oder in Ausschußprotokollen zusammengefaßt und schriftlich festgehalten. Eine Veröffentlichung der Ergebnisse dieser Diskussionen wird sowohl im Lebensmittel- als auch im Bereich technischer Harmonisierung erörtert, von der Kommission bislang aber nicht in die Tat umgesetzt. Der Ständige Lebensmittelausschuß hat gegenüber einer schriftlich gefaßten Veröffentlichung des Gedanken- und Meinungsaustausches durch die Kommission Bedenken geäußert. Diese bezogen sich insbesondere auf die politische und rechtliche Tragweite sowie auf die Kompetenzgrenzen der Kommission.

2.2.2 *Die Rolle der Kommission in Ständigen Ausschüssen*

Die Kommission hat eine dominante Position in den Ständigen Ausschüssen, weil sie Organisatorin, Koordinatorin und Moderatorin ist. Sie hat wesentlichen Einfluß sowohl auf die Inhalte als auch auf Organisation und Verfahren der Ständigen Ausschüsse.

Durch ihr Vorschlagsmonopol bestimmt sie in erheblichem Maß die Inhalte der zukünftigen Rechtsakte. Sie ist verantwortlich für die Erstellung von Papieren. Sie bereitet Tischvorlagen vor, um so auf Diskussionen Einfluß zu gewinnen. Durch die Vorbereitung der Sitzungen ist die Kommission der am umfänglichsten informierte Akteur. Ebenfalls kann sie durch dieses Informationsmonopol die Informationsweitergabe zu ihren Gunsten steuern.

Grundsätzlich wird das rechtlich vorgegebene Entscheidungsverfahren eingehalten. Gleichwohl kann die Kommission durch eine geschickte Diskussionsführung das Ergebnis beeinflussen. Ihre Strategie ist, Konflikte zu vermeiden und Konsens zu erzielen, oder zumindest die qualifizierte Mehrheit für ihre Vorschläge zu erreichen.

Die Kommission kann zudem auch auf die Organisation der Ausschußarbeit starken Einfluß nehmen. Im Ständigen Ausschuß für Bauprodukte entwickelte sich in den ersten fünfzehn Sitzungen mit Unterstützung der im wesentlichen von Deutschen dominierten Kommissionsdienststelle eine Arbeitsstruktur mit vielen Unterausschüssen, in denen Vertreter der Mitgliedstaaten arbeiteten. Dann kam es zu einem personellen Wechsel innerhalb der Kommission. Den neuen Kommissionsbediensteten gelang es, die bisherige Struktur zu beseitigen und die Arbeit auf den Ausschuß und eine einzige Vorbereitungsgruppe zu beschränken. Die vorher in den zahlreichen Unterausschüssen getätigte Arbeit wurde nunmehr teilweise auf interne informelle Kommissionsarbeitsgruppen verlagert. Die Kommissionsbediensteten bezweckten, das aus ihrer Sicht überzogene Regulierungsniveau inhaltlich abzusenken. Die Gegenwehr einiger Mitgliedstaaten gegen die Bestrebungen der Kommissionsbediensteten und die daraus folgenden Konflikte behinderten die Arbeit des Ausschusses über den Zeitraum von zwei Jahren.

2.2.3 Sonstige Ausschüsse und Organisationen

2.2.3.1 Der Wissenschaftliche Lebensmittelausschuß

Der durch die Kommission ins Lebens gerufene Wissenschaftliche Lebensmittelausschuß hat sich durch seine seit 1974 abgegebenen Stellungnahmen Ansehen bei den gemeinschaftlichen Organen (Rat, EP, EuGH) sowie in den entsprechenden nationalen und internationalen Fachkreisen erarbeitet.

Der Wissenschaftliche Lebensmittelausschuß kann nicht selbständig tätig werden und eine Stellungnahme abgeben, sondern nur auf bestimmte Themen hinweisen. Der Kommission obliegt es, den Ausschuß mit einzelnen Themen zu befassen. Zum Beispiel bat der Ständige Lebensmittelausschuß darum, eine Stellungnahme des Wissenschaftlichen Lebensmittelausschusses zu der Gesundheitsschädlichkeit des Konsums von Erfrischungsgetränken, die hohe

Konzentrationen von Taurin und Koffein aufweisen (*Red Bull*), einzuholen. Die Kommission lehnte es ab, den Wissenschaftlichen Lebensmittelausschuß unverzüglich mit dieser Frage zu befassen. Sie regte an, eine nationale Studie erstellen zu lassen und stellte in Aussicht, gegebenenfalls zu einem späteren Zeitpunkt den Wissenschaftlichen Lebensmittelausschuß mit diesem Thema zu befassen.

Grundsätzlich folgt die Kommission der rechtlich nicht bindenden Stellungnahme des Wissenschaftlichen Ausschusses. Eine Ausnahme hiervon stellt der BSE-Fall dar. Die Kommission befragte den Wissenschaftlichen Lebensmittelausschuß zu den gesundheitlichen Risiken der teilweisen Aufhebung des Importverbots für Rindertalg und -gelatine. Obwohl der Wissenschaftliche Lebensmittelausschuß aufgrund der bestehenden Erkenntnisdefizite von einer Aufhebung abriet, entschied die Kommission, in diesem Fall die DG VI, das Importverbot zum Teil aufzuheben. Auf Nachfrage des Wissenschaftlichen Lebensmittelausschusses wies die Kommission diesen darauf hin, daß seine Stellungnahmen lediglich beratenden Charakter hätten.

Wenn ein politischer Entscheidungsspielraum besteht, so schöpft ihn die Kommission aus. Dies wird deutlich im Zusatzstoffrecht. Der Wissenschaftliche Lebensmittelausschuß legt in seiner Stellungnahme den sogenannten ADI[41]-Wert eines Zusatzstoffes fest, der als Grenzwert die akzeptable tägliche Einnahmemenge bestimmt. Die Kommission berücksichtigt den ADI-Wert, entscheidet aber darüber, welchen Produkten der Stoff zugegeben werden darf und in welcher Menge.

Kooperationsbeziehungen etablieren sich neuerdings zwischen den wissenschaftlichen Ausschüssen der Kommission. 1993 wurde eine *Joint Working Group* zwischen dem Wissenschaftlichen Lebensmittelausschuß und dem Wissenschaftlichen Veterinärausschuß[42] gebildet, um die Verwendung von Rindfleischprodukten in Kinder- und Babynahrung zu beobachten. Nach ersten Verdachtsfällen hinsichtlich der Übertragbarkeit auf den Menschen wurde ein *Multi-Disciplinary Scientific Committee* (MDSC: Wissenschaftlichen Veterinärausschuß, Wissenschaftlichen Kosmetikausschuß) zu BSE gegründet, bei dem ein Mitglied des Wissenschaftlichen Lebensmittelausschusses als Experte beteiligt wird. Es werden hier die neuesten Erkenntnisse über BSE überprüft, beispielsweise auch der Bericht einer Forschungsgruppe über das Aussterben von BSE im Jahr 2001. Es existieren zudem Kooperationsbeziehungen zur internationalen Ebene wie beispielsweise zur *Codex Alimentarius Commission* der WHO/FAO, zum Europarat und zur OECD.

Zusammenfassend ist festzustellen, daß der Wissenschaftliche Lebensmittelausschuß sich zu einem international anerkannten Gremium entwickelt hat, das Kooperationsbeziehungen zu anderen gemeinschaftlichen wissenschaftlichen Ausschüssen sowie zu nationalen und internationalen Expertengruppen pflegt. Die Kommission hat durch ihr Initiativmonopol und die Organisation der wissenschaftlichen Unterstützung durch die Mitgliedstaaten wesentlichen Einfluß auf die Arbeit des Ausschusses.

2.2.3.2 Der Beratende Lebensmittelausschuß

Der in den 70er Jahren von der Kommission eingesetzte Beratende Lebensmittelausschuß nahm bis Anfang der 90er Jahre Beratungsfunktionen im Rahmen der lebensmittelrechtlichen Harmonisierung wahr. Seit Ende des Jahres 1994 ist er von der Kommission nicht mehr einberufen worden. Er ist damit faktisch funktionslos geworden. Er hat im Rahmen der Durchführung des Gemeinschaftsrechts bislang keine Stellungnahmen abgegeben. Feststellbar ist, daß die vormals in dem Ausschuß vertretenen Gruppen inzwischen überwiegend auf informellem Wege Zugang zur Kommission finden. Ein formelles Forum für eine Abstimmung der einzelnen Akteure untereinander ist somit nicht mehr gegeben.

2.2.3.3 Die Normungsorganisationen

Funktional nehmen die Normungsorganisationen vergleichbare Aufgaben wahr, wie der Wissenschaftliche und der Beratende Lebensmittelausschuß. Insbesondere durch die sogenannten Mandate nimmt die Kommission Einfluß auf Aufbau und Organisation der privaten Normungsorganisationen (CEN, CENELEC und ETSI) sowie auf den Inhalt technischer Normen und die jeweiligen Verfahren zur Erarbeitung der Normen.

Die Kommission hat in den letzten zehn Jahren wesentlichen Einfluß auf den Aufbau der drei Normungsorganisationen CEN, CENELEC und ETSI genommen. Diese drei Organisationen werden durch die offizielle Anerkennung gegenüber anderen Normungsorganisationen privilegiert. Der Aufbau weiterer, unabhängiger Normungsorganisationen ist nicht gewollt. Zum Beispiel gründeten jüngst die führenden Akteure auf dem Gebiet der Raumfahrttechnik eine eigenständige europäische Normungsorganisation. Sie wandten sich mit der Bitte um Unterstützung an die Kommission. Die Kommission bevorzugte indes die Kooperation mit den bekannten drei Normungsorganisationen. Sie erteilte diesen das Mandat, Vereinbarungen zur Zusammenarbeit mit der neu gegründeten Normungsorganisation zu treffen und deren Arbeit in das bestehende Normungswerk zu integrieren.

Die drei vorhandenen Normungsorganisationen kann die Kommission sowohl hinsichtlich der Inhalte als auch hinsichtlich des Verfahrens durch die Mandate steuern. Zum Beispiel nutzte die Kommission die Handlungsform des Mandats, um auf eine technische Norm für Chemiebau- bzw. Experimentierkästen Einfluß zu nehmen, nachdem es wiederholt zu Unfällen gekommen war. In dem Mandat beschrieb die Kommission detailliert das von ihr entwickelte Sicherheitskonzept bezüglich des Umgangs mit den Chemikalien.

Hinsichtlich des Verfahrens schreibt die Kommission z.B. in einem Normungsmandat für Maschinen vor, daß die Gewerkschaftsvertretungen an der Erarbeitung der Norm zu beteiligen sind.

Die Beteiligung nicht-wirtschaftlicher interessierter Kreise an der technischen Normung ist eine Zielsetzung, die die Kommission seit über einem Jahrzehnt verfolgt. Sie wirkt darauf hin, daß diese Kreise verstärkt Zugang zu ihren jeweiligen nationalen Normungsorganisationen, aus denen sich die drei europäischen Normungsorganisationen zusammensetzen, finden. Derzeit läßt sich gleichwohl immer noch ein deutliches Nord-Süd-Gefälle feststellen. In den südlichen Ländern ist die Beteiligung nicht wirtschaftlicher Kreise immer noch schwächer ausgestaltet als in den nördlichen Ländern.

2.2.3.4 Informelle Ausschüsse und Institutionen

Neben den zuvor genannten Ausschüssen und Normungsorganisationen läßt sich die Kommission von einer Reihe informeller Ausschüsse und Institutionen beraten.

Beispielsweise unterhält die Kommission im Lebensmittelbereich einen engen Kontakt zu einer informellen Expertengruppe, die sich aus behördlichen Lebensmittelanalytikern der EG zusammensetzt (FLEP). Diese Expertengruppe trifft sich mehrmals im Jahr, um sich über aktuelle Fragen und Rechtsetzungsbedürfnisse auszutauschen und gegebenenfalls konkrete Vorschläge zu entwickeln. Diese Expertengruppe hat mittlerweile wesentlichen Einfluß auf die Normsetzungsvorhaben der Kommission, was sich unter anderem an der Beteiligung hoher Kommissionsbeamter an den Sitzungen des FLEP zeigt.

Eine ähnlich wichtige Funktion übernimmt im Bereich der technischen Harmonisierung die sog. Gruppe der hohen Normungsbeamten, die sich ebenfalls mehrmals jährlich zu einem Gedankenaustausch über aktuelle Fragen und Entwicklungen der technischen Normung trifft.

2.3 Die Rolle der Kommission im Ausschußwesen

Die Kommission baut europaweit Kooperationsbeziehungen zwischen einer Vielzahl von Akteuren auf. Die Komitologie-Ausschüsse sind eingebunden in komplexe formelle und informelle Netzwerke, die unter der Kontrolle der Kommission stehen. Diese Struktur verschafft der Kommission, die anders als die Mitgliedstaaten über keinen eigenen wissenschaftlich-technisch spezialisierten Behördenunterbau verfügt, die für die Durchführung des Gemeinschaftsrechts notwendige Expertise und ermöglicht ihr einen Informationsaustausch zwischen der nationalen, europäischen und internationalen Ebene.

Die Kommission koordiniert zum einen formell eingesetzte und eingebundene wissenschaftlich-technische sowie soziale Ausschüsse, die unter ihrer Kontrolle stehen. Zum anderen unterhält die Kommission informelle wissenschaftlich-technische Expertengremien sowie administrative Beratergruppen. Daneben bestehen auch zahlreiche informelle Kontakte insbesondere zu Wirtschaftskreisen, aber auch zu Verbraucherverbänden und Gewerkschaftsvertretungen. Die Kommission nutzt darüber hinaus den vorhandenen mitgliedstaatlichen behördlichen Unterbau, indem sie Informationssysteme installiert, Überwachungsaufgaben koordiniert und Forschungsaufgaben vergibt.

2.4 Die Rolle des Europäischen Parlaments

Das EP drängt durch interinstitutionelle Vereinbarungen (s.o.) formal in die Komitologie. Tatsächlich spielt das EP indes keine bedeutende Rolle. Es nimmt die ihm eingeräumten Rechte durch den *modus vivendi* nicht oder in nur sehr beschränktem Maße wahr. Begründet wird dies von Abgeordneten damit, daß die einzelnen Ausschüsse nicht die speziellen Fachkenntnisse besitzen, die für eine Stellungnahme zu Durchführungsentwürfen der Kommission notwendig sei. Zudem fehle es dem EP an Zeit und Kapazitäten. Das EP spielt daher keine aktive Rolle im Rahmen von Ausschußverfahren.

3 Schlußfolgerungen und Ausblick

Die Komitologie stellt eine Form des Regierens dar, die institutionelle Strukturen jenseits des Nationalstaates herausgebildet hat. In den von uns untersuchten Bereichen finden sich viele Hinweise für eine Abwendung der europäischen regulativen Politik von der Vorstellung eines hierarchisch strukturierten politischen Systems mit einem eindeutig entscheidungsbefugten Zentrum und politischer Entscheidungsfindung auf der Basis der Aggregation einzelstaatlicher Präferenzen. Im Gegenzug kommt es zu einer verstärkten Hinwendung zu dezentralen und nicht-hierarchischen Verwaltungsstrukturen, in denen der Schwerpunkt auf Koordination, Kooperation und argumentativer Verständigung auf der Basis wissenschaftlich-technischen Sachverstandes liegt. Wissenschaftliche Expertise hat im Prozeß der Entscheidungsfindung eine zentrale Funktion erlangt.

Rechtswissenschaftlich ist dies Phänomen an den institutionellen Vorgaben des EG-Vertrages zu messen. Die Kompetenzordnung sieht vor, daß die Gemeinschaft für die Rechtsangleichung und Integration zuständig ist, und die Mitgliedstaaten das Gemeinschaftsrecht zu vollziehen haben (Streinz 1995). Diese Trennung wird im Ausschußwesen durchbrochen: Politisch-administrative Ausschüsse wirken mit der Kommission am Vollzug des Gemeinschaftsrechts mit. Es bildet sich durch das Ausschußwesen eine neue Verwaltungsstruktur zwischen der Gemeinschaftsebene und der Ebene der Mitgliedstaaten heraus.

Deutlich wird diese neue Struktur am Beispiel des Verhältnisses zwischen Bürger und Staat. Zwischen Bürger und Staat besteht im Rahmen des Vollzugs traditionell ein Über- und Unterordnungsverhältnis. Dieses wird abgelöst. Der Staat verliert an Souveränität, weil sich ein Bürger mit derselben Frage auch an andere Staaten wenden kann, wenn er sein Produkt gemeinschaftsweit vertreiben will. Die Bedingungen des Inverkehrbringens eines Produktes können nicht mehr durch einen Mitgliedstaat autonom festgelegt werden. Der einzelne Mitgliedstaat ist vielmehr gezwungen, seine Position im Rahmen der Ständigen Ausschüsse argumentativ zu begründen. Das Beispiel des Fruchtsaftherstellers, der sich direkt an die Kommission gewendet hat, zeigt, daß die Mitgliedstaaten von den Bürgern nicht mehr als zuständig erachtet werden und nicht allein verantwortlich Vollzugsfragen entscheiden können.

Die Komitologie stellt damit eine Herausforderung für das institutionelle Gefüge der Gemeinschaft dar. Im Rahmen des Ausschußwesens wird der

Vollzug des Gemeinschaftsrechts, der Aufgabe der Mitgliedstaaten ist, Gegenstand einer dritten, zwischen Gemeinschaft und Mitgliedstaaten liegenden Ebene. Für die Lösung von Vollzugsproblemen verliert der souveräne Mitgliedstaat zugunsten von Ausschüssen und Kommission an Bedeutung.

Im Lebensmittelbereich und im Bereich technischer Normung zeichnet sich die Durchführung des Gemeinschaftsrechts mit Hilfe von Ausschüssen durch eine hohe Funktionsfähigkeit aus. Obwohl Entscheidungsverfahren rechtlich vorgesehen sind, werden viele Entscheidungen argumentativ im Wege des Konsens getroffen. Der Fall BSE hat jedoch gezeigt, daß nicht davon ausgegangen werden kann, daß solche Entscheidungen immer frei von strategischer Nutzenmaximierung und der Beförderung von Sonderinteressen sind. Der Abschlußbericht[43] des EP-Untersuchungsausschusses[44] zeigt auf, daß aufgrund der komplexen Ausschußverfahren eine klare Verantwortungszuweisung für Fehlentscheidungen in der Komitologie nicht möglich ist. Insbesondere hat das Ausschußwesen in Situationen mit hohem politischem Entscheidungsdruck versagt. Durchgesetzt hat sich nicht eine präventive Politik, sondern eine Verhinderungspolitik, die die vorliegenden Erkenntnisse zurückhielt und so einseitige Entscheidungen zugunsten der britischen Wirtschaft hervorbrachte. Im BSE-Fall hat sich das gemeinschaftliche Ausschußwesen als ungeeignet erwiesen, in angemessener Weise auf die BSE-Risiken für die menschliche Gesundheit zu reagieren.

Aus rechtswissenschaftlicher Sicht ist eine weitere Erkenntnis der empirischen Untersuchung von Bedeutung: Die Verrechtlichung des Ausschußwesens bleibt hinter den tatsächlichen Entwicklungen zurück. Verfahrens- und organisationsrechtliche Vorschriften finden sich zwar in einer Vielzahl unterschiedlicher Regelungen (Sekundärrechtsakte, Komitologiebeschluß, Einsetzungsbeschlüsse, Satzungen, Geschäftsordnungen etc.). Es fehlt aber eine kohärente verfahrens- und organisationsrechtliche Regelung. Hauptaufgabe solch einer Regelung sollte - angesichts der in der BSE-Affäre aufgezeigten Mängel - die Gewährleistung ausreichender Transparenz hinsichtlich der formellen und informellen Netzwerkstrukturen, die repräsentative Zusammensetzung wissenschaftlich-technischer Gremien, die Gewährleistung der Berücksichtigung von Minderheitenvoten und der Zugang der Öffentlichkeit zu Ausschußprotokollen und Stellungnahmen sein.

Der aktuelle Vorschlag der Kommission, der GD XXIV die administrative Zuständigkeit für alle wissenschaftlichen Ausschüsse der Kommission zu übertragen[45] und somit wissenschaftlicher Expertise einen auch institutionell eigenständigeren und unabhängigeren Status einzuräumen, verspricht diesen

Mißständen - zumindest zum Teil - Abhilfe zu leisten. Inwiefern diese Absicht sich auch in der praktischen Politik niederschlagen wird, bleibt allerdings noch abzuwarten. Nicht zuletzt hiervon wird jedoch abhängen, ob und inwieweit aus den empirisch zu beobachtenden Phänomenen der Konsenssuche und der Beförderung von rationalen Inhalten von Politik eine Legitimitätsgrundlage der Komitologie abgeleitet werden kann.

Anmerkungen

1 Dieser Beitrag basiert auf einem von Prof. Dr. Christian Joerges geleiteten und von der Volkswagen-Stiftung geförderten Forschungsprojekt zum Thema „Die Beurteilung der Sicherheit technischer Konsumgüter und der Gesundheitsrisiken von Lebensmitteln in der Praxis des europäischen Ausschußwesens („Komitologie"); ausführlicher zum Design des Projektes vgl. Joerges 1995. Besonderer Dank gilt unserem Mitarbeiter Dr. Josef Falke sowie unseren KollegInnen Dr. Michelle Everson, Dr. Oliver Gerstenberg und Ellen Vos.

2 Der Begriff der Komitologie ist abgeleitet von dem frz. comité (Grams 1995), das wiederum auf lat. *committere* zurückzuführen ist, „which refers to a group of people brought together to carry out a special task for others" (Schendelen 1996). Dieser Begriff wird zum Teil für das ganze Spektrum von Ausschüssen im Rahmen der EG-Verfasssung verwendet. Wir beschränken uns im folgenden auf diejenigen, die an der Durchführung des Gemeinschaftsrechts beteiligt werden (vgl. Art. 145 3. Spiegelstrich EGV und den in Fn. 3 zitierten Komitologie-Beschluß.

3 Beschluß des Rates v. 13. Juli 1987 zur Festlegung der Modalitäten für die Ausübung der der Kommission übertragenen Durchführungsbefugnisse, ABl. Nr. L 197 v. 18.7.87, 33.

4 Vgl. Art. 145 3. Spiegelstrich EGV.

5 Ihre zahlenmäßige Bestimmung ist schwierig. Verläßliche Zahlen finden sich im von DG XIX verfaßten und im Amtsblatt der EG veröffentlichten Gemeinschaftshaushalt (Schaefer 1996).

6 Rs 25/70, Slg. 1970, 1161-Einfuhr- und Vorratsstelle für Getreide und Futtermittel vs. Köster; Rs 23/75, Slg. 1975, 1279-Rey Soda.

7 Siehe besonders Rs C-269/90, Slg. 1991, I-5469-Hauptzollamt München gegen Technische Universität München.

8 Siehe Rs C-212/91, Slg. 1994, I-171-Angelopharm gegen Freie und Hansestadt Hamburg.

9 Rs 302/87, Slg. 1988, 5615-Europäisches Parlament gegen Rat.

10 Rs C-156/93, Slg. 1995, I-2019-Europäisches Parlament gegen Kommission (vgl. hierzu Anmerkung von Schlacke 1995).

11 Modus vivendi v. 20.12.1994 zwischen dem Europäischen Parlament, dem Rat und der Kommission betreffend die Maßnahmen zur Durchführung der nach dem Verfahren des Artikel 189b EG-Vertrag erlassenen Rechtsakte, ABl. Nr. C 293 v. 8.11.95, 1 (in

Kraft seit ABl. 1996 C 102, 1). Jüngere Rechtsakte, wie die Novel Food-Verordnung (ABl. 1997 L 43, 1), verweisen in den Erwägungsgründen ausdrücklich auf die Anwendbarkeit des *modus vivendi*.

12 Für einen Überblick vgl. Neyer und Wolf (1996).

13 Vgl. zu den Begriffen des „strategischen" und des „argumentativen" Handelns Saretzki (1996) im Anschluß an Elster (1991) sowie die im Anschluß an Habermas (1981) geführte demokratietheoretische Debatte über deliberative Politik (Gerstenberg 1997; Schmalz-Bruns 1995; Cohen 1996).

14 Vgl. hierzu die aktuelle Debatte in der Zeitschrift für Internationale Beziehungen (insbesondere Zangl und Zürn 1996; Müller 1994).

15 Siehe Rs. C-212/91, Slg. 1994, I-171-Angelopharm gegen Freie und Hansestadt Hamburg.

16 Siehe z.B. Rs. 97/83, Slg. 1984, 2367-Melkunie.

17 Vgl. Art. 5 EGV.

18 Gemäß Art. 138c EGV kann das Europäische Parlament die Einsetzung eines nichtständigen Untersuchungsausschusses beschließen, der behauptete Verstöße gegen das Gemeinschaftsrecht oder Mißstände bei der Anwendung desselben prüft. Dies ist im BSE-Fall geschehen. Vgl. Beschluß des Europäischen Parlaments v. 17. Juli 1996 zur Einsetzung eines nichtständigen Untersuchungsausschusses, ABl. Nr. C 239 v. 17.8.96, 1.

19 Weißbuch der Kommission über die Vollendung des Binnenmarktes v. 14.6.1985, KOM(85) 310 endg.

20 Entschließung des Rates v. 7. Mai 1985 über eine neue Konzeption auf dem Gebiet der technischen Harmonisierung und der Normung, ABl. Nr. C 136 v. 4.6.85, 1.

21 Mitteilung der Kommission über die Verwirklichung des Binnenmarktes im Lebensmittelbereich, KOM(85) 603 endg.

22 Die Entscheidung über das Importverbot (Entscheidung der Kommission 96/239/EG v. 27.3.1996, ABl. Nr. L 78 v. 28.96, 47) wurde im Rahmen des Ständigen Veterinärausschusses getroffen. Vgl. hierzu auch den diese Entscheidung bestätigenden Beschluß des EuGH v. 12.7.1996, Rs. C-180/96 R, EuZW 1996, 628 ff.-BSE.

23 Beschluß 69/414/EWG des Rates v. 13.11.1969, ABl. Nr. L 291 v. 19.11.69, 9.

24 Beschluß 95/273/EG der Kommission v. 6.7.1995 zur Einsetzung eines wissenschaftlichen Lebensmittelausschusses, ABl. Nr. L 167 v. 18.7.95, 22. Dieser Einsetzungsbeschluß hat denjenigen aus dem Jahr 1974 (Beschluß 74/234/EWG der Kommission v. 16.7.1974, ABl. Nr. L 136 v. 20.5.74, 1) aufgehoben.

25 Beschluß 75/420/EWG der Kommission v. 26.6.1975, ABl. Nr. L 182 v. 12.7.75, 35; geändert durch ABl. Nr. L 251 v. 14.9.78, 18. Aufgrund des Kommissionsbeschlusses 80/1073/EWG v. 24.10.1980, ABl. Nr. L 318 v. 16.11.80, 28, wurde dem Beratenden Lebensmittelausschuß eine Satzung verliehen.

26 Die interne Organisation und Entscheidungsfindung des Ständigen Lebensmittelausschusses findet sich in der Satzung v. 11.5.1993, III/3938/93 - SJ/260/90-DE, veröffentlicht in: Kommission der Europäischen Gemeinschaften, Lebensmittel. Bereinigte Rechtsakte, Stand v. 30.4.1994, 25 ff.

27 Vgl. Art. 2 des Ratsbeschlusses 69/414/EWG (Anm. 23).

28 Verordnung (EG) Nr. 258/97 des Europäischen Parlaments und des Rates v. 27.1.1997 über neuartige Lebensmittel und neuartige Lebensmittelzutaten, ABl. Nr. L 43 14.2.97, 1.

29 S. Art. 7 Novel Food-Verordnung (Anm. 28); vgl. auch Schlacke (1996).

30 Vgl. Art. 4 des Einsetzungsbeschlusses (Anm. 22). Die Mitglieder des Wissenschaftlichen Lebensmittelausschusses werden von der Kommission ernannt. Der Ausschuß setzt sich aus nicht mehr als 20 Mitglieder zusammen; vgl. die Veröffentlichung der jüngsten Zusammensetzung in ABl. Nr. C 218 v. 23.8.95, 3. Das Mandat der Mitglieder währt für eine Zeit von drei Jahren. Die Stellungnahmen des Wissenschaftlichen Lebensmittelausschusses werden von der Kommission veröffentlicht.

31 Vgl. Art. 2 des Einsetzungsbeschlusses (Anm. 24).

32 Vgl. Art. 1 der Satzung (Anm. 25).

33 Vgl. die jüngste Ernennung der Ständigen Mitglieder und Beobachter des Beratenden Lebensmittelausschusses, ABl. Nr. C 103 v. 14.4.93, 7.

34 Vgl. Art. 5 der Richtlinie 83/189/EWG des Rates v. 28.3.1983, ABl. Nr. L 109 v. 26.4.83, 8; zuletzt geändert durch Richtlinie 94/10/EG des Rates v. 23.3.1994, ABl. Nr. L 100 v. 19.4.94, 30.

35 Vgl. Ratsbeschluß v. 7.5.1985, ABl. Nr. C 136 v. 4.6.1985, 1.

36 Richtlinie 89/392/EWG des Rates v. 14.6.1989, ABl. Nr. L 183 v. 29.6.89, 9, zuletzt geändert durch Richtlinie 93/68/EWG des Rates v. 22.7.1993, ABl. Nr. L 220 v. 30.8.93, 1.

37 Richtlinie 89/106/EWG des Rates v. 21.12.1988, ABl. Nr. L 40 v. 11.2.89, 12.

38 Beschluß 74/325/EWG des Rates v. 27.6.1974, ABl. Nr. L 185 v. 9.7.74, 15.

39 Im Lebensmittelbereich konnte an der 52., 53. und 58. Sitzung des Ständigen Lebensmittelausschusses teilgenommen werden.

40 Protokolle des Wissenschaftlichen Lebensmittelausschusses der 89., 92., 93., 95., 96., 100., 102., 103., 104. und 105. Sitzung.

41 Acceptable daily intake.

42 Beschluß 81/651/EWG der Kommission v. 30. Juli 1981 zur Einsetzung eines Wissenschaftlichen Veterinärausschusses, ABl. Nr. L 233 v. 19.8.81, 32.

43 Bericht über behauptete Verstöße gegen das Gemeinschaftsrecht bzw. Mißstände bei der Anwendung desselben im Zusammenhang mit BSE unbeschadet der Zuständigkeiten der nationalen und gemeinschaftlichen Gerichte, PE 220.544/end/Teil A.

44 Beschluß des Europäischen Parlaments v. 17. Juli 1996 zur Einsetzung eines nichtständigen Untersuchungsausschusses, ABl. Nr. C 239 v. 17.8.96, 1. Vgl. auch den Beschluß des Europäischen Parlaments, des Rates und der Kommission v. 19. April 1995 über Einzelheiten der Ausübung des Untersuchungsrechts des Europäischen Parlaments, ABl. Nr. L 113 v. 19.5.95, 2.

45 S. Agence Europe Nr. 6913 v. 13. Februar 1997, 8-9.

Literatur

Bach, Maurizio. 1992. „Eine leise Revolution durch Verwaltungsverfahren. Bürokratische Integrationsprozesse in der Europäischen Gemeinschaft". In *Zeitschrift für Soziologie* 21: 16-30.

Benz, Arthur, Fritz W. Scharpf und Reinhard Zintl, Hrsg. 1992. *Horizontale Politikverflechtung. Zur Theorie von Verhandlungssystemen.* Frankfurt/M, New York: Campus.

Benz, Arthur. 1992. „Mehrebenen-Verflechtung: Verhandlungsprozeß in verbundenen Entscheidungsarenen". In *Benz, Scharpf und Zintl*: 147-205.

Bertram, Christoph. 1967/68. „Decision Making in the E.E.C.: The Management Committees Procedure". In *Common Market Law Review* 5: 246-64.

Bradley, Kieran St. Clair. 1992. „Comitology and the Law: Through a Glass, Darkly". In *Common Market Law Review* 29: 693-721.

Bücker, Andreas; Christian Joerges, Jürgen Neyer und Sabine Schlacke. 1996. „Social Regulation through European Committees: An Interdisciplinary Agenda and Two Fields of Research". In *Pedler und Schaefer*: 39-58.

—. i.E. *Von der Gefahrenabwehr zu Risikovorsorge und Risikomanagement im Arbeitsschutzrecht*. Berlin: Duncker & Humblot.

Cassese, Sabino. 1991. „La Costituzione Europea". In *Quaderni costituzionali* XI: 487-508.

Cohen, Joshua. 1996. „Procedure and Substance in Deliberative Democracy". In *Democracy and Difference. Contesting the Boundaries of the Political;* hrsgg. von Seyla Benhabib. Princeton, NJ: Princeton University Press, 95-119.

Demmke, Christoph, Elisabeth Eberharter, Günther F. Schaefer und Alexander Türk. 1996. „The History of Comitology". In *Pedler und Schaefer*: 61-82.

Ebbinghaus, Bernhard. 1996. „Spiegelwelten: Vergleich und Mehrebenenanalyse in der Europaforschung". In *Das europäische Mehrebenensystem;* hrsgg. von Hermann Schmitt, Elmar Rieger und Thomas König. Frankfurt/M., New York: Campus (Mannheimer Jahrbuch für Europäische Sozialforschung I): 405-28.

Ehlermann, Claus-D. 1988. „Compétences d'exécution conférées à la Commission - la nouvelle décision cadre du Conseil". In *Revue du Marché Commune* 316: 232-39.

Elster, Jon. 1991. „Arguing and Bargaining in Two Constituent Assemblies". Storrs Lecture, Yale Law School. New Haven, Conn., unveröffentlichtes Manuskript.

Falke, Josef. 1996. „Comitology and other Committees: A Preliminary Empirical Assessment". In *Pedler und* Schaefer:117-65.

— und Gerd Winter. 1996. „Management and Regulatory Committees in Executive Rule Making". In *Sources and Categories of European Union Law*, hrsgg. von Gerd Winter. Baden-Baden: Nomos, 541-82.

Gerstenberg, Oliver. 1997. *Bürgerrechte und deliberative Demokratie*. Frankfurt/M.: Suhrkamp.

Grams, Hartmut A. 1995. „Komitologie im Gesetzgebungsprozeß der Europäischen Union". In *Kritische Vierteljahresschrift für Gesetzgebung und Rechtswissenschaft* 1: 112-31.

Grande, Edgar. 1996. „Das Paradox der Schwäche. Forschungspolitik und die Einflußlogik europäischer Politikverflechtung". In *Jachtenfuchs und Kohler-Koch*: 373-400.

Habermas, Jürgen. 1981. *Theorie des kommunikativen Handelns, Bd. I, Handlungsrationalität und gesellschaftliche Rationalisierung*. Frankfurt/M: Suhrkamp.

Héritier, Adrienne. 1993. „Policy-Netzwerkanalyse als Untersuchungsinstrument im europäischen Kontext: Folgerungen aus einer empirischen Studie regulativer Politik". In *Policy-Analyse. Kritik und Neuorientierung;* hrsgg. von Adrienne Héritier. Opladen: Westdeutscher Verlag, 437-48.

Hrbek, Rudolf. 1986. „Doppelte Politikverflechtung: Deutscher Föderalismus und europäische Integration. Die deutschen Länder im EG-Entscheidungsprozeß". In *Die deutschen Länder und die Europäischen Gemeinschaften,* hrsgg. von Rudolf Hrbek und Uwe Thaysen. Baden-Baden: Nomos, 17-36.

IEP. 1989. „Comitology - Characteristics, Performances and Options", *Research Project Under Contract by the EC Commission. Preliminary Final Report.* Bonn: Institut für Europäische Politik.

Jachtenfuchs, Markus und Beate Kohler-Koch, Hrsg. 1996. *Europäische Integration.* Opladen: Leske + Budrich.

— und Beate Kohler-Koch. 1996a. „Einleitung: Regieren im dynamischen Mehrebenensystem". In *Jachtenfuchs und Kohler-Koch*: 15-44.

Joerges, Christian. 1995. „Die Beurteilung der Sicherheit technischer Konsumgüter und der Gesundheitsrisiken von Lebensmitteln in der Praxis des europäischen Ausschußwesens ('Komitologie')". *ZERP-Diskussionspapier 1.* Bremen.

—. 1996. „Das Recht im Prozeß der europäischen Integration. Ein Plädoyer für die Beachtung des Rechts durch die Politikwissenschaft und ihre Beteiligung an rechtlichen Diskursen". In *Jachtenfuchs und Kohler-Koch:* 73-108.

—. 1997. „Scientific Expertise in Social Regulation and the European Court of Justice: Legal Frameworks for Denationalised Governance Structures". In *Integrating Scientific Expertise into Regulatory Decision-Making;* hrsgg. von Christian Joerges, Karl-Heinz Ladeur und Ellen Vos. Baden-Baden: Nomos (i. E.).

— und Jürgen Neyer. i.E. „Transforming strategic interaction into deliberative problem-solving: European comitology in the foodstuffs sector". In *Journal of European Public Policy.*

König, Thomas, Elmar Rieger und Hermann Schmitt, Hrsg. 1996. *Das europäische Mehrebenensystem.* Frankfurt/M., New York: Campus (Mannheimer Jahrbuch für Europäische Sozialforschung I).

Majone, Giandomenico. 1994. „The European Community. An 'Independent Fourth Branch of Government'"? In *Verfassungen für ein ziviles Europa;* hrsgg. von Gert Brüggemeier. Baden-Baden: Nomos, 23-44.

—. 1996. „Redistributive und sozialregulatorische Politik". In *Jachtenfuchs und Kohler-Koch*: 225-48.

Mayntz, Renate. 1993. „Policy-Netzwerke und die Logik von Verhandlungssystemen". In *Héretier*, 39-56.

Meng, Werner. 1988. „Die Neuregelung der EG-Verwaltungsausschüsse. Streit um die 'Comitologie'". In *Zeitschrift für ausländisches öffentliches Recht und Völkerrecht* 48: 208-28.

Müller, Harald. 1994. „Internationale Beziehungen als kommunikatives Handeln. Zur Kritik der utilitaristischen Handlungstheorien". In *Zeitschrift für Internationale Beziehungen* 1: 15-44.

Neyer, Jürgen und Dieter Wolf. 1996. „Zusammenfügen was zusammen gehört! Zur Notwendigkeit eines Brückenschlages zwischen alten und neuen Fragestellungen in der Integrationsforschung". In *Zeitschrift für Internationale Beziehungen* 3: 399-423.

Neyer, Jürgen. 1997. „Administrative Supranationalität in der Verwaltung des Binnenmarktes: Zur Legitimität der Komitologie". In *Integration* 20: 26-39.

Pappi, Franz U. 1993. „Policy-Netze: Erscheinungsformen moderner Politiksteuerung oder methodischer Ansatz?" In *Héretier*, 84-94.

— und Willi Schnorpfeil. 1996. „Das Ausschußwesen der Europäischen Kommission: Grundstrukturen und Kommunikationsmöglichkeiten für Verbände“. In *Schmitt, Rieger und König*: 135-59.

Pedler, Robin H. und Günther F. Schaefer, Hrsg. 1996. *Shaping European Law and Policy. The Role of Committees and Comitology in the Political Process.* Maastricht: European Institute of Public Administration.

Piris, Jean C. 1994. „La réglementation des risques au niveau communautaire confrontée aux imperatifs d'efficacité, de démocratie, de transparence et de cohérence: le rôle du Conseil“. *Contribution au Colloque du 'Mentor Group'.* Paris, 7.-9. Juli 1994.

Saretzki, Thomas. 1996. „Wie unterscheiden sich Argumentieren und Verhandeln? Definitionsprobleme, funktionale Bezüge und strukturelle Differenzen von zwei verschiedenen Kommunikationsmodi“. In *Verhandeln und Argumentieren. Dialog, Interessen und Macht in der Umweltpolitik;* hrsgg. von Volker von Prittwitz. Opladen: Leske + Budrich, 19-39.

Schaefer, Guenther F. 1996. Committees in the EC Policy Process: A First Step Towards Developing a Conceptual Framework“. In *Pedler und Schaefer*: 3-23.

Scharpf, Fritz W. 1985. „Die Politikverflechtungsfalle: Europäische Integration und deutscher Föderalismus im Vergleich“. In *Politische Vierteljahresschrift* 26: 323-56.

—. 1991. „Die Handlungsfähigkeit des Staates am Ende des zwanzigsten Jahrhunderts“. In *Politische Vierteljahresschrift* 32: 621-34.

—. 1992. „Einführung: Zur Theorie von Verhandlungssystemen“. In *Benz, Scharpf und Zintl*: 11-27.

—. 1993. „Positive und negative Koordination in Verhandlungssystemen“. *MPFIG Discussion Paper* 93/1. Köln.

Schendelen, Marinus P.C.M. van. 1996. „EC Committees: Influence Counts More Than Legal Power“. In *Pedler und Schaefer*: 25-37.

Schlacke, Sabine. 1995. „Anmerkung zum Urteil des EuGH vom 13.7.1995 - Rs. C-156/93“. In *Deutsches Verwaltungsblatt* 23: 1288-91.

—. 1996. „Der Entwurf zu einer europäischen Novel Food-Verordnung“. In *Zeitschrift für Umweltrecht* 6: 285-93.

—. 1997. *Risikoentscheidungen im europäischen Lebensmittelrecht. Eine Untersuchung am Beispiel des europäischen Zusatzstoffrechts unter besonderer Berücksichtigung des europäischen Ausschußwesens („Komitologie“).* Baden-Baden: Nomos (im Druck).

Schmalz-Bruns, Rainer. 1995. *Reflexive Demokratie. Die demokratische Transformation moderner Politik.* Baden-Baden: Nomos.

Streinz, Rudolf. 1995. *Europarecht.* 2. Aufl. Heidelberg: C.F. Müller.

Türk, Alexander. 1996. „Case Law in the Area of the Implementation of EC Law“. In *Pedler und Schaefer.*

Vos, Ellen. i.E. „The Rise of Committees“. In *European Law Journal.*

Zangl, Bernhard und Michael Zürn. 1996. „Argumentatives Handeln bei internationalen Verhandlungen. Moderate Anmerkungen zur post-realistischen Debatte“. In *Zeitschrift für Internationale Beziehungen* 3: 341-66.

Fünfter Teil

Neuordnung Europas

Kurt P. Tudyka

Die Institutionalisierung einer Sicherheitsgemeinschaft für Europa im hegemonialen Wandel: Von der KSZE zur OSZE

Wandel und Bildung von Institutionen sind zwei der hauptsächlichen Erkenntnisinteressen der Disziplin Internationale Beziehungen. Zunächst setzt sie das Bestehen von Institutionen - die Nationalstaaten - voraus. Von ihnen ausgehend fragt sie einmal, wie sich Nationalstaaten verändern, so daß sie und indem sie Beziehungen miteinander unterhalten. Zum andern fragt sie nach der institutionellen Qualität dieser Beziehungen im Vergleich zu der der Nationalstaaten. An der Art und Weise der Antwort darauf haben sich verschiedene Lehrmeinungen gebildet, die auf einer langen Tradition des Denkens über Krieg und Frieden beruhen.

Jüngst hat sich dieser traditionelle Streit der Lehrmeinungen in zwei Schulen, Neorealismus und Neoinstitutionalismus, gebündelt.[1] Während Neorealisten an den Merkmalen internationaler Politik die ungebrochene und entscheidende Durchschlagskraft der Nationalstaaten zu erkennen vermögen, sehen Neoinstitutionalisten eine autonome Wirkung bei den internationalen Geschöpfen der Nationalstaaten, seien es nun internationale Organisationen, internationale Regime oder schlicht nur internationale Konventionen. Die zentrale Frage in diesem Dauerstreit lautet also ob, und wenn ja, unter welchen Umständen, auf welchen Feldern und in welchem Umfang eine Institutionalisierung der internationalen Beziehungen stattfindet, die die bestehenden Institutionen der mehr als 180 Nationalstaaten einschränkt.

Unbestreitbar ist der große Umfang und die noch stets wachsende Zahl internationaler Institutionen verschiedener Art, vor allem wenn man neben den sichtbaren bürokratischen Einrichtungen, wie die rund 200 internationalen Organisationen, auch andere Rechtsformen für stabile und dauerhafte Beziehungen zwischen Staaten, wie Abkommen, Vereinbarungen, Verträge, Konventionen, Pakte und Deklarationen versteht. Strittig ist das spezifische Gewicht dieser Institutionen bezogen auf ihre Gründer und Angehörigen oder Mitglieder, die nationalen Staaten. Zur weiteren Klärung dieses Disputs bedarf es eines angemessenen Kriteriums; von seiner Wahl wird wahrscheinlich auch die Beurteilung der Bedeutung abhängen, die der Bildung einer Institution hier und in der Folge einem Wandel dort zuzuschreiben ist. Es macht einen offenkundigen Unterschied, ob eine Reihe von Staaten übereinkommen, gleiche Straßenverkehrszeichen oder gleiche Banknoten bei sich einzuführen. Das essentielle politikwissenschaftliche Kriterium zur Bewertung der Bildung und des Wandels von Institutionen sollte Herrschaft sein; auf internationalen Beziehungen angewandt heißt das, die durch Institutionen ermöglichte oder begrenzte Durchsetzbarkeit hegemonialer Ansprüche zu untersuchen.

Übertragen die Repräsentanten der Nationalstaaten internationalen Institutionen freiwillig oder unfreiwillig, zeitweilig und kündbar oder dauerhaft und unwiderruflich Bestandteile ihrer Herrschaft, indem sie sie dann mit anderen teilen oder sogar an andere zu deren Verfügung abtreten? Welche Gründe haben sie dafür und welcher Art und Herkunft sind die auftretenden hegemonialen Ansprüche? Was sind die Umstände und die Folgen solcher Vorgänge, wenn sie vor dem Hintergrund der von allen Staaten anerkannten und verteidigten Prinzipien der Souveränität und Nichteinmischung stattfinden? Das sind die Fragen, die zu stellen sind, wenn man einen Nenner finden will für das paradox erscheinende Problem, daß eine inter- (trans- oder supra)nationale Institutionalisierung durch sich damit selbst deinstitutionalisierende nationale Institutionen stattfindet. Das Paradox löst sich, wenn man unterstellt, daß solche Institutionalisierung nur geschieht, wenn und nur insoweit die nationalstaatlichen Regierungen bestimmte Aufgaben nicht allein oder nur zu unverhältnismäßigen Kosten zu bewältigen imstande sind.

Ein Versuch zur klärenden Differenzierung und einer zumindest partiellen Beantwortung der gestellten Fragen wird im folgenden am Fall der Durchführung der Konferenz über Sicherheit und Zusammenarbeit in Europa (KSZE) und ihres Umbaus zur Organisation für Sicherheit und Zusammenarbeit (OSZE) unternommen. Diese Institution eignet sich dazu mehr als andere, weil sich ihr Werdegang angesichts der Diskrepanz zwischen anspruchsvollen Aufgaben einerseits und den heterogenen Akteuren andererseits bis auf den heutigen Tag besonders umständlich vollzogen hat: Es ist zu einer Institutionalisierung in drei Akten mit einem Vorspiel gekommen.[2]

Die Aufgaben, die im Jahre 1975 die 35 - und heute 55 - Nationalstaaten ihrer KSZE/OSZE zuteilten, lassen sich pauschal wie folgt beschreiben[3]: Die Konferenz über Sicherheit und Zusammenarbeit in Europa (KSZE) - wie die Organisation für Sicherheit und Zusammenarbeit (OSZE) bis 1994 hieß -

sollte in der Periode der Entspannung im Ost-West-Verhältnis während der frühen siebziger Jahre eine friedliche Koexistenz ordnungspolitisch unterschiedlicher Gesellschaften vor dem Hintergrund der Konfrontation beider Supermächte in Europa herbeiführen und aufrechterhalten helfen. Am Ende der achtziger und zu Beginn der neunziger Jahre diente sie den nationalstaatlichen Akteuren als Arena für ihr Bemühen um eine neue politische Ordnung für das Europa nach der Ost-West-Teilung. Seit 1992 ist ihr die Aufgabe zugedacht, für Gesamteuropa eine sicherheitspolitische Sphäre zu stabilisieren und regionale desintegrative Tendenzen zu bestreiten. Die KSZE war vor 1990 eine normsetzende, wiederholt zusammentretende Diplomaten-Versammlung der östlichen, westlichen und neutralen Vertreter von 35 Staaten. Sie sollte die Ost-West-Konfrontation mildern und Verhaltensregeln formulieren, den politischen Dialog ermöglichen, die menschliche Dimension in einem zivilisierten Staatsverhältnis Raum gegen die bestehende militärische Konfrontation transparent im Sinne von Vertrauensbildung machen. Früher lauteten Schlüsselworte für die KSZE-Analyse „Prozeßdiplomatie" und „gemeinsame Sicherheit", nach 1990 sind „präventive Diplomatie" und „kooperative Sicherheit" zu kategorialen Begriffen in der (Fremd- und Selbst)Darstellung der KSZE geworden. Präventive Diplomatie oder Konfliktverhütung sind im OSZE-Zusammenhang unter anderem die vertrauens- und sicherheitsbildenden Maßnahmen, das Frühwarnsystem, die Missionen, die Aktivitäten des Hohen Kommissars für nationale Minderheiten, die beschlossenen, doch bislang kaum beanspruchten „Mechanismen", eventuell die sogenanten „Runden Tische", (obwohl diese als Instrument der Konfliktbeilegung errichtet wurden). Als Vorhaben der mittel- und langfristigen Konfliktverhütung können Transformationshilfen für Demokratie, Minderheitenrechte und Rechtsstaat gelten, wie sie das Büro für Demokratische Institutionen und Menschenrechte, das Wirtschaftsforum oder die übrigen Foren, Expertentreffen und Seminare der OSZE leisten.

Wichtigstes Merkmal der offensichtlich disziplinierten Heterogenität von Potentialen und Interessen der „Teilnehmerstaaten" - so der offizielle Name für die Akteure der KSZE/OSZE - vor 1989 war die Blockorientierung, also eine eigene transnationale Institutionalisierung, deren hervorstechende Bedeutung ihre hegemoniale und ideologische Funktion war: 15 gehörten der NATO und sieben der Warschauer Vertragsorganisation an, während 13 sich von beiden distanzierten, indem sie sich zur Gruppe der neutralen und bündnisfreien Staaten formierten. Und die äußerlich in dieser Blockformation geschlossen auftretenden Akteure wiesen allerdings punktuell untereinander erhebliche Interessenunterschiede im Verhältnis zu ihren jeweiligen Allianzmitgliedern auf, so vornehmlich die Supermächte, dann die beiden deutschen Staaten und nicht zuletzt Frankreich und Rumänien. Noch ausgeprägter war naturgemäß die Unterschiedlichkeit zwischen den Neutralen und Bündnisfreien, darunter als Extreme Jugoslawien und der Heilige Stuhl. Seit 1989 ist die Heterogenität der Staatengemeinschaft auf andere Weise, vornehmlich durch materielle Merkmale auszudrücken. Einen Indikator dafür bietet die Höhe der Beteiligung am Haushalt der OSZE, die seit dem Helsinki-Gipfel von 1992 nach der Größe des Bruttosozialprodukts geregelt ist und die es erlaubt, die 55 Staaten entsprechend ihrem sozialökonomischen Gewicht vier Gruppen zuzuordnen. Danach tragen sieben Staaten jeweils mehr als fünf Prozent, zwölf mehr als ein Prozent bzw. ein Prozent sowie zwölf mehr und 24 weniger als ein halbes Prozent zum OSZE-Haushalt bei. Die erste Gruppe der Beitragszahler, die zusammen knapp 60 Prozent des Haushalts finanziert, können als die Hauptakteure der OSZE gelten: Die USA, die Russische Föderation, sowie die vier großen EU-Länder, Deutschland, Frankreich, Italien und das Vereinigte Königreich und außerdem Kanada. Am anderen Ende dieser finanzwirtschaftlichen Größenskala steht fast die Hälfte der Teilnehmerstaaten, die 24 Klein- und Ministaaten der OSZE. Deren Vertreter können durch ihr Stimmverhalten punktuell einen lästigen, zeitaufwendigen Effekt erreichen oder auch intelligente Anregungen vortragen, aber kaum einen positiven gestaltenden Einfluß gewinnen. Allerdings unterscheiden sich diese Teilnehmerstaaten nach dem Gesichtspunkt der Bedeutung, die die OSZE für sie tatsächlich oder potentiell hat, diametral voneinander: Einerseits sind dies nämlich Länder wie Andorra, Island, Heiliger Stuhl, Liechtenstein, Malta, Monaco und San Marino, deren politische Klasse - abgesehen vom Sonderinteresse des Heiligen Stuhls - in der Zugehörigkeit zur OSZE nur eine Prestige- und Repräsentationsfrage sehen kann. Andererseits gehört zu der Gruppe das Hauptkontingent der Länder, die ein großes Sicherheitsrisiko für andere darstellen und selbst ein Sicherheitsbedürfnis haben, wie die Slowakische Republik, Albanien, Armenien, Aserbeidschan, Bosnien-Herzegowina, Kroatien, Zypern, Estland, Georgien, Kirgisistan, Lettland, Litauen, Mazedonien, Moldau, Slowenien, Tadschikistan und Turkmenistan.[4]

1 Institutionalisierung des Vorfeldes

Vor dem ersten der drei genannten Akte der Institutionalisierung lag noch ein notwendiges Vorspiel der wichtigen Akteure, das man als Institutionalisierung von Beziehungen im Vorfeld der KSZE bezeichnen kann. Dazu gehörten die zweiseitigen Verträge über Gewaltverzicht und Anerkennung der Unverletzlichkeit bestehender Grenzen seitens der Bundesrepublik Deutschland mit Polen, mit der Tschechoslowakei und mit der Deutschen Demokratischen Republik sowie vor allem mit der Sowjetunion. Auch das Vier-Mächte-Abkommen zur Befriedung der Lage in und um Berlin sowie schließlich eine US-UdSSR-Vereinbarung zur Begrenzung der strategischen Atomwaffen (SALT I) waren Teile der Vorfeld-Institutionalisierung für die KSZE.[5]

Diese Abmachungen schufen die notwendigen Bedingungen für die multilateralen Konsultationen der in Helsinki und in Genf zwischen 1972 und 1975 beratenden Vertreter der 35 europäischen und nordamerikanischen Staaten, von denen sich nur ein europäisches Land, Albanien - bis 1991 - abseits hielt.

2 Die Quasi-Institutionalisierung: Helsinki I, Belgrad, Madrid

Die 35 Regierungsdelegationen sortierten und sammelten in drei - in der Verhandlungssprache so benannten - „Körben“ die Übereinkünfte, die sie alle für annehmbar hielten, nämlich eine Anzahl von Grundsätzen, die die Beziehungen zwischen den beteiligten Staaten leiten sollten, Erklärungen zu Angelegenheiten der militärischen Sicherheit, zu Fragen der wirtschaftlichen, technischen und umweltpolitischen Zusammenarbeit sowie zu einer Reihe humanitärer Probleme, wie menschliche Kontakte, den Austausch von Informationen und kulturelle Beziehungen. Das prioritäre Interesse der verhandelnden Staaten an den Körben war unterschiedlich; den europäischen NATO-Staaten mußte viel an vertrauensbildenden Maßnahmen im militärischen Bereich gelegen sein, den Staaten des Warschauer Vertrages ging es nach der Anerkennung des Status quo um eine Verstärkung des Wirtschaftsverkehrs und Technologieaustauschs und die USA betonten die Menschenrechtsfragen.

Die 1975 in der Schlußakte zusammengefaßten Übereinkünfte enthielten also ein weites Spektrum gesamteuropäisch umstrittener Themen. Doch davon ausgenommen blieben Fragen der Rüstungskontrolle und der Abrüstung; während sich die strategischen Waffen die Großmächte vorbehielten, ist auch aufgrund der unterschiedlich davon betroffenen Staaten der Komplex einer Verminderung konventioneller Waffen und Streitkräfte einer in Wien mit einem anderen Teilnehmerkreis einberufenen Konferenz über einen wechselseitig und ausgeglichenen Truppenabbau (MBFR) überwiesen worden, die trotz eines Verhandlungsmarathons bis 1988 zu keinem Ergebnis führen sollte.

Die allen europäischen Staaten offene Beteiligung und Berechtigung zur Beratung und Beschlußfassung stellte ein Konferenzverfahren dar, das sich als ein Element des gesamten KSZE-Prozesses herauskristallisierte und bis zur Gegenwart im wesentlichen bewahrt blieb: das Streben nach Konsens in den Sachfragen und die Rotation in der Leitung der Gremien. Die Bewertung dieses Verfahrens spiegelte in der Phase der Konstitutionierung der KSZE die ordungspolitische Divergenz zwischen den europäischen Ländern; es schien das einzige Verfahren zu sein, das unter diesen Umständen funktionieren konnte, und das hieß auch immer, Übereinstimmung dort zu finden, worin man nicht übereinstimmte.

Angesichts der auseinanderklaffenden Interessen von Ost und West stellte die Schlußakte notwendigerweise einen Kompromiß zwischen eng und wechselseitig abhängigen Regelungen dar. Sie war nicht mehr als ein vereinbarter Verhaltenskodex, dessen politische Bedeutung größtenteils davon abhing, wie dessen Regelungen in der Praxis verwirklicht wurden. Es gab keinen Mechanismus für eine automatische oder ausgewogene Umsetzung der Verpflichtungen. Daher bestand keine Sicherheit über das Resultat von Erfolgen, die vom KSZE-Prozeß als solchem hervorgehen würden. Eine Gewinn-und-Verlust-Rechnung erschien noch weiter kompliziert durch die verschiedenen Termine und Zeiträume der verwirklichten Regelungen oder angestrebten Veränderungen, auf die sich eine Prüfung hätte erstrecken müssen.

Die „humane Dimension", - das Hauptinteresse des Westens, vor allem der USA, bestand aus zukunftsorientierten Regelungen der Schlußakte im Bereich der Menschenrechte; ihre Verwirklichung konnte ein zeitraubender Prozeß werden. Einige der grundlegenden Interessen der Moskauer Regierung auf der anderen Seite wurden schon durch die bloße Unterzeichnung des Helsinki-Dokuments von 1975 befriedigt, in der Annahme, dadurch den Status quo legitimiert zu erhalten; außerdem galt das östliche Interesse den wirtschaftlichen und technologischen Beziehungen. Alle teilnehmenden Staaten betrachteten die Schlußakte als Symbol der Ost-West-Entspannung und als Instrument, das gebraucht werden konnte, die negativen Folgen der Teilung Europas und Deutschlands zu vermindern.

Da die Schlußakte die Interessen der Teilnehmer korbweise ungleichgewichtig befriedigte, widersetzte sich der Westen allen, vornehmlich sowjetischen Versuchen, ständige KSZE-Institutionen zu schaffen und hielt selbst die Option offen, den KSZE-Prozeß zu unterbrechen, wenn dieser für den Westen in einem Negativsaldo zu münden drohte. Eine Prüfung der vereinbarten Regelungen - und damit einen Druck auf den Osten auszuüben, sie zu verwirklichen -, konnten die in der Schlußakte vorgesehenen KSZE-Folgetreffen bieten. Sie stellten damit eine Art schwebender Institutionalisierung des Helsinki-Prozesses dar. So war damals die Helsinki-Konferenz nicht wegen des präsenten Ergebnisses, sondern wegen des Keimes, den sie für mögliche zukünftige Ergebnisse gelegt hatte, als belangreich geachtet und gepriesen worden. Das war ein Novum in den Ost-West-Beziehungen, überspitzt formuliert: Das Resultat ist fast nichts, der Prozeß ist beinahe alles.

In dem Zusammenhang war auch ein Novum, daß die Beteiligten, vor allem die westlichen, alles vermieden hatten, was nach konventionellem Verständnis ihr Verhandlungsergebnis und ihre Erklärungen als völkerrechtliche Regelungen hätte erscheinen lassen können, und daß sie damit gar nicht unzufrieden waren. Und bei dieser unter den damaligen Umständen nur möglichen Form politisch geltender und zu beanspruchender Übereinkünfte ist es ebenso geblieben wie bei ihrer Bewertung durch viele Teilnehmerstaaten als sinnvoll, weil umstandslos und wirkungsvoll oder einfach nur pragmatisch. Denn nicht wenige hielten eine völkerrechtliche Form immer für wünschenswert und beugten sich nur der Einsicht, daß sie angesichts des Widerstandes vor allem der USA und des Vereinigten Königreiches nicht durchsetzbar ist. Als Vorteil gilt, daß die Staaten Sachverhalte zumindest politisch verbindlich, also auch außerrechtlich vereinbaren können, selbst wenn sie zu einer vertraglichen Normierung nicht bereit oder in der Lage sind. Die Langfristigkeit und Unberechenbarkeit innerstaatlicher Ratifikationsvorgänge wird vermieden. Die Praktikabilität von Normen kann sich erweisen und auf ihre Qualität geprüft werden, bevor sie umständlich als Vertrag formuliert und damit auch einklagbar werden. Doch was hier als Vorteil erscheinen kann, kann sich ebenso als Nachteil auswirken: Die Aussagen der Dokumente sind oft vage, viel ver- und manchmal widersprechend und überlappend und vor allem ist die Einhaltung der eingegangenen Verpflichtungen völkerrechtlich nicht erzwingbar, weder durch wirtschaftliche noch gar durch militärische Sanktionen und selbst nicht durch Maßnahmen im Gegenseitigkeitsverhältnis.

Indem 1975 die KSZE-Schlußakte ein System der Sicherheit und Zusammenarbeit in Europa intendierte und schrittweise initiierte, kann sie als Dokument der Stabilisierung der Verhältnisse betrachtet werden, die sich nach dem Zweiten Weltkrieg in Europa ergeben hatte. Zweifellos haben ihr diesen Wert die Akteure, die sie unterzeichneten, auch zugemessen. Diese europäischen Verhältnisse bestanden aus zwei voneinander nun friedlich abgegrenzten und koexistierenden Hegemonien, der dominant amerikanischen und der sowjetrussischen. In dem hegemonialen Zusammenhang ging die in Helsinki begonnene KSZE-Institutionalisierung der UdSSR noch nicht weit genug, den USA dagegen oft schon zu weit. Schließlich gab es noch nichtgouvernementale Aktionsgruppen, die den hegemonialen Gehalt der KSZE-Schlußakte bestritten, ja die Schlußakte, kurz „Helsinki“, in ihrem Sinn „umfunktionierten“, im Osten Dissidenten als Symbol für Menschen- und Bürgerrechte, im Westen als Motiv für Abrüstung, für deren Verwirklichung sie sich jeweils hier bzw. dort einsetzten. „Helsinki“ bot für die nichtgouvernementalen Akteure der Friedens- und Menschenrechtsbewegung einen gemeinsamen anti-hegemonialen Anknüpfungspunkt, so daß sich während der achtziger Jahre ein non-intergouvernementales Netz zwischen Ost und West zu bilden begann als eine Form der Institutionalisierung, die von offizieller Seit kaum gewollt, jedenfalls oft als störend und unerwünscht gewertet und selbst verfolgt wurde.

Am Ende der siebziger Jahre und zu Beginn der achtziger Jahre schien der Helsinki-Prozeß, kaum begonnen, schon ans Ende gelangt zu sein. Den Grund gab zunächst das restriktive Verhalten der osteuropäischen Staaten in den Fragen, die der dritte Korb der Schlußakte enthielt: Auswanderung, Reiseverkehr, Familienzusammenführung und -besuche, Eheschließungen, Arbeitsbedingungen für Journalisten, öffentlicher Verkauf westlicher Zeitungen. Auch die Ankündigung, die Einladung und der Besuch von Manövern im Rahmen der vertrauensbildenden Maßnahmen hatten nicht den Grad erreicht, den man im Westen aufgrund der Vereinbarungen des ersten Korbes erhofft hatte.

Unter solchen Bedingungen dauerte ein Vorbereitungstreffen, das nur zur Festlegung der Tagesordnung für das 1977 anberaumte erste Folgetreffen stattfand, allein acht Wochen. Ein solches Folgetreffen öffnete freilich ein bislang unerprobtes Terrain: Es sollte einmal die Erfüllung der Schlußakte überprüfen und zum andern weitere Vorschläge für den Entspannungsprozeß machen. Im „Abschließenden Dokument“ des Belgrader Folgetreffens, das relativ kurz von Oktober 1977 bis März 1978 dauerte, erklärten die KSZE-Teilnehmer unverblümt „aufgetretene Schwierigkeiten und Hindernisse“ und „unterschiedliche Auffassungen über den bisher erreichten Grad der Durchführung der Schlußakte“. Man hatte weder in der Beurteilung des bisherigen KSZE-Prozesses noch über Vorschläge zu seiner Fortführung übereingestimmt.

Gleichwohl wurde für 1980 zu einem erneuten Treffen und damit zu einer Fortsetzung des multilateralen Prozesses und zu drei Expertentreffen über die friedliche Regelung von Streitfällen nach Montreux, über wissenschaftliche Kooperation nach Bonn und über Mittelmeer-Fragen nach Valetta eingeladen. Die letzte Übereinkunft hatte ein Kleinststaat, Malta, abgetrotz, dessen Delegation ursprünglich noch mehr wollte, nämlich eine Beratung von sicherheitspolitischen Fragen im Mittelmeerraum unter Einbeziehung Israels und der arabischen Staaten, ein Begehren, das die anderen teilnehmenden Staaten angesichts der Überforderung mit den innereuropäischen Sicherheitsproblemen abwehrten. Immerhin hatte ein Kleinststaat die anderen Teilnehmer so lange mit seiner Zustimmung zum Konferenzdokument hinhalten können, bis sie ihm entgegengekommen waren. Für das Belgrader Treffen insgesamt schwankten die Urteile vom „Fehlschlag“ bis zum „bedeutungsvollen Minimum“.[6]

Das nächste Folgetreffen der KSZE-Staaten begann zwar wie verabredet im November 1980 in Madrid, doch hatte man sich trotz zweimonatiger Vorgespräche und zuletzt noch „Anhalten der Uhren“ auf die Tagesordnung nicht einigen können. Wieder ging der Streit zwischen West und Ost um das Ausmaß des retrospektiven und des prospektiven Teils der Beratungen: Implementierungs- versus Planungsdebatte. Und so turbulent wie die Konferenz begann verlief und endete sie, und zwar erst drei Jahre später im September 1983 nach mehreren Unterbrechungen für „Denkpausen“ mit einem „Abschließenden Dokument“, in dem „gegensätzliche Auffassungen“, „Besorgnis angesichts der ernsthaften Mängel bei der Durchführung“ und „kritische Einschätzung ... über die Anwendung und Achtung“ der Schlußakte, „ernsthafte Verletzung dieser Prinzipien“ sowie die „Besorgnis über den fortdauernden Mangel an Vertrauen zwischen den Teilnehmern“ festgestellt wurden.

Für solche Charakteristika bestand Grund genug angesichts der Voraussetzungen der äußeren Umstände und des Verlaufs des Madrider Treffens. Die Invasion der UdSSR in Afghanistan, ihr Engagement in Angola, die

Verbannung des sowjetischen Menschenrechtlers und Physikers Andrej Sacharow gaben schon zu Beginn der Konferenz, vor allem der Vertretung der USA, unerschöpflich Gründe zu Vorhaltungen an die UdSSR. Die westliche Staatengruppe beschwor „unteilbare Sicherheit" und beklagte die Verletzung der Bürger- und Menschenrechte. Die Vertreter der östlichen Staaten, voran die der UdSSR, interpretierten den afghanischen Krieg anders, sprachen von einer „Teilbarkeit der Entspannung" und beharrten auf ihrer Forderung einer Konferenz für das „Recht auf Leben", „das Menschenrecht Nummer eins" - europäische Abrüstung. Während der Sitzungsperiode sorgten das Verbot der polnischen Solidarnosc-Bewegung und die Verhängung des Kriegsrechts in Polen für weitere Aufregung, und vor dem formellen Ende brachte der Abschuß des südkoreanischen Verkehrsflugzeuges ein weiteres Ereignis, das endgültig den KSZE-Prozeß aus seiner Bahn zu werfen drohte. Die Geschehnisse veranlaßten vor allem die beiden Supermächte zu einem solchen Konfrontationskurs, daß der Abbruch der Verhandlungen und damit das wahrscheinliche Ende des Helsinki-Prozesses nahe war. Dahinter stand der unterschiedliche Gebrauch der KSZE für die Ausdehnung bzw. die Behauptung der jeweils eigenen Hegemonie durch die USA bzw. die UdSSR.

In dieser Phase versuchten die europäischen Staaten, negative Rückwirkungen der Spannung zwischen den Supermächten auf Europa zu vermeiden oder wenigstens zu vermindern. Die Europäer gebrauchten die KSZE in Madrid, um das Thema konventionelle Rüstungskontrolle auf die Tagesordnung zu setzen, als die USA und die Sowjetunion darin verstrickt waren, die KSZE zum Austragungsort ihrer außenpolitisch gegensätzlichen Ansprüche zu instrumentalisieren. Alle KSZE-Staaten verständigten sich schließlich darauf, eine Konferenz über Vertrauens- und sicherheitsbildende Maßnahmen für 1984 nach Stockholm einzuberufen. Ferner beraumten sie weitere Expertentreffen über Menschenrechte und Grundfreiheiten in Ottawa und über die friedliche Regelung von Streitfällen in Athen an. Das nächste KSZE-Folgetreffen sollte 1986 in Wien stattfinden.

Zusammenfassend ist festzuhalten: Die 35 Staaten gingen keine rechtlichen Verbindlichkeiten ein, schlossen keine Abmachungen oder Verträge und schufen keine gemeinsamen Organe. Doch hatten sie 1975 eine Deklaration mit Absichtserklärungen zu ihren inneren und äußeren Verhältnissen beschlossen und sich bereit gefunden, in periodischen Abständen gemeinsam die Erfüllung der erklärten Absichten zu prüfen und darauf aufbauend weitergehende Zielen anzustreben, was 1978 und 1983 auch mehr oder minder eintrat. Die als Helsinki-Prozeß bezeichnete Kontinuität der Verabredungen und Zusammenkünfte kann man als Quasi-Institutionalisierung bezeichnen. Die Vorgänge in der Periode wurden auch als Schaffung des deklaratorischen KSZE-Regimes umschrieben, wobei unter einem vollständigen Regime ein auf Probemlösung gerichtetes Verhalten von Staaten, beruhend auf gemeinsamen Prinzipien, Normen, Entscheidungsverfahren und Regeln, verstanden wird.[7]

3 Punktuelle Institutionalisierung: Wien, Paris, Helsinki II

Als Mitte der achtziger Jahre mit der Aktivität eines neuen Generalsekretärs der KPdSU, Michail Gorbatschow, sich die Ost-West-Beziehungen gründlich zu verändern begannen, setzte eine Entwicklung für die KSZE ein, die innerhalb der nächsten zehn Jahre zu einer punktuellen Institutionalisierung in Gestalt einer Vielzahl von Regimen führen wird, die mehr als nur einen deklaratorischen, nämlich einen „handlungsanleitenden" und „realitätstransformierenden", Charakter gewinnen sollte.[8] Auch an diesem so folgenreichen Vorgang erweist sich geradezu exemplarisch die Gewichtigkeit der Nationalstaaten für die Institutionalisierung der internationalen Politik. Der Wandel der interstaatlichen Verhältnisse als Voraussetzung für ihre Institutionalisierung ist eine abhängige Variable der innenpolitischen Veränderungen eines relevanten Staates. Das von Gorbatschow propagierte „neue Denken" hatte auch direkte Folgen für den KSZE-Prozeß. Das erwies sich schon bei den Rüstungskontroll-Verhandlungen, die im September 1986 zu der Stockholmer Übereinkunft über Vertrauens- und sicherheitsbildende Maßnahmen (VSBM) führten, der ersten größeren Errungenschaft in der europäischen Rüstungskontrollpolitik. Das „neue Denken" der UdSSR-Politik war ein Programm für eine universale Hegemonie zur Lösung von „Menschheitsproblemen" (wie Kernwaffen, Umwelt, Verarmung, Hunger, Seuchen), an der nach Vorstellung Gorbatschows der Osten, also die UdSSR, und der Westen, gemeinsam und kooperativ teilhaben sollten.

Der Erfolg im Bereich des ersten Korbes während des Stockholmer Treffens über die VSBM und die demonstrative Flexibilität der sowjetischen Politik unter Gorbatschow veranlaßte den Westen, größere Fortschritte für den dritten Korb über die menschlichen Kontakte usw. der Schlußakte zu fordern, um ein Gleichgewicht in der ursprünglichen Vereinbarung über das

Helsinki-Dokument wieder herzustellen. Diese Bemühungen wurden durch die Neutralen und Bündnisfreien unterstützt und führten zu einem Durchbruch in dem Feld während des Wiener Folgetreffens, das von 1986 bis 1989 währte. Deren Schlußdokument ist das bislang umfänglichste; es unterschied sich mehrfach und gleich zu Beginn im Tenor von seinen beiden Vorangängern, den Schlußdokumenten von Belgrad und Madrid. Denn die Teilnehmerstaaten konstatierten jetzt „günstige Entwicklungen in der internationalen Lage seit Abschluß des Madrider Treffens 1983", und „wesentliche Fortschritte"; trotzdem gab es auch noch „schwerwiegende Mängel bei der Durchführung" der Schlußakte und des Madrider Dokuments anzumerken, was auf die Lage in einem Land, Rumänien, zielte. Das Wiener „Abschließende Dokument" wollte eine Reihe von Regimen über Fragen des dritten Korbes begründen helfen. Für Reisende, Familienmitglieder, Journalisten, Gläubige - zum ersten Mal - und anderen Personengruppen eröffneten ausführliche Regelungen neue, bislang unerhörte Freiheiten zu Beginn eines Jahres - 1989 -, an dessen Ende diese schon durch die Zusammenbrüche der politischen Verhältnisse in den östlichen Staaten weitgehend zu Makulatur wurden. Als Anfang 1989 das Wiener Dokument verabschiedet wurde, war die europäische Wende noch nicht voraussehbar, so daß der Helsinki-Prozeß zumindest formell seinen gewohnten Fortgang nahm.

Die Bildung von Regimen nahm ihren Anfang. So wurde zu einer Konferenz über die menschliche Dimension in den Jahren 1989 bis 1991 mit Treffen in Paris, Kopenhagen und - ein Entgegenkommen des Westens - nach Moskau und zu einer Konferenz über wirtschaftliche Zusammenarbeit 1990 nach Bonn, sowie vor allem zum nächsten KSZE-Hauptfolgetreffen 1992 wieder nach Helsinki geladen. Als im März und April 1990 die Konferenz über wirtschaftliche Zusammenarbeit in Bonn stattfand, hatte sich die politische Lage in Europa in einem vorher unvorstellbaren Maße schon verändert. Den eingetretenen Wandel dokumentierten auch die Formulierungen des Bonner Abschlußdokuments, mit denen ein Bekenntnis zu Demokratie, Pluralismus und Marktwirtschaft - eindeutig westlichen Werten - abgelegt wurde. Was hiermit als wirtschaftliches Regime proklamiert wurde, war ungewollt auch ein Nachruf auf die eigene KSZE-Aufgabe für das wirtschaftspolitische Feld, das nun umgewandelt als Feld der Transformation östlicher Volkswirtschaften in der folgenden Zeit bis heute die Gruppe der 24, die EG/Europäische Union, die Europäische Bank für Wiederaufbau und Entwicklung, das GATT/WTO, die ECE und andere Institutionen als Aufgabe für ihre Operationen in Anspruch genommen haben.

Als das bipolare System und darauf folgend die kurzzeitigen Gorbatschowschen Ansätze aus dem Geist des „neuen Denkens“ mit der Auflösung des Warschauer Paktes und schließlich mit dem Auseinanderfallen der Sowjetunion endeten, waren die Regierungen mit der Aufgabe konfrontiert, Strukturen zu schaffen, die die Lücke auffüllen konnten, die in Osteuropa entstanden war, und die Gesamteuropa zu stabilisieren helfen könnten. Im Großen und Ganzen gab es darüber drei Ansichten: Ausbreiten der westlichen Organisation nach Osten, Bildung gesamteuropäischer Institutionen oder eine Mischung der beiden Optionen. Die KSZE mit ihren vom Wandel betroffenen Teilnehmern und ihrer breiten Aufgabenstellung bot sich 1990 zumindest als Forum zur Erörterung dieser Frage an.

Es gab endlich Grund genug, nicht bis zum geplanten Helsinki-Hauptfolgetreffen im Jahre 1992 abzuwarten, sondern ein Sondertreffen der Staats- und Regierungschefs der KSZE-Teilnehmerstaaten abzuhalten, das auf Einladung des französischen Präsidenten in Paris im November 1990 stattfand. Die „Charta von Paris für ein neues Europa“, die dort verabschiedet wurde, rückte die KSZE in das Rampenlicht der europäischen Politik, erhob sie jedoch nicht zur wichtigsten europäischen Institution. Die Charta begann unter der Überschrift „Ein neues Zeitalter der Demokratie, des Friedens und der Freiheit“ mit einer Art Präambel, die verkündete: „Nun ist die Zeit gekommen, in der sich die jahrzehntelang gehegten Hoffnungen und Erwartungen unserer Völker erfüllen: unerschütterliches Bekenntnis zu einer auf Menschenrechten und Grundfreiheiten beruhenden Demokratie, Wohlstand durch wirtschaftliche Freiheit und soziale Gerechtigkeit und gleiche Sicherheit für alle unsere Länder.“ Und dann folgte eine erneute Beschwörung der zehn Prinzipien der Helsinker Schlußakte und das Versprechen der „vollen Verwirklichung aller KSZE-Verpflichtungen“.

Diese Deklaration muß rückblickend beklemmend wirken, wenn man bedenkt, wer alles fünfzehn Jahre früher, 1975 in Helsinki, jene „zehn Gebote“ der KSZE-Schlußakte zu befolgen gelobt hatte, und wie sie im internationalen Zusammenleben offenbar sehr unterschiedlichen Herrschern dienen konnten. Hier bietet sich also ein paradoxes Element von formaler Kontinuität. Freilich hatten sich die machtpolitischen Prämissen gründlich geändert. Sollte die alte KSZE die jeweiligen Hegemonien über den zweigeteilten Kontinent sichern, öffnete die neue KSZE die Option für eine westliche Hegemonie über alle Gesellschaften „zwischen Vancouver und Wladiwostok“.

So wiesen die Strukturen und Institutionen, die in Paris beschlossen wurden, auch auf eine neue Qualität für den KSZE-Prozeß hin: Rat der Außenminister, Ausschuß hoher Beamter, Sekretariat, Konfliktverhütungszentrum und Büro für freie Wahlen. Die westlichen Länder - zu guter letzt auch die USA - hatten sich bereit gefunden, der KSZE ein institutionelles Gerüst von Organen zu verpassen. Die aufgrund der Pariser Charta beschlossenen und geschaffenen Institutionen wurden 1992 während der Helsinki-II-Konferenz und bei den Treffen der Außenminister in Berlin, Prag, Stockholm und Rom gestärkt, ergänzt und vermehrt.

Der Umbruch der europäischen Verhältnisse zwischen 1990 und 1992 und der Untergang der sowjetischen Hegemonie in Osteuropa samt des realsozialistischen Staatensystems schienen den bislang sich gegenüber Vorschlägen einer materiellen Institutionalisierung resistent verhaltenden Teilnehmerstaaten Umstände zu bieten, die eine Änderung ihrer Haltung sowohl gebot als auch vorteilhaft erscheinen ließ. Die OSZE ließ sich zur Instanz für die politische und wirtschaftliche Transformation des auseinander gefallenen Ostblocks umbauen. Die KSZE - entstanden als formelles Dach für zwei einst faktisch stabil etablierte Hegemonien - war nun zum Gerüst für den Umbau des „europäischen Hauses“ zu *einer* Hegemonie, der westlichen, geworden.

4 Nominale Institutionalisierung ohne Verrechtlichung: Budapest, Lissabon

In der Pariser Charta erklärten die Unterzeichnerstaaten auch, daß sie eine „stärkere strukturierte Zusammenarbeit zwischen allen Teilnehmerstaaten in Sicherheitsfragen in Aussicht nehmen“. Ferner hatte der deutsche Außenminister wiederholt angeregt, einen KSZE-Sicherheitsrat und KSZE-Friedenstruppen zu schaffen.[9] Doch das Berliner Außenministertreffen im Jahre 1991 und das Helsinki-Treffen der KSZE-Staats- und Regierungschefs im Jahre 1992 zeigten, daß die Aufgaben der KSZE/OSZE sich auf Konsultation und Kooperation, Konfliktvermeidung, friedlicher Streitschlichtung und Rüstungskontrolle erstrecken würden; eventuell könnte das Abrüstungsregime des KSE-Vertrages formal unter das Dach der OSZE gebracht werden, wo es faktisch durch die Unterzeichnerstaaten schon ausgeübt wird.

Der Budapester Gipfel der Staats- und Regierungschefs im Jahre 1994 beschloß die Konferenz über Sicherheit und Zusammenarbeit in Europa

(KSZE) den Namen Organisation für Sicherheit und Zusammenarbeit in Europa (OSZE) zu geben, allerdings mit der expliziten Anmerkung, daß sich damit an ihrem Rechtscharakter nichts ändere.[10] Die OSZE blieb damit weiterhin weder auf einem völkerrechtlichen Vertrag noch auf einem Abkommen zwischen den Regierungen beruhend. Einige Teilnehmerstaaten widersetzten sich beharrlich mit Erfolg einer Verrechtlichung der KSZE/OSZE, was selbst die Gewährung eines Organisationsstatuts verhinderte. Auch Teilinstitutionen erhielten neue Namen. Eine der OSZE direkt verbundene Einrichtung und zwei indirekt in ihrem Zusammenhang stehende Institutionen haben eine rechtliche Fundierung: Der OSZE-Vergleichs- und Schiedsgerichtshof sowie das „Offener-Himmel"-Regime und das Regime über die konventionellen Streitkräfte in Europa (KSE) beruhen auf Verträgen.

Die OSZE hat ohne institutionelles Fundament und ohne großen organisatorischen Überbau eine Vielzahl von inhaltlich verschiedenen, differenzierten und bisher unterschiedlich wirksamen Regimes initiiert. Dazu gehören die Streitbeilegungs-Regimes, ein Frühwarn-Regime, ein Rüstungskontrollregime, ein militärische Aktivitäten überwachendes Regime, ein Menschenrechtsregime und ein apartes Regime für nationale Minderheiten. Sie beruhen hinsichtlich ihrer Prinzipien und Normen als auch ihrer Durchführung schlicht auf dem politisch erklärten Einvernehmen der 55 Teilnehmerstaaten.

Eine weitere Institutionalisierung der OSZE ist nach dem Budapester Gipfel von 1994 nicht mehr eingetreten, trotz immer wieder gemachter Vorschläge und unternommener Initiativen; auch der Lissabonner Gipfel von 1996 hat dafür kaum Perspektiven bereitet.[11] Die Institutionalisierung europäischer Sicherheitsfragen unter westlichem Vorzeichen hat andere Orte gefunden, geographisch gesprochen nur einen, Brüssel, an dem sich NATO und EU befinden. Das Streben fast aller ostmitteleuropäischer und südosteuropäischer Staaten in diese westlich geprägten und stark institutionalisierten Organisationen beginnt die OSZE als Instrument für eine westliche hegemoniale Politik formell und materiell irrelevant zu machen. Der Ausspruch des Generalsekretärs der NATO, daß sich nicht die NATO nach Osten ausdehne, sondern daß diese östlichen Länder selbst in die NATO wollten, läßt sich auf die „westliche Welt" übertragen und daraufhin so weiterlesen: Europäische Sicherheitspolitik unter westlichem Vorzeichen läßt sich wirkungsvoller und tiefreichender durchsetzen, wenn die früheren Ostblockstaaten in eine westliche Organisation, NATO und/oder EU/WEU eintreten, als wenn der Um- und Ausbau einer einst blockübergreifenden Institution, wie die KSZE/OSZE erst, - und dann noch unter Teilnahme des gewichtigsten östlichen Landes, der Russischen Förderation, - verwestlicht werden muß.

Die aufkommenden Fragen nach Ablösung oder Ersatz, Überlappung bzw. Aufgabenteilung sowie Ergänzung und Zuordnung der Vielfalt der Organisationen für Sicherheit in Europa, die neben der OSZE bestehen, wie vor allem NATO, EU/WEU und schließlich Vereinte Nationen, sind also keineswegs nur organisationstechnischer Art, weil der Einfach- oder Mehrfachmitgliedschaft der Staaten diskriminierende Aspekte anhaften, oder durch Kompetenzzuweisung für jeweils unterschiedliche europäische Politikfelder Asymmetrien, Ressourcenprobleme, Friktionen und Spannungen entstehen könnten. Für die OSZE stellt sich die Frage nach ihrer künftigen Funktion für die Teilnehmerstaaten, die ihre Aufmerksamkeit vornehmlich der bestehenden oder gewollten Mitgliedschaft in den anderen Institutionen schenken, sei es der durch die USA hegemonial geprägten NATO, sei es der durch ein *franco*-deutsches Duumvirat bestimmten EU/WEU, sei es der durch die permanenten Sicherheitsratsmitglieder USA, Vereinigtes Königreich, Frankreich und Russische Föderation kontrollierten Vereinten Nationen. Die OSZE könnte das Kompensationsareal für die Schäden werden, die die Politik der Staaten durch die anderen Organisationen bei den davon betroffenen und nichtbeteiligten Staaten anrichtet. Beispielsweise könnten die Nachteile, die die Russische Föderation durch Aufnahme Polens und Rumäniens in die NATO empfindet, durch eine Stärkung von Institutionen der OSZE, wie sie Rußland schon lange fordert, ausgeglichen werden.

Abgesehen von solch grenzenlosem Spiel institutionellen Gleichgewichts in Europa gibt es, von einer gesamteuropäischen Warte auf den erweiterten Kontinent und das transatlantische Nordamerika geblickt, keine Alternative zur OSZE. Die OSZE steht nicht vor der EU- und NATO-Frage nach dem Kosten/Nutzenverhältnis über das Ausmaß von „Erweiterung“ oder „Vertiefung“. Sie bedarf allerdings einer „Justierung“. Damit ist ihre Verrechtlichung, die materielle Austattung ihres Autonomie-Privilegs sowie die korrigierende Auslotung der in eine West-Ost-Schieflage geratenen Institution gemeint. M.a.W., sie sollte nicht hegemoniale Ansprüche institutionalisieren, sondern umgekehrt als Institution diese transparent und relativierbar machen.

Anmerkungen

1 Exemplarisch Mearsheimer (1994/95). Als Gegenposition vgl. Keohane und Martin (1995). Für eine zusammenfassende Darstellung vgl. Powell (1994).
2 Zur Geschichte der KSZE bis zur Wende vgl. Schlotter (1997). Zu jüngsten Entwicklungen vgl. OSZE-Jahrbuch (1995 ff.).
3 Eine analytische knappe Darstellung dieser Vorgänge bietet Rotfeld (1995).
4 Zur Divergenz vgl. Tudyka (1996).
5 Vgl. Löwenthal (1974).
6 Zit. n. Rüddenklau (1981/82, 105). Zum Verlauf von Belgrad vgl. Nötzold (1977/78, 113 ff.).
7 Spezifisch zur Interpretation der KSZE als Regime vgl. Ropers und Schlotter (1989). In diesem Band finden sich weitere Beiträge zum allgemeinen Regime-Begriff.
8 Zu dieser Terminologie Ropers und Schlotter (1989).
9 Rede vor dem Bundestag September (1991).
10 Über Erwartungen an den Verlauf des Gipfels vgl. Schneider (1995, 411-26).
11 Vgl. Lissabonner Dokument 1996, in: Presse- und Informationsamt der Bundesregierung, Bulletin Nr.9 vom 30.1.1997, 77-88.

Literatur

Keohane, Robert und Lisa Martin. 1995. „The Promise of Institutionalist Theory". In *International Security*: 39-51.

Löwenthal, Richard. 1974. *Vom Kalten Krieg zur Ostpolitik*. Stuttgart: DVA.

Mearsheimer, John J. 1994/95. „The False Promise of International Institutions". In *International Security* 19: 5-49.

Nötzold, Jürgen. 1977/78. „Die KSZE-Folgekonferenz in Belgrad". In *Die internationale Politik*: 113ff.

OSZE-Jahrbuch. 1995ff. hrsgg. vom Institut für Friedensforschung und Sicherheitspolitik, Hamburg. Baden-Baden: Nomos.

Powell, Robert. 1994. „Anarchy in International Relations Theory: The Neorealist-Neoliberal Debate". In *International Organization* 48: 313-44.

Presse- und Informationsamt der Bundesregierung, Lissabonner Dokument. 1996. Bulletin Nr. 9. vom 30.1.1997: 77-88.

Rüddenklau, Harald. 1981/82. „Die KSZE-Folgekonferenz von Madrid". In *Die internationale Politik*: 105ff.

Ropers, Norbert und Peter Schlotter. 1989. „Regime-Analyse und KSZE-Prozeß". In *Regime in den internationalen Beziehungen;* hrsgg. von Beate Kohler-Koch. Baden-Baden: Nomos: 315-42.

Rotfeld, Adam Daniel. 1995. „Die OSZE: Von der menschlichen Dimension zur prägentiven Diplomatie". In *OSZE-Jahrbuch* 1: 39-61

Schlotter, Peter. 1997. *Die KSZE im Ost-West-Konflikt 1972-1990*. Habilitationsschrift. Darmstadt: Universität.

Schneider, Heinrich. 1995. „Das Budapester Überprüfungstreffen und der Budapester Gipfel". In *OSZE-Jahrbuch* 1: 411-26.

Tudyka, Kurt P. 1996. „Die Einstellung der Teilnehmerstaaten gegenüber der OSZE". In *OSZE-Jahrbuch* 2: 79-87.

Bernhard Ebbinghaus und Peter A. Kraus

Die variable Geometrie der Subsidiarität: Zur Problematik territorialer und funktionaler Integration in Europa[1]

Mit der Diskussion um die Maastrichter Verträge fand der Begriff der Subsidiarität eine unerwartet große öffentliche Verbreitung. Lange Zeit war Subsidiarität fast nur Experten auf den Gebieten der deutschen Verfassungs- oder der christlichen Soziallehre vertraut, doch seit 1992 befassen sich sogar die britischen Tageszeitungen mit diesem Ordnungsprinzip. In der Europapolitik trat es an die Stelle von spannungsträchtigeren föderalistischen Zielvorgaben. Auf Druck der britischen Regierung wurde in den EU-Vertragsverhandlungen das konfliktgeladene *f-word* durch das konsensfähige, jedoch ambivalente *s-word* ersetzt (Kersbergen und Verbeek 1994, 215). Das Subsidiaritätskonzept ermöglichte aufgrund seiner Unbestimmtheit einen Formelkompromiß, der integrationsfreudige wie -skeptische Kräfte zunächst gleichermaßen befriedigen sollte; da es jedoch kaum justitiabel ist, wird nun um seine konkrete Auslegung politisch gefochten (Cass 1992; Cox 1994). Die Institutionenpolitik der EU suchte im Subsidiaritätsprinzip eine Antwort auf die Vielfalt Europas. Letztlich wurde damit auch eine Verstärkung der variablen Geometrie der europäischen Einigung in Kauf genommen.

Allgemein wird das Subsidiaritätsprinzip sowohl in territorial als auch in funktional definierten Regelungsfeldern zur Abgrenzung politischer Kompetenzen verwendet. In der Föderalismustheorie bezieht sich Subsidiarität auf die verschiedenen Stufen staatlicher Intervention in einem Mehrebenensystem und bestimmt das Verhältnis zwischen über- und untergeordneten territorialen Einheiten. In die Zuständigkeit des Zentralstaats fallen grundsätzlich nur Aufgaben, die aufgrund ihrer Reichweite nicht auf kommunaler oder regionaler Ebene bearbeitbar sind. Demgegenüber strukturiert funktionale Subsidiarität das Verhältnis zwischen staatlichen Instanzen und solchen intermediären Organisationen, die Funktionen der Selbstregulation in einem gesellschaftlichen Teilsystem erfüllen. Nach dem Subsidiaritätsprinzip erfolgt eine Intervention des Staates zum Schutze des Gemeinwohls hier nur dann, wenn die entsprechenden sozialen Gruppen diese Funktionen nicht mehr zu erbringen vermögen.

In unserem Beitrag wollen wir versuchen, den Stellenwert des Subsidiaritätsprinzips in der Institutionenpolitik der EU aus der Perspektive der vergleichenden politischen Soziologie neu zu bewerten. Dabei geht es uns vor allem darum, die Analyse unterschiedlicher nationalstaatlicher Entwicklungspfade für eine differenzierte Betrachtung der institutionellen Rolle von Subsidiarität in der europäischen Integrationsdynamik fruchtbar zu machen. Aus dem Vergleich verschiedener subsidiärer Integrationsstrategien in europäischen National- und Wohlfahrtsstaaten ergeben sich unseres Erachtens nämlich auch Implikationen für die Anwendung des Subsidiaritätsprinzips auf der EU-Ebene. Bei der Diskussion der Bedeutung des Subsidiaritätsmoments im Prozeß der Europäisierung scheint uns die Verbindung von komparativem Ansatz und Mehrebenenanalyse (Ebbinghaus 1996) aus folgenden Gründen sinnvoll:

a) Eine Perspektive, die die Bandbreite nationalstaatlicher Integrationsformen in den Vordergrund rückt, erlaubt ein besseres Verständnis der institutionellen Funktionsweise des EU-Mehrebenensystems. Da ihr nicht allein die idealtypischen Strukturmerkmale eines abstrakt hergeleiteten Ordnungsmodells als Maßstab zur Beurteilung der europäischen Einigung dienen, relativiert die vergleichende Analyse unterschiedlicher nationalstaatlicher Organisationsformen die Problematik des europäischen Integrationsprozesses.
b) Subsidiarität wird in der EU von verschiedenen Seiten für gegensätzliche Zielsetzungen instrumentalisiert. Da es sich um ein mehrdeutiges politisches Prinzip handelt, entzünden sich daran Institutionenkonflikte (Lepsius 1995). Daß es nicht zwangsläufig eine klare und *a priori* feststehende Aufteilung von Kompetenzen beinhaltet, zeigt sich unserer Auffassung bereits im Ländervergleich, der somit die Differenzen zwischen den Mitgliedstaaten um die Anwendung des Subsidiaritätsprinzips auf europäischer Ebene aufzuhellen vermag.
c) Der komparative Blickwinkel bringt neben zahlreichen Unterschieden innerhalb der westeuropäischen Staatengemeinschaft auch *Cluster* ähnlicher Regulierungsregimes zum Vorschein. Die so oft bemängelte „variable Geometrie", die den Aufbau der EU anleitet, ist sowohl eine Folge historisch gewachsener institutioneller Vielfalt wie auch zumindest partieller länderübergreifender Gemeinsamkeiten auf der konzeptionellen Karte Europas (Rokkan 1975).

d) Schließlich kann nur eine komparativ angelegte Analyse des Mehrebenensystems aufdecken, daß voneinander abweichende Umsetzungen des Subsidiaritätsprinzips in den Mitgliedsländern zu Inkompatibilitätsproblemen im Rahmen der EU führen. Auch eine „eindeutige" Definition des Prinzips würde Institutionenkonflikte zwischen Einzelstaaten und der Union nicht von vornherein ausschließen.

Im folgenden erörtern wir zunächst kurz, in welcher Weise das Subsidiaritätskonzept mit der Frage der territorialen und funktionalen Integration moderner politischer Gemeinschaften zusammenhängt. Danach gehen wir auf unterschiedliche historische Entwicklungspfade bei der Bildung europäischer Nationalstaaten und die damit verbundenen Muster territorialer Machtverteilung ein. Die anschließende Betrachtung der Beziehungen von Staat und Verbänden in europäischen Wohlfahrtsstaaten konzentriert sich auf den Bereich der Arbeitsbeziehungen, der ein besonders wichtiges Beispiel funktionaler Konfliktregulierung abgibt. In beiden Fällen zeigt sich, daß die Reichweite subsidiärer Regelungskompetenzen in Westeuropa beträchtlich variiert. Nach einer Abwägung der Konsequenzen, die die Vielfalt nationalstaatlicher Organisationsformen für die Institutionalisierung des Subsidiaritätsprinzips in der EU hat, befassen wir uns abschließend mit den Möglichkeiten und Grenzen einer subsidiären Ausrichtung der europäischen Regional- und Sozialpolitik.

1 Territoriale und funktionale Subsidiarität

Das Subsidiaritätsprinzip hat alte und verzweigte ideengeschichtliche Wurzeln. Es läßt sich sowohl auf die Scholastik Thomas von Aquins (1225-74), die in der katholischen Soziallehre wiederaufleben sollte, wie auch auf die Konkordanztheorie des Kalvinisten Johannes Althusius (1557-1638), die föderalistisch-subsidiäre Prinzipien vorwegnahm, zurückführen (Waschkuhn 1995). Im Zuge der Säkularisierung politischer Herrschaft berief sich die katholische Kirche auf das Subsidiaritätsprinzip, um die mit der Ausweitung staatlicher Funktionen einhergehende Zurückdrängung ihres Einflusses zu bremsen. Seit dem späten 19. Jahrhundert verwies sie in ihren Sozialenzykliken auf die subsidiären Funktionen von Familie, Gemeinde und konfessionellen Einrichtungen, die mit einer moralisch-ethischen Verpflichtung zur karitativen Unterstützung der schwächeren Glieder der Gesellschaft zusammenfielen. Die Ambivalenz von Subsidiarität bei der Zuweisung von Zuständigkeiten kommt bereits hier zur Geltung: Das Prinzip läßt sich gleichermaßen zur Einschränkung wie zur Ausdehnung von Regulierungskompetenzen verwenden.

Die territoriale Dimension des Subsidiaritätsprinzips zeigte sich nach der Reformation in konfessionell gemischten Staatsverbänden wie dem Deutschen Reich, den unabhängigen Niederlanden und *der Confoederatio Helvetica*, wo eine Konkordanz verschiedener religiöser Gemeinschaften, wie sie Althusius forderte, notwendig wurde. Die Verteilung von Kompetenzen wurde dabei in föderativen Zusammenschlüssen subsidiär organisiert; die Bundesebene sollte nur diejenigen Aufgaben ausführen, die die Grenzen einzelner Gemeinwesen überschritten, ohne deren spezifische Sphären sozialer, religiöser und kultureller Eigenständigkeit zu verletzen.

Eine weitere Lesart des Subsidiaritätskonzepts findet sich in der Tradition des liberalen Antietatismus. Nach der britischen und US-amerikanischen Auffassung von *good government* ist der staatliche Einflußbereich gegenüber der Zivilgesellschaft strikt zu beschränken, um individuelle Freiheitsrechte nicht zu beeinträchtigen. Die subsidiäre Armenhilfe bildete lange Zeit einen der Grundpfeiler des *residual welfare state* angelsächsischen Zuschnitts (Titmuss 1974). Auch wenn sich liberale und christliche Subsidiaritätsvorstellungen in der Zurückweisung eines staatlichen Zuständigkeitsmonopols teilweise überschneiden, unterscheiden sie sich klar in der jeweiligen Gewichtung der sozialen Fürsorgepflichten, die intermediäre Institutionen bei der Pflege der öffentlichen Wohlfahrt wahrzunehmen haben.

In den gegenwärtigen Widersprüchen der europäischen Institutionenpolitik spiegeln sich nicht zuletzt die unterschiedlichen historischen Ursprünge des Subsidiaritätsprinzips wider. In der EU-Debatte wird Subsidiarität im wesentlichen als ein Mechanismus zur dezentralen Verteilung von Kompetenzen und somit zur Einschränkung supranationaler Interventionsrechte angesehen. Das Prinzip umfaßt in der christlich-sozialen und föderalen Interpretation aber auch eine Legitimations- und Solidaritätsdimension. Es läßt sich nämlich zur Begründung einer moralischen Notwendigkeit der Intervention der höheren Ebenen eines Gemeinwesens heranziehen, wenn die kleineren Einheiten ein übergreifendes Problem nicht alleine lösen können.

Aufgrund des Auseinanderlaufens von Regelungskompetenzen und Legitimationsebenen, das so typisch für die EU ist, können schwerwiegende Institutionenkonflikte entstehen. Wenn die europäische Institutionenpolitik Interventionsrechte auf die transnationale Ebene verlagert, ohne dort zugleich für demokratische Kontrollmöglichkeiten zu sorgen, mag ein von „Brüssel" abgegebenes Votum sachlich als noch so begründet erscheinen: auf die Legitimation durch die europäischen Bürger wird es sich nicht stützen können. Weder in einem Bundesstaat noch in der EU lassen sich Fragen der Überschreitung politischer Kompetenzen von den Problemen demokratischer Legitimation und der Abwägung zwischen Gemeinwohl und Minderheiteninteressen scharf trennen.

Als Legitimationsprinzip wurde Subsidiarität häufig zu einer der Grundlagen für die politische Integration sozial differenzierter und räumlich ausgedehnter Gemeinwesen. Die Teilung von Kompetenzen nach subsidiären Kriterien sollte dabei die Abstimmung gruppenspezifischer Interessen mit den staatlich gesetzten Geboten gruppenübergreifender Solidarität erleichtern. Die Dezentralisierung von kollektiven Entscheidungsprozessen erschien besonders dort opportun, wo die Anwendung der Mehrheitsregel innerhalb relativ homogener kleinerer Gemeinschaften einfacher war als im übergeordneten heterogenen Staatsgebilde, das den Anliegen signifikanter struktureller Minderheiten Rechnung tragen mußte. In diesem Sinne läßt sich durchaus ein gewisser Widerspruch zwischen den Ideen der Subsidiarität und der Volkssouveränität feststellen: Während unitaristische Nationalstaaten der Tendenz nach die ungeteilte und mehrheitlich konstituierte politische Entscheidungsmacht im Zentralstaat bündeln, spalten kulturell segmentierte Gesellschaften die Macht oft föderativ auf oder binden alle relevanten sozialen Gruppen in die unter dem Primat des Konsenses stehende institutionelle Willensbildung ein (Lijphart 1977).

2 Territoriale Integration in europäischen Nationalstaaten

Die politische Dynamik der europäischen Nationalstaatsbildung folgte keiner eindimensionalen historischen Entwicklungslogik und war nicht immer an die Entstehung kompakter Domänen politischer Souveränität gekoppelt. In einigen Ländern sind die Kompetenzbereiche der einzelnen territorialpolitischen Ebenen des Staatsverbands bis heute nur unscharf voneinander abgegrenzt, während die territorialen Untereinheiten gleichzeitig unterschiedliche Integrationsgrade in den Gesamtstaat aufweisen. Subsidiarität erweist sich insofern bereits in manchen Staaten Westeuropas als eine variable Größe. Es ist kaum anzunehmen, daß die institutionelle Ausformung der EU Resultate zeitigt, die die Vielschichtigkeit etablierter Herrschaftsgebilde unterbieten.

Die Genese des europäischen Nationalstaats vollzog sich nicht auf einer quasi evolutionär vorgegebenen Einbahnstraße der politischen Modernisierung. Zum einen sind Nationalstaaten Produkte historisch kontingenter Prozesse. So zeugten etwa bereits in der frühen Neuzeit Stadtstaaten und Städtebünde von der Existenz institutioneller Alternativen zum souveränen Territorialstaat (Spruyt 1994; Tilly 1990). Zum anderen führt es in die Irre, von einer einheitlichen Form der Organisation nationalstaatlicher Herrschaft in Europa auszugehen. Die Kategorie des Nationalstaats zerfällt in Teilkategorien mit signifikanten Unterschieden, was Formen und Reichweite der territorialpolitischen Integration angeht. Der Dichotomie von Souveränitätsvorstellungen und Subsidiaritätsgedanken kommt insofern weitaus mehr als bloß ideengeschichtliche Bedeutung zu. Die nationalstaatliche Souveränität in den Innen- und Außenbeziehungen steht im Spannungsverhältnis zur Teilung souveräner Herrschaft in territorial gegliederten Gemeinwesen.[2]

Die Erschließung und Festigung zentralstaatlich kontrollierter Souveränitätsbereiche in Westeuropa erfolgten je nach zeitlichem und räumlichem Kontext in verschiedenen Abstufungen. Wie in Anlehnung an Stein Rokkan (1975) gezeigt werden kann, hinterließen spezifische politische Entwicklungswege gerade auch in der institutionellen Sphäre der vertikalen Gewaltenteilung ihre Spuren. Bei der Gestaltung des Verhältnisses von zentralstaatlicher Souveränität und territorialer Subsidiarität waren im historischen Rückblick insbesondere zwei Faktoren von beträchtlicher Bedeutung: Zum einen stießen Versuche zur Durchsetzung der Hegemonie eines einzelnen Herrschaftszentrums über ein fest umrissenes Gebiet, die den Anbruch der Epoche des Absolutismus kennzeichneten, im Kernbereich des europäischen Städtenetzes, das sich vom Hanse-Deutschland bis in die Niederlande und von Oberitalien bis nach Katalonien erstreckte, auf erhebliche Widerstände; es ist insofern kein Zufall, daß der Föderalismus gerade im Europa der Städte-Staaten traditionell eine starke Stellung eingenommen hat. Zum anderen ließen sich Modelle ungeteilter staatlicher Souveränität in Ländern, in denen eine „Nationalisierung“ der territorialen Kultur nur in begrenztem Umfang stattgefunden hatte, beim Eintritt in die Periode moderner Massenpolitik nicht mehr ohne weiteres etablieren oder aufrechterhalten, da das Zusammenfallen territorialer und ethnisch-linguistischer Grenzen innerhalb eines Staatsverbands unter demokratischen Bedingungen im allgemeinen Forderungen nach regionaler Autonomie gegenüber der Zentralgewalt nach sich zog; zur

Wahrung der Legitimität des Gesamtstaats mußten politische Kompetenzen dann häufig nach Subsidiaritätskriterien auf verschiedene territoriale Ebenen verteilt werden.

Schaubild 1: Territoriale Integration in westeuropäischen Nationalstaaten

		Politische Institutionalisierung der Territorialbeziehungen	
		Unitarismus	*Föderalismus*
ethnoterritoriale	*ethnoterritoriale Differenzierung als Konfliktpotential*	I. hegemoniale Integration	II. zentrifugaler Konflikt
Konfliktstrukturen	*geringe ethnoterritoriale Differenzierung*	IV. integrierte „Staatsgesellschaft“	III. zentripetale Koordination

In eine grob vereinfachende Form gebracht, resultieren die territorialpolitischen Profile der modernen westeuropäischen Nationalstaaten aus dem historischen Wechselspiel von institutioneller Anlage und soziokultureller Binnendifferenzierung (siehe Schaubild 1). Die Kreuzung der beiden Dimensionen führt zu Idealtypen, denen sich einzelne Staaten, sei es im diachronischen Längsschnitt oder im auf die Gegenwart bezogenen synchronen Vergleich, mehr oder weniger stark annähern. Die Kategorie der hegemonialen Integration (I.) ist wohl am ehesten auf Frankreich übertragbar, wo sich zunächst unter bourbonischem, später unter republikanischem Vorzeichen ein prononciert unitaristisches Souveränitätsverständnis durchgesetzt hat, ohne allerdings das Mobilisierungspotential peripherer Regionen wie Korsika oder der Bretagne völlig auszuschalten. Auch in Großbritannien ging die wachsende Dominanz des nationalstaatlichen Zentrums im Zuge der Konsolidierung der politischen Union in mancherlei Hinsicht auf hegemoniale Integrationsstrategien zurück, die allerdings weitaus weniger etatistisch geprägt waren als im französischen Kontext. Anschauungsmaterial für föderale oder semiföderale Staaten mit politisch relativ virulenten ethnoterritorialen Konfliktmustern (II.) liefern die Beispiele Belgiens und Spaniens, wobei anzumerken wäre, daß die Dezentralisierung in beiden Fällen gerade als späte

Reaktion auf territorialpolitische Spannungen erfolgte. Als Vertreter eines Systems vertikaler Gewaltenteilung, in dem die zentripetalen Tendenzen überwiegen (III.), mögen Deutschland oder Österreich fungieren, wo die Erfahrungen mit der autoritären Zentralisierung und Gleichschaltung die (Re-)Föderalisierung nach 1945 antrieben, jedoch der bundesstaatlichen Angleichung der Lebensbedingungen Vorrang gegenüber der Wahrung regionaler Unterschiede eingeräumt wurde. Schließlich scheint es unter vergleichenden Gesichtspunkten nicht allzu überzogen, skandinavische Länder wie Dänemark und Schweden neben dem südeuropäischen Portugal in der Nähe des Bereichs der „integrierten Staatsgesellschaften" (IV.) anzusiedeln; einheitsstaatliche Strukturen decken sich hier mit einem eher geringen Grad an territorial-kultureller Heterogenität.

Bei der Betrachtung der institutionellen Modelle zur territorialen Integration in westeuropäischen Staaten ergibt sich ein vielschichtiges und dynamisches Bild. Der im Prozeß der Bildung eines Nationalstaats zunächst beschrittene Pfad muß keineswegs dauerhaft geradlinig verlaufen: Die aus den Vereinigten Provinzen hervorgegangenen Niederlande verloren bereits nach den Napoleonischen Kriegen den Charakter einer für den kontinentaleuropäischen Städtegürtel typischen Konföderation und verwandelten sich in einen dezentralisierten Einheitsstaat, ohne später wieder an föderale Traditionen anzuknüpfen; in Belgien und Spanien sind wiederum erst neuerdings, nach dem Scheitern des Einheitsstaats in jeweils sehr spezifischen Konstellationen, Versuche zu verzeichnen, zentrifugale Konflikte auf einer neuen politischen Basis zu institutionalisieren.[3] Generell stehen in jüngster Zeit Bestrebungen zur Dezentralisierung in unitarischen Staaten Tendenzen zur de facto-Zentralisierung in föderalen Systemen gegenüber: Während in Einheitsstaaten wie Frankreich oder Großbritannien durchaus eine Zunahme des politischen Drucks zur *Devolution* politischer Kompetenzen an die Regionen zu beobachten ist (Mény und Wright 1985), hat im deutschen Föderalismus die Bundesexekutive in den vergangenen zwei Jahrzehnten im Verhältnis zu den Ländern an Gewicht gewonnen (Scharpf 1994). Insgesamt scheinen aber die Anzeichen dafür zu überwiegen, daß sich in der europäischen Politik seit dem Ende des II. Weltkriegs und besonders seit Ende der 70er Jahre nach und nach ein „Paradigmenwechsel" vom unitarischen Etatismus hin zu subsidiären Arrangements föderalistischer Prägung vollzieht (Elazar 1996).

Die intensiv geführten Debatten um die Frage, ob Effizienz- und Legitimationsverluste des Nationalstaats langfristig notgedrungen mit der stetigen Verlagerung nationalstaatlicher Entscheidungsbereiche auf supra- sowie auf subnationale Institutionen einhergehen werden[4], lassen sich durchaus als ein Begleitphänomen eines solchen Paradigmenwechsels interpretieren. Das Konzept des verdinglichten Staates, der als nach innen wie nach außen souveräner Akteur die europäische Geschichte seit dem Westfälischen Frieden dominiert zu haben schien, ist derzeit in Wissenschaft wie Politik alles andere als unumstritten (Caporaso 1996). In Anbetracht des sich wandelnden Verständnisses von Staatlichkeit wäre es wohl ratsam, zugleich kritisch zu überprüfen, wann und in welchem Umfang das überkommene Bild des idealisierten Nationalstaats überhaupt der vielförmigen Realität des europäischen Staatensystems gerecht werden konnte. Das Prinzip einer einheitlichen und unteilbaren Souveränität - des Monarchen, des Staates oder der Nation - sieht sich nicht erst seit Maastricht subsidiären Herausforderungen ausgesetzt. Die Existenz einer politischen Kultur der territorialen Subsidiariät (oder des Föderalismus) reicht etwa in der Schweiz bis ins Mittelalter zurück. Horizontal wie vertikal „zergliederte" oder „parzellierte" Souveränitätssphären sind für viele Staaten Europas kein fundamentales Novum.[5]

Ein von modernisierungstheoretischen Grundmodellen abweichender und sich der Standardisierung widersetzender territorial-kultureller Pluralismus ist in den politischen Handlungseinheiten der Staatenwelt Westeuropas keineswegs eine Anomalie. Je nach Pfad der Nationalstaatsbildung und -entwicklung kam es zu einer „Übersetzung" dieses Pluralismus in institutionelle Strukturen, in denen sich das Prinzip der Subsidiarität als territorial geteilte Souveränität niedergeschlagen hat. Die europäischen Nationalstaaten bilden dementsprechende Cluster, die das variierende Gewicht des Subsidiaritätsmoments im Bereich der Territorialordnung spiegeln. Es wäre nun verlokkend, das Augenmerk darauf zu richten, inwieweit das Ausmaß der „subsidiären" Integration eines Staates nach innen zugleich ähnliche Formen der Integrationsfähigkeit nach außen fördert. Hier ist nicht der Ort, um derartige Fragen zu vertiefen. Allerdings haben die Maastricht-Debatten im Kontext der EU auf jeden Fall zwei gegensätzliche Perspektiven bei der Auslegung des Subsidiaritätsprinzips zum Vorschein gebracht (Voigt 1996, 279): Auf der einen Seite begreifen vor allem Großbritannien, aber auch Frankreich oder Dänemark, Subsidiarität als eine Garantie für die Wahrung nationaler (zentralstaatlicher) Hoheitsrechte gegenüber der gesamteuropäischen Ebene. Auf der anderen Seite verstehen Staaten wie Deutschland oder Belgien sowie institutionell stark profilierte Regionen wie Katalonien Subsidiarität vornehmlich als ein Instrument gegen Zentralismus und Etatismus auf allen drei territorialpolitischen Ebenen.

Offenbar hat die Variationsbreite von Territorialstaatlichkeit in Europa also nicht zu unterschätzende Implikationen für die anstehende institutionelle Umsetzung des Subsidiaritätsprinzips innerhalb der EU. Die Frage, wie sich unterschiedliche Staatstraditionen auf die künftige Ausgestaltung der territorialpolitischen Dimension „transeuropäischer" Subsidiarität auswirken könnten, wird in einem späteren Abschnitt noch einmal kurz aufgegriffen. Vorher wollen wir auf das Thema der subsidiären Teilung von Kompetenzen zwischen Staat und Interessenverbänden in europäischen Wohlfahrtsstaaten eingehen.

3 Funktionale Integration in europäischen Wohlfahrtsstaaten

Eine andere Umsetzung des Subsidiaritätsgedankens, welche von besonderer Bedeutung für die EU-Sozialpolitik ist, betrifft die Selbstregulation von sozialen Gruppen. Ähnlich wie im Falle territorialer Integration haben sich in den europäischen Wohlfahrtsstaaten unterschiedliche länderspezifische Muster der funktionalen Integration sozialer Teilsysteme herausgeschält. Obwohl allen europäischen Industriegesellschaften der Interessenkonflikt zwischen Kapital und Arbeit inhärent ist, gehen sie doch verschiedene Wege der „Institutionalisierung des Klassenkonflikts" (Dahrendorf 1959). Die Staat-Verbände-Beziehungen, insbesondere die Vermittlung von Interessen der Arbeitnehmer- und der Arbeitgeberseite, sind in den europäischen Wohlfahrtsstaaten sehr unterschiedlich ausgestaltet (Crouch 1993). Pluralismus gilt als die „klassische" Form der Interessenvermittlung: Partikularistische Interessenverbände konkurrieren mittels Lobbyismus um die Einflußnahme auf politische Entscheidungsorgane, und tarifpolitische Interessenkonflikte werden in der Regel ohne staatliche Eingriffe in freiwilligen Verhandlungen der Verbände ausgetragen. Dem steht das etatistische Interessenvermittlungsmodell gegenüber: Fragmentierten Verbänden fehlt die Bereitschaft zur einvernehmlichen Konfliktregelung, was staatliche Intervention erforderlich macht und gleichzeitig das Verbändesystem weiter schwächt. Zwischen diesen beiden idealtypischen Polen von „Markt" und „Staat" liegen verschiedene Abstufungen von subsidiären Selbstregulierungsformen durch die betroffenen gesellschaftlichen Gruppen (Streeck und Schmitter 1985).

Subsidiarität fungiert als Ordnungsprinzip in der Spannungslage zwischen massiver staatlicher Intervention und eingeübter staatlicher Enthaltsamkeit.

Sie setzt die von staatlicher Seite geduldete, wenn nicht gar geförderte Übernahme von gesamtgesellschaftlichen Aufgaben durch soziale Gruppen voraus (Schimank und Glagow 1984). Solche Selbstregulierungsfunktionen sind ein konstitutives Merkmal nicht nur des Neokorporatismus skandinavischer Prägung, sondern auch der versäulten Konkordanzdemokratien (Scholten 1987). Ähnlich wie bei der Übertragung von Teilautonomie auf die Regionen übernehmen die Verbände hier gesamtgesellschaftliche Verantwortung zur Selbstregulierung. Dies erhöht die Konsensfindung und Legitimation von Entscheidungen in sozial gespaltenen oder segmentierten Gemeinwesen.

Die europäischen Wohlfahrtsstaaten sind unter unterschiedlichen historischen Bedingungen entstanden und schlugen auch verschiedene Wege beim Aufbau sozialer Sicherungssysteme ein (Hepple 1986). Es lassen sich tradierte Grundmuster erkennen, die bis heute nachwirken; jedoch gibt es auch bedeutende Wendepunkte auf dem einmal eingeschlagenen Pfad. Stark liberal geprägte demokratische Länder, allen voran England, erkannten individuelle Rechte und freiwillige Verträge an, ohne aber kollektive Rechte fest zu institutionalisieren. Auf der anderen Seite gingen autoritäre Staaten wie das Deutsche Reich repressiv gegen die Arbeiterbewegung vor, während sie gleichzeitig korporative Institutionen förderten.[6] Auf die wachsende Macht der Arbeiterbewegung antworteten hingegen die skandinavischen Nationalstaaten bereits früh mit der Ausdehnung politischer und sozialer Bürgerrechte. Ganz anders der europäische Süden, wo zwar Reste mittelalterlicher korporativer Traditionen fortbestanden, aber die kollektive Selbstregulierung unter anderem wegen des Konfliktes zwischen liberalem Nationalstaat und konservativem Katholizismus nicht weiter auf moderner Grundlage institutionalisiert wurde, sondern viele soziale Fürsorgefunktionen bei der Familie bzw. der Kirche verblieben. Auch wenn nach dem Zweiten Weltkrieg eine Modernisierung der Staat-Verbände-Beziehungen in nahezu ganz Westeuropa stattfand, blieben doch die traditionellen Muster zählebig.

In Anlehnung an die Typologie der territorialen Integration können wir auch hier vier Grundtypen herausarbeiten (siehe Schaubild 2), die spezifische Umsetzungen des Subsidiaritätsprinzips in den Arbeitsbeziehungen darstellen. Einerseits wird nach dem dominanten Konfliktregulierungsmodus bei der Vermittlung zwischen gesellschaftlichen Gruppeninteressen unterschieden. Stark vereinfachend kann man von zwei Formen ausgehen: Konflikt und Kooperation. Der konfliktäre Modus beruht auf einem Nullsummenspiel, wobei die dominante Gruppe ihre Interessen unilateral durchsetzt, ohne langfristige Folgen und externe Effekte zu berücksichtigen. Bei der koopertiven Strategie geht es hingegen darum, die Gruppen zu „gesamtgesellschaftlicher Verantwortung“ zu bewegen und ein langfristiges Positivsummenspiel zu institutionalisieren. Andererseits zeichnen wir in Analogie zur ethnoterritorialen Differenzierung die unterschiedlichen sozioökonomischen Spaltungsstrukturen im Wohlfahrtsstaat nach (Lipset und Rokkan 1967).

Schaubild 2: Funktionale Integration in westeuropäischen Wohlfahrtsstaaten

		Konfliktregulierung in den Arbeitsbeziehungen	
		konfliktär	*kooperativ*
sozioökonomische	*dominanter Kapital-Arbeit Konflikt*	(1) angelsächsischer Pluralismus	(2) skandinavischer Neokorporatismus
Konfliktstrukturen	*sich überlagernde Konfliktlinien (Segmentierung)*	(4) romanische Polarisierung	(3) kontinental-europäische Sozial-partnerschaft

Hier betrachten wir den Grad der gesellschaftlichen Segmentierung bzw. Integration von sozialen Gruppen in die Gesamtgesellschaft. Wir unterscheiden zwischen „homogenen“ Gesellschaften, in denen der Konflikt „Arbeit-Kapital“ der dominante und vorrangige ist, und segmentierten Gesellschaften, in denen sich Klassenkonflikt und andere soziokulturelle Spaltungsstrukturen überlagern, seien letztere nun religiöser, territorialer oder ethnischer Natur. Es ergeben sich so vier idealtypische Muster der Arbeitsbeziehungen, die unterschiedliche Grade und Formen subsidiärer Selbstregulierung verkörpern (Ebbinghaus und Visser 1997):

(1) Der „angelsächsische“ Pluralismus, wie er in Großbritannien und als historisches Erbe auch in Irland vorherrscht, beruht auf dem liberalen Kredo des „Voluntarismus“. Die Pluralismustheorie geht davon aus, daß jede soziale Gruppe ihre partikularen Interessen am besten ohne direkte Staatsintervention über die freiwillige Aushandlung von Kollektivverträ-

gen und durch Lobbypolitik vertreten und teilweise durchsetzen kann. Es bestehen dabei eingespielte Regeln des *fair play* zur Austragung von Konflikten. Sie ermöglichen Übereinkünfte, die durch die Konfliktparteien auch immer wieder neu ausgehandelt werden können. Das Verbandssystem ist eher fragmentiert, und es gibt kaum Foren für die zentrale Koordination organisierter Interessen. Eine wesentliche Stärke von Verbänden besteht in der Mitglieder- und Streikmobilisierung, gerade auf betrieblicher Ebene; sie dient als Mittel, um den Kontrahenten an den Verhandlungstisch und zu Zugeständnissen zu zwingen. Für die Arbeitnehmerseite besteht aber nur bedingt die Chance, durch Lobbyismus oder Anbindung an eine Arbeiterpartei ihren politischen Einfluß auszuweiten.

(2) Der „nordische" Korporatismus ist die dominante Form der Konzertierung in den skandinavischen Wohlfahrtsstaaten Schweden, Dänemark und Norwegen sowie mit zeitlicher Verzögerung auch in Finnland. Der Staat förderte in diesen Ländern durch keynesianische Wirtschaftspolitik gezielt die Beschäftigung und übernahm eine Mittlerrolle zwischen den Sozialpartnern. Das Verbändesystem ist relativ zentralisiert; es besteht ein hoher Grad der Mitgliederorganisation und -verpflichtung. Die Sozialpartner erkennen sich gegenseitig auf allen Ebenen an, und der Staat konsultiert sie bei politischen Entscheidungen. Es gibt darüber hinaus ein institutionalisiertes Verhandlungssystem, dem mit staatlicher „Lizenz" Regulierungskompentenzen zufallen, sei es durch Sozialabkommen zwischen den Sozialpartnern oder durch die Aushandlung von sozialpolitischen Gesetzesinitiativen.

(3) Die „kontinentaleuropäische" Sozialpartnerschaft unterscheidet sich vom nordischen Korporatismus nur graduell, vor allem durch eine ausgeprägtere gesellschaftliche Segmentierung. Sie ist eine zweite Spielart des Selbstregulierungsmodells, die in Deutschland, Belgien, den Niederlanden, Österreich und der Schweiz auftritt. Der Konflikt zwischen Kapital und Arbeit wurde hier, anders als im Norden, durch kulturelle und/oder religiöse Spaltungslinien gebrochen, was zu Fragmentierungs- und Versäulungstendenzen im Verbandswesen beitrug, wenngleich sich diese in neuerer Zeit abgeschwächt haben. Den Verbänden kommt eine wichtige Rolle bei der soziopolitischen Konsensfindung zu. Obwohl der Staat teilweise in die Arbeitsbeziehungen eingreift, überträgt er den Sozialpartnern wichtige Selbstregulierungsfunktionen, wobei er auch oft über

die Tariffähigkeit und Repräsentativität von Interessenorganisationen entscheidet.

(4) Der Typus der „romanischen“ Polarisierung herrscht in Frankreich und Südeuropa (Italien, Spanien, Portugal) vor, wo Etatismus und schwache Konfliktinstitutionalisierung die Staat-Verbände-Beziehungen prägen. Die Arbeitgeberverbände und Gewerkschaften erkennen sich nicht notwendigerweise als legitime Verhandlungspartner an; ihre Beziehungen untereinander und mit dem Staat sind eher konfliktär, was staatliche Interventionen provoziert. Wegen des fragmentierten und polarisierten Verbändesystems konkurrieren die Verbände um ihren Vertretungsanspruch und staatliche Anerkennung. Wegen der Schwäche der Mitgliederbindung wird versucht, über soziale Mobilisierungswellen Druck auf den Staat auszuüben, der die Arbeitgeber zur Anerkennung der Richtungsgewerkschaften und zu Verhandlungen mit ihnen drängt bzw. bestrebt ist, durch politische Zugeständnisse Arbeitskonflikte zu schlichten.

Dieser Überblick aus dem Bereich der Arbeitsbeziehungen verdeutlicht die großen Unterschiede in der Ausgestaltung der Staat-Verbände-Beziehungen und in den damit einhergehenden Regulierungsmustern europäischer Wohlfahrtsstaaten. Auf der EU-Ebene stellt diese historisch gewachsene und relativ fest verankerte Variationsbreite ein *regulatory conundrum* (Rhodes 1995) dar, wobei eine umfassende Harmonisierung kaum möglich erscheint. Die großen nationalen Unterschiede zwischen den Verbandsstrukturen erweisen sich zudem auch als eine Hürde für die Europäisierung der organisierten Interessen, da die Anliegen sehr unterschiedlicher Mitgliederverbände aufeinander abgestimmt werden müssen. Die Anwendung des Subsidiaritätsprinzips eröffnet zwar neue Wege der Selbstregulierung in der europäischen Arbeits- und Sozialpolitik; in der Vielfalt nationaler gesellschaftlicher Steuerungstraditionen stößt sie jedoch zugleich auf Grenzen. Wir wenden uns nun abschließend den Konsequenzen zu, die sich aus den unterschiedlichen Umsetzungen des Subsidiaritätsprinzips in den europäischen National- und Wohlfahrtsstaaten auf der Ebene der EU ergeben.

4 Zum Stellenwert des Subsidiaritätsprinzips im europäischen Institutionengefüge

Die inhaltliche Unbestimmtheit des Subsidiariätsprinzips in der Institutionenpolitik der EU ist zunächst Ausdruck eines intergouvernementalen Formelkompromisses. Subsidiarität wurde im Vorfeld der Unterzeichnung des Maastrichter Vertrages zum Symbol eines diffusen Minimalkonsenses darüber, im Rahmen der Bestrebungen zur Stärkung der supranationalen Ebene die unterschiedliche Integrationsbereitschaft einzelner Länder nicht zu ignorieren (Cass 1992), und erschien den Mitgliedstaaten vor allem als ein zweckdienlicher Mechanismus, um die Fortsetzung der europäischen Einigung auf der Basis einer differenzierten Integrationsdynamik zu ermöglichen. Die variable Geometrie nur teilweise kongruenter supranationaler Regulierungsräume ist Folge der Anwendung des Subsidiaritätsprinzips: Während Kernländer staatliche Funktionen grenzüberschreitend „vergemeinschaften", ziehen andere weiterhin nationale Regelungen vor.

Hinter der taktischen Vereinnahmung des Subsidiaritätskonzepts im *intergovernmental bargaining* verbirgt sich jedoch eine zweite und tieferliegende Problematik: In Westeuropa gibt es, was das politische Verständnis von Subsidiaritätsmodellen betrifft, deutlich divergierende Traditionsbestände. Die variable Geometrie der Subsidiarität geht nicht allein auf die Resultate eines zwischenstaatlichen Interessenausgleichs zurück, sondern bringt darüber hinaus verschiedene binnenstaatliche Organisationsmuster zum Vorschein. Bei der Gestaltung eines supranationalen „Subsidiaritätsregimes" läßt sich von Fall zu Fall in größerem oder in geringerem Umfang an bereits vorhandene institutionelle Bestände zur Auffächerung gesellschaftlicher und politischer Regelungskompetenzen anknüpfen - manche Staaten sind „subsidiärer" als andere. Parallel zu den beiden Formen der territorialen und funktionalen Integration ergeben sich auf europäischer Ebene ebenfalls unterschiedliche Anwendungsgebiete für das Subsidiaritätsprinzip: als Kompetenzzuordnungsprinzip zwischen territorialem Nationalstaat und supranationalem Regime einerseits, als Selbstregulationsmechanismus im Verhältnis zwischen Staat und Verbänden andererseits.

Die Umsetzung von Subsidiaritätsvorstellungen in der EU hängt daher nicht nur davon ab, daß Entscheidungsblockaden im intergouvernementalen Verhandlungssystem überwunden werden, sondern stößt auch auf die Grenzen unterschiedlicher Staats- und Ordnungstraditionen. Die Integrationspotentiale in der Regional- und Sozialpolitik, die die Subsidiaritätsformel von

Maastricht suggeriert, verteilen sich ungleich auf die Mitglieder der Union. Eine supranationale Ausweitung des Subsidiaritätsprinzips bedarf subnationaler und intermediärer Unterbauten. Die Struktur solcher Unterbauten variiert jedoch sowohl im funktionalen wie im territorialen Bereich zwischen den europäischen Ländern erheblich. EU-Organe wie der Wirtschafts- und Sozialausschuß und der Ausschuß der Regionen, bei deren Einrichtung Subsidiaritätskriterien eine bedeutende Rolle spielten, fußen auf Ideen von „Sozialpartnerschaft" und territorialer Repräsentation, die im institutionellen Ensemble einiger kontinentaleuropäischer Demokratien eine weitaus festere Basis besitzen als beispielsweise in demjenigen Großbritanniens: Weder teilen DGB und TUC denselben politischen Erfahrungshorizont auf dem Terrain der Konzertierung sozioökonomischer Interessen, noch bewegen sich Katalonien und East Anglia auf einer gemeinsamen historischen Bahn der politischen Dezentralisierung.

Unter diesen Bedingungen wirft eine konsequente Anwendung des Subsidiaritätsprinzips im europäischen Maßstab beträchtliche Schwierigkeiten auf. Die asymmetrischen Entsprechungsverhältnisse funktionaler und territorialer Integrationsmuster in Europa führen zur Inkongruenz von Kompetenzebenen und Regulierungssphären in der Institutionenpolitik der EU. In einigen Ländern liegt die Einbindung von intermediären Organisationen oder von Regionaladministrationen in kollektive Entscheidungsprozesse auf der Hand. Bei anderen EU-Mitgliedern kann die Existenz „subsidiaritätsfähiger" institutioneller Akteure dagegen nicht ohne weiteres unterstellt werden. Subsidiariät erscheint dann in der Tat vornehmlich als eine Angelegenheit der Kompetenzabgrenzung zwischen Nationalstaaten und der EU; das Konzept weist dann allenfalls noch rhetorische Bezüge zur Herausbildung einer europäischen Ebene der regionalen oder „sozialpartnerschaftlichen" Selbstregulierung auf.

Während die Grundlagen für eine funktionale und territoriale Aufgliederung von Zuständigkeiten in der EU sich „nach unten" hin noch als prekär entpuppen, erwächst ein zusätzliches Dilemma der institutionellen Ausformung Europas daraus, daß die Verlagerung staatlicher Kompetenzen „nach oben" die Existenz einer transnationalen politischen Gemeinschaft erfordert, die als allgemein anerkannte Bezugsgröße subsidiär verteilter Verantwortlichkeiten fungiert. Die Streuung von Regelungskompetenzen in subsidiären Arrangements führt erst dort zu als hinreichend legitim wahrgenommenen Ergebnissen, wo die beteiligten Parteien ein Minimum an wechselseitiger Loyalität aufbringen (sei es nun „Bundestreue" oder wohlfahrtsstatliche Solidarität). Es ist zumindest eine offene Frage, in welchem Umfang sich ein derartiges Loyalitätsminimum gegenwärtig in der europäischen Politik voraussetzen läßt. Integrationsskeptische Stimmen warnen davor, das sicher scheinende Gehege der nationalstaatlichen Solidargemeinschaft bedenkenlos gegen das ungewisse Projekt der Konstruktion einer institutionell nur sehr dünn unterfütterten europäischen Identität einzutauschen (Grimm 1995). Unabhängig davon, ob man sich nun in den neuerdings offenbar allenthalben anwachsenden Chor des Europessimismus einreihen möchte, sind die defizitären transnationalen Kommunikationsstrukturen in der EU und das Fehlen einer europäischen Öffentlichkeit (Kielmansegg 1996, 57) gewiß kein nebensächlicher Aspekt bei der Klärung der Subsidiaritätsfrage. Subsidiarität ist eine Integrationsform, die, und sei es auf noch so vermittelte und abgeschwächte Weise, auf die moralische Ressource der Solidarität verweist. Solange die Union hauptsächlich auf den Schultern politischer und bürokratischer Eliten ruht, dürfte es ihr schwerfallen, subsidiären Akteuren im Mehrebenensystem von Solidaritätsmotiven getragene Konzessionen abzuringen.

Welche politischen Gestaltungsmöglichkeiten haben sich vor diesem Hintergrund in der EU bisher über das Subsidiaritätsprinzip erschließen lassen? Wenden wir uns zunächst der Umsetzung des Prinzips im „Europa der Regionen" zu. Mit der Bildung des Ausschusses der Regionen wurden die subnationalen Einheiten der Mitgliedstaaten im europäischen Institutionengeflecht offiziell aufgewertet und erhielten ein Forum mit dem Charakter eines EU-Organs. Auch wenn es sich um einen mehr als nur symbolischen Schritt gehandelt haben mag, kann keine Bewertung des Ausschusses darüber hinwegsehen, daß es sich de jure um ein schwaches Organ mit rein konsultativen Funktionen handelt; seine Mitspracherechte könnten allerdings im Zuge einer Realisierung der Maastrichter Subsidiaritätskriterien sukzessive ausgeweitet werden (Hesse 1995, 613).

Als das faktisch wichtigste Einfallstor für regionale Interessen im transeuropäischen Rahmen gilt gemeinhin die EU-Strukturpolitik. Über die Strukturfonds zum Abbau territorialer Disparitäten innerhalb der EU werden beachtliche finanzielle Mittel an regionale und lokale Einrichtungen transferiert. Mit ihrer strukturpolitischen Schwerpunktsetzung hat die Brüsseler Kommission offensichtlich im gesamten Gebiet der Union Anreize zur regionalen Selbstorganisation mit dem Ziel der Anwerbung von Ressourcen geschaffen. Die Selbstorganisation beschränkt sich jedoch nicht selten auf die Errichtung unterhalb des Zentralstaats angesiedelter administrativer Fassaden. Analysen der Mobilisierung regionaler Akteure in der EU scheinen indirekt zu bestätigen, daß die Artikulation von territorialen Subsidiaritätspotentialen nachhaltig an schon binnenstaatlich vorgegebene Dezentralisierungsniveaus gebunden ist (Marks u.a. 1996).

Auf der regionalen Ebene der Union spiegelt sich in hohem Maße die Binnendifferenzierung europäischer Staatlichkeitsmodelle wider. Die Spannweite des „Europas der Regionen" reicht dementsprechend von der subnationalen Einheit, die nach einem semisouveränen Status strebt, bis zur auf den Reißbrettern der zentralstaatlichen Bürokratie konzipierten Gebietskörperschaft ohne nennenswerte Selbstverwaltungsbefugnisse. Es steht zu bezweifeln, daß die Sogwirkung europäischer Impulse zur Institutionalisierung regionaler Organisationskanäle dazu beiträgt, diese Heterogenität zu schmälern. So zeigt etwa das Beispiel der Strukturpolitik, daß der Einfluß von Regionen auf die Vorbereitung und Implementation von Entwicklungsplänen vor allem in Staaten wie Deutschland oder Spanien groß ist, in denen subnationale Akteure gegenüber den Zentralregierungen bereits über ein hohes Maß an institutioneller Autonomie verfügen. Hingegen sind in Ländern mit einer allenfalls schwach ausgeprägten territorialen Gewaltenteilung, wie Frankreich oder Großbritannien, die Zentralstaaten die dominanten Instanzen bei der strukturpolitischen Programmplanung (Marks 1996). Kritisch besehen läuft die Umsetzung des Subsidiaritätsprinzips unter solchen Bedingungen Gefahr, regionale Interessen vor allem dort zu fördern, wo sie ohnehin artikulationsstark auftreten; die EU würde damit letzten Endes ungewollt zur Alimentation von „Wohlstandsregionalismen" und zur Vertiefung territorialer Disparitäten in den Mitgliedsländern beitragen. Positiv gewendet, bietet eine subsidiäre Einbindung der Regionen in die Union andererseits die Chance, der Komplexität kulturell-territorialer Differenzierungsmuster in Europa institutionell gerecht zu werden, auf abgestufte Forderungen nach Autonomie flexibel zu reagieren und somit die Logik der variablen Geometrie auf Dauer nicht ausschließlich an nationalstaatlich gesetzten Imperativen auszurichten.

Die Maastrichter Verträge wenden mit Hilfe eines Zusatzprotokolls das Subsidiaritätsprinzip auch im Bereich der Sozialpolitik in doppelter Hinsicht an: Zum einen wurde eine variable Geometrie des Sozialraumes geduldet, zum anderen der Pfad der verbandlichen Selbstregulierung eröffnet (Falkner 1996). Dieser Weg wurde beschritten, um den Widerstand der englischen Regierung gegen „positive" Integration im Vertragswerk zu umgehen und zugleich dem Wunsch einzelner Regierungen sowie der Sozialpartner nach freiwillig ausgehandelten Regelungen entgegenzukommen. Der Geltungsraum der EU-Sozialpolitik ist nun variabel; dies zeichnete sich bereits durch das britische *opting out* aus der unverbindlichen Sozialcharta von 1989 ab.[7] Während die Unterzeichnerstaaten des Sozialabkommens ihre Souveränitätsrechte in bestimmten Bereichen der Arbeits- und Sozialpolitik vergemeinschaften, bleibt das britische Recht davon unberührt.

Die variable Geometrie gilt oft als Nachteil in der Sozialpolitik, weil so ein *regime shopping* von mobilem Kapital zwischen unterschiedlichen Regulationsregimes möglich ist, was zu „Sozialdumping" führen kann (Streeck 1993). Tatsächlich setzt die britische Regierung auf die Investitionsanreize ihrer geringen Regulierungsstandards in der Arbeits- und Sozialpolitik. Allerdings führt ihre *opting out*-Strategie auch zu Nachteilen, wie sich heute im Fall der Euro-Betriebsräte zeigt. In der Praxis unterstehen britische Unternehmen mit ihren Zweigbetrieben innerhalb des Geltungsraumes des Sozialabkommens nämlich der Eurobetriebsrats-Richtlinie; viele haben sich in der Zwischenzeit freiwillig zur Einbeziehung ihrer britischen Mitarbeiter entschlossen. Dieses Beispiel zeigt, daß das europäische Sozialabkommen Großbritannien zwar rechtlich nicht bindet, das Land aber faktisch davon betroffen sein kann, ohne daß die britische Regierung direkten Einfluß auf den Inhalt der Richtlinien hatte. Dies gilt auch für die EFTA-Staaten im Europäischen Wirtschaftsraum sowie im allgemeinen für alle Nicht-EU-Länder, deren Unternehmen Zweigstellen in der EU unterhalten.

Mit den Maastrichter Verträgen und dem Sozialabkommen können sich viele europäische Regierungen nicht mehr hinter dem Veto Großbritanniens, das sie insgeheim unterstützten, verstecken, sondern müssen im Rat Farbe bekennen (Lange 1993). Dies führt weniger zu Blockaden als zur Bildung von Koalitionen, die eine Integrationsinitative abzuschwächen vermögen. Den Unterzeichnerstaaten des EU-Sozialabkommens verbleibt darüber hinaus ein gewisser Spielraum bei der Umsetzung der darin enthaltenen Bestimmungen. Im übertragenen Sinne beruht die variable Geometrie der Subsidiarität darauf, daß die supranationale Ebene nur globale Parameter vorgibt, die dann jeweils nationalstaatlich umgesetzt werden. Das Sozialabkommen begrenzt die supranationale Regulierung in zweierlei Hinsicht: Es mahnt zur „Berücksichtigung der in den einzelnen Mitgliedstaaten bestehenden Bedingungen und technischen Regelungen" sowie zur besonderen Rücksichtnahme auf die Situation kleiner und mittlerer Betriebe (Art. 2). Darüber hinaus ist auch eine Umsetzung durch nichtstaatliche Akteure zulässig. So können Staaten, in denen soziale Rechte vor allem durch Kollektivverträge geregelt sind, die Sozialpartner damit beauftragen, eine Richtlinie zu implementieren (Artikel 2.4).

Der wohl bedeutendste subsidiäre Aspekt des Sozialabkommens aber ist die Möglichkeit einer vertraglichen Regulierung von Sozialpolitik durch die EU-Sozialpartner. Nach langer erfolgloser Vorgeschichte wurde der „soziale Dialog“ gemäß der von Jacques Delors konzipierten „Doppelstrategie“ neu belebt: Dabei sollte gleichzeitig um die Ausweitung gesetzgeberischer Kompetenzen auf der transnationalen Ebene und um den Abschluß freiwiliger Abkommen zwischen den Sozialpartnern geworben werden. Das Sozialabkommen überträgt den Sozialpartnern erstmals explizit Regulierungskompetenzen und Mitentscheidungsrechte in der europäischen Sozialpolitik. Der Weg der subsidiären Selbstregulierung findet jedoch seine Grenzen in der fehlenden Kompromißbereitschaft der Arbeitgeber und dem eingeschränkten Mandat der EU-Verbände, weitreichende supranationale Abkommen abzuschließen. Die europäischen Arbeitgeber waren bisher nur zu Zugeständnissen bereit, wenn sie gravierendere Eingriffe von Seiten des EU-Ministerrats zu befürchten hatten.

5 Ausblick

Für das Verständnis der Dynamik des europäischen Integrationsprozesses ist eine alleine auf die EU-Ebene gerichtete Analyse unzureichend. Die vergleichende Perspektive der politischen Soziologie bringt spezifische Probleme der Institutionenpolitik in der Europäischen Union zum Vorschein, die sich aus der Vielfalt der territorialen und funktionalen Integrationsmuster in den Mitgliedstaaten ergeben. Die supranationale Integration im EU-Mehrebenensystem birgt auch einen Konflikt zwischen unterschiedlichen nationalstaatlichen Regulierungsmodi in sich, wie gerade die Kontroversen um die Auslegung des Subsidiaritätsprinzips verdeutlichen. Entlang der vertikalen Verbindungslinie zwischen einzelnen territorialpolitischen Ebenen haben sich verschiedene Formen staatlicher Herrschaft herausgebildet. Auch auf der horizontalen Achse, auf der sich Staat und intermediäre Organisationen gegenüberstehen, finden wir eine Vielfalt von Regelungsmustern vor.

Stark ausgeprägte länderspezifische Unterschiede erschweren eine gemeinsame EU-Institutionenpolitik. So reibt sich die Durchsetzung konkreter Spielarten von Subsidiarität in der europäischen Regional- und Sozialpolitik zwangsläufig an der einen oder anderen nationalstaatlichen Praxis. Die variable Geometrie der Subsidiarität geht nicht allein auf den geringen Europaenthusiasmus einiger weniger Mitgliedstaaten zurück; sie ist ebenso Ausdruck eines Konflikts voneinander abweichender institutioneller Praktiken und Ordnungsvorstellungen im europäischen Mehrebenensystem. Weder am Verhandlungstisch der intergouvernementalen Regierungskonferenzen noch durch einen Richterspruch des Europäischen Gerichtshofes ließe sich über Auslegung und Umsetzung des Subsidiaritätsprinzips endgültig entscheiden. Die institutionelle Ausgestaltung des Konzepts in der EU bleibt damit Gegenstand eines widersprüchlichen und kontingenten Prozesses.

Anmerkungen

1 Für kritische Anmerkungen danken wir Johan de Deken, Birgit und Elisabeth Fix, Thomas König, Claus Offe und Elmar Rieger.

2 Ein hohes Maß an territorialer Subsidiarität bzw. politischer Dezentralisierung sollte nicht von vornherein mit eingeschränkter staatlicher Handlungsautonomie gleichgesetzt werden. „Starke“ Staaten können ihre inneren Hoheitssphären durchaus subsidiär aufteilen, „schwache“ Staaten hochgradig zentralistisch aufgebaut sein. In anderen Worten: Eine vertikale Gewaltenteilung auf subsidiärer Basis fällt mit Defiziten an *stateness* (Nettl 1968) nicht automatisch zusammen.

3 Darüber hinaus ist hervorzuheben, daß die konkreten Formen der territorialpolitischen Integration in europäischen Staaten mit den in Schaubild 1 aufgelisteten Kategorien immer nur partiell erfaßbar werden. In einigen Fällen wird es kaum möglich sein, klare und stabile Affinitäten zu einem bestimmten Idealtyp festzustellen. Aufgrund der Wechselhaftigkeit soziopolitischer wie institutioneller Rahmenbedingungen sperrt sich beispielsweise aktuell die Territorialordnung Italiens gegen eine Beurteilung nach einem einfachen Klassifikationsraster.

4 Siehe Cameron (1981) als frühen Beleg dieser Diskussion.

5 Man denke z.B. an Spanien, wo die heutigen Autonomiestatute für das Baskenland und Navarra unmittelbar an die Tradition des „vormodernen“ Foralsystems anknüpfen. Zur Anwendung der Logik einer „variablen Geometrie“ der Dezentralisierung bei der Konstruktion des spanischen Staates der Autonomen Gemeinschaften vgl. Kraus (1996, 184-99).

6 Neben dem Kammerwesen wurde auch die Selbstverwaltung in der deutschen Sozialversicherung durch Arbeitgeber- und Arbeitnehmervertreter geschaffen, die einen ersten Ansatz zu einem sozialpartnerschaftlichen Modell darstellte. Einige Länder hielten an korporativen Traditionen fest oder begründeten sie neu, wie etwa Deutschland und Österreich mit ihren mit öffentlich-rechtlichem Status versehenen Kammern (Crouch 1993).

7 Im Protokoll erlaubte Großbritannien den anderen Mitgliedsländern, ein Sozialabkommen zu schließen und zu seiner Umsetzung die Institutionen, Rechtsordnung und

Bestimmungen der Europäischen Union anzuwenden. Mit dem Sozialabkommen kam es zu einem *opting in* der elf (heute vierzehn) Mitgliedsländer bei einigen Regelungen. Der im EU-Vertrag festgehaltene *acquis communautaire* wird davon weiterhin nicht berührt. Außerdem gibt es Bestimmungen wie die Euro-Betriebsratsrichtlinie, die im gesamten Europäischen Wirtschaftsraum gilt.

Literatur

Cameron, David M., Hrsg. 1981. *Regionalism and Supranationalism. Challenges and Alternatives to the Nation-State in Canada and Europe*. Montreal: The Institute for Research on Public Policy.

Caporaso, James. 1996. „The European Union and Forms of State: Westphalian, Regulatory or Post-Modern?". In *Journal of Common Market Studies* 34: 29-52.

Cass, Deborah Z. 1992. „The Word that Saves Maastricht? The Principle of Subsidiarity and the Division of Powers within the European Communitiy". In *Common Market Law Review* 29: 1107-36.

Cox, Andrew. 1994. „Derogation, Subsidiarity and the Single Market". In *Journal of Common Market Studies* 32: 127-48.

Crouch, Colin. 1993. *Industrial Relations and European State Traditions*. Oxford: Clarendon Press.

Dahrendorf, Ralf. 1959. *Class and Class Conflict in Industrial Society*. Stanford: Stanford University Press.

Ebbinghaus, Bernhard. 1996. „Spiegelwelten: Vergleich und Mehrebenen-Analyse in der Europaforschung". In *Das Europäische Mehrebenensystem*, hrsgg. von Thomas König, Elmar Rieger und Hermann Schmitt. Frankfurt/M., New York: Campus (Mannheimer Jahrbuch für Europäische Sozialforschung I): 405-28.

— und Jelle Visser. 1997. „Der Wandel der Arbeitsbeziehungen im westeuropäischen Vergleich". In *Die westeuropäischen Gesellschaften im Vergleich*, hrsgg. von Stefan Hradil und Stefan Immerfall. Opladen: Leske + Budrich, 333-76.

Elazar, Daniel J. 1996. „From Statism to Federalism: A Paradigm Shift". In *International Political Science Review* 17: 417-29.

Falkner, Gerda. 1996. „The Maastricht Protocol on Social Policy: Theory and Practice". In *Journal of European Social Policy* 6: 1-16.

Grimm, Dieter. 1995. *Braucht Europa eine Verfassung?* München: Carl Friedrich von Siemens Stiftung.

Hepple, Bob, Hrsg. 1986. *The Making of Labour Law in Europe*. London: Mansell.

Hesse, Joachim Jens. 1995. „Institutioneller Wandel in Europa als Bestandssicherung und Konsolidierung". In *Staatswissenschaften und Staatspraxis* 6: 593-641.

Kersbergen, Kees van und Bertjan Verbeek. 1994. „The Politics of Subsidiarity in the European Union". In *Journal of Common Market Studies* 32: 215-36

Kielmansegg, Peter Graf. 1996. „Integration und Demokratie". In *Europäische Integration,* hrsgg. von Markus Jachtenfuchs und Beate Kohler-Koch. Opladen: Leske + Budrich, 47-71.

Kraus, Peter A. 1996. *Nationalismus und Demokratie. Politik im spanischen Staat der Autonomen Gemeinschaften*. Wiesbaden: Deutscher Universitäts-Verlag.

Lange, Peter. 1993. „Maastricht and the Social Protocol: Why Did They Do It?" In *Politics and Society* 21: 5-36.

Lepsius, M. Rainer. 1995. „Institutionenanalyse und Institutionenpolitik". In *Politische Institutionen im Wandel,* hrsgg. von Brigitta Nedelmann. Opladen: Westdeutscher Verlag, 392-403.

Lijphart, Arend. 1977. *Democracy in Plural Societies*. New Haven: Yale University Press.

Lipset, Seymour M. und Stein Rokkan. 1967. „Cleavage Structures, Party Systems, and Voter Alignments". In *Party Systems and Voter Alignments,* hrsgg. von Seymour M. Lipset und Stein Rokkan. New York: Free Press, 1-64.

Marks, Gary. 1996. „Politikmuster und Einflußlogik in der Strukturpolitik". In *Europäische Integration,* hrsgg. von Markus Jachtenfuchs und Beate Kohler-Koch. Opladen: Leske + Budrich, 313-43.

—, François Nielsen, Leonard Ray und Jane Salk. 1996. „Competencies, Cracks and Conflicts. Regional Mobilization in the European Union". In *Governance in the European Union,* hrsgg. von Gary Marks, Fritz W. Scharpf, Philippe C. Schmitter und Wolfgang Streeck. London: Sage, 40-63.

Mény, Yves und Vincent Wright, Hrsg. 1985. *Centre-Periphery Relations in Western Europe*. London: Allen & Unwin.

Nettl, John P. 1968. „The State as a Conceptual Variable". In *World Politics* 20: 559-92.

Rhodes, Martin. 1995. „A Regulatory Conundrum: Industrial Relations and the Social Dimension". In *European Social Policy: Between Fragmentation and Integration,* hrsgg. von Stephan Leibfried und Paul Pierson. Washington, D.C.: Brookings Institution, 78-122.

Rokkan, Stein. 1975. „Dimensions of State-Formation and Nation-Building: A Possible Paradigm for Research on Variations within Europe" In *The Formation of National States in Western Europe*, hrsgg. von Charles Tilly. Princeton, N.J.: Princeton University Press, 562-600.

Scharpf, Fritz W. 1994. *Optionen des Föderalismus in Deutschland und in Europa.* Frankfurt/M., New York: Campus.

Schimank, Uwe und Manfred Glagow. 1984. „Formen politischer Steuerung: Etatismus, Subsidiarität, Delegation und Neokorporatismus". In *Gesellschaftssteuerung zwischen Korporatismus und Subsidiarität*, hrsgg. von Manfred Glagow. Bielefeld: AJZ, 4-28.

Scholten, Ilja, Hrsg. 1987. *Political Stability and Neo-Corporatism. Corporatist Integration and Societal Cleavages in Western Europe*. London: Sage.

Spruyt, Hendrik. 1994. *The Sovereign State and its Competitors.* Princeton, N.J.: Princeton University Press.

Streeck, Wolfgang und Philippe C. Schmitter. 1985. „Community, Market, State - and Associations? The Prospective Contribution of Interest Governance to Social Order". In *European Sociological Review 1*: 119-38.

Streeck, Wolfgang. 1993. „European Social Policy after Maastricht: The 'Social Dialogue' and 'Subsidiarity'". In *Economic and Industrial Democracy* 15: 151-77.

Tilly, Charles. 1990. *Coercion, Capital, and European States, AD 990-1990*. Oxford: Blackwell.

Titmuss, Richard M. 1974. *Social Policy: An Introduction*. London: Allen & Unwin.

Voigt, Rüdiger. 1996. *Des Staates neue Kleider. Entwicklungslinien moderner Staatlichkeit*. Baden-Baden: Nomos.

Waschkuhn, Arno. 1995. *Was ist Subsidiarität*? Opladen: Westdeutscher Verlag.

Sechster Teil

Die Weiterentwicklung der Europäischen Union

Hartmut Kaelble

Soziale Grundrechte und die Europäische Union

Die gegenwärtige Debatte um die anstehenden Entscheidungen in der Europäischen Union unterscheidet sich von früheren Debatten aus drei grundsätzlichen Gründen:

1. Die Weiterentwicklung der Europäischen Union hat eine andere Zielsetzung bekommen: Es geht nicht mehr wie noch im Projekt des Binnenmarktes um die Freiräumung eines gemeinsamen europäischen Markts von einzelstaatlichen Hemmnissen, sondern um den Aufbau europäischer Institutionen in der Währungspolitik, in der Außenpolitik, in der inneren und äußeren Sicherheitspolitik. Da das vorrangige Ziel der ersten vierzig Jahre der europäischen Integration, die Durchsetzung eines europäischen Marktes, weitgehend erreicht ist, kommt jetzt die europäische Integration auf die anderen, politischen Zielsetzungen des Anfangs zurück. Diese allmähliche Verschiebung der Grundrichtung der europäischen Integration hat weitreichende politische Folgen.[1]
2. Die Erweiterung der Europäischen Union geht erstmals über Westeuropa hinaus, erfaßt in Osteuropa nicht mehr alte Nationalstaaten, sondern junge europäische Nationalstaaten des 20. Jahrhunderts, die wenig Erfahrung mit Demokratie und nationaler Selbständigkeit, allerdings viel Erfahrung mit der Unterwerfung unter Hegemonien, mit der Resistenz dagegen, auch viel Erfahrungen mit den besonderen Nationalitätenkonflikten in Osteuropa jenseits von Polen und Tschechien besitzen. Neu ist nicht so sehr, daß junge, noch nicht völlig stabile Demokratien Mitglieder der Europäischen Union werden sollen. Als die alte Bundesrepublik und Italien 1950 Mitglieder der Montanunion wurden, waren sie sogar noch jüngere, keineswegs schon stabilisierte Demokratien.
3. Auch die Entscheidungen über die europäische Integration haben einen anderen Charakter bekommen. Sie fallen nicht mehr in engen Zirkeln von Politikern, Unternehmern, Gesellschaftlern, Intellektuellen, sondern mobilisieren stärker als früher den europäischen Bürger durch Referenden, Wahlen, öffentliche Debatten und Symbole. Die europäische Integration

tritt aus allen diesen Gründen in ein neues Stadium und steht gleichzeitig vor neuen Problemen: vor dem Problem der Souveränitätseinschränkungen der Mitgliedstaaten in den klassischen, eher Gefühle aufrührenden Domänen des alten Nationalstaates, der Außenpolitik, der militärischen Sicherheitspolitik, der Polizeigewalt und der Währung; vor dem Problem der Integration von neuen, souveränitätsbegeisterten, ethnisch meist gemischten, wirtschaftlich noch nicht an das westeuropäische Niveau herangeführten und verwundbaren osteuropäischen Gesellschaften; verstärkt vor dem Problem der schwachen Bindung der Europäer an Europa und ihrer schwachen Identifizierung mit Europa.

In diesem Kontext hat sich auch die Debatte über die sozialen Grundrechte in der europäischen Union wiederbelebt und gleichzeitig verändert. Mehr Stimmen als zuvor fordern, daß die sozialen Grundrechte nicht mehr wie noch in den 1980er Jahren primär die Schaffung des europäischen Marktes stützen, nicht nur die freie Bewegung von Arbeitskräften im europäischen Markt sichern oder die negativen Konsequenzen der Wirtschaftsintegration für Arbeitnehmer abfedern sollen. Die Europäische Union sollte auch zu einer eigenständigen Sozialunion für alle Bürger ausgebaut werden, zu deren Kern soziale Grundrechte gehörten.[2] Die sozialen Grundrechte können aber auch für den Beitritt der osteuropäischen Länder eine große Rolle spielen. Ihre Bevölkerungen besitzen durch die Erfahrungen der sowjetischen Form des Staatssozialismus besonders hohe soziale Sicherheitserwartungen. Sie könnten soziale Sicherheit gleichzeitig besonders dringend benötigen, da der Beitritt zur Europäischen Union fundamentale wirtschaftliche Wandlungen auslösen kann. Soziale Grundrechte werden schließlich um so wichtiger für die Bürger dieser neuen Mitgliedstaaten sein, als sie sich kostspielige wohlfahrtsstaatliche Systeme in absehbarer Zeit finanziell nicht leisten können. Ein entscheidender Grund für die Änderung in der Debatte über soziale Grundrechte ist schließlich die schwache Identifizierung der europäischen Bürger mit der Europäischen Union und mehrere äußerst knappe Referenden über den Vertrag von Maastricht und die Ablehnung der Währungsunion durch einen beträchtlichen Teil der europäischen Bürger in einer ganzen Reihe wichtiger Länder wie Großbritannien, Schweden, Deutschland und Österreich sogar durch eine klare Mehrheit der Bürger.[3] Ein Ausbau der sozialen Grundrechte wird auch deshalb verlangt, weil damit die Europäische Union dem Bürger näherkommen, ein Anwalt seiner Grundrechte werden und auf diese Weise eine stärkere Identifizierung der europäischen Bürger mit der Union auslösen könnte.

Was *politische* Grundrechte sind, ist in einem mehr als zweihundert Jahre dauernden Diskurs für Europäer und Amerikaner geklärt. *Soziale* Grundrechte dagegen haben erst seit rund vier Jahrzehnten einen festen Platz in der öffentlichen europäischen und internationalen Debatte.[4] Was man darunter verstehen soll, ist immer noch in Diskussion. Kodifizierte Kataloge von sozialen Grundrechten, die die politischen Grundrechte der klassischen Menschenrechtskonvention ergänzen und manchmal als zweite Generation von Grundrechten bezeichnet werden, umfassen in der Regel in wechselnder Ausdifferenzierung acht Bürger- oder Menschenrechte:

1. das Recht auf Gleichberechtigung von Frauen und Männern;
2. das Recht auf Nichtdiskriminierung insbesondere aufgrund der ethnischen Zugehörigkeit, des Geschlechts, der Sprache, der Religion, der politischen Meinung, der nationalen oder sozialen Herkunft und der Behinderung;
3. das Recht auf freie Wahl der Ausbildung und berufliche Fortbildung im ganzen Territorium der Europäischen Union;
4. das Recht auf Berufsausübung im ganzen Territorium der Europäischen Union;
5. das Recht auf Zugang zur Gesundheitsversorgung und auf ein Minimum an Einkommen, Wohnen und soziale Sicherung;
6. das Recht der Arbeitnehmer auf angemessene Bedingungen und angemessenen Schutz vor Entlassung, besonderen Schutz für Mütter und Jugendliche, auch das Recht der Arbeitnehmer auf regelmäßige Information über sie betreffende Unternehmensentscheidungen und auf Mitwirkung an sie betreffenden Entscheidungen;
7. das Recht auf kollektive Organisation und kollektive Aktionen;
8. das Recht auf Arbeit, das allerdings anders als die anderen sozialen Grundrechte nur deklamatorischen Charakter besitzt, kein einklagbares Recht ist.[5]

Dieser Katalog ist eine sehr grobe Zusammenfassung der sozialen Grundrechte, wie sie in den jüngeren europäischen Verfassungen, in der Sozialcharta des Europarats, in Expertenberichten und in der wissenschaftlichen Diskussion auftauchen. Sie werden allerdings häufig anders genannt, unterschiedlich eingeteilt, oft in eine erheblich größere Zahl von sozialen Grundrechten ausdifferenziert, nicht selten auch in einzelnen dieser Grundrechte erheblich enger gefaßt. Auch die Zuordnung wechselt. Manche dieser sozialen Grundrechte werden auch als wirtschaftliche Grundrechte bezeichnet. Einige der sozialen Grundrechte, vor allem das Recht auf Gleichberechtigung von Frauen und Männern und das Recht auf Nichtdiskriminierung, auch das Recht auf Freizügigkeit werden als Teile des politischen Grundrechtskatalogs angesehen. Hier werden diese letzteren Rechte zu den sozialen Grundrechten gerechnet, weil sie nicht zur politischen Mitwirkung oder zum Schutz der politischen Autonomie gehören.

Für die Aufnahme dieser sozialen Grundrechte in die nächsten europäischen Verträge sprechen viele Gründe. Ich werde auf diese Gründe zurückkommen. Vor allem drei Gegenargumente müssen freilich bedacht werden.

Das erste Gegenargument richtet sich gegen die Vorstellung einer europäischen Sozialunion als vierten Pfeiler der europäischen Integration neben dem Pfeiler des Wirtschaftsmarktes, dem Pfeiler der Außen- und Verteidigungspolitik und dem Pfeiler der inneren Sicherheit. Der Zwang zur stärkeren Wettbewerbsfähigkeit der europäischen Wirtschaft auf dem globalisierten Weltmarkt läßt - so wird argumentiert - einen teuren europäischen Sozialstaat, der die Kosten für die europäische Wirtschaft noch weiter zu erhöhen droht, nicht zu. Das europäische Niveau der sozialen Sicherheit muß ganz im Gegenteil angesichts des Drucks der niedrigeren Kosten auf dem Weltmarkt auf jeden Fall zurückgenommen werden. Der Ausbau der Europäischen Union zu einer Sozialunion wird als aussichtsloses Ziel angesichts dieser Trends zur Globalisierung angesehen.

Ein zweites Gegenargument aus einem ganz anderen Teil des politischen Spektrums: Schon jetzt sind die Kontraste im Standard der sozialen Sicherheit zwischen den Mitgliedstaaten der Europäischen Union sehr scharf. Die Sozialausgaben *per capita* liegen weit auseinander und die gesetzlichen Arbeitsschutzregelungen sind sehr unterschiedlich. Dieser innereuropäische Kontrast wird sich mit dem Beitritt Polens, Tschechiens und Ungarns vermutlich weiter verschärfen. Diese innereuropäischen Gegensätze durch eine gemeinsame europäische Sozialunion überbrücken zu wollen, wird auf den massiven Widerstand der Mehrzahl der Mitgliedstaaten der Europäischen Union stoßen. Die Mitgliedstaaten mit einem hohen Niveau der sozialen Sicherheit wie Schweden, Dänemark, die Bundesrepublik und Österreich werden sich massiv gegen diese Sozialunion wehren, weil sie befürchten, ihr Niveau auf das europäische Durchschnittsniveau absenken und einen schroffen Niedergang der eigenen nationalen sozialen Sicherheit hinnehmen zu müssen. Die Mitgliedstaaten der Europäischen Union mit einem niedrigen Niveau der sozialen Sicherheit wie Portugal oder Griechenland werden gegen eine europäische Sozialunion opponieren, weil sie das europäische Durchschnittsniveau der sozialen Sicherheit nicht finanzieren können, selbst wenn der Druck zur Senkung der öffentlichen Ausgaben durch die Kriterien der Währungsunion nicht bestünde. Das Projekt einer europäischen Sozialunion wird daher - so wird argumentiert - keine Mehrheit unter den Mitgliedstaaten der Europäischen Union finden.

Ein drittes Gegenargument bezieht sich ausschließlich auf Deutschland, findet dort aber recht häufig Zustimmung: Ein europäischer Grundrechtskatalog schwächt eine der Errungenschaften und zentralen Institutionen der bundesrepublikanischen Demokratie, das Bundesverfassungsgericht, da die gerichtliche Sicherung von europäischen Grundrechten nicht mehr nur durch das Bundesverfassungsgericht, sondern auch durch den Europäischen Gerichtshof erfolgen würde. Das ungeklärte Verhältnis zwischen diesen beiden Gerichtshöfen könnte dabei in einen Konflikt hineintreiben. Im schlimmsten Falle würde es entweder zu einem schwelenden Machtkampf zwischen Bundesgerichtshof und Europäischem Gerichtshof oder zu einer Blockierung der weiteren europäischen Integration durch das Karlsruher Gericht und damit zu weiteren Kontroversen um die Entscheidungen dieses Gerichts kommen. Beide Entwicklungen wären nur schädlich. Diese Situation würde auch nicht besser, wenn der europäische soziale Grundrechtskatalog rein deklamatorisch bliebe und sich die Rechtsprechung des Europäischen Gerichtshofs in Luxemburg sich darauf nicht stützen könnte. Sozialdeklamationen - so weiter das Gegenargument - gab es aus Brüssel genug. Vor allem angesichts der massiven sozialen Probleme im heutigen Europa kann eine europäische Sozialunion ohne Biß dem Ruf der Europäischen Union bei den Bürgern nur schaden.

Diese Gegenargumente sind politisch um so gewichtiger, als sie zusammengenommen aus allen politischen Lagern kommen. Im ungünstigsten aller Szenarien stößt das Projekt der europäischen Sozialunion auf die breitest denkbare Opposition aus allen politischen Richtungen. Es ist deshalb wichtig herauszustellen, daß ein wirklicher Konflikt zwischen diesem Bedenken und dem Projekt der europäischen sozialen Grundrechte nicht besteht. Ganz im Gegenteil sprechen eine ganze Reihe von Gründen für dieses Projekt. Ich möchte die sieben wichtigsten Gründe nennen und dabei gleichzeitig auch die Gegenargumente diskutieren.

Ein erster politischer Grund für die Aufnahme von sozialen Grundrechten in die europäischen Verträge wurde schon genannt: die stärkere Verpflichtung der Europäischen Union gegenüber dem europäischen Bürger und im Gegenzug eine stärkere Identifizierung der europäischen Bürger mit der Europäischen Union. Die Sicherung der sozialen Grundrechte durch die

Europäische Union, vor allem durch die Rechtsprechung des Europäischen Gerichtshofs wäre ein wichtiger Schritt in Richtung auf eine solche bürgernähere Europäische Union, die die sozialen Grundrechte der Bürger sichert und verteidigt.

Dieser Schritt ist auch im gegenwärtigen politischen Klima wichtig. Das letzte große wirtschaftliche Projekt der Europäischen Union, der Binnenmarkt, wurde von der Europäischen Kommission durch sozialpolitische Projekte, vor allem durch die Europäische Charta der Grundrechte der Arbeitnehmer (1989) begleitet. Diese Charta war zwar nur deklamatorisch, aber sie dokumentierte doch ein Gespür der Europäischen Kommission für die sozialen Auswirkungen von großen ökonomischen europäischen Projekten. Die Währungsunion vermittelt noch stärker als der Binnenmarkt dem europäischen Bürger (wenn auch zu Unrecht) den Eindruck, daß der Wohlfahrtsstaat wegen der rigiden Interpretation der Beitrittskriterien und wegen der Kürzungen der öffentlichen Budgets abgesenkt wird und der europäische Bürger das europäische Geld mit weniger sozialer Sicherheit bezahlt. In einer Zeit, in der die Arbeitslosigkeit in Europa höher ist als in anderen westlichen Industriegesellschaften, wird die Sensibilität der Bürger für negative soziale Auswirkungen von europäischen Projekten noch verschärft. Seit den frühen neunziger Jahren sinkt daher in allen Mitgliedsländern der Europäischen Union die Zustimmung zur europäischen Integration spürbar ab.[6] In dieser Situation hängen die Chancen der Währungsunion auch davon ab, ob die Europäische Union eine sozialpolitische Dimension präsentiert. Solange sie kein wirksames Instrument gegen Arbeitslosigkeit besitzt, sollte sie wenigstens soziale Grundrechte sichern und auf diese Weise der Entfremdung der europäischen Bürger von der Europäischen Union begegnen.

Sicher kann man an die Identifizierung der europäischen Bürger mit der Europäischen Union keine überzogenen Erwartungen stellen. Keineswegs sollte man erwarten (und wünschen), daß die Identifizierung mit der Union die Identifizierung mit der Nation *ersetzt*. Ganz im Gegenteil scheinen die Europäer eine Parallelidentität vorzuziehen und sehen sich überwiegend gleichzeitig als Europäer und als Angehörige ihrer Nation, extrem selten nur als Europäer.[7] Man sollte auch nicht erwarten, daß das europäische Selbstverständnis einen so stark emotionalen Charakter annimmt wie oft das nationale Selbstverständnis in früheren Epochen der Geschichte und zum Teil bis heute. Überhaupt ist es problematisch, die nationale Identität als Meßlatte für die Erwartungen an die europäische Identität zu verwenden, wie das häufig getan wird.[8] Man sollte auch bedenken, daß sich in wichtigen europäischen

Ländern die Bindungen der Bürger an Großgemeinschaften wie Nationen, Kirchen und Gewerkschaften lockern und man nicht erwarten kann, daß dieser Trend die Bindung an Europa ausspart.[9]

Darüber hinaus wünschen sich die heutigen europäischen Bürger nicht global eine Sozialunion. In keinem europäischen Land gibt es eine Mehrheit von Bürgern, die ein *europäisches* Sozialversicherungssystem oder ein *europäisches* Gesundheitssystem befürwortet. Es gibt aber umgekehrt einen wichtigen Hinweis darauf, daß die Sicherung von sozialen Grundrechten durch die Europäische Union von den europäischen Bürgern erwartet wird. Die Durchsetzung der Gleichheit von Frauen und Männern, die von der Europäischen Union und dem Europäischen Gerichtshof seit Jahren aktiv und überwiegend zugunsten von Frauen vorangetrieben wird, möchten die europäischen Bürger in der überwiegenden Mehrheit (im Dezember 1995 71%) auch von der Europäischen Union, nicht von ihrem eigenen Land gesichert wissen. Nur die Schweden sind geteilter Meinung. Allerdings ist schon jetzt erkennbar, daß europäische soziale Grundrechte auf Skepsis stoßen, wenn ein Absinken des Standards der nationalen Grundrechte auf ein niedrigeres europäisches Niveau zu erwarten ist. Gegenüber europäischen Regelungen zur Sicherung gesunder und sicherer Arbeitsplätze sind daher die europäischen Bürger geteilter Meinung. Länder mit hohen Standards (oder zumindest im Glauben daran) vor allem die skandinavischen Länder, in geringerem Ausmaß auch Länder wie Frankreich, Belgien, Österreich und Deutschland ziehen nationale Regelungen vor. Nur die Bürger südeuropäischer Länder mit niedrigeren Standards geben Regelungen durch die Europäische Union den Vorzug.[10] Wenn die europäischen sozialen Grundrechte so gestaltet werden, daß sie für die Süd- und Osteuropäer eine Verbesserung, für die Nordeuropäer nicht als ein drohender Einschnitt in ihre sozialstaatlichen Errungenschaften erscheinen, gleichzeitig innerhalb der Europäischen Union Aktions- und Gestaltungsspielraum lassen, können sie die Identifizierung der europäischen Bürger mit der Europäischen Union verstärken. Zu einer Konkurrenzsituation zwischen der Union und den nationalen Mitgliedstaaten muß es dabei nicht kommen, da die wohlfahrtsstaatlichen Leistungssysteme weiterhin national bleiben und die europäischen Bürger das auch eindeutig wünschen. Die Europäische Union müßte das Subsidiaritätsprinzip anwenden, im wesentlichen nur sichern, daß in jedem Mitgliedsland einheimische und zugewanderte Unionsbürger die gleichen wohlfahrtsstaatlichen Leistungen und Pflichten besitzen, weiter, daß die Disparitäten zwischen den nationalen Wohlfahrtssystemen innerhalb der Europäischen Union abgemildert werden, schließlich, daß die Europäische Union eine Art von Mahner für gemeinsame europäische Probleme wird und in der europäischen Öffentlichkeit auf gemeinsame Lösungen drängt.

Ein zweiter Grund für soziale Grundrechte in den Verträgen der Europäischen Union: Soziale Grundrechte sind ein zentraler Bestandteil der europäischen Demokratie geworden. Sicher gehörten sie noch nicht zu den klassischen Bürger- und Menschenrechtserklärungen der französischen und amerikanischen Revolution. Aber nach langen Auseinandersetzungen im 19. und frühen 20. Jahrhundert sind sie seit rund vier Jahrzehnten fester Bestandteil von Grundrechtskatalogen geworden, so daß soziale und politische Grundrechte normalerweise als eine Einheit angesehen werden. Die Grundrechtskataloge der seit den 1970er Jahren entstandenen europäischen Verfassung und Verfassungsrevisionen schließen soziale Grundrechte ein. Der Europarat hat 1961 eine umfassende europäische Sozialcharta beschlossen. Auch im Vorschlag einer Verfassung der Europäischen Gemeinschaft durch das europäische Parlament waren soziale Grundrechte explizit enthalten. Die Europäische Union kann sich auf Dauer nicht abseits von solchen Essentials der europäischen Demokratie entwickeln. Sie kann nicht ihre Kompetenzen auf Außenpolitik, Verteidigungspolitik und innere Sicherheit ausdehnen und sich auf diese Weise zu einem mächtigen europäischen Entscheidungszentrum entwickeln, ohne daß sie die zentralen Elemente der europäischen Demokratie übernimmt. Es würde eine definitive Schwächung der Demokratie in Europa bedeuten, wenn nur noch die begrenzten nationalen Entscheidungen demokratisch kontrolliert und geprägt wären, nicht aber die gemeinsamen europäischen Entscheidungen. Die verbindliche und justitiable, nicht nur deklamatorische Aufnahme von Grundrechten, auch von sozialen Grundrechten, ist neben der Stärkung des europäischen Parlaments ein wesentlicher Bestandteil einer solchen notwendigen Demokratisierung der Europäischen Union.

Ein dritter Grund für die Aufnahme von sozialen Grundrechten in die europäischen Verträge hängt damit eng zusammen. Soziale Grundrechte sind nicht einfach ein Bereich, in dem die Europäische Union Rückständigkeiten aufholen und eine Art von Normalität des Standards der Mitgliedstaaten erreichen sollte. Es geht nicht nur um das Erledigen von Schulaufgaben. Soziale Grundrechte könnten auch Bestandteil des europäischen Modells, einer neuen europäischen Identität sein, die das Bild der Europäischen Union unter ihren Bürgern ebenso wie in der Außenwelt prägen könnten. Dieses europäische Modell besitzt heute schon vier Elemente:

Die Europäische Union ist erstens ein Modell für den wirtschaftlichen Zusammenschluß von Nationalstaaten und für die Schaffung eines großen Wirtschaftsmarktes mit seiner produktiven Dynamik. Sie diente einer ganzen Reihe von wirtschaftlichen Zusammenschlüssen in Nordamerika, in Afrika und in Ostasien als Vorbild.

Das Modell der Europäischen Union besteht zweitens aus der inneren Friedenssicherung und der Kriegsvermeidung zwischen den Mitgliedstaaten nach jahrhundertelangen blutigen Kriegen. Der Jugoslawienkrieg hat die Bedeutung dieses Elements des europäischen Modells wieder ins Bewußtsein gehoben, allerdings auch deutlich gemacht, daß die Europäische Union nicht nur die innere Friedenssicherung zwischen den Mitgliedsländern zu verantworten hat, sondern auch vor Friedensaufgaben außerhalb der Union steht.

Ein drittes Kernelement des Modells der Europäischen Union ist die Stabilisierung der Demokratie. Nach einer schweren, völlig hoffnungslos erscheinenden Krise der europäischen Demokratie in den 1930er und 1940er Jahren, als nur noch ein kleiner Teil von etwa einem Sechstel der Europäer in funktionierenden Demokratien lebte, hat die europäische Integration entscheidend dazu beigetragen, die Demokratie in Westeuropa zu stabilisieren. Der Druck zur Demokratisierung, unter dem Spanien und Portugal vor ihrer Aufnahme in die EG standen, war wirksam. Die Europäische Union steht jetzt in Osteuropa vor einer ähnlichen Aufgabe.

Der vierte Kernbestandteil des europäischen Modells war bisher der europäische Wohlfahrtsstaat. Bis heute sichert keine andere Zivilisation einen so großen Teil ihrer Gesellschaft auf einem so hohen Niveau durch staatliche Institutionen gegen persönliche Lebensrisiken ab.[11] Dieser Bestandteil des europäischen Modells ist seit den 1980er Jahren in eine vielfältige Krise geraten, eine finanzielle Krise, eine Effizienzkrise, vor allem aber eine Vertrauenskrise. Europa ist seit den 1980er Jahren nicht mehr die Gesellschaft der sozialen Sicherheit, sondern die Gesellschaft der Verunsicherung durch Arbeitslosigkeit geworden. Die innereuropäischen Ausnahmen in diesem Trend zu immer mehr Arbeitslosigkeit werden seltener. Eine rühmliche Ausnahme der 1980er Jahre, Schweden, leidet inzwischen unter einer ähnlichen Arbeitslosigkeit wie der Durchschnitt Europas. Was immer die Gründe für diese negative europäische Sonderentwicklung sind, weder in Amerika noch in Japan ist die Arbeitslosigkeit so hoch wie in Europa.[12] Der Wohlfahrtsstaat hat bisher verhindert, daß diese massive Arbeitslosigkeit zu demokratiebedrohendem politischen Extremismus führte. Der Wohlfahrtsstaat wird nur umgebaut, sicher nicht abgebaut werden können. Soziale Grundrechte in den europäischen Verträgen würden viel zur Stärkung dieses Bestandteils des europäischen Modells beitragen und auch für die Beitrittskandidaten der Union klar markieren, welcher Wertegemeinschaft sie sich anschließen.

Ein vierter Grund für die Aufnahme der sozialen Grundrechte in die Verträge der Europäischen Union hat mit der Wettbewerbsfähigkeit der europäischen Wirtschaft zu tun. Ohne Zweifel ist die Wettbewerbsfähigkeit der Europäischen Union auf dem Weltmarkt in einer dramatischen Krise. Der Anteil Europas am Welthandel sinkt seit längerer Zeit bedenklich stark ab, nicht nur, weil neue Exportländer auf den Weltmarkt drängen, sondern auch, weil Europa hinter den anderen, älteren Exportländern USA und Japan zurückfällt. Die europäische Industrie schrumpft in alarmierender Weise. Von diesem Schrumpfungsprozeß sind nicht nur die alten Industrien oder Billiglohnindustrien wie Textilindustrie, Kohlebergbau und Stahlindustrie, sondern auch moderne Industrien wie Fahrzeugbau, Werkzeugmaschinenbau, Computerindustrie und Unterhaltungsindustrie massiv betroffen.[13] Diesen Rückfall Europas spüren die europäischen Bürger hautnah. Die außergewöhnliche Höhe der Arbeitslosigkeit und die Stagnation der Löhne sind eine Folge dieses Rückfalls der Wettbewerbsfähigkeit Europas. In der öffentlichen Debatte über die Ursachen dieser Wettbewerbsschwäche wird der Sozialstaat, vor allem die hohen Kosten der europäischen Arbeitskräfte und dabei die durch den europäischen Sozialstaat erzeugten besonders hohen Lohnnebenkosten oft an vorderste Stelle gerückt. Aus dieser Sicht könnte man argumentieren, daß die Aufnahme sozialer Grundrechte in die europäischen Verträge und damit die Errichtung einer vierten sozialen Säule der Europäischen Union die Wettbewerbsschwäche Europas noch weiter verschärft, weil sie die Lohnnebenkosten der europäischen Arbeitskräfte weiter in die Höhe treibt oder die Flexibilität der europäischen Arbeitskräfte weiter hemmt.

Das aber wäre ein Fehlschluß. Die Aufnahme von sozialen Grundrechten fördert ganz im Gegenteil in vieler Hinsicht die Wettbewerbsfähigkeit Europas. Das soziale Grundrecht auf freie Berufsausübung in allen Ländern der Europäischen Union bringt nicht nur den Arbeitenden Vorteile, sondern erweitert auch das Arbeitskräfteangebot und erleichtert den Unternehmen den Zugang zu den qualifiziertesten Arbeitskräften, senkt nicht selten auch die Lohnkosten. Das soziale Grundrecht auf freien Zugang zur Bildung in allen Ländern der Europäischen Union führt zu mehr internationaler Konkurrenz zwischen den Bildungsinstitutionen um die Studenten und zu weniger Abgeschlossenheit von nationalen Bildungsmärkten. Auch dies kann nur positive Auswirkungen auf die Wettbewerbsfähigkeit der europäischen Wirtschaft haben. Auch die Fremdsprachenkenntnisse der Mitarbeiter, eine Folge dieses sozialen Grundrechts, können die Wettbewerbsfähigkeit der europäischen Unternehmen nur verbessern.[14]

Das soziale Grundrecht der Gleichheit von Frauen und Männern ist nicht nur ein berechtigter Anspruch der einen Hälfte der europäischen Bevölkerung auf Gleichheit. Er beseitigt auch Hemmnisse im Zugang von Frauen auf den Arbeitsmarkt, erweitert dadurch das Angebot von Arbeitskräften und mildert damit einen Rückstand der Europäischen Union ab. Es gibt zu denken, daß gerade in den wettbewerbsstärkeren älteren Konkurrenten Europas auf dem Weltmarkt, in den USA und Japan, mehr Frauen berufstätig sind als im Großteil der Mitgliedsländer der Europäischen Union. In der Europäischen Union waren 1994 47% der Frauen im arbeitsfähigen Alter berufstätig, in Japan dagegen 62% und in den Vereinigten Staaten sogar 71%.[15] Das soziale Grundrecht auf Gleichheit zwischen Frauen und Männern wird dazu beitragen, diesen Rückstand aufzuholen.

Das soziale Grundrecht auf Nichtdiskriminierung ist ebenfalls nicht nur eine humane Forderung, sondern verhindert, daß Bürger ihre Begabungen nicht entwickeln und ihre Fähigkeiten nicht anwenden können, weil sie einer ausgeschlossenen Minderheit angehören. Auch mit dem Recht auf Nichtdiskriminierung kann die Wettbewerbsfähigkeit eines Landes gestärkt werden, weil die Begabungen und Fähigkeiten aller Teile der Bevölkerung, auch der Minderheiten, zum Tragen kommen. Auch die übrigen sozialen Grundrechte sollten nicht pauschal als Wettbewerbsnachteile aufgefaßt werden. Auch sie können die Wettbewerbsfähigkeit der Europäischen Union stärken, weil sie den Arbeitsfrieden sichern, die Arbeitsmotivation stärken, die Gesundheit und die Qualifizierung der europäischen Arbeitskräfte verbessern. Die meisten sozialen Grundrechte treiben zudem die Lohnkosten nicht in die Höhe.

Ein fünfter Grund für soziale Grundrechte in den europäischen Verträgen: Ein solcher Katalog wäre nicht - wie oft angenommen wird - eine simple Duplizierung dessen, was schon in nationalen Verfassungen längst steht. Ein solcher europäischer Katalog von sozialen Grundrechten würde im Gegenteil eine Lücke in der Gesamtheit der europäischen nationalstaatlichen Verfassungen füllen. Die Rechte auf unionsweiten Zugang zur Ausbildung und auf unionsweite Niederlassung und Arbeitsmöglichkeit können ihrer Natur nach in nationalstaatlichen Verfassungen nicht vorkommen. Aber auch die anderen sozialen Grundrechte sind nur in einer Minderheit der Verfassungen der Mitgliedstaaten in größerer Zahl und in expliziter Form enthalten. Nur die jüngeren Verfassungen, die seit dem Beginn der internationalen Debatte über soziale Grundrechte, also während der letzten rund vier Jahrzehnte, entstanden, sind in dieser Hinsicht reichhaltiger, wenn auch nie vollständig. Das gilt für die Verfassung Spaniens, Portugals, Finnlands, Belgiens, der Niederlande und Italiens in unterschiedlichem Ausmaß. In den älteren Verfassungen dagegen fehlen soziale Grundrechte im modernen Verständnis weitgehend. Die bundesrepublikanische Verfassung von 1949 enthält nur eine globale Sozialstaatsklausel, keine expliziten einzelnen sozialen Grundrechte außer der Gleichheit von Männern und Frauen. Die französische Verfassung enthält soziale Grundrechte fast nur in der Präambel. Großbritannien hat bekannterweise bisher überhaupt keine Verfassung, auch keinen Grundrechtskatalog.[16] In drei großen Mitgliedsländern der Europäischen Union kann man daher definitiv nicht von einer umfassenden Aufnahme der sozialen Grundrechte in die Verfassungen sprechen. Natürlich wäre es falsch, aus dem Fehlen von sozialen Grundrechten in vielen europäischen Verfassungen den Schluß zu ziehen, daß soziale Grundrechte in Europa nicht genügend respektiert und verwirklicht sind. Die sozialen Grundrechte werden oft durch Rechtsprechung, Gesetze, Verordnungen und Tarifverträge gesichert und man muß deshalb schon genau hinsehen, um die Verwirklichung der sozialen Grundrechte in den einzelnen Mitgliedsländern der Europäischen Union zu erfassen. Trotzdem wäre ein europäischer Grundrechtskatalog äußerst wichtig. Er würde das rechtliche und politische Gewicht sozialer Grundrechte in Europa erheblich stärken, die Gleichheit aller Unionsbürger im jeweiligen Mitgliedsland der Union sichern und dem Konzept der europäischen Sozialunion eine wirklichkeitsnähere Substanz verleihen.

Ein sechster Grund: Auch auf der internationalen Ebene gibt es keinen erkennbaren Ersatz für einen solchen Katalog der sozialen Grundrechte in den europäischen Verträgen. Es wird häufig argumentiert, daß in der europäischen Konvention der Menschenrechte, die vom Europarat 1950 beschlossen wurde, bereits ein eingeführtes und wirksames internationales Instrument zum Schutz der Menschenrechte in Europa besteht und durch den Straßburger Gerichtshof abgesichert wird. Noch einen zweiten internationalen Gerichtshof, den Europäischen Gerichtshof in Luxemburg, für diese Sicherung der Menschenrechte einzusetzen, wäre deshalb eine unnötige Duplizierung von Institutionen, sogar schädlich für die Autorität von Gerichtshöfen, wenn zwei europäische Menschenrechtsgerichtshöfe möglicherweise sogar unterschiedlich entscheiden. Dieses Argument trifft aus mehreren Gründen in der Aufnahme von sozialen Grundrechten in die europäischen Verträge nicht den Kern der Sache. Die europäische Konvention der Menschenrechte von 1950 und auch die zahlreichen zusätzlichen Protokolle enthalten fast keine sozialen Grundrechte. Der Straßburger Gerichtshof für Menschenrechte ist daher gar nicht in der Lage, soziale Grundrechte zu schützen. Es gab zwar - wie schon erwähnt - 1961 auch eine Sozialcharta des Europäischen Rates. Aber sie ist nur eine Deklaration und kann nicht als Grundlage für eine Klage beim Straßburger Gerichtshof benutzt werden. Es kommt hinzu, daß die Entscheidungen des Straßburger Gerichtshofs für die Mitgliedstaaten nicht zwingend sind und dieser Gerichtshof weit weniger Durchsetzungsfähigkeit hat als der Europäische Gerichtshof in Luxemburg, dessen Entscheidungen in den Mitgliedsländern der Europäischen Union respektiert werden müssen.[17] Es trägt zur Autorität des Straßburger Gerichtshofs auch nicht bei, daß der Schutz der Menschenrechte in mehreren Mitgliedsländern des Europarates höchst fragwürdig ist und die Existenz eines Menschenrechtsgerichtshofs in Straßburg daran wenig ändern konnte (jede Regierung stellt jeweils einen Richter). Diese politische Schwäche des Menschenrechtsschutzes im Europarat würde durch eine systematische Aufnahme von sozialen Grundrechten in die Menschenrechtskonvention des Europarats nicht wettgemacht werden können. Auch ein Beitritt der Europäischen Union zur Europäischen Menschenrechtskonvention, der in letzter Zeit vorgeschlagen wurde, könnte an dieser Schwäche des Europarats nichts ändern, sondern würde nur zu fruchtlosen Debatten über die Staatsähnlichkeit des Mitgliedskandidaten Europäische Union führen.[18]

Ein siebter Grund: Die Aufnahme von sozialen Grundrechten in die Verträge der Europäischen Union würde keineswegs bei Null anfangen und kein grundlegender Bruch mit der bisherigen Linie des europäischen Vertragswerks sein. Sozialpolitische Regelungen und Elemente sozialer Grundrechte sind bereits verstreut in dem europäischen Vertragswerk enthalten, auch wenn sie meist nicht den rechtlich herausgehobenen Charakter eines Verfassungsgrundrechts besitzen. Das Recht auf Berufsausübung in allen Mitgliedstaaten der Europäischen Union ist bereits in §§ 48, 52, 59 des EG-Vertrags gesichert. Das Recht der Gleichstellung von Männern und Frauen ist zumindest in einem wesentlichen Element, in der gleichen Bezahlung von Männern und Frauen, im Vertrag in § 119 vorgesehen und durch Verordnungen ergänzt. Eine Reihe von anderen sozialen Grundrechten werden in eher programmatischer, ausfüllungsbedürftiger Form in verschiedenen Teilen des Vertrags und im Sozialprotokoll aufgeführt, das allerdings nicht voller Bestandteil dieses Vertrags wurde, da die Regierung Großbritanniens ihre Zustimmung verweigerte.[19]

Es gibt also im europäischen Vertragswerk bereits inhaltlich (wenn auch nicht im rechtlichen Rang) erste Elemente von sozialen Grundrechten. Sie müßten zu einem vollen Katalog von sozialen Grundrechten erweitert und erhoben, nicht völlig neu eingeführt werden. Diese Erweiterung müßte in drei Richtungen gehen:

Erstens müßte ein kompakter, für jeden Bürger leicht überblickbarer Katalog von sozialen Grundrechten an einer bestimmten Stelle des Vertragswerks aufgeführt werden und die sozialen Grundrechte nicht über den Vertrag verstreut bleiben. Zweitens müßte der soziale Grundrechtsbestand in den europäischen Verträgen vervollständigt werden. Es wäre sinnvoll, im nächsten Vertrag erst einmal die im Vertrag schon vorhandenen Elemente sozialer Grundrechte zusammenzufassen und zu vollen Rechten auszubauen. In einem ersten Schritt könnten vier soziale Grundrechte im nächsten Vertragswerk enthalten sein: das Recht auf freie Wahl der Ausbildung in dem gesamten Territorium der Europäischen Union; das Recht der freien Berufsausübung im gesamten Territorium der Europäischen Union; das Recht auf Gleichberechtigung von Männern und Frauen; das Recht auf Nichtdiskriminierung insbesondere auf Grund der ethnischen Zugehörigkeit, des Geschlechts, der Sprache, der Religion, der politischen Meinung, der nationalen oder sozialen Herkunft und der Behinderung. In einem zweiten Schritt im übernächsten Vertrag sollte dann nach einer ausführlichen Diskussion in einer Grundrechtskommission und in der Zivilgesellschaft ein vollständiger, auf den modernen Stand gebrachter Katalog von sozialen Grundrechten aufgenommen werden, der auch die Weiterentwicklung anderer Grundrechte, etwa der Rechte auf Information und Informationsschutz, auf Umweltschutz berücksichtigt. Diese Verbindung von sozialen Grundrechten mit politischen Grundrechten ist dabei unverzichtbar.

Drittens müßte schon im nächsten Vertrag gesichert sein, daß die sozialen Grundrechte auch der Rechtsprechung des Europäischen Gerichtshofs in Luxemburg unterliegen. Die Arbeitsteilung zwischen Europäischer Union und Mitgliedstaaten, auch zwischen dem Luxemburger Gerichtshof und den nationalen Verfassungsgerichten, sollte unzweideutig geregelt werden. Eine solche pragmatische, mit Augenmaß vorgehende Einführung von sozialen Grundrechten im europäischen Vertragswerk würde sicher am aussichtsreichsten sein.[20] Es besteht kein Zweifel, daß die Einführung von sozialen Grundrechten in die europäischen Verträge mehr wäre als nur ein anderes Styling. Es wäre ein Abschied von dem Projekt einer puren Zollunion, gestützt durch sozialpolitische Flankierungsmaßnahmen. Aber der Abschied von der puren Zollunion ist in der Außenpolitik, in der Verteidigungs- und in der Sicherheitspolitik im Prinzip bereits beschlossene Sache. Der Schritt zu einer europäischen Union der sozialen Grundrechte ginge in die gleiche Richtung.

Die Erweiterung und Einführung von sozialen Grundrechten in die europäischen Verträge steht vor dem Hintergrund eines Umschwungs der europäischen Integration: Sie setzt nicht mehr primär auf die ökonomische Logik der Wohlstandsgewinne durch die Schaffung eines europäischen Marktes, sondern dreht sich zunehmend auch um die politische Verantwortlichkeit der Europäischen Union für die Sicherung des Friedens und der Demokratie im Innern wie nach außen. Diese europäische Außen- und Sicherheitspolitik-Verantwortlichkeit läßt sich nur durch den Aufbau neuer Institutionen wahrnehmen, wenn sie über bloße politische Deklarationen hinauskommen will. Diese neuen Institutionen werden sich gegenüber den Mitgliedstaaten voraussichtlich durch klare Kompetenzabgrenzung und durch die Anwendung des Subsidiaritätsprinzips aushandeln lassen. Für den einzelnen Europäer wird diese stärkere europäische Verantwortlichkeit nur akzeptabel sein, wenn ihre europäische Wahlstimme mehr zählt und wenn sie nicht nur Marktsubjekte, sondern europäische Bürger werden. Soziale Grundrechte sind dabei ein wesentliches Element eines solchen Konzepts eines europäischen Bürgers.

Anmerkungen

1 Vgl. eine luzide Einschätzung bei Scharpf (1996).

2 Vgl. als Befürworter von sozialen Grundrechten in den Verträgen der Europäischen Union: *Für ein Europa der politischen und sozialen Grundrechte*. Bericht des Komitees der Weisen (1996); Bericht der Reflektionsgruppe für die Regierungskonferenz (1996); Bericht der Forward Studies Group of Independent Experts (1992), Vogel-Polsky und Vogel (1991), Däubler (1992), Blanpain u.a. (1995), Machacek (1991) und Schulte (1996).

3 Eurobarometer (1996, 51ff.).

4 Eine gute historische Untersuchung der Geschichte der sozialen und der anderen Grundrechte fehlt. Dafür immer noch sehr anregend Marshall (1992).

5 Vgl. dazu Mädern (1992), von Maydell (1994), Schulte (1992, 1995, 1996b), Hoffmann (1995), Grundrechte in Europa (1993), Brandl (1989), Böckenförde u.a. (1981), Müller (1981), Rieger (1992), Bieber u.a. (1996), Zorbas (1991), Schulte und Zacher (1991), Bercusson (1989) und Schuster (1996). Das Recht auf Eigentumsschutz, das

manchmal auch zu den sozialen Rechten gezählt wird, gehört zu den klassischen Grundrechten der ersten Generation, ebenso das Recht auf Schutz der Familie. Deshalb wurden diese Grundrechte nicht extra erwähnt.

6 Vgl. Eurobarometer (1996, 20-31).

7 Vgl. die letzte Befragung im Dezember 1995 im Eurobarometer (1996, 38). Danach fühlten sich 5% der Bürger der Europäischen Union ausschließlich als Europäer, 52% als Europäer und Angehörige einer Nation mit wechselnder Akzentuierung der beiden Zugehörigkeiten, 40% ausschließlich als Angehörige einer Nation. Zu den Ländern, in denen die gemischte Identität überwog, gehören auch die vier großen Länder Frankreich, Italien, Spanien und Deutschland, aber auch Belgien, die Niederlande, Portugal und Luxemburg, also Länder, die über zwei Drittel der Bürger der Europäischen Union umfassen.

8 Vgl. dafür aus unterschiedlichen Perspektiven Münch (1993, 15ff.), Lepsius (1991) und Kaelble (1993b). Weitere wichtige klassische Texte sind Deutsch (1957, 1972).

9 Vgl. zur Dokumentation solcher europäischer Trends Inglehart (1995), Therborn (1995) und Schild (1997).

10 Vgl. zur Einschätzung der Kompetenzen der Europäischen Union bei den Gesundheits- und Sozialversicherungssystemen, bei der Gleichstellung von Männern und Frauen und bei der Regelung des Arbeitsplatzschutzes und der Arbeitsplatzsicherheit den Eurobarometer (1996, 70, 80 und Tab. 5.6.).

11 Vgl. dazu Esping-Andersen (1990), Schulte (1993), Schmidt (1988), Ritter (1989), Flora (1986ff.), Henningsen (1989), Kaufmann (1986), Leibfried (1990), Leibfried (1996), Leibfried und Pierson (1995) und Kaelble (1989, 83ff.).

12 Vgl. die standardisierten Raten der Arbeitslosigkeit in OECD (1996, 47).

13 Vgl. zur Schrumpfung von Industriezweigen European Commission (1995, 49ff.).

14 Vgl. zu den Fremdsprachenkenntnissen in der Europäischen Union Eurobarometer (1996, 95ff.).

15 OECD (1996, 41).

16 Vgl. die entsprechenden Beiträge in Matscher (1991), zudem die Verfassungstexte.

17 Vgl. Eichenhofer und Zuleeg (1995).

18 Die sozialen Grundrechte in der UNO-Charta und in den Abkommen der Internationalen Arbeitskommission in Genf sind noch weniger wirkungskräftig bzw. unsystematisch. Vgl. Müller (1981, 282ff.) und Matscher (1991).

19 Vgl. für den neuesten Stand Schulte (1996, 22ff.).

20 Ich trage hier die Vorschläge des Komitees der Weisen der DG V der Europäischen Kommission vor. Vgl. *Für ein Europa der politischen und sozialen Grundrechte* (1996, 47ff.).

Literatur

Albertin, Lothar, Hrsg. 1986. *Probleme und Perspektiven europäischer Einigung*, Köln: Verlag Wissenschaft und Politik.

Bercusson, Brian. 1989. *Fundamental Social and Economic Rights in the European Community*. EUI, Florenz.

Bericht der Reflektionsgruppe für die Regierungskonferenz. 1996. Agenda Nr. 34-45, Juni.
Bieber, Roland u.a., Hrsg. 1996. *Au nom des peuples européens: Un catalogue des droits fondamentaux de l'Union Eeuropéenne.* Baden-Baden: Nomos.
Blanpain, Roger u.a. 1995. „Soziale Grundreche: Vorschläge für die Europäische Union", In *Kritische Vierteljahresschrift für Gesetzgebung und Rechtswissenschaft* 78: 452-63.
Böckenförde, Ernst-Wolfgang u.a., Hrsg. 1981. *Soziale Grundrechte. Von der bürgerlichen zur sozialen Rechtsordnung.* Heidelberg und Karlsruhe: Müller.
Brandl, Georg. 1989. *Das Sozialstaatsprinzip als subsidiäre Anspruchsgrundlage für nicht ausdrücklich normierte soziale Grundrechte.* Frankfurt: R.G. Fischer.
Clever, Peter und Bernd Schulte, Hrsg. 1995. *Bürger Europas.* Bonn: Dümmler, 62-100.
Däubler, Wolfgang. 1992. „Soziale Grundrechte in der EG? - Erste Schritte nach Straßburg". In *Weidenfeld*: 27-39.
Deutsch, Karl W. 1957. *Political Community and the North Atlantic Area.* Princeton N.J.: Princeton University Press.
—. 1972. *Nationenbildung - Nationalstaat - Integration.* Düsseldorf: Bertelsmann Universitätsverlag.
Eichenhofer, Eberhard und Manfred Zuleeg, Hrsg. 1995. *Die Rechtsprechung des Europäischen Gerichtshofes zum Arbeits- und Sozialrecht im Streit.* Köln: Bundesanzeiger.
Esping-Andersen, Gøsta. 1990. *The Three Worlds of Welfare Capitalism.* Cambridge: Polity.
Eurobarometer: Die öffentliche Meinung in der Europäischen Gemeinschaft; Umfragen, Forschung, Analysen. 1996. Hrsgg. von der Kommission der Europäischen Gemeinschaften, Generaldirektion Information, Kommunikation, Kultur, Trends. Brüssel, Bd. 44.
Europäische Kommission. 1992. *Bericht der Forward Studies Group of Independent Experts,* Generaldirektion V, November.
European Commission. 1995. *Employment in Europe 1995.* Luxemburg.
Flora, Peter, Hrsg. 1986 ff. *Growth to Limits. The Western European Welfare States Since World War II,* 3 Bde. Berlin, New York: de Gruyter.
Für ein Europa der politischen und sozialen Grundrechte. 1996. Bericht des Komitees der Weisen unter Vorsitz von Maria de Lourdes Pintasilgo. Luxemburg.
Haungs, Peter, Hrsg. 1989. *Europäisierung Europas?* Baden-Baden: Nomos.
Henningsen, Bernd. 1989. „Europäisierung Europas durch eine europäische Sozialpolitik?". In *Haungs*: 55-80.
Hoffmann, Günter M. 1995. *Grundrechte in Europa - braucht Europa einen Grundrechtskatalog?* Aachen: Shaker.
Inglehart, Ronald. 1995. *Kultureller Umbruch. Wertewandel in der westlichen Welt.* Frankfurt/M., New York: Campus.
Jachtenfuchs, Markus und Beate Kohler-Koch, Hrsg. 1996. *Europäische Integration.* Opladen: Leske + Budrich.
Kaelble, Hartmut. 1989. *Auf dem Weg zu einer europäischen Gesellschaft. Eine Sozialgeschichte Westeuropas, 1880-1980.* München: Beck.
— und Winkler, Heinrich A., Hrsg. 1993a. *Nationalismus - Nationalitäten - Supranationalität.* Stuttgart: Klett-Cotta.
—. 1993b. „Supranationalität in Europa seit dem Zweiten Weltkrieg. Einleitende Bemerkungen". In *Kaelble und Winkler*: 189-206.

Kaufmann, Franz-Xaver. 1986. „Nationale Traditionen der Sozialpolitik und europäische Integration". In *Albertin*: 69-82.

Leibfried, Stephan. 1990. „Sozialstaat Europa? Integrationsperspektiven europäischer Armutsregimes". In *Nachrichtendienst des Deutschen Vereins für öffentliche und private Fürsorge* 70: 296-305.

— und Paul Pierson, Hrsg. 1995. *European Social Policy. Between Fragmentation and Integration*. Washington D.C.: The Brookings Institution.

—. 1996. „Wohlfahrtsstaatliche Perspektiven der Europäischen Union: Auf dem Wege zu positiver Souveränitätsverflechtung?". In *Jachtenfuchs und Kohler-Koch*: 455-77.

Lepsius, M. Rainer. 1991. „Nationalstaat oder Nationalitätenstaat als Modell für die Weiterentwicklung der Europäischen Gemeinschaft". In *Wildenmann*: 19-40.

Machacek, Rudolf. 1991. „Über das Wesen der wirtschaftlichen und sozialen Grundrechte". In *Matscher*: 21-74.

Mäder, Werner. 1992. *Sozialrecht und Sozialpolitik in der Europäischen Gemeinschaft*. Bonn: Dümmler.

Marshall, Thomas H. 1992. *Bürgerrechte und soziale Klassen. Zur Soziologie des Wohlfahrtsstaates*. Frankfurt/M, New York: Campus.

Matscher, Franz, Hrsg. 1991. *Die Durchsetzung wirtschaftlicher und sozialer Grundrechte*. Kehl: N.P. Engel.

Maydell, Bernd von. 1994. „Soziale Rechte". In *Lexikon des Rechts*: *Sozialrecht*; hrsgg. von dems., 2. Aufl. Darmstadt: Luchterhand.

Müller, Jörg P. 1981. *Soziale Grundrechte in der Verfassung?*, 2.Aufl. Basel: Helbing & Lichtenhahn.

Münch, Richard. 1993. *Das Projekt Europa. Zwischen Nationalstaat, regionaler Autonomie und Weltgesellschaft*. Frankfurt/M: Suhrkamp.

OECD, Hrsg. 1996. *Historical Statistics 1960-1994*. Paris: OECD.

Österreichische Juristenkommission, Hrsg. 1993. *Grundrechte in Europa*. Wien: Verlag Österreich.

Rieger, Elmar. 1992. *T.H. Marshall's Theory of Citizenship Rights Revisited: Social Rights in the Nation State and in the European Community*, Ms.

Ritter, Gerhard A. 1989. *Der Sozialstaat. Entstehung und Entwicklung im internationalen Vergleich*. München: Oldenbourg.

Scharpf, Fritz W. 1996. „Politische Optionen im vollendeten Binnenmarkt". In *Jachtenfuchs und Kohler-Koch*: 109-40.

Schild, Joachim, Hrsg. i.E. *Traditionsbindung und Wertewandel in Frankreich und Deutschland*.

Schmidt, Manfred G. 1988. *Sozialpolitik. Historische Entwicklung und internationaler Vergleich*. Opladen: Leske + Budrich.

Schulte Bernd. 1992. „Gemeinsames Europa 1993: veränderte Rahmenbedingungen für Sozialpolitik und Sozialarbeit". In *EG-93 - Freier Markt. Zukunft der freien Wohlfahrtspflege*, hrsgg. vom Bayerischen Staatsministerium für Arbeit, Familie und Sozialordnung. München: Selbstverlag, 23-56.

—. 1993. „Die Entwicklung der Europäischen Sozialpolitik". In *Kaelble und Winkler*: 261-87.

—. 1995. „Sozialstaat und Europäische Union". In *Clever und Schulte*.

— und Hans Zacher, Hrsg. 1991. *Wechselwirkungen zwischen dem europäischen Sozialrecht und dem Sozialrecht der Bundesrepublik Deutschland.* Berlin: Duncker & Humblot.

— und Werner Mäder, Hrsg. 1996a. *Die Regierungskonferenz Maastricht II. Perspektiven für die Sozialgemeinschaft.* Bonn: Dümmler.

—. 1996b. „Soziale Rechte im europäischen Recht. Fragestellung und Lösungsansätze". In *Schulte und Mäder*: 117-92.

—. 1996c. „Die wirtschaftlichen, sozialen und kulturellen Rechte: Stand und Trends der Entwicklung". Vortragsms.

Schuster, Thomas. 1996. „Die soziale Dimension der Europäischen Union". In *Integration* 19: 245-51.

Therborn, Göran. 1995. *European Modernity and Beyond.* London: Sage.

Vogel-Polsky, Eliane und Jean Vogel. 1991. *L'Europe sociale 1993: Illusion, alibi ou réalité?* Brüssel: Ed. de l'Université.

Weidenfeld, Werner, Hrsg. 1992. *Der Schutz der Grundrechte in der Europäischen Gemeinschaft.* Bonn: Europa Union.

Wildenmann, Rudolf und Hans-Martin Pawlowski, Hrsg. 1991. *Staatswerdung Europas? Optionen für eine Europäische Union.* Baden-Baden: Nomos.

Zorbas, Gerassimos. 1991. „Certains aspects de la mise en oeuvre des droits sociaux et économiques dans la Communeauté Economique Européenne". In *Matscher*: 141-84.

Jürgen von Hagen

Wirtschaftspolitische Aspekte der Ost-Erweiterung der EU[1]

1 Einführung

Unmittelbar nach dem Fall des Eisernen Vorhangs, als die ersten Länder Mittel- und Osteuropas (MOE) ihr Interesse an einem Beitritt zur Europäischen Union (EU) bekundeten, wurde ihr Ansinnen im Westen einhellig und euphorisch als Zeichen der marktwirtschaftlichen und demokratischen Neuorientierung in diesen Ländern begrüßt. Seitdem ist die Diskussion um eine Aufnahme der Länder dieser Region nüchterner geworden. Der Transformationsprozeß zur marktwirtschaftlichen Ordnung hat sich politisch und wirtschaftlich schwieriger als ursprünglich angenommen erwiesen. Mehr oder weniger enge Formen der Zusammenarbeit zwischen den MOE-Ländern und der EU haben begonnen, von technischer und finanzieller Hilfe bis hin zu den sogenannten Europa-Abkommen, die einer ersten wirtschaftlichen Teilintegration gleichkommen. Jedoch hat die EU bisher verbindliche und konkrete Zusagen über eine Erweiterungsstrategie vermieden. Stattdessen hat die Europäische Kommission in ihrem Weißbuch zur Osterweiterung (1996) den Beitrittskandidaten eine Liste von Anforderungen überreicht, die in Umfang, Detailliertheit und Komplexität weit über das hinausgeht, was in früheren Beitrittsrunden formuliert worden war. Das einzige konkrete Versprechen bisher ist, die Erweiterungsgespräche sechs Monate nach dem Ende der laufenden Regierungskonferenz zu beginnen. Die Zurückhaltung der EU hat ihrerseits bei den MOE-Ländern Verstimmung ausgelöst: Mittlerweile ist auch dort die anfängliche Euphorie gegenüber der EU einer nüchternen Haltung gewichen.[2]

In der Debatte um die wirtschaftspolitischen Aspekte der Osterweiterung der EU ist in den letzten Jahren ausschließlich um die Frage der Kosten, die im Erweiterungsfall für die EU entstehen würden, gestritten worden. Diese Kosten sind Folge des Gefälles im wirtschaftlichen Entwicklungsniveau zwischen der heutigen EU und den Beitrittskandidaten. Auf die Probleme, die aus dem unterschiedlichen wirtschaftlichen Entwicklungsniveau von EU und Beitrittskandidaten folgen, soll in diesem Beitrag näher eingegangen werden. Dabei sollen vor allem drei Punkte verdeutlicht werden:

1. Die zu erwartenden handelspolitischen Effekte der Osterweiterung sind auf der Seite der Beitrittskandidaten signifikant, auf der Seite der EU jedoch selbst bei raschem Handelswachstum nicht sehr bedeutsam. Grund dafür ist die geringe quantitative Ausgangsbasis des Handels mit Mittel- und Osteuropa auf der Seite der EU. Innerhalb der EU stellt sich der Handel mit den mittel- und osteuropäischen Staaten jedoch sehr unterschiedlich dar: Einige Länder werden positive Exportchancen haben, während andere vor allem den Druck größerer Importkonkurrenz auf ihren Märkten in der EU spüren werden. Diese interne Asymmetrie der EU wird zu Spannungen zwischen den potentiellen Gewinnern und Verlierern führen.
2. Eine zweite Dimension der Osterweiterung ist in der bisherigen Betrachtung nicht genügend beachtet worden: Die Beitrittskandidaten aus MOE vergrößern in erheblichem Maß die Unsicherheit über das Funktionieren des gemeinsamen Marktes als Kernstück der EU. Diese Unsicherheit folgt aus dem Mangel an Mechanismen, der in der EU zur Durchsetzung von Regeln in den Mitgliedsländern besteht. Angesichts der ungenügenden Erfahrung mit der Umsetzung marktwirtschaftlich orientierter Gesetzgebung ist die Verläßlichkeit der Beitrittsländer in dieser Hinsicht nicht gesichert. Dies bedeutet erstens, daß die wirtschaftlichen Effekte einer Osterweiterung aus der Sicht der EU schwer voraussehbar sind. Zweitens wird die mangelnde Verläßlichkeit eine Bewegung in Richtung einer Zentralisierung von Entscheidungs- und Verwaltungsprozessen in der EU auslösen, die, wie die Erfahrung der 70er Jahre gezeigt hat, Widerstand gegen eine Vertiefung der europäischen Integration bewirken kann.
3. Angesichts dieser beiden Dimensionen - Verteilungsprobleme und Unsicherheit - erfordert die Osterweiterung einen Rahmen, der mehr Flexibilität als die derzeitige Struktur der EU bietet. Die beiden Aspekte haben jedoch unterschiedliche Konsequenzen für die institutionelle Ausfüllung einer Beitrittsstrategie. Strategieentwürfe unter dem Aspekt des Verteilungsproblems betonen eine rasche Angleichung nationaler Wirtschaftsgesetze an europäisches Recht, die Ausklammerung der kostenträchtigen Elemente des Beitritts und den Zuschnitt der Strategie auf das jeweilige Land. Strategien, die unter dem Aspekt der Unsicherheit entworfen werden, betonen dagegen eine graduelle Angleichung des Wirtschaftsrechts

mit bewußten Abweichungen und die Förderung regionaler Kooperation. Schließlich kann eine zu enge Ausrichtung auf die Verteilungsproblematik der Lösung der mit der Unsicherheit verbundenen Probleme im Wege stehen.

2 Wirtschaftliche Entwicklung

Die folgenden Tabellen fassen die wirtschaftliche Entwicklung der Beitrittskandidaten in Schlaglichtern zusammen.[3] Am aussagekräftigsten ist die dritte Spalte von Tabelle 1, die das Pro-Kopf-Einkommen (BSP) in US Dollar der Beitrittsstaaten aus dem Jahr 1991 aufführt. Als einziges Land erreicht Slowenien im Pro-Kopf-Einkommen in etwa das Niveau der südeuropäischen Länder, also die untere Grenze der EU. In den übrigen Beitrittsstaaten liegt das Pro-Kopf-Einkommen um mehr als die Hälfte, teilweise unter 10% des Niveaus von Griechenland, dessen Pro-Kopf Einkommen seinerseits nur 1/3 des EU Durchschnitts beträgt. Darüber hinaus gibt die letzte Spalte von Tabelle 1 Auskunft über den Landwirtschaftsanteil am Brutto-Inlandsprodukt (BIP), das in den jeweiligen Volkswirtschaften sehr unterschiedlich ausfällt.

Tabelle 1: Wirtschaftliche Kennzahlen

Land	*Bevölkerung (Mill. 1993)*	*BSP Mill. US Dollar 1991*	*BSP pro Einwohner US Dollar, 1991*	*Anteil der Landwirtschaft am BIP (v.H.)*
Bulgarien	9.0	11970	1330	13
Estland	1.6	4416	2760	15
Kroatien	4.8	8088	1685	-
Lettland	2.7	5211	1930	20
Litauen	3.8	4978	1310	20
Polen	38.5	73535	1910	7
Rumänien	23.0	25990	1130	19
Slowakei	5.3	10229	1930	8
Slowenien	2.0	13080	6540	5
Tsch. Republik	10.4	25480	2450	8
Ungarn	10.3	30591	2970	10
EG-12	347.4	9189414	26559	
Griechenland	10.4	70794	6840	10

Quelle: Hagen (1996b).

Tabelle 2: Wirtschaftsentwicklung 1992-1995

Land	*Wachstum des realen BSP*				*Arbeitslosen-quote*		*Inflationsrate*		
	1992	1993	1994	1995	1993	1995	1993	1994	1995
Bulgarien	-7.3	-2.4	1.4	2.5	15.9	11.4	72.8	96.0	62.1
Estland	-21.6	-8.6	-3.2	3.0	3.9	5.0	89.8	47.7	29.0
Kroatien	-8.0	-3.7	0.8	5.0	4.1	k.a.	1516	97.5	2.1
Lettland	-35.2	-16.1	0.6	-2.7	4.7	6.3	109	25.7	25.1
Litauen	-56.6	-24.2	1.7	5.3	3.9	6.1	410	72.2	39.7
Polen	2.6	3.8	5.2	7.0	16.1	14.9	35.3	32.2	27.8
Rumänien	-8.8	1.3	3.4	6.9	10.2	9.3	256	137	32.3
Slowakei	-7.0	-4.0	4.8	7.4	14.4	13.1	23.2	13.5	9.9
Slowenien	-6.0	1.3	5.3	4.0	15.4	14.5	32.9	21.0	13.5
Tsch. Republik	-7.1	0.0	2.6	5.0	3.0	3.0	20.8	10.0	9.1
Ungarn	-3.0	-0.8	2.9	1.9	12.8	10.6	22.5	18.9	28.3

Quelle: Hagen (1996b).

Tabelle 3: Außenhandel 1989 und 1995

Land	*Exporte/BIP (v.H.)*		*Importe/BIP (v.H.)*		*Exporte in die EG/BIP (v.H.)*		*Importe aus der EG/BIP (v.H.)*	
	1990	1995	1990	1995	1989	1995	1989	1995
Bulgarien	23.3	45.9	22.7	45.2	19.5	45.5	35.0	41.3
Estland	55.4*	79.1	53.5*	89.8	30.7*	20.7	28.3*	22.6
Kroatien	k.a.	k.a.	k.a.	k.a.	52.3+	57.0	46.9+	60.2
Lettland	79.9*	46.5	73.1*	44.4	27.8*	27.9	24.3*	27.5
Litauen	31.8*	55.1	22.8*	61.1	63.4*	25.7	49.7*	26.4
Polen	23.5	24.0	25.4	23.0	32.1	62.7	33.9	57.5
Rumänien	16.7	26.2	24.9	26.9	29.0	46.0	6.2	49.0
Slowakei	26.5	35.5	65.2	59.7	33.8*	39.9	28.8+	35.1
Slowenien	90.8	78.5	59.0	56.7	57.1+	59.2	55.4+	56.4
Tsch. Republik	57.5	52.5	50.7	52.9	49.6	50.9	52.1	59.7
Ungarn	36.0	28.9	32.7	35.4	24.7	48.9	28.5	42.8

*1992; +1993. Quelle: Hagen (1996b).

Die Erweiterung nach Osten wird daher die Spannweite der Einkommensverteilung in der EU dramatisch vergrößern. Der geringere Entwicklungsstand geht auch aus dem weit größeren Anteil der Landwirtschaft am Sozialprodukt hervor, der selbst in den relativ industrialisierten Beitrittsstaaten noch deutlich über 5% liegt.

Positiver zu sehen ist die dynamische Entwicklung der Region in den letzten Jahren, die in Tabelle 2 aufgeführt wird. In den meisten Ländern Mittel- und Osteuropas ist die unmittelbare Anpassungsrezession seit etwa 1993 überwunden: Seitdem verzeichnen die Länder positive Wachstumsraten, wenn auch noch immer bei recht hohen Arbeitslosenraten. Polen, Slowenien, die Slowakei, die Tschechische Republik wiesen 1995 Wachstumsraten von real über 5% aus, wohingegen Ungarns Wachstum mit knapp 2% schwach ausfiel. Noch immer sind die Inflationsraten in den meisten Ländern unbefriedigend hoch. Die Tschechische Republik, Slowenien und Estland waren die einzigen Staaten, die in den letzten Jahren Budgetüberschüsse auswiesen, alle anderen hatten Defizite von zum Teil deutlich mehr als drei Prozent des BSP.

Schaut man auf die Außenhandelsentwicklung, so ist für alle MOE-Länder eine sehr hohe Außenhandelsabhängigkeit zu beobachten: Die meisten Staaten weisen eine Exportquote des BSP von über 50% auf, vergleichbar mit den mittleren Staaten der EU, zum Beispiel mit Belgien. Lediglich Polen und Ungarn liegen mit unter 30% Prozent deutlich darunter. Seit 1989 hat sich die EU rasch zum wichtigsten Handelspartner entwickelt, auf den sowohl auf der Export- wie der Importseite zwischen 30% und 60% des Handelsvolumens entfallen. Polen, die Tschechische Republik, Slowenien, die Slowakei und Ungarn haben alle 50% und mehr ihrer Exportmärkte in die EU.

3 Verteilungspolitische Probleme der Osterweiterung

3.1 Handelspolitische Entwicklung

Seit 1989 ist der Handelsverkehr der EU mit den MOE-Ländern sehr rasch gewachsen. Allerdings ging diese Entwicklung von einer geringen Basis aus, so daß das Handelsvolumen aus Sicht der EU noch immer gering ist. Anfängliche Befürchtungen, daß der Handel mit den MOE-Ländern die Arbeitsmarktprobleme in der EU verschärfen würde, haben sich nicht bestätigt. Im Gegenteil, empirische Analysen über die langfristigen Entwicklungsperspektiven kommen generell zu dem Schluß, daß selbst bei anhaltend hohen Wachstumsraten der MOE-Länder die Bedeutung des Handels für die EU recht gering bleiben wird. Je nach Industriebranche schätzen diese Studien, daß in der EU zwischen 0,5% und 1,3% der Beschäftigung durch Importe aus MOE-Ländern verdrängt werden könnte; der gesamte Beschäftigungseffekt wird auf 0,5% geschätzt. Bei der Unsicherheit derartiger Schätzungen heißt das, daß ein wirklicher Beschäftigungseffekt auch bei anhaltend raschem Handelswachstum nicht zu erwarten ist.

Wenig sagen läßt sich zur Zeit noch über die Entwicklung der Güterstruktur des Handels mit den Beitrittsländern: Exporte in die EU stammen zum größten Teil aus dem Bereich traditioneller Industrien wie der Metallverarbeitung und der Textilindustrie, während bei den Importen die Produkte des Maschinenbaus und der Transportausrüstung den größten Teil ausmachen. Exporte und Importe sind jedoch noch immer durch die aus dem sozialistischen System übernommene Wirtschaftsstruktur der großen Industriekomplexe geprägt, so daß die Handelsmuster der letzten Jahre wenig über die künftige Entwicklung aussagen. Darüber hinaus erlauben die Europa-Abkommen, daß die EU im Fall eines zu intensiven Wettbewerbs aus den MOE-Ländern nicht nur vereinzelte Einfuhrbeschränkungen erlassen kann, sondern den Handel in besonders sensitiven Industrien vollkommen beschränken kann.

Immerhin läßt sich aber feststellen, daß langfristig die Handelsvorteile der MOE-Länder im Bereich von traditionellen Industrien liegen werden, und in Industrien, die rohstoff- und energieintensiv sind. Damit treten diese Länder vor allem in Konkurrenz mit Italien, Spanien, Portugal und Griechenland, während ihre Handelspartner vor allem aus Nordeuropa, Frankreich und England kommen werden, deren Handelsvorteile eher im Bereich von technologieintensiven Industrien liegen. Der finanzielle Ausgleich für die Folgen des erhöhten Konkurrenzdrucks auf ihre veralteten Industrien, den die EG noch den Ländern Südeuropas zur Erleichterung ihres Beitritts gewährte, wird aus der Balance geraten. Spanien, Portugal und Griechenland werden daher für die Zustimmung zur Osterweiterung weitere Kompensationen für den verschärften Wettbewerb verlangen. Aufgrund dieses Verteilungskonflikts wird die Osterweiterung eine Erhöhung des Umverteilungsvolumens unter den Mitgliedsländern bewirken.

3.2 Gemeinsame Agrarpolitik

Die Gemeinsame Agrarpolitik (GAP) der EU ist ein besonders sensitiver Bereich in der Frage der Osterweiterung. Mit einer Modernisierung der Produktionstechniken könnte die landwirtschaftliche Produktion in den

MOE-Ländern erheblich gesteigert werden, so daß diese Region zum Nettoexporteur von Getreide und Fleischprodukten würde. Eine vollständige Teilnahme der MOE-Länder an der GAP würde angesichts der geringen landwirtschaftlichen Einkommen und Erzeugerpreise zu enormen Steigerungen der GAP-Ausgaben der Kommission führen. Allein für die Visegrad-4-Staaten (Polen, Tschechische Republik, Slowakei und Ungarn) würden sich die zusätzlichen Ausgaben auf rund 40 Milliarden ECU belaufen. Damit würde das derzeitige Gesamtbudget der Kommission von der GAP absorbiert.

Die Alternative ist, die MOE-Länder am Handel mit landwirtschaftlichen Produkten teilnehmen zu lassen, jedoch unter Verzicht auf GAP-Subventionen. Die Konkurrenz aus dieser Region würde aber den Subventionsbedarf in den alten Mitgliedsländern erhöhen. Auch hier verstärkt die Osterweiterung bereits bestehende Verteilungskonflikte innerhalb der derzeitigen Mitgliedsländer.

3.3 Schwierigkeiten mit bestehenden Umverteilungsmechanismen in der EU

In der Diskussion um die Osterweiterung haben die möglichen budgetären Folgen unmittelbar Aufmerksamkeit erregt. Die Einbeziehung der MOE-Länder in die Transferprogramme der EU würde angesichts der enormen Einkommensunterschiede zwischen den Beitrittskandidaten und der EU sowie dem erheblich vergrößerten Agrarsektor das Transfervolumen deutlich erhöhen (Baldwin, 1994). Schätzungen belaufen sich auf eine Erhöhung des Budgets der Kommission um 30%.

Angesichts eines Budgetumfangs der Kommission von derzeit 1,5% des europäischen BSP könnte man meinen, daß dieser Betrag nicht so hoch sei. Das Problem ist jedoch, daß bei unveränderten Vergaberegeln der Programme Länder wie Portugal und Irland zu Nettogebern werden würden. Diese Länder werden ihre Zustimmung zur Erweiterung von einer Umstrukturierung der Programme abhängig machen, die sicherstellt, daß ihre Nettoposition unverändert bleibt. Die Folge wäre eine deutliche Erhöhung der Transferbelastung der derzeitigen Geberländer. Wie die deutsche Erfahrung gezeigt hat, gibt es aus diesem Dilemma nur einen Ausweg: der horizontale Finanzausgleich zwischen den Ländern wird durch einen vertikalen Finanzausgleich ersetzt. Konkret bedeutet dies die Einführung einer europäischen

Einkommenssteuer oder einer höheren europäischen Mehrwertsteuer - Lösungen, die momentan wohl keine Unterstützung finden werden.

3.4 Negative Externalitäten

Die Verteilungsproblematik, die durch die Osterweiterung entsteht, hat noch einen zweiten Effekt, dessen Bedeutung möglicherweise die reinen Budgetfolgen langfristig übersteigen wird. Dieser Effekt tritt auf, wenn eine Erweiterung der EU die wirtschaftlichen Vorteile, welche die bestehenden Mitglieder aus der Freiheit des Handelsverkehrs ziehen, verringern und im Extremfall sogar in Nachteile verwandeln wird.

Ein Beispiel hierfür ist die Integration der Finanzmärkte. Freier Geld- und Kapitalverkehr gehört zweifelsohne zu den Errungenschaften der EU. Aufgrund der viel schwächeren Entwicklung der Finanzmärkte in den MOE-Ländern würde jedoch ein freier Austausch von Kapital und Finanzdienstleistungen die Finanzmärkte in der bestehenden EU belasten. Die Folge wäre eine erhöhte Instabilität der Geld- und Kapitalmärkte. Überall dort, wo sich die Integration in der EU auf gemeinsame Netzwerke oder Medien - wie Geld und Währung -, aber auch auf die Nutzung gemeinsamer Ressourcen - wie Umwelt - stützt, besteht die Gefahr, daß die Einbeziehung weniger entwickelter Partner das bestehende Marktsystem destabilisiert und seine Funktionsfähigkeit untergräbt. Um negative Folgen einzugrenzen, müßte die EU zwangsläufig die Märkte re-regulieren und damit die Vorteile des freien Verkehrs von Waren, Dienstleistungen und Kapital aufgeben.

3.5 Lösungsansätze für Verteilungsprobleme

Die Beispiele zeigen, daß die Osterweiterung zu einer Reihe von Verteilungsproblemen zwischen den heutigen und den künftigen EU-Mitgliedern führen kann. Im Prinzip ist die Lösung einfach: Sie liegt im befristeten Ausschluß der MOE-Länder aus den verteilungsrelevanten Bereichen, der solange andauert, bis das zugrunde liegende Problem gelöst ist. Konkret bedeutet dies einen Ausschluß der neuen Mitglieder aus den bestehenden Programmen und der GAP bis zu einem Zeitpunkt, zu dem sich die Einkommens- und Entwicklungsdifferenzen ausreichend verringert haben. Ebenso wären die Bereiche der Finanzmarktintegration und Bereiche, in denen negative Externalitäten entstehen können, zunächst auszuklammern. Da so die Balance der bestehenden Transferprogramme in der EU erhalten bliebe, könnten Verteilungsprobleme zwischen den alten und den neuen Mitgliedern durch neue Transfermechanismen überwunden werden.

Die Vorgehensweise, für jedes einzelne Land eine Beitrittsstrategie mit individuellen Teilnahme- und Ausschlußbereichen zu entwickeln, liegt nahe, da die Beitrittskandidaten individuell sehr unterschiedliche Bedingungen aufweisen. Dies würde auch der bisherigen Vorgehensweise der Kommission entsprechen, deren Tradition Verhandlungen mit einer Ländergruppe widerspricht. Individuelle Beitrittsstrategien müßten eine angemessene Balance finden zwischen dem Versuch, zur Überwindung der Verteilungsprobleme die EU-Mitgliedschaft eines Beitrittslandes zu begrenzen, und der Gefahr, daß die Beitrittsstrategie zu einem reinen Rosinenpicken derjenigen Bereiche und Sektoren wird, in denen die Mitgliedschaft für das Beitrittsland besonders attraktiv erscheint. Gleichzeitig würde sich die technische Hilfe der EU vor allem darauf konzentrieren, die Rechtsangleichung voranzutreiben um negative Externalitäten möglichst gering zu halten.

Eine solche individuelle Flexibilisierung des Beitrittsprogramms birgt vor allem zwei Gefahren. Erstens kann sie dazu führen, daß sich die Beitrittsverhandlungen sektoral vollziehen, das heißt, sich auf die Probleme und Gegebenheiten einzelner Wirtschaftssektoren und Industrien konzentrieren. Damit würde jedoch dem Einfluß sektoraler Interessenverbände Vorschub geleistet, der tendenziell zu Protektionismus führt. Eine starke politische Führung des Verhandlungsprozesses, insbesondere auf Seiten der EU, wäre nötig, um eine Versandung der Verhandlungen zu verhindern.[4]

Die zweite Gefahr bildet die Schaffung von Mitgliedschaften zweiten Ranges.[5] Die Grundfrage ist hier, in welchem Ausmaß Länder, deren EU-Mitgliedschaft sektoral begrenzt ist, von den gemeinsamen Entscheidungsverfahren der EU ausgeschlossen werden können. Eine Mitgliedschaft mit partiellem Ausschluß einzelner Länder würde dem politischen Integrationsgedanken offensichtlich widersprechen.

Eine Degradierung der neuen Mitglieder zu solchen zweiten Ranges ließe sich nur vermeiden, wenn der Entscheidungsrahmen der EU insgesamt umstrukturiert würde:[6] Zunächst müßte die EU deutlich unterscheiden zwischen allgemeinen Regeln der EU (wie zum Beispiel die Handelsfreiheit im Binnenmarkt) und speziellen Regeln, die jeweils nur für einzelne Bereiche gelten, wie zum Beispiel Regeln für die Finanzpolitik der Mitglieder in der Währungsunion. Mitgliedschaften könnten sich dann variabel gestalten: Während alle Mitglieder zur Teilnahme am Binnenmarkt im Sinne des freien Waren- und Dienstleistungsverkehrs gezwungen wären, könnten darüber hinaus gehende Formen der Zusammenarbeit optional bleiben.

Zweitens müßte die EU zwischen Beschlüssen grundsätzlicher Art unterscheiden, an denen alle Mitglieder beteiligt sind, und Ausführungsbeschlüssen im Rahmen bestehender Zusammenarbeit in der EU, an denen jeweils nur die beteiligten Länder Anteil nehmen würden. Ein solches Schema würde Wahlmöglichkeiten für die Gestaltung der Mitgliedschaft eröffnen, und zugleich die Möglichkeit, Mitgliedschaften neuer Mitglieder flexibel zu gestalten.

4 Unsicherheit in der Durchsetzung des Unionsrechts

4.1 Osterweiterung und kooperativer Föderalismus

Der zweite große Problembereich der Osterweiterung resultiert aus dem Modell des kooperativen Föderalismus, das dem Aufbau der EU zugrunde liegt. Hier geht es um das Problem, daß die Europäische Union zwar ein gemeinsames Regelwerk und einen gemeinsamen Gerichtshof besitzt, aber keine gemeinschaftliche Verwaltung und Hoheitsmacht zur Durchsetzung ihrer Regeln in den einzelnen Mitgliedstaaten hat. Dies hat zur Folge, daß die Anwendung der gemeinsamen Regeln in jedem Land von der Bereitschaft und Fähigkeit der nationalen Verwaltung und Hoheitsmacht abhängt, sie durchzusetzen. Bereits heute ist eine unterschiedliche Durchsetzung des Gemeinschaftsrechts in den Mitgliedstaaten festzustellen. Die Folge sind Verzerrungen der Wettbewerbsvorteile und damit letztlich wieder eine Umverteilung der wirtschaftlichen Vorteile aus der Integration.

Aus der Sicht der alten Mitglieder impliziert das Modell des kooperativen Föderalismus einen hohen Grad an Unsicherheit über die wirtschaftlichen Vor- und Nachteile der Osterweiterung. Weder die Fähigkeit noch die Bereitschaft der Beitrittsländer zur effektiven Durchsetzung der gemeinsamen Regeln der EU ist genügend bekannt. Damit ist nicht einmal gesagt, daß die Regierungen der Beitrittsländer willentlich ihre Bereitschaft zur Durchsetzung des Gemeinschaftsrechts überzeichnen. Man wird davon ausgehen müssen, daß die Regierungen selbst nicht genau wissen, wie gut ihre Verwaltungen diese Regeln durchsetzen können oder wollen.

Beispiel: Gemeinsame Wettbewerbspolitik

Betrachten wir als Beispiel die Wettbewerbspolitik der EU. Das Weißbuch zur Osterweiterung der Kommission verpflichtet die Beitrittskandidaten zur Rechtsangleichung mit der Gemeinschaft in diesem Bereich. In der Tat haben die meisten Länder in den letzten Jahren bereits erheblich gesetzgeberische Aktivität in diesem Bereich entfaltet.[7] Die reine Existenz entsprechender Gesetze garantiert aber nicht, daß die Normen in der Praxis auch durchgesetzt werden.[8] In der Praxis spielen die Wettbewerbsbehörden in diesen Ländern oft eine große Rolle im Privatisierungsprozeß, aber nicht in der Anwendung von Regeln, die dem europäischen Recht ähneln. Erfahrungen mit der Rechtsprechung bestätigen den Eindruck, daß trotz technisch gleicher Rechtsnormen die Rechtspraxis erheblich von der Praxis in der EU abweichen kann. Mangelnde Durchsetzung, beispielsweise des Monopolverbots oder des Verbots staatlicher Subventionen, würde aber bedeuten, daß den Beitrittsländern durch den Zugang zu den EU-Märkten Vorteile entstehen, denen aufgrund interner Wettbewerbsprobleme keine Vorteile auf Seiten der EU entgegenstehen.

Die mangelnde Durchsetzung des Gemeinschaftsrechts gründet auf zwei Ursachen. Die erste liegt schlicht in der mangelnden Kapazität der Beitrittskandidaten, die gemeinsamen Regeln adäquat durchzusetzen: unzureichend ausgebildete Verwaltung und Justiz sind hier das Grundproblem. Die zweite liegt in der Tatsache, daß eine Anwendung des Wettbewerbsrechts der EU den wirtschaftspolitischen Interessen der Kandidaten nicht unbedingt entspricht. Während das Wettbewerbsrecht der EU in erster Linie auf die Verhinderung dominierender Marktstellungen auf den nationalen Märkten abstellt, muß die Wettbewerbspolitik der MOE-Länder vornehmlich auf die Auflösung alter Industriestrukturen ausgerichtet sein. Dabei läßt sich eine (vorübergehende) dominierende Marktstellung infolge der Privatisierung oft nicht vermeiden, so daß sich die Ziele widersprechen. Schumpeters berühmtes Bild vom marktwirtschaftlichen Entwicklungsprozeß als einem Prozeß der Schaffung und Zerstörung innovativer Monopole impliziert geradezu, daß der Übergang zur Marktwirtschaft mit der Entstehung neuer Monopolstellungen anfangs einhergeht. Hinzu kommt, daß ausländische Investoren oft nur dann bereit sind, in den sehr viel unsicheren Märkten zu investieren, wenn sie mit einer zeitweisen lokalen Monopolstellung rechnen können. Demgegenüber riskiert eine strikte Anwendung von EU Wettbewerbsnormen, eine rasche Umstrukturierung der Industrie zu verhindern. Die Durchsetzung des gemeinsamen Wettbewerbsrechts stößt daher auf Interessenkonflikte auf Seiten der Beitrittskandidaten.

Ein weiteres Problem liegt darin, daß der Ansatz der EU-Wettbewerbspolitik in der Regulierung von Firmen liegt, die bereits am Markt operieren. Feinberg und Meurs (1994) weisen darauf hin, daß dieser Ansatz nach amerikanischer Erfahrung weniger erfolgversprechend ist als die Alternative, nämlich den Marktzutritt neuer Wettbewerber zu fördern. Da die Wettbewerbsregulierung und der Abbau von Zutrittsschranken erhebliche administrative Ressourcen erfordern, besteht die Gefahr, daß die MOE-Länder durch eine Konzentration auf die Regulierung nach EU-Muster gehindert werden, sich genügend für die Förderung des Marktzutritts einzusetzen. Dabei geht es nicht zuletzt um die Bemühung, Handelsschranken gegen den Widerstand von Interessengruppen abzubauen.

Standards und Methoden der Wettbewerbspolitik, die in etablierten Märkten adäquat sind, können in Transformationsökonomien eher unangemessen und im Einzelfall sogar kontraproduktiv sein. Die unterschiedlichen Prioritäten der Wettbewerbspolitik implizieren, daß selbst im Fall einer raschen Rechtsangleichung die praktische Durchführung der Politik in den MOE-Ländern anders als in den alten EU-Mitgliedstaaten sein wird. Dies bedeutet einerseits, daß das Interesse der MOE-Länder an einer raschen Rechtsangleichung begrenzt ist. Andererseits folgt daraus, daß die EU Schwierigkeiten haben wird, die Angemessenheit der Wettbewerbspolitik der Beitrittsländer zu beurteilen.

Andere Beispiele lassen sich überall dort finden, wo es um Regulierungsvorschriften, Produktstandards, Sicherheitsvorschriften etc. geht. Auch hier existieren Differenzen zwischen dem, was für etablierte Märkte und für Transformationsökonomien angemessen ist. Formale Rechtsangleichung löst den daraus resultierenden Interessenkonflikt nicht. Die unterschiedlichen Zielsetzungen und Restriktionen der Wirtschaftspolitik in den Beitrittsländern und in den alten Mitgliedsländern wird sich in einer unterschiedlichen Praxis der wirtschaftspolitischen Implementierung niederschlagen, die ihrerseits aus der Sicht der alten Mitglieder Unsicherheit über die wirtschaftlichen Folgen der Erweiterung schafft.

Ein wesentlicher Grund für die Attraktivität des kooperativen Modells des Föderalismus liegt darin, daß es Wahlmöglichkeiten zwischen zwei Prinzipien offeriert. Das Prinzip der Harmonisierung sieht zum einen vor, daß alle Mitglieder zur Erreichung eines gemeinsamen Ziels denselben Weg einschlagen; zum anderen erlaubt das Prinzip der wechselseitigen Anerkennung, daß unterschiedliche Mitglieder ein gemeinsames Ziel mit unterschiedlichen Mitteln erreichen können, die jeweils auf die Bedürfnisse und Notwendigkeiten des einzelnen Mitglieds zugeschnitten sind. Harmonisierung erfordert die Entwicklung von Kompromissen zwischen allen beteiligten Interessen in allen Mitgliedsländern und die Aufstellung sehr detaillierter Regeln auf der Ebene der EU. Angesichts der Heterogenität der Mitglieder birgt dieser Ansatz die Gefahr, daß Kompromisse nur schwer zu erreichen sind und am Ende niemandem gefallen. Wechselseitige Anerkennung kann solche Heterogenität erheblich leichter verarbeiten und erfordert lediglich die Einigung auf gemeinsame Verfahrensregeln und die Aufstellung von Minimalbedingungen, die alle Mitglieder erfüllen müssen.

Die stärkere Betonung des Prinzips der wechselseitigen Anerkennung war bekanntlich für die EU eine wesentliche Voraussetzung für die Wiederbelebung des Integrationsprozesses in den achtziger Jahren.[9] Wechselseitige Anerkennung dezentralisiert wirtschaftspolitische Entscheidungen und erfordert daher wechselseitiges Vertrauen darauf, daß alle beteiligten Mitglieder die gemeinsamen Ziele effektiv verfolgen. Unsicherheit über die Fähigkeit oder Bereitschaft von Mitgliedern untergräbt jedoch das Prinzip der wechselseitigen Anerkennung. Die Osterweiterung der EU um eine Gruppe von Ländern, deren Glaubwürdigkeit in der Durchsetzung gemeinsamer Ziele noch gering ist, wird somit dazu führen, daß das Prinzip der Harmonisierung in der EU wieder an Gewicht gewinnt. Diese Entwicklung verringert die Attraktivität der EU gerade für solche Länder, die der Diversität in der EU und dem Prinzip der wechselseitigen Anerkennung hohen Wert beimessen. Dies dürften insbesondere Großbritannien und die kleineren, nordwesteuropäischen Staaten sein.

4.3 *Der Optionswert einer Verschiebung der Osterweiterung*

Die Osterweiterung weist angesichts der beschriebenen Unsicherheitsproblematik aus der Sicht der alten Mitglieder drei Charakteristika auf: Erstens bedeutet sie eine weitgehende Übertragung von Eigentumsrechten (den Rechten der Mitgliedschaft), zweitens ist diese Übertragung irreversibel, und drittens sind die erwarteten Vorteile gering und unsicher. Allerdings nimmt die Unsicherheit im Zeitablauf in dem Maße ab, in dem die Beitrittsländer sich zu etablierten Marktwirtschaften entwickeln. Diese drei Charakteristika sind typisch für Situationen, in denen ein *Optionswert des Abwartens* vorliegt: Die beste Strategie aus der Sicht der EU lautet: abzuwarten, bis die Kandidaten durch ihre eigene Entwicklung ihre Fähigkeit, als gute Mitglieder zu fungieren, genügend unter Beweis gestellt haben. Können wir verhindern, daß dieser Warteprozeß zu lange dauert?

4.4 *Institutionelle Lösungen des Unsicherheitsproblems*

Zur Verkürzung der Wartezeit sind zwei institutionelle Voraussetzungen zu schaffen. Die erste Voraussetzung besteht darin, der EU die Möglichkeit zu erhalten, auch bei einer Öffnung ihrer Märkte gegenüber den MOE-Ländern ihre eigenen Regeln durchzusetzen. Dazu müßte die EU in die Lage versetzt werden, nach dem Wegfall der Handelsschranken gegenüber den MOE-Ländern bedingte und zeitlich begrenzte Einfuhrabgaben dort zu erheben, wo aufgrund einer mangelhaften Anwendung von EU-Vorschriften ein ungerechtfertigter Wettbewerbsvorteil zu vermuten ist. Konkret könnte dies zum Beispiel eine Besteuerung von Produkten bedeuten, deren Hersteller weniger stringenten Umweltauflagen oder Wettbewerbsvorschriften unterworfen sind. Damit wäre dem Interesse der EU an gleichen Wettbewerbsbedingungen auf dem europäischen Markt ebenso Rechnung getragen wie dem berechtigten Interesse der Beitrittskandidaten, die Rechtspraxis an den Erfordernissen des wirtschaftlichen Transformationsprozesses ausrichten zu können.

Selbstverständlich setzt die Einrichtung einer solchen Möglichkeit die Schaffung einer Institution voraus, die - anders als derzeit bei den Europa-Abkommen - Willkür verhindert. So könnte ein Beitrittsrat geschaffen werden, in dem Vertreter der EU und der Beitrittsländer repräsentiert sind, und der auf Antrag der Kommission beziehungsweise einzelner EU-Länder über bedingte Einfuhrabgaben entscheidet. Um die Unabhängigkeit des Beitrittsrates von den Interessen einzelner Länder zu stärken, sollte dieser Rat für alle Beitrittskandidaten zugleich verantwortlich sein.

Der zweite, wichtige Schritt zur Überwindung der Unsicherheit besteht in dem Aufbau von Reputation der Beitrittskandidaten für eine verläßliche Anwendung gemeinschaftlicher Regeln. Je schneller die Beitrittskandidaten in der Lage sind, ihre Fähigkeit zur Anwendung gemeinsamer Regeln unter Beweis zu stellen, desto eher sollte die EU bereit sein, sie als Mitglieder zu akzeptieren. An dieser Stelle gewinnt das Konzept der regionalen Zusammenarbeit für die MOE-Länder an Bedeutung. Da die wirtschaftspolitischen Probleme und Interessen der Länder untereinander ähnlicher sind als zwischen MOE-Ländern und EU, liegt es nahe, die Vorbereitung zu einer vollen EU-Mitgliedschaft durch den Aufbau einer regionalen Zusammenarbeit zu unterstützen. Gemeinsame Wettbewerbsbehörden und gemeinsame Regulierungsbehörden, an denen jeweils eine Gruppe von Ländern beteiligt sind, hätten den Vorteil, nicht nur Verwaltungsressourcen zu sparen, sondern vor allem auch sichtbare Beweise für Bereitschaft und Fähigkeit, gemeinsame Regeln durchzusetzen, zu schaffen. Eine regionale Zusammenarbeit hätte nicht zuletzt den Vorteil, daß gemeinsame Rechtsvorschriften der beteiligten Länder auf die Erfordernisse des Transformationsprozesses abgestellt werden könnten, anstatt eine übereilte Rechtsangleichung mit der EU zu fordern. Anders als bei der glücklosen Mitteleuropäischen Freihandelszone der Visegrad-4-Staaten, die letztlich an dem mangelnden Handelspotential der Mitglieder scheitern mußte, würde der Fokus der regionalen Integration der MOE-Länder auf dem Aufbau gemeinsamer Institutionen im Vorlauf der vollen EU-Mitgliedschaft liegen.

Die Beitrittsstrategie, die dadurch entwickelt würde, unterscheidet sich in einem ganz wesentlichen Punkt von der Lösung der reinen Verteilungsprobleme: Sie entwickelt eine gemeinsame Perspektive für die Gruppe der MOE-Länder. Während größere Flexibilität des Beitrittsprozesses - das heißt, zeitweise Beschränkung auf die Bereiche des Außenhandels - auch hier notwendig wären, kommt der Schaffung gemeinsamer Institutionen eine größere Bedeutung zu. Die Beitrittsstrategie würde von vornherein auf internationale Kooperation und nicht auf die Konzentration auf jeweils isolierte Einzelfälle abstellen. In dem Maße, in dem die regionale Zusammenarbeit der MOE-Länder auch durch technische Hilfe der EU entwickelt würde, könnten die Beitrittsländer die notwendigen Fähigkeiten und die erforderliche Reputation erlangen, die ihnen einen Beitritt in die EU erleichtern sollten.

5 Ausblick

Die Entscheidung für eine Beitrittsstrategie nach dem einen oder anderen Muster erfordert letztlich ein Abwägen, welches Problem für wichtiger erachtet wird: Die Verteilungsprobleme oder die Probleme der Unsicherheit bei der Durchsetzung gemeinsamer Regeln. Die Dominanz der Verteilungsproblematik führt zu Strategien, die eine rasche Rechtsangleichung, abgestufte Mitgliedschaften und individuelle Beitrittsprogramme betonen. Die Dominanz der Unsicherheitsproblematik führt dagegen zu Strategien, die auf eine allmähliche Rechtsangleichung, regionale Kooperation über den Aufbau marktwirtschaftlicher Institutionen und gezielte Regulierung des Handels zwischen der EU und den MOE-Ländern abzielen. Strategien zur Lösung der Verteilungsprobleme können daher die Unsicherheitsproblematik verschärfen, während Strategien zur Lösung der Unsicherheitsproblematik gleichzeitig auch die Verteilungsprobleme lösen helfen. Eine grundlegende Schwierigkeit der aktuellen Diskussion zwischen der EU und den MOE-Ländern liegt darin, daß Versuche, die Unsicherheitsproblematik zu verringern, versteckten Taktiken zur Umverteilung der Integrationsgewinne zugunsten der alten Mitglieder zum Opfer fallen. Um zu verhindern, daß die alten Mitglieder den Optionswert einer Verzögerung der Osterweiterung zu lange ausnutzen, muß dieses Mißverständnis überwunden werden.

Anmerkungen

1 Der folgende Aufsatz faßt die ausführliche Analyse in Hagen (1996a) zusammen. Dort finden sich auch ausführliche Quellenangaben.
2 Vgl. Drabek (1994).
3 Vgl. Hagen (1996b) für Details.
4 Vgl. auch Smith et al. (1996).
5 Vgl. zu dieser Diskussion Dewatripont et al. (1995).
6 Vgl. dazu Dewatripont et al. (1996).
7 Vgl. Fingleton et al. (1995).
8 Vgl. Thiel (1995).
9 Vgl. z. B. Swann (1996).

Literatur

Baldwin, Robert. 1994. *Towards an Integrated Europe*. London: CEPR.

Dewatripont, Mathias, Francesco Giavazzi, Jürgen von Hagen, Ian Harden, Torsten Persson, Gerard Roland, Andre Sapir und Guido Tabellini. 1995. *Flexible Integration*. London: CEPR.

Drabek, Zdenek. 1994. „A Call for the Renegotiation of the Europe Agreement". In *Prague Economic Papers* 2: 135-50.

Europäische Kommission. 1995. *Vorbereitung der Assoziierten Staaten Mittel- und Osteuropas auf die Integration in den Binnenmarkt der Union;* Weißbuch KOM(95) 163 endg. Brüssel.

Feinberg, Robert und Micke Meurs 1994. „Privatization and Antitrust in Eastern Europe: The Importance of Entry". In *Antitrust Bulletin*: 797-811.

Hagen, Jürgen von. 1996a. „The Political Economy of Eastern Enlargement of the EU". In *Economic Policy Initiative: Coming to Terms with Accession,* Report 2. London: CEPR,1-41.

—. 1996b. „Wirtschaftliche Entwicklung in den 90er Jahren". Anhang zu Laszlo Csaba, „Mittel und Osteuropa". In *Springers Handbuch der Volkswirtschaftslehre.* Heidelberg; hrsgg. von Jürgen von Hagen, Paul J.J. Welfens und Axel Börsch-Supan. Berlin: Springer, 401-05.

Smith, Alasdair, Peter Holmes, Ulrich Sedelmeier, Edward Smith, Helen Wallace und Alasdair Young. 1996. *The European Union and Central and Eastern Europe: Pre-Accession Strategies*. Sussex European Institute (Paper No. 15). Sussex.

Swann, Dennis. 1996. *The Economics of the Common Market*. New York, London: Penguin.

Thiel, Matthias. 1995. „Das Wettbewerbs- und Kartellrecht in Osteuropa". In *Osteuropa Recht*: 99-120.

Tirole, Jean. 1994. „Western Prudential Regulation: Assessment and Reflections on its Application to Central and Eastern Europe". In *Economics of Transition* 2: 129-50.

Volker Lipp

Funktion und Form der europäischen Gerichtsbarkeit

1 Einleitung

Im Laufe der letzten 45 Jahre hat sich in Europa im Rahmen der Europäischen Union (EU) eine europäischen Organisation von Rechtsprechung und damit eine europäische Gerichtsbarkeit institutionell ausgebildet, die Entwicklung und heutige Gestalt der „Rechtsgemeinschaft“ EU maßgeblich prägte und prägen wird. Die institutionelle Gestalt der europäischen Gerichtsbarkeit stellt daher eine Grundfrage moderner europäischer Institutionenpolitik dar, die wegen ihres Gegenstandes in besonderem Maße der Behandlung durch die Rechtswissenschaft bedarf.

Weithin unbemerkt ist die europäische Gerichtsbarkeit heute an einer Wegscheide ihrer Entwicklung angelangt. Das bislang scheinbar so fest gefügte dualistische System der europäischen Gerichtsbarkeit aus nationalen Gerichten und dem Gerichtshof der Europäischen Gemeinschaften (EuGH) als institutionellem Gemeinschaftsgericht erfuhr bereits im letzten Jahrzehnt dramatische Veränderungen,[1] und weitere stehen unmittelbar bevor.[2] Zudem bergen Vertiefung und Erweiterung der EU weitere große Herausforderungen, die Funktionalität und Effizienz der europäischen Gerichtsbarkeit in Frage stellen.[3] Im folgenden sollen daher auf dem Hintergrund der bisherigen Entwicklung die sich heute einer europäischen Institutionenpolitik bietenden Optionen für die künftige institutionelle Gestalt der europäischen Gerichtsbarkeit und deren Implikationen aus rechtswissenschaftlicher Sicht untersucht werden. Dabei wird es maßgeblich auf die Frage ankommen, welche Funktionen die europäische Gerichtsbarkeit als Organisation von Rechtsprechung innerhalb der EU zu erfüllen hat, um von dort her ihre adäquate institutionelle Form zu bestimmen.

2 Der EuGH als Opfer seines Erfolges

Der EuGH entstand 1952 als Gerichtshof der Europäischen Gemeinschaft für Kohle und Stahl (EGKS) und sollte die Rechtskontrolle der Hohen Behörde und den Rechtsschutz gegen ihre Maßnahmen gewährleisten.[4] Die Römischen Verträge wiesen ihm dann als dem gemeinsamen Gerichtshof der drei Gemeinschaften[5] ab 1958 die weitere Aufgabe zu, im Wege der Vorabentscheidung über die Auslegung des Gemeinschaftsrechts zu entscheiden und damit dessen Einheit zu wahren,[6] und bauten das Vertragsverletzungsverfahren aus.[7]

Die Existenz des EuGH und des Vorabentscheidungsverfahrens als Instrument zur Wahrung der Rechtseinheit machte man sich zunutze, um die einheitliche Auslegung des 1968 im Rahmen des Art. 220 EWGV geschlossenen Übereinkommens über die gerichtliche Zuständigkeit und die Vollstreckung von gerichtlichen Entscheidungen in Zivil- und Handelssachen (EuGVÜ)[8] sowie des noch nicht in Kraft getretenen Übereinkommens über die gegenseitige Anerkennung von Gesellschaften und juristischen Personen[9] zu sichern.[10] Aus Furcht vor einer Überlastung des EuGH und vor einer durch das Vorlageverfahren verursachten zu großen Dauer der Prozesse, sowie um eine vollständige Aufbereitung des Sachverhaltes für den EuGH sicherzustellen, beschränkte man in bewußter Abweichung von Art. 177 EWGV die Möglichkeit der Vorlage im Bereich des EuGVÜ auf die Rechtsmittelgerichte.[11] Die dabei auf der Ebene der unteren Gerichte entstehenden Unterschiede in der Auslegung des EuGVÜ könne man hinnehmen, da die Rechtsordnungen der Mitgliedstaaten Unterschiede in der Auslegung ihres nationalen Rechtes in gleichem Umfang tolerierten.[12] Dieselbe Regelung soll für das Übereinkommen von 1980 über das auf vertragliche Schuldverhältnisse anzuwendende Recht[13] und für das Europäische Insolvenzübereinkommen von 1995[14] gelten.

Schon bald nach der Errichtung des EuGH wurde die Forderung erhoben, den Rechtsschutz gegen Maßnahmen der Gemeinschaftsorgane dadurch zu verbessern, daß neben dem EuGH ein besonderes Tatsachengericht eingerichtet werde.[15] Im Laufe der Zeit sah man darin auch zunehmend eine Maßnahme zur Entlastung des EuGH.[16] Diese Überlegungen führten im Jahre 1988 zur Errichtung des Europäischen Gerichts erster Instanz (EuG) als eines Tatsachengerichts, gegen dessen Entscheidung ein auf Rechtsfragen beschränktes Rechtsmittel zum EuGH eingelegt werden kann.[17] Seine Zuständigkeit wurde in mehreren Schritten erweitert und erstreckt sich heute im

Grundsatz auf alle Direktklagen natürlicher oder juristischer Personen gegen die Gemeinschaften oder ihre Organe.[18] Nur die Vorabentscheidungen behalten die Verträge dem EuGH vor.[19] Dadurch wurde der EuGH zunächst deutlich entlastet. Gleichwohl befürchtet man heute, gerade zwei Jahre nach der letzten Erweiterung der Zuständigkeit des EuG, eine Überlastung nunmehr beider Gemeinschaftsgerichte und fordert weitere Reformen.[20] Einer der Gründe hierfür liegt in der Europäisierung des gewerblichen Rechtsschutzes.[21]

Während die Luxemburger Vereinbarung über Gemeinschaftspatente von 1989[22] in absehbarer Zeit nicht in Kraft treten und es damit voraussichtlich keine Gemeinschaftspatentgerichtsbarkeit mit einem außerhalb des institutionellen Rahmens der EU angesiedelten Gemeinsamen Berufungsgericht in Patentsachen[23] geben wird, ist die Entwicklung im übrigen Bereich des gewerblichen Rechtsschutzes weit vorangeschritten.[24] Mittels entsprechender Verordnungen nach Art. 235 EGV wurden eine Gemeinschaftsmarke[25] und ein gemeinschaftlicher Sortenschutz[26] geschaffen, die von Ämtern der Gemeinschaft verwaltet werden.[27] Den Rechtsschutz gegen Entscheidungen dieser Ämter gewährleistet die Klage vor dem EuG, mit der Möglichkeit eines Rechtsmittels zum EuGH[28], während die einheitliche Anwendung des durch die Verordnungen neu geschaffenen Gemeinschaftsmarken- bzw. Sortenschutzrechts als Sekundärrecht der EG durch das Vorabentscheidungsverfahren vor dem EuGH nach Art. 177 EGV gesichert ist.

Der gemeinschaftliche Sortenschutz kann ausschließlich vom Gemeinschaftlichen Sortenamt gewährt oder entzogen werden.[29] Die nationalen Gerichte entscheiden daher lediglich über die sich aus dem europäischen Sortenschutz ergebenden Rechte, weshalb sich die SortenVO auf die Regelung ihrer gerichtlichen Zuständigkeit und der Anerkennung ihrer Entscheidungen beschränkt.[30] Die GemeinschaftsmarkenVO trifft zwar zunächst eine entsprechende Regelung.[31] Darüber hinaus errichtet sie aber aus ausgewählten nationalen Gerichten ein System von Gemeinschaftsmarkengerichten 1. und 2. Instanz, die nicht nur über die Verletzung, sondern auch über die Gültigkeit der Gemeinschaftsmarke entscheiden und regelt einzelne Aspekte ihres Verfahrens.[32] Das Vorbild der geplanten Gemeinschaftspatentgerichtsbarkeit ist dabei unverkennbar. Allerdings errichtet die GemeinschaftsmarkenVO kein dem Gemeinsamen Berufungsgericht in Patentsachen[33] vergleichbares, neues Gericht.[34] Dessen Aufgabe kommt nach dem System der GemeinschaftsmarkenVO dem EuGH zu. Er entscheidet zum einen als Rechtsmittelgericht endgültig über den Verwaltungsrechtsstreit gegen die

Entscheidung des Amtes und damit auch über Gültigkeit und Wirkung der Gemeinschaftsmarke. Zum anderen wird er im Rahmen der Zivilprozesse vor den nationalen Gemeinschaftsmarkengerichten dann mit diesen Fragen befaßt, wenn sie ihm nach Art. 177 EGV zur Vorabentscheidung vorgelegt werden. Der Umfang der Vorlagepflicht der Gemeinschaftsmarkengerichte ist daher sowohl für die Einheitlichkeit der Gemeinschaftsmarke als auch für die künftige Belastung des EuGH von zentraler Bedeutung,[35] zumal das System der GemeinschaftsmarkenVO als Vorbild für die weitere Entwicklung des gewerblichen Rechtsschutzes in den Gemeinschaften dienen soll.[36]

Allein die markenrechtlichen Streitigkeiten werden das gegenwärtige System der Gemeinschaftsgerichtsbarkeit bereits vor große Herausforderungen stellen. So erwarten das schon heute voll ausgelastete EuG etwa jährlich 250 Klagen gegen Entscheidungen des Markenamtes und der längst überlastete EuGH neben etwa jährlich 80 Rechtsmittelverfahren eine noch nicht vorhersehbare Zahl von Vorabentscheidungsersuchen.[37]

3 Neue Gemeinschaftsgerichte als Ausweg?

Für den Bereich des gewerblichen Rechtsschutzes ist daher wiederholt gefordert worden, europäische Gerichte unterhalb des EuGH zu schaffen[38]. Ein ähnlicher Vorschlag wurde in einer auf Anregung des Europäischen Parlaments entstandenen Studie zur künftigen Struktur der Gemeinschaftsgerichtsbarkeit entwickelt.[39] Danach sollen in Anlehnung an das System der Bundesgerichte in den USA vier regionale Gemeinschaftsgerichte errichtet werden, die für Klagen Privater gegen die Gemeinschaften sowie für Vorlagen unterer nationaler Gerichte zuständig sein sollen.[40] In Fällen allgemeiner Bedeutung ist ein Rechtsmittel zum EuGH vorgesehen, der weiterhin zuständig sein soll für die Vorlagen der obersten nationalen Gerichte, für Klagen der Organe der Gemeinschaften untereinander sowie für Streitigkeiten zwischen der Gemeinschaft und den Mitgliedstaaten. Andere schlagen sogar eine Übernahme des amerikanischen Systems vor, wonach die regionalen Gemeinschaftsgerichte auch über Streitigkeiten von Bürgern aus verschiedenen Mitgliedstaaten entscheiden würden.[41] Dieser Vorschlag macht indes deutlich, daß es in dieser Diskussion nicht nur um die Verteilung von Zuständigkeiten auf verschiedene Gemeinschaftsgerichte geht, sondern auch die Aufgabe der nationalen Gerichte in der Gemeinschaftsrechtsordnung zur

Debatte steht und damit die Struktur der europäischen Gerichtsbarkeit insgesamt.

Die europäische Gerichtsbarkeit ist damit an einer Wegscheide ihrer Entwicklung angelangt. Für die *Justiz* bieten sich zwei Möglichkeiten: Entweder ein Ausbau des bisherigen „dualistischen" Systems aus EuGH und nationalen Gerichten oder die Errichtung eines neuen Systems von „europäischen Regionalgerichten" nach dem Vorbild der Bundesgerichte in den USA. Daneben stellt sich die Frage, wem die Aufgaben der *Verwaltungsgerichtsbarkeit* und der *Verfassungsgerichtsbarkeit* innerhalb der EU obliegen sollen. Die Antworten auf diese Fragen entscheiden über die künftige Gestalt der europäischen Gerichtsbarkeit und damit zugleich über die Zukunft der EU als Rechtsgemeinschaft.

4 Gemeinschaftsrecht und europäische Gerichtsbarkeit

Die Europäische Union stellt nicht nur einen wirtschaftlichen und politischen Zweckverband dar. Sie ist darüber hinaus auch eine Rechtsgemeinschaft, weil sie ihrer Entstehung und Struktur nach eine Einrichtung des Rechts ist, die ihre Integrationsziele mit den Mitteln und im Rahmen des Rechts verfolgt.[42] Die Entwicklung und Gestalt dieser Rechtsgemeinschaft sind maßgeblich bestimmt durch die Gerichtsbarkeit, in der ihr Recht verwirklicht wird. So erlangte das für eine durch das Recht konstitutierte Gemeinschaft fundamentale Prinzip der einheitlichen Anwendung des Gemeinschaftsrechts erst infolge der mit dem Vorabentscheidungsverfahren institutionalisierten Kooperation von nationalen Gerichten und EuGH tatsächliche Geltung.[43] Ist die Verwirklichung des Gemeinschaftsrechts derart durch das System der europäischen Gerichtsbarkeit bedingt, muß sich dieses auch umgekehrt am Gemeinschaftsrecht und seinen Prinzipien orientieren.[44] Maßgebend auch für die Ausgestaltung der europäischen Gerichtsbarkeit sind demnach die das gesamte materielle Gemeinschaftsrecht prägenden Grundsätze der gegenseitigen Anerkennung der Rechtsordnungen als gleichwertig,[45] der Subsidiarität,[46] der funktionalen Rechtsangleichung[47] sowie der unmittelbaren Wirkung und des Vorrangs des Gemeinschaftsrechts.[48]

Es entspricht dem Subsidiaritätsprinzip, wenn die Verträge grundsätzlich die jeweiligen nationalen Gerichte zur Entscheidung aller Rechtsstreitigkeiten berufen.[49] Sie haben dabei neben ihrem nationalen Recht auch das einschlägige „europäische Recht" (Gemeinschaftsrecht, angeglichenes Recht usw.) anzuwenden. Infolge der unmittelbaren Wirkung und des Vorrangs des Gemeinschaftsrechts werden sie dadurch funktionell zu „europäischen Gerichten".[50] Ebenso wie die Rechtsordnungen, denen sie entstammen, sind diese Gerichte und ihre Entscheidungen als einander gleichwertig anzuerkennen, auch wenn damit infolge der bestehenden Unterschiede in Prozeßrecht, Gerichtsorganisation und Rechtskultur regionale Unterschiede in diesem „europäischen Recht" entstehen können. Diese gegenseitige Anerkennung der Entscheidungen hat ihren Ausdruck im EuGVÜ und den ihm nachgebildeten Ordnungen gefunden.[51] Zugleich weist das Beispiel des EuGVÜ jedoch auch darauf hin, daß die Anerkennung ihrerseits bestimmte Voraussetzungen hat: die Angleichung der Regeln über die gerichtliche Zuständigkeit[52] und die Einhaltung gemeinsamer fundamentaler Verfahrensgarantien.[53] Die Erfüllung dieser Erfordernisse gewährleistet außer dem EuGVÜ selbst[54] insbesondere das der Gemeinschaftsrechtsordnung inhärente Gebot des effektiven Rechtsschutzes der durch sie begründeten Rechte[55] und die gemeinsame Verpflichtung der europäischen Staaten auf die Europäische Menschenrechtskonvention und deren verfahrensrechtliche Garantien.[56]

Die GemeinschaftsmarkenVO entwickelt diesen Ansatz in zweifacher Hinsicht weiter.[57] Zum einen werden die als Gemeinschaftsmarkengerichte bestimmten nationalen Gerichte mit zunehmender Erfahrung nicht nur funktionell, sondern auch ihrer Praxis und ihrem Selbstverständnis nach zu europäischen Gerichten.[58] Zum anderen vereinheitlicht sie einzelne Aspekte ihres Verfahrens, um damit einen gleichwertigen Schutz der Gemeinschaftsmarke in allen Mitgliedstaaten zu sichern.[59]

Das gegenwärtige System der europäischen Gerichtsbarkeit ermöglicht demnach sowohl die gegenseitige Öffnung der verschiedenen nationalen Gerichtsbarkeiten[60] wie auch ihre Annäherung im Wege der Basisvereinheitlichung[61] und entspricht damit den Prinzipien des materiellen Gemeinschaftsrechts einschließlich des Subsidiaritätsprinzips. Es besteht daher kein Anlaß, neben den bereits als Gemeinschaftsgerichten fungierenden nationalen Gerichten nach dem Vorbild der USA zusätzlich gemeinschaftliche Regionalgerichte zu errichten, die dann neben den nationalen Gerichten oder gar an deren Stelle über Streitigkeiten auf dem Gebiet des Gemeinschaftsrechts oder zwischen Bürgern verschiedener Staaten zu entscheiden hätten.[62]

Anders liegt die Sache in Streitigkeiten zwischen der EU und einem Bürger, die schlagwortartig als „europäische Verwaltungsgerichtsbarkeit" bezeichnet werden sollen.[63] Hier geht es nicht nur um die Anwendung europäischen Rechts in einem sonst von nationalem materiellem und Verfahrensrecht geprägten Rechtsstreit, sondern vor allem auch um die Tatsachenfeststellung zur Entscheidung dieses Rechtsstreites.[64] Entschieden hierüber die jeweiligen nationalen Gerichte, führte dies angesichts ihrer unterschiedlichen Prozeßrechte, Gerichtsorganisation und Rechtskultur zu einem unterschiedlichen Rechtsschutz gegenüber der EU und damit zu einer nicht zu rechtfertigenden Ungleichbehandlung ihrer Bürger. Deshalb muß in „europäischen Verwaltungsrechtsstreitigkeiten" ein eigenes Gericht der EU endgültig in der Sache entscheiden. Soweit jedoch nicht die EU, sondern ein Mitgliedstaat die Maßnahme gegenüber dem Bürger trifft, handelt es sich nicht um einen europäischen, sondern um einen nationalen Verwaltungsrechtsstreit, den die nationalen Gerichte zu entscheiden haben, wobei sie neben dem nationalen Recht auch das einschlägige europäische Recht anwenden.[65]

Die Aufgabe eines europäischen Verwaltungsgerichts erfüllte ursprünglich der EuGH. Heute nimmt sie das EuG wahr, während der EuGH als Rechtsmittelgericht fungiert.[66] Nach Erlaß der GemeinschaftsmarkenVO und der SortenVO schließt sie auch die Entscheidung von Klagen gegen die Entscheidungen der Gemeinschaftsämter im gewerblichen Rechtsschutz ein, die in Deutschland aus Gründen der Sachnähe dem Bundespatentgericht und dem Bundesgerichtshof zugewiesen sind.[67] Das EuG übernimmt insoweit damit auch die Funktion eines Spezialgerichts für gewerblichen Rechtsschutz, die nach der Vereinbarung über Gemeinschaftspatente noch durch ein besonderes, außerhalb der Gemeinschaft zu errichtendes Gericht erfüllt werden sollte.[68]

Hier stellt sich nun die Frage nach der Regionalisierung oder der Errichtung eines Spezialgerichtes erneut, - allerdings in einem ganz anderen Zusammenhang, in dem der Gesichtspunkt der Subsidiarität keine Rolle spielt. Es geht nunmehr allein darum, ob die Aufgabe der „europäischen Verwaltungsgerichtsbarkeit" wie bisher von einem zentralen, eventuell vergrößerten und mit spezialisierten Kammern versehenen Gemeinschaftsgericht 1. Instanz (dem EuG) oder statt dessen von mehreren regionalen Gemeinschaftsgerichten 1. Instanz erfüllt werden sollte, neben die dann weitere Gemeinschaftsgerichte als zentrale Spezialgerichte beispielsweise für gewerblichen Rechtsschutz treten könnten.[69] Für die Beibehaltung des EuG als zentralem Gericht spricht einmal, daß sich die interne Organisation eines Gerichts leichter den Bedürfnissen anpassen läßt als die Zuständigkeiten mehrerer selbständiger Gerichte und vor allem, daß innerhalb eines Gerichts die Einheitlichkeit der Rechtsprechung einfacher herzustellen und zu sichern ist.[70] Es sollten daher weder neue regionale Gerichte anstelle des EuG noch neue Spezialgerichte wie etwa das Gemeinsame Berufungsgericht in Patentsachen[71] neben ihm errichtet werden.

Daneben muß die europäische Gerichtsbarkeit die Einheit des „europäischen Rechts“ gewährleisten.[72] Es bedarf daher *eines* europäischen Gerichts, das Fragen dieses gemeinsamen Rechts unabhängig von den Tatfragen des Einzelfalles abschließend entscheidet. Ihm obliegt zugleich dessen Fortbildung und die Integration der Rechtsordnungen der Mitgliedstaaten in dieses Recht. Gegenwärtig kommt diese Aufgabe dem EuGH zu. Wesentliche Mittel hierfür sind einerseits das Vorabentscheidungsverfahren und die Vorlagepflicht der nationalen Gerichte, andererseits die Rechtsmittel zum EuGH gegen die Entscheidungen des EuG als erst-instanzlichem Tatsachengericht der EU.[73] Diese immer wieder von neuem[74] zu bewältigende Aufgabe erfordert zwingend die Mitwirkung aller in der Union vertretenen Rechtsordnungen auf der Richterbank und die Beteiligung der Mitgliedstaaten im Verfahren.[75] Das muß bei allen Reformen beachtet werden, da ansonsten diese Funktion des EuGH gefährdet wird. Die Vorabentscheidungsverfahren sollten daher beim EuGH verbleiben und nicht, wie vielfach vorgeschlagen wird, auf das EuG[76] bzw. die an seine Stelle tretenden regionalen Gemeinschaftsgerichte[77] oder das Gemeinsame Berufungsgericht in Patentsachen[78] übertragen werden.

Eine seine Funktion nicht gefährdende Entlastung des EuGH kann demnach nur in der Weise erfolgen, daß man die Zahl der Verfahren reduziert,[79] indem man etwa das Konzept des EuGVÜ fortentwickelt und das Recht, den EuGH um Vorabentscheidung zu ersuchen, auf das im konkreten Fall letztinstanzlich entscheidende nationale Gericht beschränkt.[80] Es besteht kein Grund, warum das europäische Recht die auf der Ebene der unteren Gerichte hierdurch entstehenden Unterschiede nicht ebenso akzeptieren sollte wie das jeweilige nationale Recht.[81] Ein solcher Ansatz entspricht zudem eher dem Subsidiariätsprinzip als die bisherige Regelung der Art. 177 II EGV, 150 II EAGV.[82]

In einer durch das Recht konstitutierten Europäischen Union stellt die Entscheidung von Streitigkeiten zwischen den Organen der EU und zwischen der EU und den Mitgliedstaaten auf der Grundlage dieses Rechts eine besondere Aufgabe der europäischen Gerichtsbarkeit dar, die man schlagwortartig als „europäische Verfassungsgerichtsbarkeit“ im funktionellen Sinn bezeichnen kann.[83] Fragen des institutionellen Gleichgewichts zwischen den Organen der EU einerseits und der Kompetenzverteilung im Verhältnis von EU und Mitgliedstaaten und damit des Subsidiaritätsprinzips andererseits stellen sich aber nicht nur in diesen, sondern sehr häufig auch in anderen Rechtsstreitigkeiten, in denen europäisches Recht anzuwenden ist.[84] Umgekehrt berührt die Herstellung und Fortbildung dieses Rechts vielfach das Kompetenzgefüge der Union, wie u.a. das Beispiel der Haftung eines Mitgliedstaates für die nicht erfolgte Umsetzung einer Richtlinie zeigt[85]. Für beide Aufgaben ist zudem die Mitwirkung aller in der Union vertretenen Rechtsordnungen auf der Richterbank und die Beteiligung der Mitgliedstaaten im Verfahren unverzichtbar.[86] Eine Trennung von Justiz und Verfassungsgerichtsbarkeit auf europäischer Ebene und die Verteilung dieser Aufgaben auf verschiedene Institutionen empfiehlt sich deshalb nicht. Der EuGH sollte demnach auch in Zukunft zugleich Oberstes Gericht und Verfassungsgericht der EU bleiben.[87]

6 Zusammenfassung: Europäische Institutionenpolitik und institutionelle Form der europäischen Gerichtsbarkeit

Maßstab für Funktionalität und Effizienz des Systems der europäischen Gerichtsbarkeit ist das Gemeinschaftsrecht mit seinen Prinzipien, auf das die europäische Gerichtsbarkeit bezogen ist und das ihre institutionelle Form bestimmt.

Grundsätzlich sind danach die jeweiligen nationalen Gerichte zur Entscheidung aller Rechtsstreitigkeiten berufen. Deshalb ist die Errichtung eines Systems von europäischen Regionalgerichten nach dem Vorbild der Bundesgerichte in den USA abzulehnen. Wie das EuGVÜ zeigt, setzt dies jedoch eine Angleichung der gerichtlichen Zuständigkeiten und die Einhaltung grundlegender Verfahrensgarantien voraus.

Dagegen muß in „europäischen Verwaltungsstreitigkeiten“ zwischen der EU und einem Bürger ein eigenes Gericht der EU endgültig in der Sache entscheiden, um einen unterschiedlichen Rechtsschutz gegenüber der EU zu vermeiden. Das EuG ist daher als allgemeines Verwaltungsgericht der EU auszugestalten. Regional- oder Spezialgerichte sollten nicht errichtet werden.

Eine besondere Aufgabe sind Streitigkeiten zwischen den Organen der EU und den Mitgliedstaaten („europäische Verfassungsgerichtsbarkeit"). Aufgrund der Struktur der EU geht es in diesen Verfahren oft zugleich um die Fortbildung und Einheit des europäischen Rechts, wie auch umgekehrt Herstellung und Fortbildung dieses Rechts das Verfassungsgefüge der EU häufig berühren. Der EuGH sollte demnach auch in Zukunft zugleich Oberstes Gericht und Verfassungsgericht der EU sein.

Die gegenwärtigen Herausforderungen erfordern daher keine institutionellen Änderungen auf europäischer Ebene, sondern können durch eine funktionsbezogene Entwicklung des gegenwärtigen Systems der europäischen Gerichtsbarkeit bewältigt werden.

Anmerkungen

1 Dazu unten II.3. und 4.

2 Dazu unten II.4. bei Fn. 36.

3 Vgl. die Prognosen in Everling (1995); Jaqué Weiler (1990); Koopmans 1991; Kapteyn (1994); Rambow (1995, 1183f.) und Vandersanden (1994).

4 Art. 7, 31ff. EGKSV. Vgl. Mosler (1951, 41ff.) und Kutscher (1981).

5 EGKS, Europäische Atomgemeinschaft (EAG) und Europäische Wirtschaftsgemeinschaft (EWG). Letztere wurde 1992 durch Art. G des Vertrages von Maastricht über die Europäische Union (EUV) zur Europäischen Gemeinschaft (EG).

6 Art. 177 EWGV, 150 EAGV. Vgl. Kutscher (1981, 397 und Fn. 21). Demgegenüber sah Art. 41 EGKSV eine Vorlage nur dann vor, wenn die Gültigkeit eines Beschlusses infrage stand. Um die Kohärenz der Gemeinschaftsverträge zu wahren, hält man heute allgemein eine Vorlage auch zur Auslegung von Gemeinschaftsrecht im Rahmen der EGKS für zulässig (vgl. EuGH, Slg. 1990, 495ff. - Busseni; Krück [1991], Art. 177 Rn. 98).

7 Everling (1993c, 296).

8 BGBl 1972 II: 774.

9 BGBl 1972 II: 370.

10 Protokoll betreffend die Auslegung des Übereinkommens durch den Gerichtshof v. 3.6.1971, BGBl 1972 II: 846 (EuGVÜ) bzw. 858 (Anerkennungsübereinkommen).

11 Art. 2 Nr. 2 des Protokolls. Vgl. dazu Jenard (1979, Nr. 11.1); Rasmussen (1978, 251ff.) und Kropholler (1996, Einleitung Rn. 22). Kritisch Schlosser (1975, 536).

12 Jenard (1979, Nr. 11.1).

13 Art. 2 des Ersten Brüsseler Protokolls betreffend die Auslegung des (...) Übereinkommens (...) durch den Gerichtshof der Europäischen Gemeinschaften v. 19.12.1988, ABl

1989, Nr. L 48: 1ff. (Das Protokoll ist noch nicht in Kraft.) Das Übereinkommen ist abgedruckt in BGBl 1986 II: 810.

14 Art. 44 des Europäischen Übereinkommens über Insolvenzverfahren vom 23.11.1995, abgedruckt in: Zeitschrift für Wirtschaftsrecht (ZIP) (1996, 976ff.) - noch nicht in Kraft.

15 Zweigert (1965, 584f., 589ff).

16 Ausführlich dazu Bülow (1980, 310ff., 315 f., und schon Zweigert (1965, 587).

17 Beschluß des Rates vom 24.10.1988 zur Errichtung eines Gerichts erster Instanz der Europäischen Gemeinschaften (88/591 EGKS, EWG, Euratom), ABl 1988 Nr. L 319: 1ff. Vgl. auch Biancarelli (1990); Jung (1991b), Rn. 5ff. und Millet (1990, 1ff).

18 Beschluß des Rates vom 8.6.1993 zur Änderung des Beschlusses 88/591 EGKS, EWG, Euratom (93/350 Euratom, EGKS, EWG), ABl 1993 Nr. L 144, 21f.; Beschluß des Rates vom 7.3.1994 zur Änderung des Beschlusses 93/350 Euratom, EGKS, EWG zur Änderung des Beschlusses 88/591 EGKS, EWG, Euratom (94/149 EGKS, EG), ABl 1994 Nr. L 66: 29. Vgl. auch Kirschner (1995), Rn. 39 und Rengeling Middeke Gellermann (1994), Rn. 48f.

19 Art. 168a I 2 EGV, 140a I 2 EAGV, Art. 32d I 2 EGKSV.

20 Vgl. z.B. Kapteyn (1994, 141ff).

21 Überblick bei Sack (1992).

22 Luxemburger Vereinbarung über Gemeinschaftspatente (VGP) vom 15.12.1989 mit dem Übereinkommen über das europäische Patent für den Gemeinsamen Markt (Gemeinschaftspatentübereinkommen) und dem Protokoll über die Regelungen von Streitigkeiten über die Verletzung und Rechtsgültigkeit von Patenten, ABl 1989 Nr. L 401, 1ff., 10ff., 34ff.

23 Zu diesem Gericht und seiner Stellung Schäfers (1993) und Pakuscher (1985).

24 Zur Entwicklung bis 1992 vgl. Sack (1992, 60f., 64f., 68f., 70ff).

25 VO über die Gemeinschaftsmarke, VO (EG) Nr. 40/94 des Rates vom 20.12.1993, ABl 1994 Nr. L 11: 1ff.

26 VO über den gemeinschaftlichen Sortenschutz - SortenVO, VO (EG) Nr. 2100/94 des Rates vom 27.7.1994, ABl 1994 Nr. L 227: 1ff.

27 Harmonisierungsamt für den Binnenmarkt (Marken, Muster und Modelle), Art. 2, 111ff. GemeinschaftsmarkenVO. Gemeinschaftliches Sortenamt, Art. 4, 30ff. SortenVO.

28 Art. 57ff., 63 GemeinschaftsmarkenVO, Art. 67ff., 73, 74 SortenVO. Zur Zuständigkeit des EuG vgl. oben II.3.

29 Art. 105 f. SortenVO.

30 Art. 101ff. SortenVO.

31 Art. 90 GemeinschaftsmarkenVO.

32 Art. 91ff. GemeinschaftsmarkenVO. Zu den hierbei aus dem Zusammenspiel von nationalem und Gemeinschaftsrecht entstehenden Problemen Kohler (1995, 656ff).

33 Vgl. oben Fn. 22.

34 Art. 235 EGV begründet keine Kompetenz für die Errichtung eines neuen Gemeinschaftsgerichtes, vgl. Jung (1995, 612ff., 626ff.). Zu den sonstigen Hindernissen vgl. Mühlendahl (1989, 358f.).

35 Vgl. dazu Jung (1995, 617f.).

36 Geschmacksmusterrecht: Art. 65, 83ff. des Entwurfes einer VO über das Gemeinschaftsgeschmacksmuster - GeschmacksmusterVO, 94/C29/02, ABl 1994 Nr. C 29:

20ff. Gebrauchsmusterrecht: Art. 70 des Diskussionsentwurfes des Max-Planck-Instituts (MPI) für ausländisches und internationales Patent-, Urheber und Wettbewerbsrecht für ein europäisches Gebrauchsmusterrecht, in: Gewerblicher Rechtsschutz und Urheberrecht. Internationaler Teil (GRUR Int.) (1994, 574ff.) und Ringberg-Symposion „Europäisches Gebrauchsmusterrecht" des MPI 1993, Bericht in: GRUR Int. 1994, 549ff., 566ff. Auch das Patentrecht soll in die EU zurückgeführt werden (so Bossung 1995), was sich notwendig auf die Patentgerichtsbarkeit auswirken wird.

37 So die Prognose des Kanzlers des EuG Jung (1995, 625f.).

38 Mühlendahl (1989, 359); Jung (1995, 627f.) und Kohler (1995, 667).

39 Jaqué und Weiler (1990).

40 Das EuG soll daneben als zentrales Dienstgericht und Gericht für Zoll- und Wirtschaftsstreitigkeiten ausgebaut werden. Sein Verhältnis zu den regionalen Gemeinschaftsgerichten bleibt unklar.

41 So Schanze und Kötz in der Diskussion auf dem Symposium des MPI in Hamburg am 3. und 4.5.1991 (berichtet von Remien 1992, 41 Fn. 166. Zu den i.d.R. nicht ausschließlichen Zuständigkeiten der Bundesgerichte in den USA vgl. Hay (1995, 50ff.).

42 Hallstein 1962; EuGH, Slg. (1986, 1339ff., 1365) - Les Verts; BVerfGE 89: 155ff., 191ff., 209ff. - Maastricht; Schermers, Waelbroeck (1992, §266); Dauses (1994, D11f.) und Isensee (1995).

43 Zum Problem vgl. Kropholler 1975, 144ff., 258ff., 280ff.; Basedow 1982, Rn. 19. Zur Bedeutung des EuGH für die Einheitlichkeit des Gemeinschaftsrechts Oppermann (1991, Rn. 341ff.).

44 Diesen Zusammenhang betonte im Hinblick auf ein europäisches Zivilprozeßrecht schon Spellenberg 1980. Vgl. auch Iglesias (1992, 226).

45 Dazu ausführlich Taupitz 1993, 55ff.; Nicolaysen (1995, 160f.).

46 Art. B EUV, 3b EGV. Seine Konsequenzen sind jedoch heftig umstritten, vgl. die Beiträge in Hrbek (1995), und in Weidenfeld (1995, 133ff.) und Constantinesco (1991). Zur früheren Diskussion vgl. Taupitz (1993, 55ff.). Zu seiner Bedeutung für die Gerichtsbarkeit Iglesias (1992, 226).

47 Oppermann (1991, Rn. 1066ff.); Taupitz (1993, 35f.) und Remien (1992, 23ff.).

48 EuGH Slg. (1963: 1ff., 24) - van Gend & Loos; Slg. 1964: 1251ff., 1270 - Costa/ENEL. Ausführlich dazu Dauses (1994, D 29ff., D 39ff.).

49 Vgl. Art. 183 EGV, 155 EAGV, 43 EGKSV. Insofern verwirklicht der Grundsatz der begrenzten Einzelermächtigung, der auch für die Zuständigkeit des EuGH/EuG gilt (Art. E EUV, 4 I 2 EGV, 3 I 2 EAGV. Vgl. auch BVerfGE 89: 155ff., 192 - Maastricht; Krück [1991], Art. 164 Rn. 1), den Gedanken der Subsidiarität.

50 Dauses (1994, D 13).

51 Art. 26, 29 EuGVÜ, 101ff. SortenVO, 90 GemeinschaftsmarkenVO. Vgl. auch das Anerkennungsprotokoll zum Münchener Übereinkommen über die Erteilung europäischer Patente (EPÜ) vom 5.10.1973, BGBl 1975 II: 649, 826 (dazu Le Tallec [1985]) und Art. 26, 29 des Parallelabkommens von Lugano zum EuGVÜ zwischen den Mitgliedstaaten der EG und der EFTA vom 16.9.1988 (ABl 1988 Nr. L 319: 9ff.), sowie das Europäische Insolvenzübereinkommen von 1995 (oben Fn. 14).

52 Art. 3 EuGVÜ.

53 Art. 27, 28 EuGVÜ.

54 Art. 2ff., 27 Nr. 2 EuGVÜ.

55 Vgl. Rengeling, Middeke, Gellermann (1994, Rn. 7); Dauses (1994, D 12) und Everling (1993c, 298).
56 Europäische Konvention zum Schutze der Menschenrechte und Grundfreiheiten vom 4.11.1950 (BGBl 1952 II: 686, 953). Vgl. auch Art. F II EUV.
57 Vgl. ausführlich oben II.4.
58 Das zeigt sich bereits heute an denjenigen deutschen Gerichten, die wie das FG Hamburg, der BFH oder das VG Frankfurt a.M. häufig Gemeinschaftsrecht anzuwenden haben (Dauses [1994, D 122]; Voss [1983]; Beisse [1989]).
59 Zur Bedeutung der Unterschiede im Verfahren für den Schutz der Marke. Bastian, Knaak (1993) bzw. für den Schutz des Patents Brinkhof (1993).
60 Fasching (1992).
61 Dazu Taupitz (1993, 67f.). Zum Zivilprozeß vgl. Prütting (1990); Stürner (1992); Wolf (1992) und Spellenberg (1980).
62 Ebenso Everling (1993a, 10f., 13), 1993b, 55) und Remien (1992, 41). Ablehnend auch Kapteyn (1994, 148f.) und Dauses (1994, D 100), die dies allerdings lediglich mit der Gefahr für die Einheit des Gemeinschaftsrechts begründen, die freilich auch besteht, wenn die nationalen Gerichte als funktionelle Gemeinschaftsgerichte entscheiden.
63 Einschließlich der Streitigkeiten zwischen der EU und ihren Bediensteten (vgl. dazu van Raepenbusch 1992).
64 Vgl. zu diesem Unterschied Edward 1995, 543ff.; Due 1987 und die Diskussion um die Errichtung des EuG (oben II.3.).
65 Everling (1993c, 297f.).
66 Vgl. oben II.3.
67 Vgl. Stauder (1991, 536f.).
68 Vgl. oben II.4.
69 So etwa das EuG in seinen „Überlegungen zur Entwicklung der Gemeinschaftsgerichtsbarkeit", Zweiter Teil, I.3. (in: Jung [1991a, 162f.]).
70 Kapteyn (1994, 149); Everling (1993b, 55ff.) und Dauses (1994, D 98ff.).
71 Vgl. oben II.4.
72 Everling (1993a 5).
73 Art. 168a I EGV, 140a I EAGV, 32d I EGKSV.
74 Das übersieht Dauses (1994, D 102f.).
75 Koopmans (1991, 24ff.); Edward (1995, 552f.); Everling (1983, 137ff.; 1993c, 300ff.).
76 So z.B. das EuG (Fn. 69), 2. Teil, II.B.2. Ebenso Oppermann (1994, 907); Everling (1993a, 14) und (1993b, 51f., 57).
77 Jaqué und Weiler (1990, 192).
78 Vgl. oben II.4.
79 Überblick über die verschiedenen Vorschläge bei Dauses 1994, D 87ff., 93ff., 118ff.
80 Dazu ausführlich Lipp (1997).
81 Vgl. dazu oben II.2.
82 Zur Bedeutung der Subsidiarität für die Verteilung der Zuständigkeit Iglesias 1992.
83 Ausführlich Skouris (1989 75ff.) und Iglesias (1992). Aus dieser Aufgabenbeschreibung folgt weder, daß das Primärrecht der Europäischen Union bereits heute eine Verfassung vergleichbar etwa der eines Nationalstaates darstellt, noch daß die Europäische Union künftig eine derartige Verfassung braucht. Diese verschiedenen Aspekte

werden in der „Verfassungskontroverse" (vgl. dazu neuestens Koenig 1996) nicht immer voneinander getrennt.

84 So sind viele der richtungsweisenden Entscheidungen des EuGH auf Vorlage nationaler Gerichte ergangen, denen sich die entsprechenden Fragen des Gemeinschaftsrechts als Vorfragen stellten (z.B. EuGH, Slg. 1964: 1251ff. - Costa/ENEL; Slg. 1979: 649ff. - Rewe bzw. Cassis de Dijon).

85 EuGH, Slg. 1991: 5357ff. - Francovich. Vgl. dazu Zuleeg (1994).

86 Everling (1993a, 14); Edward (1995, 543f., 548f.) und Deringer (1987, 218).

87 Kapteyn (1994, 146ff.). Im Ergebnis ebenso Nr. 1 a der Entschließung des Europäischen Parlaments vom 16.9.1993 (ABl 1993 Nr. C 268: 156) und das überwiegende Schrifttum (vgl. statt vieler Everling [1993, 14f.; [1995, 263f.]; Iglesias [1992, 225f.]; Oppermann [1994, 902f., 907] und Biancarelli [1990, 9, 10, 24]). Auch Jaqué und Weiler (1990, 199ff.) schlagen diesbezüglich keine Änderung vor.

Literatur

Basedow, Jürgen. 1982. „Europäisches Zivilprozeßrecht. Allgemeine Fragen des Europäischen Gerichtsstands- und Vollstreckungsübereinkommens". In *Handbuch des Internationalen Zivilverfahrensrechts* Bd. 1, Kap. II; hrsgg. vom Max-Planck-Institut für ausländisches und internationales Privatrecht. Tübingen: Mohr, 99-181.

Bastian, Eva-Marina und Roland Knaak. 1993. „Der Markenverletzungsprozeß in den Ländern der EG". In *Gewerblicher Rechtsschutz und Urheberrecht. Internationaler Teil. Zeitschrift der Vereinigung für gewerblichen Rechtsschutz und Urheberrecht* 95: 515-26.

Beisse, Heinrich. 1989. „Funktion und praktische Auswirkung der richterlichen Vorlagen an den Europäischen Gerichtshof aus der Sicht des Bundesfinanzhofs". In *Das Zusammenwirken der europäischen Gerichte und der nationalen Gerichtsbarkeit.* Heidelberg: Müller, 19-38.

Biancarelli, Jaques. 1990. „La création du Tribunal de première instance des Communautés européennes, un luxe ou une necessité?". In *Revue trimestrielle du droit européen* 26: 1-25.

Bossung, Otto. 1995. „Rückführung des europäischen Patentrechts in die EU". In *Gewerblicher Rechtsschutz und Urheberrecht. Internationaler Teil. Zeitschrift der Vereinigung für gewerblichen Rechtsschutz und Urheberrecht* 97: 923-35.

Brinkhof, Jan. 1993. „Prozessieren aus europäischen Patenten. Einige prozessuale Aspekte der Internationalisierung des Privatrechts". In *Gewerblicher Rechtsschutz und Urheberrecht. Zeitschrift der Vereinigung für gewerblichen Rechtsschutz und Urheberrecht* 95: 177-85.

Bülow, Erich. 1980. „Überlegungen für eine Weiterentwicklung der Gemeinschaftsgerichtsbarkeit". In *Europarecht* 15: 307-28.

Constantinesco, Vlad. 1991. „Who's Afraid of Subsidiarity?". In *Yearbook of European Law* 11: 33-55.

Dauses, Manfred A. 1994. „Empfiehlt es sich, das System des Rechtsschutzes und der Gerichtsbarkeit in der Europäischen Gemeinschaft, insbesondere die Aufgaben der Gemeinschaftsgerichte und der nationalen Gerichte weiterzuentwickeln?". Gutachten D für den 60. Deutschen Juristentag. In *Verhandlungen des 60. Deutschen Juristentages*. Bd. 1, Teil D. München: Beck.

Deringer, Arved. 1987. „Statement zu einer Verfahrensreform beim Europäischen Gerichtshof". In *Fortentwicklung des Rechtsschutzes in der Europäischen Gemeinschaft*, hrsgg. von Jürgen Schwarze. Baden-Baden: Nomos, 211-20.

Due, Ole. 1987. „Exposé sur les problèmes d'une réforme procédurale à la Cour de Justice des Communautés Européennes". In *Fortentwicklung des Rechtsschutzes in der Europäischen Gemeinschaft*; hrsgg. von Jürgen Schwarze. Baden-Baden: Nomos, 67-71.

Edward, David. 1995. „How the Court of Justice Works". In *European Law Review* 20: 539-58.

Everling, Ulrich. 1983. „Der Gerichtshof als Entscheidungsinstanz - Probleme der europäischen Rechtsprechung aus richterlicher Sicht". In *Der Europäische Gerichtshof als Verfassungsgericht und Rechtsschutzinstanz*; hrsgg. von Jürgen Schwarze. Baden-Baden: Nomos, 137-58.

—. 1993a. „Justiz im Europa von morgen". In *Deutsche Richterzeitung* 71: 5-15.

—. 1993b. „Stand und Zukunftsperspektiven der Europäischen Gerichtsbarkeit". In *Europarecht, Kartellrecht, Wirtschaftsrecht. Festschrift für Arved Deringer*; hrsgg. von Ulrich Everling u.a. Baden-Baden: Nomos, 40-58.

—. 1993c. „Zur Funktion des Gerichtshofs der Europäischen Gemeinschaften als Verwaltungsgericht". In *Rechtsstaat zwischen Sozialgestaltung und Rechtsschutz. Festschrift für Konrad Redeker zum 70. Geburtstag*; hrsgg. von Bernd Bender u.a. München: Beck, 293-311.

—. 1995. „Die Rolle des Europäischen Gerichtshofs". In *Reform der Europäischen Union*; hrsgg. von Werner Weidenfeld. Gütersloh: Bertelsmann Stiftung, 256-64.

Fasching, Hans. 1992. „Österreich und das ‚Europäische Zivilprozeßrecht'". In *Zeitschrift für Zivilprozeß* 105: 457-68.

Hallstein, Walter. 1962. „Die EWG - Eine Rechtsgemeinschaft". Ansprache am 12.3.1962 aus Anlaß der Ehrenpromotion durch die Universität Padua. In *Walter Hallstein. Europäische Reden*; hrsgg. von Thomas Oppermann. Stuttgart: Deutsche Verlags-Anstalt, 341-48.

Hay, Peter. 1995. *Einführung in das amerikanische Recht*. 4. Aufl. Darmstadt: Wissenschaftliche Buchgesellschaft.

Hrbek, Rudolf. 1995. *Das Subsidiaritätsprinzip in der Europäischen Union - Bedeutung und Wirkung für ausgewählte Politikbereiche*. Baden-Baden: Nomos.

Iglesias, Gil Carlos Rodriguez. 1992. „Der Gerichtshof der Europäischen Gemeinschaften als Verfassungsgericht". In *Europarecht* 27: 225-45.

Isensee, Josef. 1995. „Integrationsziel Europastaat?". In *Festschrift für Ulrich Everling*; hrsgg. von Ole Due u.a. Baden-Baden: Nomos, 567-92.

Jaqué, Jean Paul und Joseph H.H. Weiler. 1990. „On the Road to European Union - A New Judicial Architecture". In *Common Market Law Review* 27: 185-207 und (franz.) *Revue trimestrielle du droit européen* 26: 441-56.

Jenard, P. 1979. *Bericht über das Protokoll betreffend die Auslegung des Übereinkommens vom 29.2.1968 über die gegenseitige Anerkennung von Gesellschaften und juristischen Personen durch den Gerichtshof und über das Protokoll betreffend die Auslegung des Übereinkommens vom 27.9.1968 über die gerichtliche Zuständigkeit und die Vollstreckung gerichtlicher Entscheidungen in Zivil- und Handelssachen durch den Gerichtshof* (unterzeichnet in Luxemburg am 3.6.1971). ABl EG 1979: C 59, 66-70.

Jung, Hans. 1991a. *Das Gericht erster Instanz der Europäischen Gemeinschaften.* Baden-Baden: Nomos.

—. 1991b. „Kommentierung des Art. 168a EWGV". In *Kommentar zum EWG-Vertrag*; hrsgg. von der Groeben, Thiesing und Ehlermann; 4. Aufl. Baden-Baden: Nomos: 4426-99.

—. 1995. „Gemeinschaftsmarke und Rechtsschutz". In *Festschrift für Ulrich Everling*, hrsgg. von Ole Due u.a. Baden-Baden: Nomos, 611-28.

Kapteyn, Paul J.G. 1994. „The Court of Justice of the European Communities after the Year 2000". In *Institutional Dynamics of European Integration. Essays in Honour of Henry G. Schermers*, Bd. 2, hrsgg. von Deirdre Curtin u.a.; Dordrecht, Martinus Nijhoff, 139-52.

Kirschner, Heinrich. 1995. *Das Gericht erster Instanz der Europäischen Gemeinschaften.* Köln: Heymanns.

Koenig, Christian. 1996. „Anmerkungen zur Grundordnung der Europäischen Union und ihrem fehlenden ‚Verfassungsbedarf'". In *Neue Zeitschrift für Verwaltungsrecht* 15: 549-52.

Kohler, Christian. 1995. „Kollisionsrechtliche Anmerkungen zur Verordnung über die Gemeinschaftsmarke". In *Festschrift für Ulrich Everling*; hrsgg. von Ole Due u.a. Baden-Baden: Nomos, 651-67.

Koopmans, Thijmen 1991. „The Future of the Court of Justice of the European Communities". In *Yearbook of European Law* 11: 15-32.

Kropholler, Jan. 1975. *Internationales Einheitsrecht. Allgemeine Lehren.* Tübingen: Mohr.

—. 1996. *Europäisches Zivilprozeßrecht. Kommentar zu EuGVÜ und Lugano-Übereinkommen.* 5. Aufl. Heidelberg: Recht und Wirtschaft.

Krück, Hans. 1991. „Kommentierung der Art. 164 und 177 EWGV". In *Kommentar zum EWG-Vertrag*; hrsgg. von der Groeben, Thiesing und Ehlermann, 4. Aufl. Baden-Baden: Nomos.

Kutscher, Hans. 1981. „Über den Gerichtshof der Europäischen Gemeinschaften". In *Europarecht* 16: 392-413

Lipp, Volker. 1997. „Entwicklung und Ausbau der europäischen Gerichtsbarkeit". In *Juristenzeitung* 52: 326-32.

Millett, Timothy. 1990. *The Court of First Instance of the European Communities.* London: Butterworths.

Mosler, Hermann. 1951. „Der Vertrag über die Europäische Gemeinschaft für Kohle und Stahl. Entstehung und Qualifizierung". In *Zeitschrift für ausländisches öffentliches Recht und Völkerrecht* 14: 1-45.

Mühlendahl, Alexander von. 1989. „Das künftige Markenrecht der Europäischen Gemeinschaft". In *Gewerblicher Rechtsschutz und Urheberrecht. Internationaler Teil. Zeitschrift der Vereinigung für gewerblichen Rechtsschutz und Urheberrecht* 91: 353-62.

Nicolaysen, Gert. 1995. „Funktionalität und Kontrolle der Subsidiarität“. In *Reform der Europäischen Union*; hrsgg. von Werner Weidenfeld. Gütersloh: Bertelsmann Stiftung, 156-65.
Oppermann, Thomas. 1991. *Europarecht*. München: Beck.
—. 1994. „Die Dritte Gewalt in der Europäischen Union“. In *Deutsches Verwaltungsblatt* 109: 901-8.
Pakuscher, Ernst Karl. 1985. „Probleme eines europäischen Berufungsgerichts für Verletzungs- und Nichtigkeitsverfahren aus Gemeinschaftspatenten“. In *Festschrift für Walter Oppenhoff zum 80. Geburtstag*; hrsgg. von Walter Jagenburg u.a. München: Beck, 233-48.
Prütting, Hanns. 1990. „Auf dem Weg zu einer Europäischen Zivilprozeßordnung - dargestellt am Beispiel des Mahnverfahrens“. In *Festschrift für Gottfried Baumgärtel zum 70. Geburtstag*; hrsgg. von Hanns Prütting. Köln: Heymanns, 457-69.
Raepenbusch, Sean Van. 1992. „Le Contentieux de la Fonction Publique Européenne“. *Cahiers de Droit Européen* 28: 565-602.
Rambow, Gerhard. 1995. „Entwicklungsperspektiven der Europäischen Union“. In *Festschrift für Ulrich Everling*; hrsgg. von Ole Due u.a. Baden-Baden: Nomos, 1169-86.
Rasmussen, Hjalte. 1978. „A New Generation of Community Law? Reflections on the Handling by the Court of Justice of the Protocol of 1971 Relating to the Interpretation of the Brussels Convention on Jurisdiction and Enforcement of Judgements“. In *Common Market Law Review* 15: 249-82.
Remien, Oliver. 1992. „Möglichkeiten und Grenzen eines europäischen Privatrechts“. In *Jahrbuch Junger Zivilrechtswissenschaftler 1991*. Stuttgart: Boorberg, 11-42.
Rengeling, Hans-Werner, Andreas Middeke und Martin Gellermann. 1994. *Rechtsschutz in der Europäischen Union*. München: Beck.
Sack, Rolf. 1992. „Die Verwirklichung des Europäischen Binnenmarktes im Bereich des gewerblichen Rechtsschutzes und Urheberrechts“. In *Schritte zum Europäischen Binnenmarkt*, hrsgg. von Erwin Dichtl. 2. Aufl. München: Beck.
Schäfers, Alfons. 1993. „Das Gemeinsame Berufungsgericht für Gemeinschaftspatente: völkerrechtliche und verfassungsrechtliche Aspekte“. In *Gewerblicher Rechtsschutz und Urheberrecht. Zeitschrift der Vereinigung für gewerblichen Rechtsschutz und Urheberrecht* 95: 289-99.
Schermers, Henry G. und Denis F Waelbroeck. 1992. *Judicial Protection in the European Communities*. 5. Aufl. Deventer: Kluwer.
Schlosser, Peter. 1975. „Neue Zuständigkeiten des Europäischen Gerichtshofs“. In *Recht der internationalen Wirtschaft/Außenwirtschaftsdienst des Betriebs-Beraters* 21: 534-43.
Skouris, Wassilios. 1989. „Der Europäische Gerichtshof als Verfassungsgericht“. In *Die Bedeutung der Europäischen Gemeinschaften für das deutsche Recht und die deutsche Gerichtsbarkeit*. Berlin: Duncker & Humblot, 67-81.
Spellenberg, Ulrich. 1980. „Das Europäische Gerichtsstands- und Vollstreckungsübereinkommen als Kern eines europäischen Zivilprozeßrechts“. In *Europarecht* 15: 329-52.
Stauder, Dieter. 1991. „Rechtszug und Rechtsmittel im Erteilungs-, Verletzungs- und Nichtigkeitsverfahren“. In *Gewerblicher Rechtsschutz und Urheberrecht in Deutschland. Festschrift zum hundertjährigen Bestehen der Deutschen Vereinigung für gewerblichen Rechtsschutz und Urheberrecht*; hrsgg. von Friedrich-Karl Beier u.a. Weinheim: Verlag Chemie, 503-42.

Stürner, Rolf. 1992. „Der europäische Zivilprozeß - Einheit oder Vielfalt?“. In *Wege zu einem europäischen Zivilprozeßrecht*, hrsgg. von Wolfgang Grunsky u.a. Tübingen: Mohr, 1-24.

Tallec, Georges Le. 1985. „Das Protokoll über die gerichtliche Zuständigkeit und die Anerkennung von Entscheidungen über den Anspruch auf Erteilung eines europäischen Patents (Anerkennungsprotokoll). Gewerblicher Rechtsschutz und Urheberrecht. Internationaler Teil“. In *Zeitschrift der Vereinigung für gewerblichen Rechtsschutz und Urheberrecht* 87: 245-48.

Taupitz, Jochen. 1993. *Europäische Privatrechtsvereinheitlichung heute und morgen*. Tübingen: Mohr.

Vandersanden, Georges, Hrsg. 1994. *La Réforme du Systeme Juridictionel Communautaire*. Brüssel: Editions de l'Université des Bruxelles.

Voss, Reimer. 1983. „Das Verhältnis von europäischer Gerichtsbarkeit und nationalen Gerichten im Lichte der jüngsten Rechtsentwicklung“. In *Das Wirtschaftsrecht des Gemeinsamen Marktes in der aktuellen Rechtsentwicklung*, hrsgg. von Jürgen Schwarze. Baden-Baden: Nomos, 11-35.

Weidenfeld, Werner, Hrsg. 1995. *Reform der Europäischen Union*. Gütersloh: Bertelsmann-Stiftung.

Wolf, Manfred. 1992. „Abbau prozessualer Schranken im europäischen Binnenmarkt“. In *Wege zu einem europäischen Zivilprozeßrecht*, hrsgg. von Wolfgang Grunsky u.a. Tübingen: Mohr, 35-67.

Zuleeg, Manfred. 1994. „Die Rolle der rechtsprechenden Gewalt in der europäischen Integration“. In *Juristenzeitung* 49: 1-8.

Zweigert, Konrad. 1965. „Empfiehlt es sich, Bestimmungen über den Rechtsschutz zu ändern?“. Hauptreferat. In *Zehn Jahre Rechtsprechung des Gerichtshofs der Europäischen Gemeinschaften. Kölner Schriften zum Europarecht* Bd. 1. Köln: Heymanns, 580-97.

Volker Ulrich und Udo Schneider

Braucht Europa eine Einwanderungsbehörde?

Ökonomische Aspekte der Migration im Rahmen der europäischen Einigung

1 Einleitung

Europa kennt eine lange Migrationsgeschichte. Vor allem die industrielle Entwicklung Nord- und Mitteleuropas führte zu einer Zuwanderung ausländischer Arbeitskräfte. Diese von Süden nach Norden verlaufende Migration wurde stark von den jeweiligen kolonialen und kulturellen Beziehungen geprägt und verlief in sogenannten Netzwerken (Wenning 1996, 36ff.). Die Zuwandernden aus Süd- und Osteuropa orientierten sich vor allem nach Deutschland, während Migranten aus Asien überwiegend nach Großbritannien einwanderten und Nordafrikaner nach Frankreich strömten (Zimmermann 1995b, 13). Mit der europäischen Einigung und der Vollendung des Binnenmarktes dürften die Wanderungsprozesse innerhalb Europas an Bedeutung verlieren, denn von der ursprünglichen Wanderung niedrigqualifizierter Gastarbeiter blieb wenig erhalten. Heute prägen hochqualifizierte Arbeitnehmer die Wanderungsströme innerhalb der Europäischen Union (EU), eine Entwicklung, die auch von der Internationalisierung der Unternehmen entscheidend beeinflußt wird.

Im Vergleich zur Binnenwanderung innerhalb der Union gewinnt dagegen die Wanderung von außen an Bedeutung. In zunehmendem Maße prägen Asylsuchende und illegale Einwanderer die Migrationsströme in die EU. Die Öffnung der Grenzen nach Osteuropa bietet zudem der Ost-West-Migration neue Perspektiven. Diese neuen Tendenzen werden zunehmend ambivalent beurteilt. Einerseits wird erkannt, daß Wanderungen eine Öffnung nationaler Arbeitsmärkte bewirken und langfristig zu mehr Wettbewerb und sozialem Wandel zum Vorteil der beteiligten Länder führen können. Andererseits assoziieren viele Einheimische mit der Zuwanderung auch drohende Verteilungskämpfe, den potentiellen Verlust des Arbeitsplatzes und Integrationsprobleme der Migranten. „Migration erzeugt Futterangst, die Diskussion um die Wirtschaftsflüchtlinge macht dies deutlich." (Zimmermann 1995b, 13).

Wie kann die EU auf diese Herausforderungen reagieren? Werden beispielsweise neue Institutionen benötigt, etwa in Form einer europäischen Einwanderungsbehörde, oder lassen sich die Migrationsströme durch einzelstaatliches und damit dezentrales Vorgehen koordinieren und steuern? Der Beitrag untersucht die Ausgestaltungsmöglichkeiten einer Einwanderungsbehörde und die erforderliche Kompetenzausstattung zur effizienten Steuerung dieser Ströme. Abschnitt 2 gibt zunächst einen Überblick über quantitative Aspekte der Migration, während Abschnitt 3 längerfristige Migrationswirkungen diskutiert. Abschnitt 4 beinhaltet europäische versus nationalstaatliche Lösungsansätze und Abschnitt 5 konkretisiert die Aufgaben, die auf eine Einwanderungsbehörde zukommen.

2 Quantitative Aspekte der Migration

Nach Schätzungen der Weltbank und der International Organization of Migration beläuft sich das Migrationspotential in die industrialisierten Staaten auf etwa 80 bis 100 Millionen Menschen (Chies 1994, 87). Lebten Mitte des Jahrhunderts noch rund 15% der Weltbevölkerung in Europa, verringerte sich dieser Anteil bis zum Jahr 1990 auf 9%, und nach Prognosen von Eurostat wird der Anteil in den nächsten vier bis fünf Jahrzehnten auf unter 5% absinken (Eurostat 1995). Die Abnahme des in Europa lebenden Bevölkerungsanteils wirkt wie ein ökonomischer Magnet auf Arbeitnehmer und Flüchtlinge aus Drittländern. In der Union lebten 1991 440.000 Menschen aus dem europäischen Wirtschaftsraum, über 600.000 Einwanderer aus Ost- und Zentraleuropa, 3,2 Millionen Menschen aus dem restlichen Europa (insbesondere der Türkei und dem ehemaligen Jugoslawien), knapp 3 Millionen Menschen aus Afrika und 1,5 Millionen aus Asien.[1]

Obwohl für die Migration neben ökonomischen Faktoren auch soziologische, ethnologische oder verhaltenstheoretische Prozesse von großer Bedeutung sind, beschränken wir die folgende Betrachtung vornehmlich auf Wirtschaftsmigranten (Bähr et al. 1992). Die Konzentration auf diesen Personenkreis weist den Vorzug auf, die Diskussion unabhängig von der emotionsgeladenen Debatte über politische Migranten führen zu können. Beide Formen der Wanderung werden in der aktuellen politischen Diskussion jedoch häufig miteinander verknüpft, obwohl sie aus sehr unterschiedlichen Motiven erfolgen und die Zuordnung der Migranten auf beide Kategorien keineswegs immer eindeutig ist.[2] Deutschland ist beispielsweise weltweit das einzige Land, das jedem politisch Verfolgten einen Anspruch auf Asyl garantiert, so daß nach geltendem Verfassungsrecht deren Zuzug gar nicht geregelt werden kann. Ende 1994 lebten knapp 2 Millionen ausländische Flüchtlinge in Deutschland, darunter 415.000 Asylbewerber, 270.000 Asylberechtigte und 650.000 *De-facto*-Flüchtlinge, also Personen, die aus humanitären oder politischen Gründen nicht abgeschoben werden, und etwa 350.000 Bürgerkriegsflüchtlinge aus dem ehemaligen Jugoslawien. Im Jahr 1995 kamen zudem etwa 220.000 Spätaussiedler aus den Staaten des früheren Ostblocks und weitere 130.000 Asylbewerber nach Deutschland (Kanther 1996, 11).

Im Hinblick auf die Wirtschaftsmigranten zeigen empirische Studien, daß die heutigen Ursachen für Wanderungen nicht wesentlich von den historischen Gründen abweichen, denn sogenannte Druck- und Sogfaktoren wirken auf die auswanderungswilligen Menschen, etwa in Form von Arbeitsmarktchancen, Einkommensdifferenzen oder demographischen Faktoren (Dustmann 1993, 153ff., Franz 1993, 1ff., Siebert 1993, 229ff.).[3] Dabei ist aber zu betonen, daß sich das Gewicht der einzelnen Faktoren im Zeitablauf erheblich verändert hat.[4] Insbesondere der Nachfrage nach Arbeitskräften kommt als Sogfaktor nur noch eine geringe Bedeutung zu, während das weiterhin hohe Einkommensgefälle und die demographische Entwicklung an Gewicht gewinnen.

Tabelle 1 gibt einen Überblick über die Verteilung ausländischer Arbeitskräfte auf ausgewählte europäische Länder. Im europäischen Vergleich arbeiten die meisten ausländischen Arbeitskräfte in Deutschland (knapp 2 Millionen Menschen). Frankreich und Großbritannien kommen gemeinsam auf eine vergleichbare Anzahl ausländischer Arbeitskräfte. Setzt man die Zahl der ausländischen Arbeitskräfte in Relation zu den inländischen Erwerbstätigen, ist nahezu jeder zweite Erwerbstätige in Luxemburg Ausländer. Diese Kennziffer beläuft sich für Deutschland auf 5%, ein vergleichbarer Wert findet sich noch in Belgien und Frankreich. Die anderen europäischen Länder liegen deutlich unter diesem Niveau.[5] Die letzte Spalte in Tabelle 1 informiert über den sogenannten Migrationsmultiplikator, welcher angibt, in welchem Ausmaß Ausländer nicht erwerbstätig sind. Zur Ermittlung dieser Größe wird die Anzahl der Ausländer insgesamt in Bezug gesetzt zur Zahl der ausländischen Erwerbstätigen. Bei dieser Betrachtung nimmt Italien mit einem Anteil von 13,7% die Spitzenposition ein, während Deutschland,

Frankreich und Großbritannien einen Wert von etwa 3% aufweisen. Diese parallelen Entwicklungen in den einzelnen Ländern betonen das Erfordernis einer einheitlichen Politik der EU-Länder, da national differierende Einwanderungspolitiken zwangsläufig die Partnerländer tangieren. Für die Analyse der Chancen und Grenzen einer europäischen Einwanderungsbehörde sind neben der quantitativen Dimension daher auch Aspekte relevant, die eine längerfristige Sicht der Migrationsfolgen betonen.

Tabelle 1: Ausländische Arbeitskräfte in der EU

		Ausländische Arbeitskräfte insgesamt	*Ausländeranteil an den inländischen Erwerbstätigen*	*Migrationsmultiplikator*[1]
		in 1.000	*in %*	*in %*
Belgien	(1989)	196,4	5,3	4,6
Dänemark	(1990)	46,8	1,8	3,4
Deutschland	(1991)	1.898,5	5,1	2,9
Frankreich	(1988)	1.172,5	5,5	3,1
Griechenland	(1990)	23,2	0,6	9,9
Großbritannien	(1985)	820,9	3,3	3,0
Irland	(1988)	19,9	1,8	4,3
Italien	(1983)	57,0	0,3	13,7
Luxemburg	(1990)	78,4	45,6	1,5
Niederlande	(1990)	200,0	3,1	3,5
Portugal	(1985)	30,5	0,7	3,5
Spanien	(1983)	57,0	0,5	8,5

1 Anzahl der Ausländer insgesamt in bezug zur Zahl der ausländischen Erwerbstätigen (ausländische Bevölkerung von 1991). Der Multiplikator informiert darüber, in welchem Ausmaß Ausländer nicht erwerbstätig sind.

Quelle: Zusammengestellt aus: Zimmermann 1994, 230.

3 Pro und contra Migration

3.1 Argumente für die Migration in den Binnenmarkt

Nach dem klassischen Lehrbuchargument für die Migration in den Binnenmarkt tragen Wanderungen dazu bei, Ungleichgewichte auszugleichen, indem der Produktionsfaktor Arbeit in seine produktivste Verwendung fließen kann. Migration ist demnach ein „Arbitrage-Phänomen“ (Straubhaar und

Wolter 1996, 485), das zum Ausgleich der Faktorgrenzprodukte beiträgt und damit die gesamtwirtschaftliche Wohlfahrt erhöht.[6]

Diese allokative Sichtweise erfordert allerdings eine Ergänzung um distributive Aspekte, da die Migration zu einer Veränderung der Lohnsätze und auch der Lohnstruktur führt. Falls überwiegend un- und niedrigqualifizierte Arbeitskräfte in den Binnenmarkt immigrieren, die als Substitute zu den inländischen *blue-collar workers* anzusehen sind, werden diese inländischen Arbeitnehmer verlieren. Im Gegensatz dazu werden hochqualifizierte Fachkräfte, die in komplementärer Beziehung zu den Migranten stehen, gewinnen, da ihr Lohnsatz ceteris paribus ansteigt. Zu den Gewinnern sind auch die Kapitaleigner zu rechnen, da sich die Maschinenlaufzeiten verlängern und der Produktionsfaktor Kapital relativ knapper wird.

Ein weiteres Argument pro Migration setzt an der demographischen Entwicklung in den meisten EU-Ländern an. In der überwiegenden Zahl der europäischen Länder vollzieht sich ein grundlegender Wandel von Umfang und Struktur der Bevölkerung, der unter dem Schlagwort *double aging* (Börsch-Supan 1991, 106) diskutiert wird. Das damit angesprochene Phänomen einer steigenden Lebenserwartung und eines anhaltenden Geburtenrückgangs führt zu vielfältigen Veränderungen in der Gesellschaft und der Volkswirtschaft. Der gesellschaftliche Umbau geht einher mit einem steigenden Anteil alter und einem sinkenden Anteil junger Menschen, wodurch sich die Altersstruktur der Bevölkerung verschiebt und vor allem die oberen Altersklassen hohe Besetzungszahlen aufweisen. Die steigende Zahl der über Sozialtransfers abzusichernden und damit abhängigen Menschen betrifft auf der Ausgabenseite des Budgets vor allem die Sozialhaushalte (Ulrich 1995, 60ff.). Die vorherrschenden Umlageverfahren funktionieren reibungslos nur bei einer stabilen Bevölkerung mit einer konstanten Altersstruktur. Alternde und schrumpfende Bevölkerungen führen dagegen zu deutlichen Mehrbelastungen der gegenwärtig Erwerbstätigen, da immer weniger Beitragszahler immer mehr abhängige Personen zu versorgen haben.

Da die Migration neben der Fertilität und der Mortalität die dritte zentrale Determinante der Bevölkerungsentwicklung darstellt, liegt es nahe zu fragen, ob mittels Zuwanderung der Alterungsprozeß verlangsamt oder sogar kompensiert werden kann (Felderer 1994, 197ff.; Schmähl 1995, 13ff.; Ulrich 1995, 25ff.). Die demographischen Effekte der Migration hängen entscheidend von diversen Strukturmerkmalen der wandernden Personen ab, die neben Alter und Geschlecht auch die Familienstruktur, die Fertilität, die Morbidität und die Mortalität umfassen. Da die soziale Sicherung in Europa zu einem erheblichen Teil mit der Erwerbstätigkeit verknüpft ist, hängen die ökonomischen Erfolge der Migration davon ab, ob die Zuwandernden auf dem Arbeitsmarkt integriert werden können. Empirische Studien kommen für Deutschland zu dem Ergebnis, daß durch Zuwanderung von jährlich 200.000 bis 300.000 Personen etwa ein Drittel der durch die demographische Entwicklung in den nächsten 30 bis 40 Jahren entstehenden Defizite im Sozialsystem ausgeglichen werden können (Börsch-Supan 1995, 47ff.).

Ein weiteres Argument pro Migration ergibt sich aus den Erfahrungen klassischer Einwanderungsländer wie den Vereinigten Staaten von Amerika, Kanada oder Australien. Empirische Studien zeigen, daß diese Volkswirtschaften den Strukturwandel der jüngeren Vergangenheit auch deshalb relativ erfolgreich vollzogen haben, weil ihre relevanten Märkte offen und wenig reguliert waren.[7]

3.2 Contra Migration

Aufbauend auf Ansätzen der Entwicklungsökonomie wird auf die Gefahr hingewiesen, daß Migration die Kluft zwischen den Herkunfts- und den Zielregionen vergrößern kann. Dabei ist insbesondere der Aspekt des *brain-drain* von Interesse, nach dem die Auswanderung hochqualifizierter Fachkräfte die langfristigen Wachstumsmöglichkeiten der Herkunftsländer verringert. Die Auswanderung von gut ausgebildeten Arbeitskräften kann zudem zur räumlichen Agglomeration beitragen und einen sogenannten Mezzogiorno-Effekt begünstigen (Sinn 1994; Straubhaar 1995). Das Mezzogiorno-Phänomen beschreibt eine Entwicklung, die mit Polarisierungstendenzen einhergeht und letztlich ein Gefälle zwischen Zentrum und Peripherie entstehen läßt. Diese Entwicklung betrifft nicht nur das Herkunfts-, sondern auch das Aufnahmeland, insbesondere wenn der Arbeitsmarkt bereits durch ein Überschußangebot an Arbeitskräften gekennzeichnet wird - eine Situation, die in den meisten europäischen Staaten vorherrscht. Da die europäischen Arbeitsmärkte aufgrund der persistent hohen Beschäftigungslücke in absehbarer Zeit keinen Migrationsbedarf erkennen lassen, führt eine ungeregelte Einwanderung zu hoher Arbeitslosigkeit bei un- bzw. niedrigqualifizierten Ausländern, einer steigenden Zahl an ausländischen Sozialhilfeempfängern und verstärkten Integrationsproblemen der Zuwandernden. So waren in Deutschland beispielsweise im Jahr 1991 von den rund 4 Millionen Arbeitslosen etwa 500.000 Ausländer. Seither hat sich diese Zahl weiter erhöht. Bei türkischen

Staatsangehörigen beläuft sich die Arbeitslosenquote beispielsweise derzeit auf fast 23%. Der Anteil der Ausländer an den Sozialhilfeempfängern betrug 1993 bereits 33%, während er 1970 noch bei 8% lag (Kanther 1996, 11).

In Frage gestellt wird auch die Übertragbarkeit der positiven Migrationsergebnisse aus Australien, Kanada und den Vereinigten Staaten von Amerika auf die Länder Europas (Zimmermann 1995b, 13; Kanther 1996, 11). Während etwa in den USA die Bevölkerungsdichte bei 24 Einwohnern pro Quadratkilometer liegt, leben in Deutschland auf der gleichen Fläche durchschnittlich 221 Einwohner. Außerdem dürfte die Flexibilität der europäischen Arbeitsmärkte geringer sein im Vergleich zu den Arbeitsmärkten Nordamerikas und Australiens, wohingegen die zu überwindenden institutionellen Barrieren höher erscheinen.

Die genannten Argumente pro und contra Migration gelten grundsätzlich für alle Wanderungsprozesse. Vor dem Hintergrund der sich abzeichnenden europäischen Einigung interessiert im folgenden, in welchem Ausmaß die bisher dominierenden nationalstaatlichen Migrationspolitiken mit europäischen Lösungsansätzen harmonisieren bzw. konfligieren.

4 Europäische versus nationalstaatliche Lösungsansätze

4.1 Analyse der Migrationspolitik der Europäischen Union

Überraschenderweise existiert bis zum heutigen Zeitpunkt keine einheitliche Vorgehensweise bezüglich der Einwanderung in die Länder der EU und zur Handhabung der Migrationsfolgen, obwohl die EU einen Anziehungspunkt für politische und wirtschaftliche Zuwandernde darstellt.

Zwar wurde bereits im Vertrag von Rom im Jahr 1957 die Personenverkehrsfreiheit innerhalb der damaligen Mitgliedstaaten und die Abschaffung der Diskriminierung nach Nationalität verankert, jedoch erst seit Mitte der achtziger Jahre entstand ein „rudimentäres" Interesse an der Entwicklung einer Wanderungspolitik (Steineck 1994, 23; Zimmermann 1994, 247; 1995a, 58). Durch die Schengener Abkommen (1985 und 1990) sowie die Konvention von Dublin (1990) sollten die Grenzkontrollen innerhalb des Binnenmarktes abgeschafft und an die Außengrenzen verlagert werden sowie zudem eine einheitliche Visapolitik und die Koordination der Asylpolitik vorangetrieben werden.[8] In den Ländern, in denen das Schengener Abkommen in Kraft getreten ist, erscheint die Durchführung einer Einwanderungspolitik auf nationaler Ebene aufgrund der Option der Migranten zur Weiterwanderung kaum mehr möglich. Hier bedarf es einer supranationalen Regelung der Einwanderung aus Drittstaaten in die Europäische Union (Steineck 1994, 26).

Durch den Unionsvertrag von Maastricht (1992) erfolgte eine weitere Richtungsänderung hin zu einer gemeinsamen Politik (Steineck 1994, 27).[9] Der Ministerrat kann auf Initiative der EU-Kommission oder eines einzelnen Mitgliedstaates einstimmig beschließen, die Einwanderungspolitik in die Kompetenz der Union zu verlagern. Diese Regelung stellt eine Möglichkeit zur Abkehr von der Politik nationalstaatlicher Verantwortlichkeit dar. Da jedoch alle Migliedstaaten einem solchen Beschluß zustimmen müssen, ist eine Kompetenzverlagerung erst in mittel- bis langfristiger Perspektive zu erwarten (Gusy 1994, 225).

Konkrete Ansatzpunkte für die Einwanderungspolitik der Kommission lassen sich aus einer Mitteilung vom Oktober 1991 an den Europäischen Rat und das Parlament ableiten (Chies 1994, 7). Danach konzentrieren sich migrationspolitische Maßnahmen der Kommission auf folgende drei Ebenen:

— Berücksichtigung der Wanderungsbewegungen in der Außenpolitik der Gemeinschaft mit dem Ziel der Abschwächung des Wanderungsdruckes.
— Steuerung der Wanderungsströme auf der Grundlage einer harmonisierten Informationsbasis; Bekämpfung der illegalen Einwanderung, Annäherung der länderspezifischen Kriterien für die Familienzusammenführung sowie Ausarbeitung und Gewährleistung eines gemeinsamen Ansatzes in der Asylpolitik.
— Integration der legalen Zuwanderer in die Gesellschaft des jeweiligen Aufnahmelandes.

Die einzelnen Mitgliedstaaten signalisierten ihre grundsätzliche Zustimmung zu diesem Maßnahmenkatalog. Allerdings fehlt bisher noch eine Konkretisierung der Instrumente, mit denen die Migrationspolitik ihre Ziele erfüllen kann. Desweiteren fehlt die Spezifizierung der Handlungsträger und der ausführenden Organe. Ohne diese Konkretisierungen dürfte das bisher dominierende Subsidiaritätsprinzip auch weiterhin für die Migrationspolitik maßgeblich sein.

4.2 *Analyse nationalstaatlicher Migrationspolitik am Beispiel Deutschlands*

Im politisch-institutionellen Sinn kann Deutschland sicherlich nicht als Einwanderungsland bezeichnet werden (hierzu Heckmann 1995, 158; Kanther 1996, 11). Dies würde voraussetzen, daß eine strategische Absicht besteht, die Bevölkerung mittels Zuwanderung zu vergrößern bzw. damit sonstige demographische und ökonomische Ziele zu verfolgen. Im statistischen Sinn stellt Deutschland allerdings ein Einwanderungsland dar (Heckmann 1995, 158). Seit dem Zweiten Weltkrieg kamen zunächst mehrere Millionen Flüchtlinge aus den Ostgebieten des ehemaligen Reiches und aus der ehemaligen DDR in die Bundesrepublik, gefolgt von den Gastarbeitern aus Südeuropa, die gemäß den damaligen Erfordernissen des Arbeitsmarktes temporär angeworben wurden. Ab Mitte der siebziger Jahre kam der Familienzusammenführung eine stärkere Beachtung zu, und seit dem Ende der achtziger Jahre wird Deutschland mit steigenden Zahlen von Aussiedlern und Asylsuchenden konfrontiert. Auch ohne eine entsprechende politische Intention ist Deutschland *de facto* zu einem Einwanderungsland geworden (Kronberger Kreis 1994, 20).

Da in Deutschland eine „gesamtheitliche" Migrationspolitik bisher nicht existiert, stehen Aussiedler-, Asyl- und Flüchtlingspolitik mehr oder weniger unkoordiniert nebeneinander (Heckmann 1995, 161f.). Darüber hinaus verteilen sich die entsprechenden Zuständigkeiten noch auf eine Vielzahl von Ministerien und Behörden, beispielsweise auf das Innen-, Wirtschafts-, Justiz-, Außen- und Arbeitsministerium, die Bundesanstalt für Arbeit, das Bundesverwaltungsamt sowie die Bundesländer.

Die hohen Einwanderungszahlen, die Schwierigkeiten bei der Integration der Menschen und die Probleme auf dem inländischen Arbeitsmarkt beschleunigten die Verabschiedung eines neuen Asylrechts (Kanther 1996, 11). Mit dem neuen Asylrecht beabsichtigt man, die Einwanderung über sogenannte sichere Drittstaaten zu erschweren und parallel dazu die Ausweisung abgelehnter Asylbewerber zu forcieren.

Auch wenn die Zahl der Asylanträge als unmittelbare Folge der neuen Rechtsprechung zunächst sank, bleibt die Frage, was eine nationale Migrationspolitik grundsätzlich leisten kann. Lassen sich die kommenden Aufgaben auf der Ebene von Nationalstaaten, d.h. in diesem Falle dezentral, lösen oder stellt der Weg einer gemeinsamen und einheitlichen europäischen Migrationspolitik die vorteilhafte Vorgehensweise dar?

Ob eine EU-einheitliche Politik einem nationalen Ansatz überlegen ist, hängt nicht zuletzt von den Anforderungen ab, die mit einer Migrationspolitik verbunden werden. Grundsätzlich kann man zwischen drei Hauptzielen differenzieren, an denen sich die Einwanderungspolitik orientieren kann (Steineck 1994, 38ff.):

— Durch Einwanderung sollte die gesamtwirtschaftliche Wohlfahrt erhöht werden, insbesondere durch eine Zuwanderung gemäß den Erfordernissen des Arbeitsmarktes.
— Einwanderung kann dazu beitragen, die demographischen Lasten abzufedern bzw. zu kompensieren.
— Die Migrationspolitik sollte einen Beitrag zum Abbau des in die Länder der EU bestehenden Wanderungsdruckes leisten.

Diese Zielvorstellungen können in allgemeiner Form sowohl einer EU-weiten als auch einer nationalstaatlichen Politik zugrunde liegen. Die jeweilige konkrete Ausgestaltung hängt von der politischen Umsetzbarkeit und den damit verbundenen Kosten ab, die als Nebenziele in die Betrachtung einfließen:

— Geringe Verfahrenskosten durch hohe Rechtssicherheit und möglichst klare Einwanderungsregelungen.
— Geringe Kontrollkosten durch präzise Steuerung der Wanderungsströme.
— Geringer administrativer Aufwand.

Ob die einzelstaatliche Umsetzung oder aber die Verlagerung der Kompetenzen auf die Ebene der Union vorzuziehen ist, läßt sich allgemein nicht sagen. Die jeweilige Vorteilhaftigkeit hängt davon ab, mit welchen Kompetenzen eine EU-Einwanderungsbehörde ausgestattet wird und welche administrative Unterstützung sie in den einzelnen Ländern erfährt. Bei den Kompetenzen könnte man beispielsweise danach unterscheiden, ob lediglich eine Koordination nationaler Ausländerpolitiken angestrebt wird oder ob die zu schaffende Einwanderungsbehörde eine eigenständige Migrationspolitik konzipiert und exekutiert.

Abbildung 1 illustriert die grundsätzlichen Instrumente zur Steuerung der Immigration in die Länder der EU. Die Auswanderung aus dem Herkunftsland wird bestimmt durch sogenannte push- oder Druck-Faktoren (Velling 1993, 5ff.; Steineck 1994, 181ff.).

Abbildung 1: Instrumente zur Steuerung der Immigration aus der Sicht eines EU-Landes

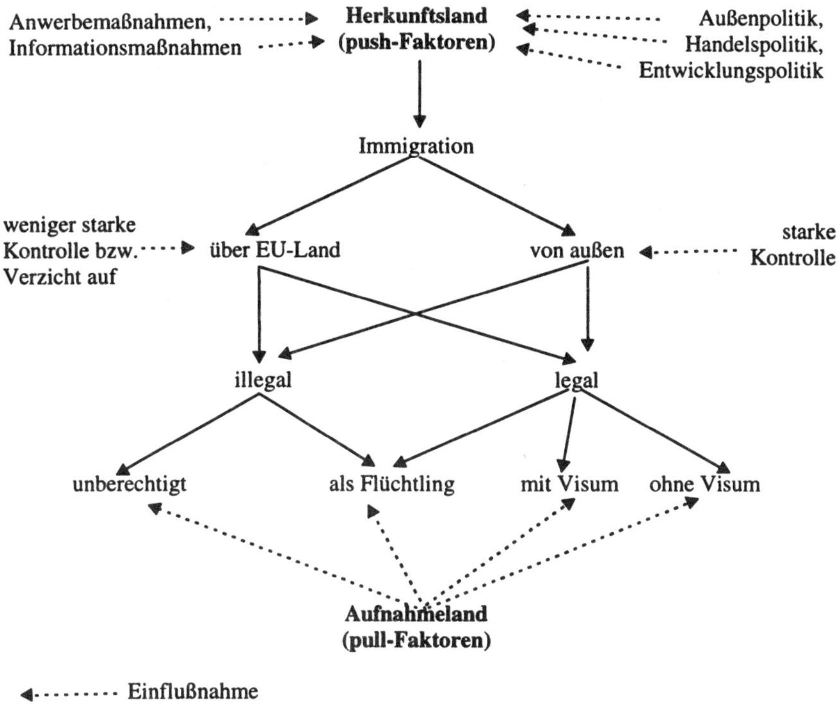

Quelle: Zusammengestellt in Anlehnung an Velling 1993, 29.

Zu den *push*-Faktoren rechnen Anwerbe- und Informationsmaßnahmen, weiterhin lassen sich Maßnahmen der Außen-, Handels- und Entwicklungspolitik als Faktoren interpretieren, die den Auswanderungsdruck mitbestimmen. Demgegenüber determinieren sogenannte *pull*- oder Sog-Faktoren die Attraktivität des Aufnahmelandes. Für die EU-Länder spielt es bei der Immigration eine große Rolle, ob die Zuwanderung von außen erfolgt oder von innen stattfindet, d.h. über ein Mitgliedsland der Union. Falls die Migranten direkt über einen Drittstaat in das potentielle Aufnahmeland einreisen, besteht die Möglichkeit zur relativ starken Kontrolle durch Überwachung der dabei überschrittenen Grenzen. Problematisch stellt sich die zweite Möglichkeit dar, bei der die Einreise über ein anderes EU-Land erfolgt. Falls in diesen Ländern die Kontrollen weniger stark ausgeführt werden, wird auch die Einreise in das Aufnahmeland erleichtert. Diese Möglichkeit erweist sich als zentraler Schwachpunkt einer nationalen Einwanderungspolitik.[10] Der Wegfall der Binnenkontrollen und die negativen Effekte ungenügend koordinierter nationaler Migrationspolitiken ermöglichen daher den Grenzübertritt in ein Mitgliedsland unter Umgehung nationaler Regelungen (Straubhaar und Wolter 1996, 483; Heilbronner 1994, 194). Eine nationalstaatliche Politik muß daher mindestens von Regelungen im Hinblick auf die Freizügigkeit innerhalb der Union flankiert werden, da Einwandernden aus Drittstaaten auf lange Sicht dieses Recht nicht verwehrt bleiben kann (Kronberger Kreis 1994, 48f.).

Unter diesen Aspekten kommen einer einheitlichen Vorgehensweise in der Einwanderungspolitik komparative Vorteile zu, deren mögliches Spektrum von der Koordination bzw. Harmonisierung nationalstaatlicher Politiken bis hin zu einer eigenständigen EU-Einwanderungspolitik reicht.

5 Was könnte eine Einwanderungsbehörde leisten?

5.1 Harmonisierung und Koordination nationalstaatlicher Politiken

Die Harmonisierungsbemühungen in der Einwanderungspolitik erstrecken sich nicht nur auf die Einreisebestimmungen, sondern umfassen auch politische Rechte und die gesellschaftliche Integration der Migranten (Salt 1993, 45). Die Harmonisierung stellt dabei sicherlich eine notwendige Voraussetzung für das Zustandekommen einer zukünftigen gesamteuropäischen Lösung dar. Einer Einwanderungsbehörde kommt hier die Aufgabe zu, Widersprüche zwischen den einzelnen Politiken aufzudecken und Lösungsvorschläge zu erarbeiten. Ohne den Willen zur Implementierung einer einheitlichen Vorgehensweise bei diesen fundamentalen Fragestellungen bleibt einer Behörde letztlich nur ein beratender Status.[11] Die bisherigen Ansätze in der EU beziehen sich nur auf die Koordination der nationalen Ausländerrechte und damit „mehr auf die Ebene der Mittel als auf die der Ziele“ (Gusy 1994, 226). Infolge dieser Entwicklung resultiert eine zweigeteilte Zuständigkeit. Während der EU die Koordinationsfunktion obliegt, findet die Zielbildung auf der politischen Ebene der Mitgliedstaaten statt. Die Verlagerung von Kompetenzen auf eine Einwanderungsbehörde könnte diesen potentiellen

Zielkonflikt lösen. Die Behörde könnte neben der Koordination der einzelnen Einwanderungspolitiken zudem auch die Abstimmung mit der Asyl-, der Ausländer- und auch der Sozialpolitik übernehmen. Diese Interpretation der Funktionen einer Einwanderungsbehörde läßt die Querschnittsaufgabe der Einwanderungspolitik sehr plastisch erkennen (Weidenfeld und Hillenbrand 1994, 33).

5.2 *Eigenständige Politik einer Einwanderungsbehörde*

Während die Koordination und Harmonisierung der nationalen Einwanderungspolitiken durch eine EU-Behörde zunächst nur den Anfang einer gemeinsamen Vorgehensweise markiert, wird mittelfristig die Abgabe nationaler Kompetenzen auf die Ebene der Union in Erwägung zu ziehen sein.

Grundsätzliche Aufgaben einer eigenständigen Migrationspolitk der EU-Einwanderungsbehörde bilden die Kontrolle der Zuwanderung sowie die Integration der Migranten in die jeweiligen Länder (Weidenfeld und Hillenbrand 1994, 36ff.). Dazu erscheint es zunächst erforderlich, den Einwanderungsbedarf der EU-Staaten in mittelfristiger Perspektive zu ermitteln und in die weiteren Planungen miteinzubeziehen. Zweitens sollte beachtet werden, daß kein EU-Mitgliedstaat in Bezug auf seine Aufnahmefähigkeit von Migranten überfordert wird. Dies betrifft insbesondere die Aufteilung der Einwanderer auf die einzelnen Länder. Drittens muß versucht werden, zwischen den einzelnen Einwanderungsgruppen zu differenzieren, beispielsweise zwischen Flüchtlingen und Arbeitsmigranten, da beide Gruppen die Einwanderungsbehörde vor unterschiedliche Aufgaben stellen. Für eine Strukturierung einer eigenständigen Politik bietet sich die folgende Einteilung an:

— Migrationsaußenpolitik,
— Migrationsinnenpolitik und
— Integrationspolitik.

Unter der Migrationsaußenpolitik, die eine aktive Migrationspolitik darstellt, sind Maßnahmen zu subsummieren, deren Ziel es ist, die Migrationsursachen abzuschwächen bzw. ganz zu beseitigen (Steineck 1994, 40). Ein solches Gegensteuern kann beispielsweise durch direkte Maßnahmen erfolgen, die unmittelbar in den Auswanderungsländern ansetzen, wie beispielsweise das Unterlassen direkter Anwerbemaßnahmen oder die finanzielle Unterstützung dieser Länder. Daneben können indirekte Maßnahmen vorgenommen werden, die mittelbar auf die politische und wirtschafliche Lage des Herkunftslandes Einfluß nehmen (Velling 1993, 6f.).

Zur Umsetzung der direkten Maßnahmen erscheint es notwendig, daß die einzelnen Staaten Aufgaben an die zu schaffende Einwanderungsbehörde delegieren und gleichzeitig keine eigenen Maßnahmen ergreifen. Den Mitgliedstaaten könnte dabei jedoch ein Mitspracherecht bei der Gestaltung dieser Politik der Behörde eingeräumt werden. Die indirekten Maßnahmen betreffen dagegen stärker nationalstaatliche Interessen, so daß es zunächst eher unwahrscheinlich erscheint, daß diese von einer supranationalen Behörde durchgeführt werden können. Allenfalls könnte man an eine koordinierende Funktion der EU-Behörde bei den indirekten Maßnahmen denken.

Die Migrationsinnenpolitik, die sogenannte passive Migrationspolitik, versucht dagegen, die Einwanderung in die Union zu kontrollieren, d.h. vor allem die Einreise zu überwachen und zu steuern (Steineck 1994, 40). Der Einwanderungsbehörde käme dabei die Aufgabe zu, die Einreisemodalitäten festzulegen und auf ihre Einhaltung zu achten. Potentielle Verfahren zur Regelung der Einreise bilden beispielsweise Quoten, Kontingente, qualitative Anforderungen oder auch Einwanderungszertifikate.[12]

Die dritte Aufgabe der Einwanderungsbehörde im Bereich der Einwanderungspolitik stellt die gesellschaftliche Integration der Migranten in die Union dar.[13] Auch wenn den Maßnahmen der Migrationsinnen- und -außenpolitik eine bedeutende Rolle zukommt, so bedarf es im Hinblick auf die Umsetzung „(...) der Einbettung in den Bezugsrahmen einer ergänzenden Integrationspolitik“ (Weidenfeld und Hillenbrand 1994, 37). Relevante Bereiche einer solchen Integrationspolitik sind beispielsweise der Bildungssektor, der Bereich Arbeit und Soziales oder auch der Wohnungssektor. Eine erfolgreiche Integrationspolitik erfordert zudem die Rechtssicherheit und die Rechtsgleichheit für Einwanderer und Einheimische als weitere zentrale Voraussetzungen.

6 Zusammenfassung

Können die Migrationsströme in die EU gesteuert werden, und wenn ja, welche Instrumente stehen zur Verfügung? Lange Zeit dominierten nationalstaatliche Migrationspolitiken, auch deshalb, weil die einzelnen Länder unterschiedlich stark mit dem Phänomen der Zuwanderung konfrontiert wurden.

Die Verträge von Schengen und Dublin sowie auch der Unionsvertrag von Maastricht bewirkten eine Richtungsänderung hin zu einer gemeinsamen Migrationspolitik. Die Vollendung des Binnenmarktes und die Schaffung der Europäischen Union bilden das übergeordnete Ziel, wogegen die Migrationspolitik als Teil der allgemeinen Sozialpolitik ein Instrument darstellt, die Harmonisierungsbemühungen voranzutreiben. Vor diesem Hintergrund dürften eigenständige Migrationspolitiken der EU-Länder schwieriger werden. Allerdings erscheint die Zeit auch noch nicht reif, um alle Kompetenzen auf eine Einwanderungsbehörde zu übertragen. Zum gegenwärtigen Zeitpunkt liegen die Möglichkeiten einer Einwanderungsbehörde eher in der Vorgabe eines ordnungspolitischen Rahmens für die Zuwanderung als in der unmittelbaren Steuerung der Migrationsströme.

Anmerkungen

1 Zu den Zahlenangaben vgl. Zimmermann (1994) sowie die dort angegebene Literatur.

2 Asylanträge stellen zunehmend Versuche dar, verstopfte andere Einwanderungskanäle zu umgehen. Dies läßt sich u.a. an der Veränderung der Anerkennungsquote ablesen. Die Anerkennungsquote sank von 40% zu Beginn der siebziger Jahre auf 3 bis 4% in den achtziger Jahren (Straubhaar und Wolter 1996, 482).

3 Druckfaktoren werden von den Bedingungen des Heimatlandes bestimmt, während die Sogfaktoren durch die Verhältnisse des Einwanderungslandes geprägt werden (Chies 1994, 20ff.). Armut in der Heimatregion stellt beispielsweise einen Druckfaktor dar, während Arbeitsmarktchancen im Einwanderungsland einen Sogfaktor bilden.

4 Auch wenn die zentrale Frage lautet „warum wandern Menschen?“, darf nicht übersehen werden, daß die Mehrheit der Menschen nicht wandert, sondern relativ seßhaft ist (Siebert 1993; Straubhaar 1995).

5 In Deutschland verringerte sich dieser Anteil signifikant im Zuge der Wiedervereinigung, da die frühere DDR kaum ausländische Arbeitskräfte beschäftigte (Zimmermann 1995b, 229).

6 Für eine solche Argumentation siehe beispielsweise Zimmermann (1994).

7 Vgl. Blanchard und Katz (1992) und Borjas (1994).

8 Für Angehörige von Drittstaaten gilt demnach, daß sie sich bis zu drei Monate im EU-Gebiet frei bewegen können, aber nur in dem Land arbeiten dürfen, das ihnen die Einreise ermöglichte. Für EU-Bürger gilt, daß sie nach Ablauf ihres Beschäftigungsverhältnisses bzw. bei Verlust ihres Arbeitsplatzes in einem Gastland dieses binnen dreier Monate verlassen müssen.

9 Artikel K.1 erklärt „Einwanderungspolitik und die Politik gegenüber Staatsangehörigen dritter Länder“ zur Angelegenheit „von gemeinsamen Interesse“; es ist allerdings noch umstritten, welche Bedeutung der Unionsvertrag für die Migrationspolitik haben wird (Steineck 1994, 27f.).

10 Verstärkt wird dieses Problem durch die differierenden Einwanderungspraktiken in den Ländern der EU. So weisen die nordeuropäischen Länder, Großbritannien und die Niederlande eine Einbürgerungsquote von 4 bis 5 % ihrer ausländischen Bevölkerung auf, während dieser Wert in Deutschland bei 0,57 % liegt (Straubhaar und Wolter 1996, 483).

11 Größere Handlungsvollmachten einer Behörde lassen sich nur durch eine EU-interne Reform realisieren. So wäre beispielsweise denkbar, daß die Vorschläge der Behörde mit absoluter Mehrheit im Europäischen Parlament verabschiedet werden. Hinter dieser Problematik verbirgt sich allerdings eine grundlegende Strukturreform der Institutionen der Europäischen Union.

12 Eine ausführliche Analyse einwanderungspolitischer Instrumente findet sich in Steineck (1994).

Literatur

Bähr, Jürgen et al. 1992. *Bevölkerungsgeographie.* Berlin et al.

Blanchard, Oliver J. und Lawrence F. Katz. 1992. „Regional Evolutions". In *Brookings Papers on Economic Activity* 1: 1-75.

Börsch-Supan, Axel. 1991. „Implications of an Aging Population: Problems and Policy Options in West Germany and the United States". In *Economic Policy* 12: 103-39.

—. 1995. „The Consequences of Population Aging for Growth and Savings". In *Beiträge zur angewandten Wirtschaftsforschung, 83.* Institut für Volkswirtschaftslehre und Statistik. Mannheim.

Borjas, Georg J. 1994. „Immigration, Ethnic Identity and Assimilation. The Intergenerational Transmission of Immigrant Skills". In *Economic Aspects of International Migration,* hrsgg. von Herbert Giersch. Berlin u. a.: Springer, 139-54.

Chies, Laura. 1994. *Das Migrationsproblem in der Europäischen Gemeinschaft. Theoretische und empirische Analyse der Bestimmungsfaktoren und Folgen internationaler Arbeitskräftewanderungen.* Frankfurt/M.: Lang.

Dustmann, Christian. 1993 „Earnings Adjustment of Temporary Migrants". In *Journal of Population Economics* 6: 153-68.

Eurostat. 1995. *Migration Statistics.* Luxemburg.

Felderer, Bernhard. 1994. „Can Immigration Policy Help to Stabilize Social Security Systems?". In *Economic Aspects of International Migration,* hrsgg. von Herbert Giersch. Berlin u. a.: Springer, 197-226.

Franz, Wolfgang. 1993. *Zur ökonomischen Bedeutung von Wanderungen und den Möglichkeiten und Grenzen einer Einwanderungspolitik.* CILE Diskussionspapier Nr. 3. Universität Konstanz.

Gusy, Christoph. 1994. „Kriterien für eine Einwanderungspolitik der Bundesrepublik und der EG". In *Europäische Integration und Arbeitsmarkt. Grundfragen und Perspektiven;* hrsgg. von Werner Weidenfeld et al. Beiträge zur Arbeitsmarkt- und Berufsforschung 181. Nürnberg: Institut für Arbeitsmarkt- und Berufsforschung der Bundesanstalt für Arbeit, 223-39.

Heckmann, Friedrich. 1994. „Is there a Migration Policy in Germany?". In *Migration Policies: A Comparative Perspective,* hrsgg. von Friedrich Heckmann und Wolfgang Bosswick. Stuttgart: Enke, 157-72.

Heilbronner, Kai. 1994. „Migration Policies, Third-Country Nationals and EC Law". In *Migration Policies: A Comparative Perspective;* hrsgg. von Friedrich Heckmann und Wolfgang Bosswick. Stuttgart: Enke, 181-96.

Kanther, Manfred. 1996. „Deutschland ist kein Einwanderungsland. Eine gesetzliche Regelung ist überflüssig". In *Frankfurter Allgemeine Zeitung* vom 13.11.1996. Nr. 265: 11.

Kronberger Kreis. 1994. „Einwanderungspolitik - Möglichkeiten und Grenzen". *Frankfurter Institut - Stiftung Marktwirtschaft und Politik.* Schriftenreihe, Band 29.

Salt, John. 1993. *Migration and Population Change in Europe.* United Nations Institute for Disarmament Research. *Research Paper No. 19.* New York.

Schmähl, Winfried. 1995. *Migration und soziale Sicherung - Über die Notwendigkeit einer differenzierten Betrachtung: Das Beispiel der gesetzlichen Kranken- und Rentenversicherung.* Zentrum für Sozialpolitik, Universität Bremen. Arbeitspapier Nr. 5.

Siebert, Horst. 1993. „Internationale Wanderungsbewegungen. Erklärungsansätze und Gestaltungsfragen". In *Schweizerische Zeitschrift für Volkswirtschaft und Statistik* 129: 229-55.

Sinn, Hans-Werner. 1994. „Book Review: Layard, R. et al.: East-West-Migration". In *Journal of Economics* 59: 118-26.

Steineck, Alexander. 1994. *Ökonomische Anforderungen an eine europäische Zuwanderungspolitik.* Baden-Baden: Nomos.

Straubhaar, Thomas. 1995. „Neuere Entwicklungen in der Migrationstheorie". In *WISt* 5: 243-48.

— und Achim Wolter. 1996. „Aktuelle Brennpunkte der europäischen Migrationsdiskussion". In *Wirtschaftsdienst* 1996 XI: 481-90.

Ulrich, Volker. 1995. *Bevölkerungsentwicklung und Staatshaushalt.* Habilitationsschrift. Universität Mannheim.

Velling, Johannes. 1993. „Schengen, Dublin und Maastricht - Etappen auf dem Weg zu einer europäischen Immigrationspolitik". *ZEW Discussion Paper*: 93-11. Mannheim.

Weidenfeld, Werner und Olaf Hillenbrand. 1994. „EG-Einwanderungspolitik: Herausforderungen - Optionen - Folgen". In *Internationale Politik und Gesellschaft* 1: 31-39.

Wenning, Norbert. 1996. *Migration in Deutschland: Ein Überblick.* Münster: Waxmann.

Zimmermann, Klaus F. 1994. „Immigration Policies in Europe: An Overview". In *Migration: A Challenge for Europe: Symposium 1993,* hrsgg. von Horst Siebert. Institut für Weltwirtschaft an der Universität Kiel. Tübingen: Mohr, 227-58.

—. 1995a. „Tackling the European Migration Problem". In *Journal of Economic Perspectives* 9: 45-62.

—. 1995b. „Ansturm auf die Festung Europa. Bedrohen uns die Migrationsströme angesichts hoher Arbeitslosigkeit?". In *Frankfurter Allgemeine Zeitung* vom 17. Juni 1995. Nr. 138: 13.

Verzeichnis der Autoren

Susanne Ast, M.A., ist wissenschaftliche Angestellte im Landesforschungsschwerpunkt „Europäisierung“ an der Fakultät für Verwaltungswissenschaften der Universität Konstanz.

Dr. Maurizio Bach ist Privatdozent für Soziologie an der Universität Konstanz, z.Zt. Lehrstuhlvertreter an der Universität Heidelberg. Neueste Publikationen: „Ist der Prozeß der europäischen Integration irreversibel? Integrationspolitik als Institutionenbildung in der Europäischen Union“, in *Kölner Zeitschrift für Soziologie und Sozialpsychologie,* Sonderheft 35 (1995): Politische Institutionen im Wandel, hrsgg. von Birgitta Nedelmann, Opladen, 369-91. *Die Bürokratisierung Europas. Verwaltungseliten, Experten und politische Legitimation in der Europäischen Union*, Frankfurt/M., New York: Campus (i.E.).

Dr. Arthur Benz ist Professor für Regierungslehre und Policyforschung am Institut für Politikwissenschaft der Martin-Luther-Universität Halle-Wittenberg. Er publizierte Bücher und Aufsätze zu den Themen Föderalismus und Regionalpolitik sowie zur Theorie und Praxis von Verhandlungen in Politik und Verwaltung (insbes. *Kooperative Verwaltung*, Baden-Baden: Nomos, 1994).

Thomas Bräuninger ist Forschungsstipendiat der Graduiertenförderung Baden-Württemberg. Er beschäftigt sich mit der verfassungsmäßigen Wahl von Regeln in Verhandlungssystemen. Seine Veröffentlichungen sind: „Power and Political Co-ordination in American and German Multi-Chamber Legislation“ (mit Thomas König) im *Journal of Theoretical Politics,* „Wie wichtig sind die C-Länder?“ (mit Thomas König) in der *Zeitschrift für Parlamentsfragen.*

Dr. Andreas Bücker ist wissenschaftlicher Mitarbeiter am ZERP im Projekt „Die Beurteilung der Sicherheit technischer Konsumgüter und der Gesundheitsrisiken von Lebensmitteln in der Praxis des europäischen Ausschußwesens („Komitologie“)“.

Dr. Bernhard Ebbinghaus ist wissenschaftlicher Mitarbeiter am Max-Planck-Institut für Gesellschaftsforschung Köln, wo er an einem Forschungsprojekt über „Sozialstaat und Sozialpartnerschaft in Europa" arbeitet.

Rainer Eising ist wissenschaftlicher Mitarbeiter am MZES. Seine Arbeitsschwerpunkte bilden die Interessenvermittlung in der EG, Wettbewerbs- und ökonomische Regulierung, Energie und Technologiepolitik. Eine jüngere Veröffentlichung ist *The Transformation of Governance in the European Union*, London 1997 i.E. (gemeinsame Herausgabe mit Beate Kohler-Koch).

Daniela Engelmann ist wissenschaftliche Mitarbeiterin am Europäischen Hochschulinstitut, Florenz. Sie ist Mitautorin von Engelmann et al. 1997. „Identity Politics in the European Union: The Case of the Economic and Monetary Union (EMU)", in *The Politics of Economic and Monetary Union.* hrsgg. von Petri Minkkinen und Heikki Patomaki; Helsinki: The Finnish Institute of International Affairs: 104-30.

Wolfgang Föttinger ist Diplom-Volkswirt und war bis Ende 1996 wissenschaftlicher Mitarbeiter an der Professur für Öffentliche Finanzen an der Universität Frankfurt am Main. Nach Beendigung seiner Dissertation mit dem Titel „Fiskaldisziplin und ihre Koordinierung in föderalen Systemen" wird er an einem von Professor Spahn geleiteten Projekt im Rahmen des Schwerpunktprogramms „Regieren in der Europäischen Union" der Deutschen Forschungsgemeinschaft mitwirken.

Albrecht Frenzel, Dipl.-Verwaltungswissenschaftler, ist wissenschaftlicher Angestellter im Landesforschungsschwerpunkt „Europäisierung" an der Fakultät für Verwaltungswissenschaften der Universität Konstanz. Wichtigste Veröffentlichung: *Die Eigendynamik ostdeutscher Kreisgebietsreformen*, Baden-Baden: Nomos, 1995.

Dr. Michael Th. Greven, ist Professor für Politikwissenschaft an der Universität Hamburg; 1997-98 ist er Chair on German and European Studies an der University Toronto. Zuletzt erschien: Eisfeld, Greven und Rupp, *Political Science and Regime Chance in 20th Century Germany*, New York, Nova Science, 1996.

Dr. Jürgen von Hagen ist Professor für VWL und Abteilungsleiter im Zentrum für Europäische Integrationsforschung der Universität Bonn. Jüngere Veröffentlichungen: „Federalism, Fiscal Restraints and European Monetary Union“ (mit Barry Eichengreen), in *American Economic Review* 86, 134-38 und „Monetary Policy and Institutions in the EMU“ in *Swedish Economic Policy Review* 4, 1997, 52-127.

Dr. Mark Hallerberg ist Assistant Professor am Georgia Institute of Technology (Atlanta). Sein hauptsächliches Forschungsgebiet ist die Finanzpolitik, sowohl mit Blick auf die Einnahme- als auch auf die Ausgabenseite. Seine bisherigen und in Kürze erscheinenden Beiträge wurden und werden in *World Politics* und *Comparative Political Studies* veröffentlicht. Gegenwärtig arbeitet er an einem Buch über Steuerpolitik und Integrationstheorie im deutschen Kaiserreich.

Dr. Stephen E. Hanson ist Assistant Professor am Fachbereich Politische Wissenschaft der University of Washington (Seattle). Seine jüngste Buchveröffentlichung ist *Time and Revolution: Marxism and the Design of Soviet Institutions* (Chapel Hill: University of North Carolina Press, 1997).

Dr. Christian Joerges ist Professor für deutsches und europäisches Privat- und Wirtschaftsrecht sowie Internationales Privatrecht. Seine Arbeitsschwerpunkte sind Europäisches Wirtschaftsverfassungsrecht, Risikoregulierung in der EG und die Europäisierung des Privatrechts.

Dr. Hartmut Kaelble ist Professor für Sozialgeschichte an der Humboldt-Universität zu Berlin. Neuere Publikationen: *Auf dem Weg zu einer europäischen Gesellschaft*, 1987; *Nachbarn am Rhein. Entfremdung und Annäherung zwischen der französischen und deutschen Gesellschaft seit 1980*, München 1991; zusammen mit J. Kocka, H. Zwahr, Hg., *Sozialgeschichte der DDR*, Stuttgart; zusammen mit H. A. Winkler, Hg.: *Nation: Der historische Vergleich*, Frankfurt 1998.

Hans-Joachim Knopf ist wissenschaftlicher Mitarbeiter am Europäischen Hochschulinstitut, Florenz. Er ist Mitautor von Engelmann et al. 1997. „Identity Politics in the European Union: The Case of the Economic and Monetary Union (EMU)“, in *The Politics of Economic and Monetary Uni-*

on; hrsgg. von Petri Minkkinen und Heikki Patomaki; Helsinki: The Finnish Institute of International Affairs: 104-30.

Dr. Thomas König ist Privatdozent in Politischer Wissenschaft und Heisenberg-Stipendiat der Deutschen Forschungsgemeinschaft. Seine Forschungsschwerpunkte sind die Vergleichende Politikforschung, sowie die institutionelle Analyse internationaler Beziehungen. Er veröffentlichte kürzlich „Politikverflechtungsfalle oder Parteienblockade" in *Staatswissenschaften und Staatspraxis,* „Wie wichtig sind die C-Länder?" (mit Thomas Bräuninger) in der *Zeitschrift für Parlamentsfragen* und *Europa auf dem Weg zum Mehrheitssystem* im Westdeutschen Verlag.

Dr. Jeffrey S. Kopstein ist Assistant Professor im Fachbereich Politische Wissenschaft an der University of Colorado (Boulder). Seine letzte Buchveröffentlichung ist *The Politics of Economic Decline in East Germany, 1945-1989* (Chapel Hill: University of North Carolina Press, 1997).

Dr. Peter A. Kraus ist wissenschaftlicher Assistent am Institut für Sozialwissenschaften (Bereich Politikwissenschaft) der Humboldt-Universität zu Berlin. Er hat in den vergangenen Jahren insbesondere zur Problematik postautoritärer Transformationsprozesse sowie zu Fragen der politischen Integration kulturell heterogener Gesellschaften gearbeitet und u.a. *Nationalismus und Demokratie. Politik im spanischen Staat der autonomen Gemeinschaften* (1996) veröffentlicht.

Dr. Volker Lipp ist wissenschaftlicher Assistent am Lehrstuhl für Bürgerliches Recht und Zivilprozeßrecht an der Universität Mannheim. Zur Zeit ist er Visiting Fellow am Institute of Advanced Legal Studies in London (Großbritannien). Seine Hauptarbeitsgebiete sind europäisches Privat- und Prozeßrecht, Betreuungsrecht und Zivilprozeßrecht. Veröffentlichungen u.a.: *Das private Wissen des Richters. Zur Unparteilichkeit des Richters im Prozeß* (1995).

Dr. Birgitta Nedelmann ist Professorin am Institut für Soziologie der Johannes Gutenberg-Universität Mainz und Mitglied des Council der Academia Europea. Jüngste Veröffentlichungen: (Hg.) *Politische Instiutionen im Wandel,* Opladen 1995; „Between National Socialism and Real Socialism: Political Sociology in the Federal Republic of Germany", in *Current Sociology,* 1,

1997; „High Noon in der Gewaltsoziologie: Anmerkungen zu den Auseinandersetzungen in der gegenwärtigen Gewaltforschung", in *Kölner Zeitschrift für Soziologie und Sozialpsychologie*, Sonderheft 37, 1997 i.E.

Dr. Jürgen Neyer ist wissenschaftlicher Mitarbeiter am ZERP im Forschungsprojekt „Die Beurteilung der Sicherheit technischer Konsumgüter und der Gesundheitsrisiken von Lebensmitteln in der Praxis des europäischen Ausschußwesens („Komitologie")".

Dr. Elmar Rieger war wissenschaftlicher Mitarbeiter am Mannheimer Zentrum für Europäische Sozialforschung und ist zur Zeit Fellow am Hanse-Wissenschaftskolleg Delmenhorst. Seine Arbeitsschwerpunkte sind Agrarpolitik, Europäische Integration, Internationalisierung der Wirtschaft und Sozialpolitik im entwickelten Wohlfahrtsstaat. Jüngste Veröffentlichung ist „Wohlfahrtsstaat und Globalisierung" in *Politische Vierteljahresschrift* (mit Stephan Leibfried).

Dr. Thomas Risse hat den International Relations Chair am Europäischen Hochschulinstitut in Florenz inne. Veröffentlichungen u.a.: „Bringing Transnational Relations Back", in *Non-State Actors, Domestic Structures and International Institutions.* Cambridge University Press 1995, und *Cooperation Among Democracies. The European Influence on US Foreign Policy.* Princeton, N.J: Princeton University Press.

Klaus Roscher ist wissenschaftlicher Mitarbeiter am Europäischen Hochschulinstitut, Florenz. Er ist Mitautor von Engelmann et al. 1997, „Identity Politics in the European Union: The Case of the Economic and Monetary Union (EMU)", in *The Politics of Economic and Monetary Union,* Helsinki: The Finnish Institute of International Affairs: 104-30.

Dr. Sabine Schlacke ist wissenschaftliche Mitarbeiterin am ZERP im Forschungsprojekt „Die Beurteilung der Sicherheit technischer Konsumgüter und der Gesundheitsrisiken von Lebensmitteln in der Praxis des europäischen Ausschußwesens („Komitologie")". Ihre Arbeitsschwerpunkte sind Europäisches Lebensmittel- und Produktsicherheitsrecht, EG-Verfassungsrecht und Umweltrecht.

Dr. Gerald Schneider ist Professor für Internationale Politik am Institut für Politikwissenschaft der Universität Stuttgart. Seine Artikel sind unter anderem in *International Organization, Comparative Political Studies* und dem *European Journal of Political Research* erschienen. Er ist Mitherausgeber von *Decision Rules in the European Union: A Rational Choice Perspective* (London: Macmillan, im Erscheinen).

Udo Schneider ist wissenschaftlicher Mitarbeiter an der Universität Greifswald.

Dr. Bernd Paul Spahn ist Professor für Öffentliche Finanzen an der Universität Frankfurt am Main. Seine besonderen Interessen gelten der Steuerpolitik, der Geldpolitik, der Theorie des Finanzföderalismus sowie Fragen der Europäischen Integration. Er war und ist u.a. Berater der Kommission der Europäischen Union, der OECD, des Internationalen Währungsfonds und der Weltbank. Seine jüngsten Veröffentlichungen beschäftigen sich mit der Dezentralisierung des öffentlichen Sektors, der Koordinierung staatlicher Budgets und der makroökonomischen Stabilisierung.

Dr. Kurt P. Tudyka ist Prof.em. Universität Nijmegen, Hon.Prof. Universität Osnabrück und Chefredakteur des OSZE-Jahrbuchs, Hamburg. Zahlreiche politikwissenschaftliche Veröffentlichungen über das Internationale System; darunter: *Onze nieuwe wereldorde tussen internationalisering, europeisering en renationalisering*, Nijmegen 1992; „Der weltweite Kampf um Arbeit", Hamburg 1994; „On Europeanization", in Anna Zielinska-Glebocka, Andrzej Stepniak, Krystina Gawlikowska-Hueckel (eds.), *Transformation and Integration in Europe. Adjustment of Polish Economy*, Gdansk 1994, 22-29; „Europa und die Weltpolitik vor dem 21. Jahrhundert", in György Széll (Hrsg.), *Europäische Integration und sozialwissenschaftliche Theorienbildung*, Osnabrück 1997, 33-52; OSZE-Handbuch, Opladen 1997.

Dr. Volker Ulrich ist Lehrstuhlinhaber an der Universität Greifswald. Seine Forschungsschwerpunkte liegen auf den Gebieten Gesundheitsökonomie, Sozialversicherung sowie Demographie und Budget. Veröffentlichungen u.a. im *Journal of Human Resources, Health Economics, Finanzarchiv, Zeitschrift für Wirtschafts- und Sozialwissenschaften.*

Dr. Klaus Dieter Wolf ist Professor für Politikwissenschaft am Institut für Politikwissenschaft der Technischen Hochschule Darmstadt. Seit 1993 ist er Herausgeber (bis 1997 geschäftsführend) der *Zeitschrift für Internationale Beziehungen*. Zusammen mit Lothar Brock leitet er die Forschungsgruppe Weltgesellschaft (Darmstadt/Frankfurt a.M.). Seine Arbeitsschwerpunkte zur Zeit sind: Regieren in internationalen Institutionen und Internationale Vergesellschaftung.

Inhaltsverzeichnis des ersten Bandes: Das europäische Mehrebenensystem